사도행전 강해설교

제 1 권

사도행전 강해설교 1권

| 초판인쇄 | 2018년 8월 31일 |
| 초판발행 | 2018년 9월 20일 |

지 은 이	김승석
펴 낸 곳	시온출판사
등 록	제2013-000015호
주 소	경기도 성남시 분당구 정자일로27, 204호
전 화	031-713-0807
팩 스	070-4275-5320
홈페이지	www.zionbook.co.kr
이 메 일	jjeun76@daum.net
ISBN	979-11-950171-4-0

값 22,000원

저작권자 ⓒ 2018, 김승석

이 책의 전부 또는 일부 내용을 재사용하려면 사전에 저작권자와 펴낸 곳의 동의를 받아야 합니다. 잘못된 책은 구입하신 곳에서 바꾸어 드립니다.

이 도서의 국립중앙도서관 출판예정도서목록(CIP)은 서지정보유통지원시스템 홈페이지(http://seoji.nl.go.kr)와 국가자료종합목록시스템(http://www.nl.go.kr/kolisnet)에서 이용하실 수 있습니다. (CIP제어번호: CIP2018028260)

사도행전 강해설교

제 1 권

김승석 목사

시온출판사

사도행전 강해설교를 펴내면서

　시대마다 인간의 철학사상이 스며든 신학과 설교들이 끊임없이 나타나고 외쳐져서 교회에 많은 영향을 미쳤습니다.
　18세기에 나타난 계몽주의 철학사상을 비롯하여 영국에서 시작된 자연신론, 이신론, 그리고 독일의 관념론은 급속하게 무신론을 불러일으켰고 프랑스의 합리론이 가세했습니다.
　시대마다 수많은 신학사상을 토해내는 사상가들이 등장하여 저마다 하나님의 말씀이 아니라 자기 생각이 옳고 세상을 이롭게 한다고 주장했습니다. 따라서 또 성경비평주의와 실증주의, 공리주의, 다원주의로 이어지고 신칼빈주의와 종말론 종파들이 점점 목소리를 높였습니다.
　이들은 진리의 일부만을 붙잡고 거기에 자기의 생각을 붙여서 그것이 참된 진리라고 외쳤습니다. 바로 이들 때문에 각 나라의 개혁주의교회들이 오염되고 힘을 잃게 되었습니다. 그리고 나라마다 예수가 유일한 주인이 아닌 색깔이 다른 교회들이 나타났습니다.
　그런가 하면 현대에 들어와서는 마르크스와 니체와 프로이드라는 철학가들의 사상이 하나님과 성경을 아주 효과적으로 대적하였습니다. 이 철학사상은 공산주의 혁명을 통해 그동안의 체제전복을 부추기다가 그 후에는 단지 사상의 주입이 아니라 사람을 바꾸는 방향으로 보다 적극적이고 교묘하게 주로 젊은이들을 오염시키고 있습니다.
　이들은 모든 권위에 맞서고 교회와 하나님의 권위를 해체하는 작업을 벌이고 있습니다. 그리고 성(zender)을 강력한 이데올로기로 내세워서 하나님과 진리를 가장 효과적으로 대적하게 합니다. 이들은 **동성애를 인권으로 포장하고** 정치투쟁을 통해서 동성혼을 법제화시키고, **차별금지법을 제정하게** 하여 동성애와 성적 범죄에 대해 교회가 비판하지 못하게 만들고 있습니다.

이들은 이것으로 멈추지 않고 **성주류화(zender main streaming)전략**을 만들어서 세계를 지배하려고 합니다. **이것은 성평등을 목표로 하는데 성은 여성, 남성을 의미하는 것이 아니라 오십 개가 넘게 성을 분류한 것입니다.**

이것은 결국 성의 구별을 의미없게 만들고 **성별을 해체시키겠다는 것입니다.** 이것은 **하나님의 창조질서를 정면으로 부정하는 것입니다.**

이제는 사람이 성도 자기 마음대로 고름으로써 모든 것은 인간의 의지대로 할 수 있고 하나님은 존재하지 않는다는 무신론을 확산시키는 것입니다. 저들은 이것을 **공교육에 포함**시켜서 어려운 철학사상을 빌리지 않고 **아이들 때부터 무신론과 유물론에 빠지게** 합니다.

이런 동성혼과 성차별 금지법은 이미 미국에서 법제화되었고 이것이 각 나라에 물밀듯이 침투하고 있습니다. 이런 법이 한국에서 통과된다면 기독교 정신이 바탕이 되지 못한 한국사회는 급속히 무신론과 유물론으로 뒤덮히게 될 것입니다.

이런 **심각하고 절박한 사탄의 공격**이 이미 전 세계로 태풍처럼 번지고 있습니다.

그러므로 과거 어떤 것보다 더 치명적인 이러한 사탄의 공격을 오늘날 교회가 막아내지 못한다면 이 사회는 말할 것도 없이 교인들조차 힘을 잃고 넘어지고 말 것입니다.

이뿐 아닙니다.

오늘날 **이슬람 세력**은 과거와 달리 적대 세력에 대해 무차별 테러를 일삼기 위해 IS라는 나라까지 만들어서 **기독교 사회를 사악한 방법으로 전복시키려** 하고 있습니다.

그리고 한국뿐 아니라 전 세계에서 **이단집단들**이 끊임없이 더 생기고 그 세력이 확대되고 있습니다.

거기에 **안티기독교 세력**이 점점 더 조직적이고 효율적으로 교회와 성경을 무력화 시키려고 합니다.

그런데 이런 모든 사탄의 공격과 운동들은 **인터넷과 사이버 공간을 이용하여** 아주 빠르고 손쉽게 남녀노소, 각계각층으로 파고 들고 있습니다.

이런 심각한 현실을 대부분의 교회와 목사와 교회지도자들이 자세히 알지 못하고 있습니다. 그리고 뒤에서 누누이 말하고 있는 것과 같이 구태의연한 생각, 즉 수단과 방법을 가리지 않고 사람의 숫자만 늘리고, 건물과 시설만 확장하고, 나아가서 자기를 과시하고 자랑하고 대접받으려 하고 높은 자리에 있으려 합니다. 그리고 **정작 해야 할 일은 제대로 하지 못하고** 있습니다. 또한 이러한 **거대하고 거센 사탄의 태풍을 대비하거나 물리칠 준비가 전혀 되어 있지 않습니다.**

그런데 **한국교회뿐 아니라 전 세계의 개혁교회들은 점점 침체 내지 쇠퇴하고** 있습니다. 어느 통계를 보니 한국 안에 개신교단이 270여개가 있다고 합니다. 그런데 그 중에 합동측 교단이 200여개라고 했습니다. 그리고 한국교회 안에는 독립교단이 점점 많아지고 있습니다. 기독교 연합단체는 자꾸 쪼개지고 갈라지고 있습니다.

따라서 **한국교회는 전 세계로 밀려들어 오는 신학 아닌 신학과 동성애 물결과 이슬람 문제와 이단 사이비, 그리고 안티 기독교에 대항할 구체적인 대안도 없이 서로 분열하고 싸우고** 있을 뿐입니다.

한국 개신교는 **이미 수적으로도 감소하고 있고, 특히 어린이, 청소년, 청년들의 감소는 급격**합니다.

미국의 마이클 호드는 말합니다.
"현대교회의 쇠퇴이유는 프로그램의 부재가 아니라 불신앙 때문이다"
그는 계속해서 말하기를 **"세속화에 두 가지 종류가 있다. 첫째 복음을 거부하는 것이고, 둘째 기독교의 모습은 띠었으나 내적으로 예수 그리스도를 필요로 하지 않는 것이다"** 했습니다.

미국의 찰스 피니는 위대한 부흥운동가였습니다.
그러나 그는 **내적으로 세속화** 되어 있었습니다. 그가 전도했던 지역에서 수많은 회심자들이 있었는데 시간이 지나자 그가 사역했던 지역교회들은 **쇠퇴했고 그의 메시지를 들은 대부분의 사람들은 점차 무신론자로 돌아갔다**고 합니다.

미국은 18세기를 전후로 **대각성운동과 선교운동**이 활발했습니다. 그러나 현재 **교회들은 쇠퇴하고 있고 젊은이들은 교회를 떠나고** 있습니다. 그 당시 전도와 선교를 열심히 했고 그 결과 교회들이 부흥한 것 같았는데 찰스 피니의 사역과 같은 결과들이 나타나고, 오늘날 미국 교회가 쇠퇴하고 있는 이유가 무엇일까?

그것은 바로 **"세속화 때문이다"** 했습니다.

세속화는 사람이 열심히 사역하면 하나님께서 부흥하게 해주실 것이라는 사고방식입니다.

찰스 피니의 경우 **열심과 감화력은 있었으나 바른 교리와 복음과 성경말씀을 신봉하지 않았습니다.** 그는 성경의 기본진리도 부정하고 이신칭의도 믿지 않았습니다. 그럼에도 불구하고 그의 사역은 한 때 대단한 호응을 받고 교회와 사회를 변화시키는 것처럼 보였습니다.

그러나 **하나님의 진리와 뜻을 떠난 열정은 세속화였고, 결과적으로 선한 열매를 맺지 못했습니다.**

이 경고를 오늘날 한국교회의 지도자들이 깊이 받아들여야 합니다.

오늘날 교회들은 좋은 프로그램이나 방법을 신뢰하고 있습니다. 잘 짜인 계획, 즉 좋은 프로그램, 설교, 몫 좋은 곳에 시설을 갖추어서 실행하면 좋은 결과가 나올 것이라고 믿고 있습니다. 그러나 **그러한 현대교회의 사회에 대한 영향력은 보잘것이 없습니다.**

그것은 **하나님께서 함께 하시지 않는다는 실증**입니다. 그러한 교회는 그리스도의 뒤를 따르는 교회가 아닙니다. 즉 **자기를 부인하지 않고 있고 마땅히 져야 할 십자가를 지지 않고 인위적인 방법으로 부흥시키고 있는 것입니다.**

유럽의 선진국들과 세계의 교회들이 **쇠퇴하고** 있습니다.

지난 수세기동안 유럽도 교회가 크게 부흥되고 선교의 열매도 많았으나 현대의 유럽교회는 **영적으로 쇠퇴하고 교인수가 현저히 줄어들고** 있습니다. 교회들이 점점 약해지고 사라짐에 따라 신학생도 점점 없어지고 신학교도 점점 문을 닫고 신학자도 사라지고 있습니다. 따라서 목회자와 선교사도 점점 감소하고 있습니다.

유럽 각 나라에 이민하고 유학 온 한인들이 모여든 한인교회들도 마찬가지입니다.

한국교회와 세계교회의 해외 선교는 이제 그야말로 사도행전에서 보여주는 선교원리로 돌아가야 합니다.

각 나라의 선교현실은 **"위기"** 라고 한결같이 말합니다.

한국교회의 양적인 감소, 선교열정의 감소 등 내적인 위기와 그에 더하여 **교회의 외적인 위기,** 즉 각 나라의 이민법 강화, 전통적 민족주의의 강화, 이슬람세계의 거센 저항이 한국교회의 선교 앞길에 큰 위기요소로 닥쳐오고 있는 것입니다.

그러나 우리는 **지금까지 설명한 문제들 때문에 위축되어서는 안 됩니다.** 이제부터 모든 교회가 성경으로 돌아가 어떤 문제와 유혹과 공격도 능히 막아내고, 물리치며 복음을 땅끝까지 그리스도의 명령대로 전파할 수 있습니다.

(1)**먼저 목사와 교회지도자들이 자신을 말씀과 기도로 치료하고 변화시키고 무장하고 성장시켜야 합니다.**
이러한 준비가 되지 않은 채 인간적으로 힘쓰고 프로그램을 좋게 해봐야 지금과 같은 현상을 벗어날 수 없습니다.

(2)**먼저 목사와 교회지도자들이 말씀과 믿음과 성령이 충만한 사람, 하나님의 손이 함께 하는 사람, 성령의 세심한 지시와 인도를 받고 일하는 사람이 되어야 합니다.**

(3)**그렇게 해서 교회의 구성원들, 특히 어린아이들, 청소년들, 청년들, 즉 다음 세대들을 신자화하고, 제자화하여 그들도 속한 시일 내에 위와 같은 사람이 되게 해야 합니다.**

(4)**모든 교회들이 이러한 목사와 지도자들이 포진하고 다음 세대를 길러낸다면 그 어떤 사탄의 유혹과 시험이 와도 견디고, 이기며, 돌파하고 나아가서 땅끝까지 복음을 전파할 수 있습니다. 그리고 사분오열되고 경거망동한 사람들이 교회와 교단을 혼란스럽게 하고 무능력하고 무기력하게 만드는 일**, 사이비 이단들을 확실히 막아낼 수 있습니다.

이런 교회에서 양육 배출된 선교사, 즉, 말씀과 믿음과 성령이 충만하고 하나님의 손이 함께 하고 성령의 지시와 인도를 받는 선교사가 **세계 각 나라로 나가야 합니다. 이런 선교사는 순교의 영성을 가지게** 됩니다.

오늘날 선교현장은 **안일함과 전문성이라는 명목으로 안주**하고 있습니다. 한 사람, 한 사람에게 가서 전도하고 이 동네, 저 동네에 가서 전도하는 것을 꺼려하는 선교사들이 있습니다. 많은 선교사들이 현지인들에게 **주는 선교사로서 군림하고 성숙한 그리스도의 사람의 모습을 보여주지 못하고** 있습니다. 그리고 **전도하면서 오는 박해와 희생을 참고 견디고 순교의 모습을 보여주지 못하고** 있습니다. 오히려 정상적으로 박해받으며 고생하며 희생하는 다른 선교사들을 보며 **비난하고 폄하하며 자신은 안일과 무희생, 무연합의 길을 걸어가고** 있습니다.

이러한 현상도 선교사가 위의 (1), (2), (3)을 갖추지 못한 결과들입니다.

바울과 같이 오직 그리스도의 사랑에 사로잡혀 거룩한 고난을 당하고 희생을 하는 사람에게는 **주님께로부터 오는 능력과 공급하심이 있습니다.** 이런 사람이라야 아무리 악조건 하에서도 성령의 열매를 끊임없이 맺을 수 있습니다.

바울의 설교와 가르침은 대중들에게 인기 있는 것이 아니었습니다.

이 강해설교는 어떤 한 목사의 설교나 학설이 아닙니다. 이것을 자세히 읽는 사람들 중에는 이 목사를 미워하는 사람들도 생길 것입니다. 그러나 나는 그것을 개의치 않기로 결심했습니다. 나의 관심은 **하나님의 말씀을 정직하고 정확하게 증거하는 것입니다.**

성경으로 돌아가는 것, 하나님께서 교회를 어떻게 세우시는가? 복음은 무엇인가? 복음과 진리들은 어떻게 전파되는가? 복음을 전파하는 자는 어떤 사람인가? 성령께서 하시는 일, 즉 사람을 거듭나게 하시고, 어두운 영혼이 밝아지고, 잠자던 영혼이 깨어나고, 병든 영혼이 치료되는 것, 그리고 사람과 삶이 변화되고 치료되고 무장되고 성숙되는 일은 어떻게 되는 것인가? 성령을 받으라는 그리스도의 명령은 무엇인가를 성령의 감동과 감화를 받아 서술했습니다.

오늘날 **성령과 거리가 먼 설교와 목회와 전도와 선교**가 많습니다.

성령과 성령충만을 강조하면 오순절 계통의 전유물처럼 여기고 이상하게 여기고 무관심한 사람들이 있습니다. 이것은 크게 잘못된 것입니다

사도행전은 처음부터 성령의 역사를 보여주고 있습니다. 그래서 "성령행전" 이라고 하는 것입니다.

성령의 역사와 성령충만함을 중요시하지 않으니 성령의 역사를 의지하지 않고 사역하고 성령충만을 받을 생각도 없게 되는 것입니다. 그 이유 중 또 하나는 **성령충만을 받지 않고도 인간의 수단이나 노력으로 사람 숫자를 늘릴 수 있다는 것을 보았기 때문입니다.**

한 큰 교회의 목사가 **"목회자가 연기자가 되기 쉽습니다"** 라고 말했습니다.

자신도 모르게 연기자로 목회했다는 것입니다. 그렇게 해서 소위 성공한 것처럼 보이는 목사와 교회들이 얼마든지 있습니다.

이러한 목사들이 이 사실을 깨닫고 중단하지 않는다면 아주 고도의 사탄의 올무에 걸려들어 거짓 종이 되고 맙니다.

사탄의 각종 유혹과 공격들은 점점 거세지고 다양해질 것입니다.

이 모든 것에 대응하고 대적하고 이기고 나아가는 방법은 오직 목사들과 교회지도자들과 선교사들이 말씀과 믿음과 성령충만한 사람, 하나님의 손이 함께 하는 사람, 성령의 지시와 인도를 따라 모든 일을 하는 사람이 되는 것입니다.

그렇게 해서 각 교회 안에 있는 남녀노소의 성도들을 또한 그러한 신자와 제자로 키워야 합니다. 이런 사람들 중에서 선발해서 신학교와 각계각층으로 보내야 합니다.

이런 사람들이 교회들마다 점점 증가해야 합니다.

이렇게 해서 이제 우리 모두는 종교개혁의 정신이 퇴보하지 않게 해야 하고 그리스도의 명령대로 땅끝까지 복음을 전파하는 일을 이 땅을 떠나는 날까지 중단없이, 더욱 담대하게, 능력있게 수행해야 합니다.

이러한 그리스도인들과 교회들에게는 이 사도행전에서 보여주신 하나님의 임재와 간섭과 능력이 항상 함께 하실 것입니다. 아멘! 할렐루야!

이 모든 간절한 바람과 주님의 명령하심에 따라서 미말의 사람이 전 6권으로 사도행전 강해설교집을 펴내게 되었음을 우리 주님께 감사드립니다.

마지막으로 이 목사와 함께 매 주일과 공휴일마다 군부대, 교도소, 구치소, 요양병원, 요양원, 정신병원, 장애인 시설, 일반교회, 해외순회전도를 수행하며 새벽기도, 저녁기도, 제자훈련에 참여하고, 평일에도 2인 전도하느라 주야로 쉴 틈이 없이 수고하면서 이 사도행전 강해설교 워드작업을 하고, 교정하는 일들을 반복해서 하는 일을 즐겁게 감당해준 여러 제자들에게, 그리고 목사와 강해설교집을 위해 매일 기도로 도운 성도님들과 동역자 목사님들과 물질로 섬긴 성도님들께 진심으로 감사의 말을 전합니다.

저자 김승석 목사

차 례

제 1 권

제 1 강	1:1-11	예수님의 부활, 약속, 부탁, 승천 – 29
제 2 강	1:12-26	성도들의 기도, 가룟 유다의 죽음, 맛디아의 피택 – 40
제 3 강	2:1-13	오순절에 제자들에게 성령충만이 임함 – 51
제 4 강	2:14-36	베드로의 예루살렘 설교 – 63
제 5 강	2:37-47	베드로의 설교의 결과, 초대교회의 유무상통의 생활 – 75
제 6 강	3:1-8	베드로와 요한이 앉은뱅이를 고침 – 86
제 7 강	3:9-26	솔로몬 행각의 베드로의 설교 – 97
제 8 강	4:1-7	공회 앞에 선 베드로와 요한 – 108
제 9 강	4:7-13	공회 앞에서의 베드로의 설교 – 117
제 10 강	4:14-24	핍박자들의 명령, 베드로와 요한의 각오 – 128
제 11 강	4:25-31	사도들의 돌아옴, 성도들의 기도 – 139
제 12 강	4:31-37	교회의 확장과 유무상통의 생활 – 147
제 13 강	5:1-4	아나니아와 삽비라(1) – 155
제 14 강	5:5-14	아나니아와 삽비라(2), 사도들의 표적과 기적 – 164
제 15 강	5:15-20	사도들의 투옥과 천사에 의한 석방 – 173
제 16 강	5:21-31	사도들이 다시 잡힘, 공회의 문책, 사도들의 답변(1) – 182
제 17 강	5:30-34	사도들의 답변(2) – 191
제 18 강	5:35-41	가말리엘의 조언, 사도들의 석방 – 201
제 19 강	5:42-6:2	사도들의 활발한 전도, 헬라파 제자들의 원망 – 210
제 20 강	6:2-4	택함 받은 일곱 집사들(1) – 217
제 21 강	6:5-7	택함 받은 일곱 집사들(2) – 226
제 22 강	6:8-14	스데반의 설교, 핍박자들의 불법행위 – 237
제 23 강	6:15-7:2	공회에서의 스데반의 설교(1) – 247
제 24 강	7:2-6	공회에서의 스데반의 설교(2) – 255
제 25 강	7:5-11	공회에서의 스데반의 설교(3) – 265
제 26 강	7:12-17	공회에서의 스데반의 설교(4) – 274
제 27 강	7:18-28	공회에서의 스데반의 설교(5) – 283
제 28 강	7:29-30	공회에서의 스데반의 설교(6) – 294
제 29 강	7:31-34	공회에서의 스데반의 설교(7) – 304

제 30 강	7:35-41	공회에서의 스데반의 설교(8) - 313
제 31 강	7:40-42	공회에서의 스데반의 설교(9) - 323
제 32 강	7:43-48	공회에서의 스데반의 설교(10) - 331
제 33 강	7:49-52	공회에서의 스데반의 설교(11) - 342
제 34 강	7:53-57	예수님을 본 스데반 - 350
제 35 강	7:57-60	스데반의 순교와 최후기도 - 358
제 36 강	8:1-3	교회에 임한 박해와 사울 - 367
제 37 강	8:3-4	사울의 박해와 흩어진 성도들 - 375
제 38 강	8:5-11	흩어진 성도들, 빌립의 사마리아 전도 - 383
제 39 강	8:10-13	술사 시몬의 회심 - 392
제 40 강	8:14-19	성령충만 받은 사마리아 성도들 - 401
제 41 강	8:19-21	베드로가 시몬을 책망함(1) - 410
제 42 강	8:22-23	베드로가 시몬을 책망함(2) - 418
제 43 강	8:24-26	두 사도의 사마리아 전도, 빌립이 천사의 지시를 받음 - 427
제 44 강	8:26-27	빌립이 에디오피아 내시를 만남 - 437
제 45 강	8:27-28	이사야의 글을 읽는 에디오피아 내시 - 445
제 46 강	8:29-31	빌립과 에디오피아 내시의 대화(1) - 454
제 47 강	8:31-34	빌립과 에디오피아 내시의 대화(2) - 464
제 48 강	8:34-36	빌립이 에디오피아 내시에게 복음을 전함 - 474

제 2 권

제 49 강	8:37-39	빌립이 에디오피아 내시에게 세례를 줌
제 50 강	8:39-9:2	빌립의 전도와 사울의 핍박
제 51 강	9:2-3	사울이 다메섹 도상에서 하늘의 빛을 봄
제 52 강	9:4	사울을 부르시는 예수님
제 53 강	9:5	예수님과 사울의 대화(1)
제 54 강	9:5-6	예수님과 사울의 대화(2)
제 55 강	9:6	예수님의 명령(1)
제 56 강	9:6	예수님의 명령(2)
제 57 강	9:7-9	눈이 멀고 식음을 전폐한 사울
제 58 강	9:8-11	환상을 본 아나니아

제 59 강	9:10-12	아나니아에게 지시하시는 예수님
제 60 강	9:12-15	아나니아의 반문과 예수님의 대답
제 61 강	9:15-17	사울을 만난 아나니아의 말
제 62 강	9:17-19	사울이 성령충만 받고 눈이 떠짐
제 63 강	9:18-20	사울이 다메섹에서 복음을 전파하기 시작함
제 64 강	9:20-22	유대인들을 당혹하게 하는 사울
제 65 강	9:21-24	사울을 죽이려 하는 유대인들
제 66 강	9:25-27	사울의 피신, 바나바와 함께 예루살렘의 사도들에게 감
제 67 강	9:28-29	사울의 예루살렘에서의 전도, 유대인들이 죽이려 함
제 68 강	9:29-31	교회들이 강해지고 부흥함
제 69 강	9:31-33	베드로가 병든 애니아를 만남
제 70 강	9:34-35	애니아의 치료와 그 결과
제 71 강	9:36-39	선한 여인 다비다와 베드로의 만남
제 72 강	9:39-42	다비다의 다시 살아남과 그 결과
제 73 강	9:42-43	무두장이 시몬의 집에 유하는 베드로
제 74 강	10:1-2	경건한 사람 백부장 고넬료(1)
제 75 강	10:2	경건한 사람 백부장 고넬료(2)
제 76 강	10:2	경건한 사람 백부장 고넬료(3)
제 77 강	10:2-3	환상 중에 천사를 만난 고넬료
제 78 강	10:4	천사와 고넬료의 대화
제 79 강	10:4-5	베드로를 청하라는 천사의 지시
제 80 강	10:6-8	고넬료가 사람들을 베드로에게 보냄
제 81 강	10:7-9	기도하는 베드로
제 82 강	10:10-14	환상 중에 들린 예수님의 명령과 베드로의 대답
제 83 강	10:15-17	반복되는 예수님의 명령, 고넬료의 사람들이 찾아옴
제 84 강	10:18-20	예수님이 그 사람들을 따라가라고 명령하심
제 85 강	10:20-22	고넬료의 사람들과 베드로의 대화
제 86 강	10:22	고넬료가 베드로를 초청한 이유 설명
제 87 강	10:23-24	사람들을 모아 기다린 고넬료
제 88 강	10:25-28	베드로가 고넬료에게 오게 된 경위 설명
제 89 강	10:28-34	고넬료가 베드로를 청한 경위 설명

제 90 강	10:34-37	베드로의 설교(1)
제 91 강	10:36-38	베드로의 설교(2)
제 92 강	10:39-41	베드로의 설교(3)
제 93 강	10:40-43	베드로의 설교(4)

제 3 권

제 94 강	10:44-47	고넬료와 모인 사람들에게 성령충만이 임함
제 95 강	10:44-48	성령충만의 임함, 세례를 베풂(1)
제 96 강	10:47-48	성령충만의 임함, 세례를 베풂(2)
제 97 강	11:1-3	베드로의 이방전도에 대한 유대인 그리스도인들의 비난
제 98 강	11:3-10	베드로의 변명(1)
제 99 강	11:11-15	베드로의 변명(2)
제100강	11:15-17	베드로의 변명(3)
제101강	11:18	이방인에게 생명 얻는 회개 주심을 찬양
제102강	11:19	환난으로 흩어진 성도들
제103강	11:19-21	유대인에게만 전도함
제104강	11:20-21	안디옥에서 헬라인들에게 전도한 성도들
제105강	11:21	주의 손이 함께 하는 성도들
제106강	11:21-22	안디옥에 바나바가 보내짐
제107강	11:22	안디옥 교회에 보내진 바나바(1)
제108강	11:23	안디옥 교회에 보내진 바나바(2)
제109강	11:23	안디옥 교회에 보내진 바나바(3)
제110강	11:23-24	안디옥 교회에 보내진 바나바(4)
제111강	11:24-26	바나바가 사울을 데려옴
제112강	11:26	두 사도의 동역과 결과
제113강	11:27-28	아가보의 예언
제114강	11:28-29	예루살렘 교회를 구제하는 안디옥 교회(1)
제115강	11:29-30	예루살렘 교회를 구제하는 안디옥 교회(2)
제116강	11:30-12:1	헤롯의 박해(1)
제117강	12:2-3	야고보의 순교와 헤롯의 박해(2)
제118강	12:3	헤롯의 박해(3)

제119강	12:4-5	베드로의 투옥(1), 성도들의 기도
제120강	12:5-6	베드로의 투옥(2)
제121강	12:7	천사에 의한 베드로의 출옥(1)
제122강	12:7-8	천사에 의한 베드로의 출옥(2)
제123강	12:8-9	천사에 의한 베드로의 출옥(3)
제124강	12:10-11	천사에 의한 베드로의 출옥(4)
제125강	12:12	출옥한 베드로
제126강	12:12-14	베드로를 본 로데
제127강	12:15-17	베드로와 성도들의 만남
제128강	12:18-22	가이사랴로 내려간 헤롯
제129강	12:23-25	헤롯의 죽음과 바나바와 사울의 안디옥 귀환
제130강	13:1-2	안디옥 교회에 성령께서 명령하심
제131강	13:2-3	바나바와 사울이 선교사로 파송됨
제132강	13:3-4	성령의 보내심을 받은 두 사도
제133강	13:4-5	구브로에서의 전도(1차 전도 시작)
제134강	13:5-6	수종자 요한, 거짓 선지자 바예수
제135강	13:7-9	바예수의 방해
제136강	13:9-10	바예수를 책망하는 바울(1)
제137강	13:10	바예수를 책망하는 바울(2)
제138강	13:10-11	소경이 된 바예수
제139강	13:11-13	총독 서기오 바울이 믿음
제140강	13:13-14	요한이 돌아감, 사도 일행은 비시디아 안디옥에 감

제 4 권

제141강	13:11-17	바울의 설교(1)
제142강	13:17	바울의 설교(2)
제143강	13:17-18	바울의 설교(3)
제144강	13:18-21	바울의 설교(4)
제145강	13:21-22	바울의 설교(5)
제146강	13:22	바울의 설교(6)
제147강	13:23-25	바울의 설교(7)

제148강	13:26-29	바울의 설교(8)
제149강	13:30-35	바울의 설교(9)
제150강	13:36-39	바울의 설교(10)
제151강	13:40-41	바울의 설교(11)
제152강	13:40-43	바울의 설교의 결과
제153강	13:44-46	유대인들의 비방, 두 사도의 책망
제154강	13:47-48	이방인들이 기뻐하며 작정된 자는 다 믿음(1)
제155강	13:48	이방인들이 기뻐하며 작정된 자는 다 믿음(2)
제156강	13:48	이방인들이 기뻐하며 작정된 자는 다 믿음(3)
제157강	13:48	이방인들이 기뻐하며 작정된 자는 다 믿음(4)
제158강	13:49-50	말씀의 확장과 유대인들의 핍박
제159강	13:50-51	바울이 발의 티끌을 떨어버리고 이고니온으로 감
제160강	13:51-14:1	이고니온에서의 전도, 허다한 무리가 믿음
제161강	14:2-7	유대인들의 방해, 두 사도가 큰 능력으로 전도함
제162강	14:2-7	하나님의 종들은 어떤 사람들인가?(1)
제163강	14:2-7	하나님의 종들은 어떤 사람들인가?(2)
제164강	14:2-7	하나님의 종들은 어떤 사람들인가?(3)
제165강	14:2-7	하나님의 종들은 어떤 사람들인가?(4)
제166강	14:2-7	하나님의 종들은 어떤 사람들인가?(5)
		거짓 종들은 어떤 사람들인가?(1)
제167강	14:2-7	거짓 종들은 어떤 사람들인가?(2)
제168강	14:2-7	거짓 종들은 어떤 사람들인가?(3)
제169강	14:2-7	거짓 종들은 어떤 사람들인가?(4)
제170강	14:2-7	거짓 종들은 어떤 사람들인가?(5)
제171강	14:2-7	하나님께서 거짓 종들을 어떻게 벌하시는가?(6)
제172강	14:2-7	하나님께서 거짓 종들을 어떻게 벌하시는가?(7)
		하나님께서 거짓 종들을 따르는 자들을 어떻게 벌하시는가?(1)
제173강	14:2-7	하나님께서 거짓 종들을 따르는 자들을 어떻게 벌하시는가?(2)
제174강	14:2-7	진리에 속한 자는 어떤 사람들인가?
		하나님의 백성들에게 주시는 명령(1)
제175강	14:2-7	하나님의 백성들에게 주시는 명령(2)

제176강	14:2-7	하나님의 백성들에게 주시는 명령(3)
제177강	14:2-7	하나님의 백성들에게 주시는 명령(4)
제178강	14:2-7	하나님의 백성들에게 주시는 명령(5)
제179강	14:2-7	하나님의 백성들에게 주시는 명령(6)
제180강	14:8-10	루스드라에서 앉은뱅이를 고침
제181강	14:11-15	루스드라 사람들의 미신을 엄금함(1)
제182강	14:15-17	루스드라 사람들의 미신을 엄금함(2)
제183강	14:17-19	루스드라 사람들의 미신을 엄금함(3), 루스드라에서의 핍박
제184강	14:20-22	더베, 루스드라, 이고니온 거쳐 안디옥에 귀환하여 제자들을 굳게 함
제185강	14:22-25	장로를 세움, 버가에서 전도함
제186강	14:26-27	안디옥에 귀환, 모든 전도 결과를 알림
제187강	14:28-15:1	안디옥에서 일어난 논쟁(1)
제188강	15:2-5	안디옥에서 일어난 논쟁(2)

제 5 권

제189강	15:6-18	예루살렘 회의, 베드로, 바울, 바나바의 변증, 야고보의 제안(1)
제190강	15:19-24	야고보의 제안(2), 예루살렘 회의의 결의(1)
제191강	15:25-31	예루살렘 회의의 결의(2), 유다와 실라가 편지를 전함
제192강	15:32-36	바울과 바나바가 안디옥에서 가르침
제193강	15:37-40	바울과 바나바의 불화, 바울의 2차 전도 시작
제194강	15:41-16:2	수리아, 길리기아, 더베, 루스드라에서 전도, 디모데 만남
제195강	16:3-9	디모데가 할례 받음, 바울이 성령의 지시를 받음
제196강	16:9-12	마게도냐 첫 성 빌립보에 도착
제197강	16:13-14	옷감 장사 루디아가 믿음
제198강	16:14-15	루디아의 집안이 세례 받고 바울 일행을 집에 유하게 함
제199강	16:16-22	악령 축출과 바울과 실라가 고발당함
제200강	16:23-25	바울과 실라가 매 맞고 투옥됨
제201강	16:26-29	감옥에서 일어난 기적, 간수가 부름 받음
제202강	16:30-34	간수와 그 가족이 구원 받음
제203강	16:35-41	바울과 실라의 석방
제204강	17:1-4	데살로니가에서 유대인들에게 전도함

강	구절	제목
제205강	17:5-10	유대인들의 소동, 야손이 핍박 당함
제206강	17:11-15	베뢰아에서 전도, 바울이 피신함
제207강	17:16-21	아덴에서 각종 철학자들을 만남
제208강	17:21-26	아덴에서의 바울의 설교(1)
제209강	17:27-30	아덴에서의 바울의 설교(2)
제210강	17:31-18:2	아덴 전도의 결과, 고린도에서 아굴라 부부 만남
제211강	18:3-5	바울이 고린도에서 아굴라 부부와 함께 전도
제212강	18:6-10	유대인들의 핍박, 고린도의 이방인 전도, 주님의 위로
제213강	18:10-16	유대인들의 고소와 총독 가이오의 기각
제214강	18:17-23	에베소 전도, 안디옥 귀환, 3차 전도 시작
제215강	18:23-26	아볼로의 에베소 전도
제216강	18:26-19:1	아볼로의 아가야 전도
제217강	19:2-6	에베소로 돌아온 바울의 전도, 성령충만이 임함
제218강	19:7-9	회당 전도의 결과로 비방이 일어남
제219강	19:9-12	두란노 서원을 중심한 전도, 큰 능력이 나타남(1)
제220강	19:13-17	큰 능력이 나타남(2)
제221강	19:17-20	큰 능력이 나타남(3)과 그 결과
제222강	19:21-25	에베소에서 일어난 소요
제223강	19:26-31	은세공인 데메드리오의 박해(1)
제224강	19:32-36	은세공인 데메드리오의 박해(2), 서기장의 저지(1)
제225강	19:37-20:3	서기장의 저지(2), 에베소를 떠나 마게도냐에서 전도
제226강	20:3-7	유대인들의 공모, 바울과 함께 아시아로 가는 제자들
제227강	20:7-10	드로아에서의 전도, 죽은 유두고를 다시 살림
제228강	20:11-20	밀레도까지의 항해, 에베소 장로들을 가르침(1)
제229강	20:20-21	에베소 장로들을 가르침(2)
제230강	20:21-24	에베소 장로들을 가르침(3)
제231강	20:24-25	에베소 장로들을 가르침(4)
제232강	20:26-27	에베소 장로들을 가르침(5)
제233강	20:28	에베소 장로들을 가르침(6)
제234강	20:28-30	에베소 장로들을 가르침(7)
제235강	20:30-32	에베소 장로들을 가르침(8)

| 제236강 | 20:32-35 | 에베소 장로들을 가르침(9) |
| 제237강 | 20:35-38 | 바울과 장로들의 작별인사 |

제 6 권

제238강	20:36-21:6	가이사랴로의 항해
제239강	21:7-14	가이사랴의 빌립 집사 집에 머묾, 선지자 아가보의 예언
제240강	21:15-19	바울의 예루살렘 방문(이방인 전도에 대하여 알림)
제241강	21:20-21	사도들이 바울에게 결례 행할 것을 제안함
제242강	21:22-29	바울이 결례를 행함, 유대인들의 박해(1)
제243강	21:30-32	유대인들의 박해(2)
제244강	21:33-22:2	천부장의 조치, 바울의 자기 변명(1)
제245강	22:3-7	바울의 자기 변명(2)
제246강	22:7-10	바울의 자기 변명(3)
제247강	22:10-12	바울의 자기 변명(4)
제248강	22:13-14	바울의 자기 변명(5)
제249강	22:15-16	바울의 자기 변명(6)
제250강	22:17-21	바울의 자기 변명(7)
제251강	22:22-25	유대인들의 소동, 천부장의 조치
제252강	22:26-23:3	바울이 신분을 밝힘, 천부장이 바울을 공회 앞에 세움
제253강	23:4-8	바울의 변론과 그 결과
제254강	23:9-11	큰 분쟁이 일어남, 주님의 격려
제255강	23:11-16	유대인의 음모를 바울이 알게 됨
제256강	23:17-33	천부장이 바울을 총독에게 보냄
제257강	23:34-24:5	더둘로의 송사(1)
제258강	24:5-13	더둘로의 송사(2), 바울의 변론(1)
제259강	24:14-16	바울의 변론(2)
제260강	24:17-25	바울의 변론(3), 총독 벨릭스의 직무 태만
제261강	24:26-25:5	유대인들의 음모, 베스도의 조치
제262강	25:6-13	바울의 변명, 가이사에게 상소함
제263강	25:14-23	베스도가 아그립바에게 도움 청함
제264강	25:24-26:6	재판정에서 베스도의 말, 바울의 변론(1)

제265강	26:7-14	바울의 변론(2)
제266강	26:15-18	바울의 변론(3)
제267강	26:19-28	바울의 변론(4), 베스도와 아그립바의 대답
제268강	26:29-27:7	재판의 결과, 로마로 압송되는 항해시작
제269강	27:8-14	바울의 경고, 유라굴로 광풍이 일어남
제270강	27:15-20	배의 연장과 짐을 버림, 구원의 여망이 없어짐
제271강	27:21-22	바울의 책망과 예언(격려)(1)
제272강	27:23-25	바울의 예언(격려)(2)
제273강	27:26-32	사공들의 음모를 바울이 저지함
제274강	27:33-35	바울이 음식 먹기를 권함, 바울의 기도
제275강	27:36-40	밀을 버림, 해안을 발견하고 들어감
제276강	27:41-44	배가 깨짐, 사람들이 헤엄쳐서 상륙함
제277강	28:1-3	멜리데 섬 사람들의 환대, 독사에게 물린 바울
제278강	28:4-9	바울의 건재, 병 걸린 섬 사람들이 치료 받음
제279강	28:10-13	알렉산드리아 배를 타고 로마로 항해시작
제280강	28:14-15	로마교회 성도들이 마중 나옴
제281강	28:15-19	셋집 감옥으로 간 바울, 유대인 지도자들을 깨우침
제282강	28:20-23	첫 번째 전도의 결과, 유대인들에게 두 번째로 전도함
제283강	28:24-26	두 번째 전도의 결과, 바울의 책망(1)
제284강	28:27-30	바울의 책망(2), 2년 동안의 바울의 전도
제285강	28:30-31	마지막 순간까지 바울이 전도한 주제들

제 1 권

제 1 강

예수님의 부활, 약속, 부탁, 승천

행1:1~11

1데오빌로여 내가 먼저 쓴 글에는 무릇 예수께서 행하시며 가르치시기를 시작하심부터 2그가 택하신 사도들에게 성령으로 명하시고 승천하신 날까지의 일을 기록하였노라 3그가 고난 받으신 후에 또한 그들에게 확실한 많은 증거로 친히 살아 계심을 나타내사 사십 일 동안 그들에게 보이시며 하나님 나라의 일을 말씀하시니라 4사도와 함께 모이사 그들에게 분부하여 이르시되 예루살렘을 떠나지 말고 내게서 들은 바 아버지께서 약속하신 것을 기다리라 5요한은 물로 세례를 베풀었으나 너희는 몇 날이 못되어 성령으로 세례를 받으리라 하셨느니라 6그들이 모였을 때에 예수께 여쭈어 이르되 주께서 이스라엘 나라를 회복하심이 이 때니이까 하니 7이르시되 때와 시기는 아버지께서 자기의 권한에 두셨으니 너희가 알 바 아니요 8오직 성령이 너희에게 임하시면 너희가 권능을 받고 예루살렘과 온 유대와 사마리아와 땅 끝까지 이르러 내 증인이 되리라 하시니라 9이 말씀을 마치시고 그들이 보는데 올려져 가시니 구름이 그를 가리어 보이지 않게 하더라 10올라가실 때에 제자들이 자세히 하늘을 쳐다보고 있는데 흰 옷 입은 두 사람이 그들 곁에 서서 11이르되 갈릴리 사람들아 어찌하여 서서 하늘을 쳐다보느냐 너희 가운데서 하늘로 올려지신 이 예수는 하늘로 가심을 본 그대로 오시리라 하였느니라

> **1** 데오빌로여 내가 먼저 쓴 글에는 무릇 예수께서 행하시며 가르치시기를 시작하심부터

저자인 **누가**가 그의 친구 데오빌로에게 쓴 글입니다.

그는 자신이 **전에 쓴 누가복음**을 요약하면서 **그리스도의 생애에 대한 역사를 전했다**고 언급합니다. 그리고 **예수의 부활의 증거를 요약**하고 부활 후 제자들에게 부탁하신 말씀과 지상에 계시던 40일 동안 그들에게 교훈하신 사실을 언급합니다. 또 **그리스도의 승천과 승천 전에 제자들과 나누셨던 담화와 승천하신 후 천사들이 제자들과 나눈 담화**에 대해 언급합니다.

저자는 자기가 기록한 **누가복음을 기초로 사도행전을 기록**하고 있습니다. 하나님의 말씀은 이전 것과 관계없는 새것이란 있을 수 없습니다. 이전 말

씀을 바탕으로 하여 그것을 **보완**하거나 **연결되는 말씀**이 주어짐으로 **성경 66권은 일맥상통**합니다.

누가복음의 내용은 "**예수의 행하시며 가르치기 시작하심부터 모든 것**"을 포함하고 있습니다.

이 말씀에서 우리가 깨달을 것이 있습니다.

예수님은 행하시고 가르치셨습니다. 그가 가르치신 말씀은 **그가 행하신 놀라운 역사에** 의해 확인되었습니다. 그 역사들은 **예수가 하나님께로부터 오신 선생임을 증명**해 준 것입니다(눅3:2).

열매로 그들을 알 수 있습니다. **먼저 행하고 가르치는 자가 진정한 선생**입니다. **선생의 삶이 설교로 이어질 때 그것이 제일 훌륭한 가르침**인 것입니다.

우리는 어디에서 말씀을 전하든지 **내가 먼저 배운 말씀을 지키는 자가 되고 그 결과를 충분히 맛본 후에 떳떳하게 다른 사람들에게 전할 수 있어야** 합니다. 전하는 자의 삶이 자기의 가르침과 다르면 **그 말씀들은 무가치하게 됩니다.**

예수님은 **가르치고 행하셨던 모든 일들을 교회의 기초로 삼으셨습니다.** 그리고 **제자들에게 성령을 보내주셔서 그들로 하여금 그 성령에 의해 예수님이 시작하신 것을 그대로 수행하게 하셨습니다.** 그 이후의 제자들도 마찬가지입니다.

만약 예수님과 그 제자들이 가르치고 행한 것과 **다르게 한다면** 그것은 진정한 그리스도의 **교회가 아닙니다.**

그러므로 **성령이 함께 하시지 않는 자들은** 예수님처럼 행하고 가르칠 수가 없습니다. 그가 아무리 달변으로 가르치고 심지어 능력을 나타낸다 할지라도 성령을 받지 못한 자들은 예수님과 다르게 행하고 가르칠 수밖에 없습니다. 그들은 어디까지나 **부패하고 타락한 인간들**이기 때문에 **그들 스스로는 결코 예수님과 같이 할 수 없기 때문**입니다. 우리는 예수님과 그 후대의 모든 신실한 종들이 한 것처럼 **그대로 행하고 가르쳐야만** 합니다. 특별하게 보이기 위해 다른 것을 가르쳐서는 안 됩니다.

네 명의 복음서 기록자들은 **예수께서 행하시고 가르치신 모든 사실**을 우리에게 전해주고 있습니다.

> *2 그가 택하신 사도들에게 성령으로 명하시고 승천하신 날까지의 일을 기록하였노라*

복음서 기록의 시대 범위는 '**그가 승천하신 날까지**' 로 되어 있습니다. 예수님이 세상을 떠나신 후 **몸으로 나타나신 일**은 복음서에서 찾아볼 수 없습니다. 마가복음과 누가복음은 주께서 하늘로 올라가시는 내용으로 끝을 맺고 있습니다(막16:19,눅24:51).

그리스도의 부활사실이 3절에 나옵니다.
주가 부활하신 가장 큰 증거는 "**그가 사도들에게 자신을 나타내 보이셨다**"는 것입니다.

사도들은 부활하신 예수님을 만났습니다. 예수님은 **되풀이하여 사도들에게 그의 손과 발과 옆구리에 있는 상처를 보이셨습니다**. 그들과 같이 거니시고 말씀을 나누셨으며 먹고 마셨습니다. 주님은 **자주 나타나 보이셨고 사십 일 동안**이나 **반복**되었습니다. 이렇게 예수님께서는 **부활 후에 지상에 오래 계**시면서 제자들의 **믿음을 강건하게** 하시고 그들의 **마음을 위로**하신 것입니다.
지금도 예수님은 우리의 연약함을 체휼하시는 대제사장이십니다.

그분은 우리 각자의 성품과 처지를 우리 자신보다 더 상세히 알고 계셔서 각자에게 적절하게 위로도 주시고 강하게 해주십니다. **우리가 주님의 제자로서 충실하게 걸어가는 한 이 주님의 도우심으로 아무리 못난 자라도 충성된 제자가 될 수 있습니다.** 이것이 얼마나 감사한 일인지 모릅니다.

예수님은 **제자들이 행해야 할 사업**에 대해 말씀하셨습니다.

> 3 그가 고난 받으신 후에 또한 그들에게 확실한 많은 증거로 친히 살아 계심을 나타내사 사십 일 동안 그들에게 보이시며 하나님 나라의 일을 말씀하시니라

예수님은 **선택한 사람**에게 **반드시 임무를 주십니다**. 그것은 곧 **그들에게 주신 특권**입니다.
"가령 그가 집을 떠나 여행할 때 그 종들에게 권한을 주어 각각 사무를 맡길 때(막13:34)" 라고 말씀하신 것처럼 제자들에게 **명령**과 함께 **권한**을 주신 것입니다.

예수님은 "**성령으로 명하셨다**" 고 했습니다(2절).
예수님은 제자들에게 **성령을 주심으로 그리스도의 말씀을 기억하게 하신 것**입니다. 그러므로 말씀하기를 그들로 **사명을 깨닫게 해 주시는 "성령을 받으라(요20:22)**" 하셨습니다. 예수님은 제자들에게 **사명을 부여하시고 성령을 주신 후에 승천**하셨습니다.

예수님은 **제자들이 가르칠 말씀에 대해 교훈**하셨습니다.

그것은 **"하나님 나라의 비밀"** 입니다.

마가복음 13장에서 그는 **"그 나라가 어떤 것이며 앞으로 예정한 시기에 그 나라가 세워지리라"** 고 말씀하셨습니다. 그리고 사도행전에서 **그 나라가 이 세상에서는 은총의 나라, 저 세상에서는 영광의 나라로서의 성격을 지니고 있음**을 말씀하셨습니다.

예수님은 그들이 **성령을 받도록 준비시키시고, 그들이 그 성령의 인도대로 예정된 길을 따르게 하신** 것입니다. 예수님께서는 성령이 오시면 **그들이 세상에서 무엇을 말해야 할 것을 자세히 알게 해주실 것**이라고 말씀하셨습니다.

예수님은 오직 **하나님과 그 나라에 대해서** 말씀하셨습니다.

우리 그리스도의 사람들은 이 세상의 그 어떤 것보다도 **하나님과 그 나라에 대하여 명확하게 알아야** 합니다. **하나님이 주신 말씀을 따라 하나님 나라에 들어가기 위해 전력을 다해야** 합니다. **하나님의 나라는 영원**하나 이 세상의 것들은 **잠깐 있다가 없어질 것**이기 때문입니다.

그러기에 예수님은 제자들에게 정치나 경제나 철학이나 문학이나 과학을 말씀하지 않으셨습니다. 우리 성도들의 직업도 이런 것들과 관련된 것이 많지만 이 모든 것들은 결코 영원한 것이 아님을 알고, **성실히 일하되 하나님 나라를 잃어버릴 정도로 거기에 몰두해서는 안 됩니다.** 우리가 둘 중 하나를 손해 봐야 한다면 그것은 마땅히 이 세상에 관한 것입니다. **이 세상의 것 때문에 영원한 것을 양보하고 손해 보는 어리석음을 결코 범해서는 안 됩니다.**

> *4 사도와 함께 모이사 그들에게 분부하여 이르시되 예루살렘을 떠나지 말고 내게서 들은 바 아버지께서 약속하신 것을 기다리라*

제자들이 **곧 성령충만을 받으리라**는 보장과 **성령충만을 기다리라**는 명령이 주어졌습니다. 그들은 약속된 때까지 기다려야만 했고 그때는 얼마 남지 않았습니다.

약속된 긍휼이 임할 것을 믿음으로 기다리는 성도들은 그때가 이를 때까지 참고 기다려야만 합니다. 하나님이 정하신 때가 가장 적절하고 복된 것이기에 우리는 인간의 생각으로 조급해해서는 안 됩니다.

또한 **지정된 장소, 예루살렘에서** 기다려야만 했습니다.

예루살렘에서 처음으로 성령이 부어졌습니다. 왜냐하면 **그리스도는 거룩**

한 산, 시온의 왕이요, 그 주님의 말씀이 **예루살렘에서부터** 사방으로 퍼지게 되어있기 때문입니다.

예수님은 예루살렘에서 **치욕을 당하셨고** 거기서 또한 **영광을 얻으셨습니다. 예수 그리스도의 십자가의 도가 바로 이 예루살렘에서부터 전 세계로 퍼져 나가야 하기 때문에** 이곳에 처음으로 성령이 부어진 것입니다.

이제 사도들은 갈릴리에 있을 때보다 예루살렘에 있을 때 **더 위험에 직면**하게 됩니다. 그러나 그들은 그것을 **기꺼이 받아들여야만** 했고 **그렇게 한 자들은 예수님께서 약속하신 것을 받았습니다.**

우리도 아무리 힘들고 괴로울지라도 **주님이 정해주신 장소에서 기쁨으로 의무를 다해야** 합니다. 일할 장소도 내가 편하고 좋은 곳을 선택해서 하는 것이 아니라 **하나님이 정해주시는 것**입니다.

사도들은 이제 **사적인 입장을 떠나 공적인 입장에 서서** 공회에도 끌려가 예수님처럼 핍박을 감수해야만 했습니다. 이것이 바로 **주님의 종입니다. 자기를 부인하고** 예수께서 정해주신 **십자가를 겨야만** 예수의 뒤를 따라가는 진정한 제자가 될 수 있습니다. 이러한 제자들에게 **약속되고 예정된 복이** 임할 것인데 그 복은 **위험과 고통을 감수하고도 기다릴 만한 가치가 있음을** 알게 되는 것입니다.

자기의 포부와 욕심을 다 성취하면서 그리스도의 종이 되는 것은 불가능하며 만약 그런 종이 있다면 그는 가짜일 것입니다.

> 5 요한은 물로 세례를 베풀었으나 너희는 몇 날이 못 되어 성령으로 세례를 받으리라 하셨느니라

"너희가 **성령으로 세례를 받으리라**" 고 하셨습니다.

이것은 그들에게 **성령의 충만함을** 주실 것을 말씀하는 것입니다.

그들에게 **이미 성령이 주어졌고**(요20:22) 성령의 도우심을 이미 받았습니다. 이제 그들은 **더욱 측량할 수 없는 은사와 은총과 위로를 받을 것입니다.** 제자들은 성령의 도우심으로 주님을 **더 잘 섬기게** 되고, 서로 **그리스도에게 견고히 연결됨으로 두려워 떨거나 무지무능하지 않게 되는 것**입니다.

> 6 그들이 모였을 때에 예수께 여쭈어 이르되 주께서 이스라엘 나라를 회복하심이 이 때니이까 하니 7 이르시되 때와 시기는 아버지께서 자기의 권한에 두셨으니 너희가 알 바 아니요 8 오직 성령이 너희에게 임하시면 너희가 권능을 받고 예루살렘과 온 유대 와 사마리아와 땅 끝까지 이르러 내 증인

▎ 이 되리라 하시니라

예수님은 **갈릴리와 예루살렘에서** 제자들을 만나실 것을 약속하셨습니다. 이렇게 함으로써 예수님은 십자가에서 죽으신 이후에도 **그들의 순종을 시험하셨고 자신의 부활을 더 분명히 확인시켜** 주셨습니다.

이에 제자들은 **예수님의 승천의 증인**이 되기 위해 예수님께서 약속하신 대로 함께 모였습니다. 이 때 제자들은 "**주께서 이스라엘을 회복하심이 이 때니이까?**" 라고 질문했습니다. 그것은 "유대나라를 로마에서 해방시켜 주시고 예수님이 우리의 왕이 되시겠나이까?" 하고 여쭈는 것이었습니다.

제자들은 **주님의 나라**에 대한 인식을 제대로 하지 못하고 있었습니다. 그들은 예수님이 이스라엘을 로마제국에서 정치적으로 해방시키시리라고 생각한 것입니다. 즉 다윗 왕이나 솔로몬 왕 때처럼, 또 아사 왕이나 여호사밧 왕처럼 이스라엘을 위대하고 뛰어난 국가로 일으켜줄 것이라고 생각한 것입니다. **예수님께서 그의 나라를 세우시려고 오신 것은 사실이나 그것은 지상의 나라가 아니라 하나님의 나라**였습니다.

오늘날 많은 성도들도 교회의 부흥을 외적인 허영과 권력에서 찾으려 하는 잘못된 생각을 가지고 있습니다. 예수님이 교회를 통해서 이루시는 나라는 세상의 나라처럼 강력한 정치와 군사력이나 부유함이 아닙니다. **교회가 사람의 숫자나 외형적인 자산으로 세력을 형성하고 그것을 드러내고 자랑하는 것은 잘못입니다. 교회는 예수 그리스도의 십자가의 도를 사람들에게 전해주고 그들이 주님을 영접하고 예수의 사람으로 변화되고 성장하도록 해야 합니다. 그리하여 이 땅에서도 복된 삶을 살고 영원한 천국에 들어가 하나님의 나라를 건설하고 확장하는 것입니다. 하나님의 나라는 어디까지나 사람들이 예수 그리스도를 믿고 구원을 얻어 이 땅에서와 천국에서 영원토록 하나님과 함께 사는 것**이며 우리는 그 일에 전력을 다해야 합니다.

이 세상의 모든 나라가 하나님의 것이므로 하나님은 이스라엘 나라가 흥하든 망하든 변함없이 영광을 받으실 것입니다. 우리는 성령의 도우심이 없이는 성경말씀을 오해하기 쉽습니다. 상징적인 말씀을 문자적으로 이해하거나 우리 인간위주로 해석할 때가 있습니다. 그러므로 **절대적인 성령의 도우심**이 필요합니다.

제자들에게 **위로부터 성령이 충만하게 임했을 때 그들의 생각은 교정**되어졌습니다. 오늘날 우리 성도들도 예수 그리스도를 확실하게 믿어 성령세례를 받고 성령에 의해 성경을 바르게 보고 깨닫는 자가 되어야 합니다. 그때의 제자들은 **이미 성령을 받았으나** 하나님의 말씀에 대해 아직도 많이 오해하고 있었습니다. 그러나 그들이 **예수님의 약속에 따라 성령의 충만을 받게 된 이후에** 그 모든 문제는 해결되었습니다. 그러므로 우리도 예수를 믿음으로 **성령을 받았음을 확신할 뿐 아니라 하나님의 말씀을 정확하게 깨닫기 위해 힘써야** 합니다.

제자들은 그 나라의 때에 관하여서도 잘못 이해하고 "**주여, 이 일을 이루심이 이 때니이까?**" 라고 질문했습니다.

전에 베드로가 요한에 관해 "**그는 어찌 되겠습니까?**" 라고 여쭸을 때 "**그것은 네가 알 바 아니다**" 라고 대답하셨습니다.

때와 기한에 대해서는 그들이 다 알도록 허용된 것이 아니었습니다. 우리는 하나님이 알게 해주시지 않은 것들에 대해 무절제하게 욕망을 가지거나 그것을 알려고 애쓰지 말아야 합니다.

예수님은 제자들에게 다른 사람들보다 **더 많은 거룩한 지식**을 주셨고, 더 많은 것을 가르쳐 주시기 위해 **성령을 보내실 것을 약속**하신 것입니다. 그러나 그들에게 **모든 것을 다 알게 하시는 것은 아니라고 말씀하십니다**. 우리가 아무리 많은 성경지식이 있다 할지라도 **하나님과 그 나라에 대해 알 수 있는 지식은 한정되어있음**을 깨닫고 결코 다 아는 것처럼 교만해서는 안 됩니다. 많은 이들이 성경을 통해 분명하게 나타내 주시지 않은 것을 스스로 발견하고 깨달은 것처럼 교만을 부리다가 **하나님의 말씀을 가감하는 엄청난 시험**에 빠집니다.

예수님은 **하나님 나라에 대한 비밀**을 충분히 말씀하셨고 **그가 보내실 성령**이 그 나라에 대해 "**장차 이루어질 일을 보여주실 것이다**" 라고 약속하셨습니다(요16:13). 그러나 그들은 정확한 시기를 알려고 기대하지 말아야 했던 것입니다. 우리는 그 때가 이 날일지 저 날일지 분명하게 말할 수 없습니다. 다만 **그 날에 대비하여 최선을 다해야** 할 뿐입니다.

그 날은 **하나님의 특권**이요, 아버지께서 **자신의 능력 안에 두신 날로써 하나님만이 아십니다. 그 날과 그 때는 하나님 안에 감추어져 있는 것입니다.**

하나님만이 알고 행하실 일에 대해 우리가 알려고 해서는 안 됩니다. 우리는 그저 하나님이 **우리에게 정하신 뜻을 깨닫고 우리의 할 일을 충실히 할** 뿐입니다.

예수님은 말씀하시기를 "때와 시기에 관하여는 너희의 알 바 아니다. 그것을 정확히 아는 일은 너희에게 유익이 없는 것이다. 오직 이것을 알지니 성령이 너희에게 임하시면 너희가 능력을 받을 것이요, 또한 너희가 나와 나의 영광의 증인이 될 것이다. 그 증언이 이곳 예루살렘에서 받아들여질 것이고 나아가 전 세계에 퍼질 것이다(7,8절)" 라고 하셨습니다.

우리는 예수께서 우리로 하여금 이 세대 속에서 자신과 그의 영광을 위하여 증인이 되게 하신 것만으로 참으로 영광스럽게 여겨야 합니다. 하나님은 보잘것없는 우리들에게 자신과 그 영광을 모든 사람들에게 증언하는 영광을 부여하신 것입니다.

그런데 그 일을 부끄러워한다면 하나님 앞에서 얼마나 외람된 일입니까? 또한 하나님과 그 영광을 증언하지 않고 나와 나의 목적을 앞세우고 증언한다면 그것이 얼마나 악한 일입니까? 그러므로 우리들은 언제나 예수 그리스도의 증인이 된 것을 최고의 영광으로 여겨야 하고 오직 그 일에 충성해야 합니다. 자칫 잘못하면 잘못된 증인이 되다가 무서운 진노를 당하게 됩니다. "너희가 내 증인이 되리라" 하셨습니다.

제자들은 예수 그리스도에 대한 모든 사실을 증언할 것이며, 그것을 확고히 하기 위해 "이적과 기적"이란 하나님의 특권을 갖게 되었습니다.

어떤 사본에서는 이 구절에 대해 "너희는 나를 위해 순교자가 되리라"고 기록되었습니다. 그리스도를 위해 죽음에 이르기까지 고통을 당하면서 복음 진리를 입증했던 그들은 이렇게 할 수 있도록 주님으로부터 능력을 받았던 것입니다.

그들은 본래 능력이 있거나 지혜나 지식이나 용기가 충분하지 않은 약하고 어리석은 사람들이었습니다. 그러나 "너희가 너희에게 임할 성령의 능력을 받으리니 너희보다 능력 있는 영에 의해 생기와 힘을 얻으리니 너희가 그 권능으로 복음을 전할 것이며 그것이 입증되리라" 하신 것입니다. 이 말씀대로 그들이 성령충만했을 때 모든 사람들에게 경탄의 대상이 되었습니다(18:8).

또한 "복음을 기적과 수난으로 확고히 세우리라" 하셨습니다.

그들은 끊임없는 환난을 당했으며 그때마다 놀라운 능력을 행사했습니다. 그들은 순교할 때까지 패배하지 않았습니다. 비록 순교했으나 그로 인해 더욱더 많은 사람들이 그리스도를 영접했습니다. 그들은 기꺼이 순교할 수 있을 정도로 하나님의 도우심을 받았습니다. 즉, 성령의 충만함을 받았습니다.

이제 **그들의 영향력이 점점 확대되어 나갈 것**을 말씀하십니다.

먼저 **"예루살렘으로 끌려갈 것이다"** 라고 하셨습니다.

"예루살렘에서 너희는 시작해야 하며 많은 사람들이 너희의 증언을 받으리라" 하신 것입니다. 그리고 **"과거에는 너희가 사마리아인의 성에서 말씀 전하는 것을 금했지만 이제 그 사마리아에도 가게 될 것이다. 너희는 땅 끝까지 이르게 될 것이다. 너희는 전 세계에 하나님의 복음을 전할 것이다"** 하셨습니다.

무지하고 천하고 연약했던 제자들의 인생이 이렇게 놀랍게 변화된 것입니다.

아무리 천한 인간이라도 예수 그리스도의 증인이 되면 그의 삶의 영역은 전 세계로 확대되며 그의 영향력도 점점 더 많은 사람들에게 미치게 됩니다. 이것이 바로 그리스도의 증인들에게 하나님이 주신 **특권**이요, **영광**입니다.

하나님은 **우리들을 우리가 서 있는 곳에서부터 시작하여 땅끝까지 가게** 하시며 점점 더 많은 사람들에게 가게 하십니다. 우리는 애써서 많은 시간과 돈을 소비하며 세계여행하려고 애쓸 필요도 없습니다. 우리는 예수님의 명령에 **순종하고 땅끝까지 가기를 결심하면 그 거룩한 능력에 의해** 어디든지 가서 복음을 전할 수 있습니다.

그러므로 **예수 그리스도를 믿고 훈련을 거친 자들은 땅끝까지 이르러 그리스도의 증인이 될 수 있음을 믿으며** 모든 것을 주께 맡기며 과감하게 나서야 합니다.

많은 제자들이 개인적인 인생에 미련을 두면서 이 영광스러운 길로 선뜻 나서지 못하고 있습니다. 그들은 **몇 십 년뿐인 아까운 시간들을 허망하게 낭비합니다.**

> *9* 이 말씀을 마치시고 그들이 보는데 올려져 가시니 구름이 그를 가리어 보이지 않게 하더라 *10* 올라가실 때에 제자들이 자세히 하늘을 쳐다보고 있는데 흰 옷 입은 두 사람이 그들 곁에 서서 *11* 이르되 갈릴리 사람들아 어찌하여 서서 하늘을 쳐다보느냐 너희 가운데서 하늘로 올려지신 이 예수는 하늘로 가심을 본 그대로 오시리라 하였느니라

이 말씀을 마치시고 예수님은 그들을 **축복하셨습니다**(눅24:50). 그들이 예수님을 쳐다보고 있는 동안 예수님은 점점 올라가시고 드디어는 **구름**이 그를 가리고 보이지 않게 되었습니다.

여기서 **예수님의 승천 광경**을 보게 됩니다. 그런데 예수님은 엘리야처럼 불병거와 불말로 올려져 가신 것이 아니라 **부활하실 때처럼 자신의 능력으로 하늘로 올라가셨습니다.**

예수님은 **오백여 명**이나 되는 사람들이 보는 앞에서 **서서히 하늘로 올라가셨습니다.** 이것은 그의 부활을 더욱더 분명히 증명해주는 것입니다.

우리 성도들도 주님이 **재림**하실 때에 **주님의 권능으로 부활하여** 천국으로 들어가게 될 것입니다.

예수님은 사람들 앞에서 **구름에 가리워** 하늘로 올라가셨습니다. 이 구름은 우리가 흔히 보는 구름이 아니라 왕 중의 왕이신 예수님을 영접하기 위해 특별히 준비된 것이며 **하나님의 찬란한 영광**을 상징합니다.

구약시대에도 하나님께서는 **구름에 감싸여 강림**하시기도 했는데 **예수님은 구름에 감싸여 승천**하셨습니다. **그 예수님이 하나님이신 것**을 사람들에게 다시 한 번 분명히 보여주신 것입니다. 예수님이 이 땅에 오실 때에는 어린아이의 모습으로 초라한 마구간의 구유에 오셨지만, 가실 때에는 **찬란한 영광의 구름에 감싸여** 본래의 자리로 올라가신 것입니다. 그 예수님은 **이 세상을 심판하기 위해** 다시 오실 때에도 **그와 똑같은 모습으로** 오신다고 하셨습니다. 우리는 예수님이 승천하신 것을 볼 수 없었으나 그와 똑같은 모습으로 재림하실 때 분명히 그 예수님을 보게 될 것입니다.

그 재림은 우리 하나님의 백성들에게는 **말할 수 없는 감격과 기쁨이 될 것**이니, 불신자나 우상숭배자들에게는 그들을 무서운 지옥에 쳐 넣기 위해 오시는 무시무시한 하나님으로 보며 두려워 떨며 통곡하게 될 것입니다. 얼마나 대조적인 광경입니까?

예수를 믿기만 하면 그런 놀라운 자리에 서게 될 터인데 끝내 예수를 거부한 자들은 그 단순한 거부가 얼마나 그들에게 **영원한 고통**을 가져다 줄 것인지를 알게 될 것입니다. 그러기에 우리는 이 사실을 저 바깥의 모든 사람들에게 전하기 위해 전력을 다해야 합니다.

이 때 두 천사가 그들에게 나타나서 **하나님의 메시지**를 전했습니다.
"갈릴리 사람들이여, 어찌하여 하늘을 쳐다보느냐?" 했습니다.

하나님은 제자들을 자신이 '**갈릴리 사람**' 이라고 부르셨습니다. 그들은 **질그릇에 불과한 무식한 갈릴리 사람**이라는 것을 상기시켜 주신 것입니다.

그들은 비록 당시 상류층은 아니었으나 **주님께 선택받고 교회를 세우는 영**

광스러운 특권을 가진 사람들이 되었습니다. 그러나 그들은 '갈릴리 사람'이라는 것을 기억해야만 했습니다. 결코 자신이 훌륭해서 그런 영광스러운 일에 부름을 받고 쓰임 받는 것이 아니란 것을 기억해야 했던 것입니다.

오늘날 우리 하나님의 일꾼들도 그렇게 해야 합니다.

나 자신이 얼마나 보잘 것이 없는 사람인지를 언제나 기억하며 주님이 주신 특권을 겸손하게 수행해야 합니다.

천사들은 예수님의 재림에 대한 신앙을 확고히 해줍니다.

"너희 가운데서 하늘로 올리우신 이 예수는 하늘로 가시는 것을 본 그대로 다시 오실 것이다. 그러므로 정하신 날이 이를 때까지 기다려라" 했습니다.

예수님은 죄인들에게 치욕을 받으시고 심판을 받으셨으나 이제 후에는 영광 중에 모든 사람들을 심판하러 다시 오신다는 것입니다.

예수님은 하늘로 가신 방법 그대로 다시 오실 것이라 했습니다.

예수님은 구름을 타고 승천하셨고 천사들이 그를 수행했습니다.

"보라, 이제 또 다시 구름을 타고 오실 것이요, 수많은 천사의 무리들이 그와 함께 오리라" 했습니다. 뿐만 아니라 고함소리와 나팔소리 가운데 올라가셨고(시47:5) 그 후에는 하나님의 호령과 나팔 소리와 함께 오실 것이라 했습니다(살전4:16).

"너희가 이제는 공중에서 구름으로 가리우신 예수님을 볼 수 없지만 그때에는 너희가 구름에 감싸여 오시는 주님을 만나게 될 것이다" 한 것입니다.

오늘날 우리도 시시때때로 하늘로 가신 우리 주님을 간절히 사모하며 바라고 있으나 때가 되면 그 주님의 재림이 번개처럼 임하여 우리 성도들을 깨울 것이며 그때에 우리에게 말로 다할 수 없는 위로와 용기를 줄 것입니다. 반면에 불신자들과 우상숭배자들은 그동안 전도자들이 말했던 것처럼 영광스럽게 재림하시는 예수님을 바라보며 질겁하고 두려워 떨 것입니다.

제 2 강

성도들의 기도, 가룟 유다의 죽음, 맛디아의 피택

행1:12~26

12제자들이 감람원이라 하는 산으로부터 예루살렘에 돌아오니 이 산은 예루살렘에서 가까워 안식일에 가기 알맞은 길이라 13들어가 그들이 유하는 다락방으로 올라가니 베드로, 요한, 야고보, 안드레와 빌립, 도마와 바돌로매, 마태와 및 알패오의 아들 야고보, 셀롯인 시몬, 야고보의 아들 유다가 다 거기 있어 14여자들과 예수의 어머니 마리아와 예수의 아우들과 더불어 마음을 같이하여 오로지 기도에 힘쓰더라 15모인 무리의 수가 약 백이십 명이나 되더라 그 때에 베드로가 그 형제들 가운데 일어서서 이르되 16형제들아 성령이 다윗의 입을 통하여 예수 잡는 자들의 길잡이가 된 유다를 가리켜 미리 말씀하신 성경이 응하였으니 마땅하도다 17이 사람은 본래 우리 수 가운데 참여하여 이 직무의 한 부분을 맡았던 자라 18이 사람이 불의의 삯으로 밭을 사고 후에 몸이 곤두박질하여 배가 터져 창자가 다 흘러 나온지라 19이 일이 예루살렘에 사는 모든 사람에게 알리어져 그들의 말로는 그 밭을 아겔다마라 하니 이는 피밭이라는 뜻이라 20시편에 기록하였으되 그의 거처를 황폐하게 하시며 거기 거하는 자가 없게 하소서 하였고 또 일렀으되 그의 직분을 타인이 취하게 하소서 하였도다 21이러하므로 요한의 세례로부터 우리 가운데서 올려져 가신 날까지 주 예수께서 우리 가운데 출입하실 때에 22항상 우리와 함께 다니던 사람 중에 하나를 세워 우리와 더불어 예수께서 부활하심을 증언할 사람이 되게 하여야 하리라 하거늘 23그들이 두 사람을 내세우니 하나는 바사바라고도 하고 별명은 유스도라고 하는 요셉이요 하나는 맛디아라 24그들이 기도하여 이르되 뭇 사람의 마음을 아시는 주여 이 두 사람 중에 누가 주님께 택하신 바 되어 25봉사와 및 사도의 직무를 대신할 자인지를 보이시옵소서 유다는 이 직무를 버리고 제 곳으로 갔나이다 하고 26제비 뽑아 맛디아를 얻으니 그가 열한 사도의 수에 들어가니라

> 12 제자들이 감람원이라 하는 산으로부터 예루살렘에 돌아오니 이 산은 예루살렘에서 가까워 안식일에 가기 알맞은 길이라 13 들어가 그들이 유하는 다락방으로 올라가니 베드로, 요한, 야고보, 안드레와 빌립, 도마와 바돌로매, 마태와 및 알패오의 아들 야고보, 셀롯인 시몬, 야고보의 아들 유다가 다 거기 있어 14 여자들과 예수의 어머니 마리아와 예수의 아우들과 더불어 마음을 같이하여 오로지 기도에 힘쓰더라

여기 예수님이 **승천하신 장소**, 곧 **감람산(올리브산)**이 나옵니다.

감람산 곁에는 **베들레헴**이 있습니다. 이곳에서 예수님의 고통이 시작되었고(눅22:39), 영광스럽게 승천하셨습니다.

여기에서도 그리스도의 수난과 승천이 연관성이 있음을 알 수 있습니다. **예수님은 죄인들의 죄를 대속하기 위해 이 땅에 오셔서 치욕을 다 당하셨으나, 그는 바로 죄인들의 구세주로 이 땅에 오셨던 성자 하나님이심을 분명히 보여주신 것**입니다.

제자들은 예루살렘이 핍박하는 자들의 소굴이었지만 예수님께서 지정하신 대로 그곳으로 돌아왔습니다. 하나님은 **그 백성들을 위해 적의 소굴 가운데서도 은신처를 마련**해주십니다.

제자들은 예루살렘에 있는 다락방에서 머물렀습니다.

주님께서 명하신 대로 순종하여 그곳에 **매일 모였고 예수님께서 약속하신 것을 고대하며 전심전력으로 부르짖었습니다.**

하나님으로부터 신령한 복을 받기 원한다면 하나님의 약속을 알고 있을 뿐 아니라 그것을 얻기 위해 간절히 고대하고 부르짖어야 합니다.

고귀한 것일수록 그것을 귀히 여기고 간절히 원하는 자에게 주어져야 귀하게 사용합니다. 그렇지 않는 자는 그것을 충실하게 사용하지 않습니다.

많은 성도들이 성경에서 하나님이 약속하신 것을 간절히 사모하거나 구하지 않음으로써 받지 못하고 있습니다. 하나님은 비록 아직 준비가 덜 되었다 할지라도 **강청하는** 자에게 고귀한 것을 주십니다. 그러므로 모든 성도들은 하나님께서 약속하신 것을 명확히 알고 그것을 간절히 고대하고 부르짖어야 합니다. **기도할 줄 모르는 사람이나 기도의 게으름뱅이는 결코 신령한 것을 받을 수가 없습니다.**

여기 **모인 제자들의 이름과 주의 어머니 마리아**도 나오는데 신약성경에서는 이들의 이름이 여기서 마지막으로 언급되고 있습니다.

거기에는 **예수님의 육신적인 형제들**을 비롯하여 **모두 120명**이 모여 있었습니다.

500여 명의 제자 중에 이 120명만 모인 것을 볼 때 이들은 제자들 중에서도 **평소에 예수님께 순종하고 충성하는 자들**이었음을 알 수 있습니다.

이렇게 **한 순간이 아니라 평소에 변함없이 잘 순종하고 충성하는 자들이 더**

큰 은혜의 자리로 나아가는 것입니다.

누가 과연 진정으로 순종하고 충성하는 자인지는 **그들이 점점 더 하나가 되는 것을 통해 분명하게 드러나 보입니다.**

사람의 눈에는 충성된 것처럼 보여도 실상은 그렇지 못한 사람들이 많습니다. **최악의 순간까지도 흩어지거나 배반하지 않고 한 몸을 이루는 자들이 진정 순종하고 충성하는 자들입니다.** 결국 그들의 행위가 그들 자신이 어떠함을 드러내는 것입니다.

성경은 **끝까지 견디고 이기고 남는 자만이 구원을 얻는다** 했습니다(마 24:13). 다함께 항해했더라도 **파선되는 배**는 안식의 항구에 도달할 수 없는 것입니다.

그들은 모여서 마음을 합하고 힘을 다하여 기도했습니다.

하나님의 백성은 **기도하는 사람들**, 즉 **하나님과 늘 대화하는 사람들**입니다. 무엇보다도 하나님을 사랑하고 섬긴다는 사람이 하나님과의 대화를 성실히 하지 않는 것은 있을 수 없는 일입니다. **점점 하나님을 알고 믿음이 성장하고 하나님의 은혜와 사랑을 맛보는 사람이라면 하나님과 더욱더 많은 대화와 교제를 가질 수밖에 없습니다.** 아기가 막 태어났을 때에는 실상 부모가 누구인지도 알지 못하며 말도 할 수 없으나 한 해, 두 해 지나가면서 부모를 알고 그 정성과 사랑을 알게 될수록 누구보다도 부모와 많은 교제와 대화를 나누는 것과 마찬가지입니다.

몇 년씩이나 **신앙생활**을 했음에도 **기도할 줄 모른다면** 그가 과연 예수 그리스도를 영접한 사람인지를 돌아보아야만 합니다.

예수를 영접했더라도 성실하게 말씀을 읽고 배우지 않으면 하나님을 제대로 알아갈 수가 없습니다. 갓 태어난 아기가 부모에게서 멀리 떨어져 다른 사람에 의해 양육을 받는다면 그 부모를 알 수 없는 것과 같습니다.

예수 그리스도를 영접한 사람은 하루도 빠짐없이 그 예수님이 하시는 말씀을 보고 듣고 배우는 일과 기도하는 일에 열심을 기울여야 합니다. 그렇게 함으로써 점점 주님을 알게 되고 믿음이 성장하고 **주님과 교통하는 법을 알게** 되는 것입니다.

교회에서 가르치는 사람은 이것을 명심하고 교회에 들어온 사람들에게 하나님의 말씀을 스스로 읽고 배우며 기도할 줄 알도록 적극적으로 가르치고 도와주어야 합니다.

모인 제자들은

(1) **전심으로 기도**했습니다.

그들은 이미 많은 고통을 당하고 있는 매우 위험한 상황이었습니다. 그들은 마치 이리들의 틈에 있는 양과 같은 처지에 있었습니다. 그들은 **한 자리에 모여 간절히 기도해야 했습니다.**

우리가 괴롭고 힘든 일이 있을 때 **그 무엇보다도 하나님께 간절히 부르짖어 기도하는 것이야말로 모든 문제를 해결하는 확실한 방법입니다.** 그때 제자들이 예수님이 명하신 대로 한 자리에 모여 전심으로 기도하지 않고 이리저리 흩어졌다면 그들은 **더 큰 위험을 만났을 것입니다.** 그리고 **주님이 약속하신 것을 받지 못했을 것입니다.**

하나님은 때때로 우리가 모든 것을 중단하고 오직 하나님 앞에 나아와 간절히 기도하도록 이끄십니다. 그럼에도 불구하고 기도는 하지 않고 자기 힘으로 무엇을 해결해 보려고 여기저기 쫓아다니는 어리석음을 범하지 말아야 합니다. 그렇게 하면 **하나님의 도우심을 받을 수 없고,** 더욱이 **하나님이 주실 것을 받을 수 없게** 됩니다. 그러므로 **성도는 어려운 때일수록 주님 앞에 나아가 간절히 기도해야** 합니다.

수렁에 빠진 양은 오직 목자가 와서 건져줘야만 합니다. 그 양은 목자가 자기를 발견할 수 있도록 **할 수 있는 대로 힘을 다해 부르짖어야** 합니다.

그리스도와 거룩한 일을 위해 보냄을 받게 될 그 제자들은 기도하는 일에 기꺼이 시간을 바쳐야 했던 것입니다. 그들은 **성령의 충만함을 기다렸으며 그것을 위해 기도했습니다.** 예수님께서 성령을 보내주겠다고 약속하시면서 **더 열심히 기도하라고 명하셨습니다.** 예수님도 기도하실 때 성령이 임하셨습니다(눅3:21,22).

진정한 영적인 축복을 받을 수 있는 사람은 기도하는 사람입니다.

하나님께서는 우리에게 무엇을 주시기 전에 먼저 주께 기도하기를 요구하십니다.

내가 소중히 여기지도 않고 간절히 구하지 않는 것을 주님이 주시지 않습니다.

그러므로 우리는 **약속실현이 가까워질수록 더욱 열심히 기도해야 합니다.** 때로는 약속실현이 가까웠을 때 **더 큰 시련이 오기도** 합니다. 이때 **결코 낙심하지 말고 계속 기도함으로 얼마나 간절히 원하는지를 충분히 주님께 보**

여드려야 합니다.

(2)제자들은 **계속 기도**했고 기도에 **많은 시간을 들였습니다.**
그들은 **기도하고 낙심치 말라**는 약속에 따라 **성령의 충만함을 받을 때까지** 한 곳에 머물러 간절히 기도했습니다.

(3)제자들은 그 이전에 늘 **하나님을 찬송했습니다**(눅24:53).
약속에 대해 찬양하는 것은 **약속의 실현을 바라는 예의바른 태도**이며 이전에 베푸신 긍휼을 찬송함으로 **더 큰 긍휼을 입을 수 있는 통로**가 됩니다. 그러므로 우리는 하나님께 구할 때에 **지금까지 베풀어주신 은혜들을 찬송하고 감사하며 해야** 합니다.

(4)그들은 모두 **한마음으로** 기도했습니다.
그들은 **이미 성령세례 받은 자들**로서 하나님의 사랑으로 **하나가 되었습니다**. 서로 사랑하는 가운데 **성령이 하나 되게 하심을 보전하는 것**은 더 큰 하나님의 위로와 은총을 받을 수 있는 최상의 조건을 갖추는 것입니다.
성도들이 합심하여 간구하는 것은 참으로 가치 있는 것입니다. 항상 모여 합심하여 기도하는 것이야말로 **한마음, 한 몸이 되었음을 실제로 보여주는 것**입니다. 이런 사람들은 누군가 대표로 기도할 때에도 언제나 한마음으로 같이 기도합니다.
우리는 **늘 한 자리에 모여 한마음으로 기도하는 것을 통해 한 몸 이루기를 더 구체화해야** 합니다.

> 15 모인 무리의 수가 약 백이십 명이나 되더라 그 때에 베드로가 그 형제들 가운데 일어서서 이르되 16 형제들아 성령이 다윗의 입을 통하여 예수 잡는 자들의 길잡이가 된 유다를 가리켜 미리 말씀하신 성경이 응하였으니 마땅하도다 17 이 사람은 본래 우리 수 가운데 참여하여 이 직무의 한 부분을 맡았던 자라 18 이 사람이 불의의 삯으로 밭을 사고 후에 몸이 곤두박질하여 배가 터져 창자가 다 흘러 나온지라 19 이 일이 예루살렘에 사는 모든 사람에게 알리어져 그들의 말로는 그 밭을 아겔다마라 하니 이는 피밭이라는 뜻이라 20 시편에 기록하였으되 그의 거처를 황폐하게 하시며 거기 거하는 자가 없게 하소서 하였고 또 일렀으되 그의 직분을 타인이 취하게 하소서 하였도다

유다의 범죄는 **수치와 파멸과 사도직의 공백**을 초래했습니다. 열두 제자는 **이스라엘 열두 지파를 대표**하여 임명되었는데 유다는 **그리스도를 배반함으**

로써 **영광스런 직분을 잃어버린 것**입니다.

우리는 주께로부터 큰 영광을 받았다 할지라도 **유다처럼 한순간에 잃어버릴 수 있다는 것**을 명심해야 합니다. 그러므로 **영광스런 사명을 받은 자일수록 그 귀한 자리에서 떨어지지 않기 위해 늘 깨어 기도해야** 합니다. 사탄은 초신자를 시험에 빠뜨리는 것보다 **가장 영광스런 직분을 맡은 자를 시험에 빠뜨림으로써** 하나님의 영광을 가리려고 애를 쓰기 때문입니다.

영광스러운 직책을 가졌던 자가 그것을 잃어버릴 때에는 **누구보다 더 하나님의 영광을 크게 가리는 것**임을 잊지 말아야 합니다.

120명이 한 장소에 모여 있었습니다.

그들은 **스데반의 죽음으로 인한 박해** 때까지 계속 함께 있었고 그 후 사도 외에는 여러 곳으로 흩어졌습니다. 이 120문도는 큰 나무로 성장하게 될 **겨자씨들**이었고 그리스도의 **교회를 세우는 첫 번째 주자들**이었습니다. 우리도 선한 뜻을 가지고 **끝까지 한 자리에 모임으로써** 이렇게 큰 영광을 차지할 수 있습니다. **하나 되지 못하고 자기의 이익을 따라 뛰쳐나가는 자들은 이런 영광을 누릴 수 없습니다.**

사도직의 공백에 대하여 그들의 대표격이었던 베드로는 말하기를 "**이 사람이 본래 우리 수 가운데 참여하여 이 중에 한 부분을 맡았던 자라**" 했습니다.

많은 성도들이 **보석을 구별해 내는 심판의 날에 성도들 가운데 자리를 같이 하지 못함**을 알아야 합니다. 진정한 그리스도인으로서 함께하지 못하고 자리만 채우는 사람이라면 **결코 보석의 무리**에 참예할 수 없고 그동안의 모든 수고도 헛되이 됩니다.

유다는 **거룩한 직무에 참여했어도 진정한 예수의 사람이 되지 못함으로** 아무 것도 얻을 수 없었고 파멸을 만날 뿐이었습니다.

사람을 그리스도에게 인도해야 할 유다는 오히려 그리스도를 적에게 인도했습니다. 그리스도에게 인도하는 일을 소홀히 해도 죄가 아닐 수 없는데 오히려 그리스도를 원수에게 인도했으니 그처럼 큰 죄가 어디 있습니까?

아차 하는 순간에 **그리스도를 전한다고 했다가 오히려 그리스도를 욕되게 하기 쉽다**는 것을 우리는 기억해야 합니다. 유다는 **부끄러운 삯**으로 받았던 **돈도 결국 잃어버렸습니다**(행1:18). 그는 그 불의의 대가로 얻은 돈으로 부자가 되려는 어리석은 계획을 세웠던 것입니다. 그 일은 자신에게나 가족에게

아무 유익이 없고 그에게 남은 것은 영원한 멸망과 수치였습니다.

그는 **치욕적인 죽음**을 맞았습니다.
그는 "나가서 스스로 목을 매달아 죽었다(마27:5)" 고 했습니다.

그러나 본서의 저자인 누가는 마태의 기록에 부연하여 말하기를 "**그가 목을 졸라 질식하여 곤두박질하여 얼굴을 처박고 죽었다**" 고 했습니다.
"목매달아 죽으면서 숨이 차고 심히 곤두박질하면서 배가 터지고 창자가 터져 나왔다" 했습니다.

예부터 배가 터져 죽는 것은 **반역자에 대한 처형법**이었습니다.
유다는 주 예수를 반역하고 자기 배를 채우려 했으므로 뱃속의 창자까지 흘러나온 것입니다. 더러운 이익으로 자기의 배를 불리려 했던 유다는 **영원히 멸망에 빠졌을 뿐 아니라 육신의 배도 갈라져 그 안에 있던 모든 것이 흘러나오게 된 것입니다.**
그리스도를 배반하며 불의한 이익을 얻으려 하는 것이 얼마나 철저한 멸망으로 치닫게 하는 것인가를 명심해야 합니다.

유다의 죽음을 예루살렘 모든 사람이 알게 되었습니다. 예수에 관한 소문이 사방에 퍼진 것처럼 예수를 배반한 자에 대한 말로도 모두에게 알려진 것입니다. 더욱이 그의 돈으로 산 밭에 '**피밭**' 이라는 이름이 붙어 **유다의 수치스러운 이름은 두고두고 수치의 표상으로 사람들에게 기억될 것입니다.**

이 유다에 관한 일도 구약성경에 이미 예언되었습니다.
16절에 "**이 일이 성취된 것은 마땅한 일이었다**" 했습니다.

다윗은 이 유다의 죄를 이미 예고하기를 "내 떡을 먹던 가까운 친구도 나를 대적하여 그 발꿈치를 들었나이다(시41:9)" 했습니다. 예수님도 이 말씀을 알고 계셨고 유다가 받을 형벌도 이미 예고되어 있었습니다(요13:18).

이렇게 **인류역사의 모든 사건들은 모든 것을 아시는 하나님에 의해 이미 간파되고 있고 하나님은 그 대비책을 완벽하게 세우고 계십니다.**
하나님은 인간이 무엇을 선택할지를 이미 아시지만 **인간들 스스로 선택하게 하셨습니다.** 하나님 마음에 합한 자가 되어 충성되게 일할 때 하나님은 그 일을 더 잘하도록 **선택을 도와주시기도** 합니다.
때로 하나님은 과거에 애굽의 바로 왕이 거듭되는 재앙에도 불구하고 **마음**

을 강퍅하게 하도록** 하신 것처럼 하나님의 진노와 저주를 받아야만 할 자들에게는 **그 죄악에 대한 형벌로써 잘못된 선택을 하도록 내버려두시기도** 하십니다. 그러나 그것은 어디까지나 이미 그가 저지른 죄악에 대한 형벌로 하실 뿐 처음부터 그렇게 하시지 않습니다.

우리는 언제나 **하나님이 기쁘게 여기시고 함께해 주시는 사람**이 되어야 합니다. 그래서 모든 상황에 있어서 **합당한 것을 선택하도록 도우시는 은총을 반드시 입어야** 합니다. 이것이 얼마나 잘 되느냐에 따라서 우리의 인생이 크게 좌우됩니다.

그러므로 우리가 인간의 욕심을 따를 것이 아니라 **하나님께서 나를 사랑하시고 함께 해주실 만한 사람이 되기 위해 먼저 힘써야** 합니다. **날마다 '어떻게 하면 주님을 기쁘시게 할까? 주님이 칭찬하실까?'** 염두에 두고 모든 것을 판단하고 계획해야 합니다. 우리 생활에 반드시 이것을 **습관화**해야 합니다. 많은 성도들이 이것을 제대로 못함으로 애쓰며 살아도 보잘것없는 결과를 얻거나 낭패를 당하게 되는 것입니다.

이제 유다의 직분은 **타인이** 취하게 됩니다.

베드로는 "**그 직분을 타인이 취하게 하소서**(시109:8)"라는 말씀을 인용합니다.

하나님의 약속은 인간이 그것을 불신한다고 하여 효력이 상실되지 않습니다. 유다의 **사도직은 다른 사람에게 계승**되었습니다. 그가 살던 곳은 아무도 살지 않게 되었다고 기록되고 상속자도 없었다고 전해집니다. 그러나 그의 사도직이 끊어지겠다는 예언은 어디에도 없습니다.

한 가지가 잘리면 다른 가지가 움터 버젓이 한 나무로 존재하는 것처럼 **교회에서 직분을 맡은 자가 떠난다 해도 다른 사람에 의해 그 자리는 채워지기 마련**입니다.

> 21 이러하므로 요한의 세례로부터 우리 가운데서 올려져 가신 날까지 주 예수께서 우리 가운데 출입하실 때에 22 항상 우리와 함께 다니던 사람 중에 하나를 세워 우리와 더불어 예수께서 부활하심을 증언할 사람이 되게 하여야 하리라 하거늘 23 그들이 두 사람을 내세우니 하나는 바사바라고도 하고 별명은 유스도라고 하는 요셉이요 하나는 맛디아라 24 그들이 기도하여 이르되 뭇 사람의 마음을 아시는 주여 이 두 사람 중에 누가 주님께 택하신 바 되어 25 봉사와 및 사도의 직무를 대신할 자인지를 보이시옵소서 유다는 이

> 직무를 버리고 제 곳으로 갔나이다 하고 26 제비 뽑아 맛디아를 얻으니 그가 열한 사도의 수에 들어가니라

여기에 **빈자리를 채울 인물이 갖춰야 할 자격**이 설명되어 있습니다.
주 예수께서 우리 가운데 출입하실 때에 계속 함께 다니던 사람 중의 하나여야 한다 했습니다.

즉 그는 요한의 세례를 시작으로 그리스도의 복음이 확장되고 예수님이 승천하신 날까지 3년 반 동안 **예수님의 가르치심과 행하심, 역사를 목격한 자**라야 했습니다.

하나님의 나라에서도 귀한 자리에 서게 되는 자는 비록 그가 처음에는 낮은 자리에 있었더라도 **주어진 임무에 끊임없이 충실한 사람이어야 한다**는 것을 보여줍니다.

작은 일에 충성된 자에게 더 큰 일도 맡길 수 있습니다. **예수님의 가르치심과 행하심**을 처음부터 끝까지 잘 알지 못하는 사람은 그리스도의 사역자로, 즉 복음의 전파자로, 또한 교회의 지도자로 임명될 수 없는 것입니다. 사도들과 동행했던 사람들 외에는 사도가 될 수 없었습니다. 이따금 사도들을 만난 것이 아니라 **그들과 계속 친숙하게 교제하고 주님이 시키시는 대로 함께 했던 사람**이어야만 했습니다.

빈자리를 채우기 위해 **선택받은 사람의 의무**가 설명되고 있습니다.
"그는 우리와 더불어 예수의 부활하심을 증거해야만 한다" 했습니다.

이 말씀 속에도 예수께서 사도들에게 나타나셨을 때 열한 사도들과 다른 제자들도 같이 있었음을 보여줍니다.

사도들이 세상에 증언했던 가장 위대한 사실은 **예수 그리스도의 부활**입니다. 이 부활이야말로 **'예수의 메시야 됨'의 가장 명백한 증거**였으며 **예수에 대한 죄인들의 희망의 근거**가 되었습니다.

사도들은 세상적인 권력이나 지배를 위해 존재하는 것이 아니라 **예수 그리스도와 그 부활의 능력을 전파하기 위해 준비된 자들**이었습니다.

성도들은 이와 같이 **오직 예수 그리스도의 부활을 증언하는 일을 가장 큰 영광으로 여겨야** 합니다. 복음전파자가 세속적인 권위나 인기나 지배를 추구하는 것은 있을 수 없는 일입니다.

그런 자는 분명히 **자신의 정로를 크게 이탈한 자**입니다.

예수님을 계속 따라다녔던 성실한 두 사람이 후보로 추천되었습니다. "저희가 두 사람을 추천하니" 했습니다.

요셉과 맛디아는 그리스도의 교회의 귀중한 인물로 사도직을 받기에 합당한 사람들이었습니다. 이 두 사람은 **자기를 내세우거나 그 직분을 위해 다투지 않았고 임명될 때까지 겸손히 기다렸습니다.**

우리도 하나님으로부터 거룩한 직분을 받을 때 **자신의 욕망에 따라 수단과 방법을 사용해가면서 받으려고 해서는 안 됩니다.** 교회 안에서 투표로 선택할지라도 더 많은 표를 얻기 위해 인위적으로 힘써서는 안 됩니다. **성령께서 성도들의 마음을 감동하여 어떻게 그 결과가 나오든지 겸손히 받아들여야 합니다.**

제자들은 **기도로 하나님께서 정해주실 것을 간구**했습니다. 두 사람 중에 누구를 택해야할지 중심을 보시는 하나님께 기도했습니다.

"사람이 자기를 아는 것보다 뭇 사람의 마음을 잘 아시는 주여" 라고 기도했습니다.

모든 사람의 마음을 아시는 주님께서는 거룩한 목적을 위해 유다도 열두 명 중 하나가 되게 하셨습니다. **하나님은 사람의 중심을 보시며 선택하신 자들을 그의 장중에 두시고 뜻하시는 대로 지휘하시지만 그들이 합당치 않을 때에는 가룟 유다와 같이 그 자리에서 제하십니다.**

예수님은 **모든 것을 완벽히 통찰하시는 분**이시므로 가룟 유다가 어떤 일을 할지 아셨음에도 불구하고 유다를 선택하셨습니다. 유다는 예수님을 팔기 전에 분명히 지적을 받았고 **회개하여 돌이킬 기회**가 있었습니다. 그러나 그는 끝내 그것을 하지 않았고 **위대한 직분에서 제외**된 것입니다.

제자들은 **맛디아**를 하나님이 선택한 형제로 받아들일 준비가 되어있었습니다. 그들은 자기가 바라는 사람을 봉사와 사도직에 참여하도록 고집하거나 주장하지 않았습니다.

제비에 의해 맛디아가 선출되었습니다.

제비뽑기는 하나님에게 호소하는 것으로써 다른 방법으로는 결정하기 어려운 문제를 결정하는 유일한 해결책이었습니다. 그것은 **믿음의 기도와 함께** 행해졌습니다.

"사람이 제비를 뽑으나 이를 작정하기는 여호와께 있느니라(잠16:33)" 했습니다. 옛날, 장로가 제비뽑기로 결정될 때 **그 결정이 하나님의 행위로 간**

주되었던 것처럼 이때에도 인간의 수단에 의해 성직에 임명된 것이 아니었습니다.

이렇게 하여 빈 사도직이 채워졌고 후에 열둘 중에 다른 하나인 **야고보**가 순교했을 때에는 **바울**이 사도가 되었습니다.

여기서 우리가 다시 한 번 기억할 것은 유다는 **범죄함으로 그 영광스러운 일에 참여치 못하게 되었고** 사도의 자리에서 쫓겨났으며 자살함으로써 지옥에 갔습니다.

주님은 유다를 향해 "**차라리 나지 않았다면 제게 좋을 뻔하였다**"고 말씀하셨습니다. **그리스도를 배신한 사람들은 예수와 고귀한 관계를 끊어버림으로 온갖 비참함을 겪게 되는 것을 명심해야** 합니다.

제 3 강

오순절에 제자들에게 성령충만이 임함

행2:1~13
1오순절 날이 이미 이르매 그들이 다같이 한 곳에 모였더니 2홀연히 하늘로부터 급하고 강한 바람 같은 소리가 있어 그들이 앉은 온 집에 가득하며 3마치 불의 혀처럼 갈라지는 것들이 그들에게 보여 각 사람 위에 하나씩 임하여 있더니 4그들이 다 성령의 충만함을 받고 성령이 말하게 하심을 따라 다른 언어들로 말하기를 시작하니라 5그 때에 경건한 유대인들이 천하 각국으로부터 와서 예루살렘에 머물러 있더니 6이 소리가 나매 큰 무리가 모여 각각 자기의 방언으로 제자들이 말하는 것을 듣고 소동하여 7다 놀라 신기하게 여겨 이르되 보라 이 말하는 사람들이 다 갈릴리 사람이 아니냐 8우리가 우리 각 사람이 난 곳 방언으로 듣게 되는 것이 어찌 됨이냐 9우리는 바대인과 메대인과 엘람인과 또 메소보다미아, 유대와 갑바도기아, 본도와 아시아, 10브루기아와 밤빌리아, 애굽과 및 구레네에 가까운 리비야 여러 지방에 사는 사람들과 로마로부터 온 나그네 곧 유대인과 유대교에 들어온 사람들과 11그레데인과 아라비아인들이라 우리가 다 우리의 각 언어로 하나님의 큰 일을 말함을 듣는도다 하고 12다 놀라며 당황하여 서로 이르되 이 어찌 된 일이냐 하며 13또 어떤 이들은 조롱하여 이르되 그들이 새 술에 취하였다 하더라

> *1* 오순절 날이 이미 이르매 그들이 다같이 한 곳에 모였더니 *2* 홀연히 하늘로부터 급하고 강한 바람 같은 소리가 있어 그들이 앉은 온 집에 가득하며 *3* 마치 불의 혀처럼 갈라지는 것들이 그들에게 보여 각 사람 위에 하나씩 임하여 있더니 *4* 그들이 다 성령의 충만함을 받고 성령이 말하게 하심을 따라 다른 언어들로 말하기를 시작하니라

메시야에 대한 선지자들의 약속과 메시야의 오심 사이에는 **여러 세대의 간격**이 있습니다. 그러나 **성령충만에 대한 주님의 약속과 그 성령충만함이 임하는 것 사이는 몇 날에 불과**했습니다.

제자들이 그 약속을 기다리는 동안 그들은 이미 예루살렘에서 시작하여 땅 끝까지 복음을 전파하라는 명령을 받았으나 숨어있었으며 복음을 전하지 않았습니다. 그러나 바로 이 장에서 **성령의 충만함이 그들에게 임하자 즉시로 나가 복음을 전파하는 놀라운 모습**을 보여줍니다.

이 장은 **성령충만이 제자들에게 임한 것**을 설명하고 있습니다.

성령충만함이 임한 때는 오순절날이었습니다.
이날은 **아빕월 16일, 즉 유월절 다음날로 그리스도께서 부활하신 날에서 일곱 안식일의 수효를 채우고 난 다음날**이었습니다(렘23:15).
"**이날이 이미 이르렀다**"는 것은 **전날이 지나고 새날이 이르렀음**을 뜻합니다.

성령충만함은 큰 명절에 임했는데 유다 각 지방에서 온 사람들과 세계의 각처에서 온 개종자들로 예루살렘은 가득히 찼고 **이 놀라운 일이 많은 사람들에게 공개되어 그것이 사방으로 퍼져 나아가 모든 나라에 복음을 전하는 데에 기여**했습니다.

오순절 명절은 **시내산에서 율법을 전수받은 것을 기념하기 위해 지켰던 명절**이었습니다. 바로 **이때에 맞추어 성령이 불과 방언으로 임함으로 한 국가가 아니라 모든 민족에게 복음이 전파되게 된 것**입니다.

오순절 명절은 **일요일**이었습니다.
이날은 **기독교인의 안식일로 더욱 공고하게 되었습니다. 주께서 제정하신 날로써 같은 일요일에 일어난 두 가지 복된 사건, 즉 그리스도의 부활과 성령충만의 임재로써 교회에게 기념되며 큰 의의를 가지게 된 것**입니다.
이 사실은 우리가 **이날을 "주의 날"로 지킴을 정당화시켜주고 거룩하게 함으로 하나님이 주신 큰 복에 대해 특별히 찬양하도록** 가르치고 있습니다.

우리는 매주일마다 **그리스도의 부활과 성령충만의 임재를 말씀과 기도와 찬양으로 기념해야** 합니다. 주일마다 모여 예배드리며 예수 그리스도의 부활을 상기하며 찬송하고, 아울러 **우리에게도 성령충만함을 부어주신 것을 감사하며 앞으로도 계속 부어주실 것을 간절히 기도해야** 합니다. 이러한 예배가 **살아있는 예배요, 진정한 예배**입니다. 우리는 결코 예배가 사람들의 잔치나 모임으로 전락하지 않도록 주님 오시는 날까지 이러한 예배를 **잘 간수하고 전수해 나가야** 합니다.

그때는 **다같이 예루살렘의 한 다락방에 모여 있을 때**였습니다.
이곳이야말로 "**하나님이 선택하신 곳**"이요, "**그 이름을 두신 곳**"이요, 예언에 이르기를 "**주의 말씀이 여기에서부터 모든 민족에게 전파되리라**" 기록된 곳이었습니다(사2:3). 이곳은 "**모든 경건한 사람들이 모이는 곳**"이었습니다. **하나님께서는 여기서 그들을 만나고 복 주실 것을 약속**하셨습니다. 그러므로 **세상에서 제일 큰 복, 즉 성령의 충만함을** 이곳에 모인 무리들에게 주신 것입니다.

예수님은 예루살렘에서 상상할 수 없는 치욕을 받으셨으나 하나님은 아직도 예루살렘으로 하여금 이 영예를 누리게 하셨습니다. 예수님은 각 처에 남은 자들을 두시며 예루살렘에도 남은 자를 두셨습니다.

이곳에서 제자들은 **한 곳에 모여 있었습니다.**

그들은 **모두 한마음**이었습니다.

그들이 주님과 함께 있을 때에는 "누가 위대한가? 누가 큰가?" 하는 문제로 자주 다투었으나 이제 그런 모습은 없었습니다. 예수님께서 그들에게 나타나 **숨을 내쉬며 "성령을 받으라"** 하셨을 때 **성령은** 그런 어리석음을 제하셨고 **거룩한 사랑이 그들 속에 자리잡게** 하신 것입니다. 그들은 **늦게까지 함께 모여 더욱 기도에 힘썼습니다.** 이 기도는 그들로 하여금 **서로 더욱 사랑하게** 했습니다.

이들에게 예수님은 큰 은총을 베풀어 **성령충만함을 주셨습니다.** 성령충만함은 소란한 곳이 아니라 **골방에 모여 간절히 기도하는 곳**에 임했습니다.

성령의 충만함은 예수 그리스도를 믿고, 모이기를 힘쓰며, 한 몸을 이루고, 서로 뜨겁게 사랑하며, 최고의 은총을 얻기 위해 부르짖는 자들이 받습니다.

성령충만함을 받기를 바라는 자들은 먼저 **다른 성도들과 한마음이 되도록 힘써야** 합니다. 서로 성격과 취미와 연령이 다르더라도 **하나가 되도록 힘쓰고 서로 진정으로 사랑해야** 합니다. 주님은 형제들이 연합하여 모인 곳을 **기뻐하고 축복하십니다.**

성도들은 **거룩한 전에 모여 말씀을 나누며 기도하며 서로에 대한 사랑을 키워야 합니다.** 오늘날 많은 성도들이 **점점 성전을 멀리하고 모이기를 싫어하며** 서로 사랑하는 일에 실패하기에 성령충만함을 마치 그림의 떡과 같이 바라볼 수밖에 없습니다.

본문에서 **성령의 충만이 그들에게 임하신 상황을** 보여주고 있습니다.

구약시대에 하나님은 자주 **구름 속에서 강림**하셨습니다. 첫 계약을 맺으실 때에도, 후에 예루살렘 성전에 임하실 때에도 그랬습니다. 그러나 이제 **성령은 구름 속에서 강림하지 않으시고 불과 같이, 빛과 같이** 임하셨습니다. 거기에 **강한 바람과 같은 큰 소리**가 있었습니다. 그 소리는 일반적인 바람이 아니라 **갑자기 강하게 임할** 뿐만 아니라 **하늘로부터 우레와 같은 소리**가 있었습니다(계6:1).

시편 135편 7절에 "**하나님께서 바람을 그 곳간에서 내시는도다**" 했습니다. 또 잠언 30장 4절에 "**하나님께서 바람을 그의 장중에 모았다**" 했습니다. 성령의 역사는 바람과 같았습니다.

"**네가 소리는 들어도 어디서 오며 어디로 가는지 알지 못하나니**(요3:8)" 하셨고, "**여호와의 길은 회리바람과 광풍에 있다**(나1:3)"고 말씀하셨습니다. 마치 그 앞의 모든 것을 위압하듯이 아주 강렬했고 큰 소리와 놀라운 위력으로 임했습니다. 이것은 인간의 영혼과 세상에 미치는 **성령의 위력**을 의미합니다. 그들은 **하나님으로부터 능력을 받아 일하게 된 것**입니다.

그들이 앉아있는 곳에 성령의 역사가 가득했고(2절), **그들은 박차고 나가 복음을 전했습니다.**

예수님 출생 때에 동방박사를 인도한 별이 아기가 누워있는 집까지 이동하여 그 위에 멈추었던 것처럼 **성령충만함의 현상은 특정한 한 집에 한정하여 일어났지만 이 놀라운 사건은 곧이어 전 세계에 퍼져나갔습니다.**

그들은 불이 혀같이 갈라지는 것을 보았으며 **성령을 상징하는 이것이 그들 각자에게 임했습니다.**

혀의 형태가 각 사람의 머리 위에 머물렀고 그 후 여러 나라 말들이 쏟아져 나왔습니다. 혀와 같은 모양으로 임했다는 것은 **예수 그리스도의 복음이 언어로 전파될 것**을 의미하며 그것이 **불의 혀**라고 함은 **그 복음은 인간들의 악한 마음을 녹이고 불순물을 태우며 사람을 새롭게 하여 구원 얻게 하는 능력이 있음을 의미하는 것입니다.**

그들에게 보인 것은 '**불**' 이었습니다.

이것은 세례요한이 예수님에 대하여 말한 바 "**그는 불과 성령으로 너희에게 세례를 주리라**" 한 것의 성취였습니다. **불로 임하는 성령의 충만함**이었습니다.

그들은 오순절 명절을 맞이하여 **시내산에서 율법을 전수받은 일을 기념하고 있었습니다.** 이 율법도 화염 속에서 전수되었으므로 **불과 같은 말씀**(Law)이라 불렸고 복음도 이와 같은 것이었습니다. 에스겔은 **타오르는 숯불 속에서 그의 사명을 확고히 했고**(겔1:13), 이사야도 **그의 입술에 닿은 숯불로 그의 사명을 새롭게 했습니다**(사6:7).

이 불같은 성령은 아무리 악한 마음도 녹이며 모든 불순물들을 제거하고 하

나님을 알고 믿게 하는 놀라운 능력이 있습니다.

그 불이 "갈라진 혀"의 형태로 나타난 것은 성령의 역사가 다양하게 나타날 것을 의미하기도 합니다.

그들이 "각 나라의 말로" 복음을 전파했다는 것은 방언도 성령의 역사 중 하나임을 보여줍니다. 또한 불이 혀와 같이 갈라진 것이 제자들에게 임했다는 것은 성령은 그들에게 지식을 부여할 뿐 아니라 그들이 아는 것을 세상에 공포할 수 있는 강력한 능력을 주심을 뜻합니다.

혀 같은 불꽃이 여러 갈래로 갈라진 것은 하나님이 "모든 민족에게 골고루 그의 은혜를 알게 하신다"는 뜻입니다. 비록 여러 갈래의 불이 그들에게 임했으나 그들은 언제나 한마음으로 뭉쳐 있었고 오직 그리스도의 복음을 똑같이 전했습니다.

옛날 바벨탑 사건 때에 언어가 분산된 것은 그들이 오직 하나님만이 말씀하시고 가르치시던 말씀을 망각했을 때 완전히 하나님께 대한 신앙을 잃어버리고 우상숭배자로 전락했기 때문이었습니다. 그러나 그 후 약 2000년 후에 이르러서 하나님은 다시 언어를 분산시키셨는데 그것은 모든 나라의 사람들이 예수 그리스도를 알고 구원 얻게 하시기 위함이었습니다. 하나님은 인간들의 죄악으로 인해 분산된 언어를 통해 그리스도의 복음이 전 세계의 만민에게 전파되도록 성령의 충만함을 부으시고 이루셨습니다. 하나님은 참으로 능치 못함이 없으신 분입니다.

이 불꽃이 한동안 그들에게 임했는데 이는 성령이 그들에게 상주하심을 보여줍니다.

구약시대의 예언적인 은사는 간헐적으로 수행되었습니다. 그러나 제자들의 눈에 보이는 불꽃은 사라져도 성령충만함은 늘 그들과 함께 했습니다. 성령의 충만함은 언제나 하나님의 능력이 함께하여 어느 나라, 어느 민족에게든지 가서 정확하게 복음을 증거하게 하시기 위해 주신 것입니다. 그러므로 과연 세계만방 땅끝까지 이르러 복음을 전파하기를 원하는 성도는 반드시 이 성령의 충만함을 입어야 합니다.

성령충만함 없이 선교사로 나가는 것은 가장 중요한 무기도 없이 전쟁터로 나가는 것처럼 위험하고 무모한 일입니다. 그런 선교사들이 나가 선교할 때에 많은 시간과 물질이 허비됩니다. 그러나 성령충만함을 입은 자들은 성령의 강력한 능력에 의해 모든 것이 채워지고 모든 싸움에서 승리하며 모든 일을 가능케 할 수 있습니다.

오순절 마가의 다락방에서 성령충만함을 받은 자들에 의해 복음이 전파되고, 끊임없이 이적과 기적이 나타났던 것처럼 **성령충만함을 받아야** 어떤 문제도 극복할 수 있고 모든 **영적 싸움에서 승리할** 수 있으며, **모든 필요를 채움 받을 수가** 있습니다.

교회들은 건물을 크게 짓고 예산을 늘리기보다는 **성령충만을 받은 성도들이 점점 더 많아지기 위해 전력을 다해야** 합니다. 조그마한 마가의 다락방에 모여 있던 120명이 성령충만함을 받았을 때 그들은 **전 세계에 그리스도의 교회를 세우는 능력자들**이 되었습니다. 그들이 큰 성전을 짓고 수천 명, 수만 명을 모으고 많은 헌금을 드려서 그런 일을 할 수 있었던 것이 아니었습니다. 오늘날 건물에 너무 많은 돈을 투자하고 외형적인 규모로 교회를 자랑하는 것은 결코 잘하는 일이 아닙니다. 여기저기 개척교회가 많이 생겨나야겠으나 **성령충만함을 받은 성도들이 교회를 개척한다면 그러한 교회가 많아질수록 민족복음화와 세계복음화는 확실하게 이뤄질 것입니다.** 그러므로 교회마다 **어린아이 때부터 경건생활에 착념하게** 하고 **성령충만함을 받을 수 있는 기본요건을 갖추게 해야** 합니다.

특별히 직분을 받은 자들이 성령충만함을 받기 위해 전심전력해야 합니다. 성령충만함을 받은 자가 한 사람도 없는 교회는 아무리 규모가 커도 능력 있게 사역할 수 없고 확실하게 복음을 전파할 수 없습니다. 성령충만함이 없는 자들끼리 모여서 주의 일을 열심히 할 수 있으나 언젠가는 지쳐버리게 될 것입니다. 왜냐하면 그들은 **불이 혀같이 갈라지는 성령의 강력한 능력을 힘입지 못하기 때문입니다.**

120문도는 성령충만을 받아 전보다 더욱 힘 있게 일을 전개했습니다. **그들 모두는 성령의 능력 안에서 세상과는 구별된 거룩하고 영적인 사람들이 되었습니다.** 그들은 무엇보다 **성령님의 위로로 충만**했고 그리스도의 사랑과 천국에 대한 소망 가운데 기쁨이 충만했습니다. 따라서 그동안의 그들의 슬픔과 두려움은 깨끗하게 사라졌습니다. 그리하여 그들은 인간적인 모든 감정을 초월하여 강하고 담대하며 능력 있게 복음을 전파할 수 있었습니다. 이 **성령충만함은** 그 후 세워질 모든 교회의 충성된 자들에게도 임했습니다.

그러므로 오늘날이야말로 우리는 **이 권능을 입어야** 합니다.
성령충만의 역사는 마가의 다락방뿐 아니라 **그 후 모든 시대의 하나님의 충**

성된 자들에게 주십니다.

제자들은 성령충만함을 받자마자 자신들이 가졌던 모든 인간적인 감정과 현실적인 문제들의 굴레에서 완전히 벗어났습니다. 무엇보다 복음을 전파하는데 있어서 더 강력한 능력이 행사되었고 어떠한 환난과 시련도 문제되지 않았습니다.

오늘날도 복음을 원근각처로 전하고자 하는 자는 반드시 이 성령충만함을 받아야 합니다. 성령충만 없이도 전도할 수는 있으나 그것은 마치 **오순절 이전에 감정과 현실에 억눌려 숨어 지내며 겨우겨우 전도했던 것과 같이 모든 문제를 극복해가며 모든 무릎을 주 예수 앞에 꿇게 하는 능력의 전도**는 할 수가 없습니다. 그래서 많은 성도들이 나름대로 열심히 전도하다가도 **얼마 못 가서 지쳐서 중단하게** 되는 것입니다.

그들은 자기가 사용하던 말 외에 다른 나라 말을 배운 적이 없는 사람들이었으나 **여러 나라 말로 말하기 시작합니다.** 그들은 **성령이 이끄시고 말하게 하시는 대로 하나님의 말씀을 대언했고 하나님의 성호를 찬양**한 것입니다.

성령충만함의 결과는 이렇게 **놀라운 기적을 나타냅니다.** 하나님의 능력이 나타나 **인간과 현실을 초월한 전도를 수행할 수** 있습니다.

오늘날 교회는 더 많은 사람들을 구원하기 위해 연예인들을 부르거나 선물 공세 등 인간적인 방법이 아니라 **성령충만 받기 위해 간절히 부르짖으며 기도하여 교회 내에 성령충만한 사람들이 점점 더 많아져서 그들이 전도를 주도 해야** 합니다.

전도는 예수 믿은 자라면 누구나 해야 하므로 성령충만 받지 못한 성도들도 반드시 해야 하지만 그들만으로 효과 있는 전도가 되기 어렵습니다. 그러므로 **성령충만 받은 성도가 앞장서서 돌파구를 열어야 하며 인간의 한계를 넘어서 하나님의 권능을 행사하고 전도함으로써 그들로 하여금 성령충만한 사람들의 전도를 보고 배우게 해야** 하며 무엇보다 **성령충만함을 받도록 도와야** 합니다.

제대로 전도하려면 교회마다 이렇게 해야 합니다. 여건이 마땅치 않거나 물질이 부족하거나 사람 수가 너무 적어서 전도하지 못하는 것이 아닙니다. 열심히 전도해도 결과가 너무 미미한 것은 바로 이런 것이 제대로 되지 않기 때문입니다.

성령충만한 자의 전도도 큰 환난과 시련이 올 수 있습니다. 그러나 분명한 것은 **성령충만 받기 이전의 제자들과 성령충만을 받은 이후의 제자들의 전도가 확연히 달랐다**는 것입니다.

예수님께서 제자들에게 가르치신 것이 바로 이런 것입니다. 그래서 **예수님께서 보내주시는 성령의 충만함을 받기 전에는 예루살렘을 떠나지 말고 흩어지지 말고 기다리라**하신 것입니다.

성령충만 받은 제자들이 이전에 가지고 있던 생각이나 지식을 통해 말하는 것이 아니라 성령께서 하게 하심에 따라 말했다는 것 또한 매우 중요합니다. 성령은 그들에게 **여러 언어를 주셨을 뿐 아니라 무엇을 말해야 할지도 알게** 하셨습니다.

성도들마다 천재적이거나 기억력이 뛰어난 것은 아닙니다. 예수 믿은 이후에 끊임없이 말씀을 읽고 배우나 그것이 항상 기억에 떠오르지 않습니다. 또 만나는 상대와 주변 환경이 다 달라서 몇 마디 말할 것을 준비했어도 그것을 효과적으로 사용할 수 없습니다.

성령충만함을 받은 사람은 이때에 성령께서 무엇을 어떻게 말해야 할지를 감동시켜 주십니다. 성령께서 꼭 필요한 말씀을 떠올릴 뿐 아니라 어떻게 말해야 할지도 가장 적절하게 알려 주십니다. 따라서 본래 무지하고 말할 줄 모르는 사람도 **논리정연하게, 담대하게 말할 수 있으며** 거기에 성령의 능력이 나타나고 사람들의 심령골수가 쪼개지게 되는 것입니다.

본래 지식이 없고 말할 줄 모르고 경험이 없다고 전도를 회피할 수 없습니다. 성령충만을 받으면 이 모든 문제가 해결됩니다. 하나님은 **성령충만한 대언자에게 부족한 부분을 채워주시고 그의 입술을 새로운 입술이 되게 하십니다.** 그렇다고 하여 도무지 공부하지 않아도 되거나 경험을 쌓지 않아도 되는 것이 아닙니다. **우리가 지식과 경험을 쌓으면 성령은 그것까지 효과 있게 사용하십니다.**

그 당시 제자들이 일상적으로 사용한 언어는 히브리어의 방언인 수리아어였습니다. 그들은 구약성경을 이해하려면 구약에 쓰인 본래의 히브리어를 알아야 했고 신약성경을 이해하려면 신약에 쓰인 본래의 헬라어를 알아야 했습니다. 그러나 그들에게는 그러한 지식이 없어 **방언의 은사가 필요**했던 것입니다. 뿐만 아니라 그들은 유대인이나 헬라인들뿐 아니라 세상 모든 사람들에게 복음을 전하고 모든 족속으로 제자를 삼는 사명이 부여되었기 때문에 여러 나라말을 구사할 수 있어야 했습니다. 그 일이 너무나도 시급하고 중요하기에 그들이 각 나라말을 배워서 복음을 전파하게 하는 것이 아니라 **그들이 성령충만 받자마자 하나님의 권능으로 각 나라의 말이 터져 나오게 하신 것**입니다.

이것은 오순절 마가의 다락방에서 최초의 성령충만이 임할 때에 있었던 놀라운 사건이었습니다. 오늘날 성령충만 받는 사람들이 그와 똑같이 인간적인 언어학습을 통하지 않고도 각 나라의 말을 할 수 있는 능력을 받는 것은 아닙니다. 이것은 그 당시 **복음이 성령에 의하여 각 나라, 민족에게 신속하고도 정확하게 전파되게 하기 위한 하나님의 특별한 역사**였습니다.

오늘날에 이르러서는 언어학이 발달하여 각 나라의 말을 구사할 수 있는 사람들이 많아지게 되었으므로 성령충만 받은 자들마다 오순절 당시와 같은 기적을 체험하게 하시지 않는 것입니다. 그러나 그 일이 오늘날 결코 불가능하다고 말해선 안 됩니다. 왜냐하면 하나님은 능치 못함이 없으시기 때문입니다.

당시 성령충만 받은 120명의 성도가 모두 각 나라의 말로 유창하게 복음을 전했다는 것은 복음전파가 전 세계적으로 신속하게 이뤄져야 함을 후대의 모든 사람들에게 보여주는 것이었습니다. 그들의 입에서 각 나라의 말이 나온 기적은 분명히 예수께서 병자를 고치고 귀신을 내쫓으신 일보다 더 위대한 기적이라고 하지 않을 수 없습니다. **병자를 고치고 귀신을 내쫓는 것보다 복음이 각 나라 사람들에게 전파되는 것이 더 중요한 것이기 때문에 하나님은 그러한 능력을 그 120명에게 부어주신 것**입니다.

그러므로 **복음을 전파하고자 힘쓰는 자는 누구보다 먼저 능력과 성령충만을 받을 수 있는 것**입니다.

> *5 그 때에 경건한 유대인들이 천하 각국으로부터 와서 예루살렘에 머물러 있더니 6 이 소리가 나매 큰 무리가 모여 각각 자기의 방언으로 제자들이 말하는 것을 듣고 소동하여 7 다 놀라 신기하게 여겨 이르되 보라 이 말하는 사람들이 다 갈릴리 사람이 아니냐 8 우리가 우리 각 사람이 난 곳 방언으로 듣게 되는 것이 어찌 됨이냐 9 우리는 바대인과 메대인과 엘람인과 또 메소보다미아, 유대와 갑바도기아, 본도와 아시아, 10 브루기아와 밤빌리아, 애굽과 및 구레네에 가까운 리비야 여러 지방에 사는 사람들과 로마로부터 온 나그네 곧 유대인과 유대교에 들어온 사람들과 11 그레데인과 아라비아인들이라 우리가 다 우리의 각 언어로 하나님의 큰 일을 말함을 듣는도다 하고 12 다 놀라며 당황하여 서로 이르되 이 어찌 된 일이냐 하며 13 또 어떤 이*

▌ 들은 조롱하여 이르되 그들이 새 술에 취하였다 하더라

그 때에 "경건한 유대인들이 예루살렘에 머물렀다" 했습니다.

그들은 각국에 흩어져 있는 많은 유대인들과 개종자들이 예루살렘에 그 당시 모이게 되었다는 것도 매우 중요한 사실입니다.

"머물렀다" 는 말은 그곳에 일정기간 이상 거주했다는 것인데 그들은 왜 예루살렘에 거주하고 있었을까? 그들은 메시야가 나타나리라는 기대를 가지고 예루살렘에 모여 있었던 것입니다.

당시 유대인들은 다니엘이 예언한 말씀을 따라 유다의 통치권이 상실되었으므로 하나님의 나라가 나타나리라고 기대하고 있었습니다. 그 유대인들은 세계의 역사를 '10주' 로 나뉘어 '7주' 로 인간의 역사가 끝나고 '8주' 째에 메시야 통치가 시작된다고 믿고 있었습니다. 그 오순절 당시가 그 마지막 '7주' 가 끝난 때라 생각하고 메시야가 올 것을 기대하며 예루살렘에 모인 것입니다.

그들은 메시야의 도래를 열망하는 경건한 사람들이었습니다. 메시야가 오실 때에 그 왕국에 제일 먼저 참여하여 그 복을 받기를 기대했던 것입니다.

하나님은 구약성경을 비록 잘못 이해하고 있지만 메시야를 열망하고 있는 경건한 자들을, 오순절 마가의 다락방에 성령충만함이 임할 때를 기준하여 각 처에서 오게 하신 것입니다.

그들의 형제는 이미 예수 그리스도를 십자가에 못 박아 죽였고 메시야로 인정하지 않았습니다. 그러나 하나님은 그들이 죽인 예수가 바로 그들이 그토록 열망하는 메시야임을 깨우쳐주려 하신 것입니다. 그래서 마가의 다락방에 성령의 충만함이 임할 때에 그들이 예루살렘에 모여 있다가 성령충만 받은 자에 의해 예수가 바로 그 메시야라는 것을 확실히 알게 하신 것입니다.

이 하나님의 역사하심이 얼마나 놀랍습니까?

하나님은 예루살렘 거민들뿐 아니라 성령충만 받은 자에 의하여 각 나라에 흩어졌던 유대인들과 우상숭배를 버리고 여호와를 섬기기로 결심한 자들 중 경건한 사람들, 즉 메시야를 열망하는 사람에게 복음이 제일 먼저 증거되게 하신 것입니다.

그들은 이 성령충만한 제자들의 증언에 의해 예수가 메시야임을 확신했고 살던 곳으로 돌아가 사도들처럼 열심히 복음을 전파하게 된 것입니다. 이처럼 하나님은 지혜로우시고 모든 일을 가장 효율적으로 하십니다.

그들은 복음을 말하는 사람들이 모국어 밖에 모르는 갈릴리 사람이며(행 2:7), 학식이나 경험이 부족한 사람들, 즉 지극히 평범하고 낮은 신분의 사람들인 것을 알았습니다.

하나님은 최초로 성령의 충만함을 받고 성령의 능력을 힘입어 복음을 전하는 일을 이처럼 낮은 사람들을 통해 **하심으로 약한 자를 통해 강한 자를 부끄럽게 하시며 어리석은 자를 사용하여 학식 있는 자들을 부끄럽게** 하시는 분이심을 스스로 나타내셨습니다.

여기서 우리는 신분과 지위, 유무식이나 인종을 막론하여 아무리 천하고 무시당하던 사람들도 **가장 강력한 복음전파자가 될 수 있다**는 것을 알 수 있습니다.

그러므로 이 예수 안에서는 가장 무지하고 천한 자들까지도 소망이 있는 것입니다. **예수 안에 있을 때** 결코 열등감에 사로잡히거나 낙망하며 살 필요가 없습니다.

그들은 제자들이 **논리정연하게** 그들의 언어로 정확하고 유창하게 말하는 것을 보았습니다.

"우리가 우리 각 사람의 난 곳 방언을 듣게 된 것이 어찜이뇨" 했습니다.

바대인은 바대어로, 메대인은 메대어로 말하는 것을 들었으며 다른 모든 사람들도 마찬가지였습니다.

"그들은 그들 각 나라의 방언으로 하나님의 큰 일을 말함을 듣는도다(11절)" 했습니다.

그들이 들은 제자들의 강론은 놀라운 하나님의 일, 즉 큰 일에 대한 것이었습니다.

사도들은 예수 그리스도에 대해, 또 그를 말미암은 구원의 은총의 복음에 대해 말했습니다. 이것은 **하나님의 큰 일**이었고 모든 사람들 눈에 **기이한 일**이었습니다.

그들은 또한 제자들을 통해 그 위대한 일에 대해 하나님을 찬양하는 것을 들었습니다. 이제는 하나님에 대한 지식과 예배가 더 이상 유대인에게만 국한되어 있는 것이 아니며 각 나라의 말로 복음을 듣게 됨으로써 모든 장벽들은 무너졌다는 것을 알게 되었습니다. 이때부터 하나님께서는 **그리스도의 사람들로 하여금** 각 나라의 말로 번역된 성경을 읽으며 각 나라 말로 예배가 진행되도록 하신 것입니다.

이것이 바로 **하나님의 뜻**입니다. 반드시 히브리어나 헬라어로 성경을 읽고 가르쳐야 한다는 것은 잘못된 것입니다(얼마 전까지 로마가톨릭교회는 신부만이 성경을 헬라어나 히브리어로 낭독했음).

"**그들이 다 놀랐다**"고 했는데 그것은 그들의 언어로 들을 수 있었기 때문만이 아니라 **그들이 도저히 이해할 수 없는 말을 강력하게 들었기 때문**입니다.

그런데 유다와 예루살렘 본토사람들의 반응은 바로 **조롱**이었습니다.

그 중에 가장 앞섰던 사람은 예수 그리스도를 핍박하고 죽이는 일에 앞장섰던 **유대교 지도자들**이었습니다.

그들은 "**저들이 새 술에 취하였다**"고 조롱했습니다.

그들은 전에도 예수님에 의해 나타난 기적을 보고 "**저가 귀신의 왕을 빙자하여 귀신을 쫓아낸다**"고 조롱했었습니다(마9:34).

아무리 큰 능력을 보여주며 확실하게 진리를 전해 주어도 믿지 않을 자들은 끝까지 믿지 않습니다. 성령충만함을 받은 자들에 의하여 강력히 복음이 전파되고 기적과 이적이 나타났어도 대부분의 유대인들은 예수를 믿지 않았습니다. 그러므로 **들을 귀가 있는 자들**이어야 말씀을 받아들이고 깨닫고 믿게 되는 것입니다.

조상대대로 여호와를 섬기고 율법을 배웠던 유대인들조차 들을 귀를 가지지 못했는데 **아무것도 자랑할 것이 없는 우리 이방인들이 들을 귀가 있다면 하나님께 참으로 감사해야** 합니다.

인간적으로 내가 원하는 것이 이뤄지지 않았다고 실망하거나 낙담해서는 안 됩니다. 우리 같이 조상대대로 우상을 섬겨온 자들의 자손이 그 놀라운 복음의 은총을 소유하게 되었다는 것만으로 우리는 날마다 순간마다 기뻐하고 감사해야 합니다. 어찌 우리가 하나님께 원망하고 불평할 수 있겠습니까?

모든 그리스도인들은 가진 자나 못 가진 자나 항상 그리스도 앞에서, 또한 모든 불신자들 앞에서도 기뻐하며 감사하며 사는 모습을 **보여주어야 합니다**. 그것이 바로 그리스도의 빛을 비추는 것이며 향기를 나타내는 것입니다. 그렇게 함으로써 우리는 어떤 처지에 있든지 하나님을 영화롭게 할 수 있습니다.

제 4 강

베드로의 예루살렘 설교

행2:14~36

14베드로가 열한 사도와 함께 서서 소리를 높여 이르되 유대인들과 예루살렘에 사는 모든 사람들아 이 일을 너희로 알게 할 것이니 내 말에 귀를 기울이라 15때가 제 삼 시니 너희 생각과 같이 이 사람들이 취한 것이 아니라 16이는 곧 선지자 요엘을 통하여 말씀하신 것이니 일렀으되 17하나님이 말씀하시기를 말세에 내가 내 영을 모든 육체에 부어 주리니 너희의 자녀들은 예언할 것이요 너희의 젊은이들은 환상을 보고 너희의 늙은이들은 꿈을 꾸리라 18그 때에 내가 내 영을 내 남종과 여종들에게 부어 주리니 그들이 예언할 것이요 19또 내가 위로 하늘에서는 기사를 아래로 땅에서는 징조를 베풀리니 곧 피와 불과 연기로다 20주의 크고 영화로운 날이 이르기 전에 해가 변하여 어두워지고 달이 변하여 피가 되리라 21누구든지 주의 이름을 부르는 자는 구원을 받으리라 하였느니라 22이스라엘 사람들아 이 말을 들으라 너희도 아는 바와 같이 하나님께서 나사렛 예수로 큰 권능과 기사와 표적을 너희 가운데서 베푸사 너희 앞에서 그를 증언하셨느니라 23그가 하나님께서 정하신 뜻과 미리 아신 대로 내준 바 되었거늘 너희가 법 없는 자들의 손을 빌려 못 박아 죽였으나 24하나님께서 그를 사망의 고통에서 풀어 살리셨으니 이는 그가 사망에 매여 있을 수 없었음이라 25다윗이 그를 가리켜 이르되 내가 항상 내 앞에 계신 주를 뵈었음이여 나로 요동하지 않게 하기 위하여 그가 내 우편에 계시도다 26그러므로 내 마음이 기뻐하였고 내 혀도 즐거워하였으며 육체도 희망에 거하리니 27이는 내 영혼을 음부에 버리지 아니하시며 주의 거룩한 자로 썩음을 당하지 않게 하실 것임이로다 28주께서 생명의 길을 내게 보이셨으니 주 앞에서 내게 기쁨이 충만하게 하시리로다 하였으므로 29형제들아 내가 조상 다윗에 대하여 담대히 말할 수 있노니 다윗이 죽어 장사되어 그 묘가 오늘까지 우리 중에 있도다 30그는 선지자라 하나님이 이미 맹세하사 그 자손 중에서 한 사람을 그 위에 앉게 하리라 하심을 알고 31미리 본 고로 그리스도의 부활을 말하되 그가 음부에 버림이 되지 않고 그의 육신이 썩음을 당하지 아니하시리라 하더니 32이 예수를 하나님이 살리신지라 우리가 다 이 일에 증인이로다 33하나님이 오른손으로 예수를 높이시매 그가 약속하신 성령을 아버지께 받아서 너희가 보고 듣는 이것을 부어 주셨느니라 34다윗은 하늘에 올라가지 못하였으나 친히 말하여 이르되 주께서 내 주에게 말씀하시기를 35내가 네 원수로 네 발등상이 되게 하기까지 너는 내 우편에 앉아 있으라 하셨도다 하였으니 36그런즉 이스라엘 온 집은 확실히 알지니 너희가 십자가에 못 박은 이 예수를 하나님이 주와 그리스도가 되게 하셨느니라 하니라

> 14 베드로가 열한 사도와 함께 서서 소리를 높여 이르되 유대인들과 예루살렘에 사는 모든 사람들아 이 일을 너희로 알게 할 것이니 내 말에 귀를 기울이라 15 때가 제 삼 시니 너희 생각과 같이 이 사람들이 취한 것이 아니라 16 이는 곧 선지자 요엘을 통하여 말씀하신 것이니 일렀으되 17 하나님이 말씀하시기를 말세에 내가 내 영을 모든 육체에 부어 주리니 너희의 자녀들은 예언할 것이요 너희의 젊은이들은 환상을 보고 너희의 늙은이들은 꿈을 꾸리라 18 그 때에 내가 내 영을 내 남종과 여종들에게 부어 주리니 그들이 예언할 것이요

수제자인 베드로가 유대인들과 조롱하고 있는 모든 자들에게 담대하게 설교합니다. 그는 **확신과 열정을 가지고 두려워하거나 부끄러워함이 없이 소리를 높여** 말합니다.

베드로는 "**때가 제 삼 시니**(오늘날 아침 9시) **너희 생각과 같이 취한 것이 아니라**" 고 말했습니다.

유대인들은 안식일이나 거룩한 명절에는 3시 전에 먹거나 마시지 않기 때문에 취하는 자는 밤에 취하고 아침에는 맑은 정신을 가지는 것입니다.

베드로는 **성령의 역사**에 대해 두 가지 사실을 말하고 있습니다.

(1) **구약의 예언에 의해 이루어진 예수의 부활과 승천**을 말합니다.
(2) **메시야 왕국에 대한 구약예언의 성취요, 이제 그 나라가 임했다는 증거요, 다른 모든 구약 예언의 성취라는 것**을 말했습니다.

베드로는 **요엘의 예언**을 상세히 말합니다(욜2:28).
베드로가 **성령충만하여 성령께서 인도하시는 대로 말했으나 구약성경을 무시하거나 자신을 성경 위에 위치시키지 않았습니다.** 베드로는 **구약성경을 강론하며 인용하며 성경에 호소하고 성경을 통해 말하고** 있습니다.

성령은 어디까지나 이미 기록된 성경의 이해를 돕고 그것을 입증해주십니다. 성경은 성령의 영감에 의해 기록되었으므로 성령이야말로 가장 정확하게 해석하십니다.

그러므로 **성령충만 받은 자야말로 성령의 도우심을 받아 모든 성경을 정확하게 이해하고 해석하며 능력 있게 전할 수 있고 거기에서 성령의 능력이 강하게 나타나는 것**입니다.

그러므로 성령에 의해 하나님의 말씀을 전하는 자들은 미사여구가 필요하

지 않으며 요란한 제스처를 쓸 필요가 없습니다. 그것들은 오히려 성령의 역사를 방해할 뿐입니다.

베드로는 **마지막 날**, 즉 **복음의 시대**를 말하고 있습니다.
복음의 시대를 '마지막 날' 이라고 말한 것입니다. 그것은 **복음으로 말미암아 하나님의 나라가 사람들 가운데 보다 가까이 임했기 때문**이며, 또 **이 복음은 하나님의 마지막 임재의 은총을 뜻하기 때문**입니다.
그러므로 우리는 다른 것을 기다릴 필요가 없습니다. 아직도 많은 유대인들은 메시야가 오지 않았고 앞으로 올 것이라고 믿고 있는데 끝까지 그렇게 한다면 그들은 결코 구원받을 수 없습니다.

이제 신약시대에 임하는 영은 '**예언의 영**' 일 것이라고 말합니다(17절). "모든 사람들에게 복음이 전해질 것이며 그들은 이 영으로 인하여 장차 올 일을 예언할 수 있을 것" 이라 했습니다.

이 능력은 남녀의 구분이 없이 주어질 것입니다.
"너희 아들들뿐 아니라 딸들도 예언할 것이라" 했습니다.
또 **연령의 구분이 없이 주어집니다.**
"젊은이들은 **환상**을 보고 늙은이들은 **꿈을 꾸리라**" 했습니다.
신분의 차이도 없습니다.
즉 "**남종과 여종이 성령을 받고 예언할 것이라**" 했습니다.

구약시대에는 예언자학교, 즉 선지자들의 선지학교가 있었고 그 예언의 영이 주로 이스라엘의 장로들에게 임했습니다. 그러나 이제 세워진 **예수의 왕국은 영적인 것**으로 예언자학교에서 육성되지 않은 자들에게도 예언의 영이 부어지게 된 것입니다.

전도자인 빌립은 **예언**하는 4명의 딸이 있었습니다. 고린도교회 교인들도 **예언과 방언의 은사**가 넘치게 된 것을 본 바울은 공식적으로 여인들이 이런 은사를 표현하는 것을 중지할 필요를 말했습니다(고전14:26,34). 여인들에게도 성령의 은사가 활발하게 임했는데 그것을 질서없이 사용하는 여인들을 통제해야 했기 때문이었습니다.

제자들이 예언한 가장 중요한 것은 **심판**이 **유대민족에게 임한다**는 것이었습니다.
예수님도 예루살렘에 입성하실 때(눅19:41), 또 골고다로 가실 때(눅

23:29), 이 **심판에 대한 예언**을 분명히 하셨습니다(마24장).

 이 심판은 이미 그 결과를 우리가 알고 있듯이 **복음을 반대하고 멸시하는 자들을 처벌하기 위해 그들에게 임하는 것**이었습니다. **하나님이 주시는 가장 큰 은총에 굴복하지 않고 대적하는 자들은 때가 되면 하나님께로부터 쏟아지는 진노 아래에서 넘어지고 쓰러지게 되는 것**입니다.

> *19 또 내가 위로 하늘에서는 기사를 아래로 땅에서는 징조를 베풀리니 곧 피와 불과 연기로다 20 주의 크고 영화로운 날이 이르기 전에 해가 변하여 어두워지고 달이 변하여 피가 되리라 21 누구든지 주의 이름을 부르는 자는 구원을 받으리라 하였느니라*

 이 말씀은 예수님 사후 약 40년 만에 있었던 **예루살렘의 멸망**에 대한 예언입니다.

 20절에 "**주의 크고 영화로운 날**" 이라 했습니다.

 이때야말로 **레위의 제사장들과 형식적인 율법이 영원히 폐기되는 때**였습니다.
 이날은 **주의 날**이었습니다. 그리고 **그리스도를 십자가에 못 박고 그의 사역자들을 박해한 백성들을 예수님이 심판하시는 날**이었습니다. 또 **의인 아벨의 피로부터 모든 하나님의 사람과 순교자들의 피에 대해 보상하는 해**였던 것입니다(마23:35). 그래서 그날은 **영화로운 날**인 것입니다.
 요엘서에서는 이날을 "**무서운 날**" 이라 했고 70인 역에서는 "**영화롭고 빛나는 날**" 이라고 했습니다. 그것은 이날이 **승천하신 예수 그리스도의 날**이었기 때문입니다.

 19절에 대해서 조세프스의 유대 전사에서 설명하기를 "타는 듯한 혜성이 1년간이나 도시 위에서 불타고 있었고 화염검이 시가지를 가리키고 있는 듯하게 보였으며 밝은 빛이 마치 대낮처럼 한밤중에 성전과 제단위에 비췄다"고 했습니다.
 라이트푸트는 말하기를 "그리스도께서 수난 당하실 때 해가 변하고 달이 피같이 된 것은 불신자들에게 심판에 대해 경고하는 것이라" 했습니다.
 여기서 **피**는 "유다와 이웃 국가들, 즉 사마리아인과 수리아인과 희랍인과의 전쟁에서 강같이 흐르는 피" 를 의미하기도 합니다. 당시 끊임없는 내란과 난동으로 무수한 피가 흘려졌습니다.
 여기서 예언된 **불과 연기**는 문자 그대로 "그들의 도시와 마을과 회당과 성전까지 불타게 됨"을 뜻합니다.

그리고 20절에서 "**해가 변하고 달이 변하여 피가 된다**"는 것은 "**그들의 국가와 문화와 종교의 파멸, 즉 모든 빛의 파멸**"을 말합니다.

그러나 **신실한 주님의 사람들은 특별히 보호될 것이 약속**되고 있습니다.

21절에 "**누구든지 주의 이름을 부르는 자는 구원을 받으리라**"고 했습니다.

갈대아인들에 의해 유대인들이 파괴될 때 주의 진노의 날에 보호함을 받은 남은 자들이 있었으며 로마에 의해 이스라엘이 파멸될 때에도 **한 명의 그리스도인도 죽지 않았습니다.**

예수 그리스도를 믿고 성실하게 주님의 뒤를 따르는 자들은 주님의 날에 주님으로부터 보호를 받는 것은 당연한 것입니다. 주께서 그를 받아들이지 않고 대적하는 자들을 벌하실 때에도 성실하게 주를 믿고 따르는 자들에게는 평안이 주어집니다.

그러나 주를 믿는다고 하면서도 은근히 주를 배반하고 다른 길로 가는 자들은 **주님에 의해 그들이 배반자임이 분명히 드러나게** 되며 **불신자, 우상숭배자들과 함께 무서운 진노를 피할 수 없을** 것입니다.

우리가 주님의 진노를 피하려면 **주님이 인정하시는 신자가 되어야** 합니다. 어리석은 다섯 처녀가 나중에라도 기름을 준비하고 왔으나 "**나는 너희를 도무지 모른다**"라고 거절당했던 것을 기억해야 합니다.

나름대로 열심히 교회를 다니고 신앙생활을 했다 할지라도 심판의 때에 "**나는 너를 도무지 모른다. 너는 악한 자다**"라고 판정을 받는다면 얼마나 기가 막히겠습니까?

우리는 결코 그런 자가 되지 않도록 정신차리고 신앙생활을 해야 합니다.

우리가 편할 대로 모이는 횟수를 줄이고, 신앙훈련을 소홀히 여기며, 세상 사람들이 추구하는 대로 욕심을 채우면서 **부실한 신앙생활을** 하는 것은 크게 **어리석은** 일입니다.

베드로는 이 예언을 **선지자 요엘**이 예언한 것과 연결하고 있습니다.

16절에 "**이는 곧 선지자 요엘을 통하여 말씀하신 것이니**" 했습니다.

앞에 말한 사건들은 바로 **이 예언이 성취된 것**입니다.

더욱이 **오순절 다락방에 성령의 충만함이 임한 것은** "**성령이 모든 육체에 임하리라**" 하는 예언의 성취요, 그 예수야말로 구약성경에 예언되었던 메시

야임을 입증하는 것이었습니다.

베드로는 이것을 설명하는 것입니다.

예수 그리스도를 믿지 않는 유대인들이나 유대교인들은 결코 구원 얻을 수 없습니다. 요엘은 "주의 이름을 부르는 자는 구원을 얻으리라"고 예언했습니다.

예수라는 이름은 "자기 백성을 저희 죄에서 구원할 자" 라는 것을 확실히 믿고 그 주님을 언제나 사모하며 그 가르침을 따라가는 자라야 구원을 얻는다는 것입니다.

> **22** 이스라엘 사람들아 이 말을 들으라 너희도 아는 바와 같이 하나님께서 나사렛 예수로 큰 권능과 기사와 표적을 너희 가운데서 베푸사 너희 앞에서 그를 증언하셨느니라

베드로는 예수의 생애를 요약하고 있습니다.

베드로는 예수님을 당시 알려진 명칭대로 '**나사렛 예수**' 라고 불렀습니다. "그는 너희 가운데서 하나님에 대해 증거하신 분이요, 부당하게 인간들에게 비난과 정죄를 당하셨다", "그들도 그리스도의 기사와 이적을 부인할 수 없으리라"고 말하고 있습니다.

"이러한 일들은 너희들이 아는 대로 **너희들 가운데서**, 즉 너희의 마을과 도시와 모인 장소에서 행해진 것이다. 너희들이 그 모든 기적들의 목격자다" 라고 하며 **그리스도의 행적은 부정할 수 없는 분명한 것**이라고 말합니다.

> **23** 그가 하나님께서 정하신 뜻과 미리 아신 대로 내준 바 되었거늘 너희가 법 없는 자들의 손을 빌려 못 박아 죽였으나 **24** 하나님께서 그를 사망의 고통에서 풀어 살리셨으니 이는 그가 사망에 매여 있을 수 없었음이라

여기서 베드로는 **예수의 죽으심과 그가 당한 고통**에 대해 설명합니다.

"그의 죽음은 하나님이 하신 일이었다", "하나님은 그를 죽음에 넘기셨을 뿐만 아니라 인간을 위해 주셨다" 했습니다.

로마서 8장 32절에 "그는 우리 모든 사람을 위해 자기 아들을 내어 주셨다" 했습니다. **하나님의 정하신 뜻과 미리 아심으로 거룩한 목적에 의해 예수님이 내어준 바 되신 것입니다.** 그가 고통을 받고 죽으심은 변경할 수 없는 영원한 하나님의 뜻에 따라 되어진 것입니다. 예수님은 "**아버지여, 당신의 뜻대로 되어지이다. 아버지의 이름을 영화롭게 하소서**" 외치시며 돌아가셨습니다.

그러나 **그리스도의 죽음**은 **인간들에 의해** 저질러졌습니다.

"너희의 손은 악하여 그것으로 그를 십자가에 못 박아 죽였던 것이다" 했습니다. 베드로 앞에 있는 자들 중에는 "그리스도를 십자가에 못 박으소서" 외친 사람들도 있을 것이고 그들을 선동한 자들도 있었을 것입니다. 이것은 한 두 사람이 아니라 **이스라엘 민족 전체**가 저지른 일인 것입니다.

다수에 의해 공개적으로 행해진 일의 책임은 모두에게 있는 것입니다. 그 결과 유대민족은 40년 후에 **처절하게 멸망**을 당하게 되었습니다.

그리고 베드로는 말하기를 "하나님께서 그를 사망의 고통에서 풀어 살리셨으니 이는 그가 사망에 매여 있을 수 없었음이라" 했습니다.

"**하나님께서 그를 살리셨다**" 했습니다.

즉 **그를 죽음에 넘기신 하나님이 그를 죽음에서 자유하게 하셨다**는 것입니다. 하나님은 다른 모든 기적과 이적보다 더 놀라운 방법으로 **예수를 최고의 자리로 높여주신 것입니다.**

예수께서 "**다 이루었도다**" 라고 말씀하셨을 때 하나님은 **극한적인 고통에서 그를 풀어주셨습니다.** 그 부활은 **몸의 부활**이었습니다.

베드로는 32절에서 "**우리가 다 이 일의 증인이로다**" 했습니다.

즉 "우리 사도들과 우리 동료들은 예수가 부활하신 후에 그와 대화를 나눴으며 그와 먹고 마셨다"고 말한 것입니다. 그리고 "**예수 그리스도가 썩음을 당하기 전에 다시 부활하실 것이라고 구약성경에서 예언했기** 때문에 죽음과 무덤의 권세가 그를 사로잡을 수 없었던 것이다(24절). **다윗**이 그 일에 대해 **증거해주고 있다**(25절)"고 말합니다.

베드로가 인용한 구약성경은 다윗이 예언한 시편 16편 8-11절 말씀입니다. 본문 25-28절까지의 말씀으로 베드로는 **많은 구약의 예언을 인용**하며 **그 모든 예언이 다 이뤄졌다**는 것을 **설명**하고 있습니다.

> *25 다윗이 그를 가리켜 이르되 내가 항상 내 앞에 계신 주를 뵈었음이여 나로 요동하지 않게 하기 위하여 그가 내 우편에 계시도다 26 그러므로 내 마음이 기뻐하였고 내 혀도 즐거워하였으며 육체도 희망에 거하리니 27 이는 내 영혼을 음부에 버리지 아니하시며 주의 거룩한 자로 썩음을 당하지 않게 하실 것임이로다 28 주께서 생명의 길을 내게 보이셨으니 주 앞에서 내게 기쁨이 충만하게 하시 리로다 하였으므로 29 형제들아 내가 조상 다윗에 대하여 담대히 말할 수 있노니 다윗이 죽어 장사 되어 그 묘가 오늘까지 우리 중*

에 있도다 30 그는 선지자라 하나님이 이미 맹세하사 그 자손 중에서 한 사람을 그 위에 앉게 하리라 하심을 알고 31 미리 본 고로 그리스도의 부활을 말하되 그가 음부에 버림이 되지 않고 그의 육신이 썩음을 당하지 아니하시리라 하더니 32 이 예수를 하나님이 살리신지라 우리가 다 이 일에 증인이로다 33 하나님이 오른손으로 예수를 높이시매 그가 약속하신 성령을 아버지께 받아서 너희가 보고 듣는 이것을 부어 주셨느니라 34 다윗은 하늘에 올라가지 못하였으나 친히 말하여 이르되 주께서 내 주에게 말씀하시기를 35 내가 네 원수로 네 발등상이 되게 하기까지 너는 내 우편에 앉아 있으라 하셨도다 하였으니 36 그런즉 이스라엘 온 집은 확실히 알지니 너희가 십자가에 못 박은 이 예수를 하나님이 주와 그리스도가 되게 하셨느니라 하니라

여기서 '나'는 예수 그리스도, '내 앞에 계신 주'는 성부 하나님을 의미합니다.

예수 그리스도의 최상의 목적은 아버지 하나님께 영광을 돌리는 것이었습니다. 예수님은 그의 고난이 하나님의 영광을 위해 아주 중요한 것임을 아셨고, 그래서 **그것을 자신의 기쁨으로 삼았던 것입니다.**

우리도 먹든지 마시든지 무엇을 하든지 오직 주의 영광을 위해 살아야 합니다. 우리는 예수님을 향해 주님이라고 말하면서도 **너무나도 자주 내가 그 주인의 자리에 서는 것**을 보게 됩니다. 주님을 영화롭게 하고 기쁘시게 하기보다 **나 또는 다른 사람을 기쁘게 하기 위해 힘쓰고** 있지는 않는지 우리는 날마다 자신을 돌아봐야 합니다.

우리는 모든 삶을 주께 영광을 돌리기 위한 것이 되도록 해야 합니다. 그렇게 하지 않는다면 그것은 모두 **하나님이 차지하실 영광을 내가 가로채는 큰 죄**가 됩니다.

예수님은 **기쁨으로** 자신의 사명을 수행하셨습니다.
"**내가 요동치 아니함으로 만족하고 기뻐한다**" 하셨습니다.
주는 그의 사명을 기쁘게 여기셨으므로 그 결과가 어찌될 줄을 생각하며 마음이 즐거웠던 것입니다. 그는 **성령으로 기뻐하신 것입니다**(눅10:21).
"**내 혀로 즐거워하였다**"고 했습니다.
예수님은 최후의 만찬을 마치시고 죽으러 가실 때에도 찬송하셨습니다. **예수님은 모든 고난의 결과가 최고의 기쁨과 즐거움이 될 것임을 확신**하셨기 때문에 찬미하며 그 길을 걸어가실 수 있었던 것입니다.

우리도 이렇게 살아야 합니다.

우리 앞에 어떤 고난이 있을지라도 그것을 능가하는 확신과 기쁨과 즐거움이 우리 안에 충만해야 합니다. 주님이 항상 아버지 하나님을 영화롭게 하기 위해 전력하셨던 것처럼 우리도 주님을 영화롭게 하기 위해 전력할 때에 주님과 같은 확신과 기쁨과 즐거움이 충만한 상태에서 어떤 고난도 찬송하며 이겨나갈 수 있습니다.

전적으로 주님을 주인삼지 않고 주님을 영화롭게 하기 위해 전력하지 않는 사람은 결코 이렇게 할 수가 없습니다. 그는 죽음 앞에 두려워 떨게 될 것이며 조그마한 고난도 무서워서 피해 도망할 것입니다.

주님은 "주께서 내 영혼을 음부에 버리지 아니하실지라(27절)"고 말씀하셨습니다.

주님은 잠시 고통을 받고 하나님께서 명하실 때까지 죽음의 순간에 머물러야 하나 다른 영혼들처럼 음부에 갇혀 계실 수 없었습니다. **몸이 무덤에 장사지내게 되나 주의 거룩한 자로 썩음을 당치 않게 하실 것임**을 알고 계셨습니다. 따라서 **사흘 만에 죽은 자 가운데서 살아나셨던 것입니다.**

레위기 17장 15절에 "희생으로 드린 고기 중 먹을 수 있는 부분은 **제 삼 일까지만** 보존할지니 그것이 부패하여 썩을까 함이었다" 하는 말씀이 있습니다. 그 말씀대로 예수님은 인간들의 죄를 인해 희생제물이 되었으나 **삼 일까지만 희생의 제물이 되고 그 후에 부활하신 것입니다.**

"주께서 생명의 길로 내게 보이셨으니(28절)" 했습니다.

예수께서 자신으로 말미암아 **죄인들이 생명을 얻게 될 것임**을 말씀하신 것입니다. **예수님이 이 땅에 오시고, 죽으시고, 부활하신 그 모든 일은 영원한 멸망의 길로 갈 수밖에 없는 자들을 영원한 생명으로 이끄시는 길이 된 것입니다.**

이 생명의 길은 오직 한 분 예수 그리스도를 통해 만들어진 것입니다. 다른 어떤 길도 생명의 길이 아닙니다.

예수처럼 죄인들을 위해 이 땅에 오셔서 죽으시고 부활한 존재는 결코 없습니다. 종교를 만들어낸 창시자들도 그가 아무리 위대하고 훌륭한 인격과 삶을 지녔다 할지라도 어디까지나 **죄인일 뿐이요, 자신의 죄도 해결할 수 없었고 결코 그 누구에게도 영생의 길을 만들어 주지 못했습니다.** 그러기에 우리는 "다른 종교로는 결코 구원을 얻을 수 없고 오직 예수 그리스도를 믿는 것을 통해서만 구원을 얻는다" 라고 단호하게 선포하는 것입니다.
그리스도를 받아들이지 않고 다른 종교를 믿는 사람들은 이 말이 아주 독선적이고, 그리스도인들이 전혀 타협의 여지가 없는 자들이라고 비난하겠지만 어쩔 수 없습니다. 왜냐하면 **오직 예수만이** 우리에게 생명의 길을 열어 주셨기 때문입니다.

또한 "**주의 앞에서 나로 기쁨이 충만하게 하시리로다**" 하셨습니다.

마찬가지로 우리가 예수 그리스도를 기다리는 것의 보상은 **완전한 기쁨**이요, 그것은 그리스도와 더불어 **그를 믿는 모든 사람에게 주어지는** 것입니다. 예수 그리스도를 믿고 따르는 자들은 그 생명의 길로 나아갈 뿐만 아니라 **영원한 기쁨으로 충만해질** 것입니다. 이 세상에서의 모든 불행과 고통이 완전히 사라지는 **복락의 삶을 살게** 되는 것입니다.

이제 29절에서 베드로는 그 앞에 있는 자들을 '**형제들**' 이라고 표현하며 "**너희는 다 같은 형제이다. 자, 나로 하여금 자유롭게 우리 조상 다윗에 관해 말하도록 허용해 달라. 다윗이 스스로 무엇을 말하는지 확실히 알지 못하고 말한 것이 장차 오실 메시야에 대한 말씀이고 나는 그 메시야에 대해 확실하게 말한다**" 라고 말합니다.

베드로는 다윗이 예언한 그 말이 다윗 자신에 대해 한 말이 아니라고 말하고 있습니다. "**다윗은 죽어 장사되어 그 묘가 오늘날까지 예루살렘에 있고 그 인에 그의 뼈가 누워있다**" 고 말합니다.

사도 바울도 13장 35절 이하에서 이것을 강조하고 있습니다.
"**다윗은 하나님 마음에 합한 자였지만 자신을 가리켜 말한 대로 죽음과 장례에 있어서 세상 모든 사람이 가는 대로 가게 되었다**(왕상2:2)" 고 말했습니다.

다윗은 한 예언자로서 앞으로 오실 메시야에 대해 전에 예언자들이 증거했던 **메시야가 당할 고통과 그 뒤에 올 영광**을 말했던 것입니다.

다윗은 **메시야가 자신의 후손에서 나올 것**을 알았습니다.
"**하나님이 이미 맹세하사 그 자손 중에서 한 사람을 그 위에 앉게 하리라**" 했습니다(30절).

사무엘하 7장 12절에 보면 "**하나님이 그에게 한 자손을 약속하사 그의 나라의 보좌가 영원히 견고케 되리라**" 고 약속하셨습니다.

누가복음 1장 32절에도 "**예수께서 탄생하실 때에 주 하나님께서 그 조상 다윗의 위를 저에게 주시겠다**" 고 약속했음을 말하고 있습니다.

모든 이스라엘 백성은 다윗의 후손 중에서 메시야가 탄생할 것을 알았습니다.

그리고 **그리스도의 승천**에 대해 언급하고 있습니다(35절). 다윗이 그리스도처럼 부활하지 않았으므로 몸으로 승천할 수 없다고 했습니다(34절).

다윗은 분명히 자신이 아닌 메시야에 대해서 말하고 있습니다.

"**주께서 나의 주께 말씀하시기를 그가 죽음에서 그를 일으키실 때 너는 내 우편 곧 가장 높은 자리에 앉아서 다스리라 약속된 나라의 통치를 네게 맡기리니 내가 네 원수로 네 발등상 되게 하기까지 거기 앉으라**" 한 말씀(시 110:11)을 인용했습니다.

이렇게 베드로는 구약의 메시야에 대해 예언한 말씀을 정확하게 인용하며 **예수가 그 메시야이심**을 담대하게 설명하고 있는 것입니다.

베드로가 이처럼 구약성경에 대해 **자세히 깨달아 알고 있는 것**과 예수를 십자가에 못 박아 죽인 자들 앞에서 그것을 **논리적으로 담대하게 선포한 것**은 **성령의 충만함 때문**이었습니다. 성령의 충만함을 받은 자들은 이렇게 **놀라운 하나님의 대언자**가 됩니다.

베드로는 이로써 **예수가 바로 메시야요, 그의 부활이 그 확실한 증거임**을 자신과 그 함께 있는 제자들과 더불어 **분명하게 증언**하고 있습니다.

그들 중에 몇 명은 "**이 어찌된 일이냐?**" 하고 물었습니다.

베드로는 이러한 그들의 질문에 답변합니다.

"**하나님의 우편으로 높임을 받으시고 능력과 권위로 거기에 앉으신 이 예수는 당신들이 보는 것처럼 다시 모든 사람들에게 성령으로 임하신 것이요**, 아버지께 성령의 약속을 받은 그는 **자기가 받은 것을 주시는 것이요**, 당신들은 우리가 전혀 배우지도 않은 언어로 말하는 것을 보고 들었소" 했습니다.

예수 그리스도는 이 **성령의 선물**을 아버지로부터 받았고 **그것을 교회에 나눠주시는 것**입니다. 이것을 '**약속된 성령**' 이라고 말했습니다. 예수님은 우리에게 **대단히 귀중한 약속**을 주신 것입니다. "**성령을 주신다**" 한 약속은 **메시야를 보내주신다는 약속처럼 놀라운 약속**인 것입니다.

그 약속은 **다른 모든 약속을 포함합니다**. 그러므로 **구하는 이들에게 성령을 주시겠다고 하신 것은 온갖 좋은 것을 그들에게 주신다**는 뜻입니다(눅11:13,

마7:11). 그리스도께서 이 **약속된 성령의 은사들**을 받으셨고 **우리에게 나누어주시는 것**입니다.

　이 성령의 선물은 앞으로 주실 온갖 거룩하고 아름다운 복을 약속하는 보증이 되는 것입니다. 당시 그들이 보고 들은 것은 더 위대하고 놀라운 일들의 전조에 불과한 것이었습니다.

　베드로는 이 말을 하면서 **예수 그리스도야말로 참 빛이요, 모든 사람들이 믿어야 함**을 역설했습니다. 그 진리를 이스라엘 온 집이 정녕 알아야 하며 그들이 십자가에 못 박은 예수를 하나님이 주와 그리스도가 되게 하셨음을 선포할 책임이 제자들에게 위임된 것을 말한 것입니다.

　예수님께서 전에 그가 부활하실 때까지는 그가 그리스도이신 것을 아무에게도 이르지 말라고 제자들에게 말씀하셨으나(마16:20,17:7) **이제는 그 사실을 모든 사람들에게, 그야말로 지붕 꼭대기에서 선포해야만 하며 들을 귀 있는 자에게 듣도록 열심히 증거해야 하는 것**입니다.

제 5 강

베드로의 설교의 결과, 초대교회의 유무상통의 생활

행2:37~47

37그들이 이 말을 듣고 마음에 찔려 베드로와 다른 사도들에게 물어 이르되 형제들아 우리가 어찌할꼬 하거늘 38베드로가 이르되 너희가 회개하여 각각 예수 그리스도의 이름으로 세례를 받고 죄 사함을 받으라 그리하면 성령의 선물을 받으리니 39이 약속은 너희와 너희 자녀와 모든 먼 데 사람 곧 주 우리 하나님이 얼마든지 부르시는 자들에게 하신 것이라 하고 40또 여러 말로 확증하며 권하여 이르되 너희가 이 패역한 세대에서 구원을 받으라 하니 41그 말을 받은 사람들은 세례를 받으매 이 날에 신도의 수가 삼천이나 더하더라 42그들이 사도의 가르침을 받아 서로 교제하고 떡을 떼며 오로지 기도하기를 힘쓰니라 43사람마다 두려워하는데 사도들로 말미암아 기사와 표적이 많이 나타나니 44믿는 사람이 다 함께 있어 모든 물건을 서로 통용하고 45또 재산과 소유를 팔아 각 사람의 필요를 따라 나눠 주며 46날마다 마음을 같이하여 성전에 모이기를 힘쓰고 집에서 떡을 떼며 기쁨과 순전한 마음으로 음식을 먹고 47하나님을 찬미하며 또 온 백성에게 칭송을 받으니 주께서 구원 받는 사람을 날마다 더하게 하시니라

▌ **37** 그들이 이 말을 듣고 마음에 찔려 베드로와 다른 사도들에게 물어 이르되 형제들아 우리가 어찌할꼬 하거늘

베드로는 모든 생애 중 가장 **확실하고 능력 있는 설교**를 했습니다.
본문은 **성령충만함을 받은 자**가 **메시지**를 전파할 때 그 말씀에 **거룩한 능력**이 같이하고 그 능력을 통해 **기적**이 이뤄졌음을 보여줍니다.

그들은 전에 예수님께서 친히 말씀하실 때 했던 것처럼 도중에 방해하지 않고, 베드로의 말을 끝까지 들은 후에 **마음이 찔려 당황하기도 하고 대단한 호기심이 생겨** 제자들에게 **"우리가 어찌할꼬?"** 라고 묻습니다.
베드로의 설교를 통해 마음이 완고했던 자들에게 **놀라운 변화**가 일어났고 그들로 하여금 **고통스럽게** 했습니다.
"저들은 마음에 찔림을 받았다" 했습니다.

그리스도를 죽이는 일에 동참한 것에 대해 두려워 떨며 마음에 찔림을 받았

습니다. **그들을 책망한 베드로의 증언은 그들의 양심을 일깨웠고 심령의 골수까지 찔렀던 것입니다.** 그야말로 **뼈까지 파고드는 칼날**이 있어서 그들이 그리스도를 찔렀던 것처럼 그들을 고통스럽게 찔렀던 것입니다.

죄인의 눈이 열릴 때에 그 죄로 말미암아 **마음에 찔림을 받아 내적인 고통**을 느끼게 됩니다. 이것이야말로 **마음을 찌르는 것**이요(욜2:13), **상하고 통회한 심령**이 되는 것입니다(시51:17).

때가 되자 **성령이 그들에게 강하게 역사하심으로** 그 강퍅하고 완악했던 마음들이 **찔림을 받아 두려워 떨며 회개하게** 된 것입니다.

그들은 "**우리가 어찌할꼬?**" 하고 탄식했습니다.

"우리가 못 박은 그 예수가 그토록 우리가 기다렸던 구세주시란 말인가? 그렇다면 그를 십자가에 못 박은 우리는 어떻게 해야 하는가? 우리가 크게 범죄하였구나" 한 것입니다.

우리는 **범죄함으로 자신이 얼마나 비참하게 되었는지를 먼저 깨닫지 않고는 진정으로 행복해질 수 없다**는 것을 깨달아야 합니다. 우리 각자가 **파멸의 위치에 처해 있음을 진정으로 발견하고** "나는 이제 어찌할꼬?" 하고 **하나님께 울부짖을 때에 비로소 구원 받을 수 있는 희망을 얻게** 되는 것입니다.

완악하고 강퍅한 자들은 수없는 범죄에도 불구하고 그중 단 하나라도 진정으로 깨닫고 슬퍼하며 두려워할 줄 모르므로 결코 구원을 얻을 수 없습니다.

우리는 **마음이 완악하고 강퍅해지지 않도록 날마다 내 영혼을 돌보아야 하며 주님께 기도해야** 합니다.

그들은 **무엇을 지시 받든지 그대로 행하리라고 결심한 것처럼** 말합니다.

죄를 깨달은 사람은 자신의 죄를 진정으로 시인하고 회개할 뿐만 아니라 그 다음에 주께서 나에게 무엇을 말씀하시든지 그대로 따르겠다고 결심하고 순종하게 됩니다. 그것이 진정한 회개자의 모습입니다.

많은 사람들이 자신의 잘못을 반성하고 뉘우치나 **그것을 주님 앞에 나와 진실하게 고백하지 않으며** 곧 이어 주님께 "나는 어찌해야 합니까? 말씀하는 그대로 하겠습니다" 하는 의지를 보이지 않습니다.

많은 사람들이 입으로는 구구절절이 회개해놓고 그 후에 주님의 말씀을 알려고도 하지 않고 여전히 과거와 같이 부패한 성품과 사탄의 유혹대로 따라감으로써 점점 더 큰 죄를 저지릅니다. 그들은 회개했으니 용서받았다고 생각할지 모르나 **여전히 죄인으로 남아있으며 오히려 더 큰 죄를 저지르고 있**

는 것입니다.

> **38** 베드로가 이르되 너희가 회개하여 각각 예수 그리스도의 이름으로 세례를 받고 죄 사함을 받으라 그리하면 성령의 선물을 받으리니

베드로는 **그들이 행할 것**과 그것을 행함으로 **무엇을 얻게 되는지**를 말해 줍니다.

우선 "**회개하라**" 했습니다.

이것이야말로 세례 요한과 예수님께서 설교한 것과 같은 것이었습니다. 그리고 "**각각 예수 그리스도 이름으로 세례를 받으라**"고 권고합니다.

그들은 예수 그리스도 이름으로 세례를 받아야만 했습니다. 그들은 그동안 선지자들이 전한 **아버지 하나님과 성경**을 믿었으나 이제는 **예수가 그리스도이심과 선조들에게 약속된 메시야임을 믿어야** 하는 것입니다.

이제 그들은 **예수의 의를 힘입어 죄 사함 받기 위해 그의 이름으로 세례를 받아야** 했으며 이 일은 "**각각**" 해야 했습니다.

누구보다 더 큰 죄를 지은 사람이라도 회개하고 예수를 믿으면 세례를 받을 수 있고, 아무리 훌륭한 사람도 회개하고 예수를 믿고 세례를 받아야 합니다.

> **39** 이 약속은 너희와 너희 자녀와 모든 먼 데 사람 곧 주 우리 하나님이 얼마든지 부르시는 자들에게 하신 것이라 하고

그렇게 하면 그들도 사도들처럼 **성령의 은사를 받게 될 것**이라고 말합니다. 왜냐하면 **그 복은 모든 그리스도인을 위한 것**이기 때문입니다. **죄 사함 받은 자는 누구나 성령의 은사를 받을 수 있다**는 것을 기억해야 합니다.

죄 사함을 받고 성령을 선물로 주시겠다는 약속은 "**너희들과 너희 자녀들을 위한 것이다**"고 말했습니다.

이 말씀은 이사야서에 나오는 "**나의 신을 네 자손에게 내리며**(사44:3)", 또한 "**나의 신과 나의 입에 둔 말이 이제부터 영원토록 네 후손의 입에서와 네 후손의 후손의 입에서 떠나지 아니하리라**(사59:21)" 라는 말씀의 다른 표현입니다.

예수 그리스도를 통해 아브라함이 받은 복은 **이방인에게도** 주어지므로 **모든 그리스도인의 자손에게도 미치게** 된 것입니다(갈3:14). 이 약속은 오랫동

안 이스라엘에게만 속했었으나 이제는 먼 데 사람, 곧 **이방나라들에 있는 각 자에게도** 주어지게 된 것입니다.

한 가지 중요한 제약이 있다면 그리스도의 형제들의 공동체 안에서 주 우리 하나님을 부르는 자에게만 이 복이 해당됩니다. 즉 예수 그리스도만을 자신의 구주로 확실히 믿고 그 뒤를 성실히 따라가는 성도들, 교회의 공동체 안에서 성도들과 한 몸을 이루는 것을 통해 이 큰 복을 받는다는 것입니다.

"한 사람, 한 사람이 이 예수 그리스도를 믿음으로 구원을 얻는다"는 것은 **예수를 믿은 모든 사람**이 그리스도와 한 몸을 이루는 것임을 말씀합니다.

그러므로 예수로 말미암아 구원을 얻었다고 확신하는 사람은 **자신과 같은 성도들을 존귀하게 여기며 그들과 거룩한 사귐을 갖으며 하나가 되어야** 합니다. 즉 교회를 떠나서는 결코 구원이 있을 수 없습니다.

> *40 또 여러 말로 확증하며 권하여 이르되 너희가 이 패역한 세대에서 구원을 받으라 하니*

사도들은 **여러 말로** 복음의 진리를 **확증**하며 그들에게 **훈계**합니다.

예수를 알고 믿은 사람들은 이 패역한 세대에서 자신을 구해야 합니다. 과거처럼 **마음을 강퍅하게 가져서는 안 되며 강퍅한 자들의 죄에 참여하지 말아야** 합니다.

악인으로부터 우리를 구별하는 길은 그들로부터 우리 자신을 보호하는 것입니다. 우리가 그들의 요구를 거절할 때 그들이 우리에게 적개심을 가지고 대할 수 있으나 그 길만이 우리를 멸망으로부터 구하는 방법입니다. **우리는 이 일에 단호해야** 합니다.

죄를 진정으로 회개하고 자신을 예수 그리스도께 드린 사람은 **과거 악인들과 친분관계를 갖으며 그리스도를 대적하고** 마귀의 종노릇하며 살았던 것을 **끊어버리는 일에 성실성한 태도를 보여야** 합니다. 한동안 끊어버리다가 또다시 옛 생활로 돌아간다는 것은 **자신을 예수 그리스도께 진정으로 드린 것이 아닙니다.**

성령충만함이 임함으로 어떤 인간의 힘으로도 회개할 수 없었던 자들이 **가르침을 받고 변했습니다.** 이것이야말로 구원에 이르게 하는 하나님의 능력입니다.

> *41 그 말을 받은 사람들은 세례를 받으매 이 날에 신도의 수가 삼천이나 더하더라*

그들은 **말씀을 기쁘게 받아들이고** 세례를 받았습니다.

마음으로 **믿고** 입으로 **고백**했으며 그리스도께서 정하신 **거룩한 예식에 참 예함으로 제자들 가운데 들게** 되었습니다.

예수 믿고 구원을 받은 자들은 예수님께서 설립하신 세례를 받음으로써 **그 리스도와 다른 성도들과의 계약을 분명히 해야 합니다.** 세례 받는 것이야말 로 그리스도의 제자가 됨을 표하는 것입니다. 세례 받음을 통해 **또 다시 범죄 생활에 빠져들지 않기를 결심하고 힘쓰는 것입니다.**

"이 날에 신도의 수가 삼천이나 더하더라"

단지 말씀으로 삼천 명이나 회개시키는 일은 떡 몇 조각으로 오천 명을 먹 인 사건보다 더 놀라운 일입니다.

제자들의 수가 점점 더해졌습니다.

우리는 이렇게 **복음을 전함으로써** 사람들이 **변화를 받고 회개하여 예수를 영접하게** 하고, 그들이 주님의 명령대로 **세례를 받고, 그리스도의 제자로서 모든 말씀을 배워 지키며 사는 자가** 되도록 전력을 다해야 합니다.

사람들에게 복음을 정확하게 제시하지도 못하며, 그들이 확실히 주님을 영 접했는지도 확인하지 않으며, 그들이 진정한 믿음을 고백하며 세례 받게 하 지 않고, 날마다 말씀을 배우고 지키는 사람이 되도록 세심하고도 철저하게 양육하지 않는다면 **아무리 숫자가 많을지라도 그 교회는 텅 빈 교회**입니다.

교회는 사람의 수가 아닌 **예수 그리스도의 제자를 끊임없이 증가시켜야** 합 니다.

그러므로 **교회는 복음을 정확하게 전할 줄 아는 사람을 키워야** 하며 그들 이 **성령충만함을 받도록** 합니다. 그리고 그들이 나가서 전도할 때에 사 람들이 변화를 받고 회개하고 그리스도를 영접하고, 그들의 가르침을 통해 끊임없이 변화되고 성장하게 하는 능력 있는 제자들을 증가시켜야 합니다.

성령충만한 제자가 또 다른 제자들을 만들어 내는 것입니다. 교회의 교역자 들을 비롯하여 직분을 맡은 자들이나 오랫동안 신앙생활을 한 자들은 **성령충 만함을 받기 위해 자신을 가다듬으며 준비하고 부르짖어야** 합니다. 이것이 **교회가 교회다워지고 진정으로 성장하는 유일한 방법**입니다.

> 42 그들이 사도의 가르침을 받아 서로 교제하고 떡을 떼며 오로지 기도하 기를 힘쓰니라

초대교회 성도들은

(1)사도들의 **가르침을 받아 그것을 간직하고 잃어버리지 않았습니다.**
그들은 사도들의 가르침과 교훈을 받아들이는 일에 열심을 기울였습니다.

(2)그들은 **성도의 교제를 계속했습니다.**

(3)**성전에 모이기를 힘썼습니다.**

그들이 패역한 세상을 멀리했다고 하여 은둔자가 된 것은 아니었습니다. 그들은 서로 친근하게 사귀며 모든 사정을 털어놓고 의논했고 매일 **성전에 모여 예배드리는 일**을 통해 더욱 하나가 되었습니다.

하나님을 예배하는 일은 우리 모두의 일과가 되어야 합니다. **기회 있을 때마다 모여서 예배를 드리는 것은 영육 간에 큰 유익**을 줍니다. 그러므로 성도들은 **성전에 모이기를 힘써야** 하는 것입니다.

그들은 **다함께 모였고 불화나 다툼이 없었으며 거룩한 사랑이 그들 가운데 충만했습니다.**

(4)그들은 **자주 모여 성만찬을 가졌습니다.**

그들은 **십자가에 죽으신 예수 그리스도와 관계를 돈독하게 하고 그 주님의 죽음을 기념하기 위해 계속하여 성찬을 나누었습니다.** 그들은 하루도 그리스도의 죽음을 잊을 수 없었기에 이 기념예식을 **기쁨으로 계속했던 것입니다.** 이 예식이야말로 **예수님이 설립하셨고 세대의 모든 교회가 반드시 해야만 하기 때문입니다.**

그들은 또한 **그들의 개인 집에서도** 이 예식을 행했으며 **작은 회당, 또는 가정교회에서 돌아가며 모여 예배드리기를 힘썼습니다.**

(5)그들은 **기도에 힘썼습니다.**
"오로지 기도하기를 힘쓰니라" 했습니다.

그들은 이미 성령충만함을 입었는데 **성령충만함을 기다리던 때와 같이 항상 기도에 힘썼습니다.** 그들이 즐겨했던 성만찬은 **자연스럽게 기도하도록 이끌어** 주었으며 그리스도의 복음을 **능력 있게 전파하기 위해 간절히 기도했던** 것입니다. 성령충만함을 받은 자들도 이렇게 **끊임없이 기도함으로써 계속해서 성령충만함의 은혜와 능력을 입어야** 하는 것입니다.

(6)그들은 **감사하는 일**을 충성스럽게 했고 **찬양하기를 힘썼습니다.**

감사와 찬양은 하나님께 드릴 **필수적**인 것입니다.

우리는 기도를 할 때에도 날마다 우리에게 한없는 은혜와 사랑을 베푸시는 주께 **감사와 찬양의 기도**를 하지 않을 수 없습니다. **신앙이 무르익을수록 구하는 것보다 감사하고 찬양할 것이 많아집니다. 하나님의 은혜와 사랑을 늘 발견하고 체험하는 사람은** 날마다 순간마다 하나님께 감사와 찬송을 올려드리지 않을 수 없습니다. 이것이 **건강한 영혼을 유지하고 있다는 증거**이며 **천국의 삶을 누리는 것**입니다.

▎ *44 믿는 사람이 다 함께 있어 모든 물건을 서로 통용하고*

그들은 언어나 국적에 따라 **여러 그룹으로 나뉘어 자주 모여 성도의 교제를 나누었던 것**입니다.

"**함께 있다**" 는 말의 또 다른 의미는 **그들이 믿지 않는 사람들과 구별되이 살았다**는 것이고 **같은 신앙의 의무를 고백하고 언제나 뜻을 같이 하여 행했다**는 것입니다.

우리는 이렇게 **성도들끼리 날마다 모여 교제함으로써 불신자나 우상숭배자들과 구별되이 사는 것**을 각자가 견고히 **해야** 하며 **우리의 의무를 이행함에 있어서 뜻과 정성을 합해야** 합니다. 어떤 일을 할 때 흩어져서 혼자 하는 것보다 함께 모여 하는 것이 **훨씬 쉬울 뿐만 아니라 더 큰 효과를 나타낼 것**은 자명한 일입니다. **사탄은 날마다 모이지 못하도록 갖가지 방법을 사용하여 방해하는데** 우리는 **이것을 싸워서 이겨야 합니다.**

(7)그들은 "**모든 물건을 서로 통용했다**" 했습니다.

그들은 **서로에게 깊은 관심**이 있었고 **도우려는 준비**가 분명하게 되어있었으므로 **자기의 물건을 통용하는 것**을 주저하지 않았습니다.

그들은 필요한 것이 자신에게 없다면 형제에게서 얻을 수 있었기 때문에 굳이 형제들의 것을 탐낼 필요가 없었습니다. 그야말로 **주님을 섬기고 주님의 일을 함에 있어 내 것, 네 것을 따지지 않는 진정 한 몸을 이룬 것**입니다.

우리는 **주님과 형제를 위한 것**이라면 얼마든지 나의 것을 성도들 앞에 내어놓을 수 있어야 합니다. 특히 더 가진 사람은 이것을 명심해야 합니다. 다른 형제들과 주의 일을 위해 **더 많이 나누어주라고 더 많이 가지게 하셨는데** 그것을 자신을 위해 쌓기만 한다면 그것은 **다른 사람들이, 또는 주께서 써야 할 것을 가로채는 것**입니다. 우리는 주님과 서로를 위해 물질을 아낌없이 쓸 줄 알아야 합니다. 그래서 그들은 **구제와 선교를 위해 기금을 모으기도** 했습니다.

▎**45** 또 재산과 소유를 팔아 각 사람의 필요를 따라 나눠주며

그들은 "**그들의 재산과 소유를 팔았다**"고 했습니다.

어떤 이들은 밭과 집을, 어떤 이들은 가축이나 가구를 팔아 **각 사람의 필요를 따라 나누어주었습니다.**

그들이 자신의 재산을 하나도 갖지 않았다는 것이 아니라 **이기심을 없게 했다**는 것입니다. 만약 모든 재산을 팔아 단번에 나눠주고 나면 그 이후에 또 다른 선한 일을 할 수 없게 될 것입니다.

성도는 특히 **궁핍한 형제들**을 위해 자기 소유의 일부분을 기꺼이 나눠주어야 합니다.

그런데 우리가 이렇게 **구제기금**을 모으고 **주의 일을 위해 물질을 모으는 것**은 억지로 하는 것이 아닙니다.

5장 4절에서 베드로가 **양심을 속이고 드린** 아나니아에게 "**네 것을 네 임의로 할 수가 없었더냐**" 했습니다.

아나니아 부부가 자기 소유 중의 얼마를 드리기로 **성령의 인도하심을 받고** 마음속에서 이미 **결정했는데** 정작 그것을 드릴 때에는 **이기적인 생각에 의해** 일부만 내어놓음으로써 베드로가 엄히 책망한 것입니다.

그들은 자신보다 훨씬 더 어려운 형편의 사람들보다 **부끄러운 것**을 내놓은 것입니다. 그들은 얼마든지 **임의로, 즉 성령이 깨닫게 하신 대로** 내놓을 수 있었습니다. 그렇게 했다면 그들은 **이전보다 더 많은 것을 주께로부터 받을 수 있었습니다.** 그들도 성령의 인도를 받는 자들이어서 마땅히 드려야 할 것을 정했음에도 **사탄이 주는 욕심에 빠져** 형제들과 주님을 섬기는 일을 **불성실하게 했을 뿐 아니라 성령과 교회를 속인 것입니다.** 그것은 더욱이 **심은 대로 거두게 하시는 하나님의 약속과 능력을 불신하는 죄악**이 아닐 수 없었습니다. 그들은 하나님의 진노를 받아 즉사하고 말았습니다.

사도들은 복음전파의 사명을 감당하기 위해 **모든 것을 포기했고 오직 말씀 전하는 일과 기도하는 일에 전력**했으므로 그들의 생활과 그들의 사역을 위해 다른 성도들이 **재정적으로 지원**하는 조치가 있어야만 했습니다.

뿐만 아니라 예루살렘 교회가 크게 부흥해서 성도들 가운데 어려운 처지

의 사람이 많아져 이들을 구제하는 일 또한 마땅히 성도들이 해야만 했던 것입니다.

오늘날 우리도 **하나님께서 우리에게 축복하신 바에 따라 하나님의 거룩한 일들을 위해 성령께서 깨닫게 해주신 대로 기꺼이 물질을 드려야** 합니다. 특별한 경우에는 초대교회 성도들(빌립보 교회)처럼 **힘에 넘치도록** 드릴 때도 있는 것입니다(고후8:3).

그들이 그렇게 했다고 하여 결코 궁핍해지거나 굶어 죽는 일은 없었습니다. 오히려 그들이 드린 것보다 **영육 간에 더 큰 은총을** 받아 **점점 더 많은 물질을 드리며 더 많은 열매를 맺을 수 있었습니다.** 이것이 **하나님의 약속**입니다.

그리고 여기 사도행전 2장 44절 이하의 말씀은 그들에게 이미 알려진 것처럼 **유대나라가 하나님의 진노로 멸망당할 것**을 염두에 두고 그들의 재산과 소유를 다 잃어버리기 전에 **믿음 안에서 그리스도와 교회에 대해 당시에 요구된 봉사를 위해 아낌없이 드렸다**는 것을 또한 알 수 있습니다.

많은 성도들이 **언젠가 잃어버리고 빼앗길 것임을** 알지 못하고 **그저 쌓아두며 하나님께 드리기를 인색하게 함으로 물질로써 큰 열매를 맺을 기회를 잃어버립니다.** 우리는 하나님이 주신 물질을 하나님 뜻에 따라 기꺼이 사용할 줄 알아야 합니다.

여기서 또한 우리가 알아야 할 것은 언제나 **다른 형제에게 도움을 받기만 하고 나는 아무에게도 도움 줄 것이 없게 해서는 안 된다**는 것입니다. 우리는 마땅히 **각자가 땀 흘려 일하여 형제와 주를 섬길 수 있는 준비를 해야** 합니다.

> **46** 날마다 마음을 같이하여 성전에 모이기를 힘쓰고 집에서 떡을 떼며 기쁨과 순전한 마음으로 음식을 먹고

(8)그들은 **기쁨과 순전한 마음으로** 음식을 먹었습니다.

그들은 어떤 음식이든 **하나님께서 베푸신 식탁인 줄을 알고 감사하며 기쁘고 깨끗한 마음으로 나누었습니다.**

그들은 "**순전한 마음**", 즉 **너그러운 마음으로** 식사한 것입니다.

그들은 홀로 식사하기를 꾀하지 않았고, 준비된 식사를 마지못해서 먹지도 않았고, **얼마든지 형제를 식사에 초대**했습니다.

성도들은 상호간에 대접하기를 인색하지 말아야 하며 그렇게 함으로 서로를 **사랑함과 주님을 사랑하는 마음이 더욱 돈독해지게 해야** 합니다.

이제는 초대교회가 이렇게 한 **결과들**이 설명되고 있습니다.

■ **43** 사람마다 두려워하는데 사도들로 말미암아 기사와 표적이 많이 나타나니

(1) "**사도들로 인하여 여러 종류의 기사와 표적이 많이 나타났다**" 했습니다. 이것은 그들의 **가르침의 확실함과** 그 모든 가르침이 **하나님께로부터 나왔음을 입증**해 주었습니다. 바로 **이를 위해** 주님은 제자들에게 **성령충만함을 받을 때까지 기다리라고 하신 것**입니다.

성령충만함을 받기 이전에도 복음을 전파할 수 있었으나 **이제는 그것이 확실한 진리이고 하나님께로부터 나왔음을 입증해주는 능력을 행사하게끔 하신 것**입니다.

그러므로 **성령충만이 참으로 필요합니다.**

복음을 전하기만 하면 될 뿐 능력은 필요없다고 말하는 사람들이 있는데 그들은 위와 같은 것을 깨닫지 못하고 있는 것입니다.

성령충만함을 받은 **제자들에 의해 기사와 표적이 많이 나타남으로써 구원받는 사람이 날마다 더했습니다. 능력이 나타남으로써 그들의 입에서 나온 말씀이 권위가 있게** 되었고, 또한 **복음 전하는 자들의 노력을 크게 격려하는 것**이 되었습니다.

그 기사와 표적들은 분명히 **복음을 전하는 제자들에게 큰 위로와 기쁨과 힘이 되어** 그들은 **죽음도 마다하지 않고 담대하게 계속하여 복음을 전할 수 있었던 것**입니다.

(2) "**사람마다 두려워하였다**" 했습니다.

표적과 기사들을 본 많은 사람들에게 **곧바로 두려움**이 **임했습니다.**

"그동안 그리스도와 복음을 받아들이지 않고 대적한 것 때문에 큰 벌이 오지 않을까?" 한 것입니다.

이 두려움은 **그들이 복음을 순순히 받아들이게** 했을 뿐만 아니라 **전하는 자들도 보다 더 많은 사람들에게 복음을 전할 수 있게** 해주었습니다.

제자들을 통해 능력이 나타남으로써 **사람들은 그들에게 함부로 말하거나 행동할 수 없었고 그들의 말을 경청하지 않을 수 없었습니다.**

과거에 제자들을 멸시하고 대적하던 자들이 이제 **제자들에게 호감을 가지게** 되었습니다. 그들이 본래 가져야 했던 마음과 정신으로 돌아온 것입니다.

이것은 **성령충만함을 받은 전도자들 앞에서 그동안 몹시도 괴롭히고 방해했던 악령들이 두려워 도망했다**는 것을 보여줍니다.

우리는 이렇게 **사람들뿐 아니라 그들을 사로잡고 괴롭히던 악한 영을 상대로 당당히 싸워 이기는 자들이** 되어야 합니다.

하나님의 말씀을 깨달을수록, 하나님의 능력을 알게 될수록 점점 하나님이 두려워집니다. 따라서 **악한 영은 떠나가고 어두운 영혼이 밝아짐으로써** 내가 죄인임을 고백하게 되고 예수 그리스도를 믿음으로써 죄 사함 받았음을 **확신하게 될 때에** 비로소 **진정으로 심령이 평안해지는** 것입니다. 아울러 **진정한 감사가 나오고 기쁨이 솟구치며** 더 나아가 **그리스도 안에서 의욕과 소망으로 채워집니다.**

성령이 충만한 제자들의 전도에 의해 그 대상자들에게 이런 변화와 성장이 확실히 나타나게 된 것입니다. 그러므로 예수를 믿자마자 누구든지 나아가서 전도할 수는 있으나 **속한 시일 내에 성령충만함을 받아 주님을 영접할 뿐 아니라 변화와 성장의 역사가 활발하게 이뤄지게 해야 합니다.** 그럼에도 불구하고 성령충만함을 받기 위해 힘쓰지 않고 무작정 나가서 전도하는 것은 또 **하나의 불충함**이요, **무지함**이 아닐 수 없습니다.

> **47** 하나님을 찬미하며 또 온 백성에게 칭송을 받으니 주께서 구원 받는 사람을 날마다 더하게 하시니라

(3) 그 복음을 받아들인 자들은 하나님을 찬미하게 **되었습니다.**

(4) 자신들에게 복음을 전해준 **전도자들을 칭송했습니다.**
성령충만한 전도자도 **때때로 극심한 환난과 핍박을 받을 수 있으나 결과적으로 이와 같이 모든 사람들에게 칭송을 받게** 됩니다. 왜냐하면 하나님의 능력을 힘입어 **죄인을 확실하게 구원 얻게 해 주었기 때문**입니다.

우리 그리스도인들은 운동선수들이 오직 챔피언이 되는 한 순간을 위해 모든 고통을 참고 희생하며 전력을 다하는 것처럼 **성령충만함을 받기 위해 열심히 준비해야** 합니다. 그리고 점점 더 많은 사람들을 구원 얻게 할 뿐 아니라 그 구원받은 성도들로부터 사랑과 존경받는 전도자가 되어야 합니다.
챔피언 벨트나 메달은 시간이 지나면 잊혀지나, **죄인을 능력 있게 구원하는 일은** 그 구원된 자들이 많을수록 우리 주님께로부터 영원한 칭찬과 영광을 선사 받게 되는 것입니다.

제 6 강

베드로와 요한이 앉은뱅이를 고침

행3:1~8

1제 구 시 기도 시간에 베드로와 요한이 성전에 올라갈새 2나면서 못 걷게 된 이를 사람들이 메고 오니 이는 성전에 들어가는 사람들에게 구걸하기 위하여 날마다 미문이라는 성전 문에 두는 자라 3그가 베드로와 요한이 성전에 들어가려 함을 보고 구걸하거늘 4베드로가 요한과 더불어 주목하여 이르되 우리를 보라 하니 5그가 그들에게서 무엇을 얻을까 하여 바라보거늘 6베드로가 이르되 은과 금은 내게 없거니와 내게 있는 이것을 네게 주노니 나사렛 예수 그리스도의 이름으로 일어나 걸으라 하고 7오른손을 잡아 일으키니 발과 발목이 곧 힘을 얻고 8뛰어 서서 걸으며 그들과 함께 성전으로 들어가면서 걷기도 하고 뛰기도 하며 하나님을 찬송하니

▌ *1 제 구 시 기도 시간에 베드로와 요한이 성전에 올라갈새*

표적과 기사 등으로 능력이 나타나는 것은 사람들로 하여금 말씀을 확신하게 하며 복음을 받아들이도록 마음을 준비시켜 줄 수 있다는 것을 보여줍니다.
사도들로 인해 많은 표적과 기사가 나타났는데 이 3장에서는 한 예만 소개됩니다.
사도들이 나타낸 표적과 기사는 **모든 자들의 문제를 해결해준 것이 아니라 시시때때로 성령이 지시하시는 대로 그들이 수행하는 사명을 위해 적절히 이루어졌습니다.** 마찬가지로 제자들이 행한 모든 기적이 성경에 기록된 것이 아니라 **후대 사람들이 꼭 알아야만 하는 것을 선별하여 기록**한 것입니다.

이 기적은 사도들 가운데 **중심인물이었던 베드로와 요한**에 의해 나타났습니다. 베드로는 주님께서 생존해 계신 동안 **제자들의 대변자** 역할을 했고 요한은 **주님이 제일 사랑하신 제자**였습니다. 이들 외에도 다른 사도들과 제자들에 의해 많은 이적과 기적이 나타났으나 이들을 통해 일어난 기적이 대표적으로 기록된 것은 자연스러운 일입니다.

하나님은 **더 충성하고 주를 기쁘게 한 자들에게 그들의 역할이 가장 중요**

하게 사용되는 영광을 부여하십니다. 성경은 언제나 **심은 대로 거두게 하시고 행한 대로 갚아주시는 것**을 보여줍니다. 하나님은 우리가 행한 모든 것을 **완전히 기억하고 계시며 그것에 대해 적절하게 갚아주십니다.** 그러기에 우리가 **언제나 주님께 순종하고 충성하는 것**은 결코 헛되지 않으며 **가장 지혜로운 일**입니다.

우리가 매일 접하고 있는 시간은 다시는 우리에게 돌아오지 않습니다.

그러므로 우리는 **하루하루의 시간을 소중히 여기고 효과 있게 사용하여 그때그때 온 정성을 다해 순종하며 충성해야** 합니다.

이 놀라운 기적은 **성전에서** 일어났습니다.

"**베드로와 요한이 성전에 올라갔다**" 했습니다.

그때는 특히 **오순절** 명절이었으므로 **많은 사람**이 모였고 베드로와 요한을 통해 **복음의 그물**이 크게 쳐진 것입니다.

하나님은 성전에 모이기를 사모하고 힘쓰는 자들에게 먼저 신령한 기쁨과 복을 선사해 주신 것입니다. 성전에 모이는 일은 **그 어느 곳에서보다도 우리에게 가장 큰 은혜와 기쁨을 줍니다.** 하나님은 예나 지금이나 **성도들이 모여서 예배드리고 교제하는 성전을 통해 온갖 은총을 내려주십니다.**

사탄도 이것을 알기에 성도들이 성전에 모이지 못하도록 끊임없이 방해합니다. 예수를 믿는 이들은 먼저 **날마다 성전에 모이는 일에 승리해야** 하며 **힘써야** 합니다. 성전을 통해 주시는 온갖 은총을 빼앗기거나 잃어버려서는 안 됩니다.

이 놀라운 역사가 일어난 때는 "**기도하는 시간**" 이었습니다.

또한 유대인들이 일반적으로 지키던 **공중예배의 시간**이었습니다.

나면서부터 앉은뱅이 된 자는 **정해진 예배시간에 맞춰서** 성전 미문에 앉아 있었고, 베드로와 요한도 **기도시간에 맞추어 성전에 나갈 때에 놀라운 역사**가 일어났습니다.

그러므로 우리는 **정해진 예배와 기도시간을 소중히 여기며 성실히 참여해야** 하고 거기에서 **하나님의 놀라운 은총이 임할 것을 기대해야** 합니다. 분명히 **하나님은 우리가 모여서 예배하고 기도할 때마다 많은 은총을 베풀어 주십니다.**

"**제 구 시**" 는 오늘날의 **오후 세 시**입니다.

아침 아홉 시와 정오에도 기도하는 시간이 있습니다. 그들이 하루에 세 번씩 모여 예배하고 기도하는 것은 바로 **하나님께서 그들에게 가르쳐주신 삶의 방식**이었습니다.

우리는 그 어떤 인생의 일보다 **하나님 앞에 모여 예배하고 기도하는 시간을 규칙적으로 정하고 참여함으로써 자신을 세상의 유혹으로부터 보호하고 영육 간에 성장시키고 하나님의 은총을 받아 누리는 일**을 해야 합니다.

예수님께서도 "**모이기를 힘쓰라**"고 가르치셨습니다.

세상의 어떤 일보다도 성도들끼리 한자리에 모이는 일을 소중히 여기시기 바랍니다. 유대인들이 습관적으로 시간을 정해 놓고 모였던 것처럼 우리도 **모이는 것이 일상의 가장 중요한 습관이 되어야** 합니다.

▌*2 나면서 못 걷게 된 이를 사람들이 메고 오니 이는 성전에 들어가는 사람들에게 구걸하기 위하여 날마다 미문이라는 성전 문에 두는 자라*

그 사람은 "**나면서부터 못 걷게 된 이**"였습니다.

우리도 **나면서부터 영적으로 앉은뱅이**였던 것을 알아야 합니다.

그가 자신을 위해 어떤 일도 할 수 없었던 것처럼 우리도 **어머니의 뱃속에서부터 전적으로 부패타락한 자들**이었습니다. 우리는 **하나님의 능력을 힘입어 사탄과 죄악에서 자유를 얻고 하나님을 섬기기 위해 일할 수도, 걸을 수도, 뛸 수도 있게 되었음**을 알아야 합니다. 우리도 이렇게 놀라운 능력을 체험하고 낫게 되었으니 **전의 우리처럼 나면서부터 영적으로 앉은뱅이 된 자들을 살려내는 일에 반드시 동참해야** 합니다.

▌*3 그가 베드로와 요한이 성전에 들어가려 함을 보고 구걸하거늘*

그 사람은 또한 '**걸인**' 이었습니다.

그는 동냥하여 생계를 유지했는데 모든 **영적 걸인**도 그와 똑같습니다.

예수를 만나기 이전의 모든 사람은 다른 사람을 위하기는커녕 자신을 위해서도 아무것도 할 수 없는 가련한 구경꾼에 지나지 않는 것입니다. 오히려 시간이 지날수록 **영적인 걸인은 그 정도가 더욱 악화**됩니다. 이러한 사람은 나면서부터 앉은뱅이였던 자가 예수 그리스도를 알게 하는 베드로와 요한을 만난 것처럼 오로지 **전도자를 만나 예수님을 믿고 그의 능력으로 다시 살아나는 것** 밖에는 아무 소망이 없습니다.

그러므로 우리 성도들은 **이 영적인 걸인들에게 부지런히 나아가서 그들에**

게 진정으로 필요한 것을 주어야 합니다.

그 사람은 베드로와 요한을 향해 **무엇인가를 받기를 간절히 청했습니다.**

나면서부터 불구자가 된 자들과 영적인 걸인이 된 자들은 **오직 하나님의 사람들을 통해 주시는 예수 그리스도의 은총을 간절히 구해야** 합니다.

만약 그 앉은뱅이가 베드로와 요한이 재물이 많을 것 같지 않아 보여 아무것도 구하지 않고 지나쳤다면 그는 아무것도 얻을 수 없었을 것입니다.

나면서부터 앉은뱅이 된 자들과 영적인 걸인들은 **은과 금을 주는 자보다 예수 그리스도를 만나게 해주는 자들에게 도움을 받아야만** 합니다. 예수의 사람들이 다가와 돕겠다고 하는데 **그것을 거절하는 자들은 아무 소망이 없습니다. 그들은 여전히 앉은뱅이로 있어야** 하며 **계속 영적인 걸인으로 살다가 영원한 멸망에 빠질 수밖에 없습니다.**

그가 누워 있던 성전문의 이름이 '**미문**' 이라고 했습니다.

"**아름다운 문**" 이라는 뜻을 가진 이 문은 장엄함고 화려했습니다. 이 문은 **이방인의 지역에서 유대인 지역으로 들어가는 문**이라고 합니다. 이 문을 아름답게 꾸민 것은 **그곳이 엄위하신 하나님이 거하시는 곳의 첫 번째 입구**였기 때문입니다. 이 앉은뱅이는 허구한 날 이 장엄하고 화려한 성전 정문에서 구걸했으나 적선으로 겨우 입에 풀칠을 할 뿐 그의 근본적인 문제는 해결되지 못했습니다.

베드로와 요한이 그곳을 드나드는 사람들 중에 가장 초라한 모습이었을지 모릅니다. 그러나 **그들이야말로** 이 불쌍한 사람을 **근본적으로 회생시킬 수 있었습니다.**

많은 사람들이 장엄하고 위엄 있어 보이며 크고 화려한 예배당이나 절간을 찾아서 무엇을 얻어 보려고 합니다. 그러나 그들이 **나사렛 예수의 이름을 가진 자를 만나지 못하면 그 모든 수고가 헛될 뿐입니다.** 성전을 드나드는 사람들은 **반드시 예수의 사람을 만나야** 하며, **예수가 누구인지를 알고 믿어야** 하며, **그 예수를 통한 은총을 받아야**만 합니다. 그렇지 않으면 **어떤 변화도 경험할 수 없습니다.**

그러므로 성전을 드나드는 자들은 **무엇보다도 예수 그리스도를 만나야만** 합니다. 성전의 웅장한 모습과 아름다운 성가대 찬양을 감상하고, 매끄럽고 화려한 설교를 듣는 것보다 **반드시 되어져야 할 것은 예수 그리스도를 발견**

하고 만나는 것입니다. 교회는 교회에 나오는 자들에게 예수 그리스도를 발견하게 하고 만나게 해야 합니다.

> 4 베드로가 요한과 더불어 주목하여 이르되 우리를 보라 하니 5 그가 그들에게서 무엇을 얻을까 하여 바라보거늘

사도들이 "그 사람을 주목하였다" 했고, "우리를 보라"고 했습니다.

베드로와 요한은 그 사람으로 하여금 자기들을 주시하고 집중하게 했습니다. 그리고 그들도 그의 눈을 보고 그에게 집중했습니다. **우리의 눈은 은총을 베풀어줄 자들에게 시선을 집중해야 합니다.** 결코 무관심하거나 대수롭지 않게 상대해서는 안 됩니다.

앉은뱅이는 그들에게서 무언가 받을 수 있을 것이라는 기대에 차 그들을 주시했고 그에게 기적의 역사는 시작된 것입니다.

우리가 말씀을 듣거나 기도하러 나올 때는 이 사람과 같이 기대로 가득차야 하며 온 마음을 집중시켜야 합니다. 우리는 하나님을 향해 그 은총 입기를 갈구하는 마음을 가져야 합니다.

우리는 말씀을 들을 때나 기도할 때마다 반드시 하나님의 은혜를 입겠다는 간절함을 지녀야 합니다. 결코 잡념에 빠지거나 졸거나 무성의한 태도로 임하거나 주셔도 그만, 안주셔도 그만이라는 식이나 그저 기계처럼 습관으로 임해서는 안 됩니다.

그 앉은뱅이가 "우리를 보라"는 말을 들었어도 보지 않거나 삼깐 보다가 다른 것에 시선을 빼앗겼다면 그는 결코 기적을 체험할 수 없었음을 명심하시기 바랍니다.

> 6 베드로가 이르되 은과 금은 내게 없거니와 내게 있는 이것을 네게 주노니 나사렛 예수 그리스도의 이름으로 일어나 걸으라 하고

베드로는 "은과 금은 내게 없다"고 말했습니다.

우리는 사람들에게 무엇보다 하나님께서 우리에게 주신 것을 줄 수 있어야 합니다. 지금 내 손에 은과 금이 없어도 우리 하나님의 사람들은 하나님으로부터 받은 신령한 것들을 충분히 가지고 있어야 합니다. 무엇보다도 그동안 하나님이 내게 깨닫게 해주신 말씀을 잘 간직하고 있어야 하며, 또한 은사들도 받아 가지고 있어야 합니다.

하나님의 말씀이야말로 각양각색의 사람들에게 가장 분명한 길과 해답을

줄 수 있습니다. 그러므로 우리는 **언제나 말씀의 충만함을 소유하기 위해 최선을 다하고 더 많은 은사들을 받기 위해 간절히 기도해야** 합니다. **영적인 앉은뱅이들과 걸인들에게 정작 필요한 것은 은과 금이 아니라 하나님이 우리들에게 주신 것입니다.**

베드로나 요한은 **하나님께로부터 온 능력으로 그 사람의 필요를 확실하게 채워줄 수 있었습니다.**

세상에서 아무리 가난하고 무지한 자라도 **영적인 선물과 은사로 부요한 자가 될 수 있습니다.** 우리 그리스도인들은 **예수 안에서 은과 금에 비교할 수 없는 놀라운 것들을 소유할 수 있습니다.** 그것은 학벌이나 돈으로 오는 것이 아니며 **오직 예수 그리스도를 믿고 그 앞에 순종하고 충성할 때에 받을 수가 있습니다.**

많은 그리스도인들이 영적인 선물과 은사들을 받지 못하고 무지무능한 상태인 것은 **그들이 확실히 예수 그리스도를 믿지 않았거나 순종함과 충성함에 실패한 자들이기 때문**입니다. 그들은 '나도 종종 교회에 나가고 성경도 읽고 기도도 하고 헌금도 드리는데, 나도 교회에서 직분을 맡고 있는데 왜 내게는 신령한 선물과 은사들이 없을까?' 하고 생각합니다. 이런 사람은 먼저 **자신이 확실한 믿음을 가지고 있는지 살펴봐야 하며 얼마나 하나님께 순종하고 충성하는지를 정직하게 점검해봐야** 합니다. 이 문제가 해결되지 않으면 수십 년 교회를 다니고 봉사한다 할지라도 베드로와 요한처럼 **크고 영광스러운 선물**을 사람들에게 나눠줄 수 없습니다.

베드로와 요한은 그 사람에게 **더 좋은 것**을 주었습니다.

그의 고질적인 문제를 완전히 해결해 준 것입니다. 그것은 **억만금보다 더 큰 것이었습니다.** 그 사람은 **더 이상 구걸할 필요도 없으며** 이제 **다른 사람들을 도와줄 수도 있게** 되었습니다. 받기만 하는 사람이 아닌 줄 수 있는 사람이 된 것입니다.

예수 그리스도를 진정으로 만나면 이렇게 자신의 비참한 처지에 있던 사람이 수많은 사람들을 도울 수 있는 영광스러운 자로 변화되는 것입니다.

베드로와 요한은 "**네게 줄 것이 내게 있다**" 고 했습니다.

우리도 모든 사람들 앞에서 이렇게 말할 수 있어야 합니다.

사람들이 불가능하다고 생각하는 것도 우리가 그들을 도움으로써 해결할 수 있음을 보여줘야 합니다. 보통사람에게 없는 것이 내게 있다고 말할 수 있

어야 하며 **그것이야말로 모든 사람들의 문제를 근본적으로 해결해주는 것임을 확실히 보여줌으로써 우리가 전하는 예수 그리스도를 그들이 구세주로 받아들일 수 있도록 해야** 합니다.

베드로와 요한은 **그들 자신의 능력이 아니라 "나사렛 예수의 이름으로"** 그를 치료했습니다.

만약 베드로와 요한이 **"나사렛 예수의 이름으로 일어나 걸으라"**고 말하지 않았다면 아무 일도 일어나지 않았을 것입니다. 그들이 **나사렛 출신 예수가 모든 죄인들의 구주이시며 영적인 문제뿐만 아니라 육적인 문제도 완전히 해결할 수 있는 전능자임을 확실히 믿고 선포할 때에 권능이 나타난 것입니다.**

'나사렛 예수'라는 명칭은 유대인들이 경멸의 뜻으로 지은 것입니다. **유대인들이 그토록 무시하던 나사렛 출신의 예수가 바로 그토록 기다린 메시야요, 그분이 이 사람을 이렇게 낫게 했다**는 것을 보여준 것입니다.
"너희들이 예수를 나사렛 출신이라 그토록 업신여겼으나 바로 그 이름으로 기적이 일어났다. 그는 가장 높은 자리에 앉은 분이 되셨고 그의 능력이 이러한 기적을 나타냈다" 하고 말한 것입니다.

오직 예수 이름으로만 모든 죄인들이 사함 받고 영생구원을 얻습니다.
어떤 사람들은 말하기를 "너희 그리스도인들은 사랑을 강조하며 왜 그렇게 독선적이냐? 왜 예수만 믿어야 천국에 가고 그렇지 않으면 지옥에 간다고 하느냐? **그것이 과연 그리스도의 사랑이냐?"** 라고 말합니다. 이런 사람들 앞에서 많은 크리스천들이 두려워하고 긴장하고 아무 대답도 하지 못합니다.
살기가 등등한 사람들 앞에 만약 내가 서게 된다면 복음을 정확하게 한마디도 빠짐없이 담대하게 전할 수 있겠는가? 지금 각자가 생각해 보시기 바랍니다.
앞으로 더 극심한 환난과 핍박의 때가 올 것이라고 성경은 말씀합니다.
바울과 사도들과 제자들은 수없이 매 맞고 온몸이 성한 곳이 없었고 종종 죽을 지경을 만났음에도 불구하고 **그들의 믿음은 변함이 없었고 거리낌없이 담대하고 정직하게 복음을 전했습니다.**

우리도 어떤 시련과 환난이 닥칠지라도 이렇게 할 수 있어야 하는데 그것은 우리가 그저 마음을 강하게 먹는다고 되는 것이 아닙니다.
마가의 다락방에서 120명의 문도는 성령의 충만함을 받은 이후에 모든 인간적인 문제를 극복할 수 있었습니다. 베드로와 요한도 그 전에는 숨어 있었고 두려워서 나가서 전도할 수 없었습니다. 그러나 **그들이 성령의 충만함을 받고 나자 죽기를 두려워하지 않았으며 복음을 담대하게 전했습니다.**

우리도 이렇게 해야 합니다. 우리 크리스천들이 **성령의 충만함을 받는 것은** 선택의 문제가 아닙니다. 크리스천은 반드시 전도를 해야 하는 것처럼 **반드시 성령의 충만함을 받아야만** 합니다. **예수님은 이것을 명령하신 것입니다.**

병 고침을 받은 사람의 한 일은 **우선 하나님을 찬양하는 것**이었습니다.

예수님을 영접한 우리 모든 성도들은 끊임없는 은혜와 사랑을 입었으므로 언제 어디에서나 하나님께 찬양을 드려야 합니다. 만약에 하나님을 찬양함이 없고 늘 근심과 걱정과 고통 속에 지내는 성도라면 **그는 예수 그리스도를 확실히 믿지 않았거나 믿었어도 끊임없이 베풀어지고 있는 주님의 사랑을 도무지 맛보지 못하고 있거나 잃어버린 자입니다.**

하나님을 믿지 않거나 주님께로부터 멀어져 가고 있거나 불순종하는 사람들은 시시때때로 괴로움과 고통을 당할 수밖에 없습니다. 예수를 믿는다, 시시때때로 성경을 읽는다, 기도도 한다, 직분을 맡고 오랫동안 봉사도 한다고 하지만 **항상 그 마음과 입술에 찬양이 넘쳐나지 않는다면 그 사람은 분명히 신앙생활에 문제가 있는 것입니다.** 내 믿음을 확인하고 내가 **불순종하고 불충한 것을 진정으로 회개해야** 이 문제가 해결될 수 있습니다.

그저 어느 특별한 집회에 참석하여 잠깐 위로 받고 기쁨을 경험했다고 문제가 해결되지 않습니다. **우리는 주께서 우리에게 어떤 은총과 자비를 베풀어주시든지 감사하고 찬양해야** 합니다. 우리는 이런 생활을 **끊임없이 해야** 합니다.

▎ 7 오른손을 잡아 일으키니 발과 발목이 곧 힘을 얻고

베드로는 그에게 "**일어나 걸으라**" 고 명령할 뿐만 아니라 **그의 오른손을 잡아 일으켰습니다.**

그 앉은뱅이가 명령을 받고 **일어나려고 힘쓰는 것**처럼 베드로와 요한도 그를 일으키기 위해 **힘을 써야** 했습니다. 베드로와 요한이 예수의 이름으로 명령했으므로 **그 능력이 나타나 그가 일어나게 하실 것임을 확신하고** 그의 오른손을 잡아 **일으킬 때에** 그는 완전히 일어날 수 있었습니다.

많은 사람들이 '나도 전도를 많이 할 수 있었으면', '나도 기도를 많이 할

수 있었으면' 하고 간절히 바라나 그것이 잘 되지 않아 속상해 합니다. 전도를 잘하게 해달라고, 기도의 문을 열어주시라고 **기도를 하고서 행동으로 옮기지 않아 하나님의 능력을 체험하지 못한 사람**이 많습니다.

  저는 훌륭한 신앙의 조상들을 만나 신앙교육을 잘 받고 자랐습니다.
  제 할아버지와 아버지는 훌륭한 전도자들이셨습니다. 어린 시절 저는 할아버지께서 비좁은 버스 안에서 전도하실 때에 그것을 매우 부끄럽게 여겼습니다. 그 후 얼마동안도 실제로 입을 벌려 복음을 전하는 일이 매우 꺼려졌습니다.
  초등학교 시절에는 소록도에서 자랐는데 그곳의 대부분의 아이들이 원래는 교회를 다녔는데 성당에서 면실유, 밀가루를 나눠주니 그것을 받기 위해 대부분 그곳으로 옮겨갔다는 것을 알았습니다. 저는 어린 마음에도 그들을 그 우상숭배 종교에서 나오게 하여 예수님을 섬기게 해야겠다고 결심했습니다.
  부끄럽지만 그때 내가 사용한 방법은 복음을 전해서 인도하는 것이 아니라 주먹질로 그들을 교회로 데려오는 것이었습니다. 물론 그들이 못된 짓을 할 때 그것을 계기로 혼내주고서 "너 왜 교회를 다니며 예수를 믿던 녀석이 성당에 다니며 우상을 섬기냐? 이 비겁한 녀석아. 다시 교회로 돌아올래, 안 올래?" 하면서 전도했습니다. 그것은 분명히 잘못된 방식이었으나 나는 우상숭배하면 지옥에 간다는 것을 알고 있었고 그렇게 해서라도 그들이 교회로 돌아와 예수를 믿게 해야겠다고 결심했던 것입니다.
  그 후 다시 서울로 올라와 중학교 시절을 보내며 비로소 복음을 전하기 시작했습니다. 그리고 할아버지와 아버지의 전도를 떠올리고, 또 성경을 읽고 배움을 통해 나도 반드시 최고의 전도자가 되리라고 마음을 먹게 되었습니다. 처음에는 혼자서 말로만 복음을 전하다가 좀 더 자라면서 음악을 사용하면 좀 더 효과가 있겠다고 생각하여 음악을 사용하고, 또한 드라마와 워쉽댄스도 추가했습니다.

  이렇게 하나님께서 **나에게 발견하고 깨닫게 하신 것들을 주저하지 않고 행동으로 옮길 때에 모든 일은 가능했고 거기에 성령이 역사했습니다.** 점점 더 많은 사람들에게 나아갈 수 있었고 점점 더 큰 능력으로 도와주심으로 지금까지 셀 수 없이 많은 사람들에게 복음을 전할 수 있었습니다.
  만약 **하나님께서 어렸을 때부터 깨닫게 해주신 것을 생각만 하고 구체적으로 행동으로 옮기지 않았다면 아무것도 할 수 없었을 것입니다.**

하나님께서 우리에게 **사명과 권능**을 주셨을지라도 우리는 모든 것을 하나님이 다 이루실 것을 **확신**할 뿐 아니라 **우리가 해야 할 일은 반드시 해야만 합니다.**

베드로가 **그의 오른손을 잡을 때에 비로소 하나님의 능력이 작용**했습니다. 모든 것은 우리 주님이 친히 이루십니다. 그러나 **사람을 구원하는 일은 주님이 선택하고 세운 자들을 통해** 이루십니다.

가나 혼인잔치에서 사람들이 **예수님의 명령에 따라** 물을 항아리에 쏟아 넣자 물이 포도주로 변했습니다. 또 오병이어의 기적 때에도 **예수님께서 그것을 나눌 때에** 비로소 수천 명이 먹고도 남을 음식이 생성되었습니다.

예수님은 무슨 행동을 할 필요도 없이 명령만 내리시면 모든 것을 다 하실 수 있습니다. 그러나 **그의 일꾼들은 믿음에 의한 행동을 보여주는 것이 있어야만 합니다. 내가 행동으로 옮긴다는 것이 바로 주님을 확실하게 믿는 증거를 보이는 것입니다.** 내가 **주님의 말씀을 따라** 믿고 행동으로 옮길 때에 불가능이 가능해짐으로써 **사람들은 비로소 살아계신 예수 그리스도와 그 능력을 눈으로 보고 경험하게** 되는 것입니다.

그리고 우리가 행할 때에 하나님의 권능이 나타나는 것을 보여줌으로써 우리는 **하나님의 사람이요, 일꾼**인 것을 보여주게 되며 우리는 더욱 **권위 있게, 또 기쁘고 즐겁게** 일할 수 있게 되는 것입니다.

행하지 않고 순종하지 않으면 아무것도 이뤄지지 않습니다. 그러므로 우리는 순종과 충성을 반드시 키워나가야 합니다.

> **8** 뛰어 서서 걸으며 그들과 함께 성전으로 들어가면서 걷기도 하고 뛰기도 하며 하나님을 찬송하니

그 사람은 **"일어나라"** 는 명령에 **복종하여 뛰어 일어났습니다.**

그는 그의 발과 발목에 강렬한 힘이 주어지는 것을 느꼈고 갑자기 힘이 생겨 벌떡 일어날 수 있었고 서서 걸었습니다. 완전히 치료된 것입니다.

그 사람은 **"베드로와 요한을 붙잡았다"** 했습니다.

그가 너무나도 기뻐서 생명의 은인들을 포옹한 것입니다. 그는 자기의 고질적인 문제가 치료된 것을 보자마자 **자신을 고쳐준 자들에게 뜨겁게 애정을 표시**한 것입니다.

하나님에 의해 고침을 받은 자들은 하나님께서 그들을 고치실 때에 도구로

사용한 사람들을 **마땅히 사랑해야** 합니다. 그들은 **단 한 번의 도움 받는 것으로 끝나는 것이 아니라 그 하나님의 사람들을 통해 앞으로 더 많은 도움을 받을 필요가 있음을 알아야** 합니다. 누구도 고쳐주지 못하는 질병을 고쳐주었다면 **그 사람은 분명히 그 일뿐 아니라 또 다른 중요한 도움을 줄 수 있음이 틀림없는 것입니다.**

한두 번 하나님의 사람을 통해 특별한 은혜를 입은 자들이 **그것으로 끝나고 더 이상 자기에게 은혜를 베푼 사람들을 가까이 하지 않음으로 더 크고 많은 은혜를 받아 누리지 못합니다.** 우리는 나에게 중요한 은혜를 베푼 사람이 있다면 사람을 **가까이하며 사랑하며 겸손히 그에게 더 많은 은혜를 입기 위해 힘써야** 합니다. 왜냐하면 **우리는 아직도 하나님 앞에서 더 많은 것을 배워야 하며 더 많은 부분이 치료되고 변화되며 성장되어야** 하기 때문입니다.

그는 "사도들과 함께 성전으로 들어갔다"고 했습니다.

우선 **하나님께 감사와 찬송을 드리기 위해서**였습니다. 그리고 **자기를 낮게 해주었던 사도들로부터 예수에 대해 더 많은 것을 배우고 싶었던 것입니다.**

"그는 걷기도 하고 뛰기도 하며 하나님을 찬양하였다" 했습니다.

그는 뛸 수 있게 되자 **기뻐 뛰며 하나님을 찬양**했습니다.
"그때에 저는 자는 **사슴같이 뛸 것이며** 말 못하는 자의 **혀는 노래하리니**(사 35:6)" 하신 말씀이 이뤄진 것입니다.

하나님께서 우리의 몸과 마음에 어떤 은혜를 주셨다면 **먼저 그 몸과 마음을 하나님을 찬양하는 데에 사용해야** 합니다.

하나님으로부터 영육 간에 치료되어진 모든 사람은 우선 이렇게 하나님을 찬양할 줄 알아야 합니다.

제 7 강

솔로몬 행각의 베드로의 설교

행3:9~26

9모든 백성이 그 걷는 것과 하나님을 찬송함을 보고 10그가 본래 성전 미문에 앉아 구걸하던 사람인 줄 알고 그에게 일어난 일로 인하여 심히 놀랍게 여기며 놀라니라 11나은 사람이 베드로와 요한을 붙잡으니 모든 백성이 크게 놀라며 달려 나아가 솔로몬의 행각이라 불리우는 행각에 모이거늘 12베드로가 이것을 보고 백성에게 말하되 이스라엘 사람들아 이 일을 왜 놀랍게 여기느냐 우리 개인의 권능과 경건으로 이 사람을 걷게 한 것처럼 왜 우리를 주목하느냐 13아브라함과 이삭과 야곱의 하나님 곧 우리 조상의 하나님이 그의 종 예수를 영화롭게 하셨느니라 너희가 그를 넘겨 주고 빌라도가 놓아 주기로 결의한 것을 너희가 그 앞에서 거부하였으니 14너희가 거룩하고 의로운 이를 거부하고 도리어 살인한 사람을 놓아 주기를 구하여 15생명의 주를 죽였도다 그러나 하나님이 죽은 자 가운데서 그를 살리셨으니 우리가 이 일에 증인이라 16그 이름을 믿으므로 그 이름이 너희가 보고 아는 이 사람을 성하게 하였나니 예수로 말미암아 난 믿음이 너희 모든 사람 앞에서 이같이 완전히 낫게 하였느니라 17형제들아 너희가 알지 못하여서 그리하였으며 너희 관리들도 그리한 줄 아노라 18그러나 하나님이 모든 선지자의 입을 통하여 자기의 그리스도께서 고난 받으실 일을 미리 알게 하신 것을 이와 같이 이루셨느니라 19그러므로 너희가 회개하고 돌이켜 너희 죄 없이 함을 받으라 이같이 하면 새롭게 되는 날이 주 앞으로부터 이를 것이요 20또 주께서 너희를 위하여 예정하신 그리스도 곧 예수를 보내시니 21하나님이 영원 전부터 거룩한 선지자들의 입을 통하여 말씀하신 바 만물을 회복하실 때까지는 하늘이 마땅히 그를 받아 두리라 22모세가 말하되 주 하나님이 너희를 위하여 너희 형제 가운데서 나 같은 선지자 하나를 세울 것이니 너희가 무엇이든지 그의 모든 말을 들을 것이라 23누구든지 그 선지자의 말을 듣지 아니하는 자는 백성 중에서 멸망 받으리라 하였고 24또한 사무엘 때부터 이어 말한 모든 선지자도 이때를 가리켜 말하였느니라 25너희는 선지자들의 자손이요 또 하나님이 너희 조상과 더불어 세우신 언약의 자손이라 아브라함에게 이르시기를 땅 위의 모든 족속이 너의 씨로 말미암아 복을 받으리라 하셨으니 26하나님이 그 종을 세워 복 주시려고 너희에게 먼저 보내사 너희로 하여금 돌이켜 각각 그 악함을 버리게 하셨느니라

> *9 모든 백성이 그 걷는 것과 하나님을 찬송함을 보고 10 그가 본래 성전 미문에 앉아 구걸하던 사람인 줄 알고 그에게 일어난 일로 인하여 심히 놀랍게 여기며 놀라니라*

이 기적을 목격한 사람들이 "그 사람이 본래 성전 미문에 앉아 구걸하던 사람인 줄 알았다" 했습니다.

그 사람의 병이 완치되었다는 가장 확실한 증거는 그가 **걸으며 뛸 뿐만 아니라 자기가 고침 받은 것에 대해 하나님을 찬양한 것**입니다.

"**그들은 심히 놀랍게 여기며 놀랐다**" 했습니다.

그들은 전에 예수님이 행하셨던 기적보다 여기서 더 큰 충격을 받은 것입니다.

이것은 **제자들이 성령의 충만함을 받은 이후에 나타난 결과**입니다.

예수님이 말씀하시고, 기적을 보여주실 때에도 받아들이지 않고 거절하던 자들이 **성령의 충만함을 받은 제자들 앞에서는 크게 놀라고 두려워 떨며** 받아들였습니다. 이것이 바로 **예수님께서 그의 충실한 제자들에게 약속하신 능력**입니다.

> *11 나은 사람이 베드로와 요한을 붙잡으니 모든 백성이 크게 놀라며 달려 나아가 솔로몬의 행각이라 불리우는 행각에 모이거늘*

그들은 "**솔로몬의 행각이라고 하는 곳에 모였다**" 했습니다.

어떤 사람들은 제자들에게 와서 호기심을 채우려고 했고 또 어떤 사람들은 제자들의 설교야말로 하나님께로부터 온 것으로 인정하고 그 설교를 들으려고 모였습니다.

솔로몬이 성전 외곽에 이 행각을 세웠는데 이곳은 그 후에 주로 이방인의 집회처가 되었습니다. **많은 이방인들도 제자들에게 모였고 예수 그리스도에 대해 확실히 듣게** 된 것입니다.

하나님께서 **성령충만한 복음전파자들에게 이런 놀라운 권세를 주셨습니다**. 이들을 통해 나타난 권능의 역사가 이렇게 **복음을 들을 자들이 모이게** 하고 그들의 **마음문이 열리며 크게 놀라고 두려워 떨며 받아들이게** 한 것입니다.

우리 그리스도인들은 이 예수의 제자들처럼 할 수 있어야 합니다.

> *12 베드로가 이것을 보고 백성에게 말하되 이스라엘 사람들아 이 일을 왜*

> 놀랍게 여기느냐 우리 개인의 권능과 경건으로 이 사람을 걷게 한 것처럼 왜 우리를 주목하느냐

그리스도의 종에 불과한 자기들을 "**왜 주목하느냐?**" 했습니다.

베드로는 무리들이 자기에게 몰려올 때 **어김없이 그리스도를 전파**했습니다. 그는 자신과 요한을 추앙하려는 무리들에게 즉각 나서서 자신들이 아니라 **그리스도께 그렇게 해야 한다**고 가르칩니다. 베드로는 그 기적에 대한 영광을 그리스도께 돌리고 자신과 요한은 다만 **그리스도의 사역자요, 그 손에 사용된 도구**에 불과하며 그들이 나타낸 능력도 **그리스도께로부터 나온 것**이요, 가르침 역시 **그리스도께 전해 받은 것**임을 말했습니다.

그리고 베드로는 "이미 이런 일은 그리스도께서 무수히 행하신 것인데 너희가 그때는 관심을 가지지도 않았고 그리스도를 추앙하려는 마음이 없었다. 얼마 전에 죽은 자들 가운데서 나사로를 일으키셨는데 어찌 겨우 이것을 가지고 놀랍게 여기느냐? 더욱이 며칠 전에 그리스도께서 죽은 자들 가운데서 부활하셨는데 왜 이런 사실에 대하여는 놀라지 못하는가?" 하고 말하는 것입니다.

이 일은 결코 제자들의 권능이나 경건으로써가 아니라 오로지 **그리스도께로부터 온 것**이었습니다.

베드로도 예수님을 저주까지 하며 배반했던 죄인이었습니다. 또 가룟 유다에게 어떤 경건이 있었습니까? 그러나 이들도 전에 예수 그리스도의 이름으로 기적을 행했었습니다. **예수께서 그들에게 권능을 주셨기 때문**입니다.

오늘날도 베드로와 같이 수없이 그리스도를 배반했음에도 불구하고 그리스도께서 부르시고 사명주시고 능력을 주심으로써 능력을 행하는 사람들이 있습니다.

우리도 주께서 나를 부르시고 사명주시고 능력까지 행하게 하셨을 때 결코 내가 그만한 경건이나 자격이 있는 것이 아니라 **주께서 나에게 그렇게 하게 하셨다**는 것만 기억해야 합니다.

하나님의 일꾼으로 선택된 사람은 다른 사람들로부터 존경을 받을 수 있지만 **그들 스스로 '내가 존경받아야 마땅하다'** 고 결코 생각해서는 안 됩니다. 더욱이 사람들이 자기를 우상화하는 것을 결코 용납해서는 안 됩니다.

베드로와 요한이 훌륭한 것은 그 기적의 영광을 **오직 그리스도께 돌렸다**

는 것입니다. 이들은 이후에 점점 더 놀라운 역사를 나타내며 더 많은 사람들을 그리스도께 인도할 수 있었습니다. 뿐만 아니라 **더 큰 영광을 얻게** 되었습니다.

> 13 아브라함과 이삭과 야곱의 하나님 곧 우리 조상의 하나님이 그의 종 예수를 영화롭게 하셨느니라 너희가 그를 넘겨 주고 빌라도가 놓아 주기로 결의한 것을 너희가 그 앞에서 거부하였으니 14 너희가 거룩하고 의로운 이를 거부하고 도리어 살인한 사람을 놓아주기를 구하여 15 생명의 주를 죽였도다 그러나 하나님이 죽은 자 가운데서 그를 살리셨으니 우리가 이 일에 증인이라

그들은 **예수가 조상들에게 약속된 메시야**임을 확실하게 증언합니다.

백성들은 자신을 하나님의 아들이라고 말씀하신 예수를 정죄했는데 베드로는 "**그 예수가 곧 하나님의 아들이 분명하다**"고 말하는 것입니다.

베드로는 하나님을 "**우리 조상의 하나님**", 즉 "**아브라함과 이삭과 야곱의 하나님**" 이라고 말했습니다.

하나님께서 예수 그리스도를 세상에 보내신 것은 그들의 조상들에게 하신 약속, 즉 "**그들의 자손으로 말미암아 땅 위의 만민이 복을 받으리라**", "**하나님께서 그들과 그들의 자손의 하나님이 되리라**" 는 약속의 성취였음을 분명히 설명해줍니다.

그리고 베드로는 **그들을 예수를 죽인 자로 규정**하고 명백하게 그 사실을 밝힙니다.

"너희가 그를 제사장과 장로들에게 넘겨주었고 이방인 로마 총독 빌라도 앞에서 민족의 대망인 메시야를 부인하며 그로 하여금 너희를 비웃게 했다. 너희는 빌라도보다 악한 자였다. 만약 빌라도가 그 뜻대로 심판했다면 예수를 놓아주었을 것이나 너희는 끝까지 예수를 죄인으로 몰아 죽게 했다. 너희는 살인자가 놓이기를 원하고 의로우신 메시야는 처형해달라고 아우성쳤다. 그 죄가 얼마나 큰가? 너희는 생명의 주를 죽였도다" 했습니다.

즉, "너희가 생명의 파괴자인 살인자는 내놓고 너희를 살게 해주는 구주는 죽였도다. 너희가 지은 죄가 얼마나 엄청난 것인 줄 알겠느냐?" 한 것입니다.

베드로는 **결코 주저하거나 두려워하지 않고** 그들이 저지른 죄가 무엇이며 그것이 얼마나 무서운 벌을 초래할 것인지 자세하게 설명했습니다. 이렇게 죄를 정확하게 밝히고 깨닫도록 해주는 것도 **성령충만한 사람**이 아니면 할

수 없습니다.

그는 이전처럼 **예수의 부활**을 증거합니다.
"하나님께서 그를 살리셨다" 했습니다.
"그의 부활의 사실에 대해 우리 모든 제자들이 증인이다" 했습니다.

이제 베드로는 자기가 그리스도의 부활의 증인임을 **숨기지 않고 조금도 두려움 없이 선포하고** 있습니다. 예수 그리스도에 대해 조금도 부끄러움이나 주저함 없이 확신 있고 담대하게 증언하는 자라야 **전도자다운 전도자**가 될 수 있습니다.

> **16** 그 이름을 믿으므로 그 이름이 너희가 보고 아는 이 사람을 성하게 하였나니 예수로 말미암아 난 믿음이 너희 모든 사람 앞에서 이같이 완전히 낫게 하였느니라

베드로는 **"예수로 말미암아 난 믿음이 너희 모든 사람 앞에서 이같이 완전히 낫게 하였느니라"** 했습니다.

"너희는 그가 어릴 적부터 앉은뱅이인 것을 알았다. 너희가 모두 보는 앞에서 공개적으로 행해진 이 기적 앞에서 무슨 속임수가 있었다고 결코 말할 수 없을 것이다. 보라! 완전히 낫지 않았는가?" 라고 말한 것입니다.

그리고 이 일은 **그리스도의 이름으로 이뤄졌다**는 것을 분명하게 설명합니다. **예수 이름을 가진 제자들에 의해, 그리고 예수로부터 위임받은 능력과 모든 이름 위에 뛰어난 예수라는 이름에 의해** 이 놀라운 기적이 일어났다고 말합니다. 그리스도의 능력은 예수의 이름을 믿고 그에게 순종하고 의지하는 자에게 임하는 것입니다.

그런데 **이 믿음도 우리 자신에게서 나는 것이 아니라 그리스도께서 주신 선물**이라 했습니다.

16절에서는 믿음이 두 번 언급되었는데, 첫째는 **기적을 행한 사도의 믿음**이고, 또 하나는 **기적을 체험한 앉은뱅이의 믿음**이었습니다. 이 두 믿음은 그들이 스스로 만들어 가진 것이 아니요, **예수 그리스도를 믿음으로써 예수께 받은 것**입니다.

베드로는 이렇게 기적을 설명하면서 그들이 세상에 가르치는 복음의 진리, 즉 **예수가 그리스도라는 것은 모든 능력과 은총의 기초**임을 말하고 있습니다

다. 이것은 **예수 그리스도를 통한 복음의 신비**를 설명해 주는 것입니다.

> **17** 형제들아 너희가 알지 못하여서 그리하였으며 너희 관리들도 그리한 줄 아노라

그들이 **저지른 죄에 대해 낙심하지 않도록** 가르칩니다.

베드로는 그들의 범죄가 얼마나 무서운 것인 줄을 **주저함 없이 지적**했으나 그러한 **그들에게도 소망이 있다**는 것을 말하고 있습니다.

베드로는 그들을 "**형제**"라고 부르고 있습니다.

이것은 자신도 유대인일 뿐만 아니라 그리스도를 상대로 큰 죄를 범한 전과자였기 때문입니다. 베드로가 나중에 통회자복함으로 다시 그의 자리를 회복할 수 있었던 것처럼 베드로는 저들의 **죄를 샅샅이 드러내놓을 뿐 아니라 그들도 그 문제를 해결 받을 길이 있다**는 것을 깨우쳐주는 것입니다.

그리스도를 미워하고 박해하여 죽게 한 그들의 죄는 변명의 여지가 없지만 **그들에게도 회개할 수 있는 길**이 있고 회개를 통해 **하나님의 자비를 받을 수가 있습니다.**

요셉이 그의 형들이 떨며 용서를 구할 때 "두려워하지 마소서. 내가 하나님을 대신하리이까? 당신들은 나를 해하려 하였으나 하나님은 그것을 선으로 바꾸사 오늘과 같이 많은 백성의 생명을 구원하게 하시려 하셨나니(창 50:19,20)"라고 했던 것처럼 베드로는 그 유대인들이 그리스도에 대해 큰 죄를 범했으나 **그들이 진정으로 회개한다면 그들의 악이 선으로 바꾸어질 수 있음**을 깨우쳐 준 것입니다.

모든 그리스도인들은 태어나면서부터 그리스도를 알기까지 끊임없이 하나님을 대적하고 부인한 자들, 그리고 신앙생활한다고 하면서도 잘 알지 못하여 그리스도를 진노케 했던 자들에게 **죄가 무엇인지를 확실히 알게** 해주어야 하며 그들이 **진정으로 회개함으로써 사함을 받고 구원을 받을 수 있음을 열심히 증언해야** 합니다.

우리가 예수 그리스도를 믿으면 **성령이 내 안에 오십니다.** 그 이유는 **그동안 무슨 죄를 지었는지 낱낱이 발견하고 깨달아 회개하여 용서받고 불순종의 생활이 순종의 생활로 변화되게** 하기 위함입니다.

성령충만한 종들은 누구보다도 죄인들로 하여금 그 죄가 무엇인지 알게 하고 용서받는 방법을 **분명하고도 담대하게** 전해줍니다.

이렇게 사람들에게 "**당신은 죄인이다. 얼마나 많은 죄를 지었는지를 알라. 그것을 용서받지 못하면 이 땅에서도 온갖 저주를 받을 뿐만 아니라 영원한 지옥으로, 멸망으로 떨어지게 된다. 그것을 해결하는 방법은 오직 예수 그리스도를 믿어야 한다**" 라고 어느 민족에게나 죽기를 불사하고 담대하게 전해야 합니다. 그러기에 이렇게 **원근각처와 세상 땅끝까지 나가서 담대하게 복음을 전할 사람들은 성령의 충만함을 받아야** 하는 것입니다.

> *18 그러나 하나님이 모든 선지자의 입을 통하여 자기의 그리스도께서 고난 받으실 일을 미리 알게 하신 것을 이와 같이 이루셨느니라 19 그러므로 너희가 회개하고 돌이켜 너희 죄 없이 함을 받으라 이같이 하면 새롭게 되는 날이 주 앞으로부터 이를 것이요 20 또 주께서 너희를 위하여 예정하신 그리스도 곧 예수를 보내시리니 21 하나님이 영원 전부터 거룩한 선지자들의 입을 통하여 말씀하신 바 만물을 회복하실 때까지는 하늘이 마땅히 그를 받아 두리라 22 모세가 말하되 주 하나님이 너희를 위하여 너희 형제 가운데서 나 같은 선지자 하나를 세울 것이니 너희가 무엇이든지 그의 모든 말을 들을 것이라 23 누구든지 그 선지자의 말을 듣지 아니하는 자는 백성 중에서 멸망 받으리라 하였고 24 또한 사무엘 때부터 이어 말한 모든 선지자도 이 때를 가리켜 말하였느니라*

베드로는 이제 그들이 **예수 그리스도를 반드시 믿어야 함**을 역설합니다. "**하나님께서 아브라함에게 이르시기를 땅 위의 모든 족속이 너의 씨로 말미암아 복을 받으리라**" 하신 그 씨가 바로 **예수 그리스도이심을 믿어야 한다**는 것입니다.

육체에 따라 아브라함의 씨였던 **예수 안에서 구원이 완성**되며 그것은 이스라엘 자손뿐 아니라 **땅 위의 만민이 받게 되었음**을 가르쳐 줍니다.

그들은 모세를 통해 "**너희의 형제 가운데에서 나와 같은 예언자가 나타나리라**" 하신 것이 **예수 그리스도를 가리킨 것임**을 믿어야만 한다고 가르칩니다.

모세는 하나님과 친밀하게 함께했고 말씀을 나누는 자였습니다.

"**예수는 누구보다도 아버지 하나님의 뜻을 잘 아는 분이시요, 자기 백성을 온갖 불행의 멍에에서 풀어주고 영원한 가나안, 천국으로 인도하는 분이고 그 예수야말로 모세와 같이 진정한 왕자요, 율법의 수여자요, 이제 새 계약의 수립자임을 믿어야 한다. 바로 이 예수 그리스도로 말미암아 새롭게 되는 날이 오며**(19절) **만물이 회복될 것이라**(21절)" 했습니다.

이제 베드로는 그들에게 **회개해야 한다**고 단호하게 말합니다.

그들은 **유대교 신앙을 기독교 신앙으로 바꿀 뿐 아니라 육체적이며 세상적인 세력의 지배에서 벗어나 하나님을 주인삼고 사는 일이 지속적으로 되어야 한다**는 것입니다.

예수 믿기 이전에 가졌던 모든 사고방식과 생활습관들을 **전적으로 개조해야 합니다. 철저하게 하나님 중심, 성경 중심, 교회 중심으로 변화를 받아야 합니다.**

베드로는 계속해서 말하기를 "하나님이 그 종을 세워 복 주시려고 너희에게 먼저 보내사 너희로 하여금 돌이켜 **각각 그 악함을 버리게 하셨느니라**(26절)" 했습니다.

베드로는 그들에게 "회개하고 돌이켜 **죄 없이 함을 받으라**(19절)" 했습니다.

죄 사함을 받는 것은 **지은 죄가 마치 없었던 것처럼 말끔히 지워진 것**을 의미합니다. 그리스도께서 우리의 죄의 대가로 죽으셨지만 **우리는 그 예수를 영접하고 회개해야 죄 사함 받는 것입니다.** 예수를 믿고도 회개함이 없으면 사함도 받을 수 없습니다.

만약 하나님께서 예수 그리스도를 이 땅에 보내주시지 않고 그가 우리를 대신하여 십자가에 죽으신 일이 없었다면 우리는 도저히 죄 용서 받을 길이 없었습니다. 하나님께서 **예수 그리스도를 통해 모든 죄인들이 용서 받을 수 있는 유일한 길을 열어놓으신 것**이야말로 우리 죄인들에게 주신 가장 큰 은총입니다. 그럼에도 불구하고 끝까지 예수 그리스도를 믿지 않고 그에게 돌이켜 회개하지 않는 자는 **하나님으로부터 가장 큰 진노를 받아 마땅한 것**입니다.

그런데 **영혼이 어두워지고 세상에 빠져버리면** 이 복된 일을 잊어버리고 **회개하기를 멀리하고 싫어하게** 됩니다. 이것은 우리를 참으로 불행하게 합니다. 우리는 언제나 **회개할 수 있는 영혼으로 깨어 있어야** 합니다.

"주께서 너희를 위하여 예정하신 그리스도 곧 예수를 보내시리니(20절)" 했습니다.

"**너희는 다른 구주의 재림이나 다른 복음이 아니라 이 복음을 바라고 믿어야 한다**"는 것입니다. 유대인들은 아직도 메시야가 이르지 않았다고 여기고 있으나 **그 불신의 죄를 회개하고 그들이 십자가에 못 박아 죽게 했던 그 예수를 반드시 구세주로 믿어야만** 합니다. 그들이 죽을 때까지 그렇게 하지 않으면 아무리 여호와 하나님을 잘 섬길지라도 구원 얻을 수 없습니다. 세상을 심판하기 위해 다시 오실 구세주도 바로 **예수 그리스도**이십니다.

이스라엘 족속은 다른 어떤 민족보다 하나님이 기뻐하시는 민족이었고 하나님의 은총이 함께 했고 그의 나라는 메시야와 깊은 관계가 있었습니다.

그러므로 "너희는 예언자들의 자손이요. 언약의 자손이니" 하고 말한 것입니다. 그러나 아무리 그렇다 할지라도 **그들이 이미 오신 예수 그리스도를 부인하고 믿지 않는다면 그 특별한 은총이 그들에게 아무 의미가 없습니다.** 선지자들과 그 예언에 의해 어느 민족보다 복을 받은 그들은 메시야의 은총을 헛되이 받지 않도록 해야 했습니다.

우리는 **예수 그리스도를 영접한 이후에 많은 은총을 받을수록 그 은총을 헛되이 받지 않도록 조심해야** 합니다. 받은 은총을 헛되이 하다가 하나님의 진노를 사고 실패하는 인생들이 있습니다.

태어날 때부터 신앙의 가정에서 자란 사람들이 이런 점을 특히 유의해야 합니다. 그들은 불신부모 밑에서 태어난 자들보다 많은 은혜와 사랑을 받았습니다. 그런데 그들이 **그것을 헛되이 한다면 아무것도 받지 못한 자들보다 더 큰 징벌의 대상이 될 것**입니다.

그러므로 수년 동안 신앙생활을 하고 많은 말씀을 알고 하나님의 신령한 은혜를 체험한 사람들일수록 **주님께서 불러주시는 날까지 언제나 깨어 있어서** 받을 것을 제대로 받고 그것을 올바로 사용하며 그에 합당한 열매를 맺는 일을 끝까지 잘해야 합니다. 그래서 우리는 **하루도 게으르지 말고 말씀과 기도의 생활을** 하여 그 어떤 것에 의해서도 우리의 영혼이 흐려지고 잠들지 않아야 합니다.

많은 목사들이 **명예와 욕심** 때문에 **말씀과 기도생활에 착념하지 않고 게을리 함**으로써 이미 주신 은총을 **헛되게** 하고 그때그때 새로이 받아야 할 것을 받지 못하는 일이 있습니다. 그들은 귀한 자리에서 **구실을 못할 뿐 아니라 오히려 악을 행하여 하나님의 영광을 가리고 가룟 유다와 같이 비참한 처지에도 빠지게** 됩니다. 목사들과 교회지도자들은 특히 이것을 유의해야 합니다.

우리가 하나님의 일을 많이 할지라도 **나 자신의 영혼이 흐려지거나 병들지 않도록 말씀과 기도로 자신을 깨우고 간수하는 일을 결코 소홀히 하지 말아**

야 합니다.

유대인들은 **선지자들의 자손**이요, **언약의 자손**이므로 **그들에게 구속자가 먼저 보내졌습니다.** 이 사실은 그들에게 **큰 영광**을 부여하는 것입니다.

> 25 너희는 선지자들의 자손이요 또 하나님이 너희 조상과 더불어 세우신 언약의 자손이라 아브라함에게 이르시기를 땅 위의 모든 족속이 너의 씨로 말미암아 복을 받으리라 하셨으니 26 하나님이 그 종을 세워 복 주시려고 너희에게 먼저 보내사 너희로 하여금 돌이켜 각각 그 악함을 버리게 하셨느니라

분명히 **예수 그리스도는 그들에게 먼저 보내지셨습니다.**

육체에 따라 아브라함의 자손인 유대인들은 다른 이방족속보다 더 큰 복을 받을 수 있는 것입니다.

하나님께서는 아브라함, 이삭, 야곱의 자손, 즉 **언약의 자손들**이 먼저 예수 그리스도의 복을 받아 누리고 **나중 믿는 자들이 그것을 보고 따르기 원하신 것**입니다. 그러나 슬프게도 **나중 믿는 자가 먼저 믿는 자보다 앞설 것**이라고 말합니다.

여기서 먼저 믿는 자들이 **게으르지 말고 지속적으로 성장하고 충성하여 결코 낙오자가 되지 않기를 바라시는 하나님의 마음**을 읽을 수 있습니다. 하루라도 먼저 믿은 자들은 **나중 믿는 자들에게 본이 되기 위해 힘쓰는 것이 마땅합니다.** 결코 신앙생활을 **안일하게 해서는 안 되는 것**입니다.

예수님은 3년간의 공생애 기간에도 유대인에 한해 사역하셨습니다. 그는 "이스라엘 집에 잃은 양을 찾기 위하여 보냄을 받았다"고 하셨고 제자들에게도 "다른 지방으로 가지 말라"고 명하셨습니다. 예수님께서 부활하신 후에야 제자들이 다른 민족들에게 보냄을 받는데 그때에도 그들은 먼저 유대인에게 복음을 전파했습니다. 유대인들은 **맏아들**이므로 첫 번째 특권을 누릴 수 있었던 것입니다.

유대인들은 어느 민족보다 앞장서서 예수님을 죽게 했는데 예수님은 부활하신 후에도 바로 그 유대인들에게 먼저 가셨습니다. 이것은 그리스도의 죽음으로 인한 은혜를 유대인들이 먼저 누리기를 원하셨기 때문입니다. 주님은 유대인들에게 제일 먼저 베푼 사랑을 **끝까지 유지하기를 원하신 것**입니다. 그런데 이러한 그들이 그리스도의 사랑과 은총을 거부한다면 **그 어느 민족보다 더 큰 형벌을 면할 수 없는 것**입니다.

우리도 이런 어리석음을 범해서는 안 됩니다.

많은 죄인들 중에서 **나를 먼저 불러 그리스도의 사람이 되게 해 주셨는데 오히려 내가 누구보다 앞장서서 그리스도의 이름과 영광을 욕되게 하고 하나님의 일을 훼방하지 않도록 우리는** 참으로 **조심해야** 하고 늘 깨어 이것을 위해 기도해야 합니다.

우리가 혹 아직도 성장하지 못해서 주님을 실망시킬지라도 **주님은 결코 우리를 쉽게 도외시하시거나 떠나지 않으시는 것입니다.** 주님의 그 **긍휼하심과 자비하심**을 결코 잊지 말아야 합니다.

예수께서 이 세상에 오신 목적은 인간들을 복되게 하시기 위함이었습니다 (25절). 예수님은 승천하신 후에도 제자들에게 **성령을 보내주심으로 그 성령으로 말미암아 그를 받아들이는 자들에게** 복을 내려 주십니다.

믿는 자들에게 성령을 주시는 것은 가장 큰 복이요, 하나님의 사랑입니다.

우리가 이 땅에서 받아 누릴 모든 복도 예수 그리스도를 믿음으로 성령세례를 받아 죄를 회개하여 용서받을 뿐만 아니라 불순종의 생활을 개선하여 순종의 생활로 점점 나아감으로 받는 것입니다.

그래서 **온갖 복을 받기를 원하는 사람은 예수 그리스도를 영접하여 성령세례를 받아야** 합니다. 예수 그리스도를 말미암지 않고는 아버지께로 한 발자국도 올 수 없는 것처럼 예수 그리스도를 믿어 성령을 받지 않는 자는 결코 진정으로 회개할 수 없으며 죄악된 생활을 떠나 순종의 생활을 할 수 없습니다.

그러므로 죄인들이 예수를 믿고 성령세례를 받는 것처럼 큰 복은 없습니다. 그런데 이 복은 **성령으로 말미암아 거듭나서 복음을 받아들일 뿐만 아니라 확실하게 예수 그리스도를 나의 구주로 믿어야만** 받는 것입니다. 예수를 지식적으로 알거나 존경하는 것만으로는 안 됩니다. **구원의 확신이 없는 것은** 결코 예수를 믿는 것이 아닙니다.

제 8 강

공회 앞에 선 베드로와 요한

행4:1~7

1사도들이 백성에게 말할 때에 제사장들과 성전 맡은 자와 사두개인들이 이르러 2예수 안에 죽은 자의 부활이 있다고 백성을 가르치고 전함을 싫어하여 3그들을 잡으매 날이 이미 저물었으므로 이튿날까지 가두었으나 4말씀을 들은 사람 중에 믿는 자가 많으니 남자의 수가 약 오천이나 되었더라 5이튿날 관리들과 장로들과 서기관들이 예루살렘에 모였는데 6대제사장 안나스와 가야바와 요한과 알렉산더와 및 대제사장의 문중이 다 참여하여 7사도들을 가운데 세우고 묻되 너희가 무슨 권세와 누구의 이름으로 이 일을 행하였느냐

> *1 사도들이 백성에게 말할 때에 제사장들과 성전 맡은 자와 사두개인들이 이르러 2 예수 안에 죽은 자의 부활이 있다고 백성을 가르치고 전함을 싫어하여 3 그들을 잡으매 날이 이미 저물었으므로 이튿날까지 가두었으나 4 말씀을 들은 사람 중에 믿는 자가 많으니 남자의 수가 약 오천이나 되었더라*

이 장에서는 예수님께서 부활 승천하신 후 **예루살렘 마가의 다락방에서 사도들을 비롯한 120문도가 일심으로 부르짖어 기도**하여 **성령의 충만함을 받고 전도해 나가는 광경**을 설명해줍니다.

사도들은 **어떤 핍박에서도 결코 잠잠하지 않았고, 복음은 시작부터 사탄의 세력의 도전에 직면했다**는 것을 보여줍니다.

주님의 제자들은 **성령의 충만함을 받은 이후 백성들**, 즉 **모든 사람들에게** 그야말로 **쉬지 않고 복음을 전했습니다.** 그들은 예수를 믿지 않는 자들을 회개하게 하기 위해, 믿는 자들에게는 **믿음을 더 굳게 하기 위해** 가르쳤습니다. 그들은 복음 속에서 **예수 그리스도가 죽은 자 가운데서 부활하셨다는 사실**을 중점적으로 가르쳤고 그것을 들은 많은 사람들이 기쁘게 받아들였습니다.

4절에 "**말씀을 들은 사람 중에 믿은 자가 많다**" 했습니다.

많은 사람이 믿었고 **오천 명이 세례를 받았다**고 했습니다.

여기서 **성령충만함의 결과**를 분명히 볼 수 있습니다.

복음전파자들은 끊임없이 박해를 받게 되지만 복음은 **그 박해를 이기며 중단 없이 전파**된 것입니다. 그리스도의 교회는 초창기부터 시작하여 그 후에도 고난당하는 일이 계속됨을 보여줍니다.

그리스도의 교회는 복음과 진리를 전파하기 때문에 세상 마지막까지 이렇게 사탄의 세력과 전쟁을 해야 하고 끊임없이 고난을 받는 것입니다.

그러므로 **교회와 성도 개개인이 그것을 알고 철저히 대비해야** 합니다. 특히 **복음을 전하는 자들은 사탄의 세력이 가장 첫 번째 대상으로 삼을 것**이므로 **반드시 싸워 이길 준비를 해야** 하며, 그 준비 속에서 반드시 **성령의 충만함을 받아야** 합니다. 그래서 예수님이 부활, 승천하시면서 제자들이 **복음을 전파하러 가기 전에 성령의 충만함을 받을 때까지 기다리라**고 하신 것입니다.

> *1 사도들이 백성에게 말할 때에 제사장들과 성전 맡은 자와 사두개인들이 이르러*

복음전파자들을 대적한 자들은 "제사장들과 성전 맡은 자들과 사두개인들이었다" 했습니다.

제사장들은 언제나 **그리스도와 복음**을 적대했습니다. 이스라엘 백성들로 하여금 오실 메시야를 믿게 하고 그 피의 은총으로 죄 사함 받고 여호와 하나님의 백성이 되게 하는 사명을 받은 제사장들이 **오히려 가장 앞장서서 대적했습니다**.

여기서 사탄의 세력이 결코 만만치 않다는 것을 알 수 있습니다.

그들은 **누구보다도 메시야의 충성된 종들이어야 할 제사장들**을 자신의 앞잡이로 삼아 예수를 죽여 대승했다고 쾌재를 불렀을 것입니다. 그러나 **그들은 참패했고** 오히려 **거짓 제사장**이 누구인지 분명히 드러냈습니다.

이제 **진정한 그리스도의 제사장들이 성령의 충만함을 입고 하나님의 권능으로 어떠한 장벽도 돌파하며 유대인들뿐 아니라 모든 민족들에게 복음을 전파하게 된** 것입니다. 제사장들까지 자기의 종으로 만들어 메시야를 죽게 한 사탄의 세력은 **오히려 예수가 메시야의 사명을 완수하도록 도운 것**에 불과했습니다.

악의 세력은 그 본성에 따라 끊임없이 악을 저지르며 하나님을 대적하나 전지전능하신 하나님은 **악의 세력까지도 손아귀에 쥐고** 얼마든지 하나님의 뜻대로 주관하실 수 있습니다. 그러기에 **예수 그리스도를 믿고 창조주만을 신**

봉하는 우리들은 그 어떤 세력도 두려워할 필요가 없으며 승리는 언제나 우리의 것임을 확신하며 나가야** 합니다.

제사장들과 함께 **성전 맡은 자들**이 참여했습니다.

성전 맡은 자는 성전을 지키기 위해 안토니아 사탑에 자리 잡고 있었던 파견대장으로서 **로마의 관리**였습니다. 제사장들은 이렇게 **이방인들과 공모하여 그리스도를 대적**했습니다. 그리고 **영혼의 존재와 내세와 부활을 부인하는 사두개인들**도 제자들을 반대하는 일에 열심히 동참했습니다.

사탄에 속한 자들은 그 이름과 모양이 제각각이고 별개로 활동하는 것처럼 느껴지나 하나님과 그리스도를 대적하는 일에 있어서는 이렇게 하나입니다. 이제 세상 마지막 때에는 특히 모든 불신자와 우상숭배자들이 종교, 사상, 문화 등 모든 것을 초월하여 통합되어서 그리스도와 교회를 대적하게 된다고 했습니다.

그러므로 우리 그리스도의 사람들은 **마귀의 조종을 받을 수밖에 없는 불신자들과 우상숭배자들과 결코 멍에를 같이 메서는 안 됩니다**. 그런 자들은 **반드시 실패할 것**이며 누구보다 더 **하나님께 진노를 받게 될 것**입니다.

▌**2 예수 안에 죽은 자의 부활이 있다고 백성을 가르치고 전함을 싫어하여**

그들은 점점 더 공개적이고 분명하게 복음이 전파되는 것과 사람들이 거기에 귀를 기울이는 것이 싫었습니다. 그들은 예수를 치욕적으로 죽게 했고 제**자들을 비롯한 유대인들이 예수를 주인삼는 것**을 부끄럽게 여겼고 백성들이 그리스도의 가르침을 왜곡하게 했습니다. 그런데 그 예수 그리스도가 점점 더 사람들에게 영광을 차지하게 되고, **예수의 제자들은 자신이 예수의 제자라는 것을 영광스럽게 여겼고** 사람들은 그들을 두려워하게 되었습니다. 그리고 점점 더 많은 유대인들이 예수를 믿게 되는 것을 보고 그들은 몹시 당황한 것입니다. 이들은 모두가 기쁘게 여겨야 할 것을 보며 불쾌해하고 싫어했습니다.

악의 편에 속한 사람들은 복된 일과 기뻐해야 할 일들을 오히려 저주거리, 또는 슬픈 일로 만들어 갑니다. 그것이야말로 그들이 악에 가담한 결과가 얼마나 **헛되며 불행한 것임**을 나타내는 것입니다. 그러나 그들은 깨닫지 못하고 그렇게 불행하게 살다가 결국에는 잠시의 휴식도 없는 영원한 지옥에 떨어지게 됩니다.

그들은 사도들이 **예수가 죽은 자 가운데서 부활했다고 말하는 그 도를 싫어했습니다.** 더구나 사두개인들은 죽은 자가 부활하는 교리를 부인하는 자들이기에 제자들이 예수에 대해 증언하는 것을 싫어하지 않을 수 없었습니다. 대제사장들과 제사장들은 **그들이 죽인 예수가 부활하여 조상대대로 기다려 오던 메시야임이 입증되는 것이 참으로 두렵고 참을 수 없는 일이었습니다.** 대제사장들과 제사장들은 사두개인들과 달리 부활을 믿었으나 예수의 부활이 입증되는 것보다는 차라리 부활의 교리를 부인하는 사두개인과 한통속이 되기를 마음먹었던 것입니다.

이렇게 **복음과 말씀을 그대로 다 받아들이고 믿고 순종하지 못하는 자들은** 그들이 저지른 어리석음과 잘못을 가리기 위하여 **시시때때로 그들이 악하다고 말하는 것을 오히려 받아들이고 편승할 수밖에 없는 어처구니없는 처지**가 됩니다.

사탄에게 일보를 양보하면 전체를 먹히게 되는 것입니다. 그러므로 우리는 **복음과 말씀을 순순히 다 받아들이며 믿어야 하고 그것을 따라가야** 합니다. 만약에 그 중에 한두 가지라도 의심하거나 받아들이지 않으면 결국엔 올무가 되어 우리가 이미 가진 것조차 다 빼앗기게 됩니다.

여기에서 우리가 기억할 것이 있습니다.
사탄의 세력은 예수 그리스도를 전하는 것을 가장 싫어한다는 것입니다. 그 사실 자체만으로 **그들의 주인은 마귀라는 확실한 증거**가 됩니다. **사탄에게 속한 자들은** 그 도를 전하는 자들을 싫어하며 진정한 **교회나 선교단체일수록 더 극심하게 핍박**합니다.

예수님의 제자들이 유대교 지도자들에게 방해와 핍박을 받은 것처럼 예수와 복음을 정확하게 가르치고 전하는 자들이 **교회 안에 있으나 복음과 말씀을 그대로 받아들이지 않고 믿지 않는 자들에게 얼마든지 방해와 핍박을 당할 수 있음**을 기억해야 합니다.

전에 우리 교회에서 열심히 신앙생활하다가 사탄의 시험에 빠진 교인이 다른 목사에게 가서 저에게 배운 것을 말하며 이것이 옳은가 그른가를 물으니 "그 목사가 이상하다. 뭔가 잘못된 것이 아닌가?", 심지어 "이단이 아니냐?"라고 했다고 합니다.

하나님의 말씀을 성경에 기록된 대로 읽어주고 해석해주고 가르쳤는데 그 목사는 그것이 잘못됐다는 것입니다. 그리고 자신에게 온 자에게 말씀을 엉뚱하게 해석하며 우리 교회에서 빠져나오도록 종용하여 그를 더욱 시험에 빠뜨렸습니다.

그러나 이 정도는 아무것도 아닐 때가 옵니다.
장차 **진정한 신앙을 가지지 못하고 말씀을 제대로 알지 못하고 지키지 않는 자들**이 누구보다 앞장서서 교회와 복음전파자들을 싫어하고 미워하고 핍박하는 일이 점점 극심해질 것입니다.

우리는
첫째, 나 자신이 **이런 사탄의 시험에 빠지지 않도록 조심해야** 합니다.
둘째, 우리가 이러한 어처구니없는 일을 당할 때에도 **낙심하거나 좌절하지 않고**, 또 그들을 원수 삼을 필요도 없이 교회가 세워진 이래 끊임없이 있어 왔던 일임을 기억하고 **담대하게 우리의 할 일을 해나가야** 합니다.
어떤 핍박, 손해나 멸시를 당할지라도 그렇게 해야만 하고 그렇게 할 수 있게 **우리 자신을 튼튼하게 무장하고 성숙시켜야** 합니다. 이런 준비를 하지 않고 무작정 말씀과 복음을 전하겠다고 나섰다가는 큰 낭패를 당하게 됩니다.

■ *3 그들을 잡으매 날이 이미 저물었으므로 이튿날까지 가두었으나*

유대교 지도자들은 어느 정도로 제자들을 박해했는가?
그들은 복음전파자들을 **체포**했고 다음날 본격적으로 핍박하기 위해 **감금**했습니다.
우리는 여기에서 **주님께서 복음전파자들을 이렇게 점진적으로 작은 시련에서 큰 시련으로 나아가도록 섭리하시는가**를 볼 수 있습니다. 전지전능하신 주님께서 복음전파자들이 불의한 자들에게 체포당하고 감금당하는 것을 **막지 않으시고 오히려 그러한 자리로 나가도록 이끄셨습니다.**
복음전파자들이 사탄의 세력에게 도전을 받고 핍박을 당하며 나아가는 것을 통해 복음을 전할 기회가 점점 많아지며 더 강력한 주님의 권능이 나타나서 짧은 시간에 더 많은 사람들이 구원을 얻게 하신 것입니다.
복음을 전하는 이는 비록 고통을 당하나 복음은 더 활발하게, 더 많은 사람들에게 전파되게 하심으로써 악의 세력은 복음을 막을 수 없다는 것과 결코 그리스도를 이길 수 없다는 것을 점점 더 확실하게 보여주신 것입니다. 아무리 마귀가 복음전파자나 교회를 방해하고 핍박해도 **그때마다 하나님께서 역사하시는 것입니다.**
교회와 복음전파자들이 핍박을 받는 것을 어찌할 수 없는 것처럼 **하나님의**

권능의 역사가 나타나는 것을 누구도 막을 수가 없습니다. 이것이 우리 믿는 자들에게 얼마나 감사한 일인지 모릅니다. **아무리 사람들이 마귀의 조종을 당해서 전도자를 박해하고 핍박해도 전도자들이 입을 벌려 복음을 전하면 선택된 자들은 다 받아들이고 믿게 되는 것입니다.**

씨가 땅에 뿌려져서 죽어야 많은 열매를 맺어내는 것처럼 **전도자들의 희생이 있어야** 많은 사람들이 구원을 얻을 수 있습니다. 그러므로 **희생 없는 전도의 열매는 없는 것입니다.** 예수께서 **자신을 완전히 희생시킴으로** 셀 수 없이 많은 영혼들이 구원을 얻게 된 것처럼 **복음전파자들도 희생할수록 더 많은 사람들이 구원을 얻는다는 것을 명심하고 고난당하는 것을 회피하거나 부끄럽게 여기지 말고 감사하게 받아들이고 담대하게 나가시기 바랍니다.**

> **4** 말씀을 들은 사람 중에 믿는 자가 많으니 남자의 수가 약 오천이나 되었더라

남자만 오천 명이 예수를 믿었다고 했습니다.

거기에 어찌 남자들만 있었겠습니까? 여자와 아이들의 숫자까지 합쳤다면 만 명 가까이 예수님을 영접했던 것입니다. 예수님 당시 예루살렘의 인구가 4만 명 정도라는데 하루에 남자만 5천명이 믿었다는 것은 성의 절반 가까운 사람들이 모여 그 말씀을 들었다는 것입니다. 예수를 믿는 자가 여자까지 합한다면 대략 만 명 정도 되었을 텐데 그렇다면 성의 인구의 1/4에 해당하는 숫자입니다. 얼마나 놀라운 결과입니까?

이런 놀라운 열매는 **복음전파자들이 점점 더 큰 핍박을 당하는 가운데 나타난 결과**입니다. 그 핍박이 없었다면 결코 이런 놀라운 결과는 없었을 것입니다. 이것이 바로 **우리 주께서 복음전파를 돕기 위해 사용하시는 방법**입니다. 얼마나 신비로운지 모릅니다.

> **5** 이튿날 관리들과 장로들과 서기관들이 예루살렘에 모였는데 **6** 대제사장 안나스와 가야바와 요한과 알렉산더와 및 대제사장의 문중이 다 참여하여

여기에서 베드로와 요한이 **복음을 전파**하고 **예수의 이름으로 기적을 행한 일로 인해 유대교 법정**에서 재판받는 광경을 봅니다.

사도들은 인간이 할 수 있는 최고의 봉사와 가장 선한 일을 한 것인데 오히려 범죄자로 고발당했습니다.

그들이 재판을 당하는 시간은 밤이 아니라 아침이었습니다. 그 유대교 지도자들은 한시바삐 그 제자들을 침묵시키고 싶었고 그 일에 시간을 허비하려

하지 않았습니다. **그들은 악을 저지르는 일에 매우 신속했습니다.**

그리스도와 복음을 대적하는 자들도 사탄의 명령에 따라 이렇게 부지런하고 신속하게 일을 합니다. 하나님의 종이 되어 그리스도의 복음을 전파하는 자들이 어찌 이 사람들보다 할 일을 더 게을리 하겠습니까? **수많은 사람들이 엄청난 범죄를 저지르고 지옥으로 떨어지고 있습니다. 우리는 그야말로 어떤 사탄의 사람들보다 더 신속하게 할 일을 해야** 합니다.

그들이 사도들을 재판한 장소는 **예루살렘**이었습니다.

예수님께서 제자들에게 **예수님이 유대인들 앞에서 고난을 당한 것처럼 제자들도 그러한 고난을 받아야 할 것임**을 말씀하셨습니다.

우리는 사람들이 예수에 대해 악한 말을 하고 미워하고 대적했던 **그 모든 것들이 우리에게도 그대로 올 것임을 명심해야** 합니다. 예수님이 당하신 고난들을 **우리도 시시때때로 당해야 한다**는 것을 기억해야 합니다. 왜냐하면 **예수에게 여러 고난을 가져다준 사탄이 그 예수를 주인삼은 충실한 종에게 똑같이 상대할 것은 당연하기 때문**입니다.

예수의 종이라는 사람이 예수가 당하는 고난을 자기는 당하지 않으며 예수의 일을 하겠다는 것은 있을 수 없는 일입니다. **고난을 회피하거나 고난당하기를 싫어하는 자는 예수의 제자가 되기를 포기하는 것입니다.** 진정한 그리스도의 제자요, 충성된 제자라면 **누구보다도 고난당하는 일에 앞장서야** 합니다. **고난당할 수밖에 없다면 누구보다도 앞장서서 당해야 하는 것입니다.** 그런 사람은 누구보다 더 권능의 역사를 체험할 것이며 더 많은 열매를 맺게 될 것입니다.

사도들을 재판한 자들은 "**관원과 장로와 서기관 그리고 대제사장들**" 이었습니다.

당시 **예루살렘에 있는 유대교 지도자들이 빠짐없이 모여서 이 사도를 비롯한 전도자들을 궁지에 몰고 복음선파하는 일을 적극적으로 제재**했습니다.

어찌 이렇게 유대교 지도자들이 한결같이 하나가 되어 복음을 대적할 수 있을까? 이것은 일반적으로 이해할 수 없는 일입니다. 본래부터 불신자요, 우상숭배자가 그랬다면 충분히 이해할 수 있으나 조상대대로 여호와 하나님을 섬기고 율법을 지켰다는 자들이, 메시야를 그토록 열망하며 기다렸던 자들이 어찌 이렇게 할 수 있는가?

이것은 거듭나지 못하고 영적 분별력을 갖추지 못한 자가 얼마나 엄청난 악행에 동참하며 이용당할 수 있는가 하는 것을 보여줍니다.

아무리 오랫동안 신앙생활하고 성경지식이 많을지라도 그 영혼이 거듭나지 못하고 깨어있지 못하면 그는 그리스도를 위해 **아무것도 제대로 할 수 없으며** 오히려 **그리스도와 복음을 대적하는 마귀의 앞잡이가 될 수 있다는 것을 명심해야** 합니다. 그러므로 **거듭나는 일과 영적인 분별력을 갖는 것이** 우리에게 얼마나 소중한지를 깨달아야 합니다.

우리가 성령으로 말미암아 거듭나고 확실하게 예수를 영접하고 우리의 영이 날마다 더 변화되고 성장하며 살아간다는 것은 참으로 복 중의 복인 것을 또한 깨달아야 합니다. 유대교의 지도자들은 이 은총을 누릴 수 없었습니다. 오늘날도 교회를 다니나 거듭나지 못함으로 끝내 진정한 그리스도인이 되지 못하고 교회에서 떨어져 나가고 오히려 교회와 그리스도에 대해 앞장서서 대적하는 자들이 얼마나 많은지 모릅니다.

서기관들은 당시 **가장 학식 있는 자들로서** 사도들을 논박하여 꼼짝도 못하게 하려고 왔습니다. 관원들과 장로들은 **권세를 가진 자**입니다.

이들은 사도들이 답변을 못하고 혐의가 입증되면 다시는 복음을 전하지 못하도록 권세로 억누르기 위해 왔습니다.

그 제자들이 말하는 복음이 하나님으로부터 나온 것이 아니라면 이 자들로 **말미암아 막히고 끝났을 것입니다.** 왜냐하면 그 당시 이 유대교 지도자들을 당해낼 수 있는 자가 없었기 때문입니다.

또한 재판하는 자들 중에 **가장 저명한 사람들이** 있었습니다. 그들이 바로 **안나스와 가야바**였습니다.

그들은 산헤드린회의 회장이었고 가야바는 대제사장인 동시에 재판장의 원로였습니다. 이 두 사람은 **그리스도를 죽이는 일에 가장 주동적**이었습니다. 이 외에도 대제사장에게 의지하고 기대며 사는 **문중들이** 다함께 모여 제사장이 말하는 것을 전폭적으로 지지하고 사도들을 박해하는 일에 투표하려고 모였습니다.

사탄에게 속한 자들이 그리스도와 교회를 대적할 때 개별적으로 하기도 하지만 이렇게 **서로 모이고 힘을 합하여** 상대방이 위협을 느끼고 꼼짝 못하도록 **덤비기도** 합니다. 그러나 아무리 많이 모여서 그들이 가진 지식과 권력으로 그리스도와 복음을 가로막으려고 해도 **인류역사상 단 한 번도 그들은 성공할 수 없었습니다.** 성경은 이것을 끊임없이 보여줍니다.

> **7** 사도들을 가운데 세우고 묻되 너희가 무슨 권세와 누구의 이름으로 이 일을 행하였느냐

그들은 "제자들을 그들 가운데 세워 놓았다"고 했습니다.

산헤드린회의장은 원형이었고 법정에 불려온 자는 그들 가운데 앉거나 서게 됩니다.

"**악인들의 모임이 나를 둘러쌌나이다**(시22:16)", "**저희가 벌과 같이 나를 에워쌌나이다**(시118:12)" 하는 말씀이 응한 것입니다.

복음전파자들은 언제나 한 자리에 모여 있지 않고 오히려 뿔뿔이 흩어져서 가능하면 한 명이라도 더 복음을 듣게 합니다. 반면에 **복음전파자들을 미워하고 대적하는 자들은 복음전파자 한 사람을 둘러 진치고 대적합니다**. 복음전파자들은 언제나 이렇게 **사방에 사탄의 세력에 둘러싸여 있습니다**. 그들은 **각 방면의 사람을 통하여** 유혹이나 공격을 받기도 합니다. 그러나 사람들의 눈에는 복음전파자 한 명이 있는 것 같으나 분명히 **천군천사가 그와 함께하고 있으며 무엇보다도 그 안에 예수의 영인 성령이 함께하고 있습니다**.

더구나 그가 성령의 충만함을 받은 자라면 그를 둘러싼 어떤 대적과 울타리도 반드시 파괴하고 나아갈 수가 있습니다. 복음전파자들은 언제 어디에서나 **나 혼자가 아니요, 전능하신 주님과 천군천사들이 함께함을 잊지 말아야** 하며, 따라서 나를 도와줄 사람들이 내 옆에 없고 돈이나 그 무엇이 내게 부족하다 할지라도 **결코 두려워하지 말고 성령께서 이끄시는 대로 나아가야** 합니다.

복음을 전하는 자는 인간적인 생각과 판단으로 일하면 안 됩니다. **복음전파 자체가 인간이 혼자 할 수 있는 일이 아니고 성령이 함께하고 천군천사가 도와줌으로써 가능한 일**입니다.

그러므로 복음을 전하는 자들은 반드시 **예수의 사람이 되어야** 하며 **성령충만한 자가 되어야** 합니다. 그러면 **아무것도 없는 자 같으나 모든 것을 가진 자요, 무명한 자 같으나 유명한 자가** 되는 것입니다. 하나님은 이런 사람을 통해 그 많은 악의 세력이 겹겹이 그를 둘러 진치고 달려들지라도 **모든 것을 돌파하면서 땅끝까지 복음을 전파하십니다**.

제 9 강

공회 앞에서의 베드로의 설교

행4:7~13
7사도들을 가운데 세우고 묻되 너희가 무슨 권세와 누구의 이름으로 이 일을 행하였느냐 8이에 베드로가 성령이 충만하여 이르되 백성의 관리들과 장로들아 9만일 병자에게 행한 착한 일에 대하여 이 사람이 어떻게 구원을 받았느냐고 오늘 우리에게 질문한다면 10너희와 모든 이스라엘 백성들은 알라 너희가 십자가에 못 박고 하나님이 죽은 자 가운데서 살리신 나사렛 예수 그리스도의 이름으로 이 사람이 건강하게 되어 너희 앞에 섰느니라 11이 예수는 너희 건축자들의 버린 돌로서 집 모퉁이의 머릿돌이 되었느니라 12다른 이로써는 구원을 받을 수 없나니 천하 사람 중에 구원을 받을 만한 다른 이름을 우리에게 주신 일이 없음이라 하였더라 13그들이 베드로와 요한이 담대하게 말함을 보고 그들을 본래 학문 없는 범인으로 알았다가 이상히 여기며 또 전에 예수와 함께 있던 줄도 알고

▎ 7 사도들을 가운데 세우고 묻되 너희가 무슨 권세와 누구의 이름으로 이 일을 행하였느냐

그들은 "**무슨 권세와 누구의 이름으로 이것을 행하였느냐**"고 물었습니다.

전에 그들은 주님께도 같은 질문을 했습니다.
"**네가 무슨 권세로 이 일을 하느뇨**(마21:23)"
그들은 계속해서 "누가 너희에게 이러한 교리를 가르치라고 명했느냐? 누가 너희에게 이러한 기적을 행하도록 권능을 주었느냐? 우리는 너희에게 그런 일을 하라고 허락하지도 않았으니 그 근거를 대라"고 다그쳤습니다.
그들은 이미 **예수를 통한 죽은 자의 부활과 병 고침**을 사도들이 전한다는 것을 알고 있으면서 그것을 망각한 사람처럼 질문한 것입니다.
그들은 제자들에게서 집요하게 범죄의 단서를 찾아내려 했으므로 제자들은 말 한 마디라도 잘못하면 큰 봉변을 당하게 되는 **위험하고 어려운 상황**에 있었습니다.
전도자들은 얼마든지 이런 상황을 만날 수 있습니다. 사람을 죽이고 살릴 수 있는 권한을 가진 사람들이 모여서 전도자들을 세워놓고 말 한 마디만 잘못해도 극심한 고통을 가할 수 있는 지경을 만날 수 있는 것입니다.

여기서 우리가 깨달을 것이 있습니다.
하나님께서 하루에 남자만 오천명을 믿게 하신 일로 사도들이 **극심한 핍박을 받게** 되었습니다.
그런데 **큰 위기 상황을 만나게 될수록 사람들의 이목은 집중되었고 전도자들은 오히려 핍박하는 자들을 책망하며 복음을 증거했습니다.**
참으로 놀라운 일이 아닐 수 없습니다.
일반인들에게 복음을 전하기만 해도 죽게 할 수 있는 권세를 가진 자들 앞에서 그들은 두려워 떠는 것이 아니라 오히려 **그들의 죄악을 지적하고 책망하며 복음을 전했던 것입니다.**
제자들은 인간적으로 담대하거나 교육을 잘 받은 자들이 아닙니다. 그런데도 이렇게 할 수 있었던 것은 **성령의 충만함을 받았기 때문**이었습니다.

우리가 전도를 할 때에 자연스럽고 평화스럽게 전도할 때에만 하나님이 도우신다고 생각해서는 안 됩니다. **요란하고 복잡한 사람들이 복음을 방해할 때** 하나님은 더욱 권능으로 도우십니다.
그러므로 우리는 어떠한 때라도 **전도하는 일을 미루거나 포기해서는 안 됩니다.** 그래서 **때를 얻든지 못 얻든지 전하라**고 하신 것입니다. 전도하기 좋을 때뿐 아니라 사람이 보기에 **아주 어려울 때라도** 하라는 것입니다. 오히려 그럴 때에 **더 큰 권능의 역사**가 나타납니다.

로마시대 때에 **10명의 황제**가 기독교를 극심하게 박해하여 수많은 크리스천을 짐승의 밥이 되게 하고 서로 싸워서 죽이게 했는데 그들이 죽어갈 때에 백성들은 그것을 즐기며 조롱했습니다. 그런데 그때에 **복음은 더 폭발적으로 확산되어 나갔습니다.**
성도들이 그렇게 죽어가면서도 살려달라고 아우성치지 않고, 굶주린 사자가 달려들어도 오히려 하늘을 바라보며 찬송하고 기도하다가 서로 손잡고 죽는 것을 군중들이 보며 처음에는 흥분하여 날뛰다가 잠시 후 **놀라고 두려워**했습니다.
성령께서는 그것을 보는 자들에게 순간적으로 **강력하게 역사하셔서 수많은 자들이 예수를 믿게** 하셨습니다.

우리 그리스도인들이 **어떤 핍박과 고난에도 굴하지 않고 하나님을 찬송하며 섬기는 모습을 보이기만 해도** 그것은 능력 있는 전도가 됩니다. 하물며 우리가 **입을 열어 복음을 담대하고 정확하게** 전할 때에 성령께서 얼마나 강력하게 역사하시겠습니까? 당시 수많은 성도들이 핍박과 순교를 당했는데 복음은 **로마 전체에 급속하게 전파**되었고 얼마 후 **콘스탄틴 대제가 기독교 칙령을 내려 로마** 치하의 모든 족속들이 예수 그리스도를 섬기기로 했습니다. 그리하여 **복음의 꽃이 만발하고 전 세계로 복음이 전파**되었습니다.

10명의 황제들이 차례로 나타나서 극심하게 그리스도인들을 핍박한 것은 **오히려 로마제국이 기독교화되도록 했고** 그것은 무엇보다 **예수 그리스도의 살아계심과 권능을** 온 세상 사람들이 똑똑히 보게 했으며 복음이 전 세계에 **전파되는 결과**를 낳았습니다. 이 **놀라운 하나님의 섭리**를 기억해야 합니다.

이렇게 하나님께서는 더 많은 사람들에게 복음을 전파케 하시려고 **극심한 핍박과 수많은 순교자가 있게** 하시는 것입니다. "**희생이 있어야 열매가 있다**" 는 것을 유념하시기 바랍니다.

그러므로 우리는 평화롭고 순탄하게 전도하기만을 바라서는 안 됩니다. 인간적으로 힘들고 괴롭다고 원망불평하거나 낙심할 필요가 없습니다. 때로는 아주 고생하고 고통을 당하고 눈물 흘릴 때도 있을 것입니다. 그럴 때에는 하나님께서 **바로 그 상황에서 전도하게 하신다**는 것과 **더 많은 열매를 맺게 할 것이라는 확신을 가지고 항상 기뻐하고 범사에 감사하며** 쉼 없이 우리가 할 일을 해야 합니다.

우리는 **예수의 이름을 가진 자들**이요, **예수의 이름으로 일컬어지며 그 이름의 권능을 가지고 나아가 복음을 전하는 자들**입니다. 그러한 우리에게 **성령의 능력이 역사하셔서** 수많은 사람들이 회개하고 예수를 믿고 구원을 얻게 되는 것입니다. 할렐루야!

이런 사람이 되었다는 것이 **얼마나 큰 영광**입니까? 이것을 능가하는 영광과 복이 있겠습니까? **전도자가 되는 것이야말로 가장 영광스러운 자가 되는 것이요, 최고의 복을 받는 것**입니다. 어찌 이것을 마다하고 포기하고 빼앗기겠습니까?

이제 제자들은 그들 앞에서 **성령께서 말하게 하심에 따라** 말합니다.

▎*8* 이에 베드로가 성령이 충만하여 이르되 백성의 관리들과 장로들아

성령은 베드로를 **이전보다 더 강하게** 하셨습니다.

사도들은 **자신의 신변에 대해 개의치 않았고** 오히려 이럴 때에 어떻게 해야 할지를 확실하게 알고 있었습니다. 주님이 약속하신 대로 **성령께서 그들**

이 말할 바를 알게 하셨습니다.

여기 "**베드로가 성령이 충만하여 말했다**"고 분명히 기록하고 있습니다.

그들은 지금까지 **성령충만한 가운데** 모든 일을 했습니다. **전도다운 전도를 하려면 반드시 이렇게 성령충만한 자가 되어야** 합니다. 그래야 영적으로 사람들을 상대하여 **가장 적절하게 말할 수** 있으며 그들을 고치고 구원할 수 있습니다. 상대방이 어떠한 사람이든지 성령께서는 누구보다도 그를 꿰뚫어 알고 계십니다. **무슨 말을 어떻게 해야 할지, 또 그 쪽에서 무슨 말을 할 때에 그것이 무슨 뜻인지를 잘 알아듣게 되고 거기에 대해 보다 정확하게 말할 수 있습니다.** 만약 상대에게 악령이 역사하여 악한 말을 한다면 **그것을 분별하여 거기에 휘둘리지 않고 핵심을 찔러 그 악령을 대적하여 물리칠 수 있게** 됩니다. **위로할 때는 위로하고, 책망할 때에는 책망하며, 성경구절을 인용할 때에도 정확하게** 할 수 있게 됩니다. 성령충만한 사람을 만나는 대상자는 **모든 것에 대해 확실하게 알게** 되며 **진정 복된 길, 구원받는 길로 인도받게** 됩니다.

그러므로 **전도자는 성령충만 받기 위한 준비를** 충실히 해야 하며 반드시 성령충만한 자가 되어야 합니다.

베드로는 **성령충만한 가운데 성령께서 그에게 하게 하시는 대로** 말합니다. "너희는 관원과 장로들이니 시기와 징조에 대해 다른 사람들보다 더 잘 알아야 하지 않겠느냐? 너희야말로 메시아를 받아들이고 그의 복음을 앞장서서 전파해야 할 것이 아니냐? 너희는 하나님의 백성 이스라엘의 관원이요, 장로들이니 만약 너희들이 그들을 잘못 인도하여 범죄하게 하면 너희야말로 마땅히 그 책임을 져야 할 것이다"

베드로는 **그들의 죄를 지적하기를 주저하지 않았고 정확하게 책망**했습니다. 베드로는 성령께서 저들에게 무슨 책망을 해야 할지 그의 **입에 담아주신 하나님의 대언자**였습니다. 이렇게 **정확한 하나님의 대언자**가 되기 위해서는 반드시 **성령의 충만한 사람이 되어야** 합니다.

> **9** 만일 병자에게 행한 착한 일에 대하여 이 사람이 어떻게 구원을 받았느냐고 오늘 우리에게 질문한다면

병 나은 것을 **구원받았다**고 표현하고 있습니다.

여기서 말하는 구원은 **육신의 구원**입니다. 예수 그리스도는 **우리의 영혼뿐**

아니라 육신도 구원해주시는 분입니다. 영혼이 모든 굴레에서 벗어나게 해주시는 것처럼 육신도 병마의 굴레에서 벗어나게 해주시는 것입니다.

"**주 예수를 믿으라 그리하면 너와 네 집이 구원을 얻으리라**" 는 말씀을 하셨는데 한 사람만 믿으면 나머지 가족들은 예수를 안 믿어도 영생을 얻는다는 의미가 아닙니다. **한 사람이 예수 그리스도를 믿음으로써 나머지 불신자, 우상숭배자 가족들까지도 하나님의 특별한 은총을 입는다**는 것입니다. 그래서 **많은 인생이 불행의 구렁텅이에서 건짐을 받는 것**입니다.

베드로는 그 병자가 깨끗이 나은 일이 **착한 일**이라고 말하며 그것이 **예수 그리스도의 이름으로 행해졌다**는 것을 분명하게 말합니다.

> 10 너희와 모든 이스라엘 백성들은 알라 너희가 십자가에 못 박고 하나님이 죽은 자 가운데서 살리신 나사렛 예수 그리스도의 이름으로 이 사람이 건강하게 되어 너희 앞에 섰느니라

베드로는 **예수의 이름이 얼마나 존귀하고 권세 있는지**를 분명하게 설명합니다.

"너희가 멸시하여 **나사렛 예수**라 칭하고 너희 관원들과 백성들이 예수를 십자가에 못 박았으나 하나님께서 **그를 죽은 자 가운데서 일으키시사 가장 높은 존귀와 위엄을 수여**하셨다. 그 분이 바로 **예수 그리스도시다**. 그분에 의하여 이 사람이 온전하여 너희 앞에 선 것이다. 이것은 **주 예수의 표적이다**" 라고 말한 것입니다.

모든 유대교 지도자들이 동원되어 재판을 하는데 베드로는 말하기를 "**너희가 못 박아 죽인 예수가 모든 권세를 가지신 메시야이시다. 그 분이 우리로 하여금 이렇게 하게 하신 것이다. 그 예수의 이름으로 병자를 고치고 그보다 더 큰 권능의 역사가 나타나게 되는 것이다. 그러니 너희도 회개하고 구원을 받으라**" 한 것입니다. 그 유대교 지도자들과 백성들은 예수가 메시야인줄 모르고 죽인 것입니다. 그런데 사도들은 "**우리가 그 예수의 이름으로 놀라운 일을 하고 있다**" 고 말하며 "**너희들이 우리를 세워 놓고 쓸데없는 재판을 할 것이 아니라 바로 예수의 이름의 권능으로 된 것임을 알고 너희도 더 이상 악을 저지르지 말고 주 예수를 믿으라**" 하고 담대하게 말한 것입니다.

유대교 지도자들에게는 예수가 바로 메시야라고 말하는 것이야말로 가장 화나고 견딜 수 없는 것이었습니다. 그래서 그렇게 말했다가는 죽임을 당할 수도 있었습니다. 그러나 베드로는 **조금도 거침없이** 그렇게 말했습니다. 이

것이 바로 **하나님의 대언자**의 모습입니다.

하나님이 사람들의 죄를 지적하고 책망하는 것이 어찌 주저하실 일이겠습니까? 인간들이 그렇게 할 때는 신변에 위험을 느끼고 주저할 수밖에 없으나 대언자는 **하나님밖에 말씀하실 수 없는 것을 말할 수 있는 것입니다.** 이 일은 성령의 충만함이 없이 인간의 감정과 지식, 의지로써는 결코 할 수 없습니다. 하나님의 대언자는 **전적으로 성령께 사로잡혀서 성령께서 하게 하시는 대로 할 수 있어야** 합니다. 그것이 바로 성령의 충만한 자가 되는 것입니다.

이제 베드로는 이 놀라운 일에 대하여 **예수님께** 찬양과 영광을 돌립니다. "이 사람이 치료된 것은 우리가 아니라 **예수의 권능에 의함이다**" 라고 말합니다.

사도들은 자신들에게 관심을 불러일으키려 하거나 사람들 앞에서 자신을 나타내 보이지 않았습니다.
"우리는 아무것도 아니다. 다만 예수께서 이 모든 것을 하신 것이다" 말하는 것을 잊지 않았습니다.

때때로 많은 사람들이 주께로부터 받은 큰 은혜와 능력을 잊어버리고 **그것이 마치 자기에게서 나온 것처럼 자랑합니다.** 우리는 단 한 순간도 이런 어리석음에 빠지지 않도록 조심해야 합니다.

> **11** 이 예수는 너희 건축자들의 버린 돌로서 집 모퉁이의 머릿돌이 되었느니라

"예수는 너희 건축자들, 즉 **교회의 건축자가 되어야 할 너희 관원들과 이스라엘 장로들이 버린 돌이다**" 했습니다.

그런데 그 돌이 이제 **머릿돌이 되었다**는 것입니다.
"하나님께서 **너희가 거부한 예수를 세우사 그 우편에 앉히시고 그를 머릿돌과 모퉁잇돌로 쓰시어 교회의 중심이 되게 하시고 능력의 원천으로 삼으셨다**" 고 말한 것입니다.

우리는 유대교 지도자들이 버린 돌이 **머릿돌이 되어 교회의 주인이 되셨다**는 사실을 항상 잊지 말아야 합니다. 우리가 **또 다시 그 돌을 버리지 말아야 할 뿐만 아니라 오직 그 머릿돌 되신 예수 그리스도를 나의 주인으로 삼고 그 토대 위에 그리스도의 교회 세우기를 충실히 해야** 합니다. 자칫하면 그 머릿돌을 버리고 **거짓된** 교회를 세울 수가 있습니다. 그러한 자들이야말로 영원

한 멸망을 당해 마땅합니다.

> *12* 다른 이로써는 구원을 받을 수 없나니 천하 사람 중에 구원을 받을 만한 다른 이름을 우리에게 주신 일이 없음이라 하였더라

예수 그리스도를 말미암지 않고서는 구원이 없고 영원히 멸망을 당할 것뿐이라는 것, 즉 "**다른 이름으로는 구원이 없다**" 고 분명히 말하고 있습니다.

그 병든 자를 고친 것은 바로 예수의 이름뿐이었던 것처럼 **어떤 영혼도 예수의 이름 없이는 구원을 얻을 수가 없습니다.**

이 말씀이야말로 유대교인들에게 아주 치명적이었습니다. 그들은 아직도 메시야가 오지 않았다고 믿고 있었는데 예수를 믿지 않으면 구원을 얻지 못한다고 단언하여 말하고 있기 때문입니다. 그들은 이제 모든 자존심을 버리고 그들이 저지른 크나큰 죄악을 시인하고 회개하여 예수 그리스도를 믿어야만 구원을 얻을 수 있다는 것과 결코 또 다른 구세주가 그들에게 오지 않는다는 것을 알아야 했던 것입니다.

모든 인간은 구원을 최고의 관심사로 삼아야 합니다.

즉, **자기들의 죄에 대한 모든 진노와 저주에서 피할 길과 구원을 얻는 길에 대해 가장 크게 관심을 가져야 합니다.**

그런데 **이 구원은 인간의 노력에 의해 얻어지는 것이 아닙니다. 인간은 자신을 파괴할 수 있으나 스스로 구원할 수는 없습니다.**

그동안 인류역사상 **사람을 구원할 수 있는 척하는 많은 이름**이 있었으나 **그것이야말로 가장 큰 사기극**입니다. **많은 종교들**이 하나님과 인간 사이에서 화해를 이루고 하나님의 복을 받게 할 수 있을 것처럼 가장하고 유혹했으나 **그것들은 결코 그렇게 할 수 없습니다.** 인간은 **오직 예수 그리스도와 그의 이름에 의해서만 모든 진노와 저주에서 해방 될 수 있는 것입니다.**

그러므로 **모든 사람은 이 예수의 이름을 믿어야만 합니다.** 그 어떤 종교도 **구원 얻을 수 없다**는 말에 대해 화를 내고 반항할 것이 아니라 **하나님 앞에 겸손히 나와 무릎을 꿇어야** 하며 **오직 예수만이 자신을 구원할 수 있음을 받아들여야** 합니다. 다른 어떤 이름으로도 구원받을 수 없습니다.

우리 그리스도인들은 사람들이 뭐라고 하든지, 그들이 이 말을 듣기 싫어할지라도 **구원을 얻을 만한 다른 이름을 하나님이 우리에게 주신 일이 없다는 것을 단호하고도 줄기차게 선포해야** 합니다. 그것을 받아들이는 자는 구원을

얻고 끝까지 받아들이지 않는 자들은 멸망을 당하는 것입니다.

> **13** 그들이 베드로와 요한이 담대하게 말함을 보고 그들을 본래 학문 없는 범인으로 알았다가 이상히 여기며 또 전에 예수와 함께 있던 줄도 알고

그들은 사도들의 **당돌한 발언**을 굴복시킬 수 없었습니다.

전에 계집종이 두려워 예수를 부인하기까지 한 베드로가 이토록 달라진 것을 볼 때에 그것이야말로 앉은뱅이가 치료되는 것 못지않은 놀라운 기적이 아닐 수 없습니다.

그들의 눈에도 **사도들의 모습에서 특이하고 놀라울 만한 것이 보였던 것**입니다. **그들의 이마에 위엄이 서려있고 눈에 광채가 있고 목소리에 두려움이 없었으며 오히려 사자와 같이 책망하고 명령하는 것**을 보고(사50:7, 겔3:9). **그들의 얼굴은 부싯돌같이 굳게** 된 것입니다.

그들은 사도들은 본래 학문 없는 범인으로 알았고, 갈릴리에서 태어나면서부터 어부였고 랍비의 근처에도 접근 못하는 자들로 알고 있었습니다. 그들은 법이나 철학, 수학, 정치학에 대해 결코 알지 못하는 자들인 것도 알고 있었습니다. 그러나 **그들이 어느 유대교 지도자들 이상으로 너무나도 확신 있고 유창하게 메시야와 그 나라에 대해 증언**했으므로 심판석에 앉은 박식한 재판관들이 **한마디도 반박할 수 없었습니다**. 그래서 그들은 **참으로 놀랐던 것**입니다.

제자들은 **성령충만할 뿐만 아니라 말씀과 믿음의 충만함도 함께 있었던 것입니다**. 베드로와 동료들은 **대부분 무식한 사람들**이었으나 3년 여 동안 예수께 **많은 말씀교육을 받았습니다**.

말씀에 무지한 자가 성령의 충만함을 받을 수 없습니다. 방언의 은사 등은 성경의 지식이 충만하지 않아도 받을 수 있으나 성령충만은 결코 그렇지 않습니다. **성령충만의 목적이 말씀을 정확하고 능력 있게 전파하는 것**입니다. 따라서 말씀에 무지한 자는 성령충만함을 받을 수 없습니다. 그리고 **믿음다운 믿음**이 갖춰져야 하는데 그러한 믿음도 없이 최고의 은사인 성령의 충만을 받을 수 없습니다. **성령충만을 받았다면 말씀과 믿음이 역시 충만한 것**입니다. **성령충만한 자들이 흔들리지 않는 믿음으로 말씀을 정확하고 능력 있게 가르칠 수 있습니다. 저들은 사람의 눈치를 보지 않습니다. 왜냐하면 그들은 진정한 하나님의 대언자**이기 때문입니다.

유대교 지도자들은 사도들이 **전에 예수와 함께 있던 자들**인 것을 알았습니

다. 하나님의 일에 대한 제자들의 그 놀라운 대담성은 그들이 누구에게 교육을 받았는지를 보여주었습니다.

예수와 사귐을 가진 자, 즉 그의 말씀에 귀를 기울이며 그의 이름으로 기도하고 그의 부활을 확실히 믿는 자들은 이같이 **예수 그리스도가 누구인가를 분명히 나타낼 수 있습니다.**

사도들의 말씀을 들어본 자들은 그들이 **예수와 함께 있었던 자들**임을 알 수 있었던 것처럼 **예수와 분명한 교제와 사귐을 가졌던 충실한 제자들**은 그들이 어디서 누구와 말하든지 **그들이 예수의 제자임을 알 수 있게 되는** 것입니다.

진정 예수의 제자들은 이렇게 **그가 전하는 말씀을 통해 예수의 제자임을 분명하게 드러낼 수 있어야** 합니다. 또한 **예수가 지닌 영광과 권능까지도 대신하여 보여줄 수 있어야** 합니다.

우리도 이러한 사람이 될 수 있도록 **끊임없이 말씀과 기도로써 주님을 배우고 닮아가야** 하며 더욱 **성령의 충만함을 받아야** 합니다.

예수님은 삼 년 이상 오백여 제자를 키웠는데 성령의 충만함을 받은 제자는 **부활 후 사십 일 동안 말씀을 나누고 기도한 120문도뿐**이었습니다.

예수의 제자학교에서 가장 최종적으로 주어지는 것이 성령충만입니다. 그런데 **모이기를 더디** 하고 성경에 무지하고 예수님이 가르쳐주신 것을 **흘려버린** 자들, 순종하지 않고 실천하지 않은 자들, **기도를 게을리 한** 자들은 성령의 충만함을 받지 못했습니다. 예수님께서 공생애 기간 중에 사도를 비롯하여 제자를 양육하시는데 그 **최종단계가 성령의 충만함을 받는 것**이었습니다. 다시 말해서 **예수학교의 수료증이 성령충만받는 것**이라 할 수 있습니다.

왜 **성령충만**이 최종적인 것인가?

제자들은 그동안 예수님을 만나서 **구약말씀을 잘 배웠습니다.** 예수님께서는 대중들 앞에서는 대부분 비유로 가르치셨지만 **제자들에게는 상세히 해석하여** 가르쳐주셔서 **성경을 많이 깨닫게 하고 제자들의 믿음을 더욱 성장시켜주셨습니다.** 그리고 예수님이 십자가에 죽으시고 부활하신 후에 제자들이 **예수님의 명령대로 마가의 다락방에서 간절히 기도**한 것입니다. 그들이 **마지막으로 가르침대로 한 것이 성령충만 받기 위해 한자리에 모여서 일심으로 전력을 다해 기도하는 것**이었습니다. 그들은 끝까지 **주님의 가르침을 순**종하여 결국 **말씀과 믿음, 성령이 충만한 자**가 되었습니다. 이것이 **주님의 교육의 마지막** 단계였습니다.

교회가 앞으로 진정으로 해야 할 일은 **신자다운 신자를 만드는 것**입니다. **하나님의 일을 제대로 할 줄 아는 일꾼들을 끊임없이 양성해 내야** 합니다. 복지사업도 좋으나 그것 역시 **사람이 근본적으로 변화되고 구원받지 못하면 의미가 없습니다.** 사람을 근본적으로 변화시키고 구원하여 인간답게 만들고 하나님께 복 받게 만드는 일은 **그리스도의 교회만이** 할 수 있습니다.

초대교회에는 **말씀과 믿음과 성령이 충만한 자들**이 있었습니다. 예수님께서 승천하신 후 제자들은 **성경 읽고 기도하는 일에 전력**했습니다. 오순절에 이르러서 **성령충만이 임했는데 그때에 말씀과 믿음도 충만하게** 된 것입니다. 그들을 통해 놀라운 일들이 계속해서 일어났습니다.

빌립 집사가 사마리아에 가서 교회를 개척하여 많은 사람들이 모였다고 했을 때 베드로와 요한이 가서 **성령충만함이 있는 자가 있는지를** 먼저 확인했습니다. 그런데 그런 자가 없자 **성령충만에 대해 가르쳐준 후, 그들에게 손을 얹고 기도했더니 성령충만함이 임했습니다.**

초대교회는 **성령충만한 성도가 있을 때** 진정한 교회로 인정되었던 것입니다. 왜냐하면 **그런 교회라야 주님의 뜻을 따라 정확하고 담대하고 능력 있게 복음을 전하고 신자다운 신자를 길러낼 수 있기 때문입니다.**

말씀과 믿음과 성령이 충만한 사람을 통해서 그러한 사람이 나오게 되는 것입니다. 이것이 **주님이 세우신 교회의 거룩한 질서입니다.**

오늘날도 성도들은 **날마다 열심히 말씀을 나누고 기도하여 혼잡물 찌꺼기들을 제거하고 말씀과 믿음과 성령충만함을 받아야** 합니다.

그러므로 반드시 성령의 충만함을 받아야 되는데
성령충만을 받으려면 먼저
(1) **하나님의 말씀을 열심히 배우고 성실하게 지켜야** 합니다.
(2) **충분한 믿음을 지녀야** 합니다.
(3) **주어진 사명을 충성되게 감당해야** 합니다.
(4) **그리스도의 몸인 교회를 진정으로 사랑할 줄 알아야 합니다.**
(5) **교회 바깥에 있는 사람들의 영혼을 구원하려는 열정이 있어야** 합니다.
(6) **성령충만의 필요성을 알아야** 하며 그것을 받기 위해 간구해야 합니다.
이것을 위해서는 **적극적인 사람**이 되어야 합니다.
우유부단하고 끈기가 없고 게으른 사람은 결코 성령충만함과 은사를 받을 수 없습니다. 인간적으로 결점이 있다하더라도, 지식이나 재능이 부족하거나 인물이 시원치 않고 건강이 좋지 않더라도 **한 번 깨달았으면 끝까지 하는 사람들, 의심하지 않고 믿음으로 할 줄 아는 사람**이어야 합니다. 이와 같은 성령충만한 사람들이 하나님의 일에 위대하게 쓰일 수 있습니다.

제 10 강

핍박자들의 명령, 베드로와 요한의 각오

행4:14~24

14또 병 나은 사람이 그들과 함께 서 있는 것을 보고 비난할 말이 없는지라 15명하여 공회에서 나가라 하고 서로 의논하여 이르되 16이 사람들을 어떻게 할까 그들로 말미암아 유명한 표적 나타난 것이 예루살렘에 사는 모든 사람에게 알려졌으니 우리도 부인할 수 없는지라 17이것이 민간에 더 퍼지지 못하게 그들을 위협하여 이 후에는 이 이름으로 아무에게도 말하지 말게 하자 하고 18그들을 불러 경고하여 도무지 예수의 이름으로 말하지도 말고 가르치지도 말라 하니 19베드로와 요한이 대답하여 이르되 하나님 앞에서 너희의 말을 듣는 것이 하나님의 말씀을 듣는 것보다 옳은가 판단하라 20우리는 보고 들은 것을 말하지 아니할 수 없다 하니 21관리들이 백성들 때문에 그들을 어떻게 처벌할지 방법을 찾지 못하고 다시 위협하여 놓아 주었으니 이는 모든 사람이 그 된 일을 보고 하나님께 영광을 돌림이라 22이 표적으로 병 나은 사람은 사십여 세나 되었더라 23사도들이 놓이매 그 동료에게 가서 제사장들과 장로들의 말을 다 알리니 24그들이 듣고 한마음으로 하나님께 소리를 높여 이르되 대주재여 천지와 바다와 그 가운데 만물을 지은 이시요

▎ *14 또 병 나은 사람이 그들과 함께 서 있는 것을 보고 비난할 말이 없는지라*

사도들은 말 한마디만 잘못하면 죽을 수도 있는 상황에서도 할 말을 다하고 상대방으로 하여금 꼬투리 잡을 수 없게 했습니다. 하나님께서 하시고자 하는 말씀이라면 죽음을 두려워하지 않고 말할 수 있어야 합니다. 이것도 **성령 충만**함으로 가능한 것입니다.

▎ *15 명하여 공회에서 나가라하고 서로 의논하여 이르되 16 이 사람들을 어떻게 할까 그들로 말미암아 유명한 표적 나타난 것이 예루살렘에 사는 모든 사람에게 알려졌으니 우리도 부인할 수 없느니라 17 이것이 민간에 더 퍼지지 못하게 그들을 위협하여 이 후에는 이 이름으로 아무에게도 말하지 말게 하자 하고 18 그들을 불러 경고하여 도무지 예수의 이름으로 말하지도 말고 가르치지도 말라*

그들은 베드로와 요한을 공회에서 나가라고 명했습니다.

베드로와 요한은 유죄자로 인정되지 않았으며 오히려 **승리하고 나왔습니다.** 유대교 지도자들은 베드로와 요한으로부터 나오는 그들의 양심을 괴롭히는 말을 더 들을 수가 없었습니다. 그들은 서로 의논했으나 아무런 대책이 나오지 않았습니다. "이 사람을 어찌할꼬"라고 한탄할 뿐이었습니다.

그들은 베드로와 요한을 심문하려다 오히려 자신들이 당하게 되었습니다.

사람들이 그리스도의 진리를 **받아들이고,** 잘못을 **인정하고, 회개하고 용서 받으며 진리에 순종하면 고통과 불행이 사라지고 진정한 평안과 복**이 옵니다. 그러나 그들이 **자신들이 가진 불의로 진리를 막고 방해한다면** 그들은 그 진리에 의해 **찔림과 책망을 받고 고통을 당하지 않을 수** 없게 됩니다.

그들은 제자들을 처벌하고 싶었지만 그렇게 할 수가 없었습니다. 왜냐하면 백성들이 사도들을 지지했고 이미 기적에 대해 놀라고 칭찬하고 있기 때문이었습니다. 전에는 예수를 대적하여 외치던 폭도들로 인해 유대교 지도자들이 그 목적을 쉽게 달성할 수 있었으나 지금은 그와 정반대로 오히려 그들이 백성을 두려워한 것입니다. 그 제자들은 무식한 자들이었으나 사방에 소문이 퍼질 큰 표적들이 그들을 통해 나타났고 이들을 통해서 누구도 당해낼 수 없는 메시지가 선포된 것입니다.

단 몇 명에 불과하고 인간적으로 아무것도 내놓을 것이 없을지라도 **성령충만한 자들**에 의해 이런 놀라운 일들이 일어났습니다. 성령충만을 받으면 **하나님의 명령대로 지극히 담대하고 침착하게 말하게** 되고 천 명이든 만 명이든 **한 사람에게 말하듯이** 말할 수 있게 됩니다.

유대교 지도자들은 즉결처분권을 가지고 있었습니다. 그러나 사도들의 대답을 어떻게 할 수 없었습니다. 목숨이 왔다 갔다 하는 상황에서 사도들처럼 할 수 있었던 것은 성령이 **그들의 육신과 영혼을 완전히 사로잡아 사용**하셨기 때문이었습니다.

성령충만 받지 않은 사람은 충성하다가도 순간적으로 악령이 시키는 대로 하게 됩니다. 성령충만한 자는 **성령이 시키는 대로** 하고 **은혜와 시간을 낭비하지 않으며 사람들에게 놀아나지 않고 정확하게 하나님의 능력으로 합니다. 말씀의 능력**이 나타나고 **병자가 치료되고 악한 영이 떠나가고 막혔던 일이 해결**됩니다. 아무리 많은 사람이 무슨 말로 유혹하고 공격해도 성령충만한 자들은 **무엇이 옳고 그른지 하나님의 뜻이 무엇인지 정확하게 분별**하여

행합니다.

마귀가 하는 일을 하나님의 뜻으로 착각하고 그 일에 목숨을 거는 자들이 있습니다.

유대교 지도자들은 자신들이 하나님 앞에서 올바로 하는 줄 알았습니다. **예수가 구세주인 줄**을 전혀 몰랐고 **성령충만**을 몰랐습니다. 당시 유대교 지도자들이 얼마나 영적으로 무지몽매했는지를 짐작해 볼 수 있습니다.

오늘날의 교회지도자들도 이와 같이 되지 않도록 참으로 조심해야 합니다. 사도들에 의한 기적과 그들이 능력있게 가르친 말씀들이 예루살렘에 거하는 모든 사람들에게 명백히 알려졌다는 것을 유대교 지도자들도 알았습니다. 그들은 자기 양심을 속일 수 있었으나 복음의 증거는 부인할 수 없었습니다. 그들은 사도들이 더 이상 활동하지 못하도록 금했습니다. 그들의 관심은 어떻게 해서든지 그리스도의 도가 더 이상 퍼지지 못하게 하려 했습니다.

여기서 우리는 **악마의 계교**가 하나님의 교회에 대항하여 어떻게 싸우는지를 볼 수 있습니다.

하나님께서는 복음이 전 세계에 전파되기를 계획하시나 대제사장들은 복음이 확장되지 못하도록 방해했습니다. 대제사장의 권위를 가지고 예수의 이름으로 말하지도 말고 가르치지도 말라고 명령했습니다. 그들은 신실한 하나님의 종들로 하여금 말씀을 전하지 못하게 하고 사탄이 기뻐할 일을 앞장서서 한 것입니다.

하나님을 섬긴다는 자들이 **하나님과 진리를 잘 모르면** 이렇게도 **복음을 방해하고 사탄의 가장 큰 꼭두각시**가 되는 것입니다. 우리가 **하나님을 제대로 알고 말씀과 뜻을 제대로 아는 것**이 얼마나 중요한 일인지를 알 수 있습니다.

그러기에 우리 성도들은 스스로 하나님을 알고 말씀을 더 잘 알기 위해 **날마다 힘써야** 하고, 말씀을 좀 더 아는 자들이나 지도자들은 이제 교회에 들어온 자들과 아직 잘 모르는 자들에게 **보다 적극적으로 하나님과 말씀을 가르쳐야** 합니다. 교회는 말씀을 배우고 가르치는 일을 최우선으로 해야 합니다. 그 어떤 명분으로도 말씀 배우고 가르치는 시간을 **줄이거나 다른 것으로 대체해서는 안 됩니다**.

유대교 지도자들은 사도들이 계속해서 복음을 전파하면 엄히 다루겠다고 협박합니다. 그들은 이 복음전파자들을 자기들 마음대로 얼마든지 욕보일 수 있다는 어리석은 생각을 했습니다.

예수께서는 제자들에게 **모든 사람들에게** 복음을 전하라고 명하셨고 **그들과 항상 함께 하실 것**을 약속하셨습니다. **그리스도께서 하신 약속의 참 가치**를 제대로 아는 사람들은 비록 죽인다는 협박을 당할지라도 그것을 가볍게 여길 수 있는 것입니다.

> 19 베드로와 요한이 대답하여 이르되 하나님 앞에서 너희의 말을 듣는 것이 하나님의 말씀을 듣는 것보다 옳은가 판단하라 20 우리는 보고 들은 것을 말하지 아니할 수 없다 하니

베드로와 요한은 그들의 협박에 대해 **즉시 동일하게** 답변했습니다.
"하나님 앞에서 하나님의 말씀을 듣는 것보다 너희 말을 듣는 것이 옳은지 너희 스스로 판단해보라. 우리는 **우리가 보고 들은 것을 사람들 앞에서 말하지 않을 수 없노라**. 또한 **마음속에 가득 찬 것을 공개하지 않을 수 없노라**" 하고 대답합니다.

사도들은 사자와 같은 용기를 가지고 박해자들의 권위와 악의에 당당하게 맞섰습니다. 그들은 계속해서 복음을 전파할 것을 즉각 말했습니다.

그들이 가르치겠다는 말에는 두 가지 사실이 포함되어 있습니다.
첫째, 그것은 **하나님의 명령이기 때문이라**는 것입니다.
"너희는 우리에게 복음을 전하지 말라고 하지만 하나님은 우리에게 **그것을 전하라고 명하신다**. 그는 그것을 우리에게 **위탁하셨고** 그 일에 **충성할 것을 요구하신다**. 우리가 하나님과 너희 중에 누구에게 복종해야 마땅하겠는가?"라고 당당하게 반문합니다.

무한히 지혜로우시고 거룩하시며 창조자이시며 주권자이시고 우리의 심판자이신 예수 그리스도에게 순종하지 않고, 피조물이고 나약하고 변하며 하나님에게 예속된 인간에게 순종하는 것보다 더 어리석은 일이 없는 것입니다.

그러므로 "너희 인간의 명령에 복종하기 위해 하나님의 명령을 어기는 것이 옳은지" 말하라고 한 것입니다.

하나님이 보시기에 옳은 것이 참으로 옳은 것입니다.

둘째, **그들 신앙 양심에서 우러나오는 확신**이었기 때문입니다.
그들은 어떤 강한 힘이 그들에게 가해짐을 항상 느끼고 있었습니다. 그들에게 얼마나 놀라운 변화가 있었는가? 그들은 분명히 성령충만 받은 이후 **전혀 새로운 세계로 들어와 있었습니다**. 그러므로 그들은 **보고 들은 바를 그대로 말하지 않을 수 없었습니다**.

복음을 진정 진실하게 전하는 자들은 **성령의 능력을 감지할 수 있으며 그 능력의 오묘함을 체험할 수 있으며 그들 심령의 뼛속에 불이 붙은 것 같아서** (렘20:9) 그들 자신이 **큰 감동으로 충만하게** 되는 것입니다.

사도들은 그 복음이 모든 사람들에게 절실하다는 것을 알고 있었습니다. 그들은 **멸망당할 수밖에 없는 영혼들에게 관심이 있었고 예수 그리스도에 의하지 않고는 그들이 영원히 멸망할 수밖에 없다는 것을** 확실히 알고 있었습니다.

그들은 "우리가 보고 들은 것을 전하지 않으면 누가 전하겠는가?" 라고 말했습니다.

성령충만한 자들은 그리스도와 복음에 대해 **분명하게 듣고 보는 것**이 있습니다. 그들은 **그것을 말하지 않고는 견딜 수가 없게** 되는 것입니다. 그들이 말하는 것이 **전능하신 하나님에게서 나오는 것을** 입증하기 위해 **능력이 있게** 되며 **이적과 기적이 나타나게** 되는 것입니다.

성령충만한 자들은 이렇게 **확실히 보고 들은 것**을 전합니다.

"누가 그랬다더라, 어디에 그렇게 쓰여 있더라" 라고 말하는 것이 아니라 "내가 확실히 보고 들었다" 고 말할 수 있습니다. 이런 자들이야말로 진정 그리스도의 증인이 되는 것입니다.

> *21 관리들이 백성들 때문에 그들을 어떻게 처벌할지 방법을 찾지 못하고 다시 위협하여 놓아 주었으니 이는 모든 사람이 그 된 일을 보고 하나님께 영광을 돌림이라*

관리들은 사도들이 놀라고 두려웠으리라고 여기고 위협하고 놓아주었습니다. 사도들도 다른 사람들처럼 똑같이 다룰 수 있다고 믿었던 것입니다. 그러나 그것은 너무나도 잘못된 판단이었습니다. 왜냐하면 사도들은 **전능하신 예수님과 함께하고 있었기 때문**입니다.

성령충만하지 않은 자는 **사람의 눈치를 보게** 되고 **분위기나 상황을 보며 돈을 보기도** 합니다.

오늘날 얼마나 많은 주의 종들이 이렇게 합니까?

이것은 담대함이 부족하다는 것이 아니라 성령충만함이 없다는 것입니다. 하나님의 종들이 하나님의 종답게 처신하느냐 그렇지 못하느냐 하는 것은 **전적으로 성령충만하냐 못하냐에 관계**되어 있습니다. 아무리 성경지식이 많고 목회경력이 많고 또 담력이 있다 할지라도 성령충만하지 못한 자들은 하나님의 종답게 처신할 수가 없습니다.

유대교 지도자들은 사도들을 엄벌하려 했으나 그럴 수가 없었습니다. **성령충만한 사람의 모든 결과는 비록 고난은 있을지언정 항상 하나님께 영광을 돌리고 하나님께 승리를 보여드리게** 됩니다. 이들은 **하나님의 뜻을 정확히 알고 하나님의 능력으로** 했기 때문입니다.

하나님께서는 복음을 인하여 체포당한 자들을 놓아주게 하시는데 필요하다면 천사들을 보내시기까지 하십니다.

그들은 하나님께서 부르시기 전까지 절대 죽지 않습니다. **정직하게 하나님의 일을 했기 때문에** 불의한 자들에게 체포를 당하더라도 그 사람은 **하나님의 일을 계속해야 하기 때문에** 하나님이 풀려나게 하십니다. 말씀과 믿음과 성령의 충만한 자는 이렇게 되는 것입니다.

로마에 죄수로 끌려갔던 사도 바울의 사역을 보면 멀리 스페인까지 돌아다니면서 수많은 사람들을 예수 믿게 했습니다. 그러다가 사람들이 그를 때리고 가두면 그는 그 옥에서 누군가를 전도합니다. 귀족이니 왕이니 하는 자들이 바울의 말을 들으려고 찾아옵니다. 바울이 가장 좋은 휴식을 취하며 일한 순간이 옥중에 갇힌 때였습니다. 밖에서 많은 사람들을 전도했지만 핍박과 고난이 끊임없이 다가왔습니다. 사람들의 핍박, 강과 산의 위험, 짐승의 위험, 굶주림의 위험 등 얼마나 많은 고생들이 있었는지 모릅니다. 예수님은 바울에게 틈을 주지 않고 부리신 것입니다. 바울은 또한 장거리 전도여행을 했습니다. 배를 타고 가다가 풍랑을 만나 뒤집히기도 했는데 그 사건을 통해서 또 수많은 사람들을 전도했습니다.

마가의 다락방의 주인의 아들인 마가 요한이 함께 전도여행을 하다가 터키 남쪽의 무시무시한 산맥을 보고 겁을 먹고 집으로 돌아가 버릴 정도로 바울은 험난한 길을 다니며 전도했습니다. 그 누구도 무엇도 바울의 전도를 막지 못했습니다.

이처럼 하나님은 **말씀과 믿음과 성령의 충만한 사람들을 결코 그냥 두지 않으셨고 많은 영혼들을 붙이셨습니다.** 이런 사람들은 결코 누구도 막을 수가 없었습니다. 끝까지 막으려 하다가는 오히려 그들이 전도를 받고 예수를 믿든지 아니면 망했습니다. 전도자들은 성령충만하여 **무엇에도 구애받지 않고 전천후로** 끊임없이 전도하며 때로 순교하기까지 합니다. 순교야말로 성령충만한 자가 아니고는 할 수 없는 일입니다.

▌ **22** 이 표적으로 병 나은 사람은 사십여 세나 되었더라

그 사람은 사십여 세나 되는 성인이었으므로 자기가 경험한 것에 대해 정직하고 분명하게 답변할 수 있었습니다. 사도들에 의한 권능의 역사는 결코 속임수나 거짓이 아니었던 것입니다.

▌ **23** 사도들이 놓이매 그 동료에게 가서 제사장들과 장로들의 말을 다 알리니

석방된 사도들은 **형제**요, **동역자들**인 성도들에게 돌아갔습니다. 예루살렘 교회 성도들은 사도들을 위해 슬퍼하며 기도했습니다(12:12). 사도들은 자유롭게 되자마자 그들의 친구에게로 돌아가서 **모든 것을 알게** 했습니다. 하나님께서 그들을 증인으로 부르시고 무사히 나오도록 돌보심으로 큰 명예가 생겼지만 그들은 그것을 자랑하지 않고 **동료들에게 돌아가 모든 사실을 그대로 알게** 했습니다.

우리도 다른 사람보다 은사가 많다거나 어떤 공을 세웠다고 해서 성도들 가운데서 **특권을 누린다고 생각하거나 자기를 나타내서는 안 됩니다.**

베드로와 요한은 협박을 받았지만 결코 두려워하지 않고 동료들에게 돌아갔습니다. 그들은 석방되자마자 휴식을 취하거나 자기의 개인적인 만족을 추구하는 것이 아니라 **그들이 할 일을 곧바로 수행**했습니다. 그들은 제사장들과 장로들이 그들에게 한 말을 다 말했고 **하나님의 은총으로 어떻게 대답할 수 있었고 그 결과가 어떠했는지**를 말해줌으로써 **그들이 누리는 은총과 기쁨을 동역자들과 함께 나누었습니다.**

이런 일도 대단히 중요합니다.

하나님의 사람들은 여러 핍박과 고난을 당하는 만큼 하나님으로부터 **신비한 위로와 기쁨을 경험**하게 됩니다. 이 경험은 **다른 동역자들과** 나누고 **상세히 말해줌으로써 그들도 똑같은 위로와 기쁨을 누리고 다함께 하나님께 충성된 자가 되고 하나님께 영광을 돌릴 수 있어야** 합니다.

주 안에 있는 형제들은 그들이 **경험한 것을 상세히 나눔으로써 더욱 결속을 다지며** 앞으로 해야 할 일들에 대해 **마음가짐을 든든히 할 수 있어야** 합니다. 성도들은 서로 모일 때마다 세상적인 일이나 인간적으로 당하는 괴롭고 속상한 일들만을 나눌 것이 아니라 말씀을 읽고 들으면서 깨달은 것, 기도에 응답받은 것, 죄를 용서해주신 것, 하나님께서 사역 중에서 특별한 은혜를 베풀어 주신 것, 능력의 역사들을 **결코 잊지 말고 그때마다 모두에게 간**

증해야 합니다.

성도들은 한 몸을 이룬 것이므로 나에게 주신 은혜를 나 혼자만 누릴 것이 아니라 **다른 성도들과 공유해야** 합니다. 또한 어떤 성도가 하나님의 특별한 은혜와 능력을 체험했다면 시기질투하지 말고 오히려 **함께 기뻐하고 즐거워해야** 합니다. 그것이 진정 **그리스도를 머리로 하여 한 몸을 이룬 것**입니다.

> ***24*** 그들이 듣고 한마음으로 하나님께 소리를 높여 이르되 대주재여 천지와 바다와 그 가운데 만물을 지은 이시요

예루살렘 교회 성도들은 그 모든 것을 듣고 하나님께 감사기도를 드렸고 한마음으로 하나님께 소리를 높여 찬송했습니다. 남은 자들은 열심히 기도했기에 끌려갔던 사람이나 남은 자들이나 모두 같은 처지이며 **똑같이 행동한 것**입니다.

성령충만한 자들은 **일심동체**가 될 수 있습니다. 성령충만한 자들은 생각과 말, 행동을 **성령이 강권적으로 주관**하시기 때문입니다. 성령은 **하나 되게 하시는 영**이므로 **성령충만한 자들은 진정 하나가 되고 성령충만을 잃지 않는 한 결코 배반할 수 없습니다.**

바나바는 바울을 떠났습니다. 바울이 먼저 헤어지자고 말한 것이 아니라 바나바가 바울을 일방적으로 배반했습니다. 바나바는 바울의 선배였으나 어느 순간 **성령충만을 잃어버리고 저버리는 시험**에 빠진 것입니다. 그 후 그의 이름은 성경에 두 번 다시 나오지 않습니다. 그는 바울과 함께 최고의 전도자가 될 기회를 **잃어버린 것**입니다.

언제나 성령충만해야 하나가 될 수 있습니다. 성령충만한 자는 멀리 떨어져 있어도 언제나 하나입니다. **연대의식**이 생기고 **인간적인 감정에 빠져서 행동하지 않는 진정한 한 몸입니다.** 당시에는 전화나 전보도 없었으나 성령충만한 자들은 영으로 통했습니다. 성령충만한 자는 **영적으로 교류가 가능**합니다.

성령충만한 자가 될 때 그의 삶이 **비로소 하나님 중심, 말씀 중심, 교회 중심이 될 수가 있습니다.**

이 제자들은 풀려나자마자 먼저 동료들에게 가서 그동안 있었던 모든 일들을 알려주고 그들과 더불어 위로와 힘을 얻고 **공적인 사명을 감당하는 일**을 먼저 한 것입니다.

그들은 이제 **개인적인 삶을 우선적으로 추구하지 않고**, 존귀하신 하나님께

부름을 받아 거룩한 사명을 받고 **많은 사람들에게 복음을 전해야 하는 공적인 사람들이 된 것**입니다.

하나님의 일꾼들은 **나도 하나님으로부터 공적 지위가 주어졌다는 것**을 인식하고 **개인적인 것을 앞세우지 않고 공적인 사명을 수행하는데 최선을 다해야** 합니다.

그들은 사람들로부터는 **괴로움을 받으나** 하나님으로부터 **온갖 격려를 받았습니다**.

대부분의 사람들은 성령의 사람이 아니므로 **하나님의 충성된 종들을 비방하고 괴롭힙니다**. 그러나 하나님께서는 **그 소수의 하나님의 종들**이 하나님의 일을 감당하도록 **시시때때로 세심하고 효율적으로 도와주십니다**. 그러므로 이렇게 일하는 그리스도의 일꾼들은 하나님께서 각자를 어떻게 효율적으로 도와주셨는지를 **수시로 나눔**으로써 **더욱 결속해야** 하며 그들에게 주어진 사명을 **더 효과 있게 감당해나가야** 합니다. 또 하나님의 일꾼들은 하나님께서 어떻게 역사하셨는지를 서로 나눠야 하며 동시에 **함께 하나님께 예배하며 감사하며 찬송하는 일을 즐거이 해야** 합니다. 하나님의 종들은 홀로 있을 때에도 늘 하나님께 감사하며 찬송해야 하지만 둘 이상 모였을 때에는 더더욱 **감사와 찬양을 드림으로 몇 갑절의 하나님의 사랑과 은혜를 누릴 수 있어야** 합니다.

제자들을 통해 모든 사실을 들었을 때 그들은 **무리들을 다 모아 힘께 기도**했습니다.

"그들이 듣고 한마음으로 하나님께 소리를 높여 기도했다" 했습니다.

예루살렘 교인은 한마음으로 소리 높여 간절히 기도하며 항상 한 몸을 이루고 있었습니다. 우리는 무엇이든지 **정성과 뜻을 모아 같이할 줄 알아야** 합니다.

이것도 성령충만함을 받았기에 **매우 진지하고 열정적이며 간절하게 하나되어 하는 것**이었습니다. 성령충만함을 받으면 내 마음과 상관없이 **일심동체가 되고 서로를 위해 목이라도 내어놓을 수 있게** 되는 것입니다.

이 모든 것은 오로지 **예수를 진정 주인삼는 자**가 됨으로 가능합니다.
예수를 진정 주인삼는 자들은 **이해관계에 따라 생각하거나 행동하지 않습니다**. 그들이 한마음으로 하나님께 기도할 수 있었던 것은 **한 성령이 똑같**

이 감동시켰기 때문입니다. 사람은 여러 명이나 그들을 감동하여 역사하시는 분은 한 성령이십니다. 더욱이 성령충만한 자들은 **한마음 한뜻**을 품을 수 있고 **같은 생각과 목표로 기도**하고 **모든 일을 일사분란하게** 할 수 있습니다.

　예수님께서 부활승천하시면서 제자들에게 "움직이지 말고 성령충만 받을 때까지 기도하며 기다리라"고 하신 것은 바로 성령충만한 제자들이 됨으로써 무엇보다도 **그리스도의 진리가 가감 없이 동일하게** 전해지게 하기 위함입니다. **그 동일한 진리를 토대로 한 신앙**이 전 세계에 **동일한 그리스도의 교회를 세우게** 되는 것입니다.
　신앙의 색깔과 질이 다른 경우들을 많이 보게 되는데 그것이 바로 **성령충만하지 못하기 때문**에 나타나는 현상입니다.
　성령충만한 제자들은 학식의 유무, 성격, 자라난 환경과 상관없이 **같은 진리체계를 가지고** 있었고 오직 그리스도를 주인삼고 정직하고 능력 있게 일할 수가 있었습니다. 바로 이것이 성령충만 받아야 할 중요한 이유입니다.
　과연 하나님의 지도자다운 지도자, 전도자다운 전도자가 되는 것은 성령충만 받느냐에 달려있습니다. 이것이 안 되면 **제각각 달리 생각하고 말하고 일합니다. 진정 하나 될 수 없으며** 더욱이 **무능하고 우매한 자**가 되기 쉽습니다.

　이들은 주님을 **"대주재"** 라고 칭하고 있습니다.

　기도를 할 때 단순히 "하나님이시여" 하고 부르지 않았습니다. **그동안 하나님께서 얼마나 나를 능력으로 도와주셨는지 경험할수록 하나님에 대해 눈을 떠서점점 더 놀라운 하나님을 발견하게** 되는 것입니다. 그러므로 성경에 기록된 위대한 사람들의 기도를 보면 "이러이러한 하나님이십니다" 하고 하나님의 놀라운 면을 표현한 것이 많이 나옵니다. 그들에게는 언제나 다급한 기도제목들이 많았는데 어려운 상황일수록 깨닫고 보니 **무엇보다도 하나님이 얼마나 놀라우신 분인 것을 알게** 된 것입니다.
　그 어떤 다급한 상황보다도 **시선의 초점이 하나님께 집중**되는 것입니다. 인생을 살아가면서, 또 하나님의 일을 하면서 무엇보다도 **점점 하나님을 분명히 알게** 되면서 **그 하나님을 사모하고 깊이 묵상하게** 됩니다. 성경을 읽을 때나 차를 타고 이동하거나 세상의 상황들을 볼 때에도 언제나 **모든 것에서 하나님의 권능과 지혜가 점점 뚜렷이 보입니다.** 꽃 한 송이에서 하나님의 놀라우심을 발견할 뿐만 아니라 더 많은 것들과 더 넓은 세계에서 역사하시는 하나님을 보게 되는 것입니다. 그러면서 **모든 근심과 두려움은 사라지고** 그 하나님께서 나에게 사명을 주셨다는 것을 **참으로 기쁘고 영광스럽게 생각**하고 그 일을 **더 잘하기 위해 연구하며 힘쓰게** 되는 것입니다.

성령충만한 자들은 인생을 살아가며 겪는 온갖 고뇌와, 하나님의 일을 하느라 겪는 수고와 고통이 없을 수 없으나 **점점 더 놀라우신 하나님을 발견하고 체험**하며 **늘 신령한 기쁨과 즐거움을 누리고 의욕과 소망과 사명감에 불타서** 살아가게 됩니다. 그러므로 이들은 **결코 어둡지 않고 밝으며 침체되지 않고 역동적으로** 살아갑니다. 이것이 또한 성령충만한 자들의 모습입니다.

그들은 한 목소리로 하나님께 영광을 돌렸습니다.
"오 주여! 당신만이 홀로 하나님이십니다. 당신만이 우리 주님이시요, 최고의 통치자입니다" 라는 것이 바로 **"우리의 대주재요"** 하는 말입니다.
또한 "당신은 하나님이십니다. 만물의 창조자이시며 만물의 주관자이십니다" 라는 뜻입니다.

우리 그리스도인들은 하나님에 대하여 **불신자와 우상숭배자들과 확실히 구별하여 인식해야** 합니다. 저들은 자신이나 자기가 만든 신을 예배하나 우리는 **우주만물을 지으신 유일하신 하나님**을 예배합니다. 하나님은 **전능하신 아버지**이시며 **하늘과 땅과 모든 보이는 것들과 보이지 않는 것들의 창조자이심**을 항상 고백해야 합니다.

초대교회 성도들은 예수 그리스도의 구속의 은혜로 충만했고 그 복음을 전하는 일에 모든 것을 바쳤지만 그들은 시시때때로 **창조주 하나님을 잊지 않고, 그 대주재께 찬송하며 영광 올려드리는** 일을 소홀히 하지 않았습니다. 하나님의 일꾼들은 아무리 힘들고 괴로운 일을 당할지라도 **그의 주인이 하나님이시고, 그 놀라우신 하나님이 자기에게 사명을 주시고 함께하심을 분명하게 인식**하면서 **말할 수 없는 위로와 힘을 얻었던** 것입니다.

그러므로 우리는 하나님이 어떠한 분이신지를 **더욱 확실히 알고** 그 하나님을 향한 **믿음을 더욱 크고 뜨겁게 하는 것**이 참으로 중요합니다. **하나님을 알면 알수록, 하나님을 향해 큰 믿음과 뜨거움을 가진 자일수록** 어떤 형편과 처지에서든지 **하나님으로 만족하고 기뻐하고 즐거워하고 찬송하며** 살 수가 있습니다. 왜냐하면 그 사람 안에는 **"대주재이신 하나님"** 이 계시기 때문입니다.

제 11 강

사도들의 돌아옴, 성도들의 기도

행4:25~31

25또 주의 종 우리 조상 다윗의 입을 통하여 성령으로 말씀하시기를 어찌하여 열방이 분노하며 족속들이 허사를 경영하였는고 26세상의 군왕들이 나서며 관리들이 함께 모여 주와 그의 그리스도를 대적하도다 하신 이로소이다 27과연 헤롯과 본디오 빌라도는 이방인과 이스라엘 백성과 합세하여 하나님께서 기름 부으신 거룩한 종 예수를 거슬러 28하나님의 권능과 뜻대로 이루려고 예정하신 그것을 행하려고 이 성에 모였나이다 29주여 이제도 그들의 위협함을 굽어보시옵고 또 종들로 하여금 담대히 하나님의 말씀을 전하게 하여 주시오며 30손을 내밀어 병을 낫게 하시옵고 표적과 기사가 거룩한 종 예수의 이름으로 이루어지게 하옵소서 하더라 31빌기를 다하매 모인 곳이 진동하더니 무리가 다 성령이 충만하여 담대히 하나님의 말씀을 전하니라

> *25 또 주의 종, 우리 조상 다윗의 입을 통하여 성령으로 말씀하시기를 어찌하여 열방이 분노하며 족속들이 허사를 경영하였는고 26 세상의 군왕들이 나서며 관리들이 함께 모여 주와 그의 그리스도를 대적하도다 하신 이로소이다 27 과연 헤롯과 본디오 빌라도는 이방인과 이스라엘 백성과 합세하여 하나님께서 기름부으신 거룩한 종 예수를 거슬러 28 하나님의 권능과 뜻대로 이루려고 예정하신 그것을 행하려고 이 성에 모였나이다*

이것은 전에 예언되었던 것들이 그대로 이루어졌음을 확인하는 내용입니다.

성령의 사람들은 눈앞에 보이는 모든 일들은 **하나님께서 옛날 그 종들을 통해 예언하신 대로 되는 것**임을 분명히 압니다. 따라서 이들은 모든 것이 하나님의 뜻대로 됨을 점점 확인하며 장래에도 모든 것이 그처럼 될 것을 의심하지 않습니다.

그러므로 그들은 하나님께서 장래의 일에 대해 예언하신 말씀들과 그때마다 그들에게 명하신 것들을 수행함에 있어 **결코 주저함이 없으며 확신에 차서** 모든 일을 하게 됩니다. 그리스도의 일꾼들은 이렇게 세상 모든 일이 **대주재이신 하나님의 뜻에 따라 이루어지는 것임을 확실히 알아 오직 순종하**

고 충성해야 합니다.

> *29 주여 이제도 그들의 위협함을 굽어보시옵고 또 종들로 하여금 담대히 하나님의 말씀을 전하게 하여 주시오며*

"주여 이제도 그들의 위협함을 굽어보옵소서" 하고 기도합니다.

하나님이 이미 그 종들을 통해 예언하신 것이 그대로 되는 것을 보면서 자신들을 도와주시기를 기도합니다. 시련이 있지만 **복음을 전하는 것에 위축되지 않고 더 열심히 하고 더 큰 권능이 나타나기를** 구하는 것입니다.

그들은 모든 것이 **하나님의 섭리 가운데서 계획되고 진행됨을** 분명히 알고 **오직 복음을 전파하기 위해 이적과 기적을 주시기를** 기도한 것입니다. 인간적인 필요를 구한 것이 아니라 오로지 하나님께서 자신에게 맡기신 일과 그 일을 수행하기 위한 권능을 위해 기도할 뿐이었습니다.

하나님은 우리가 사명을 충실하게 감당하면 필요한 것들, 즉 그것을 **책임져 주십니다.** 복음전파를 열심히 한 나라일수록 먹을 것, 입을 것, 쓸 것을 최상위로 주셨습니다.

이 예루살렘 교회 성도들의 기도는 **오직 하나님의 뜻의 성취와 그들에게 주어진 사명**에 대한 것이었습니다. 하나님은 이러한 자들에게 **영육 간에 아낌없이 복**을 주십니다. 그 이유는 바로 **이들이 세계 땅끝까지 복음을 전해야 하기 때문**입니다.

만약 전도자가 백 사람에게 복음을 전하기로 결심하고 나아간다면 하나님은 어김없이 그만한 은혜와 능력을 주십니다. 전도자가 백 리가 아니라 세계 땅끝까지 가서 복음을 전하기로 결심하고 실행한다면 하나님은 그에 맞는 은혜와 능력을 주실 것입니다.

요한계시록의 예언을 보면 사람들이 살상을 위해 만들었던 핵무기까지도 때가 되면 하나님의 사람들에게 옮겨지고 평화적으로 사용하게 하실 것임이 기록되어 있습니다. 예수 신앙을 가지고 **복음을 정직하고 충성되게 전하는 자들에게 무엇이든 아낌없이 주신다**는 것입니다.

우리가 부당하게 위협이나 어려움을 당했을 때 그 사정을 주께 아뢰고 **모든 것을 맡김**으로써 우선 우리 자신이 **평안해야** 합니다. 비록 내 앞에 문제가 산적해 있고 태산이 가로막고 있을지라도 내가 **하나님의 일을 정직히 수행하고 있는 한** 모든 것의 주인이시고 전지전능하신 하나님께서 **나의 모든**

것들을 하감하심을 확신하며 근심, 걱정, 두려움을 떨쳐버리고 위로와 소망이 넘쳐야 하는 것입니다. 이렇지 못한 일꾼은 충성된 자가 될 수 없습니다.

사람 수나 돈을 의지하며 하나님의 일을 하고자하는 사람들은 이런 신령한 은혜를 누리지 못하여 얼마가지 않아 쇠락하며 오히려 시험에 빠지게 됩니다. 모든 사정을 하나님께 아뢰고 하나님께 진정 맡기는 믿음이 없기 때문에 그렇게 되는 것입니다.

제사장과 관원들이 합세하여 그들을 훼방하지만 "종들로 하여금 담대히 하나님의 말씀을 전하게 하옵소서" 하고 기도합니다.

우리가 어려운 일을 당할 때 직면하는 고통만 신경쓰느라 이러한 확신을 잃고 내 사명과 임무를 수행하는 일에 머뭇거리지 않도록 조심해야 합니다.

그들은 "주여! 저들의 위협함을 보시고 벌을 내려 주십시오. 우리에게 이 위기를 벗어날 적절한 기회를 주옵소서" 하고 기도하지 않습니다.

"주여, 우리에게 은혜를 베푸사 이 위기 속에서도 두려워하지 아니하고 담대히 입을 열어 주의 복음을 증거하게 하옵소서" 하고 기도한 것입니다.

우리 하나님의 일꾼들은 위협과 어려움을 당할 때에 그것을 회피하려고 할 것이 아니라 그 상황 속에서도 두려워하지 않고 담대하게 하나님의 메시지를 전하는 자가 되어야 합니다.

하나님은 전도자들로 하여금 그들을 미워하고 시기하고 핍박하는 자들에게도 복음을 전하게 하셨습니다. 양순한 사람에게만 복음을 전하려고 한다면 그 사람은 복음을 전해야할 대상 중에 극히 일부분에게만 전하게 될 것입니다. 복음전파자들은 듣든지 아니 듣든지, 심지어 사탄의 소굴에도 들어가서 전도해야 합니다. 아무 고난이나 저항 없이 전도하게 해주시기를 기도하는 것은 전도하지 않겠다는 것과 다를 바가 없습니다.

하나님은 누구에게나 담대하게 복음과 말씀을 전하는 자를 기뻐하시고 가까이하시며 만나주시고 큰 능력으로 도와주십니다.

하나님의 일은 결코 나 혼자, 혹은 사람들과 하는 것이 아니라 하나님의 능력 안에서 하는 것임을 명심해야 합니다. 우리는 사람의 일꾼이 아니라 하나님의 일꾼입니다.

사람은 상대하기를 꺼리는 자나 두려워하는 대상이 있지만 하나님은 그렇지 않으십니다. 주께서 우리에게 모든 사람에게 복음을 전하라고 명하셨으면 그것은 바로 주님이 모든 자를 상대하시겠다는 의미입니다. 단지 그것을

인간인 전도자들의 입을 통해서 하실 뿐입니다.

우리의 힘을 약화시키고 사명을 수행하지 못하게 하려는 모든 원수의 위협들은 오히려 우리를 **자극하고 더욱 용기 있고 결단력 있게 사명을 감당하게 해주는 구실**이 됩니다. 더 극적이고 신속하게 하나님과 복음을 전파하게 되는 것입니다.

그들은 결코 그리스도와 대적하여 결코 이길 수 없습니다. 그러므로 **끝까지 그들을 상대하여 담대히 싸우면** 반드시 승리합니다.

> *30 손을 내밀어 병을 낫게 하시옵고 표적과 기사가 거룩한 종 예수의 이름으로 이루어지게 하옵소서 하더라*

"**손을 내밀어 병을 낫게 하옵소서**" 라고 기도했습니다.

그들이 전하는 진리에 **확신을 주기 위해** 능력을 행할 수 있기를 기도합니다. 앉은뱅이의 치료로 복음전파의 많은 결실을 얻은 그들은 이러한 역사가 많아져서 풍성하게 열매 맺기를 기도한 것입니다.

신실한 사역자들은 사명을 수행하면서 **하나님이 자신과 함께하시는 징표를 시시때때로 보여줄 수 있어야** 합니다. 그것이야말로 **어떠한 고난 앞에서도 큰 힘이 됩니다**. 복음과 말씀은 정확하게 증거하나 그 사람에게 하나님이 함께하시는 증거가 도무지 나타나지 않으면 스스로 **담대할 수 없고 자신있게 증거할 수 없습니다**. 또한 더 큰 위협이나 어려움을 당하게 되면 **움츠러들고** 정확하고 담대하게 사람들의 죄악을 **책망하거나** 죄악과 싸울 **의욕을 갖기 어렵습니다**. 그래서 **종종 눈치를 보거나 불의와 타협하거나 그냥 입 다물고 지나가게** 됩니다. 이런 사람들은 정직한 종이 아니며, 충성된 종은 더욱 아니므로 **하나님께서 그러한 종들을 기뻐하거나 만나주실 수 없습니다**. 이들은 **하나님의 능력을 발휘할 수 없습니다**.

예루살렘 교회 성도들은 **표적과 기사가 주의 이름으로 이루어질 것과** 이 일로 **사람들에게 믿음을 주고 원수들에게는 두려워하게 할 것을** 기도했습니다. 예수님은 그들의 **사명에 대한 증거로 능력을 행할 수 있도록 약속해주셨**습니다(막16:17,18).

이렇게 분명히 약속해주셨으나 제자들은 그것을 얻기 위해 **항상 기도해야만** 했습니다. 그들이 이미 능력을 지녔고 많은 이적과 기적을 나타냈을지라도 **그것이 지속될 수 있도록** 주님께 간절히 기도했던 것입니다. 이렇게 함으로써 그들이 나타내는 권능의 역사가 결코 자신에게서가 아니라 **예수 그리스도의 이름으로 나타나는 것을** 잠시도 잊지 않았던 것입니다.

또한 그 모든 이적과 기적의 결과는 **오직 예수 그리스도의 이름을 영광스럽게 하는 것이어야** 했습니다. 그들은 어디서 어떤 능력을 행사했든지 예수 이름으로 함으로써 **혜택을 받는 자들로 하여금** 그 능력은 바로 예수 그리스도로부터 오는 것임을 분명히 알게 했습니다.

예수를 믿기만 하면 아무나 예수의 이름으로 이적과 기적을 행사할 수 있는 것은 아닙니다. 이 제자들처럼 **오직 주님을 주인삼고 주님의 말씀과 뜻이라면 어떤 희생도 마다하지 않고 진정으로 순종하고 충성하는 자들**이라야 가능한 것입니다.

하나님의 일꾼들은 **복음과 말씀을 전하는 능력이 있어야** 하는데 전하기는 했으나 능력이 나타나지 않아 사람들이 깨닫지도 못하고 도무지 변화가 일어나지 않는 것은 **전하는 자가 진정 예수님을 주인삼지 않았거나 정직하고 충성된 종이 되지 못했기 때문**입니다. 전하는 자가 아무리 부족하더라도 진정 예수를 주인삼고 주께 죽기를 불사하며 순종하고 충성하는 자라면 **거기에는 능력이 함께하며 이적과 기적의 역사가** 나타날 수 있는 것입니다.

많은 하나님의 일꾼들이 **지식을 쌓고 학벌과 명예를 높이는 일에 더 열심**인데 그것은 **어리석은 것**입니다. 또한 많은 교회들이 후임목회자를 선택하고자 할 때 '**과연 주님을 주인삼고 죽기를 불사하고 하나님 앞에서 순종하고 충성한 종이었는가? 하나님이 함께하시는 자인가? 그를 통해 어떤 능력들이 나타났는가?**' 를 염두에 두는 것이 아니라 단지 학벌과 인물 등을 중요시하며 자격조건으로 내놓는 것을 볼 수 있습니다. 이 또한 **눈 멀고 어리석고 위험한 일**이 아닐 수 없습니다. 어찌 하나님의 교회에 그런 기준으로 지도자를 세운다는 것입니까?

프로그램이나 여러 가지 교재도 필요하지만 **먼저 목사나 하나님의 일꾼들이 진정 예수를 주인삼아 정직하고 충성되어야** 하며 **예수님이 함께하심이 분명한 자여야** 합니다. 목사와 하나님의 일꾼들에게 노회나 총회의 감투가 왜 중요하며 왜 그토록 명예를 앞세웁니까? 그들은 예수의 이름을 높이고자 하는 자들이 아닙니다.

그리스도의 종과 일꾼들은 **처음부터 끝까지 오직 예수의 이름에 영광을 돌려야** 합니다. 예수로부터 누구보다도 은혜와 능력을 힘입었다면 **그만큼 더**

많은 사람들을 구원하고 도우며 누구보다도 예수의 이름에 더 영광을 돌려드려야 합니다.

예배당을 좀 크게 지었고 교인수가 좀 많다고, 예산이 다른 교회보다 넉넉하다고 으스대고 자랑하고 그렇지 못한 교회나 일꾼들을 무시하고 업신여기며, 어려운 동역자나 교회의 도움 요청을 거절하고 자기의 실리를 추구해서는 결코 안 됩니다.

규모가 큰 교회일수록 그 교회의 교역자나 일꾼들은 **누구보다 더 많은 사람들에게 전도하며 많은 고난을 당해야 하며 누구보다 어려운 동료들을 더 돕고 겸손하여 예수 그리스도께 영광을 돌려야** 합니다. 그래야 작은 교회의 성도들이나 일꾼들이 그들을 **존경하며 본받을 수** 있습니다.

또한 규모가 작은 교회의 목사나 일꾼들은 교인이 적고 예배당이 초라하다고 주눅이 들거나 열등감에 빠지거나 큰 교회의 목사와 일꾼들을 시기하거나 원망할 필요가 없습니다. 이러한 사람들은 **더 하나님께 은혜를 받고 더 큰 능력을 얻기 위해 누구보다 주님을 주인삼고 정직하고 충성된 종이 되어야** 합니다. 작은 일에 충성되지 못한 자가 어찌 큰일에 충성되게 해달라고 말할 수 있겠습니까? 심은 대로 거두게 하시고 행한 대로 갚아주시는 것입니다.

교회 크기와 상관없이 목사와 일꾼들은 **하나님이 나와 함께하시는지에 대해 확실한 증거를 가져야** 합니다. 그리고 **말씀의 능력이 나타나야** 합니다. 그러면 하나님께서 누구보다도 그를 **더 많은 사람들에게 붙이실 것이며 더 크고 많은 일을 맡기실 것입니다.**

하나님의 일꾼에게 **하나님이 함께하시지 않는다면 영혼 없는 육체와 다를 바가 없습니다.** 오히려 이런 자들은 **하나님의 이름을 욕되게 하며 하나님의 영광을 가릴 것입니다.** 그러므로 하나님의 일꾼들은 **진정으로 주님을 주인삼고 순종하며 충성하는 자가 됨으로써 하나님이 나를 합당히 여기시고 가까이 하시고 함께하심을 체험해야** 합니다.

> *31 빌기를 다하매 모인 곳이 진동하더니 무리가 다 성령이 충만하여 담대히 하나님의 말씀을 전하니라*

이들의 기도에 대한 하나님의 응답은 **단지 말씀으로써가 아니라 능력으로 나타났습니다.** 하나님은 그들의 기도를 들으셨다는 **표적**을 보여주셨습니다.

"빌기를 다하매 모인 곳이 진동하였다" 했습니다.

즉 성령충만이 처음 임할 때 집이 흔들린 것처럼 그들의 기도하는 집이 흔들렸습니다. 그 진동은 그들에게 **경외감을 주고 하나님께서 그들과 함께 하심을 확실히 깨닫게 하는 징표**입니다. 이렇게 함으로써 **그들이 왜 하나님을 더 두려워해야 하는지 알게 하신 동시에 사람을 두려워하지 말아야 함을 깨닫게** 해주신 것입니다. 그들이 거하는 장소를 진동시키신 하나님이 **그 종들을 위협하시는 사람들의 마음도 얼마든지 떨게 하실 수 있다는 것을 보여주신 것**입니다. 그 장소가 진동함으로 **그들의 신앙은 더욱 굳건해졌고 흔들리지 않게 된** 것입니다.

하나님은 그들로 하여금 **더욱더 성령충만하게 하셨고 이것이 바로 그들이 기도한 목적**이었습니다. 이로써 제자들은 **더 큰 힘을 얻고 담대히 하나님의 말씀을 전파하며 그 어떤 것도 두려워하지 않게** 되었습니다.

또한 성령이 그들에게 **무엇을 전할지, 또 어떻게 해야 할지를 분명히 가르쳐 주신 것**입니다. **끊임없이 성령의 능력을 힘입는 사람들**은 각양의 사역에 따라서 **성령이 모든 필요를 새롭게 공급해 주시기에** 법정에서나 강단에서나 언제나 성령으로 충만했습니다.

하나님의 일꾼들은 매일의 사명을 감당함에 있어 전적으로 성령의 역사를 힘입어야 하며 시시때때로 성령으로 부음 받는 것이 필요합니다.

본문을 통해 하나님께서 "**그에게 구하는 자들에게 성령을 주실 것이다**" 하신 약속(눅11:13)이 이루어진 것을 다시 보게 됩니다.

그들이 성령으로 충만한 것은 **기도에 대한 응답**이었고 성령이 주시는 은사를 소유하고 **사용하면 할수록 더욱 풍성히 주셨습니다**. 제자들은 **주께서 성령으로 그들을 도우심을 확인**했고 어떤 경우에도 **당황치 않고 사명을 활발하게 수행**했습니다.

그들은 **즉시 담대히 하나님의 말씀을 전했습니다**. 하나님이 주신 은총들을 묻어 두지 말고 활발하게 써야 합니다.

저들의 **기도의 목적은 복음 전하는 일을 좀 더 잘하게 해달라는 것**이었습니다. 이적과 기적이 나타나기를 기도한 것도 복음을 잘 전하기 위해서였습니다. 주께서 그 기도를 얼마나 기뻐하셨는지 모인 **자리가 진동하고 이미 성령충만한 자들에게 더욱더 성령의 충만함을 부어주신 것**입니다. 따라서 이들은 더욱더 담대하게 복음을 전하게 된 것입니다.

앞의 2장에서와 여기 4장에서도 보면 **성령충만함이 임하는 결과는 담대하**

고 활발하게 복음을 전하는 것입니다.
　성령충만한 자들에게 나타나는 **첫 번째 증거**는 담대히 복음을 전하는 것입니다. 본래 소심하고 겁이 많고 사람들 앞에 나서는 것이 두려운 사람이었다 해도 성령의 도우심으로 **참으로 담대해지게** 됩니다.

　담대하게 말씀을 전한다는 것은 여러 가지 의미가 있습니다.
　말씀 전하는 것 자체를 담대하게 한다는 의미가 있습니다. 그리고 사람들의 눈치를 보고 비위를 맞추는 것이 아니라 **책망할 것을 과감하게 책망하고 본문처럼 하나님의 말씀 자체를 부끄러워하지 않고 전한다**는 것입니다.
　성령충만하지 못한 사람은 **입이 열려지지 않습니다.** 아무리 많은 말씀지식을 가지고 있어도 무슨 말을, 무엇을 어떻게 해야 할지 계획했다가도 잊어버리거나 분위기에 따라 겁을 먹고 두서없이 말하게 됩니다. 성경을 많이 연구했어도 자기 좋을 대로, 나름대로 가르칠 수가 있습니다. **사람들의 눈치를 보면서 말씀을 가르치거나 시대와 대세를 보면서 가르쳐서도 안 됩니다.**
　그러므로 **지도자다운 지도자가 되려면 한 사람에게 구원의 확신을 가지게 해주고 일꾼으로 키워낼 수 있도록 성령충만함을 받아야** 합니다.

　가만히 주위를 둘러보면 **신자다운 신자, 훈련된 크리스천, 일꾼다운 일꾼, 성령의 능력을 받고 일하는 사람**을 보기가 쉽지 않습니다. 참으로 안타까운 일입니다. 그 많은 교회들이 부흥하기를 바라면서 날마다 모여서 예배드리고 새벽기도를 드린다고 하는데 왜 이렇게 되는 것인가?
　과거에 비해 **많은 교회가 생기고 목회자도 많아졌지만 대부분의 교회지도자들이 성령충만하지 않음으로 신자다운 신자, 일꾼다운 일꾼을 만들어내는 데 실패하고 있는 것입니다.**
　어떤 목사들은 너무 심각하게 설교하면 교회가 부흥하지 않는다 하며 교회가 부흥하려면 부담 없는 설교를 해야 한다고 말합니다.
　심각하게 설교하지 말라는 말은 성경을 곧이곧대로 해석하지 말고 사람들을 책망하지 말라는 것입니다. **듣기 좋은 설교, 위로하고 복 빌어주는 설교, 매끄럽고 매력적인 설교를 해야 한다**는 것입니다. 이런 사고방식을 가진 목사들의 교회가 수적으로 증가하는 것이 사실이라면 그것은 영적으로 큰 문제입니다. 그렇게 해서는 성숙한 신자를 만들고 일꾼을 키우고 성령충만한 성도를 키워낼 수가 없습니다. 가장 **큰 문제는 그 지도자 자신이 성령충만함이 무엇인지도 모르며 그것과 거리가 멀다**는 것입니다.

제 12 강

교회의 확장과 유무상통의 생활

행4:31~37
31빌기를 다하매 모인 곳이 진동하더니 무리가 다 성령이 충만하여 담대히 하나님의 말씀을 전하니라 32믿는 무리가 한마음과 한 뜻이 되어 모든 물건을 서로 통용하고 자기 재물을 조금이라도 자기 것이라 하는 이가 하나도 없더라 33사도들이 큰 권능으로 주 예수의 부활을 증언하니 무리가 큰 은혜를 받아 34그 중에 가난한 사람이 없으니 이는 밭과 집 있는 자는 팔아 그 판 것의 값을 가져다가 35사도들의 발 앞에 두매 그들이 각 사람의 필요를 따라 나누어 줌이라 36구브로에서 난 레위족 사람이 있으니 이름은 요셉이라 사도들이 일컬어 바나바라 번역하면 위로의 아들이라 하니 37그가 밭이 있으매 팔아 그 값을 가지고 사도들의 발 앞에 두니라

> *31 빌기를 다하매 모인 곳이 진동하더니 무리가 다 성령이 충만하여 담대히 하나님의 말씀을 전하니라*

초대교회의 사도들과 성도들은 **사역을 시작하기 전에 예수님의 명령대로 열심히 기도해서 성령충만함을 받았습니다**. 그 전에는 두려워 떨던 사람들이 **죽음을 두려워하지 않고 예수를 전하고 자기를 죽이려 하는 사람들을 단호하게 책망**했습니다. 그럼에도 불구하고 **말씀을 듣고 믿는 자들은 점점 불어났습니다**.

사도들과 성도들은 학위를 받거나, 프로그램을 개발하거나, 세미나 훈련을 받으러 다닌 것도 아니었습니다. **그저 필사적으로 기도하고 성령충만 받고 능력을 받아서** 일했습니다. 그들의 설교는 참으로 **심각한 내용**이었지만 **믿을 사람은 믿고 그리스도의 교회는 전 세계로 퍼져나갔습니다**.

지금은 시대가 다르니 시대에 맞추어야 한다고 하거나 삶에 지친 사람들을 위로하는 설교를 해야 한다고 말하는 자들이 있습니다. 그런 식으로 하니 교회와 목사들이 그렇게 많은데도 **신자다운 신자, 성령충만한 사람이 거의 없고 복음을 제대로 전하는** 사람이 많지 않은 것입니다. 목사가 복음을 제대로 전하지 못한다는 것이 말이 됩니까? 아무리 유명한 신학교를 나오고 박사

학위를 가졌어도 **성령충만하지 못하면 벙어리가 될 수밖에 없는 것입니다.**

이제 모든 지도자들이 깨달아야 할 것은 **프로그램 위주나 매끄럽고 호감 있는 설교로써가** 아니라 **성령의 도우심을 확실히 받고 일해야 한다는** 것입니다. 무엇보다도 **지도자 자신의 의도와 목표가 아니라 전적으로 성령이 모든 것을 앞서 하시고 주도하셔야 한다**는 것입니다. 그 **자신이 성령충만을 받아야** 언제 어디서나 **성경을 정확하게 해석할 수 있고 확실하고 충분하게, 능력 있게 가르칠 수가 있습니다.**

옛날 모세 옆에 있던 이스라엘 백성들은 모세에게 **전혀 도움이 되지 않았습니다.** 따라서 처음부터 하나님은 **모세만** 부르시고 그에게 지팡이 하나만 가지고 가서 백성을 인도해내라고 하셨는데 모세는 하나님께 "내 입이 둔합니다. 뻣뻣합니다" 하고 연약한 말을 하여 하나님께서 그에게 아론을 붙여주셨습니다. 그러나 그 아론이 백성들과 함께 금송아지를 만들어서 섬기는 엉뚱한 짓을 하기도 했습니다.

하나님께서 왜 모세 혼자만 보내셨을까? 어중이떠중이 같은 사람들, 하나님이 같이 하지 않는 사람들을 붙여줘 봐야 **도움은커녕 오히려 방해꾼 노릇을 할 것**이기 때문입니다. 성령충만 받고 일할 사람이 아니라면 성령충만 받고 원근각처에 가서 복음을 전할 사람에게 도움이 되지 않습니다. 그럴 바에야 차라리 혼자서 하는 것이 낫습니다.

이제는 하나님의 종들과 지도자들과 전도자들은 반드시 성령충만을 받아야 합니다.

또한 그러한 제자들을 계속해서 생산해 내야 합니다. 이렇게 할 때 **교회가 진정 통일성을 이루게** 됩니다. 오늘날 개신교회가 교파가 많은 것도 진정한 통일성을 이룰 수 있는 자들이 너무 없기 때문입니다.

성령충만 받는 것은 말씀과 믿음이 충만한 것과 함께 됩니다.

따라서 말씀과 믿음과 성령이 충만한 사람이 되면 어떤 교재를 가지고 가르치든지, 심지어 교재 없이 **오로지 성경만을 펴놓고 가르친다 할지라도** 신자다운 신자, 일꾼다운 일꾼으로 양성하며 각종 악령들을 물리쳐 떠나가게 합니다.

가르치는 자가 먼저 성령의 충만을 받고 좋은 **프로그램과 교재를 가지고 가르친다면** 그렇지 못한 자가 가르치는 것과 확연히 다른 결과가 나타날 것입니다. 그러나 성령충만한 자가 되지 못하면 성령의 역사보다 그 프로그램이 앞서는 꼴이 될 것입니다. 단 오 분을 가르치든 한 시간이나 열 시간을 가르치든 **성령이 충만한 사람이** 일하면 성령의 역사에 의해 확실한 결과가 나타납니다.

그러나 성령충만한 자 앞에 있는 모든 사람들이 아니라 **선택받은 사람**이 예수 믿고 구원 얻게 됩니다.

예수님 때도 그러했습니다. 인간적인 방법과 노력으로 목회를 하면 사람이 많아질 수는 있으나 **문제 역시 점점 많아집니다.** 초대교회 일꾼들처럼 **성령충만 받으면** 프로그램이 복잡할 필요도 없고 사람들을 일일이 쫓아다니며 다독거리지 않아도 됩니다.

사도들도 한 때는 불쌍한 사람들의 일에 일일이 간여했지만 그러다보니 정작 해야 할 일을 할 수가 없었습니다. 또한 **사도들이 너무 지쳐서 부작용이 나타났습니다.** 그래서 집사들을 세워 구제와 행정의 일들을 맡겨놓고 **사도들은 말씀과 기도에 전무**했습니다. **사도들은 말씀에 권능이 있고 능력을 나타내는 자들**이었습니다. 그들이 그 일에만 충실히 했을 때 교회들은 날로 부흥하고 성장했습니다.

혹시 교회 안에 악한 자가 있어서 교회 질서를 어지럽히고 성령충만한 지도자에게 거짓말하거나 괴롭힌다면 **성령은 가만히 놔두지 않고 신속하게 처리**하셨습니다. **교회지도자들이 성령충만함을 받아 전적으로 성령의 역사를 의지하여 모든 일을 할 때 결코 악한 자들에게 농락당하거나 패배당하는 일은 없었습니다.**

> **32** 믿는 무리가 한마음과 한뜻이 되어 모든 물건을 서로 통용하고 자기 재물을 조금이라도 자기 것이라 하는 이가 하나도 없더라

여기에서 우리는 **교회의 참된 정신과 모습**을 볼 수 있습니다.
"**믿는 무리가 한마음과 한뜻이 되었다**" 했습니다.

그들은 **서로 진심으로 사랑했고** 어떤 반목이나 분열을 찾을 수가 없이 **모두 한마음과 한뜻이 되었습니다.** 그들은 각기 주거지에 따라 각각 사역자를 모시고 여러 곳에서 예배함으로 여러 부류로 나누어져 있었습니다. 나이와 성격, 자란 환경이 다르고 믿기 전에는 낯선 사람이었지만 이들이 **그리스도 안에서 만나고 성령충만을 받을 때 오랜 친구처럼 절친하게** 되었습니다. 그들이 회심하기 전에는 유대인의 여러 **분파**에 속해 있고 사회생활 문제로 여러 가지로 **불화**도 있었을 것입니다. 그러나 **이제는 모든 문제들이 사라졌고 그**

들은 주님과 하나가 될 뿐만 아니라 그리스도의 신앙으로 서로 진정으로 하나가 되었습니다.

이것이야말로 **성령충만함의 결과**입니다. 사람의 수단이나 노력으로만 했다면 결코 이런 결과가 나올 수 없습니다.

오늘날 많은 교회들이 **내부적으로 시기질투하고 분파가 있고 다투는 것은 성령의 역사에 전적으로 의지하지 않고 인간의 감정에 치우치고 수단과 노력을 의지함으로써 나타난 결과**입니다.

여기에서도 **성령충만한 자가 지도자가 되어야 할 필요성**을 분명하게 보여줍니다. **성령충만한 자 단 한 명만 있어도 그 교회는 점점 전적으로 성령을 의존하고 나가게 됨으로** 시간이 지남에 따라 **반드시 교회다운 교회로 성장합니다.** 교회 안에 **성령충만한 자가 존재한다는** 것은 이토록 중요합니다.

뿐만 아니라 저들은 "모든 물건을 서로 통용하고 제 물건을 조금도 제 것이라고 말하는 이가 하나도 없다" 고 했습니다.

그들은 **가난한 자들에게 진정 너그러워지고 하나님의 일을 위해서는 자기 재물을 결코 아끼지 않았습니다.** 그들에게 큰 은혜가 임한 결과 이제 그들은 **세상에 대해서는 미련이 없었습니다.** 또한 이것이 그들로 하여금 다른 사람들의 존경을 받게 한 중요한 원인이 되었습니다.

그들이 재산을 다 버린 것은 아니었습니다. 그러나 **이전처럼 재물에 치심하고 욕심냈던 것이 없어진 것**입니다. 재산을 가진 자들은 기꺼이 나누어주었고 재산이 별로 없는 자들은 형편에따라 형제들을 기꺼이 도왔습니다. **그들이 진정으로 한마음 한뜻이 된 것도 이 세상 재물에 더 이상 욕심이 없었으므로 가능**한 것이었습니다. 그들은 자기의 가진 것을 자랑거리로 삼지 않았고 허영심에 의하여 그 재물을 자기의 것이라고 생각하지 않게 되었습니다. 왜냐하면 그들은 **그리스도를 위해 그 모든 것을 기꺼이 내어놓을 수 있었고 앞으로도 계속해서 그리스도를 따르기 위해 모든 것을 내어주려고 결심하게 되었기 때문**입니다.

그들은 무엇이든지 그들의 것이라고 말하지 않게 되었습니다. 왜냐하면 **죄 밖에는 아무것도 나의 것이라고 부를 것이 없게 되었기 때문**입니다.

우리가 세상에서 가지고 있는 것은 **우리의 것이 아니라 하나님의 것**입니다. 우리는 그것을 **하나님께로부터 받았음**을 확실히 알게 되었고 **따라서 그를 위해 써야** 하며 **감사함으로 써야** 하는 것입니다.

네 것 내 것을 따지면 반드시 시비가 벌어집니다. **자기 것을 지키려 하고 더 모으려고 하는데 전쟁과 싸움이 없을 수 없는 것입니다.** 진정 하나가 되고자 하는 성도들은 이렇게 물질을 비롯하여 세상 것에 치심하지 말아야 합니다. 진정으로 주님으로 만족하고 주님이 나의 전부가 되어야 하는 것입니다.

그들은 이렇게 주님과 형제를 위해 기꺼이 나누어주고 사용했지만 오히려 그 전보다 **더욱더 많은 일을 할 수 있었습니다.** 그들은 **형제를 돕는 일에 풍부**했고 실상 **모든 것을 공유**했습니다.

참으로 먼저 주의 나라와 의를 이루는 자들은 먹고 입고 쓸 것과 거할 곳을 **주께서 더욱더 채워주시는 것입니다.**

▋ *33 사도들이 큰 권능으로 주 예수의 부활을 증언하니 무리가 큰 은혜를 받아*

"사도들이 큰 권능으로 주 예수의 부활을 전했다" 했습니다.

그들이 전한 진리는 **그리스도의 부활**이었습니다.

사도들이 부활을 증거하는 데 있어서 큰 권능이 주어졌다는 것은 용기와 담력을 가졌다는 것을 말합니다. 그들은 **부활의 진리에 대해 확신하며 생기 있고 단호하게 전했습니다.**

또한 그들이 부활의 도리를 전할 때 **이적과 기적이 나타났습니다.** 그들은 **성령이 나타내는 기적의 역사 속에서 그리스도의 부활을 증거**한 것입니다. 그러므로 그 증거는 참으로 **위엄이 있고 강력하게** 사람들에게 받아들여지게 된 것입니다.

"모든 믿는 사람들이 큰 은혜를 입었다" 했습니다.

그리스도께서 그들에게 풍성한 은혜를 부어주사 큰 권능과 큰 은사를 주심으로 **위대한 사역에 동참할 수 있는 자격을 주신 것입니다.** 그들이 말하고 행하는 모든 것에 **이 은사로 인한 확실한 결실이 나타났습니다.** 누구나 이 성도들에게서 **뛰어남과 거룩한 아름다움을 보았고 그들을 존경하게 된 것입니다.**

이 얼마나 멋진 광경입니까? 본래 인간적으로 아무것도 나타낼 것이 없는 자들이 **부활의 도를 믿고 큰 은혜를 입고** 사람들에게 부러움과 존경을 받는 대상이 된 것입니다. 성령충만한 자들은 바로 이런 성도들을 끊임없이 길러내게 됩니다.

▋ *34 그 중에 가난한 사람이 없으니 이는 밭과 집 있는 자는 팔아 그 판 것의 값을 가져다가 35 사도들의 발 앞에 두매 그들이 각 사람의 필요를 따라 나*

■ 누어 줌이라

"그 중에 가난한 자가 없었다" 했습니다.

그들은 가난한 형제들을 돕고 형제가 주의 일을 하는 데에 부족한 것을 도왔습니다. 우선 예수 믿기 이전에 가난한 자가 사회를 통해 구제받았던 것을 이제는 믿는 자들끼리 구제했습니다. 전에는 남을 돕지 않았던 부자가 예수를 믿은 이후에는 교회 안에 있는 가난한 자들을 기꺼이 도왔습니다. 이들은 그렇게 한 것 이상으로 주께로부터 큰 은혜를 입었으므로 가난한 자들을 돕는 것을 결코 아까워하지 않았습니다.

이렇게 주께로부터 큰 은혜를 입고 사는 사람들은 물질의 유무에 상관없이 언제나 만족하고 기뻐하며 감사하며 살게 되고 주변에 있는 어려운 자들을 기꺼이 돕게 됩니다. 많이 거둔 자도 적게 거둔 자에게 주었으므로 넘치지 않았고 적게 거둔 자도 그와 같이 부족함이 없었습니다(고후8:14,15).
이것은 부자가 가난한 자를 구제하도록 성령께서 이끄신다는 것입니다. 그러므로 공산주의처럼 무조건 부자의 것을 빼앗아 가난한 자에게 나누어주는 것은 결코 하나님의 뜻이 아닙니다. 그것은 약탈이며 죄악이므로 공산주의는 성공할 수 없습니다.

"밭과 집이 있는 자들은 그것을 팔았다" 했습니다. 그리고 "그 판 값을 사도들의 발 앞에 두었다" 했습니다.

그것은 사도들이 합당하게 여기는 대로 그 물질을 처리할 수 있게 의탁했음을 의미합니다. 금전을 자기 품안이나 수중에 두는 것보다 발아래 두는 것을 더 합당하게 여긴 것입니다. 더욱이 성령충만한 지도자들의 발 앞에 놓아둠으로 그 재물들은 성령의 뜻에 따라 가장 유효적절하게 분배되고 사용할 수 있게 된 것입니다.
이렇게 함으로써 초대교회는 더욱더 위계질서가 분명해졌습니다. 즉 그들은 영적인 면에서 뿐 아니라 육적인 면에서도 성령 안에서 위계질서를 명확하게 세울 수 있었습니다. 성령충만한 사도들의 발 앞에 놓인 재물은 가난한 자를 구제하는 데에 쓰였을 뿐 아니라 복음이 더 많은 사람들에게 전파되는 일에 적절하게 사용되었던 것입니다.

우리는 하나님이 주신 재물을 단지 육신만을 위해서가 아니라 영혼들을 구원하는 일에 귀하게 사용해야 합니다. 육신을 구원하는 것도 중요하지만 영원히 지옥에 떨어질 자를 영원한 천국에 가게 전도하는 일이 **더욱더 사람들에게 큰 유익**이 되기 때문입니다. 그렇다고 구령사업에만 물질을 내놓고 굶주려가는 형제에게 무관심하고 외면하는 것 또한 그리스도를 머리로 하여 한 몸을 이루는 것에 합당치 않습니다. 우리는 **이 둘 다 잘해야** 합니다.

재물은 공정하게, 즉 필요로 하는 대로 나누어졌습니다.
구제는 **필요에 따라 적절하게 시행되어** 모두에게 똑같이 나누어주는 것이 아니고 **도움이 더 필요한 자에게는 더 주고 덜 필요한 자에게는 덜 주었습니다.** 구제받는 사람이 덜 받았다고 결코 불평해서는 안 되는 것입니다. **그것 또한 아직도 물질에 대한 미련이 남아 있는 것입니다.** 도움 받는 사람은 얼마를 받았든지 **그것에 족하게 여길 줄 알아야** 하며 도와주는 자들에 대해 **진정으로 감사해야** 합니다. 어찌 도움 받는 자가 원망하고 불평할 수 있겠습니까? 이 또한 성도로서 합당치 못한 일입니다.

> **36** 구브로에서 난 레위족 사람이 있으니 이름은 요셉이라 사도들이 일컬어 바나바라(번역하면 위로의 아들이라) 하니 **37** 그가 밭이 있으매 팔아 그 값을 가지고 사도들의 발 앞에 두니라

이렇게 **물질로 형제를 섬기는 일에 있어서 뛰어난 한 사람**이 언급되고 있습니다. 그는 **바울의 동역자가 된 바나바**였습니다. 그의 본 이름은 **요셉**이었고 레위지파에 속한 사람이었습니다.

흩어진 유대인 개종자들 가운데는 레위인이 있어서 회당에서 예배를 인도하고 주님에 대해 가르쳤던 것입니다. 그는 예루살렘에서 멀리 떨어진 **구브로** 출신이었고 그 부모들은 유대인이었으나 그 먼 곳에 정착했었습니다. 아마도 그는 70명의 제자 중 하나였을 것이고 많은 은사에 따라 사도들과 성도들에게 인정받는 자였을 것입니다. 따라서 사도들은 그의 가치를 인정하여 그에게 **바나바**라고 이름을 지어준 것입니다.

바나바란 **예언의 아들**, 또는 **위로의 아들**이라는 뜻을 가지고 있습니다.
이것을 보면 그는 **예언의 은사를 받았으며 어려움 당한 자들을 돕고 그들을 효과적으로 양육하는 데에 특별한 은사를 가진 사람**임을 알 수 있습니다(11:21-24). 따라서 이 바나바는 가난한 자들을 구제하고 하나님의 일을 위해 물질을 내놓는 일을 누구보다 잘했던 것입니다.

성도마다 **하나님께서 주시는 은사**를 가지고 있는데 그 은사를 **서로 인정하고 귀중히 여겨야** 합니다. 한 사람은 주신 은사로 상처를 찾아내고 또 한 사

람은 그 상처를 치료하고 싸매주는 일을 해야 합니다. **하나님께서 각 사람의 필요를 따라 주신 그 은사를 가지고 각자의 필요에 따라 봉사해야** 하는 것입니다. **이것을 잘하는 자들은 더 크고 좋은 은사를 받게 될 것입니다.**

이 바나바에 대한 내용은 **그가 후에 하나님의 교회를 섬김에 있어서, 특히 이방인들에게 복음을 전하는 데 뛰어났기 때문에 기록된 것입니다.**

전도와 구제는 이렇게 제한이 없이 해야 합니다. 내 동족, 내 가까이 있는 자들만이 아니라 얼굴을 한 번도 본 적이 없는 사람들, 나와 전혀 관계가 없는 사람들에게도 해야 합니다. **그리스도의 복음을 누구에게나 전해야 하는 것처럼 구제도 필요한 사람이라면 누구에게나 해야** 하는 것입니다.

그리고 **이 일은 무엇보다 교회 안에 있는 자들이 우선입니다.** 형제의 궁핍함을 도외시하고 불신자부터 구제하는 것은 합당치 않습니다. 왜냐하면 **형제는 그리스도께서 그를 위하여 죽어가면서 구원해 주신 고귀한 존재**이기 때문입니다.

이와 같이 **전도자로 선택된 사람들은 이 세상의 일에 얽매이지 말아야** 합니다.

그들이 사도들의 발아래 재산의 일부를 판 돈을 가져다 놓았을 때 **조금도 마음이 흔들리지 않았고 기꺼이** 했습니다.

따라서 그 후 성령께서 "내가 시키는 일을 위하여 바울과 바나바를 따로 불러 세우라" 말씀하심으로써(13:2) 바나바는 사실상 **사도들 가운데 한 사람으로 발탁이 되어 쓰임 받게** 된 것입니다. 그가 누구보다도 사도를 존중하고 그가 판 값을 주저함 없이 사도의 발 앞에 놓아두는 일을 성실히 했으므로 후에 **그 보상으로 사도의 반열에 들게** 된 것입니다.

하나님께로부터 더 큰 사랑과 은혜를 입기를 원하는 자들은 그것을 받기 이전에 그만한 열매를 맺어야 합니다. 더 많은 물질을 원한다면 **물질의 봉사를** 누구보다도 잘해야 할 것이며 더 많은 사람들에게 봉사하기를 원한다면 **나의 도움을 필요로 하는 자들을 찾아 봉사해야** 합니다. 더 큰 은사를 받기를 원하면 **사람들을 구원하고 사랑하는 일을 열심히 해야** 할 것입니다. **마음으로 원하기만 하고 아무것도 행치 않는 사람들을 하나님은 기뻐하시지 않습니다.**

제 13 강

아나니아와 삽비라(1)

행5:1~4
1아나니아라 하는 사람이 그의 아내 삽비라와 더불어 소유를 팔아 2그 값에서 얼마를 감추매 그 아내도 알더라 얼마만 가져다가 사도들의 발 앞에 두니 3베드로가 이르되 아나니아야 어찌하여 사탄이 네 마음에 가득하여 네가 성령을 속이고 땅 값 얼마를 감추었느냐 4땅이 그대로 있을 때에는 네 땅이 아니며 판 후에도 네 마음대로 할 수가 없더냐 어찌하여 이 일을 네 마음에 두었느냐 사람에게 거짓말한 것이 아니요 하나님께로다

우리가 앞장에서 살펴본 대로 당시 제자들과 성도들은 참으로 성별되게 생활했고 세속에 물들지 않아 아무 흠이 없는 것처럼 보였습니다. 그러나 **그들 가운데에는 하나님 보시기에 합당치 않은 위선자가 있었고 그것은 곧 드러났습니다.** 아무리 훌륭한 교회라 할지라도 그 교인들 가운데에는 **변절자**가 생길 수 있는 것입니다.

▌ *1 아나니아라 하는 사람이 그의 아내 삽비라와 더불어 소유를 팔아*

초대교회 성도들은 그들의 가진 것을 팔아 **가난한 사람들과 주의 일을 위해** 내어놓았습니다. 그러나 이러한 자들 중에 **그 하나님의 큰 은혜를 망각하고 악령이 들어가 크게 범죄하는 자**들이 있었습니다.

지금까지 사도들이 행한 표적들은 사람들에게 **은혜를 베푸는 자비의 기적**이었습니다. 그러나 여기에서는 사도에 의하여 **심판의 기적**이 나타납니다. **하나님께서 베푸시는 크고 놀라운 선한 일 뒤에는 하나님을 대적하고 반역하는 자들에게 엄하게 벌하는 일도 병행되고 있다**는 것을 보여줍니다. 그러므로 우리는 하나님께서 베푸시는 **자비의 기적**뿐만 아니라 죄악에 대해 엄벌하시는 **심판의 기적**을 함께 보아야 합니다.

아나니아와 삽비라 부부가 한 일이 무엇인가?
그들은 합동하여 성령을 속이는 죄를 지었습니다.

그들도 다른 성도들처럼 재산을 팔아 그 돈을 사도들의 발아래 가져왔습니다. 그들은 신실한 성도들 중에서 교회에서 **멋있게 발탁되어 하나님의 일에 귀하게 쓰임을 받고 칭송을 받고 싶어했습니다.** 이들도 예수신앙을 고백했고 겉으로는 그것을 입증하기 위해 노력해 왔으나 여기서 **범죄함으로 하나님과 성도들을 속였던 것입니다.**

그들도 제자들이 하는 것을 **따라하는 척**했고 제자의 명예를 계속 가지고 싶어했습니다. 그러나 그들은 **진정한 제자이지 못했고 결국 제자로서의 자격을 잃어버리고 말았습니다.**

진정으로 믿지도 않으면서 겉으로는 훌륭한 신앙인인 것처럼 행하는 자들은 그것이 곧 **자신에게 치명적인 독이 됨**을 보여줍니다. 왜냐하면 **하나님은 결코 속지 않으시기 때문**입니다.

그들은 **하나님과 그 거룩하신 섭리를 불신했고 그 대신에 세상의 부를 탐했습니다.** 그들은 처음에 **성령의 인도하심을 받아 "땅을 판 돈 전부를 거룩한 용도에 봉헌하리라"** 고 결심했었습니다. 그리고 **부부 간에 그것을 약속하고 실천하기로** 했습니다. 그러나 돈이 수중에 들어오게 되자 그들에게 **사탄이 틈탔고 그것을 물리치지 못하고 마음이 변하게** 되었습니다.

> *2 그 값에서 얼마를 감추매 그 아내도 알더라 얼마만 가져다가 사도들의 발 앞에 두니*

그들은 "**그 값에서 얼마를 감추었다**" 했습니다.

그들은 이제 **돈을 사랑**했고 그것을 단번에 내놓아 사도들의 손에 맡기기에 **너무 많다고 생각**했습니다. 또 그들 자신이 **돈이 필요하다는 것을 생각**하게 되었습니다. **그들은 그들의 쓸 것을 준비해주시겠다는 하나님의 약속을 믿지 않았고 잊어버렸습니다.** 그들은 남들보다 현명하게 어려움을 당할 경우를 미리 생각하며 저축해두어야 한다고 생각한 것입니다. 그들은 **이제 하나님과 물질을 같이 섬기게** 되었습니다. 판 돈의 일부를 사도들의 발 앞에 가져다 놓음으로 **하나님을 섬기고** 다른 돈의 일부는 감춤으로 **재물을 섬기게** 된 것입니다. 그들은 **하나님이 그들의 모든 것을 결정하시고 모든 것을 공급하시는 분임을 잊어버리고 돈의 얼마를 하나님 대신에 의지하게 된** 것입니다.

그들은 두 품 사이에서 방황했습니다. 만약 그들이 전혀 성령의 사람이 아니었다면 그들의 소유를 팔지 않았을 것입니다. 그런데 그들이 **성령의 인도**

하심을 묵살하고 거절함으로써 **판 값의 일부를 착복하게 된** 것입니다.

그들은 사도들을 속이고 다른 성도들처럼 경건한 모습으로 다가와 그 돈이 전부인 것처럼 사도들의 발아래 놓았습니다. 그들은 **하나님과 그의 교회와 사역자들을 한꺼번에 우롱했습니다. 이것이야말로** 수많은 사람들을 우롱하는 것보다 **크나큰 죄악**이 아닐 수 없습니다.

쉽게 사람들을 속이던 버릇이 있던 자들은 **그리스도를 믿은 이후에 하나님과 하나님의 사람들을 속이지 않도록 조심해야** 합니다. 그들이 믿지 않은 자들을 속이고도 무사했을지 모르나 **하나님과 하나님의 사람들을 속이면 결코 무사할 수가 없는 죄악**이 됩니다. 그러므로 성도들은 언제나 교회 안에서 **하나님을 두려워하고 성도들을 존귀히 여기며 생각과 말을 조심해야** 합니다. 이것을 잘못하다가 큰 낭패를 당하거나 하나님 앞에서 쫓겨나는 자들이 많습니다.

우리는 또한 나에게 무슨 사명이 주어지거나 성령의 깨우치심이 있을 때 무엇보다도 **성령을 속이지 않도록 조심해야** 합니다. 하나님을 속이는 것은 사소한 것처럼 보여도 **엄청난 죄**가 됩니다. 하나님을 속이는 자들의 행동은 사람들 눈에 보기에 사소한 것 같아도 **분명 영육 간에 괴롭고 불행한 삶을 살게** 됩니다. 그 사람의 기도는 결코 이루어질 수 없습니다. 그러므로 성도들은 교회 안에서와 하나님의 종 앞에서 무슨 말을 하거나 성도들끼리 모여서 회의하고 보고서를 낼 때에도 참으로 조심해야 합니다. 제대로 하지 못해서 야단을 맞을지언정 **결코 성령을 속이지 말아야** 합니다.

성령을 속이고 시험한다는 것은 제 명에 살지 못하고 죽어 마땅한 큰 죄에 해당합니다. 이러한 자들이야말로 **하나님을 조금도 두려워할 줄 모르는 자들**인 것입니다. 하나님의 일을 한다는 사람들이 **하나님과 교회와 하나님이 함께하시는 종에 대해 함부로 말하고 행동하고 악한 기분대로 행한다면** 그런 것이 하나님 앞에서 얼마나 무서운 범죄가 되는지 명심해야 합니다.

더구나 **하나님 앞에서 약속을 하고 그것을 어긴다면 참으로 큰 죄가 되며** 그것이 바로 **성령을 속이는 것**입니다. 그런데 이러한 자들이 오늘날 교회 안에 너무나 많습니다. 비록 하나님께서 과거처럼 곧바로 죽이지는 않으신다 하더라도 **하나님의 진노는 결코 그냥 지나가지 않고 반드시 임하게** 됩니다. 그러므로 우리는 **하나님과 교회와 하나님의 종 앞에서 약속한 것을 잊거나 소홀히 여겨서는 안 되며 반드시 기억하고 지켜야** 합니다. 하나님과 교회와 하나님의 종 앞에서 거짓을 말하면 반드시 저주를 받게 됩니다.
야단맞을까봐 둘러대거나 교묘하게 정당화시키거나 거짓말해서는 안 됩니다. 차라리 야단을 맞을지언정 정직하게 생각하고 말해야 합니다. 끊임없이 거짓말한다면 더욱더 큰 벌을 자기에게 쌓는 것이 될 것입니다.

> **3** 베드로가 이르되 아나니아야 어찌하여 사탄이 네 마음에 가득하여 네가 성령을 속이고 땅 값 얼마를 감추었느냐

그들이 뻔뻔하게 하나님을 속이고 물질을 가지고 왔을 때 베드로는 **곧바로 그들을 책망**합니다. 베드로는 그 일에 관한 증거를 조사하거나 검증하지도 않고 단호히 범죄에 대해 책망했습니다. 그 부부의 **악한 마음을 드러내 보여줌으로써 죄가 더욱 분명하게 나타나게** 된 것입니다.

베드로 안에서 역사하시는 성령은 누가 정보를 알려 준 것도 없이 **사실을 알려 주었고** 아나니아의 마음에 자리잡고 있는 불신앙도 **구별해 내었습니다.** 그 죄가 순간적인 유혹에 의한 연약함의 죄였다면 아나니아를 불러서 나머지 것을 가져오고 속이려 하던 계획을 회개하라고 명했을 것입니다. 그러나 **베드로는 그의 마음이 악한 것으로 가득 차있음을 알았습니다. 그는 그에게 회개할 여유를 허락하지 않았습니다.** 아나니아는 베드로에게 나오기 전에 회개할 기회가 있었으나 회개하기는커녕 **더욱더 악한 마음으로 가득차서** 왔던 것입니다.

베드로는 **아나니아의 죄의 근원을 정확하게 지적했습니다.**
그것은 사탄이 그 마음에 가득했다는 것입니다.
사탄은 아나니아에게 죄 지을 것을 마음속에 주입시켰고 그것을 행할 결심을 내리도록 끈질기게 역사했습니다.

성령으로부터 나지 않는 것은 무엇이든지 악령으로부터 유래된 것임을 알아야 합니다. 인간들이 자기 혼자 무엇을 생각하고 결정하는 것 같으나 **사실은 성령 혹은 악령의 인도를 따르는 것 둘 중의 하나입니다.**

그런데 **예수를 믿기 이전의 사람들은 이미 사탄에게 속한 자들이므로 성령의 인도를 따를 수 없습니다. 따라서 그들은 전적으로 악령의 역사에 의하여 생각하고 결정하고 행하는 것입니다. 그들은 이것을 인정하려고 하지 않을 것이나 그것은 분명한 사실입니다. 예수를 믿고 성령세례를 받은 아나니아와 삽비라도 이 악령이 틈탈 수 있었고 그 역사에 놀아날 수가 있었습니다. 하물며 성령이 함께하지 않는 자들은 두말할 것이 없는 것입니다.** 사탄이 틈타기

시작한 아나니아와 그 아내의 마음속은 **육적인 생각이 점점 지배하고 성령이 주시는 생각을 몰아낸** 것입니다. 이것이 **큰 죄**가 되는 것입니다.

어떤 이들은 이 아나니아도 성령충만 받았던 사람 중의 하나라고 말합니다. **성령충만한 자들도 얼마든지 사탄이 틈탈 수 있으며 그것을 성령의 도우심으로 단호하게 물리치지 못하면 사탄은 그 마음에 가득 차게 될 수 있는 것**입니다.

여호와의 영이 사울 왕을 떠나자 악령이 그를 괴롭혔습니다.

여기서도 **사탄은 거짓말 하는 자**임을 보여줍니다. 아합의 입술을 지배했던 사탄이 이 아나니아의 입술도 주장했습니다.

그동안 성령의 인도를 따라 많은 일도 했던 사람이 그 마음에 사탄이 가득 차서 그 성령을 속인다는 것은 불신자가 저지르는 어떠한 죄보다 더 악한 죄입니다.

3절에서 **"성령을 속였다"** 는 말의 원문은 **"성령을 실망시키다"** 라고 해석됩니다.

아나니아는 **자기 안에 계신 성령님을 크게 실망시킨** 것입니다.

만약 아나니아가 지도자의 한 사람으로서 120문도와 함께 성령충만을 받은 사람이라 **그는 누구보다도 성령을 실망케 하고 성령충만을 욕되게 한 것**입니다.

재산을 팔아서 그 돈을 사도들의 발 앞에 갖다 놓은 성도들은 **특별한 성령의 인도에 의해 행한 것이고 성령이 그들로 하여금 그 위대한 일을 할 수 있도록 도와주신 것**입니다. 그런데 아나니아는 **사탄이 가득하여 성령을 속이면서 성령의 감화로 위대한 행동을 하는 것처럼 가장한** 것입니다. 이것을 보면 그는 이미 성령의 지배하에 있던 자리에서 떠났던 것이 분명합니다.

성령충만은 한 번 주어진 것으로 평생 가는 것이 아니라 주어졌다가도 떠나갈 수 있습니다. 그러므로 성령충만은 지속적으로 받아야 하는데 성령충만 하던 자가 성령을 실망시키면 그것은 참으로 죽을 죄에 해당하는 것입니다.

그는 사도들이 **전적으로 성령에 의하여 쓰임 받는 존재들임을 잘 모르고 있었습니다. 사도들이 성령에 의해 모든 것을 간파할 수 있는 능력을 지녔을지 의심했고 그들의 거짓말을 눈치 챌 수 없을 것이라고 생각했던 것입니다.** 이것을 보면 아나니아와 삽비라는 **사도들만큼 더 세밀하고 강력한 성령의 은사**

를 받지 못했다는 것을 알 수 있습니다. 그들은 자기들이 그러하므로 사도들도 그러하리라고 잘못 판단한 것입니다.

옛날 게하시가 자기가 은밀하게 저지른 잘못을 그의 선생이 알 수 없을 것이라고 생각했던 것과 같습니다. 엘리사는 자기를 속이는 게하시에게 "**네 심령이 내게 감각되었다**" (왕하5:26)라고 말했습니다. **사도들에 대해 잘 몰랐다는 것이 그들로 하여금 이렇게 엄청난 잘못을 저지르게 하는 원인이 되었습니다.**

성도들은 하나님의 종들이 자기와 같이 모르는 것이 많을 것이라고 생각하고 함부로 대하지 말아야 합니다. 성령이 언제 그 종을 통하여 나의 악한 비밀을 드러낼지 아무도 모르는 것입니다. 그러므로 우리는 **무엇보다도 이 성령 하나님을 의식하고 참으로 조심해야** 합니다.

> **4** 땅이 그대로 있을 때에는 네 땅이 아니며 판 후에도 네 마음대로 할 수가 없더냐 어찌하여 이 일을 네 마음에 두었느냐 사람에게 거짓말한 것이 아니요 하나님께로다

베드로는 그가 "**사람에게 거짓말한 것이 아니라 하나님께로다**" 했습니다.

그는 베드로 앞에서 그 돈이 판 돈의 전부라고 말함으로써 다른 성도들처럼 사람들에게 인정을 받고 칭찬 받기를 기대했던 것입니다. **가난한 형제들을 구제함에 있어서 교만이 앞서고 칭찬받기를 원하는 마음을 조심해야** 합니다. 그 마음은 분명히 **사탄이 주는 마음**입니다.
우리가 하나님께 참된 은사를 받았을지라도 그것을 자랑하거나 그것으로 칭찬을 얻으려고 생각해서는 안 됩니다. 그래서 오른손이 하는 일을 왼손이 모르게 해야 합니다. 왜냐하면 **우리가 하는 모든 선행은 주께서 하게 하시는 것**이기 때문입니다.

그러므로 칭찬과 영광은 결코 내가 아니라 **오직 주님께 돌아가야** 합니다. **하지도 않은 선행을 한 것처럼 자랑하거나, 지키지 않을 약속만 하거나, 선행을 과장하는 사람들은** 모두 아나니아와 같이 거짓말하는 죄악을 저지르는 것임을 기억해야 합니다.

아나니아가 거짓말한 대상은 바로 **성령**이었습니다.
사도들의 발 앞에 물질은 **성령께 가져간 것**이었습니다. 그러므로 **우리는 교회와 하나님의 종들 앞에서 말할 때 그것이 하나님 앞에서 말하는 것임을 명심해야** 합니다. 그러기에 **교회와 하나님의 종 앞에서 모든 언행을 참으로 조**

심하고 결코 함부로 하지 말아야 합니다.

이 말씀에서 **성령이 곧 하나님이시라는 것**을 말해줍니다. **성령에게 거짓말 하는 사람은 곧 하나님에게 거짓말하는 것입니다.**

하나님의 성령에 의해 생활하며 일하는 자를 속이는 자들은 곧 하나님에게 거짓말 하는 것이 됩니다. 왜냐하면 그들은 **하나님의 능력과 권위에 의해 일하는 사람들이기 때문**입니다.

아나니아는 **사도 안에 계셔서 사람의 마음과 행위의 비밀을 분별할 수 있도록 역사하시는 성령에게 거짓말한 것입니다.** 우리는 결코 사람만 보는 것이 아니라 **그 안의 성령을 볼 줄 알아야** 합니다. 이것은 비단 하나님의 종들에 관하여서 뿐 아니라 모든 성도들에게도 마찬가지입니다. 그러므로 **성도들은 상호 간에 생각하고 말하는 것을 두려워하며 조심해야 합니다.**

베드로는 "**땅이 그대로 있을 때에는 네 땅이 아니며 판 후에도 네 마음대로 할 수가 없더냐**" 라고 책망합니다.

즉, "너는 판 값의 일부를 감출 유혹을 자초할 필요가 없었다. 그것을 팔기 전에도 그것은 너의 것이었다. 그것을 팔았을 때에도 너의 뜻대로 처분할 권한이 네게 있었기에 돈의 일부를 감출 특별한 이유가 없었다. 그런데 **네가 아무런 이유도 없이 하나님을 속이며 범죄했다**" 는 뜻입니다.

그 당시 성도들이 구제와 하나님의 일을 위해 물질을 가져오는 것은 결코 강요되는 것이 아니었습니다. 왜냐하면 그들은 **그 일을 자원함으로** 했기 때문입니다. **하나님은 기쁘게 내는 자를 사랑하십니다**(고후9:7).
바울도 빌레몬이 선행을 할 때 **억지같이 되지 않고 자의로 하라**고 가르칩니다(몬1:14).
아나니아는 그 값의 일부를 감추는 것보다 차라리 땅을 팔지 않는 것이 좋을 뻔 했습니다. **선행을 하지 않는 것보다 선행을 하는 척 하는 것이 더 나쁜 행위**라는 것입니다.

우리가 **내 안에 계신 성령에 의하여 마음에 결정된 것을 결코 바꾸어서는 안 됩니다. 그것은 이미 나와 성령 사이에 약속한 것이기 때문입니다.** 성령은 결코 나에게 부당한 일을 하라고 하시지 않습니다. 그러므로 **나와 성령 사이에 어떤 약속이 성사되었다면 그것은 가장 선한 것이고 유익한 것입니다. 내 쪽에서 그 약속을 파기한다면 그것은 바로 내가 악한 자가 되고 성령을 대적**

하고 거역하는 것이 됩니다. 그러므로 우리가 마음의 입술을 열어 하나님께 약속드린 것은 결코 철회할 수 없습니다.

또한 우리가 하나님께 우리의 마음을 드림에 있어서 일부만 드려서도 안 된다는 것을 기억해야 합니다. 사탄은 우리로 하여금 반만 하나님께 드리고 반은 자기가 취하게 합니다. 그러나 하나님은 전체를 받으시든지 아니면 받지 않으십니다.

하나님은 예수 그리스도를 온전히 나를 위해 희생시켜 주셨습니다. 예수님은 자기의 전부를 희생하여 나를 구속하여 주셨습니다. 따라서 하나님은 언제나 나에게 전부를 요구하실 수가 있습니다. 그것은 결코 부당한 것이 아닙니다. 나의 전부를 하나님께 드리고 전체를 기울여 순종하는 것이야말로 하나님께로부터 가장 크고 완전한 복을 받게 되는 비결입니다. 그래서 하나님은 우리가 전체를 드리기를 원하시는 것입니다.

베드로는 말합니다.
"어찌하여 이 일을 네 마음에 두었느냐?"

비록 사탄이 마음에 가득차서 그 일을 하게 되었지만 그것을 허용하는 것은 분명히 그 자신입니다. 아무리 사탄의 유혹이 분명했다 할지라도 내 범죄의 책임을 사탄에게 모두 전가시킬 수 없고 내 죄가 조금도 경감될 수도 없습니다.

사탄은 유혹할 뿐 강요할 수는 없고 결정권은 언제나 우리 자신에게 주어진 것입니다. 아무리 그가 강력하게 유혹했을지라도 그것을 받아들이지 않을 결정을 우리가 할 수 있습니다.

우리가 사탄의 유혹을 받는 것은 나 자신의 욕망 때문이기에 모든 범죄에 있어서 나는 결코 책임이 없다고 말할 수 없는 것입니다. 분명히 사탄도 하나님께로부터 징벌을 받게 되나 범죄한 것은 어디까지나 나 자신이므로 하나님은 나에게 엄중한 책임을 물으시는 것입니다.

그러므로 또한 우리는 이 사탄의 유혹에 빠질 수밖에 없는 육적인 욕망들을 제거하는 일을 반드시 해야 합니다.

육적인 욕망은 얼마든지 사탄이 효과적으로 이용하는 할 수 있음을 우리는 기억해야 합니다. 자기를 죽인다는 것은 바로 우리 안에 있는 욕망을 죽이는 것을 말합니다. 우리는 날마다 부패한 자신이 죽어야 하는 것입니다. 그렇지 않고 온전히 하나님을 섬기고 따른다는 것은 불가능합니다.

모세가 이스라엘 백성들에게 "**너희의 원망은 우리를 향함이 아니요, 여호와를 향하여 함이로다**(출16:8)" 라고 말했습니다. 이처럼 베드로도 "**네가 너와 같은 인간인 우리는 속일 수 있어도 하나님은 속지 않으시고 조롱당하지도 아니하신다**" 고 말한 것입니다.

만일 우리가 하나님을 속이려고 한다면 그것은 **결국 우리 자신을 속이는 것에 불과하다**는 것을 명심해야 합니다. **하나님은 결코 속지 않으십니다.**

제 14 강

아나니아와 삽비라(2), 사도들의 표적과 기적

행5:5~14
5아나니아가 이 말을 듣고 엎드러져 혼이 떠나니 이 일을 듣는 사람이 다 크게 두려워하더라 6젊은 사람들이 일어나 시신을 싸서 메고 나가 장사하니라 7세 시간쯤 지나 그의 아내가 그 일어난 일을 알지 못하고 들어오니 8베드로가 이르되 그 땅 판 값이 이것뿐이냐 내게 말하라 하니 이르되 예 이것뿐이라 하더라 9베드로가 이르되 너희가 어찌 함께 꾀하여 주의 영을 시험하려 하느냐 보라 네 남편을 장사하고 오는 사람들의 발이 문 앞에 이르렀으니 또 너를 메어 내가리라 하니 10곧 그가 베드로의 발 앞에 엎드러져 혼이 떠나는지라 젊은 사람들이 들어와 죽은 것을 보고 메어다가 그의 남편 곁에 장사하니 11온 교회와 이 일을 듣는 사람들이 다 크게 두려워하니라 12사도들의 손을 통하여 민간에 표적과 기사가 많이 일어나매 믿는 사람이 다 마음을 같이하여 솔로몬 행각에 모이고 13그 나머지는 감히 그들과 상종하는 사람이 없으나 백성이 칭송하더라 14믿고 주께로 나아오는 자가 더 많으니 남녀의 큰 무리더라

> 5 아나니아가 이 말을 듣고 엎드러져 혼이 떠나니 이 일을 듣는 사람이 다 크게 두려워하더라 6 젊은 사람들이 일어나 시신을 싸서 메고 나가 장사하니라

아나니아는 **더 이상 아무 변명할 기회도 없이** 그 자리에서 죽었습니다.

"그가 엎드러져 혼이 떠났다" 했습니다.

여기서 **사도들의 입에서 나오는 하나님의 말씀의 능력**을 주목해야 합니다. **그들의 입에서 나오는 하나님의 말씀은 어떤 이에게는 생명으로 이르게 하는 향기요, 어떤 이에게는 죽음으로 이르게 하는 형벌이 되는 것입니다.** 복음으로 말미암아 **의롭다 인정받는 사람**이 있고 **저주를 받는 사람**도 있습니다. 아나니아에 대한 처벌이 너무 가혹해 보일지 모르나 우리는 그것이 **정당하고 매우 중요한 것**임을 알아야 합니다.

아나니아에 대한 처벌은
첫째, 복음의 나라 건설을 위해 사도들에게 임한 성령의 거룩한 명예를 유지하기 위함입니다.

아나니아가 **성령께 가한 모욕은 대단히 큰 것**이었습니다. 그것은 또한 **사도들의 가르침을 무효화시킬 위험을 내포하고 있었습니다.** 만약 사도들이 성령에 의해 그 거짓말을 발견할 수 없었다면 어찌 성령으로 하나님의 오묘한 진리들을 발견하고 그것을 사람들에게 전할 수 있겠습니까? 그러므로 **어떤 대가를 지불하고서라도 사도들의 은사와 능력은 보장될 필요가 있었던 것**입니다.

둘째, **다른 이들도 외람된 죄를 범하지 못하도록 하기 위함**이었습니다. **성령을 거스르고 모멸하는 것이 얼마나 무서운 것인가를 나타내주는 뚜렷한 증거**가 된 것입니다. 옛날에도 금송아지에게 예배하고 안식일에 나무를 했다 하여 얼마나 혹독한 처벌을 받았습니까? 나답과 아비후가 다른 불을 여호와께 드림으로, 또 고라와 그 무리가 반역함으로 불이 그들을 삼켰던 것 같이 **이제도 심판의 불이 임했으며 모세와 아론에게 주어졌던 위엄이 사도들과 제자들에게 임했음을 보여준 것**입니다.

이 일은 **베드로 안에 계신 성령께서 하신 일**입니다.

얼마 전에 베드로 자신도 거짓말하며 주님을 부인했으므로 이 부부가 같은 죄를 저질렀을 때 개인적으로는 불쌍히 여기고 용서할 수도 있었을 것입니다. 그러나 그것은 어디까지나 인간 편에서의 생각이고 **성령께서는 아나니아에게 엄벌을 내리신 것**입니다.

이렇게 **성령충만한 자는 인간적인 감정과 사고에 의해 일하지 않고 오직 성령께서 명하시는 대로 일하는 것입니다. 이것이 또한 성령충만함을 받아야 할 이유입니다.** 아나니아 부부를 벌함에 있어서는 제자들이 모여서 따로 의논할 필요도 없었습니다. **그것은 성령께서 즉각적으로 베드로에게 명하심으로써** 된 일이고 **베드로의 입에서 말이 떨어지자마자 그들의 영혼은 떠났습니다.**

> **7** 세 시간쯤 지나 그의 아내가 그 일어난 일을 알지 못하고 들어오니 **8** 베드로가 이르되 그 땅 판 값이 이것뿐이냐 내게 말하라 하니 이르되 예 이것뿐이라 하더라

세 시간쯤 지나 남편에게 생긴 일을 알지 못한 채 아내 삽비라가 들어왔습니다. 그녀 역시 사도들 앞에 나와서 칭찬을 받고 축복을 받을 것을 기대했으나 **무서운 저주에 직면하게 되었습니다.**

베드로는 삽비라에게도 질문합니다.

"그 땅 판 값이 이것뿐이냐? 내게 말하라"

삽비라는 대답하기를 "예, 한 푼도 숨김이 없이 받은 돈을 다 가져왔습니다" 했습니다. 아나니아와 삽비라는 이미 그 돈에 대해 그들끼리 비밀을 지키면 아무도 알 수 없을 것이라 생각하고 거짓말한 것입니다. **가까운 관계에 있는 사람끼리 서로 마음을 합하고 굳게 하여 악행을 저지르는 것은 참으로 불행한 일**이 아닐 수 없습니다.

> 9 베드로가 이르되 너희가 어찌 함께 꾀하여 주의 영을 시험하려 하느냐 보라 네 남편을 장사하고 오는 사람들의 발이 문 앞에 이르렀으니 또 너를 메어 내가리라 하니

베드로는 **삽비라**의 **죄를 폭로**합니다.
"**너희가 어찌 함께 꾀하여 주의 영을 시험하려 하느냐?**" 했습니다.

그들은 **성령을 시험했던 것**입니다. 그들은 이미 **수많은 하나님의 권능을 체험했는데** 옛날 이스라엘 백성들처럼 "**주께서 우리 가운데 계신지, 아니 계신지**" 의심했습니다.

그들은 사도들이 **병 고치는 은사, 귀신 내쫓는 은사, 방언의 은사**를 받은 것을 알고 있었습니다. 그러나 그들은 사도들이 **영분별의 은사**도 받았다는 것을 몰랐으며 **성령충만함**이 무엇인지도 제대로 몰랐습니다.
성령을 끊임없이 속이며 하나님의 영을 시험하는 자들은 하나님을 자기와 같은 인간처럼 여김으로 쉽게 하나님을 시험합니다. 그러므로 모든 성도들은 이렇게 하나님을 잘 모르고 하나님을 시험하는 죄에 빠지지 않도록 깨어 기도해야 합니다.

아나니아와 삽비라는 **부부로 결속된 관계를 죄악을 범하는 일에 이용한 것**입니다. 그들이 서로 의견을 나눌 때 **성령이 그 모든 것을 듣고 계실 것이라 생각하지 않았습니다**. 그들은 그 마음속에 품은 뜻을 **숨기려 했으나 그 모든 것이 드러났고** 베드로는 이것을 **엄히 책망**했습니다.

베드로가 말합니다.
"**보라 네 남편을 장사하고 오는 사람들의 발이 문 앞에 이르렀으니 또 너를 메어 내가리라**"

공모하여 금단의 실과를 따 먹은 아담과 하와가 **함께 낙원에서 쫓겨나듯이 함께 공모하여 주의 성령을 시험한 아나니아와 삽비라는** 함께 이 세상과 교

회에서 쫓겨난 것입니다.
 베드로는 **즉각 집행을 선고**했습니다. 거기에는 배심원, 재판정도 필요 없었습니다. **때때로 베드로의 말이 떨어지자 곧바로 병 고치는 능력이 나타나듯이 베드로의 입을 통하여 성령의 말이 떨어지자마자 그들을 멸하는 능력이 나타난 것입니다.**

> 10 곧 그가 베드로의 발 앞에 엎드러져 혼이 떠나는지라 젊은 사람들이 들어 와 죽은 것을 보고 메어다가 그의 남편 곁에 장사하니

"삽비라가 곧 베드로의 발 앞에 엎드러져 혼이 떠났다" 했습니다.
 하나님은 어떤 교인에 대해서 **더 이상 기회를 주지 않으시고 단번에 결판을 내리시는가** 하면 어떤 교인에게는 **오래 참기도** 하십니다. 이것 또한 **모든 것을 뜻대로 하시는 주의 뜻에 따라** 이루어지는 것입니다.
 하나님은 이렇게 하시는 이유에 대해 사람들에게 일일이 설명해주시지 않습니다. 왜냐하면 하나님만이 때와 장소를 불문하고 모든 것을 섭리하시고 꿰뚫어 아시고 그 뜻대로 주장하시는 분이시기 때문입니다.
 그러나 여기에 나타났던 성령의 역사에 대해 잘못 생각해서는 안 됩니다. 즉, 갑자기 죽는 모든 죽음에 대해 이와 같은 끔찍한 죄에 대한 처벌로 여겨서는 안 되는 것입니다.
 이 사건에 대해 우리는 다시 한 번 깨달아야 합니다.
 예루살렘 교회가 강력한 성령의 역사로 복음을 전파하는 데 있어서 그 어떤 것도 그것을 훼방하지 못하게 하셨음을 볼 수 있습니다.
 그들은 복음을 전파함에 있어서 **선교자금과 구제자금이 필요함을 느끼고 다같이 약속하고 하나님께 기도하고 선교와 구제를 위한 헌금을 드리기로 작정**했습니다. 그것은 **그들 속에 역사하시는 한 성령에 의해 자발적으로 이루어진 것입니다.**
 당시 예루살렘 교회는 그야말로 **성령충만한 교회**였으며 이 교회를 통해 폭발적으로 예수 그리스도가 전파되고 있었습니다. 아나니아와 삽비라도 중요한 일원으로서 성도들과 함께 **하나님의 중대한 명령을 시행하는 자들**이었습니다. 당시 필요한 재정을 **이미 큰 은혜와 사랑을 입은 성도들이 가진 재산의 일부를 팔아서 하나님 앞에 드리도록 약속하여 이행했는데 이들은 이 거룩한 하나님의 역사를 거스를 뿐 아니라 방해했던 것입니다.** 하나님은 그러한 그들에게 **벌을 내리시는 정도가 아니라 그 자리에서 생명을 거두신 것입니다.**

복음을 전파하는 일을 훼방하는 것은 하나님의 진노를 불러일으키는 것임을 보여줍니다. 성령충만한 사람들이 함께 거룩한 일을 하고 있는데 사탄에게 빠져 속인다든지 일을 방해한다든지 하나님의 사람들을 괴롭히면 하나님께서 엄벌에 처하시는 것을 보여줍니다.

아나니아와 삽비라가 낸 돈의 액수가 아니라 하나님 앞에서 한 약속을 어기고 하나님이 감동하여 하게 하신 일을 하지 않으며 오히려 하나님 앞에 귀하게 쓰여야 할 것들을 빼돌렸기 때문에 하나님의 진노가 임한 것입니다.

그러므로 우리 모든 성도들은 성령충만한 사람이 되기 위해 준비하고 부르짖어야 하는데 또 한 가지 명심해야 할 것은 이미 성령충만한 사람들과 함께 거룩한 일을 하라고 나를 붙여주셨는데 그 가운데서 경거망동하면 이처럼 하나님께서 크게 진노하실 죄가 된다는 것입니다.

참으로 모든 성도들은 이 땅에 사는 동안 하나님 앞에서 언제나 두려워하며 생활해야 하는 것입니다.

> *11 온 교회와 이 일을 듣는 사람들이 다 크게 두려워하니라*

바로 이것이 성령께서 아나니아와 삽비라를 엄벌하신 목적이기도 합니다.
하나님은 교회의 일원이 되고 하나님의 사람들과 함께 일을 하는 사람들에게 하나님과 그의 심판에 대해 두려움을 가지게 하셨습니다. 우리 모두는 이 놀라우신 성령의 역사 아래에서 존재하고 생활한다는 것을 기억해야 합니다. 그들이 놀라운 성령의 역사를 통해 말할 수 없는 기쁨과 감격을 누리고 있었으나 결코 하나님 앞에서 경솔해서는 안 되며 떨림으로 생활하고 일해야 함을 깨닫게 해주신 것입니다.

이 일 후에 사도들의 발 앞에 물질을 가져오는 모든 사람들은 결코 성령을 속이고 감추는 일을 할 수 없었습니다. 계속하여 성령의 도구로 사용되어져야 할 사람들은 무엇보다 먼저 성령을 속이는 일을 중단해야 합니다.

성령은 이것을 예루살렘 모든 성도들에게 훈련하신 것입니다.

> *12 사도들의 손을 통하여 민간에 표적과 기사가 많이 일어나매 믿는 사람이 다 마음을 같이하여 솔로몬 행각에 모이고*

아나니아와 삽비라에 대한 무서운 심판이 있었음에도 불구하고 복음은 더욱 활발하게 전파되었습니다.

"사도들의 손으로 민간에 표적과 기사가 많이 일어났다"고 했는데 이제 심판의 기적 **대신에 또 놀라운 자비의 기적들이 일어나게 된 것입니다.**

이런 표적과 기사들은 **하나님의 임재와 그 능력을 구체적으로 나타내주었습니다.** 이 사도들뿐 아니라 뒤에 나오는 스데반 집사와 빌립 집사에 의해서도 사도들 못지않은 표적과 기사가 많이 나타나고 있었습니다.

여기에서는 **사도들이 행한 기적의 결과**를 보여줍니다.
"믿는 사람이 다 마음을 같이 하여 솔로몬 행각에 모였다" 했습니다.

교회가 더욱 긴밀히 연합되었고 그들은 **사도들을 더 신뢰하며 성실히 따르게 되었습니다.**

그들은 "솔로몬 행각" 이라 불리는 장소에 모였습니다. 성전을 관리하는 자들이 사람들이 거기에 모이도록 내버려 둔 것은 이상한 일입니다. 그러나 그것도 **복음이 더 확장되게 하시기 위해** 하나님께서 그들의 마음을 움직이신 것입니다.

또한 **예수를 확실히 믿고 성령세례를 받은 자들은 한마음 한뜻**이 됩니다. 이것은 **성령충만을 받았을 경우에 더욱 분명해집니다.** 직업과 환경과 학벌이 다를지라도 언제나 한마음 한뜻이 될 수 있고 이것이야말로 그들이 **진정 같은 주를 섬기고 있음을 보여줍니다.**

성령충만 받은 사람들은 개인적인 욕심과 생각들을 초월합니다. 먹고 살 것을 걱정하면서 하나님의 일을 감당할 수 없습니다. 사도들과 제자들이 마가의 다락방의 성령충만의 사건이 있기 전에는 분명히 예수님의 부활하심을 보았음에도 호구지책 때문에 갈릴리바다로 갔습니다. 예수님은 이미 그것을 아시고 "내가 부활 후 너희들보다 먼저 갈릴리바다로 가서 기다리고 있다가 만나리라"고 예언하셨습니다. 그런데 **이러한 자들이 마가의 다락방에서 성령충만을 받은 이후부터는 고기 잡는 일은 완전히 뒤로 하고 사람을 낚는 일에 분주하게 된 것입니다.** 그래서 베드로를 비롯한 마가의 다락방에서 성령충만을 받은 120문도는 다 굶어 죽었는가? 결코 그렇지 않았습니다.

오늘날 전도자들이 먹고 사는 것에 얽매이고 불안과 초조에 시달리며 일하기를 원하지 않는다면 **성령의 충만함을 받아야** 합니다.

성령충만한 사람들은 진정 예수를 주인으로 삼으며 참으로 한마음 한뜻이 되는 것입니다. 오직 성령의 강권적인 역사에 의해 어떻게 해서든지 주님을 기쁘시게 하고 한 영혼이라도 구원하기 위해 전력을 다합니다. 결코 다른 곳을 바라보거나 다른 소리를 하지 않으며 똑같이 생각하고 하나님의 일에 정

직하고 충성하게 됩니다.

그러므로 **성령충만한 사람들이 모여야 일이 쉬워집니다.**
성령충만하지 못한 사람들은 이런 사람들을 이해하기가 어렵습니다. '저렇게까지 해야 하나? 이일이 가능할까?' 라고 생각하며 이 사람들은 인간의 머리로 이해가 될 때에, 자기가 하고 싶을 때에만 하려 합니다.

그러나 하나님의 일은 결코 인간들에 의하여 좌우될 수가 없습니다. 그러므로 성령충만하지 않은 사람들은 아무리 숫자가 많아도 진정으로 하나가 되어 나갈 수가 없습니다. 끊임없이 시기질투하고 파당을 짓고 서로에게 실수하고 범죄하는 일이 많아질 수밖에 없습니다. 그러므로 예수님께서 승천하시기 전에 제자들에게 성령충만함을 입을 때까지 움직이지 말고 기다리라고 하신 것입니다.

여기서도 보면 이적과 기적을 맛본 사람들, 확실히 예수를 믿는 사람들이 **다 마음을 같이하여 솔로몬 행각에 모였습니다.**
마음과 뜻이 하나 된 사람들이 한 장소에 모이고 생각하는 것과 목표와 관심이 같은 사람들이 모여서 하나 되는 것은 당연한 것입니다.
오늘날 이 복잡다단하고 온갖 유혹이 밀어닥치는 세상에서 **성도들이 진정으로 하나가 되어 주의 일에 힘써 나가려면 성령충만함을 받고 성령의 강력한 능력을 시시때때로 체험해야** 하는 것입니다.

이제 저들은 **한마음으로 가르침과 예배와 훈련에 참여하게** 되었습니다.
옛날에 고라의 무리가 죽었을 때 이스라엘 백성들은 모세와 아론에게 "**너희가 여호와의 백성들을 죽였도다**" 하고 노골적으로 반발했습니다. (민16:41)
그러나 여기 솔로몬의 행각에서는 **전혀 그런 반발이 없었습니다.** 아나니아와 삽비라에 대한 **엄격한 심판이 위선자들로 하여금 멀리 도망가게 했고** 그 남은 자들에게는 하나님을 두려워하게 하고 하나님의 종들을 신뢰하게 했던 것입니다. 이리하여 그 모인 자들은 **단합하여 복음전파에 힘을 다할 수가 있게 된** 것입니다. 이 일로 인하여 그리스도나라의 첫 번째 사역자들인 사도들은 **대단한 존경을 받게** 되었습니다.

▎**13 그 나머지는 감히 그들과 상종하는 사람이 없으나 백성이 칭송하더라**

누구도 사도들과 동등하게 대우 받으려고 하는 사람이 없었다는 말입니다. 거기에 있던 많은 사람들도 성령을 받았고 성령충만함도 받았으나 **사도들과**

같이 표적과 기사를 행하는 사람은 없었습니다. 그리하여 그들은 **사도의 직위를 존중했고** 무슨 일이나 **그들에게 복종했던** 것입니다.

우리가 하나님 앞에 정직하고 충성하여 성령의 충만함을 받고 점점 더 큰 권능을 나타낼 수 있다면 **사람들로부터 존중히 여김을 받게 됩니다.**

오늘날 교회와 하나님의 종들의 권위가 분명히 서지 못하는 이유 중의 하나는 성도들과 **믿지 않는** 사람들에게 하나님의 권능이 함께함을 부단히 보여줄 수 없기 때문입니다. 그러므로 오늘날의 교회는 여기에 눈을 떠서 먼저 교회지도자들이 성령의 충만함을 받고 권능의 역사들을 교회 안팎으로 보여줄 수 있어야 합니다. 이것이야말로 **사람들을 나타내는 것이 아니라** 하나님을 나타내 보여주는 것입니다. 감히 어떤 자가 그들이 분명하게 보여주는 하나님을 대적하고 이길 자가 있겠습니까?

"백성들이 칭송하였다" 했습니다.

백성들은 사도들을 경외감으로 대하고 그들은 하늘이 돕는 자들임을 분명히 알게 **된 것입니다.** 유대교 지도자들은 사도들을 모략하고 온갖 중상을 다 했으나 **사도들로부터 주의 권능을 본 백성들이 그들을 칭송하는 것을 결코 방해할 수 없었습니다.** 사도들은 스스로 영광을 받으려 하지 않았고 성실하게 모든 영광을 예수 그리스도께 돌렸으나 백성들은 그들을 칭송한 것입니다.

하나님 앞에서 진정으로 자기를 낮추며 충성하는 자들은 불신자들에게도 높임을 받게 되며, **하나님 앞에서** 자기를 높이는 자들은 성도들에게뿐 아니라 불신자들에게도 치욕을 당하게 **되는 것입니다.**

▌ *14 믿고 주께로 나아오는 자가 더 많으니 남녀의 큰 무리더라*

교회는 **점점 더 부흥**했습니다. 사람들이 아나니아와 삽비라에게 무서운 진노가 임한 것을 보았어도 **이같이 엄격한 다스림이 있는 집단에 들어오는 것을 단념하거나 떠나지 않고 오히려 자진하여 들어왔습니다.**

오늘날 많은 지도자들이 사람들에게 죄를 지적하고 책망하고 심각한 설교를 하면 그들은 교회오기를 싫어하고 이미 들어왔던 사람들도 떠난다고 합니다. 그러나 하나님의 말씀을 정확하게 해석해주고 그 말씀에 따라 사람들이 그 죄를 발견하고 회개하게 하는 일을 정직하게 하면 분명히 성령의 역사가 나타납니다. 아무리 하나님께서 엄하게 책망하시고 징벌하신다 해도 오히려 주께로 나올 자들은 자진하여 나오게 되는 것입니다.

그들이 떠나간 것은 말씀을 전하는 자들이 하나님의 능력을 나타내지 못했기 때문입니다. 우리가 정직하게 하나님의 말씀을 해석하고 가르친다면 성령은 반드시 그 말씀 속에서 역사하시는 것입니다.

예수를 믿는 자들이 점점 증가했습니다. 거룩하고 능력 있는 그리스도와 연합하여 그 신비로운 몸에 참예하려고 **사람들이 점점 더 나온 것입니다.**

많은 사람들이 이 주님 앞으로 나아오려고 기다리고 있습니다.

문제는 이미 믿는 자들이 그 거룩하고 능력 있는 그리스도를 그들에게 확실히 알도록 해주느냐 하는 **것입니다.** 예수 그리스도가 창조주요, 모든 것을 지배하고 다스리시며 그에게는 능치 못함이 없음을 분명히 보여준다면 아직도 그 예수께로 나오지 않은 수많은 선택된 자들이 달려오게 **됩니다.** 더욱이 주께서는 이런 일을 잘하는 자들에게 반드시 사람들이 오게 할 뿐 아니라 선택된 자들에게 가게도 **하십니다.**

그러므로 이렇게 신실하고 능력 있는 전도자들은 참으로 쉴 사이 없이 그리스도를 전파하며 사람들을 구원하게 **됩니다.**

"**남녀의 큰 무리더라**" 했습니다.

남자뿐 아니라 **많은 여자들도 회개했음**을 보여줍니다.

과거에 여인들은 할례의 표시도 받을 수 없었고 절기행사에도 참여할 수 없었으며 여인들의 집회소는 성전외곽에 따로 자리하고 있었습니다. 그러나 **예수 그리스도께서 이 세상에 계셨을 때 그를 따르던 자들과 그가 승천하신 후 믿는 무리들 가운데에는 많은 여인들이 동참하고 있었습니다.** 예수께서는 남녀노소, 빈부귀천을 막론하고 모든 자들이 나오도록 문을 활짝 열어놓으신 것입니다.

이렇게 수많은 무리들이 자꾸 교회 안으로 들어오게 된 것은 **성령충만한 사도들과 제자들이 열심히 전도한 결과**입니다. 성령충만한 자들의 전도는 이렇게 확실히 열매를 맺으며 어떤 상황에서도 점점 더 많은 열매를 맺게 됩니다.

제 15 강

사도들의 투옥과 천사에 의한 석방

행5:15~20
15심지어 병든 사람을 메고 거리에 나가 침대와 요 위에 누이고 베드로가 지날 때에 혹 그의 그림자라도 누구에게 덮일까 바라고 16예루살렘 부근의 수많은 사람들도 모여 병든 사람과 더러운 귀신에게 괴로움 받는 사람을 데리고 와서 다 나음을 얻으니라 17대제사장과 그와 함께 있는 사람 즉 사두개인의 당파가 다 마음에 시기가 가득하여 일어나서 18사도들을 잡아다가 옥에 가두었더니 19주의 사자가 밤에 옥문을 열고 끌어내어 이르되 20가서 성전에 서서 이 생명의 말씀을 다 백성에게 말하라 하매

> *15 심지어 병든 사람을 메고 거리에 나가 침대와 요 위에 누이고 베드로가 지날 때에 혹 그의 그림자라도 누구에게 덮일까 바라고 16 예루살렘 부근의 수많은 사람들도 모여 병든 사람과 더러운 귀신에게 괴로움 받는 사람을 데리고 와서 다 나음을 얻으니라*

사도들을 통해 **영혼뿐 아니라 육신도 구원되는 역사**가 활발하게 나타났습니다. **모든 계층의 사람들이 영육 간에 도움을 받으러 나아왔습니다.** 사람들은 병든 사람을 메고 거리에 나가서 사도들을 만나기를 힘썼습니다. 사도들은 그들의 집을 일일이 방문할 수조차 없었습니다. 그들은 환자를 요 위에 누이고 사도들이 지날 때 그 그림자라도 덮이기를 바랐고 과연 사도들의 그림자라도 그들에게 덮이기만 하더라도 병이 낫는 권능이 일어났던 것입니다.

예수님께서 전에 "내가 너희들에게 보여준 것보다 **더 큰 권능이 너희들을 통해 나타날 것이다**"라고 약속해주셨는데 이것이 이루어진 것입니다(요14:12). 분명 당시 사도들이 행한 권능 중에는 **예수께서 행하신 권능보다 더 큰 권능**이 있었습니다. 이것은 그들이 **성령충만을 받았을 때 나타난 것**입니다.

모든 성도들은 성령충만함에 대해 눈을 뜨고 밤낮으로 구해야 합니다. 그런데 아직도 이것을 잘 모르는 성도들이 많아 그것을 중요하게 생각지도 않으며 그것을 받기 위해 간절히 기도하지도 않습니다.

천국은 침노하는 자가 빼앗는다고 했습니다.

이런 신령한 은사를 받기 위해서는 그것을 받기 위해 준비하고 기다리며 구하는 일에 전력을 다해야 하는 것입니다. 성령충만 받겠다는 사람이 억지로 기도하거나 성경을 가까이 하지 않거나 순종하고 충성하는 일에 결코 게을러서는 안 됩니다. 이제는 정신을 차리고 **말씀공부와 순종**, 그리고 **기도생활**에 열심을 기울여야 합니다. 그리고 **주어진 사명에 충성하고 형제들을 진정으로 사랑하며 섬기고 바깥에 있는 자들을 구원하기 위한 열정을 품어야** 합니다.

성령충만함은 영혼들을 구원하고 진정 교회를 천국으로 만들기 위해서 주어지는 것입니다. 성도들과 한 몸을 이루지 못하고 교회를 진정으로 사랑하며 섬길 줄 모르는 자나 영혼구원에 관심이 없는 자들은 결코 성령충만을 받을 수 없습니다.

사도들에 의해 이렇게 놀라운 권능들이 나타났으나 **그들 주변에 있는 모든 자들이 다 고침 받은 것은 아니었습니다**. 그들은 **그들 앞에 나와 복음을 듣고 받아들이려 하는 자들에게** 그러한 은총을 베푼 것입니다. **만약 사도들에게 나가기는 했어도 사도들을 조롱하고 대적하고 불신하는 자라면 아무것도 받아 누릴 수 없었을 것입니다.**

하나님으로부터 영육 간에 특별한 은총을 받기 원하는 자들은 단지 이적과 기적을 체험하려고 나올 것이 아니라 하나님의 종들 앞에 나와 그들이 말을 들어야 하며 무엇보다도 **복음을 받아들여야** 합니다. 적어도 이런 기본적인 태도만 갖춘다 할지라도 하나님은 참으로 자비로우셔서 그들의 병도 고쳐주시고 귀신들도 떠나가게 해주십니다.

하나님이 함께 하는 종들과 교회를 불신하고 미워하고 해하는 자들, 그리고 그들에게 가까이 나아가지 않는 자들은 하나님의 특별한 은총을 체험할 수 없습니다.

베드로에 의해 이렇게 놀라운 역사가 일어난 것처럼 다른 사도들이나 제자들을 통해서도 그와 같은 기적이 나타났던 것입니다.

어떤 자들은 **이런 권능을 행하던 자들이 사용했던 물건을** 그들이 죽은 이후에도 거룩한 장소에 진열하고 신성시하고 그것들에게 입을 맞추며 그 앞에서 소원을 빌게 하는데 **그것은 아주 잘못된 일**입니다. 죽은 자들의 유물은 결코 하나님이 함께 하시지 않으며 더구나 그것을 통하여 복음이 전파되는 것이 없으므로 하나님은 그것들을 신성시한 자들을 결코 합당하게 여기지 않으십니다.

예수님께서 죽으신 후에 사용하셨던 어떤 유물도 병을 고치고 기적을 일으켰다는 기사를 성경 어느 곳에서도 볼 수 없습니다. **이 일은 큰 죄악이며 이 일을 하는 사람들은 그리스도와 교회를 심히 욕보이는 자들**입니다.

> **17** 대제사장과 그와 함께 있는 사람 즉 사두개인의 당파가 다 마음에 시기가 가득하여 일어나서

인류의 파괴자인 사탄은 **인류에게 진정한 유익을 안겨주는 사람들에게 언제나 변함없이 적대자가 되는 것**을 보여줍니다. 여기서 우리는 **복음을 전파하며 권능을 나타내는 하나님의 사람들과 마귀의 세력이 계속 겨루는 모습**을 보게 됩니다.

사도들을 시기하고 박해하는 자들의 주모자는 **대제사장들**이었습니다.

그들은 이 복음전파자들이 계속하여 능력을 나타냄으로 백성들 가운데서 득세하게 되면 **그들의 부와 위엄과 권력이 위태롭게 되고 큰 손해를 볼 것**을 안 것입니다. 이 대제사장들과 합세한 무리들은 **사두개인의 당파**였습니다. **이들은 죽은 자의 부활, 내세를 부정하는 자들이기 때문에 이 복음전파자들에게 특별한 원한을 품었던 것입니다.**

그들은 **사도들에게 격분**했습니다. 많은 무리가 그들을 따르며 관심을 가지는 것을 보고 듣자 격분하여 **이 복음전파자들을 앞장서서 막기로 결심**한 것입니다.

여기 보면 **사두개파 사람들**이 먼저 일어나서 사도들과 초대교회를 대적하는 모습이 나옵니다. 이 사두개파는 바리새파보다 진보적이어서 **성경의 중요한 진리들을 정면으로 부인하며** 하나님의 일꾼들을 앞장서서 대적했습니다. 이들은 요즘으로 말하면 **자선사업을 아주 열심히 했으며 신앙생활은 지극히 형식적**이어서 **바리새파 사람들**은 이들을 싫어하고 경멸했습니다.

한편 **바리새파 사람들**은 안식일을 지킬 때에도 일정거리 이상을 움직이지 않는 정도였습니다. 이들의 문제는 **부활과 천국을 인정하면서도 외식과 가식을 하는 것**이었습니다.

예나 지금이나 사탄의 세력이 이용하는 사람은 바뀌지만 그 악령들은 바뀌지 않습니다. 옛날 옛적에 있었던 악령들의 역사가 **지금도 그대로** 나타나고 있습니다. 지금도 사두개파적인 신앙과 바리새파 신앙을 가진 사람들이 교

회 안에 많습니다.

　중직자라는 사람들이 누가 **하나님 앞에 정직하고 충성되고 능력 있게 일하면** 저들은 하나님이 함께하시는 증거도 없고 은사도 없으면서 도와주기는커녕 심하게 방해를 하는데 그 이유 중 하나가 **시기질투**입니다. **누가 신령한 체험을 했다면** 아주 예민한 반응을 나타내고 누가 그것을 경험했다 하면 아무 체험이 없는 자신은 신앙이 부족한 사람이라고 할까봐, 영력이 없는 지도자라고 할까봐 **시기질투**가 나서 **돕기는커녕 괴롭히고 대적**하는 것입니다. **성령충만하지 않은 성도들도 순간적으로 마귀에게 사로잡혀서 시기질투하며 정직하고 충성된 자들을 미워하고 대적합니다.** 우리 모두는 하나님의 백성으로 살아가면서, 또한 하나님의 일을 하면서 **나보다 더 잘하고 충성하는 사람들에 대해 시기질투하지 않도록 조심해야** 합니다. 그런 악한 마음이 틈타지 않도록 **늘 말씀과 기도로 방비해야** 합니다.

　그 당시 사두개인들에게 **시기가 가득했다**고 했는데 그것은 바로 **마귀가 불어넣어준 것**입니다. **성령이 충만하면 사랑이 충만하고 의욕이 가득하게 됩니다.** 더구나 하나님의 충성된 사람들을 대할 때 **더욱더 그들을 사랑하며 돕고자 하는 의욕이 끓어 넘치게 됩니다.** 그러므로 모든 성도들은 **성령의 충만함을 받아야** 하는 것입니다.

▎*18 사도들을 잡아다가 옥에 가두었더니*

　그들은 사도들을 가두어두면 그들의 일을 계속하지 못하게 막을 수 있다고 생각했습니다. 또한 그들에게 공포감을 주어서 복음 전하는 일에서 손을 떼게 하겠다고 생각한 것입니다. 지난 번에는 그들을 **위협하는 일**에서 끝났는데(4:21) 그것이 소용없는 것을 보고 이제 그들은 **더욱더 두려움과 치욕을 맛보게 하기 위하여 감옥에 가둔 것**입니다.

　사탄은 신앙을 고백하고 복음을 전하는 사람들이 **모욕을 당하게 함으로써 계획적으로 복음을 대적합니다.** 하나님의 일을 열심히 하는 사람들은 **하나님의 뜻에 의해서** 이런 저런 환난이나 핍박을 당하게 됩니다.

　뒤에 보면 **채찍질을 했다**고 했습니다. 감히 누구에게 채찍질을 하는가? 하나님의 사람들은 채찍질을 당할 만큼 쓰라림을 겪게 됩니다. 그러나 **하나님의 사람들이 채찍질을 당하는 만큼 더 많은 사람들이 더 많은 은혜와 기쁨을 누리게 됩니다.**

　하나님의 사람들이 어떤 사람들에게 핍박을 당하고 모든 것을 빼앗기는 일이 벌어질 때 당시에는 '하나님이 왜 도와주시지 않을까?' 하고 생각할 수 있습니다. 그러나 **하나님은 분명히 살아계시고 모든 것을 꿰뚫어보시며 분명히 더 통쾌한 계획을 세우고 계시는 것**입니다. 하나님의 종들이 잘못한 일이 없는데도 이렇게 고난을 당하는 일이 생길 때 우리는 **하나님의 계획이고 뜻이 있음을 알고 하나님께 더 영광이 되게 하며 더 많은 사람들에게 은혜와 복이 되게 할 것임을 믿어야 합니다.**

사도행전은 그것이 과연 사실임을 잘 보여줍니다.
하나님의 종들에게 괴로움을 당하게 한 자들은 그와 비교할 수 없이 수치와 괴로움을 당하는 것을 봅니다. **하나님의 사람들이 고난을 당하는 만큼** 분명히 더 많은 사람들이 구원을 얻는 것입니다.

예수님께서 많은 고난을 당하신 것만큼 예수 믿는 자들이 말할 수 없는 혜택을 입고 사는 것입니다. 그러므로 우리는 이런 저런 쓰라림에 눈물을 흘리고 손해와 핍박을 당하게 될 때 **오히려 감사하고 찬송해야** 합니다. 그 모든 것을 통하여 **더 많은 사람들이 구원을 얻고 은혜를 입게 되며 우리 자신과 자손들에게까지 은총으로 갚아주시기 때문**입니다. 하나님은 참으로 철저하신 분이시기에 우리를 괴롭게 한 자들에게는 그 이상으로 엄벌에 처하십니다.

우리는 언제나 이것을 잊지 말고 작은 어려움에 신음하고 낙심할 것이 아니라 **이 하나님을 굳게 믿고 소처럼 우직하게 하나님의 일을 해나가야** 합니다.

▎**19 주의 사자가 밤에 옥문을 열고 끌어내어 이르되**

하나님께서 **천사를 보내사** 그들을 **옥에서 석방시키시고 복음을 전파하라는** 명령을 새롭게 주셨습니다.

악의 세력들이 적극적으로 그들을 대항하며 복음전파하는 것을 막으려 하자 하나님은 **천사들을 보내셔서 적극적으로 도우신 것**입니다.

지키는 자들이 문에 서서 단단히 경비했음에도 불구하고 **그들은 아무것도 볼 수 없고 들을 수 없는 상태**에서 주의 사자가 밤에 **옥문의 빗장과 자물통을 열고** 사도들을 이끌어 낸 것입니다.

이것은 **하나님의 오묘한 지혜**를 보여주기도 합니다.

사도들이 인위적으로 옥문을 뜯고 간수들이 지켜보지도 않는 상태에서 탈출했다면 그것은 위법입니다. 그러나 그들은 옥문을 연 적이 없었고 분명히 지키는 자들이 눈을 뜨고 경비하는 상태에서 천사들에 의해 석방되었으므로 그들이 스스로 탈출한 것이 아닙니다.

지키는 사람들이 옥문에 서서 단단히 경계했음에도 불구하고 제자들은 천사들에 의하여 그 옥에서 나오게 되었습니다. **하나님께서는 하나님의 사람이 아무리 어둡고 깊은 감옥에 갇혔다 할지라도 천사를 보내 거기서 그를 이끌어 내시는, 참으로 불가능이 없는 분이십니다.**

우리 하나님의 일꾼들은 인간의 수단이나 방법으로는 더 이상 가망이 없다고 여겨질 때 **결코 낙심하여 할 일을 중단해서는 안 되며 인간의 모든 것을 초월하시는 하나님이심을 잊지 말아야 합니다.** 이런 면에서 볼 때 우리가 이 전능하신 하나님의 종과 일꾼이 되었다는 **영적 자부심**을 가지고 모든 일을 해야 합니다.

여기서 또 알 수 있는 것은 **복음 전하는 것이 얼마나 시급한지** 대적하는 자들이 사도들을 잠시 옥에 가두는 것은 성공했으나 **하나님께서 그들이 옥에 오래 갇혀있도록 두지 않으셨다**는 것입니다. 사도들도 그렇게 빨리 나가게 될 줄 몰랐을 것입니다.

우리가 아무리 사명감에 불타서 복음을 열심히 전한다 할지라도 **주님이 원하시는 것에 비하면 아무것도 아님**을 알아야 합니다. **주님은 복음이 전해지는 것과 사람들이 구원되는 것을 누구보다 더 원하십니다.**

우리의 부족한 눈으로도 믿지 않는 자들, 우상숭배자들을 보면 불쌍한데 주님이 보실 때는 어떻겠습니까? 우리는 그들이 무슨 죄를 저지르고 있는지 알 수 없지만 **주님은 24시간 내내 일거수일투족을 모두 아십니다.** 주님은 **죄인들이 범하는 죄에 대해 일일이 기록하셔서 때가 되면 벌을 내리시고 결국에는 지옥에 가게 하시는데 그 죄인들을 바라보시는 주님의 눈은 우리보다 얼마나 더 세밀하며 절실하겠습니까?**

더욱이 **선택된 사람**이 마귀에게 사로잡혀서 어처구니없는 삶을 살고 말할 수 없이 불쌍한 처지에 빠져 있다면 주님의 마음이 **얼마나 답답하시겠습니까?** 주님은 우리와 비교되지 않을 만큼 **더 간절하게 복음 전하기를 기다리고 계십니다.**

그러므로 우리 복음전파자들은 **이런 주님의 마음과 시선을 의식하며 하루도 게으름을 피워서는 안 됩니다.**

복음을 누구보다 더 잘 전하라고 **성령충만함**까지 받은 사람이 옥에 갇혀서 하루 종일 시간을 허비하지 않도록 천사를 보내서라도 **긴급조치를 하신 것입**니다. 그러므로 **우리가 복음전하는 데에 전심전력을 다한다면 우리가 어떠**

한 어려운 상황을 만날지라도 **하나님은 우리가 나아갈 길을 반드시 열어주시며 우리가 아무 것도 할 수 없다면** 지금도 **천사를 보내셔서라도 모든 문제를 일거에 해결해주십니다.** 이러한 **신령한 체험**은 지금도 충성된 복음전파자들이 얼마든지 경험할 수 있습니다.

▌*20 가서 성전에 서서 이 생명의 말씀을 다 백성에게 말하라 하매*

이제 석방된 사도들에게 **명령**이 주어집니다.
"**가서 성전에 서서 이 생명의 말씀을 다 백성에게 말하라**" 했습니다.
우선 그들이 **일을 계속하도록 책임을 주신 것입니다.**

우리가 질병에서 회복되거나 모든 환난이나 고통에서 놓였다면 그것은 우리로 하여금 **하나님의 일을 계속하도록 하심**인 것을 명심해야 합니다.
그런데 하나님의 일을 하지는 않고 게으르고 미루고 주저한다면 또다시 우리가 질병이나 고통을 만났을 때 어찌 우릴 신속히 풀어주시겠습니까?
하나님의 일을 중단하지 않고 충성되게 하는 사람들이라면 그 어떤 것에도 매여있지 않도록 하실 것입니다. 그럼에도 불구하고 **어떤 것이 이 충성된 자를 괴롭게 하거나 가로막는다면** 이 사람은 곧 크고 놀라운 하나님의 권능을 체험하게 될 것입니다.

"**성전에서 전하라**" 하셨습니다.

사도들이 또다시 성전에서 복음을 전했습니다. 그들이 유대교지도자들에게 핍박을 받아 옥에 갇히기까지 했으므로 이제는 성전이 아닌 다른 곳에서 복음을 전할 것이라고 일반적으로 생각할 수 있으나 **주님은 그렇게 하지 않으셨습니다. 모든 사람이 보고 들을 수 있도록 다시 성전으로 가서 전하라고 하신 것입니다.** 성전은 **집회처요, 아버지의 집**이며 아직은 하나님께 심판받아 황폐되지 않고 존재하고 있기 때문입니다.

우리 전도자들은 **될 수 있는 대로 더 많은 사람들이 있는 곳에서, 군중 앞에서 복음 전하기를 꾀해야** 합니다. 왜냐하면 이 복음을 들을 자들이 부지기수이고 시간도 그리 여유롭지 않기 때문입니다.

"**백성에게 말하라**"고 했습니다.

군왕이나 관원들만 상대로 하는 것이 아니었습니다. 당시 유대교 지도자들은 매우 완악하고 강퍅하여 복음 듣기를 싫어했습니다. 그러나 **백성들 중에**

는 그것을 듣기를 사모하며 기다리는 자들이 있었고 이들의 영혼을 그리스도께서 귀하게 여기신 것입니다. "모든 평민에게 전하라. 그들 모두가 나에게 귀중한 자들이다" 하신 것입니다. 우리는 우리의 복음을 기다리는 자들이 있는 한 결코 복음 전하는 일을 멈춰서는 안 되며 빈부귀천을 가려서도 안 됩니다.

"가서 서서 말하라" 했습니다.

이것은 그들이 공개적으로 말해야 하며 가능한 한 높이 서서 말함으로 더 많은 사람이 듣게 하라는 것입니다. 또한 결단력 있고 담대하고 죽기를 불사하고 말하라는 것입니다.

우리는 복되고 영광스러운 복음을 전함에 있어 결코 누구 앞에서도 위축되고 두려워해서는 안 됩니다. 그것이야말로 세상 어떤 말보다도 가장 자랑스럽게 소리 높여 외쳐야 하는 것입니다. 복음을 전하는 사람이 무엇을 두려워하여 더듬거리거나 두려워서 기어들어가는 소리로 말하면 안 됩니다. 참으로 담대하고 결단력 있게 용기백배하여 말해야 합니다. 그런데 과연 죽음의 위험 앞에서도 이렇게 하려면 성령의 충만함을 받아야 합니다.

그들이 말할 내용은 모든 생명의 말씀이어야 한다고 했습니다.

이 생명에 대해 강조하며 "세상 생명과는 비교할 수 없는 하나님이 주시는 영원한 생명에 대하여 말하라" 하신 것입니다.

복음은 그야말로 영원히 지옥에서 죽어갈 사람을 영원히 살게 해주는 말씀입니다. 이 복음은 생명이며 구원을 얻을 만한 말씀인 것입니다.

복음은 성도가 이 세상에서 참으로 복 받고 살기 위한 말씀입니다. 이 말씀은 우리의 가정과 인생을 특별히 보호해주고 장래와 현재의 삶도 보장해주는 것입니다.

복음은 특별히 생과 사의 문제를 다룹니다. 그러므로 교역자와 전도자들은 이 생명의 말씀을 조금도 빠짐없이 다 말해야 합니다.

"정직하게 다 말하면 누군가가 감정을 상하게 되지 않을까? 싫어하고 도망가지 않을까?" 하는 감정에 매여서는 결코 안 됩니다. 또 힘 있는 자들의 비위를 맞추려 해서도 안 됩니다.

그리스도의 증인들은 복음을 비롯한 모든 진리를 빠짐없이 다 전할 것을 하나님 앞에 약속해야 하며 성실히 수행해야 합니다. 그 복음이 생명의 말씀이므로 천사를 보내면서까지 도와주시는 것입니다. 세상의 그 어떤 것도 이 생명의 말씀을 가로막을 수가 없습니다. 하나님은 그것을 용납하지 않으십니다.

또 **하나님은 복음을 전하는 사람을 누구보다 더 귀하게 여겨주시고 누구보다 더 우선시 하십니다.** 그 사람이 비록 아직 결점이나 잘못하는 것이 있을지라도 하나님은 누구보다도 귀하게 여기시고 함께해주시고 그의 요구를 우선 들어주십니다. 왜냐하면 그 사람의 입에서 나가는 말씀이 사람들을 영원히 살게 해주기 때문입니다.

복음을 정직하게 열심히 전하는 사람은 이렇게 모든 성도들 중에서 가장 귀중히 여김을 받고 사랑을 받게 **됩니다.** 많은 종들과 성도들이 이것을 깨닫지 못하고 **복음 전하는 일은 뒷전으로 미루고 게을리 하면서** 나를 더 사랑해달라고, 내 요구를 어서 들어달라고 간절히 구합니다. **속히 그 어리석음을 깨닫고 생각과 삶을 바꿔야** 합니다.

제 16 강

사도들이 다시 잡힘, 공회의 문책, 사도들의 답변(1)

행5:21~31

21그들이 듣고 새벽에 성전에 들어가서 가르치더니 대제사장과 그와 함께 있는 사람들이 와서 공회와 이스라엘 족속의 원로들을 다 모으고 사람을 옥에 보내어 사도들을 잡아오라 하니 22부하들이 가서 옥에서 사도들을 보지 못하고 돌아와 23이르되 우리가 보니 옥은 든든하게 잠기고 지키는 사람들이 문에 서 있으되 문을 열고 본즉 그 안에는 한 사람도 없더이다 하니 24성전 맡은 자와 제사장들이 이 말을 듣고 의혹하여 이 일이 어찌 될까 하더니 25사람이 와서 알리되 보소서 옥에 가두었던 사람들이 성전에 서서 백성을 가르치더이다 하니 26성전 맡은 자가 부하들과 같이 가서 그들을 잡아왔으나 강제로 못함은 백성들이 돌로 칠까 두려워함이더라 27그들을 끌어다가 공회 앞에 세우니 대제사장이 물어 28이르되 우리가 이 이름으로 사람을 가르치지 말라고 엄금하였으되 너희가 너희 가르침을 예루살렘에 가득하게 하니 이 사람의 피를 우리에게로 돌리고자 함이로다 29베드로와 사도들이 대답하여 이르되 사람보다 하나님께 순종하는 것이 마땅하니라 30너희가 나무에 달아 죽인 예수를 우리 조상의 하나님이 살리시고 31이스라엘에게 회개함과 죄 사함을 주시려고 그를 오른손으로 높이사 임금과 구주로 삼으셨느니라

> **21** 그들이 듣고 새벽에 성전에 들어가서 가르치더니 대제사장과 그와 함께 있는 사람들이 와서 공회와 이스라엘 족속의 원로들을 다 모으고 사람을 옥에 보내어 사도들을 잡아오라 하니

사도들이 **천사들로부터 명령을 듣고** 새벽에 성전에 들어가서 가르쳤다고 했습니다.

아마도 그들이 인간적인 생각을 했다면 다시 성전에 들어가서 말씀을 전할지 망설였을 것입니다. 그러나 **주의 사자가 명했으므로** 그들은 조금도 지체하거나 상호간에 격론을 벌이지 않았고 즉시 그 명령을 수행했습니다.

그들은 옥에서 풀려나자마자 새벽에 **성전에** 들어갔습니다. 즉, 성전 문이 열리고 사람들이 모이기를 시작하자마자 복음을 가르친 것입니다.

새벽부터 성전에 나와 기도하던 사람들이 석방된 사도들로부터 거룩한 말

씀을 듣게 된 것입니다. **그 새벽에도** 복음을 듣고 구원받아야할 사람들이 있었던 것입니다. 그렇지 않았다면 하나님께서 천사까지 보내어 옥문을 열고 잠자는 제자들을 끌어내어 그 새벽에 성전에 가서 말씀을 전하라고 명하시지 않았을 것입니다. 그야말로 **복음의 모든 보화가 그들의 수중에 있고 그들이 잠잠하면 복음의 생명근원이 막혀 버리기 때문**이었습니다.

여기서 우리는 어떤 **일정한 시간이나 우리가 편한 시간에만 복음을 전하고 가르쳐서는 안 된다**는 것을 알 수 있습니다. 하나님께서는 **언제 어디서든지 복음을 들을 자들이 있는 곳이라면 보내십니다.**

우리는 **눈으로 보기에 상황이 좋든 좋지 않든** 우리 앞에 있는 사람들에게 **기회를 놓치지 않고 복음을 전해야 하는 것입니다.**

그러므로 인간의 기분이나 감정이나 생각에 얽매이는 자는 이 거룩한 일을 제대로 할 수 없습니다.

대제사장과 그 일당은 사도들이 옥에서 나온 것은 **꿈에도 알지 못하고 그리스도와 복음을 박해하는 일을 공모**했습니다. 전에도 그들은 대제사장들의 문중이 모인 자리에서 감금했던 사도들을 소환했습니다.

장로들까지 포함하여 예루살렘에 있는 삼부의 관리들이 다 모였습니다.

70명으로 구성된 **산헤드린 공회**와 다른 **두 재판기관**, 즉 하나는 성전 외곽 문에 세워져 있고 하나는 내부, 즉 미문 안에 있는 기관으로서 각각 23명의 재판관으로 구성되었으므로 그들이 모두 참석했다면 전부 116명의 재판관들이 모인 것입니다.

하나님께서 말씀하시기를 "**대적들이 일어나고 사도들이 그들을 대적하여 증거함으로 더욱 널리 전파된다**"고 하셨는데 것이 과연 그대로 되는 것입니다.

> 22 부하들이 가서 옥에서 사도들을 보지 못하고 돌아와 23 이르되 우리가 보니 옥은 든든하게 잠기고 지키는 사람들이 문에 서 있으되 문을 열고 본즉 그 안에는 한 사람도 없더이다 하니

이렇게 많이 모인 그들 모두는 **곧바로 실망하고 수치를 당하게** 됩니다.

죄수들을 재판장에 끌고 오려고 간 부하들은 돌아와서 보고하기를 "**옥은 든든히 잠겨있고 지키는 사람들도 자리를 비우지 않았다. 그런데 우리가 가보니 죄수들이 보이지 않더라**" 했습니다.

참으로 놀라운 일이 벌어진 것입니다.

감옥의 문을 열 때는 소리가 나고 사람들이 걷는 소리가 분명히 들렸어야 하는데 **아무것도 들리지 않았고 보이지도 않았습니다.** 간수들이 졸지도 않고 자리를 이탈하지도 않고 분명히 경비를 서고 있었는데 **하나님께서 그들의 눈과 귀를 가리신 것입니다.**

하나님은 지금도 성령충만한 전도자들을 내세워 복음을 전파하고자 하실 때에 그들을 해치려는 시도가 있다면 **그 어떤 시도도 성공할 수 없도록 반드시 역사하십니다. 예나 지금이나 하나님은 천사들을 보내주셔서 직접 전도자를 돕고 지켜주십니다.**

물고기 뱃속에서 오물과 같이 이리저리 흔들렸던 요나의 경우에도 목숨이 끊어지지 않았습니다. 그 속에서 산소 공급이 되었겠습니까? 하나님께서 그 물고기 위 속에 어떠한 특별한 공간을 마련해 놓으시고 그 안에 상당량의 산소가 공급되거나 생성되도록 하셨을 것입니다. 이 모든 것을 **천사를 통해 이루신 것입니다.**

전적으로 자신을 하나님께 맡기고 복음 전하는 일을 위해 죽음도 두려워하지 않으며 그 생명의 말씀을 빠짐없이, 충성되게 전하는 사람이라면 하나님은 지금도 이렇게 천사들을 동원하여 도우시는 것입니다.

그런데 여기서 우리가 유의할 것은 **이토록 놀라운 사도들의 체험이 성령충만 받기 전에 있었던가** 하는 것입니다.
예수님이 체포당했을 때에도 이런 일이 없었습니다.
베드로가 예수님을 살며시 따라가다 사람들에게 발견되었을 때 세 번이나 예수를 저주하며 부인했습니다. 지금 여기에서 베드로의 탈출을 돕던 천사가 당시 베드로와 함께 있었다면 사람들의 눈에 베드로가 보이지 않았어야 합니다.

또 예수님이 부활하신 후 제자들이 숨어있던 마가의 다락방에서도 이 천사가 와서 돕지 않았습니다. 그러나 **성령충만함이 임한 후에는** 베드로가 옥에 갇혔을 때마다 이 천사가 와서 도와주었습니다. 물론 그 이전에도 주의 천사들이 제자들을 도와주기도 했으나 이렇게까지 놀랍게 역사하지는 않았습니다. 즉 이제 사도들이 성령의 충만함을 받아 그 어떤 것 앞에서도 주저하거나 두려워하지 않고 죽기를 불사하고 말씀을 전하다가 **감옥에 갇히게 된다 할지라도 천사들이 여기서처럼 깨끗하게 석방시켜 줄 수 있게 된 것입니다.**

이 강력한 천사의 도움은 **지금도 얼마든지 있는 일임을 우리는 확신해야** 합니다.

> *24 성전 맡은 자와 제사장들이 이 말을 듣고 의혹하여 이 일이 어찌 될까 하더니 25 사람이 와서 알리되 보소서 옥에 가두었던 사람들이 성전에 서서 백성을 가르치더이다 하니 26 성전 맡은 자가 부하들과 같이 가서 그들을 잡아 왔으나 강제로 못함은 백성들이 돌로 칠까 두려워함이더라*

사도들을 핍박하던 자들은 모두 **충격을 받았고** 사도들의 일을 막기는커녕 더 악화시키지는 않을지 두려워하게 됩니다. **하나님의 일을 막고 방해하려는 자는 이렇게 스스로 어려움과 수치를 당한다**는 것을 기억해야 합니다.

그들은 **그 죄수들이 성전에서 가르치고 있다**는 말을 들었습니다.

그들은 **극도로 당황하고 두려워하게 되었습니다.** 왜냐하면 그것은 사람이 할 수 있는 일이 아니었기 때문에 **그들은 점점 전도자들과 함께하시는 하나님의 역사를 감지하게 된** 것입니다.

그들은 **또 다시 사도들을 체포했지만** 그들에게 폭력을 사용할 수 없었습니다. 왜냐하면 **백성들이 돌로 그들을 칠까 두려웠기** 때문입니다. 그들은 사도들이 아나니아와 삽비라에게 행한 것처럼 그들에게 무서운 저주가 내리거나, 또는 옛날 엘리야가 그랬던 것처럼 그들을 멸할 불이 하늘에서 떨어지지 않을까 두려워했습니다. 게다가 사도들을 다시 끌어왔으나 **백성들이 두려워서 결코 함부로 할 수 없었습니다.**

> *27 그들을 끌어다가 공회 앞에 세우니 대제사장이 물어*

"그들을 끌어다가 공회 앞에 세웠다" 했습니다.

사도들은 산헤드린을 소집할 권한이 없었지만 바로 **하나님께서 산헤드린 사람들, 유대교지도자들을 한꺼번에 책망하시기 위해, 또한 그들이 다시 한번 복음을 듣게 하시기 위해 스스로 그들 모두를 사도 앞에 모이게 하신 것입니다.** 그들은 사도들을 욕보이기를 원했으나 **사도들에게 책망을 받고 복음을 듣기 위해 그들 스스로 모인 꼴이 되었습니다.** 이것이 바로 **하나님이 하시는 일**입니다.

하나님께서 어부 출신들을 데려다가 일을 하게 하시는데 유대교지도자들이 **그 힘없는 사도들을 없애려고 열심히 꾀한 것을 하나님은 역으로 사용하여 그 사도들로부터 책망을 듣고 복음을 듣게 하신 것입니다.**

그러므로 우리가 하나님의 사역을 하면서 이런 저런 어려움을 만날 때에 '하나님이 세심히 돌봐주시지 않는 것이 아닌가? 하나님의 일을 하려고 하는데 왜 아무 어려움 없이 하게 하시지 않는가?' 하며 의아해하거나 불평해서는 안 됩니다. **주님은 우리의 생각과 얼마든지 다르게 더 탁월하고 효율적으로 하나님의 뜻이 이뤄지게 합니다.** 우리들이 생각하는 것처럼 아무 문제없이 매끄럽게 되게 하는 것이 아닙니다.

권력 없는 자들이 언제 어떻게 소원서를 써내고 주민들의 1/3의 동의서를 받고 산헤드린을 소집할 수 있겠습니까? 이제 잠시 후에 **구브로와 아시아에 가서 전도해야** 하기에 하나님은 **그들의 일정을 미리 준비해두시고 그 일정에 맞추어 그것에 방해되는 것들은 한 순간에 해결하시는 것입니다.**

그러나 실제로는 이 사도들을 인간의 눈으로만 보면 **그저 쫓겨 다니고 잡히고 위협을 당하는 상황이었습니다.** 인간의 눈으로 볼 때는 고난당하는 것 같으나 **사실은 아주 신속하고 효과적으로 일이 진전되는 것**이었습니다. 우리는 주님이 하시는 일을 믿고 **놀라거나 두려워하지 말고 낙심하지 않으며 주의 일에 충실해야** 합니다.

그런데 **이것은 우리의 의지와 결심만으로는 안 되고 성령충만함을 받아야** 합니다. 인간들의 생각과 다른 방법으로 모든 뜻을 이루시는 하나님 앞에서 **우리가 신속히 모든 일을 감당할 수 있으려면 성령충만함을 입어야 하는 것**입니다.

전도자들이 나가는 앞길에는 때로 맹수가 달려들기도 했는데 있는 힘을 다해서 도망쳐야 했습니다. 시내의 이끼 등에 미끄러져 큰 사고를 당할 위험도 있었고, 강을 건너다가 빠지거나 휩쓸릴 위험도 있었습니다. 그러나 그때마다 천사가 와서 간단히 해결해주지 않았습니다. 사도들도 이끼에 미끄러져 부상을 당하기도 하고 물에 빠져 온갖 고생을 하기도 했으며 이렇게 일하다가 굶기도 하고 죽기도 했습니다. 하나님은 얼마든지 까마귀를 통해서도 음식을 물어오게 하실 수도 있었고 돌을 떡덩이가 되게 하실 수 있었으나 언제나 그렇게 하시지는 않았습니다.

우리가 다 알 수 없는 하나님의 신비로운 뜻이 있었던 것입니다.

그럼에도 불구하고 묵묵히 참고 이기고 시험에 빠지지 않고 꿋꿋하게 하려면 **단지 강한 의지와 담력만을 가지고서는 안 됩니다. 바로 성령충만이 필요한 것입니다. 성령이 그 사람의 영과 육을 완전히 사로잡아서 어떤 상황에서도 낙심치 않고 담대하고 능력 있게 모든 일을 할 수 있게 하십니다.**

예루살렘 교회, 즉 **마가의 다락방**에 거하던 **마가 요한**이라는 청년이 있었습니다.

바울과 바나바가 이곳에 왔을 때에 마가 요한은 바울과 바나바에게 맡겨졌습니다. 1차전도 때에 구브로에서 터키남부 지방의 항구로 들어가기 시작할 때에 마가 요한은 그 앞에 놓여있는 험난한 산을 보았고 그곳에는 맹수와 도적떼가 들끓고 있다는 사실을 알았습니다. 바울과 바나바는 그런 것에 개의치 않고 나아가는데 훨씬 젊은 **마가 요한은 두려워서 돌아가 버렸습니다. 성령충만하지 않은 사람은 성령충만을 받은 사람과 끝까지 함께 할 수 없다는 것이 바로 이런 것입니다.** 성령충만한 사람은 성령의 강권적인 인도를 받아 모든 것을 뛰어넘어 생각하고 행할 수 있습니다. 때로는 **다른 사람들이 보기에는 정신이 나간 것처럼 보이고 비참하게 보이는 상황도 담대하게 헤쳐 나갑니다. 그러나 성령충만하지 못한 자는 그렇게 할 수 없습니다.** 그는 후방에서 일할 수 있을지 몰라도 최전방에서 능력있게 일을 할 수가 없습니다.

> **28** 이르되 우리가 이 이름으로 사람을 가르치지 말라고 엄금하였으되 너희가 너희 가르침을 예루살렘에 가득하게 하니 이 사람의 피를 우리에게로 돌리고자 함이로다

하나님의 계명을 무시하는 자들이 흔히 자신의 법령을 엄하게 강조하고 자신의 권력을 열심히 주장합니다.

"우리가 너희에게 엄금했다" 했습니다.

> **29** 베드로와 사도들이 대답하여 이르되 사람보다 하나님께 순종하는 것이 마땅하니라

바로 그때 베드로는 **하나님의 권위가 그들의 권위의 위에 있으며 그러므로 그들의 명령보다 하나님의 명령을 따라야 한다고 즉각 대답합니다.** 대제사장들조차 이 사실을 모르고 있었던 것입니다.

베드로와 사도들은 **다 같은 말**을 했습니다. 그들이 따로 심문을 받았다 할지라도 **그들은 말하게 하시는 하나님의 인도하심에 따라 한 사람같이 같은 말을 했던 것입니다.** 무엇을 말해야 할지 알게 해주시겠다는 **주님의 약속에 의지하여 그들은 담대하게 저들 앞에 입을 벌리고 과연 성령이 그들에게 알게 하신 대로 증거했던 것입니다.**

그들은 산헤드린의 명령에 불복종한 타당한 이유를 밝혔습니다.

사람보다 하나님에게 순종하는 것이 마땅하다는 것이었습니다. 그들은 그 위험한 장소에서 자기들이 기적을 일으키는 능력에 호소하지도 않았습니다. 그저 **인간이 지켜야 할 최고의 도리, 즉 우선 하나님의 명령에 순종했던 것**을 말했습니다.

비록 제사장들이 금하고 있지만 하나님께서 그들에게 **그리스도의 이름으로 모든 것을 가르치라고 명하셨기에** 반드시 그 일을 행해야 한다는 것입니다. 대제사장들은 하나님의 명령에 불복종하는 것을 처벌해야 하는데 **오히려 자기들에게 불복종한다고 처벌하는 짓**을 하고 있습니다. 그들은 **하나님을 적대하는 자들**이요, 그 행위에 대해 **마땅히 책임을 져야 했던 것**입니다.

여기서 베드로와 사도들은 그야말로 **하나님을 경외하는 신앙**을 가지고 있음을 분명히 보여주었습니다. 자칫 죽을 수도 있는 위험한 상황에서 **진정 하나님을 경외하는 신앙이 없이는 그렇게 대답할 수 없는 것**입니다.

이들의 대답은 제사장들과 산헤드린의 권위를 백성들 앞에서 짓밟는 것이 되기도 합니다. 그 결과는 어떠했을까요? **그들은 결코 사도들을 죽일 수 없었습니다.**
성령이 충만한 자들, 진정으로 하나님을 경외하는 자들이야말로 죽을 때가 오직 하나님의 손에 맡겨져 있습니다. 그 전에는 누구도 그들을 죽이지 못합니다.

사도 바울은 수도 없이 죽을 고비를 넘겼습니다. 다 죽은 자처럼 되어서도 깨어나면 자신을 그렇게 만든 성으로 즉시 돌아가서 전도했습니다. 이것은 **성령의 충만함이 없는 사람에게는 불가능한 일입니다.** 원래대로라면 명줄이 끊어져야 하는데 아직 **죽을 때가 되지 않았으므로 천사가 도와 시체처럼 된 신체가 힘을 얻고 일어섰으며** 그가 사명을 수행하는 동안에 **상처는 아물어지고 건강이 회복된** 것입니다.

사도들은 **예루살렘에서 그리스도의 도를 전하는 것이 정당함을 다시 한 번 주장합니다.**

> *30 너희가 나무에 달아 죽인 예수를 우리 조상의 하나님이 살리시고 31 이스라엘에게 회개함과 죄 사함을 주시려고 그를 오른손으로 높이사 임금과 구주로 삼으셨느니라*

사도들은 **제사장들이 예수에게 행한 죄악을 정면에서 책망합니다.**
"너희가 나무에 달아 죽인 예수" 라 했습니다.

사도들은 죽음의 위험 앞에서 그들의 잘못을 정확하게 지적하고 엄히 책망했습니다. "그를 죽인 것이 바로 너희다" 라고 말한 것입니다.

하나님의 일꾼들은 명백한 죄를 지적하고 책망하는 일을 두려워해서는 안 됩니다. 그것이 바로 그리스도의 대언자이며 사명입니다. 그러므로 우리는 진리를 담대하게 선포할 뿐만 아니라 그 진리를 어기고 범죄한 행위들에 대하여 묵인하지 말고 지적하고 책망하는 것도 소리 높여 해야 합니다.

베드로는 하나님을 "우리 조상의 하나님" 이라고 말합니다.

이것은 그들이 그리스도를 전하는 것이 어떤 새 신을 섬기려 하는 것이 아니요, 다른 신을 예배하도록 하는 것이 아님을 보여줍니다. 사도들은 모세와 선지자들의 계명과 반대되는 법령을 세우려는 것이 아니라 유대인의 조상의 하나님을 성실히 섬기고 따른다고 말하는 것입니다. 사도들이 전한 그리스도의 이름은 조상들에게 주신 약속의 응답이요, 하나님이 보내실 메시아가 바로 그 예수라는 것과 예수님이 하나님께서 그들에게 주신 율법의 원형이요, 원천이라고 가르쳐주는 것입니다. 아브라함과 이삭과 야곱의 하나님은 곧 우리 주 예수 그리스도의 하나님이시요, 아버지시라는 것입니다.

"이 하나님이 일으키셨다" 했습니다.

"너희가 그를 죽였으나 하나님께서 그를 살리셨으니 그러므로 너희는 하나님과 이 예수에 대하여 다투고 있는 것이다. 그렇다면 우리가 어느 편에 서야 마땅한 것인가?" 하는 것입니다.

"그 하나님이 그를 오른손으로 높이셨다" 했습니다.

"너희가 그에게 치욕을 가했으나 우리 조상의 하나님이 그를 명예로 관 씌우셨으니 하나님이 명예롭게 한 그분을 너희도 존귀히 여겨야 한다" 는 말입니다.

"오른손으로 높이셨다" 는 말은 하나님이 그의 권능으로 높이셨다는 말입니다.

하나님께서 예수께 가장 높은 위엄을 주시고 또한 가장 높은 권능을 맡기셨으며 그에게 모든 이름 위에 뛰어난 이름을 주셨기 때문에 우리가 그의 이름으로 가르쳐야만 한다는 것입니다.

"하나님께서 그를 임금과 구주로 삼으셨다" 했습니다.

"예수가 임금이므로 그는 그의 나라의 법령을 선포할 수 있고, 그가 구세주이시므로 우리가 그를 믿어 죄에서 구원받으라고 말하는 것이다" 라고 한 것입니다.

우리가 진정으로 예수를 우리 임금으로 받아들이지 않는다면 그는 우리의 구세주가 될 수 없습니다. 심판을 받아 멸망을 당할 우리가 그 예수를 믿음으로 죄 사함 받고 구원 얻게 된 것입니다.

그러므로 **모든 죄인들은 예수를 임금이요, 구주로 믿고 받아들여야만 합니다**. 그렇지 않으면 임금이신 예수로 말미암아 죄에 대해 심판받고 영원한 지옥으로 떨어질 수밖에 없습니다.

여기서 또한 중요한 것은 **하나님은** 우리가 죄를 가지고 있는 상태에서 구원하시는 것이 아니라 우리로 하여금 죄를 용서받고 구원 얻게 하신다는 것입니다. 선하고 거룩한 임금 예수는 **결코 죄를 묵인하실 수 없기에** 우리가 죄를 그대로 가지고 있으면 우리를 심판하실 수밖에 없습니다. 그러나 우리가 그를 구주로 믿는다면 그 임금은 우리의 죄를 사하시고 구원해주십니다.

예수님은 **믿는 자들뿐 아니라 모든 불신자들도 통치하고 다스리십니다**. 어떤 인간도 이 예수의 지배와 통치에서 자유로울 수 없습니다.

모든 인간은 나면서부터 이 임금 예수 앞에서 죄인입니다. 예수를 유일하신 임금으로 인정하지 않고 구주로 영접하지 않는다면 그것은 예수를 부정하고 마귀를 임금으로 삼는 것이 됩니다. 즉 그런 자들은 마귀와 더불어 예수를 반역하고 대적하는 죄를 서슴지게 됩니다. 그들은 일생 동안 이러한 죄악을 지었으므로 영원한 지옥 불에 떨어져야 마땅한 것입니다.

우리가 예수님을 구주로 믿을 뿐 아니라 임금으로 삼고 살아갈 때에 무엇도 우리의 적수가 될 수 없습니다. 우리가 이 예수의 복음을 전파하고 나갈 때에, 즉 예수만이 우리의 임금이요, 구주임을 전파할 때에 그 어떤 세력도 이것을 막을 수가 없습니다.

또한 예수가 유일하신 임금이요, 구주이심을 선포하는 것이야말로 그것을 받아들이지 않는 자들에게 심판이 됩니다. 복음을 듣고도 끝까지 거절하면 이미 들은 그 복음에 의해 영원한 멸망을 언도받는 것입니다.

이와 같이 복음을 전파하는 일은 죄인을 영원히 살리는 일, 혹은 영원한 멸망을 선포하는 참으로 놀라운 일입니다. 이에 우리 복음전파자들은 이 사실을 명심하여, **복음 선포하는 일을** 참으로 영광스럽게 여기며 당당하게 해야 함을 명심하시기 바랍니다.

제 17 강

사도들의 답변

행5:30~34
30너희가 나무에 달아 죽인 예수를 우리 조상의 하나님이 살리시고 31이스라엘에게 회개함과 죄 사함을 주시려고 그를 오른손으로 높이사 임금과 구주로 삼으셨느니라 32우리는 이 일에 증인이요 하나님이 자기에게 순종하는 사람들에게 주신 성령도 그러하니라 하더라 33그들이 듣고 크게 노하여 사도들을 없이하고자 할새 34바리새인 가말리엘은 율법교사로 모든 백성에게 존경을 받는 자라 공회 중에 일어나 명하여 사도들을 잠깐 밖에 나가게 하고

> *30* 너희가 나무에 달아 죽인 예수를 우리 조상의 하나님이 살리시고 *31* 이스라엘에게 회개함과 죄 사함을 주시려고 그를 오른손으로 높이사 임금과 구주로 삼으셨느니라

"이스라엘에게 회개함과 죄 사함을 주시려고 그를 임금과 구주로 삼으셨다" 했습니다.

"너희 이스라엘 관원들과 장로들아 어찌하여 너희에게 회개와 용서를 주시기 위해 오신 분을 대적하는가?" 라고 말하는 것입니다.
 회개와 죄 사유는 병행하는 것입니다. 진정한 회개가 있는 곳에 죄 사함이 따르고 회개 없는 죄 사유는 결코 없습니다.
 죄의 세력과 그 지배로부터 자유를 얻은 사람 외에는 아무도 죄와 그 죄책감의 형벌에서 결코 자유로울 수 없습니다. 그러므로 회개는 또다시 범죄를 용납하지 않고 죄악에 정면으로 대항하는 것을 의미하기도 합니다.
 진정으로 회개하여 용서받기를 원하는 자가 어찌 쉽게 죄를 용납할 수 있겠습니까? 진정 예수 그리스도를 믿고 죄 사함 받았음을 확신하는 자들, 그 후에도 종종 범죄한 것을 회개하여 용서받기를 원하는 자들은 죄의 세력과 반드시 싸워야 합니다.
 이렇게 회개하는 자를 죄 사함 받게 하는 권한은 오직 예수 그리스도께 있습니다. 오직 예수를 영접한 자들만이 그로 말미암아 모든 죄를 용서받을 수

있습니다.
 누구든지 예수 그리스도를 자신의 구주로 믿으면 예수께서 **자신의 영인 성령을 그 안에 보내시고 어두운 영혼을 밝히시며 병든 양심을 일깨워서 회개하게 함으로 그 자신과 생활에 변화를 받게** 하십니다.
 예수 그리스도를 믿는 자만이 죄 사함을 받으며 날마다 변화되어 마음과 인격이 새로워지고 상한 심령이 고침을 받고 새로운 삶을 살게 되는 것입니다. 이 모든 것은 회개하여 죄 사함을 받음으로써 이루어지는 것입니다.

 참으로 중요한 것은 그 회개와 죄 사함은 **전적으로 예수 그리스도와 연관되어있다**는 것입니다. 그러므로 **예수 그리스도를 알지 못하고 믿지 않는 자들은 어떤 방법을 통해서도 변화되고 새로워지고 치료될 수 없습니다. 그들은 시간이 갈수록 더 부패해지고 악해지며 영원한 지옥에 떨어질 수밖에 없는 것입니다.**

 아버지로부터 성령을 보내도록 하시는 분은 바로 예수 그리스도이십니다. 이것은 **성부 하나님께서 그를 가장 높이신 것을 입증해 주는 것입니다. 성령께서는 그리스도를 증거하실** 뿐만 아니라 **그를 영화롭게 하시며 성령께서 베푸는 모든 은사가 그 예수 이름을 높이기 위해 주어지는 것입니다.**
 전적으로 부패하고 타락한 인간은 **성령의 도우심 없이는** 전혀 새로워지거나 소생할 가망이 없습니다. 그런데 **이 성령의 도우심은 전적으로 예수 그리스도를 통해서만 주어집니다. 예수를 부정하는 자들은 또한 성부 하나님과 성령 하나님을 부정하는 것**이 됩니다.
 예수를 부정하고 여호와 하나님만 섬긴다고 하거나 성령의 존재만을 강조하는 것은 다 잘못된 것입니다. **성부 하나님께서 모든 죄인들을 위해 성자 하나님을 구세주로 보내셨고, 성령께서 그 죄인들이 예수만을 구주로 영접하게 하며 그들을 변화시키시고 점점 더 거룩하게 하여 천국에 들어올 수 있는 완전한 자가 되게 하시는 것입니다.**
 예수 그리스도를 부정하면 하나님을 부정하는 것이요, 모든 진리와 약속을 부정하는 것이므로 이런 자들은 단 한 치의 소망도 없습니다.
 여기에서 사도들이 **예수 그리스도에 대해 전하는 복음이 얼마나 예리하고 정확한지** 알 수 있습니다.
 그들이 **성령충만을 받자 죽음의 위협 앞에서 이렇게 정확하며 담대하게 복음을 전파할 수 있는 것입니다. 그들은 66권 속에 감추어진 모든 진리들을 꿰뚫어 보고 있었습니다.** 아직 신약성경이 완성되지 않았을 때였으나 그들은 성령에 의하여 하나님께서 인간들에게 알게 하시는 진리를 꿰뚫어 알았던 것입니다.

우리가 가진 성경 중 어느 한 부분이라도 세심하게 배우고 받아들이지 않는다면 **그런 사람은 복음이 정립될 수 없습니다.** 그러므로 우리는 **창세기부터 요한계시록까지 세심하게 배우고 깨달아야** 합니다. 우리가 **하나님의 진리를 세심하고 정확하게 깨닫지 못한다면** 66권을 함축하고 그것의 뼈다귀가 되는 복음을 전할 때에 **이것저것 빠지고 엉성한 복음을 전하게** 됩니다. 그리고 말씀으로 논리정연하게 알기 쉽게 설명하지 못하고 앞뒤가 분명하지 않게, 또는 비약적인 언사를 사용하게 됩니다. 우리가 중요한 진리를 깨닫지 못한다면 다른 깨달은 것도 분명히 설명할 수가 없고 엉뚱한 소리를 하게 됩니다.

복음을 정확하게 알고 있다는 것은 성경을 전체적으로 정확하게 알고 있다는 것입니다. 복음이야말로 신론, 인죄론, 그리스도론, 구원론, 종말과 심판론, 내세론, 교회론, 모든 것을 포함하고 있습니다. 이 모든 진리는 창세기부터 요한계시록까지 골고루 수록되어 있습니다. 그러니 우리는 66권 중에 하나라도 소홀히 할 수 없는 것입니다. 하나님의 말씀이 서로 설명하고 보충해 주고 있습니다.

그러므로 우리가 성경말씀을 전체적으로 알지 못한다면 복음을 논리적이며 정확하고 알기 쉽게 말할 수 없습니다. 잘 모르기 때문에 인위적인 소리나 비약적인 소리를 첨가할 수밖에 없는 것입니다. 그렇게 되면 그 복음은 아주 위험하게 됩니다.

복음을 정확하게 깨닫고 있는 자는 세상에서 가장 귀한 보배입니다. 성령께서는 이런 사람에게 **수많은 사람을 만나게** 하시고, 또는 **그들에게 가서 전도하게** 하십니다.

그러므로 **전도를 잘하기 원하는 사람이라면 우선 66권을 열심히 배우고 상세히 알아야** 하며 복음을 정확하게 알고 있어야 합니다. 그래서 우리는 **먼저 말씀으로 충만해야** 하는 것입니다. 사도들과 초대교회 성도들은 단지 성령 충만함뿐 아니라 **말씀과 믿음의 충만함도** 이미 소유하고 있었던 것입니다.

사도들이 전한 말씀은 30절, 31절 단 두 절로 기록되었으나 실상은 이보다 훨씬 자세하게 복음을 설명했을 것입니다. 왜냐하면 그들이 죽음을 무릅쓰고 하는 일이 바로 복음을 전하는 일이며 하나님이 사도들을 그 유대교지도자들 앞에 세우신 것 또한 **다시 그들에게 정확하게 복음을 전해줘야 하기**

때문입니다. 그런데 몇 마디 말만 하고 끝나지 않았을 것은 분명합니다. 성령께서 이 사도행전 저자를 감화하여 **그들이 말한 것 중 핵심만을 기록케 하신 것이** 분명합니다.

성경은 아주 거룩하고 중요한 비밀과 진리들을 한 군데에만 설명해놓지 않고 66권 전체 여기저기에 감추어 놓았습니다. 이 복음이 상세하고 정확하게 증거되려면 그 증거하는 자가 66권 전체에 숨겨있는 그 보물을 찾아 논리정연하게 정립하고 증거해야 하는 것입니다.

이것은 보물찾기와도 같습니다.

하나님이 정해놓으신 거룩한 복음을 우리는 성경전체에서 찾아내어 마치 퍼즐을 맞추듯이 하나님의 뜻에 따라 정확하게 맞춰 정립해야 합니다. 그중에 하나도 누락되거나 억지로 끼워 맞춰서도 안 됩니다. 이러한 일을 정확하게 할 수 있으려면 바로 **말씀과 믿음과 성령의 충만함을 받아야** 하는 것입니다.

성경은 **보는 눈을 가진 자들이** 보게끔 만들어져 있습니다.

여기저기에 복음의 상세한 조각들이 흩어져 숨겨져 있는데 그 완성된 자체는 성경 한 군데에 완벽하게 기록되어있지 않습니다.

우리가 **거룩한 보물찾기를** 한다는 것은 **결코 쉬운 것이 아닙니다.** 그야말로 성령으로 영감되어 기록된 이 말씀을 성령이 깨닫게 해주시지 않는다면 그토록 거룩한 비밀인 복음을 정확하게 알 수 없습니다. 또한 **어려움도 극복하며 전할 수 있으려면** 성령의 충만함 없이는 안 되는 것입니다.

성령의 충만함을 받기 이전의 모든 성도들은 우선 **성경 66권을 날마다 열심히 읽고 배워야** 합니다. 그리고 말씀을 정확하게 보고 깨달을 수 있게 해달라고 열심히 기도해야 합니다.

예수를 믿지 못하여 성령을 받지 못한 자들은 아무리 영특한 학자일지라도 성경말씀 중에 단 한 구절도 깨닫지 못하는 이유가 바로 여기에 있습니다. 하물며 영특하지도 못한 사람이 어찌 성경을 열심히 읽고 배우지도 않고 그 거룩한 진리를 충분하게 깨달아 알 수 있겠습니까?

예수를 믿고 성령을 받았다 할지라도 **당장 완전해지는 것이 아니므로 그는 날마다 성경을 읽고 배워야** 합니다. 성령은 **기억나게 하시는 영이요, 깨닫게 하시는 영입니다.** 그러므로 **성령이 함께하는 사람이** 되어야만 성경을 정확하게 깨닫고 전할 수 있는 것입니다.

말씀과 믿음과 성령의 충만함을 받으면 기억나게 하고, 깨닫게 하고, 말하게 하고, 담대하게 하는 성령의 역사가 충만해집니다. 무슨 말을 할지 미리 준비하지 않았을지라도 그때마다 꼭 필요한 말씀이 기억나게 하며 어떻게 표현해야 할지를 성령의 감동으로 알게 하십니다. 새까맣게 잊고 있었던 성경 구절도 시의적절하게 떠오르고 효과 있게 전도하게 됩니다. 기억력이 좋지 않고 건망증이 있어도 성령충만 받으면 복음과 말씀을 정확하고 효율적이며 능력있게 전하는 자가 됩니다.

> *32 우리는 이 일에 증인이요 하나님이 자기에게 순종하는 사람들에게 주신 성령도 그러하니라 하더라*

사도들은 **예수 그리스도에 관한 복음의 증인**이라고 당당하게 말합니다. "우리는 그 예수 그리스도에 관하여 **모든 것을 보고 경험하는 자들이라**"는 말입니다. 사도들도 자기들을 죽이려는 유대교 지도자들 앞에서 "**이 모든 일의 증인이 바로 나**"라고 분명히 증거하고 있는 것입니다.

또한 "**그 복음의 증인이 바로 성령이시다**"라고 말했습니다.

그런데 "**그 성령은 순종하는 사람들을 통해 증언하신다**" 했습니다.

그렇습니다. 성령은 진정 예수 그리스도를 믿고 그를 주인 삼으며 철저하게 그의 명령과 뜻대로 순종하는 사람들을 통해 역사하시는 것입니다. 성령은 예수 그리스도를 **주인삼지 않은 자들을** 능력 있는 대언자로 사용하지 않으십니다. 왜냐하면 그들은 예수 대신에 다른 것을 주인 삼는 만큼 그것이 시키는 대로 할 것이기 때문입니다. 그러므로 **성령충만 받으려면 하나님의 말씀을 충분히 받아들이고 순종함에 있어 하나님의 인정을 받는 자가 되어야** 합니다. 또한 **무슨 일을 맡겨주시든지 그 일을 충성스럽게 감당하는 자들이 되어야** 합니다. 무엇보다도 성령충만은 예수 그리스도를 자신의 구주로 영접함으로써 하나님께서 죄인들에게 **명하신 가장 중요한 명령을 순종하는 자들에게 주어지는 것**입니다.

예수 그리스도조차 부정하고 영접하지 않는 것이야말로 **하나님 앞에 가장 크게 불순종하는 것입니다. 그 죄만으로도 그들은 영원한 멸망에 빠지기에 충분한 것입니다.**

> *33 그들이 듣고 크게 노하여 사도들을 없이하고자 할새*

그들은 자기들의 죄가 논리정연하게 진술되는 것을 보고 크게 노했습니다.

사도들의 입에서 나오는 **그리스도의 복음이 그렇게 놀랍게 설명될 수 있다는 것과 그것이 확고한 것**임을 보고 더욱더 흥분하게 되었던 것입니다.

사도들이 이와 같은 설교를 백성들에게 했다면 그들은 마음에 찔림을 받아 자책과 슬픔에 잠겼을 텐데 이 사람들은 **분노**가 마음에 가득 찼습니다.

똑같은 복음이 어떤 이에게는 생명에서 생명에 이르게 하는 향기요, 다른 사람에게는 죽음에서 죽음에 이르게 하는 악취가 **됩니다. 복음을 적대시 하는 자들은 스스로 그 생명과 위로를 거부할 뿐 아니라 고통과 공포로 가득 차게 되는 것**입니다.

이들은 **하나님의 영을 받지 않고 악령에게 사로잡혀 있었던 것**입니다.

죄사함 받고 영생구원 얻게 하는 복음을 소개하는데 왜 그토록 화가 난 것인가? 그들은 바로 악령에게 사로잡힌 사람들이었던 것입니다. 예수님께서 살아계실 때 유대교 지도자들에게 "**이 독사의 자식들아. 너희의 아비는 마귀니라**" 라고 말씀하셨습니다.

성경을 듣고 읽을 때 꿀송이처럼 달고 향기롭고 은혜로운 것이 아니라 **짜증이 나고 반발심이 생기면 악령에게 붙잡혀 있다는 증거**입니다.

이제 저들은 **사도들을 없애고자 모의함으로 복음이 확장되는 것을 막으려** 했습니다. **사도들이 하나님에 대한 신뢰로 내적인 기쁨을 충만하게 누리고 있는 동안 박해자들은 말할 수 없는 혼란과 동요 속에서 스스로 괴로워하며 그리스도를 더욱 핍박하는 일을 했습니다.**

때때로 하나님은 **그 뜻을 더욱 효과적으로 이루시기 위해** 우리 하나님의 사람들이 **마귀의 사람들에 의해 환난을 당하게** 하십니다. 그 과정에서 환난을 당하게 한 자들은 또 **벌을 받게** 됩니다. 그들이 **벌 받을 때가 되었기 때문에** 하나님의 사람들을 괴롭게 하는 것입니다. 하나님의 하시는 일은 **참으로 치밀하고 복합적이며 종합적**입니다.

그러므로 우리가 하나님의 명령과 사명을 수행하는데 악한 자들이 악한 말과 행동으로 우리를 괴롭힌다 하더라도 **겁을 먹거나 주눅이 들 필요가 없습니다.** ' 저들이 저렇게 하는 것을 보니 **하나님이 저들이 저렇게 하도록 허락하시는구나**' 하고 생각하면 됩니다. **하나님이 허락하셨다면 분명히 저들을 통하여 더 좋은 결과가 있게 하실 것을 믿으면 됩니다.** 우리는 그러한 예를 성경에서 얼마든지 찾을 수 있습니다.

▎*34* 바리새인 가말리엘은 율법교사로 모든 백성에게 존경을 받는 자라 공회

■ *중에 일어나 명하여 사도들을 잠깐 밖에 나가게 하고*

가말리엘은 바리새파이고 교법사로서 구약성경을 연구하고 강의를 하며 생도들을 육성하는 사람이었습니다. 바울이 그의 문하에서 배웠고(12:3) 스데반과 바나바도 그에게서 배웠다고 전해집니다. 그는 **지혜와 행동에 있어서 모든 백성에게 존경을 받는 자**라고 기록된 것을 보면 대단히 성숙한 사람이었음을 알 수 있습니다.

마귀에게 사주를 받아 분별력 없이 경거망동하는 사람이 있는가 하면 가말리엘처럼 **분별력이 있어 위기상황을 모면**하기도 합니다. 그가 없었다면 사도들이 더 큰 봉변을 당했을 수도 있습니다. 그렇게 되면 저들도 그에 대한 징벌을 받지 않을 수가 없었을 것입니다. **이때 하나님은 가말리엘을 사용하신 것**입니다.

하나님이 사용할 수 있는 사람은 꼭 신앙의 사람만이 아니라 **불신자도 사용하고 심지어는 극심한 우상숭배자도 사용**하십니다. 그 옛날 바벨론 왕, 바사 왕을 보면 알 수 있습니다. 그들은 여호와를 섬기지 않았지만 **하나님이 명령하시고 환상을 보게 하시자 곧바로 이스라엘 하나님이 최고임을 인정하며 열심히 도와주었습니다.**

우리가 그저 하나님의 뜻대로 잘 순종하고 나갈 때 때로는 생각지도 않던 어려움과 놀라운 일도 있지만 **결코 놀라거나 낙심하지 말아야** 합니다. **하나님은 우리가 생각하는 것과 아주 다르고 폭넓게 역사하시기 때문**입니다.

가말리엘이 등장해서 분별력 없는 사람들을 자제시켰습니다. 그는 공회 중에서 일어나 명하여 사도들을 잠깐 밖에 나가게 했습니다. 그 위기 상황에서 모든 사람에게 존경받는 사람이 설득력 있게 말함으로써 위기를 모면하게 되었습니다. **때로는 하나님께서 이런 유력한 사람을 사용하셔서** 우리를 도와주시기도 합니다. 그 가말리엘이라는 사람이 당시에 **유력한 사람**이 되고 유명한 학자가 되게 하신 목적 중 하나가 바로 **이 순간을 위함**이었던 것입니다. 또 다른 목적 중 하나는 **사울을 제자 삼고 잘 교육시키기 위함**이었습니다. 하나님의 섭리가 얼마나 놀랍습니까?

하나님이 라이트 형제나 여러 사람들을 사용하셔서 비행기를 만들게 하셨습니다. 그 비행기를 만드는 과정에서 목숨을 걸고 비행을 하다가 많은 사람이 목숨을 잃었습니다. 그리고 많은 돈을 들여서 사람들이 비행기를 만들었습니다. 그 후로 전 세계적으로 비행기를 이용하는 사람들이 많았습니다. 생각해보면 그 비행기를 믿지도 않는 사람들이 주로 인간의 목적을 위해 사용하는 것이 더 많다는 사실은 틀림없지만 정말 가치 있게 사용할 사람들은 바로 하나님의 일꾼들입니다. 하나님께서 하나님의 일꾼들이 어느 때부터 신속하고 편리하게 이동하면서 많은 사람들에게 전도하게 하시려고 비행기를 만들게 하신 것입니다. A라는 비행기가 한 달에 백 번을 비행하는데 그중에 한두 번만 하나님의 일꾼이 사용한다 할지라도 그 비행기가 만들어진 이유는 이들이 하나님의 일을 잘하기 위해서입니다. 하나님의 섭리는 이렇게 놀라운 것입니다.

또 밤하늘의 별들을 생각해 보겠습니다.
하나님이 인간들을 위해서 밤하늘을 아름답게 장식하기 위해 만드셨습니다. 그것도 사실은 누구보다도 하나님을 기쁘시게 하는 자들을 위해 만드신 것입니다. 그런데 밤하늘을 예쁘게 수놓는 별들의 아름다움을 우리 하나님의 사람들이 일주일에 한 번도 보기 어렵습니다. 오히려 많은 불신자들이 별을 열심히 보고 감상하고 연구하기도 합니다.

세상의 모든 것은 하나님이 탁월하게 만들어 두셨는데 사실은 **누구보다도 하나님을 잘 섬기는 자들을 위해** 만들어 놓으신 것입니다. 그런데 세상이 점점 타락해 가면서 하나님을 등진 사람들이 더 많이 이용합니다. 그럼에도 불구하고 **소수의 하나님의 사람들이 하나님의 목적을 위해 그것들을 사용해야 하기 때문에** 하나님은 자격이 없는 더 많은 사람들 앞에 그것들을 여전히 존재하게 하시고 사용하게 하시는 것입니다.

이 땅에 수많은 아름다운 꽃들을 감상하고 즐기는 사람들은 대부분이 불신자들입니다. 그러나 **사실은 그 아름다운 꽃들은 소수의 하나님의 사람들을 위해 만들어진 것**입니다. 그런 밑지는 장사가 어디 있겠습니까? 하나님은 이렇게 스케일이 크신 분입니다.

그런데 만약 때가 되어 하나님의 사람이 이 땅에 한 사람도 발붙이지 않게 되면 어떻게 될까? 그때는 모든 것이 불타 없어진다고 했습니다.

세상 만물은 하나님의 백성을 위해 존재합니다.
비록 개인의 법적인 소유로 따지자면 지극히 적지만 실상은 이 세상 모든 것들이 우리들을 위해 만들어졌습니다. 그러므로 **진정한 소유자는 우리 하나님의 사람들**입니다. 우리 덕분에 불신자, 우상숭배자들이 누리고 있고 우리를 대신하여 그것들을 관리하고 있는 것입니다.
하나님의 사람들이 이 땅에 없으면 저들은 다 이 땅에 살 수 없는 것입니다.

사실이 이러한데 하나님께서 우리에게 임무를 주실 때 **필요한 것들을 얼마나 알아서 적절하게 제공하시겠습니까? 누가 그것을 막겠습니까?**
우리 하나님의 일꾼들은 **이러한 확고한 믿음을 가지고 나아가야** 합니다.
가말리엘이 등장한 것과 지금까지 말한 것은 사실 상관이 없습니다.
우리가 가말리엘에 관한 성경을 읽으면서 "아! 그 때 이런 역할을 하라고 하나님이 가말리엘을 준비해놓으셨구나" 하고 깨달을 수 있는데 가말리엘 자신은 그와 같이 확실히 알지 못했을 것입니다. 가말리엘의 학문과 명망이 **바로 이 때 하나님의 사람들을 위하여 중요한 역할을 하게 됐고 또 유식한 바울을 키우게** 되었던 것입니다. 가말리엘의 제자는 바울만이 아니라 많은 제자들이 있었을 것입니다. 그러나 **가말리엘이라는 대학자가 존재한 가장 중요한 이유는 바울을 키우고 이때 하나님의 사람들을 돕기 위함** 이었던 것입니다.

세상에 존재하고 있는 것들 중 대부분을 믿지 않는 사람들이 차지하고 누리는 것 같으나 **사실 그 모든 것은 하나님의 사람들과 하나님의 일을 위해 존재하는 것입니다.** 우리가 **하나님의 자녀와 일꾼이 되었다는 것**이 얼마나 감사, 감격할 일입니까? 만약 내가 우상숭배하는 자가 되었다면 이런 모든 특별한 은혜를 누리지 못했을 것입니다.

가말리엘은 공회 중에서 일어나 사도들을 잠깐 밖에 나가게 했습니다.
공회 회원들의 어리석음을 사도들이 있는 곳에서 나무라지 않았습니다. 그는 **지혜 있는 사람**이었습니다. 학식과 경험과 지혜와 지식이 있는 사람은 성령충만하지 않아도 보통사람들보다 지혜롭게 처신합니다.

그런데 좀 더 생각할 것이 있습니다.
가말리엘이 사도들의 위기상황에서 구해주는 일을 할 때 **사울도 공회회원이고 산헤드린회원이므로 분명히 거기에 동참하고 있었을 것입니다. 예수님이 직접 불러서 가르친 사람은 아니었으나 그도 예수님의 설교를 들었고 예수의 제자들이 어떻게 하는지 이미 다 아는 사람**이었습니다.
그의 스승은 분별력 있게 이야기하며 사도들을 도와주고 있으나 장차 위대한 사도가 될 사울은 다른 자들처럼 크게 노하여 성내고 있었던 것입니다. 그러나 스승이 하는 일이기에 화가 나도 뭐라고 할 수가 없었을 것입니다.
하나님이 하시는 일이 이처럼 오묘합니다.

아마 나중에는 자기가 얼마나 어리석었으며 분별력이 없이 날뛰었는지를 알았을 것입니다. 그러므로 **이 가말리엘의 행동은 사울에게 또한 중요한 교육이 되었던 것입니다.**

하나님께서는 참으로 시의적절하게 **예수를 대적하던 사람이 잠시 후에 예수님께 충성할 사람이 되게도** 하십니다. 어제는 충성된 종이다가 내일은 대적이 되기도 하고 **어제는 하나님 앞에서 못된 자였으나 오늘은 충성된 자가 되기도** 합니다. 이 모든 것은 **하나님께서 하시는 일로써 그때마다 일일이 우리에게 알려 주시지 않습니다. 따라서 우리는 사람들을 겉으로 보고 판단하며 실수하지 말아야 합니다.**

제 18 강

가말리엘의 조언, 사도들의 석방

행5:35~41

35말하되 이스라엘 사람들아 너희가 이 사람들에게 대하여 어떻게 하려는지 조심하라 36이 전에 드다가 일어나 스스로 선전하매 사람이 약 사백 명이나 따르더니 그가 죽임을 당하매 따르던 모든 사람들이 흩어져 없어졌고 37그 후 호적할 때에 갈릴리의 유다가 일어나 백성을 꾀어 따르게 하다가 그도 망한즉 따르던 모든 사람들이 흩어졌느니라 38이제 내가 너희에게 말하노니 이 사람들을 상관하지 말고 버려 두라 이 사상과 이 소행이 사람으로부터 났으면 무너질 것이요 39만일 하나님께로부터 났으면 너희가 그들을 무너뜨릴 수 없겠고 도리어 하나님을 대적하는 자가 될까 하노라 하니 40그들이 옳게 여겨 사도들을 불러들여 채찍질하며 예수의 이름으로 말하는 것을 금하고 놓으니 41사도들은 그 이름을 위하여 능욕 받는 일에 합당한 자로 여기심을 기뻐하면서 공회 앞을 떠나니라

> **35** 말하되 이스라엘 사람들아 너희가 이 사람들에게 대하여 어떻게 하려는지 조심하라

가말리엘은 **전에 있었던 사례를 들어** 흥분한 공회원들에게 주의를 줍니다. 그들에게 경각심을 주려는 뜻에서 "**이스라엘 사람들**"이라고 부릅니다. 즉 "하나님의 뜻대로 살려는 자들이여, 하나님의 뜻과 말씀을 알지 못하는 나그네나 이방인처럼 행하지 말라"고 한 것입니다.

하나님의 백성을 박해하는 자들은 자기가 판 함정에 스스로 빠지지 않도록 신중하게 처신해야 합니다. 우리는 **정직하고 충성된 사람들의 마음에 고통이나 슬픔을 주지 않기 위해 주의를 기울여야** 합니다. **과거 일을 때때로 살펴봄으로써** 과거의 어리석음을 방지할 수 있는 지혜를 가져야 합니다.

> **36** 이 전에 드다가 일어나 스스로 선전하매 사람이 약 사백 명이나 따르더니 그가 죽임을 당하매 따르던 모든 사람들이 흩어져 없어졌고 **37** 그 후 호적할 때에 갈릴리의 유다가 일어나 백성을 꾀어 따르게 하다가 그도 망한즉 따르던 모든 사람들이 흩어졌느니라 **38** 이제 내가 너희에게 말하노니 이 사람들을 상관하지 말고 버려 두라 이 사상과 이 소행이 사람으로부터 났으면

무너질 것이요

가말리엘은 **이 사도들을 어리석게 박해하지 말아야 한다**고 말했습니다.
"이제 내가 너희에게 말하노니 이 사람들을 상관 말라" 고 했고 "그들이 행한 것을 처벌하려고도 말고 금하려고 하지 말라, 마음대로 하게 내버려 두라, 우리가 손을 댈 필요가 없다" 고 한 것입니다. 그리고 과거에 드다나 갈릴리 유다가 백성들을 꾀는 일이 시간이 지남에 따라 소멸되었는데 **사도들이 하는 일도 결과를 보고 판단하자**는 것이었습니다.

하나님께서는 이때에 **사도들을 놓아주시기 위해 가말리엘이 이렇게 말하도록 그 입에 말을 두셨던 것**입니다. 우리는 이 사건 속에 **초월적인 하나님의 섭리**가 있음을 봅니다. 이리하여 그리스도의 종들은 명예롭게 석방됩니다.

가말리엘은 그들에게 **이 문제를 하나님의 섭리에 맡기라**고 말한 것입니다. "**만일 하나님께로부터 났으면 너희가 그들을 무너뜨릴 수 없겠고**" 라고 말합니다.

어떤 일은 그것이 사람에게서 비롯된 것인지 하나님에게서 비롯된 것인지 구분하기가 어려울 때는 묵인하고 **결과를 보는 것이 최선책**이기도 합니다.
지혜 있고 분별력이 있는 사람은 **과거를 분별력을 위한 자료로 사용**을 합니다. 이런 사람은 누군가를 만났을 때 그 사람의 중요한 것을 파악하고 기억합니다. 그리고 **중요한 것을 결정하고 계획할 때에는 과거의 모든 지혜와 지식을 동원해서 보편타당하고 지혜롭게 결정**합니다. 그러므로 우리가 **하나님을 잘 섬기고 대인관계를 올바르게 하기 위해서는 지혜와 분별력을 갖추어야** 합니다.

우리는 **사람을 알아볼 수 있어야** 합니다.
미련한 자는 사람을 알아볼 줄 모르고 그저 입은 옷이나 탄 차를 보며 판단합니다. 훌륭한 업적을 만들고 많은 사람들에게 존경받는 사람들을 보면 그**들은 사람을 볼 줄 알고 적절하게 활용할 줄 알았던 자들**임을 알 수 있습니다.

가말리엘이 성령이 충만한 자라고 생각할 수는 없으나 **대단한 분별력과 통찰력이 있는 사람**이라는 것을 알 수 있습니다. 가말리엘은 사도들을 알아보았는데 그 유대교 지도자들은 전혀 알아보지 못했던 것입니다. 가말리엘은 '이 사람들이야말로 하나님의 신이 함께 하는 사람들이다. 전에도 괜히 쓸데없이 예수를 잡아 죽이지 않았느냐?' 하고 말하지 않았습니다. 그가 성령이 충만한 자라면 사도들처럼 그렇게 말했겠지만 성령충만한 자가 아니었으므로 그렇게는 말하지 않았습니다. **그가 비록 지혜와 지식과 분별력이 있는 자였으나 그 무명한 사도들만큼 정확하고 능력 있게 하나님을 대언할 수는 없었던 것입니다.**

> **39** 만일 하나님께로부터 났으면 너희가 그들을 무너뜨릴 수 없겠고 도리어 하나님을 대적하는 자가 될까 하노라 하니

이 가말리엘의 말은
(1)**만약 사도들이 하는 일이 하나님께로부터 났으면 그들을 적대하는 것이 소용이 없다**는 것입니다.
무엇이든지 하나님에게서 난 것은 아무리 거세게 반대하고 방해해도 결코 그것을 무효화시킬 수 없습니다.

(2)**만약에 그럼에도 불구하고 그들에게 섣불리 행한다면 위험한 결과를 만나게 될 것이라**는 것입니다.
하나님의 신실한 백성을 증오하거나 학대하고 그의 충성된 일꾼들을 방해하며 괴롭히는 것은 **바로 하나님을 거스려 싸우는 것**입니다. 왜냐하면 **하나님은 그 종들을 적대하는 일을 자기를 적대하는 행위로 간주하시기 때문**입니다. 가말리엘은 바로 이것에 대해 충고한 것입니다.

가말리엘은 **대단한 분별력과 지혜**가 있었습니다.
이러한 사람은 비록 성령충만하지 않더라도 어리석은 사람들에게 "섣불리 하지 마라, 경거망동하지 마라" 하고 말해 줌으로써 **많은 사람들에게 유익을 끼칠 수 있습니다.**
하나님은 때때로 성령충만하지 못한 자나 심지어 불신자나 우상숭배자라도 이러한 자들을 존재케 하시고 어리석고 경솔한 자들을 적절하게 돕게 하십니다.

가말리엘의 말처럼 **하나님에게서 난 것이 있고 사람에게서 난 것이 있습니다.**
자기가 하고자 하는 일을 하나님이 시켜서 하는 것처럼 말하는 사람이 있습니다. **하나님을 사칭하는 큰 죄악을 범하는** 이들은 하나님으로부터 반드시 **응분의 대가를** 치르게 됩니다.

사도행전 뒤쪽으로 가보면 바울과 바나바가 시무하는 안디옥 교회에 예루

살렘 교회 교인들이 갑자기 나타나서 할례를 받아야만 구원을 받는다며 교회를 혼란케 했습니다. 결국에는 교회가 회의를 하여 대표 몇을 예루살렘 교회로 보내고 사도들에게 확실한 결론을 얻고자 했습니다. 사도들은 "**우리에게서 나간 자들 중에서 우리가 보내지 않은 자들, 즉 엉뚱한 자들이 있다**" 고 편지를 보내게 했습니다. 그들 역시 분명한 예루살렘 교회의 교인들인데 하나님께서 깨우쳐 주신 것이 아닌 **잘못된 지식을 가지고 왔으며** 그들은 **하나님의 일을 하고 있다고 착각하며** 여러 교회들을 혼란케 했던 것입니다. 그것은 결코 하나님에게서 난 것이 아니었고, 따라서 **하나님을 대적하며 교회를 훼방하는 큰 죄악이** 된 것입니다.

우리는 이렇게 되지 않도록 **깨어서 기도해야** 합니다.

우리도 혼자서 하나님의 뜻을 섣불리 판단하고 행동하지 않도록 조심해야 합니다. **자칫 잘못하면 마귀에게 종노릇하게** 됩니다. 이렇게 되지 않으려면 우리가 **항상 영적으로 깨어있어야** 합니다.

여기서 우리가 유의해야 할 것은 **사도들도 모르게** 어리석은 자들이 안디옥 교회로 갔다는 것입니다. 그들은 **사도들과 긴밀한 관계를 갖은 자들이 아니었고 사도들의 가르침을 성실하게 받아들이던 자들이 아니었던 것입니다.**
사탄은 겉도는 자들, 자기 멋대로 하는 자들, 하나님의 종들과 멀리 있는 자들을 사로잡아 적극적으로 사용합니다. 그러므로 우리는 결코 이러한 자들이 되지 않도록 조심해야 합니다. **교회와 하나님의 종들 가까이에 있으면서 간섭을 받고 야단도 맞아야 하는** 것입니다.

하나님의 종들이 가까이 있어서 세심하게 지도해주는 신앙생활을 하는 것은 참으로 **복된** 것입니다. 하나님의 종에게서 거리를 두는 사람들이 **엉뚱한 생각과 행동을 하는** 것입니다. 우리는 **하나님의 종들을 중심으로 모이기에 힘써야** 합니다.

하나님께로서 난 것인지의 여부는 참으로 중요합니다.

묵상도 하나님이 세심히 가르쳐 주시는 가운데서 해야 하고 **가르치는 것**도 마찬가지입니다. 성령을 통해 확실하게 깨달은 것을 가르쳐야 '이럴 것이다, 저럴 것이다' 하며 자기 나름대로 짐작하면서 가르쳐서는 안 됩니다.

이사야서와 에스겔서에서도 나오지만 **하나님께서 보내시지도 않았는데 하나님께서 보냈다고 하는 거짓 선지자도 있고 하나님께서 그렇게 말하라고 하시지 않았는데 하나님께서 그렇게 말하라고 하셔서 말한다고 하는 거짓 예언**

자들이 있었습니다. **거짓 예언과 거짓 환상**이나 **스스로 마음에 생각한 것들**을 하나님이 말씀하셔서 말했다고 하는 것입니다. 하나님께서는 이런 자들을 **반드시 엄벌하겠다**고 하셨습니다.

우리는 특히 **내 마음속에서 일어나는 생각들**을 마귀에게서 일어난 것인지 하나님께로부터 비롯된 것인지 **순간마다 구분해낼 수 있어야** 합니다. 어떤 생각이 떠오르면 우리는 순간적으로 분별해봐야 합니다.

특히 **교회에 모여서 회의를 할 때 생각하고 말할 때 조심해야** 합니다.

하나님 앞에서 하나님의 일꾼들이 모여서 하나님의 일을 의논하는데 **악령이 불어넣어주는 생각**에 의해 **자기중심적인 생각과 판단과 계산**을 하고, 또는 경쟁상대로서 어떤 동료에 대해 **무조건 반대하고 방해하는 발언**을 할 수 있는데 이것을 조심해야 합니다. 하나님의 교회에서 회의를 하는데 **악령이 시키는 줄도 모르고 멋대로 생각하고 발언**을 하면 그것은 **큰 죄가 되고 반드시 대가를 치르게** 됩니다.

우리는 **하나님의 종과 이야기를 나눌 때에도 조심해야** 합니다.

자기 문제를 말하고 상담을 할 때도 정신을 똑바로 차리고 말해야 합니다. 자신이 듣고 싶은 결론을 미리 정해놓고 상황 설명을 할 수 있습니다. 이것은 **처음부터 하나님의 종을 기만하고 죄짓게 하는 것**입니다.

하나님의 종이 질문을 할 때 **정신 차리고 정직하게 대답을 해야** 합니다. 안 했으면서도 했다고 말하고, 했는데도 안했다고 말하고 이것도 저것도 아니게 애매하게 말하는 것은 **다 거짓**입니다. 당장 불호령을 듣는다 해도 **하나님의 종을 속인다면 그가 야단치는 것과 비교할 수 없는 형벌을 당한다는 것을 기억하고 정직하게 대답하고 말해야** 합니다.

하나님의 교회와 하나님의 종까지 쉽게 속이는 사람이라면 그 자신은 물론이고 다른 사람들을 얼마나 잘 속이겠습니까? 양심이 마비되고 심히 병든 자입니다. 이러한 자들이 중직을 맡게 되면 그 교회는 하나님 앞에서 크게 책망을 받지 않을 수가 없습니다. 우리는 **하나님의 교회와 종 앞에서 함부로 말해서는 안 된다**는 것을 명심해야 합니다.

> **40** 그들이 옳게 여겨 사도들을 불러들여 채찍질하며 예수의 이름으로 말하는 것을 금하고 놓으니

그들은 사도들을 **죽이려고 하던 계획을 중단했으나 채찍질했습니다.** 그로 인해 사도들이 복음전하는 것을 부끄럽게 여기며 백성들도 그들에게 복음을

듣는 것을 부끄럽게 여기리라고 생각한 것입니다.

　이때 하나님께서 얼마든지 채찍질 당하지 않게 하실 수도 있었는데 **사도들이 맞고 나오게 하시는 이유**가 무엇일까? 이것이 바로 **이스라엘의 죄가 아귀까지 차서 로마로 부터 피비린내 나는 살육을 당하게 하는 하나님의 거룩하신 뜻을 이루시고자 하는** 일이었던 것입니다.

　이 유대인들은 **과거에 많은 선지자들을 죽이고 심지어 예수까지 죽이고 이렇게 복음 전하는 자들을 채찍질하며 죽였으므로 결국 로마로 인해 멸망을 당하고 전 세계로 뿔뿔이 흩어집니다.** 유대교지도자들은 예수님을 죽인 후에 독립운동을 하며 주둔하고 있는 로마군병들을 죽이고 진영을 불살랐습니다. 그 결과 로마 원로회의의 결정에 의하여 이스라엘이 멸망을 당하게 되는데 성전에 숨어있는 자들을 그 주위에 토성을 쌓아 굶어죽게 했습니다. 그때 지휘하던 사령관은 예루살렘 성전은 공격하거나 부서뜨리지 말라고 명령했습니다. 로마군대는 지휘계통이 확실하여 명령을 어기면 죽게 됨에도 불구하고 얼마나 화가 치밀었는지 **그 성전을 완전히 불태우고 없애버렸습니다.** 그리고 얼마 후에 그 자리에 회교사원이 세워지고 말았습니다. 참으로 기가 막힌 일이었습니다.

　성전이 불태워진 후에 유대인들은 전 세계로 흩어지고 세계에서 학대를 받는 민족으로 전락했습니다. 그러다가 1945년 2차 세계대전 학살 이후에 국제연맹에서 유대인을 팔레스타인 지역으로 돌아가게 하여 회복시키자고 가결하여 이스라엘을 재건합니다. 그런데 1700년이 지난 후에야 돌아간 이스라엘을 오랜 세월 동안 그 땅을 지배하고 있던 팔레스타인 주민들이 좋아할 리가 없습니다. 그래서 지금까지도 싸우고 있는 것입니다.

　바로 **이 당시의 채찍질이** 이런 엄청난 일을 자초하게 된 것입니다.

　하나님은 **우리를 극진히 사랑하시고 주의 일꾼으로 쓰시기도 하시지만** 우리 이전 시대의 사람과 이후 시대의 사람, 그리고 그 이후의 일 전체의 일을 망라하시면서 크고 작은 모든 계획들을 세우시고 이루십니다.

　그 계획의 일환으로 지금 나에게 생길 수밖에 없는 어떤 일이 있는 것입니다. 그것이 비록 나에게 환난과 시련일지라도 그것은 하나님이 나를 보호해 주시기 싫어서가 아니라 **놀라운 계획의 일환으로 오는** 것입니다.

　하나님의 허용 없이는, 하나님의 뜻을 벗어나서는 그 어떤 일들도 일어나지 않습니다. 우리가 생각할 때는 이해가 되지 않더라도 우리 하나님께서 시대를 막론하고 모든 것을 섭리하시고 주관하신다는 것을 잠시도 잊지 말아야 합니다.

나의 인생에 있어서 기쁜 일이나 괴로운 일이 생겼을 때 그것이 우리가 도저히 이해할 수 없는 것 같고 또 예측하지 못했던 것이라면 **우리는 묵묵히 하나님께서 모든 것을 치밀하게 계획하고 이루시는 것을 믿으며 변함없이 순종하고 충성할 것뿐**입니다. 그런데 하나님께서 사전에 모든 비밀과 계획을 알려 주신다면 우리가 덜 괴로울 것 같으나 사실은 더 감당할 수 없고 이겨 낼 수 없는 것입니다.

하나님의 뜻은 우리의 생각을 훨씬 초월하고 전 세계를 망라하며 이루어지므로 만약 하나님께서 사전에 모든 것을 나에게 알게 하신다면 나는 결코 그것을 소화할 수가 없으며 지레 겁을 먹고 지쳐버리게 될 것입니다. 차라리 그것을 일일이 다 알지 못하고 그저 하나님만을 전적으로 신뢰하고 묵묵히 순종하며 나가는 것이 우리에게 유익한 것입니다.

가말리엘이 사도들을 위기상황에서 도와준다는 것은 그가 의도하는 인생에서 전혀 관련이 없는 일이었습니다. 그런데 **자신도 모르게** 그런 일을 한 것입니다. 얼마든지 이런 일들이 일어날 수 있습니다. **우리 주님은 모든 사람, 모든 시대, 모든 경우를 섭리하시고 통치하시는 분**이십니다. 전혀 우리를 도우리라고 생각할 수 없었던 사람이 우리를 돕게도 하시고 정반대로 상황이 전개되다가도 한 순간에 변하여 우리를 유익하게 섭리하시기도 합니다.

우리는 지극히 제한된 시간 속에서 제한된 영역에서 제한된 삶을 살다가 죽는 것입니다. 우리가 눈으로 보고 듣고 느낄 수 있는 세계는 아주 작은 것이지만 하나님의 세계는 그렇지 않습니다.

우리가 하나님 마음에 합한 사람이 되고 주님을 기쁘시게 하는 자가 되면 하나님은 그 어떤 것을 통해서라도 우리를 도우십니다. 그러나 일단 하나님의 눈 밖에 나면 하나님이 우리를 돕지 않으실 것이며 우리는 얼마든지 죄 짓는 자리로 나갈 수밖에 없습니다. 동시에 마귀는 틈을 주지 않고 우리에게 달려들어 더 큰 악을 저지르게 하는 것입니다.

그러므로 그 놀라운 하나님의 세계 속에서 우리가 잠시도 좌우로 치우치지 않고 사탄에게 이용당하지 않고 충실한 삶을 살아가려면 **언제나 하나님을 기쁘시게 하고 하나님 마음에 합한 사람이 되기 위해 힘써야** 합니다.

▋ *41 사도들은 그 이름을 위하여 능욕 받는 일에 합당한 자로 여기심을 기뻐*

▎하면서 공회 앞을 떠나니라

사도들은 그들 앞에 주어진 모욕과 채찍질 속에서도 **놀라운 용기와 지조**를 끝까지 보였고 석방되자 공회 앞을 떠났습니다.

그들은 공회와 그들에게 가한 악한 처사에 대해 **한마디도 비방하지 않았습니다. 사도들의 모든 관심사는 온전히 복음을 증거하는 것과 자신의 영혼을 잘 보존하는 것**입니다. 그들은 이 두 가지를 훌륭하게 해냈습니다.

(1) 그들은 **고통을 말할 수 없는 기쁨으로 견뎠습니다**(41절).

그들은 그리스도와 복음에 관한 것을 부끄러워하는 대신에 "**그 이름을 위하여 능욕 받는 일에 합당한 자로 여기심을 기뻐했다**" 했습니다.

그들은 받은 능욕을 **그리스도의 이름을 위해 받은 것**이라고 믿고 **그들이 당하는 고통이 예수의 이름을 더욱 널리 전파하는 데 공헌할 수 있기 때문**에 기뻐했습니다.

(2) 그들은 **능욕당하는 것을 명예로 여겼습니다.**

그리스도를 위해 수치를 받는 것은 우리로 하여금 **그의 형상을 닮게** 하고 **더 충성하게** 합니다. 그만큼 우리는 **더 좋은 자리로 나가게 되는** 것입니다. 이것 역시 **성령충만하기 때문에 가능**했습니다.

그들은 그 능욕 받는 일이 자신의 잘못으로 생겨난 것이 아니라 **하나님의 거룩한 뜻 안에서 있어지는 것**을 알았고 그들은 이렇게 핍박을 받아가면서 복음전하는 일에 쓰임 받고 있다는 것이 **얼마나 복된 일인가를 확실히 깨닫**고 있었습니다.

이것이 바로 **성령충만한 자의 모습**입니다.

성령충만하지 못한 사람은 내가 마땅히 해야 할 일이라도 **힘들면 나만 손해 보는 것 같다는 생각도 하고 원망도 합니다.** 처음에는 자원해서 하다가도 조금 힘들어지면 금새 마음이 달라져서 투덜거리거나 짜증을 냅니다.

그러나 성령충만한 사람이 되면 '이 못난 사람을 충성되게 여기시고 사용해 주시는구나, 그리고 다른 사람은 고통을 당하지 않는데 나는 이렇게 고통을 당하며 더 큰 열매를 맺게 하시는구나, 그만큼 하나님이 나를 사랑해주시는구나' 라고 생각하고 **기뻐하고 감사하며 모든 일을 충성되게 감당**합니다. 이런 자는 **어떤 환난을 받아도 끄떡없이 견디고 나갈 수 있습니다.**

그러므로 우리는 반드시 성령충만함을 받아야 하는 것입니다.

예수님께서 겟세마네 동산에서 잡히실 때 제자들이 성령충만했다면 절대로 도망가지 않고 그야말로 같이 죽으러 갔을 것입니다. 베드로는 불타는 충성심이 있었고 그것은 결코 가식이 아니었습니다. 예수님을 체포하려는 자에게 칼을 휘두른 자는 베드로뿐이었으며 **대단한 충성심과 용기**가 있었습니다. 그런데 잠시 후에 조그만 계집아이 앞에서 왜 그런 어처구니없는 처신을 하게 되었을까? 왜 갑자기 죽음에 대한 두려움에 빠졌을까?

  인간의 의지, 결심, 용맹성 등은 **변화무쌍한 것이며 언제까지 유지될 수 있는 것이 아닙니다.** 그래서 우리는 성령충만을 받아야만 합니다.

  또한 성령충만은 한 번 받으면 죽을 때까지 지속적으로 주어지는 것이 아닙니다. 그러므로 우리는 언제나 성령충만함을 유지하기 위해 매사에 조심하며 충실해야 합니다.

제 19 강

사도들의 활발한 전도, 헬라파 제자들의 원망

행5:42~6:2
42그들이 날마다 성전에 있든지 집에 있든지 예수는 그리스도라고 가르치기와 전도하기를 그치지 아니하니라 1그 때에 제자가 더 많아졌는데 헬라파 유대인들이 자기의 과부들이 매일의 구제에 빠지므로 히브리파 사람을 원망하니 2열두 사도가 모든 제자를 불러 이르되 우리가 하나님의 말씀을 제쳐 놓고 접대를 일삼는 것이 마땅하지 아니하니

> **42** 그들이 날마다 성전에 있든지 집에 있든지 예수는 그리스도라고 가르치기와 전도하기를 그치지 아니하니라

사도들은 **예수 이름을 위하여 능욕 받는 일에 합당한 자로 여기심을 기뻐하**면서 공회에서 석방되어 나왔습니다.

그들은 **끈질기게 부지런히 사명을 수행**하고 **가르치는 것과 전도하는 것을 쉬지 않았습니다**. 그들은 **매일** 복음을 전했습니다.

그들은 죽음과 사람들을 두려워하지 않고 **공개적으로 성전에서, 또는 사적으로 각 사람의 집에서** 복음을 전했습니다. 전자는 모든 사람이 모이는 대중 집회였고 후자는 특별한 의식으로 선별된 기독교인의 집회였습니다. 그들은 그야말로 **때를 얻든지 못 얻든지** 복음을 전했습니다.

성전에서 그들은 자주 눈에 띄었으므로 대적들의 감시를 피할 수 없지만 **성전 바깥에서 은밀하게 전도하지 않고 위험을 무릅쓰고 성전에 나가서** 전도했습니다. 뿐만 아니라 가난한 오두막집이라도 복음 전하는 것을 꺼리지 않았습니다. 그들은 **빈부귀천을 막론하고 사람들의 형편에 따라 개별적으로 복음을 전했습니다.**

그들이 가르친 주제는 **예수가 그리스도라**는 것입니다.

그들은 **오직 그리스도를 전하고 그리스도의 이익을 도모했습니다. 그것이 바로 복음사역자들의 가장 주된 임무입니다.**

성령충만한 자의 가장 중요한 일은 **예수가 그리스도임을 가르치고 증언하**

는 것입니다. 성령충만한 사람이야말로 **하나님의 뜻과 원하시는 일과 상 받는 일이 무엇인지** 분명히 알게 됩니다. 그들은 **이 험한 세상에서 예수가 그리스도라는 것을 알려주는 일이 가치 있고 소중하다는 것을** 확실히 압니다.

우리가 이 세상에서 부귀영화를 누리는 것은 잠깐 있다가 없어집니다. **사람마다 영원한 천국, 혹은 영원한 지옥 중 하나만 남을 뿐입니다.** 예수를 모르는 사람들이 **지옥에 가서 불타는 고통을 영원히 느끼며 온갖 벌레들과 악령들에게 시달리고 깜깜한 곳에서 산다**는 것을 생각해보면 기가 막힐 뿐입니다. **그들 스스로는 그 사실을 모르기 때문에** 그것을 절실히 아는 사람들이 그들로 예수 그리스도를 믿어 천국가게 해주어야 합니다. 그 어떤 것으로 그들에게 선을 베푼다 할지라도, **이것만큼 큰 사랑실천이 없고, 더 은혜를 끼치는 일이 없는 것입니다.**

우리가 사람들에게 나누고 위로하면 얼마나 하겠습니까? 우리가 아무리 그것을 잘한다 할지라도 그들은 **조금만 있으면 또 병들고 굶주리고 죽고 영원한 지옥으로 떨어질 것입니다.**
그러므로 우리 그리스도인들은 밤낮으로 이를 위하여 준비하고 기도하고 때를 얻든지 못 얻든지 전심전력으로 전도해야 합니다. 바로 **이런 일을 변함없이 중단 없이 끝까지 능력있게 잘하는 사람**이 바로 **성령충만한 사람**입니다.

성령충만하지 않은 사람들은 무엇인가를 깨달아서 한 때 열심히 하지만 어려움이 생기고 무슨 일이 벌어지면 겁을 먹거나 물러나버립니다. **사명감이 언제나 충만하게 지속되기 위해서도 성령충만을 받아야 합니다. 우리는 변하지만 성령은 변하지 않기에** 우리는 성령께 늘 강력히 사로잡혀서 사용되어야만 합니다.
성령은 하나님이 원하시는 것을 정확히 아시기에 성령충만한 자는 참으로 하나님을 기쁘시게 하는 삶을 살아갈 수 있습니다.

왜 제자다운 제자가 되지 못할까? 우선 예수 그리스도를 확실하게 만나지 못했기 때문입니다. 우리는 **예수 그리스도를 영적으로 만나는 체험이 분명히 있어야** 합니다. **예수가 누구시며 하나님이 누구신지** 자신 있게 말할 수 있어야 합니다. 그리고 **하나님의 법이 무엇인지** 확실히 알아야 합니다. 마귀와 귀신들이 하나님의 전지전능하심과 유일하심을 믿지 않았기에 반역하고 더러운 영들이 된 것입니다.

그러므로 **하나님을 확실하게 알지 못하는 자들은 이렇게 얼마든지 악령들에게 사로잡히게 됩니다.**

우리가 하나님과 복음을 전할 때 우선 사람들은 '저 사람이 진짜 하나님을 알고 있는 건가? 정말 하나님을 그렇게 믿고 있는가?' 의아한 눈으로 쳐다봅니다. 그러므로 **우리는 체험한 하나님과 말씀을 자신있게 말해줄 필요가 있습니다.** 하나님을 체험적으로 설명함으로 내가 하나님을 확실히 믿고 있다는 것을 그들이 보고 느낄 수 있어야 합니다.

말씀을 가르치거나 설교할 때 남의 이야기를 하듯이 해서는 안 됩니다. 누가 듣더라도 저 사람은 자기가 말하는 하나님을 잘 알고 믿고 있다는 것이 느껴져야 합니다. 주님도 "**내 증인이 되라**" 고 말씀하셨습니다.

또 사람들이 듣기에 좋은 이야기만 하려고 해서는 안 됩니다. 내가 이렇게 잘했더니 이렇게 복주셨다는 말만 하려고 하니 할 말이 별로 없는 것입니다. 내 입장에서는 **좀 창피한 이야기, 내가 이렇게 어리석게 행동하고 잘못했을 때 이렇게 비참했었는데** 회개하고 고쳤더니 하나님께서 이렇게 해주셨다는 것을 말해주어야 합니다.

왜 이런 말을 하기를 꺼리는 것일까요?

자기의 부끄러운 말을 하기 싫고 자존심이 상하고, 사람들의 시선이 의식되기 때문입니다. 내가 사람들에게 이상하게 보이는 것이 문제입니까? 내가 하나님을 만나고 체험한 것을 보다 더 분명하게 이야기하지 않는 것이 문제입니까?

우리가 전해주어야 할 체험을 전해주지 않으면 **보다 중요하고 복된 체험을 다시는 하게 하시지 않을 것입니다.** 하나님께서 귀한 것을 주셨는데 그것을 전하는 것을 부끄러워한다면 **더 이상 나를 증인으로 쓰시지 않을 것입니다.** 우리는 **부끄러운 과거도 정직하게 말하며 하나님이 어떠한 분이신지를 증언해야** 합니다.

그런데 이렇게 **인간적인 기분과 감정을 초월하여 모든 것을 증거할 수 있는 것 역시 성령충만한 자가 되어야** 가능한 것입니다.

이제 6장을 살펴보겠습니다.

> 1 그 때에 제자가 더 많아졌는데 헬라파 유대인들이 자기의 과부들이 매일의 구제에 빠지므로 히브리파 사람을 원망하니

"**제자가 더 많아졌다**" 했습니다. 이것은 참으로 기뻐할 일입니다.

복음전파에 많은 반대와 핍박이 있었으나 그것은 오히려 촉진제가 되었습니다.

우리 그리스도 교회는 초창기에 유대교회가 그러했듯이 **박해를 받을수록 더 왕성해집니다.** 전도자들이 많은 환난과 핍박을 당했지만 사람들은 **그들의 가르침을 받아들였고 그들이 핍박 앞에서 보여준 놀라운 인내와 능력을 보고 크게 감동을 받으며 예수 그리스도를 영접**했습니다. 무엇보다도 전도자들 스스로 자신들에게 성령의 권능이 함께하고 있음을 점점 더 확신하게 된 것입니다.

훌륭했던 초대교회도 **내적인 문제들**이 있었는데 **그것을 어떻게 처리했는지를** 살펴볼 수 있습니다. 여기에 **성도들 간에 불미스러운 논쟁**이 있었음을 보여줍니다. 그때 제자의 수가 수천 명으로 증가했는데 이때에 문제가 발생한 것입니다.

"**헬라파 유대인들이 자기의 과부들이 매일의 구제에 빠지므로 히브리파 사람을 원망하니**" 했습니다.

지금까지는 그들이 모두 **한마음**이었으나 **수가 많아지자 문제가 나타나기 시작**했습니다.

예루살렘 교회 성도들 가운데 **불평이 일어났습니다.**

그것은 히브리파 유대인들에 대한 헬라파 유대인들의 원망이었습니다. 헬라파 유대인들은 그리스와 다른 지역에 흩어져 있는 유대인들입니다. 그들이 예수 그리스도를 믿었으나 **회심하기 전에 그들이 품고 있었던 인간적인 생각이 해소되지 않았던 것**입니다. 그들의 불평은 그들의 과부들이 무시를 당하여 식량 배급을 제대로 받지 못했다는 오해에서 기인했습니다. 즉, 성도들이 구제를 베푸는 일에 있어서 히브리파 유대인들의 과부들이 그들의 과부들보다 더 보살핌을 받는다는 것이었습니다.

이처럼 **기독교 교회의 최초의 논쟁은 금전에 관한 것**이었습니다. **이 금전의 문제가 하나님의 거룩한 일에 전념해야할 사람들 가운데서 화근이 되었던 것입니다.**

우리도 언제나 이 점을 유의해야 합니다.

신앙 안에서 하나가 되고 주의 일에 충성하던 자들이 **금전의 유혹에 빠져서 순식간에 하나가 되지 못하고 크게 범죄하는 것**을 얼마든지 볼 수가 있습니다. 기독교 교회의 최초의 논쟁이 이 금전 때문에 나타났다는 것을 우리는 항상 기억해야 합니다. **아직도 물질에 대한 불신자들의 사고방식과 인간의 욕심이 제어되지 못하는 성도들이** 얼마든지 있을 수 있습니다.

그러므로 성도들은 언제나 물질로 인한 시험에 빠지기 쉽다는 것을 유념하고 **자신을 지키고 성장시켜야** 하며 **그것을 위해 늘 기도해야** 합니다.

사도들은 성도들이 희사한 물질을 **하나님 앞에서 올바르게 처리하기 위해** 최선을 다했고 **언제나 공정성을 기하기 위해** 힘썼습니다. 그럼에도 불구하고 헬라파 유대인들은 히브리파 유대인들이 자기들을 무시한다고 불평했던 것입니다.

유리한 입장에 서 있지 않은 사람들은 실제로는 그렇지 않은데도 **그들이 무시 받고 있다고 시기하고 질투하기가** 쉽습니다. 특별히 가난한 사람들이 그들에게 주어진 것에 대해 감사하는 대신에 **여유 있는 사람들을 보며 자신들에게는 더 많이 주어지지 않았다고 불평하고, 그들을 원망하고 시비를 일으키는 경향이 있음을** 볼 수가 있습니다.

그러므로 덜 가진 자들은 이러한 유혹과 시험에 빠지지 않기 위해 **언제나 조심해야** 합니다. 물질 때문에 **시기질투하고 원망하고 불평하다가 점점 더 큰 시험에 빠져 하나가 되지 못하고 갈라지고 다투고 원수지간이 되기도** 합니다. 참으로 우리는 이러한 사탄의 시험에 **항상 대비해야** 합니다.

여유 있는 자들은 가난한 자들이 그러한 시기나 질투에 빠지기 쉽다는 것을 기억하며 그들이 스스로 차별대우를 받고 있다고 여겨지지 않도록 **각별히 신경을 쓰고 배려해야** 합니다. 만에 하나 가난한 자들을 차별하고 그들에게 공정하게 처신하지 못했다면 그것 또한 **큰 잘못이** 아닐 수 없습니다. 그러므로 가진 자들은 가난한 자들을 차별하지 않고 그들에게 덜 베풀지 않도록 조심해야 합니다.

이 세상에서는 **가장 이상적인 교회에서도 잘못이** 있을 수 있고 **부당한 처사나 불평거리** 있습니다. 아무리 최상의 것이라도 **불완전이 완벽하게 없어지는 것이 아니고 단지 최소화 될 뿐**입니다. 이 세상에서 완전한 것은 없으므로 우리는 어떤 일이 다소 부당하고 불만스러울지라도 그때마다 불만을 품고 원망하고 다투는 일을 **의도적으로 멀리해야** 합니다. 누가 나에게 잘못하고 부당하게 처사하는 일이 있음을 볼수록 **나에게도 그와 같은 모습이 있다**

는 것을 기억해야 합니다.

성도는 **예수 그리스도를 영접한 그 순간 성령세례를 받아 성령에 의하여 그 때부터 죽는 날까지 점점 변화되고 성장되어 가는 것**입니다. 결코 단 한순간에 완전해지지 않기에 **우리는 서로 각자에게 부족하고 변화되지 못한 부분들이 있다는 것을 명심해야** 합니다. 따라서 그런 것들로 인해 나오는 문제들을 볼 때마다 원망하고 불평하고 다투는 것을 **의도적으로 참아야** 합니다.
특히 중직을 맡은 하나님의 일꾼들이 실수하거나 잘못한다고 하여 **그것을 꼬투리 잡아서 곧바로 그들에게 원망 불평하거나 불신하거나 대적해서는 안 됩니다.**

하나님은 완전한 자가 아닌 하나님이 선택하신 자를 세우십니다.
그러므로 하나님이 세우신 종들에게도 얼마든지 부족한 점이나 변화되지 못한 점이 보일 수가 있습니다. 우리는 그것만을 봐서는 안 되며 **하나님께서 그들을 선택하여 세우시고 쓰고 계심을 중시해야** 합니다.

> **2** 열두 사도가 모든 제자를 불러 이르되 우리가 하나님의 말씀을 제쳐 놓고 접대를 일삼는 것이 마땅하지 아니하니

"우리가 하나님의 말씀을 제쳐놓고 접대를 일삼는 것이 마땅치 아니하다" 했습니다.

지금까지는 사도들이 물질을 나누어주는 일들을 직접 했습니다.
그러나 이러한 논쟁이 벌어지는 것을 발견하고 사도들은 **그동안 해왔던 방법이 지혜롭지 못했음을 인정하고 새로운 방법을 제시**합니다. 사도들은 막중하고 거룩한 사업을 앞에 두고 지금과 같이 원망하거나 분열되는 일이 결코 있어서는 안 된다는 것을 말합니다.

그들은 **하나님의 말씀을 가르치는 일에 전력을 다해야** 했습니다.
그들이야말로 **한 사람이 성도들 열 명, 또 천 명보다 나았습니다. 그들의 생각과 시간과 모든 능력을 하나님의 말씀을 가르치는 일에 투입함이 마땅**했습니다. 그들이 교회 안의 모든 일에 관여한다면 **그만큼 하나님의 말씀을 전하는 일에 소홀해지게** 됩니다. 사람이란 한 번에 여러 가지를 잘 감당할 수 없기 때문입니다. 그래서 **하나님께서도 교회 구성원들에게 사명과 은사를 나눠주시는 것입니다.** 사도들이 채찍을 맞았다고 해서 말씀을 가르치는 사명을 결코 소홀히 감당할 수 없었던 것처럼 **그들의 발 앞에 놓인 금전 때문에**

말씀 전파하는 일을 소홀히 하면 안 됩니다. 성도들의 수가 적었을 때에는 모든 일을 감당하는 것이 큰 어려움이 없었으나 이제 성도들의 수가 증가했으므로 그들은 계속해서 그렇게 할 수 없었습니다.

사도들은 **가난한 사람들을 돕는 일, 곧 육신의 떡 때문에 영혼들을 먹이는 일을 소홀히 하는 것이 합당하지 않다**는 것을 깨달은 것입니다.

교역자들은 **복음 전하는 일을 최고의 사명이요, 전력을 다해야할 일임을 명심하고 그 일에 자신을 전적으로 바쳐야 하며 그 어떤 것도 이 일에 충성하는 것을 방해하지 않도록 단호하게 정리하고 처신해야 합니다. 장로나 집사들은 교역자가 성전 건물이나 비품, 일반적인 행정에 관한 업무 등을 안심하고 맡길 수 있도록 자신을 잘 준비하고 가다듬어 나가야** 합니다. 만약 이들이 일을 불성실하게 하거나 잘못하여 교회 안에 분쟁이 생기고 하나님의 영광이 가려진다면 그것 또한 **큰 죄악**이 아닐 수 없습니다.

그러므로 **교회는 이러한 일들을 진실하고 충성되게 감당할 집사와 장로들을 엄선해서 세워야** 합니다. 만약 자격 없는 사람들을 중직에 세운다면 **그 자체가 또한 불충한 죄가 됩니다.**

제 20 강

택함 받은 일곱 집사들(1)

행6:2~4
2열두 사도가 모든 제자를 불러 이르되 우리가 하나님의 말씀을 제쳐 놓고 접대를 일삼는 것이 마땅하지 아니하니 3형제들아 너희 가운데서 성령과 지혜가 충만하여 칭찬 받는 사람 일곱을 택하라 우리가 이 일을 그들에게 맡기고 4우리는 오로지 기도하는 일과 말씀 사역에 힘쓰리라 하니

> *2* 열두 사도가 모든 제자를 불러 이르되 우리가 하나님의 말씀을 제쳐 놓고 접대를 일삼는 것이 마땅치 아니하니 *3* 형제들아 너희 가운데서 성령과 지혜가 충만하여 칭찬 받는 사람 일곱을 택하라 우리가 이 일을 그들에게 맡기고

예루살렘 교회가 금전문제로 다툼이 일어나자 사도들은 **구제하는 일을 비롯하여 교회 내적인 일들을 맡기에 합당한 사람들을 선택하여 세우게** 됩니다.

그들은 **대접하는 일과 교회의 살림을 맡아 다스리는 집사로서** 그동안 사도들이 했던 것보다 **더 세밀하고, 불만과 불평이 없도록 잘 해야** 했습니다. 모든 일에 **예모와 질서와 책임감**이 있고 자신의 일은 물론이요, **어떤 일도 소홀하지 않아야** 했습니다.

집사들은 이 일을 위해 **알맞은 성품을 지녀야** 했습니다.

그들은 **성도들로부터 칭찬 듣는 사람이어야** 했습니다. 부정한 것이 없으며 흠 없고 성실한 사람이며 모든 일에 덕스럽고 칭찬할 만한 믿을 수 있는 사람이어야 했습니다. 그들은 사회적으로 성공한 사람은 아니더라도 **신망이 있고 중요한 결점이 없어야** 하는데 이것은 **그들이 성도들로부터 신용을 얻고 그 직책을 정당하게 수행하는 데에 필수적인 것**이었습니다.

뿐만 아니라 그들은 **성령이 충만한 자들로서** 인간의 기분이나 감정이나 사고방식이 아니라 성령의 인도를 세심하게 받으며 **일해야** 했습니다.

구약시대에는 천부장과 백부장과 오십부장과 십부장으로 삼을 때 "**능력 있**

는 사람들, 곧 **하나님을 두려워하며 진실하며 불의한 이익을 미워하는 자**(출 18:21)"를 세웠습니다. 그런데 신약시대에 와서 더 중요시 된 것은 "**성령의 충만함**"이었습니다.

신약의 교회에 이방인들도 들어올 수 있게 되었지만 **구약시대의 교회 일꾼들보다 결코 자질이 부족하거나 자격이 없는 사람을 집사로 세워서는 안 되었습니다.**

목사나 장로가 아니라 **집사일지라도 성령충만한 자여야** 했던 것입니다. 왜냐하면 **신약교회야말로 유대인들뿐 아니라 전 세계 민족에게 복음을 전해야 했기 때문**입니다.

이 사람들은 유대민족들 안에서만이 아니라 **세계 어느 나라 민족들에게도 인정받고 칭찬받고 존경받는 자들이 되며 그리스도의 일을 충실하게 감당해야 했습니다.** 즉, 우리는 한국 안에서만이 아니라 **세계 어디에 내놓아도 정직하고 충성되며 능력 있게 일할 수 있는 사람이 되어야** 하는 것입니다.

오늘날의 교회가 점점 불신자들에게 인정받지 못하고 업신여김을 당하는 것도 **교회의 중직자들이 사방에서 물밀듯이 닥쳐오는 세파를 견디고 이길 만큼 성령충만한 자가 되지 못했다는** 데에 원인이 있습니다.

각 나라마다 각종 우상 종교들이 넘쳐나고 사탄의 역사들은 참으로 다양하고 극심하게 복음전파를 방해하며 교회들을 오염시킵니다. 그런데 **마귀의 소굴과 같은 각처에 존재하는 교회들 안에 성령충만한 자가 한 사람도 없다면 그 교회는 결코 사명을 제대로 감당할 수 없을 뿐 아니라 신속하게 세속화되고 진리가 오염될 수밖에 없습니다.**

현대 교회의 중직자들이야말로 반드시 성령충만한 자들이어야 합니다.

오늘날 교회지도자들은 **갈수록 사탄의 역사들이 극심해질 것이** 분명하니 이것을 절실히 깨달아야 합니다. **교인 숫자와 교회 시설을 늘리려고 먼저 힘쓰기보다 목사로부터 장로와 집사들이 성령충만함을 받기 위해 전력을 다해야** 합니다. 또한 **자라나는 학생과 젊은이들이 일찍이 성령충만에 눈을 뜨게 해야** 하며 **어려서부터 성령충만 받기 위한 준비를 철저히 하도록 계획을 세우고 목회를 해야** 합니다.

강조하건데 **성령충만한 한 사람이 그렇지 않은 자, 백 명, 천 명보다 더 큰 열매를 맺을 수 있습니다.** 최초로 성령충만 받은 120명이 전 세계에 그리스도의 교회를 세웠다는 것을 기억해야 합니다. 지금도 하나님은 분명히 **성령**

충만한 자를 뽑아 세우시고 각계각층의 사람들에게 보내사 복음을 능력 있게 전파하게 하고 계십니다. 아무리 인물이 잘나고 유명한 자라 할지라도 **성령 충만 하지 못한 자라면 하나님께서 이와 같이 사용하지 않습니다.**

참으로 더 많은 사람들에게 더 먼 곳까지 가서 능력 있게 복음을 전하다가 주님의 품에 안기기를 원하는 사람들이라면 성령충만 받기 위해 전력을 다 해야 합니다.

이 집사들은 **지혜가 충만한 사람들**이어야 했습니다.

정직하고 착한 것만으로는 부족했습니다. **하나님 앞에서 지각이 있고 현명한 사람들로 생각이 깊어서 모든 일을 신중하고 질서 있게 처리할 수 있어야** 했습니다. 성경에서 말하는 지혜란 **하나님을 아는 지혜입니다.**

'하나님의 뜻과 법이 무엇인가? 하나님이 무엇을 원하시고 기뻐하시는가? 하나님 앞에서 올바른 것이 무엇인가?' 이러한 것들을 분명하게 판단하는 지혜입니다.

단지 '현실적으로 무리가 없는가? 사람들에게 칭찬을 들을 것인가? 나에게 유익이 있을까? 어떻게 하면 한 사람이라도 교회에 더 붙들어 놓을 것인가?' 하는 것을 생각하고 판단하는 것이 아닙니다.

많은 일꾼들이 하나님의 일을 위해 의논할 때에 지혜가 부족해서 **인간적으로 생각하고 판단하며 말하고 결론을 도출해 냅니다.** 심지어 성령과 지혜가 충만한 사람이 하나님 앞에서 올바르고 정당하게 생각하고 판단하며 말하는 것을 저지하고 배격하며 방해합니다. 그리고 어떻게 해서든지 자기가 하는 대로 따라오도록 수단과 방법을 가리지 않기도 합니다. 이것이 얼마나 큰 잘못이 되겠습니까?

많은 사람들이 자기도 하나님의 일을 한다고 하면서 **오히려 방해하고** 하나님 앞에 **큰 죄**를 너무나 자주 저지르고 있습니다. 이들은 **영적으로 깨어있지 못하고 성령충만하지 못한 사람들**입니다.

노회나 총회에서 일이 정당하게 처리되지 못하고, 다투고, 파를 이루고, 선을 악이라 하고 악을 선이라고 하는 모든 일들이 바로 이런 것에서 비롯되는 것입니다. 노회나 총회도 교인 수가 많은 교회의 목사와 장로가 아니라 이렇게 **성령과 지혜가 충만한 사람들이 주도**해야 합니다. 그것이 불가능해지면 **하나님의 뜻과 상관없이 움직이는 집단으로 전락할 수밖에 없습니다.**

물론 하나님은 성령과 지혜가 충만하지 않은 자들도 사용하십니다.

그러나 이러한 자들이 교회나 노회나 총회를 대표하는 자리에 서게 되면 그 결과는 심각하게 됩니다. 그러므로 **먼저 각 교회지도자들이 지혜와 성령의 충만함을 받아야** 하며 이러한 자들이 노회나 총회에서 책임을 맡고 일할 수 있도록 해야 합니다.

이제부터라도 이것이 정착되어지도록 우선 목사들이 이것을 명심하고 전력을 다해야 합니다. 만약 오늘날의 목사들이 이것을 소홀히 하거나 실패하면 결코 하나님께 칭찬 들을 수 없으며 오히려 큰 책망과 징벌을 면치 못할 것입니다.

한국 교회는 100여 년 역사 속에서 **급성장**을 했고 동네마다 수많은 교회들이 세워지는 **놀라운 은총**을 누리고 있습니다. 이것은 분명히 **이 한국 교회에 전 세계를 위한 특별한 사명이 주어졌음**을 의미하기도 합니다.

그런데 오늘날의 한국 교회는 교단마다 분열과 다툼과 당 짓는 것과 원수 삼는 것을 점점 더 심하게 하고 있습니다. **우리는 이것을 반드시 타파하고 서둘러서 정리해야 합니다. 각 교회지도자들이 하나님 앞에 회개하고 성령 충만 받기 위해 전력을 다하고, 또한 성령충만한 제자들을 기르기 위해 전력을 다해야** 합니다.

▌*4* 우리는 오로지 기도하는 일과 말씀 사역에 힘쓰리라 하니

복음전파자가 해야 할 일은 두 가지, 말씀과 기도입니다.

말씀을 통해 하나님께서 그 백성들에게 말씀하시고, 하나님이 백성들은 기도를 통하여 하나님께 호소하는 것입니다. 이 두 가지에 의하여 그리스도의 나라는 전진하며 증가합니다.

오직 말씀과 기도에 의한 부흥이 진정한 부흥입니다. 그야말로 우리는 **마른 뼈들에게 하나님의 말씀을 들려주어야** 하며 하나님께서 그들에게 생기를 불어넣어 주시도록 기도해야 합니다.

복음전파자들은 자신이 먼저 말씀을 읽고 묵상하고 기도하는 일에 전념해야 합니다. 그들은 **말씀을 전함으로써 사람들에게는 하나님의 대언자가 되어야 하며, 기도함으로써 하나님께 대한 성도들의 대언자가 되어야** 합니다. **죄인들이 예수 그리스도를 믿고 회개하도록 하고, 성도들을 양육하여 온갖 환난에서 하나님의 특별한 위로를 받게 하기 위해 전력으로 기도해야** 합니다.

이렇게 말씀을 세심하게 가르치는 일과, 또한 성도들을 위해 세심하게 기도하는 것만 제대로 하려 해도 복음전파자들은 **다른 것에 시간을 쓰고 돌아다**

닐 여력이 없을 것입니다.

복음전파자들은 **누구보다도 사탄의 공격대상**이 됩니다.
더 많은 사람들에게 더 먼 데까지 가서 복음을 전하려 할수록, 또한 사람들을 보다 세밀하게 훈련하고 양육하려 할수록 거세게 사탄의 도전을 받게 됩니다. 그러므로 누구보다도 **지치고 고달프고 핍박당하고 손해보고 배반당하는** 일들이 많아지게 됩니다.

그런데 복음전파자도 역시 인간이기 때문에 **이런 것들로 인해 지치고 심란해지며 낙심하게도 되며 말할 수 없는 고통을 느끼게** 됩니다. 그런데 이것을 해결하기 위하여 사람에게서 위안을 찾거나 세상적인 방법을 동원하는 것은 **시간과 물질을 낭비하고 영육을 더 고달프게 할 뿐**입니다.

우리 하나님의 사람들은 **날마다 순간마다 우선 말씀을 읽고 묵상함을 통하여 성령께서 주시는 위로를 받고, 새 힘을 얻고, 상처가 싸매어지고, 의욕과 소망이 넘쳐나고, 용서할 마음을 가져야** 합니다. 또한 **하나님의 약속을 다시금 확인해야** 하고 은혜와 진리가 더욱 충만해져야 합니다.

뿐만 아니라 기도로 내 모든 사정을 하나님께 아룀으로써 **하나님께 속시원하게 호소하고, 울더라도 하나님 앞에서 울어야** 합니다. 그렇게 함으로 **내 영혼이 치료되고 평안해지고 여유를 찾아야** 합니다.

그리고 기도란 나 혼자서 떠드는 것이 아니고 **하나님을 상대로 대화하는 것**이므로 주께서도 어떤 방법으로든 분명히 나에게 응답하십니다.
기도 중에 어두웠던 내 심령이 밝아지고 성령께서 위로를 주시고 감사한 마음이 생겨나고 기쁨이 솟구치고 의욕이 생깁니다. 누구를 원망하기 전에 나 자신의 죄를 회개함으로써 내 죄를 씻어내고 병든 부분이 고쳐지고 부족함이 채워집니다.

한 걸음 더 나아가서 **주께서 좀 더 가까이 해주시는 은총을 받은 자라면** 하나님은 그때그때마다 **구체적으로 무엇을 해야 할지 말아야 할지** 말씀해주시며 '사랑하는 자야. 내가 너를 사랑한다. 내가 너와 함께하니 두려워하지 말고 근심하지 말라', 또는 '내가 너에게 이런 저런 복을 주리라' 하고 **말씀해주십니다.**

하나님의 사람들은 **이렇게 말씀과 기도로써 모든 문제를 해결해나가야** 합니다. 그렇지 않으면 점점 더 극심하게 다가오는 사탄의 도전을 견디거나 이겨낼 수 없으며 변함없이 충성할 수가 없습니다. 더욱이 중단 없이 더 많은 사람들에게 더 멀리 가서 복음 전하는 일을 할 수가 없습니다.

많은 주의 종들이 사람과 돈을 의지하려고 합니다.
 그런 것들을 통해 문제를 해결하려고 함으로써 **오히려 많은 잘못을 저지르고 더 큰 부작용을 만들어내게** 됩니다.
 하나님의 종들이야말로 누구보다도 말씀과 기도에 착념해야 합니다. 먼저 자신이 말씀과 기도로써 위로받고 치료되고 새로워지며 더욱더 무장하고 큰 능력을 힘입고 하나님의 세심한 인도를 받음으로써 든든히 서고 전적으로 하나님의 손에 붙잡힌 바 되어 일하는 사람의 모습을 보여줘야 합니다. 이럴 때 비로소 그 사람은 사람들에게 살아계시고 전지전능하신 하나님을 나타내고 보여주는 사람이 됩니다.
 하나님의 종들이 우선 자신을 이렇게 지탱하며 일할 뿐 아니라 성도들이 그대로 따라 할 수 있도록 가르쳐주어야 합니다. 말로 가르치기 전에 **하나님의 종 스스로가 자기가 어떻게 생활하고 있는지를 보여주어야** 합니다. 자신이 그토록 극심한 환난과 시련 속에서도 끄떡없이 견디며 오히려 모든 일을 더 활발하게 하고 더 큰 능력이 나타나고 열매가 나타나는 것을 사람들이 보면서 "**당신은 어떻게 그렇게 합니까?**" 라고 질문을 가지게 해야 합니다. 그 질문에 "**이것이 오직 말씀과 기도로 가능한 것입니다**" 하고 확실하게 가르쳐 줄 수 있어야 합니다.
 전도 받는 사람이나 성도들이 **하나님의 종에게서 하나님의 사람으로 살아가는 특별하고도 놀라운 면**을 전혀 발견할 수 없다면 그들이 무슨 매력을 느끼며 어찌 그 종에게 귀를 기울이겠습니까?
 '아, 나도 저 사람처럼 되어야겠다. 나도 저렇게 살아야겠다' 하고 **강력한 매력을 느끼게 하며 그렇게 살 수 있는 방법이 무엇인지를 설명해 준다면 그들은 결코 그것을 거부하거나 놓치지 않을 것입니다.**
 우리 하나님의 일꾼들은 **말씀을 가르치는 일 못지않게 기도하는 일에 많은 시간을 사용해야** 합니다. 우리는 저들에게 말씀만 먹여서는 안 됩니다. 그 말씀이 **그들에게 효력을 나타내도록 기도해야** 합니다.
 하나님의 역사하심 없이는 우리의 설교가 헛되이 될 뿐입니다. 아무리 잘 준비하고 멋있게 설교했다 할지라도 거기에 성령께서 역사하시지 않으면 헛된 것이 됩니다. 아무리 완악하고 무지한 자라 할지라도 우리가 **그 영혼을 위해 간절히 기도하며 말씀을 증거할 때에 성령께서 역사하셔서 전혀 변화**

가 있을 것 같지 않은 사람에게도 반드시 확실한 변화가 나타나게 **됩니다.**

사도들에게 큰 능력이 주어졌으나 그들은 결코 기도 없이 일하지 않았습니다. 그들은 말씀을 전하는 일 못지않게 기도하는 일에 전력을 다했습니다. 그들이 받은 능력이 그들의 기도에 의해 확실한 효과를 나타낸 것입니다.

은사도 없는 사람이 기도조차 하지 않는다면 그는 아무것도 할 수가 없습니다. 은사가 주어졌을지라도 간절히 기도하지 않는 사람도 별다른 결과를 기대할 수가 없습니다. 또한 기도가 없는 은사는 잘못 행사되기가 쉽습니다.

그러므로 전도자들과 목회자들은 말씀을 연구하고 가르치는 일과 기도하는 일에 전심전력해야 합니다. 바로 그런 사람에게 주님께서 세상 끝날까지 함께하신다고 약속하신 것입니다.

오늘날 교회성장 세미나라는 것을 많이 하는데 교재와 목회 방법을 개발하여 교회부흥을 꾀하는 것도 잘못된 것은 아니나 목회자들이 교회가 부흥되지 않아 '내가 실력이 부족한 것이 아닌가? 목회 방법이 잘못된 것이 아닌가?' 생각하여 여기저기 쫓아다니며 새로운 테크닉을 배우려고 하는 것은 근본적인 해결책이 아닙니다.

목회자들이야말로 말씀과 기도에 전념해야 하는 것입니다.

예수님께서 제자들에게 프로그램을 가르쳐주고 전도 방법을 개발하라고 명하시지 않았습니다. 제자들은 그동안 주께로부터 배운 것으로 이미 지식적인 것은 충분했습니다. 이제 그들이 할 일은 성령의 충만함을 받기 위해 기도에 전력하는 것이었습니다.

그들은 주님의 가르침대로 순종했고 오순절에 과연 성령의 충만함을 받았습니다. 이 성령충만함의 역사에 의하여 먼저 그들 자신이 크게 변화되었고 말씀과 믿음과 성령이 충만하여 능치 못함이 없었습니다. 그 어떤 것도 두려워하지 않았고 그 무엇도 그들 앞에는 장애물이 되지 않았습니다. 오히려 장애물이 있을수록 더 큰 권능이 나타났으며 더 많은 사람들을 예수께로 인도할 수 있었습니다.

그들은 어떠한 인위적인 방법도 사용하지 않았습니다. 사람의 숫자를 가지고 한 것도 아니요, 건물을 크게 짓고 시설을 훌륭하게 함으로 일한 것도 아니었습니다.

오늘날의 목회자들은 지금도 얼마든지 그러한 역사가 나타날 수 있음을 믿어야 하며 그것을 할 수 있기 위해 전력을 다해야 합니다.

오늘날 한국은 신학을 공부하는 사람들이 세계 어느 나라보다 많다고 합니다. 이것은 하나님의 큰 은혜가 아닐 수 없습니다. 그런데 그들이 과연 목회자다운 목회자가 되고 있는지는 매우 걱정스러운 것이 사실입니다.

신학교에 들어오는 사람들에게 **처음부터 졸업할 때까지 그들이 말씀 연구와 기도에 전력하는 것을 훈련해야** 합니다. 우선 **교수들 자신이 언제나 말씀과 기도에 전력하여 항상 말씀과 믿음과 성령의 충만한 자들이** 됨으로 그들의 입에서 단지 지식만 전달되는 것이 아니라 **하나님의 권능이 나타나야** 합니다. **그것을 먼저 솔선하여 보여줄 수 있는 사람들이** 교수로 선임되어야 하는 것입니다.

오늘날 신학교가 학위만을 위주로 교수들을 뽑고 이것이 교회에도 그대로 전수되어 박사학위 가진 목사들을 우선하여 선발하고 세움으로 교회가 힘을 잃고 있습니다. **교회와 신학교가 제구실을 할 수가 없는 것입니다.** 신학교에서 **학생들을 선발할 때에도 학벌이나 시험위주로만 선발할 것이 아니라 그들을 개별적으로 철저하게 심사하여 '이들이 확실한 믿음이 있는가? 그동안 말씀과 기도생활을 어떻게 해왔는가? 그들이 성령 체험을 했는가? 무슨 은사가 있는가?' 이러한 것들을 위주로 엄선해야** 합니다. 이렇게 선발하여 **말씀과 믿음과 성령의 충만한 교수들에 의해 철저하게 양육한다면 이러한 신학도들은 놀라운 결과를 만들어낼 것입니다.**

이렇게 잘 훈련되어 배출된 자라면 기성교회에서 일하지 않아도 **그들은 어디서나 구실을 하게** 되며 이러한 자들이 개척교회를 한다면 확실하게 그리스도의 교회를 세워나갈 수가 있을 것입니다. 한국교회는 이제라도 이 일을 서둘러 해야 합니다.

목회자들이 신학생들을 추천할 때는 **말씀과 기도생활에 착념하고, 확실한 믿음을 가지고 있으며, 누구보다도 순종하고 충성하는 데에 본을 보이고** 한 걸음 더 나아가 **성령 체험을 하고 성령충만한 자가** 되도록 그들을 열심히 훈련하고 양육하여 추천함으로 신학교에 보내야 합니다. 우선 **개교회에서 이렇게 신학교에 가야할 준비된 자격자들을 만들어내는 것이 제대로 되어야** 합니다. 아무런 준비도 없는 자를 신학교에 보내고 신학교에서 단 몇 년 동안에 그들을 잘 훈련되고 무장된 하나님의 사람으로 길러낸다는 것은 매우 어려운 일입니다.

신학교의 커리큘럼 자체가 **말씀과 믿음과 성령의 충만한 자를 길러내기 위하여 짜여져야** 합니다. 다시 강조하건대 **우선 교수들이 말씀과 믿음과 성령**

의 충만한 자들이 세워지는 것이 가장 중요하며 그 다음으로 중요한 것은 이것을 받을 수 있는 기본적인 준비가 된 자들을 신학생으로 선발해야 **합니다.**

그리고 전국 교회는 하루도 빼놓지 않고 신학교에서 훈련받는 자들과 그 교수들이 한결같이 말씀과 믿음과 성령의 충만한 자들이 되도록 간절히 기도하고 열심히 후원해야 **합니다.**

제 21 강

택함 받은 일곱 집사들(2)

행6:5~7
5온 무리가 이 말을 기뻐하여 믿음과 성령이 충만한 사람 스데반과 또 빌립과 브로고로와 니가노르와 디몬과 바메나와 유대교에 입교했던 안디옥 사람 니골라를 택하여 6사도들 앞에 세우니 사도들이 기도하고 그들에게 안수하니라 7하나님의 말씀이 점점 왕성하여 예루살렘에 있는 제자의 수가 더 심히 많아지고 허다한 제사장의 무리도 이 도에 복종하니라

5 온 무리가 이 말을 기뻐하여 믿음과 성령이 충만한 사람 스데반과 또 빌립과 브로고로와 니가노르와 디몬과 바메나와 유대교에 입교했던 안디옥 사람 니골라를 택하여

사도들은 성도들에게 "**성령과 지혜가 충만하여 칭찬 받는 사람 일곱을 택하라**"고 하며 자신들은 "**우리는 오로지 기도하는 일과 말씀 사역에 힘쓰리라**" 했습니다. 그러자 "**온 무리가 사도들의 말을 듣고 기뻐했다**" 했습니다.

성도들은 사도들이 말씀 전하는 것과 기도하는 일에 전념하겠다고 하자 기뻐했습니다.

그들은 이 문제를 가지고 더 이상 논쟁을 벌이지도 않았고 그것을 실행하기를 주저하지 않았습니다. 그리고 추천하여 세워진 후보들에 대해 논란을 벌이지도 않았습니다. 추천된 후보들 중에는 자신의 마음에 맞지 않는 사람도 있었겠지만 예루살렘 교회 교인들은 **인간적이고 개인적인 감정에 치우치지 않고 추천된 결과에 기꺼이 순응**했습니다. 그들은 일반 사회단체에서 볼 수 있는 것처럼 어떠한 소란도 피우지 않았습니다.

여기서도 **그들은 진정 주님을 머리로 하여 한 몸을 이루었음**을 보여주고 있습니다. **개인적인 이해관계가 어떻든지 그들은 주님 앞에서 그 모든 것들을 내려놓고 정직하고 공정하게 판단하고 결정**했던 것입니다.

사도의 자리를 채우는 일은 **제비로 결정**했습니다. **제비뽑기는 보다 직접적인 하나님의 선택을 뜻한 것**이었습니다. 이것 또

한 그들이 전적으로 하나님을 신뢰하고 순종하는 믿음이 있었기에 가능했습니다

오늘날 제비뽑기로 하나님의 일꾼을 선정하는 것을 유치하다고 생각하는 사람들이 있습니다. 이것은 성도들이 사람을 선출하는 일에 있어 누구보다도 하나님께서 잘 알고 계시며 하나님께서 원하시는 자를 세우도록 그 문제를 하나님께 진정으로 맡기는 믿음이 부족한 데서 나오는 생각입니다.

하나님은 얼마든지 사람을 선택하는 일에 친히 개입하여 행하실 수 있습니다.

교회는 사람의 집단이 아니요, **그리스도의 몸이므로 중직자를 세우는 일을 온 성도들이 하나님께 맡기고 기도하여 제비뽑기로 선출하는 일이야말로 매우 합당한 일입니다.** 더욱이 **제비뽑기는 시비를 그치게 하는 가장 좋은 수단입니다.**

하나님께 맡기고 제비뽑기로 사람을 선택했을 때 사람들의 눈에 맞지 않는 사람이 뽑히는 경우가 있습니다. 그러나 **하나님께서 모든 것을 통찰하시고 그를 선택하여 세우셨다는 것을** 믿어야 합니다.

하나님께서 그 상황에서 제비뽑힌 사람이 누구보다도 하나님의 뜻을 따라 가장 적절히 임무를 수행할 사람이므로 그를 세우신 것임을 믿어야 합니다. 사람이 판단하는 것보다 **하나님의 판단하심이 언제나 완벽하고 가장 적절한 것입니다.**

성경에는 분명히 **가장 귀한 직분자인 사도들을 제비뽑기로 결정하여 세웠다는** 사실을 우리는 유념해야 합니다. 어찌 이러한 제비뽑기를 유치하다고 말하며 의심할 수 있다는 말입니까?

그러나 여기에 교회의 재정과 살림을 돌보는 **집사는 투표로 선출**되었습니다.

여기에도 하나님의 섭리가 있습니다. 가장 중요한 직분자를 **제비로 뽑는 것**과 그를 도와 교회 안의 중요한 일을 맡아야할 사람들을 **투표로 뽑는 것**, 이 모두가 주께서 우리에게 허락하신 것입니다. 그러므로 반드시 모든 직분자를 제비로 뽑아야 한다거나 투표로 뽑아야만 한다고 고집하는 것은 잘못입니다.

오늘날과 같이 이해관계가 극심하게 얽혀있거나 투표로 했을 시 부작용이 나타날 것이 분명하다고 여겨질 때에는 온 성도들이 사람 선택의 문제를 하나님께 맡기고 일정기간 동안 일심으로 기도하여 제비뽑기로 결정하는 일이 지혜로운 일인 것입니다. 이때 **많은 낭비를 줄일 수 있으며 부작용과 범죄를**

막을 수 있습니다.

여기에 **일곱 안수집사들의 이름이 명확하게 기록**되어 있습니다.

성경에 모든 충성된 일꾼들의 이름이 다 기록되어 있는 것이 아닙니다. 그러나 이들의 이름이 일일이 명기되었다는 것은 이들에게 큰 영광이며 후대의 모든 성도들이 **이 일곱 사람들을 보고 배우라**는 중요한 의미가 담겨 있습니다.

예루살렘 교회 안에는 **성령충만한 자들**이 이 일곱 사람 외에도 많이 있었습니다. 그런데 **이들은** 그 중에서도 온 성도들에게 인정받고 존경받을 만한 사람들 즉, **가장 훌륭한 사람들**이었던 것입니다. 우리도 이렇게 될 수 있도록 준비하고 힘써야 합니다.

어떤 성도들은 늘 같은 모습으로 안주하며 **소극적이고 안일한 생각**을 가집니다. 이것 또한 하나님 앞에서 합당하지 않습니다. 왜냐하면 **하나님은 우리 모든 그리스도인들에게 형언할 수 없는 은혜와 사랑을 베풀어 주셨기 때문**입니다.

우리는 마땅히 자신을 더욱 가다듬고 무장하고 성장시켜 더 좋은 그릇으로, 더 귀하게 쓰일 재목으로 만들고 보여드려야 합니다. 이런 일을 소홀히 한다면 그 큰 은혜와 사랑을 헛되게 하거나 소홀히 하는 잘못을 저지르는 것입니다. 사도 바울이 가르친 것처럼 **우리는 언제나 1등상을 얻기 위해 전력질주하는 사람**처럼 힘쓰고 애써야 합니다.

그런데 이 일곱 사람들의 이름을 보면 대부분 헬라식 이름입니다. 따라서 어떤 사람들은 이들이 대부분 헬라파 유대인이었을 거라고 말합니다. 특히 **니골라**는 안디옥 출신의 개종자였는데 그가 일곱 집사 중의 한 사람이 된 것을 보면 이 말은 설득력이 있습니다.

이방인으로서 예수를 믿어 그리스도 교회의 교인이 되었는데 유대인도 아닌 이방인 성도를 최초의 안수집사로 세웠다는 것은 그때의 신약교회에 **종족의 구분이 이미 없었다**는 것을 보여줍니다. 뿐만 아니라 **말씀과 믿음과 성령의 충만함을 받는 일도 유대인만이 아닌 다른 종족들 중에서도 얼마든지 있었다**는 것을 알 수 있습니다.

그러므로 **오늘날 우리 같은 이방인 그리스도인들도 니골라를 비롯한 첫 번째 일곱 집사들처럼 말씀과 믿음과 성령의 충만함을 받을 수가 있게 된 것**입니다. 참으로 감사한 일입니다. 만약 예수께서 이런 은혜를 우리 이방인 그리스도인에게도 주지 않으셨다면 이방 세계에 교회다운 교회가 세워질 수 없었을 것입니다. 우리 이방인 그리스도인들은 유대인 그리스도인들보다 사실상 **더 큰 은혜를 입은 것**입니다. 그러므로 **우리는 저들보다 더 주께 충성해야** 합니다.

일곱 사람 중 첫 번째 기록되는 사람은 **스데반**입니다.
스데반은 **일곱 집사들의 집단의 영광**이요, **모든 것에 특출했고 비범한 사람**이었습니다. 스데반이란 말은 **면류관**을 의미합니다.
그리고 **빌립**이 다음에 기록되었는데 그는 집사의 직분을 잘 감당하여 점차 인정을 받았고 후에는 사도들의 동료와 조력자로서 전도자의 직무를 충실히 수행했습니다. 빌립은 특별히 **전도자**라고 불리고 있습니다(21:8). 그는 세례를 베풀기도 했는데 그는 **집사로서 사도적인 사명을 감당**했던 것입니다. 이것은 당시 빌립이 사도들 못지않은 능력의 전도자였으므로 사도들이 특별히 허락한 것이라고 보입니다. 스데반이나 빌립과 같은 집사들은 과연 **사도들 못지않은 능력의 사자들**이었으며 **사도들 못지않게 수많은 사람들을 구원**했습니다.

오늘날도 **평신도 지도자들이** 목회자들 못지않게 **성령의 충만함과 은사를 받을 수 있으며 더 많은 열매를 맺을 수가 있다**는 것을 기억해야 합니다.
그러므로 평신도들도 이러한 그리스도의 일꾼이 되기 위해 힘써야 합니다. 뿐만 아니라 목회자들도 평신도가 이렇게 능력 있는 일꾼이 될 때에 결코 그를 **시기하거나 견제하지 말아야** 합니다. 오히려 그러한 평신도가 있는 것을 기쁘게 여기고 그와 더불어 주를 기쁘시게 해야 합니다.

▎**6** 사도들 앞에 세우니 사도들이 기도하고 그들에게 안수하니라

먼저 사도들은 **하나님께서 이 집사들에게 더욱 성령과 지혜를 주실 것과 그들이 받은 사명을 위하여 자격을 부여하실 것과** 그들이 **교회를 유익하게 하며** 특히 **가난한 자들에게 복이 되게 해달라고** 기도한 것입니다.

하나님의 교회의 직분을 맡은 사람들을 위하여 온 교회 성도들이 기도함으로 그들이 하나님께 위탁되어지도록 해야만 합니다. 교회가 직분자들을 세워놓기만 하고 날마다 그들을 위해 기도하지 않고 돕지도 않으면 **직무유기**이자 **불충한 일**이 됩니다.
그리고 직분자들은 자기가 그 맡은 직무를 수행할 때에 **온 성도들이 자기와**

그 직분을 위하여 열심히 기도하고 있다는 것을 명심하고 겸손하고 충성되게 일해야 합니다. 그리고 좋은 결과를 만들어 냈다면 자기만 잘해서 된 것이 아니라 온 성도들의 기도의 결과임을 알고 모든 영광은 먼저 그리스도께 돌리고 또 성도들에게 돌려야 합니다. 직분자들은 군림하고 행세하는 것이 아니라 먼저 주님을 누구보다도 앞장서서 섬겨야 하며 또한 성도들을 그 어느 사람보다 잘 섬겨야 함을 명심해야 합니다.

"사도들이 그들에게 안수했다" 했습니다.

사도들은 예수 이름으로 그들을 축복한 것입니다. 손을 얹는 일은 축복할 때에 이행되는 것이며 이와 같은 방법으로 야곱이 요셉의 아들들에게 축복했습니다. 축복이란 두말할 것 없이 윗사람이 아랫사람에게 해주는 것입니다.

집사들은 사도들에게 축복을 받음으로써 자기들에게 안수한 사도들을 지도자로 삼고 그들의 가르침을 따라 겸손하고 정직하게 모든 일을 해야 하는 것입니다. 사도들이 집사들에게 안수함으로 그 기도에 대한 응답으로 그들에게 그 직분을 수여할 수 있는 축복이 수여되었음을 확신케 해주는 것입니다. 또한 이 안수로써 그들에게 직무를 수행할 권한이 주어졌고 성도들은 그들에게 순종하도록 의무가 부여되었음을 보여주는 것이었습니다. 그러므로 사도들이 집사들에게 안수한 것은 대단히 귀중한 일이었습니다.

그러므로 하나님의 종들이 성도들 앞에서 안수하여 직분자를 세우는 일을 온 성도들은 존귀하게 여겨야 합니다.

7 하나님의 말씀이 점점 왕성하여 예루살렘에 있는 제자의 수가 더 심히 많아지고 허다한 제사장의 무리도 이 도에 복종하니라

"하나님의 말씀이 점점 더 왕성하여 갔다" 했습니다

예루살렘 교회에 이 일곱 집사를 세움으로써 교회가 더욱 발전하는 것을 보여줍니다. 교회 내에 중요한 일들이 질서 있게 정리됨으로써 교회는 하나님의 은혜로 더 왕성해지게 된 것입니다.

사도들은 더욱더 복음전파에 매진했습니다. 복음은 더욱 능력 있게 널리 퍼졌고 더 많은 사람들이 교회 안으로 들어오게 되었습니다.

목회자들은 세속적인 일에 얽매이지 않고 전적으로 말씀과 기도에 몰두함으로 성령을 통해 복음이 크게 역사하는 일에 기여해야 합니다. 성령은 목

회자들이 학위를 받고 유명해지고 노회나 총회에서 중직을 맡는 것을 통하여 역사하시는 것이 아닙니다. **목회자들이 말씀 전파와 기도에 전념할 때에 그것을 통해 성령이 강력히 역사하며 그로 말미암아 영혼들이 구원받게 되는 것입니다.**

그러므로 **목회자들이야말로 말씀 연구하고 가르치는 일과 기도하는 일에 결코 소홀함이 없도록, 또한 결코 다른 일로 시간을 빼앗기지 않도록 조심해야** 합니다.

"예루살렘에 있는 제자의 수가 더 심히 많아졌다" 했습니다.

목회자들이 말씀과 기도에 전무할 때에 오히려 더 큰 열매를 거두게 되었습니다. 그리스도와 복음에 대해 **심한 핍박**이 있었던 **그 최악의 장소에서 하나님은 선택된 자들을 모으셨던 것입니다.**

시련과 환난이 많다하여 구원사역이 결코 위축되지 않는다는 것을 알아야 합니다. 또한 그것들을 핑계 삼아 결코 복음 전하는 일을 멈추거나 소홀히 해서는 안 됩니다. **어떠한 상황일지라도 복음 전하는 자가 말씀을 전하고 기도하는 일에 전력을 다한다면 성령은 그 사람을 통해 강력히 역사하십니다.**

"허다한 제사장의 무리도 이 도에 복종하니라" 했습니다.

제사장들이 기꺼이 그리스도의 복음 앞에 나아왔으며 그 수가 상당히 많아 **무리**라고 표현되었습니다. 이들은 그동안 유대교회와 권세를 가지고 그리스도와 복음을 가장 앞장서서 방해하고 핍박했던 자들인데 이제 그들도 무리를 지어 그리스도의 도에 복종한 것입니다. 즉, **그들도 과거의 죄를 철저히 인정하고 회개했으며 이제는 그리스도를 믿을 뿐 아니라 그의 모든 명령을 깨끗이 받아들이고 무조건 순종하기로 약속**했던 것입니다.

진정 그리스도를 구주로 영접한 자들은 **불순종하여 범죄하던 것을 끊고 멀리하기를 결심**하고 **그리스도께 복종해야** 합니다. 또다시 자기 욕심이나 감정이나 주관이나 철학을 앞세워 논쟁을 일삼거나 반발해서는 안 됩니다. 예수를 믿기 전에 그런 일을 수없이 했으나 이제 예수가 누구인지를 확실히 알고 그를 자신의 주인으로 영접했다면 **이제는 주님이 주시는 말씀을 믿고 순종해야만** 합니다.

이제 **성령충만한 집사들을** 세웠고 집사들이 또 교회를 열심히 섬겼더니

말씀이 점점 왕성해져서 예루살렘에 있는 제자의 수가 심히 많아졌습니다.
사람 수가 아니라 **제자의 수가** 많아진 것입니다.

다른 종교를 열심히 믿으면서, 혹은 우상을 아직 버리지 않았고 예수를 아직 믿지 않고 있으면서 어떤 계기나 목적에 의해 교회로 열심히 나오는 사람들이 있습니다. 예수를 진정으로 믿지 않고 말씀을 그대로 받아들이고 순종하지 않는 사람이 얼마든지 있다는 것입니다.

인간의 수단이나 방법으로 사람을 모아 놓고 **그들을 제자로 만들 수 없으면** 이런 사람들로 교회가 구성되는 것입니다. 제자가 되지 않은 사람의 수가 교회라는 건물에 많아진다고 해서 하나님께서 그 교회 목회자들과 일꾼들을 보고 기뻐하시지 않습니다.

제자라 하면 우선 **예수 그리스도를 확실히 믿어야** 합니다.
예수님이 지금도 살아계시고 전지전능하시고 유일하신 구세주시요, 그분의 말씀만이 진리라고 믿어야 제자라고 말할 수 있습니다. 하나님은 이런 예수의 제자의 수가 많아지기를 원하고 계십니다.

오늘날 우리 교회들에 **이런 제자의 수가 얼마나 되는지** 우리는 냉철한 눈으로 보아야 합니다. 사람들을 한 명이라도 더 인도하는 것도 중요하지만 **이 사람을 제자로 만드는 일이 더욱 중요하며 거기에 교회 전체가 온 정열을 쏟아야** 합니다.

사람을 제자로 만들어야 한다는 생각을 하면 목회나 가르치는 일이 결코 간단하지 않습니다. 제자를 키우는 일이 얼마나 어려운 것인지 키워본 사람은 압니다. 바울의 말처럼 **해산의 수고** 없이는 될 수 없는 일입니다. 해산의 수고는 몇 시간 고통을 겪고 나면 그치지만 **신자 만드는 일에는 그런 고통을 계속해서 겪어야** 하는 것입니다.

그러므로 신자를 키우고 제자를 만드는 일은 **우유부단하거나 소극적이거나 게으르고 겁이 많은 사람은 할 수 없습니다.** 교회지도자들에게 다 조금씩 이런 것들이 있는데 이것을 극복하려면 결심과 노력만 가지고는 안 됩니다.
아무리 인격수양을 해도 그것으로 제자를 만들 수 없습니다. 개인의 능력과 노력과 의지만으로는 제자 만드는 일에 있어서 **한계가 있으며 오래 견디지 못합니다.** 그러므로 한 사람을 신자다운 신자로, 제자로 키우기 위해서는 **성령의 강력한 도우심을 받는 자가 되어야** 합니다. 그러기에 성령충만함이 절실히 요구되는 것입니다.

하나님의 일꾼들은 **밤낮으로 끊임없이 영적 전쟁을 해야** 합니다. 따라서 **끊임없이 스트레스 받는 일을 해야 할 텐데 이것을 해소하기 위하여 날마다 말씀을 읽고 하나님과 마주하고 기도하면서 해결해야** 하고 **마음의 평정을 찾고 위로도 받고 담대함도 얻고 더욱더 능력을 힘입어야** 합니다.

하나님의 일을 열심히 하고 하나님을 기쁘시게 해드리는 만큼 **마귀의 세력은 더욱 더 그 사람을 원수로 여기고 여러가지로 공격합니다.** 그러므로 내가 살기 위해서라도 **전적으로 주님을 의존하고 주님을 앞세우는 것 밖에는 방법이 없음**을 알아야 합니다. 그렇게 하지 않고 뒤를 돌아보고 인간적인 생각을 하기 시작하면 마귀는 그 틈을 보고 여지없이 달려들게 됩니다.

지도자가 먼저 확실한 그리스도의 제자가 되어야 하고, 누구를 붙여주시든지 간에 **예수의 제자로 만드는 일을 잘해야** 합니다. 이런 예수의 제자가 열 명, 스무 명, 백 명이 된다면 "너 정말 잘했다" 하고 **면류관을 받아쓰게** 되는 것입니다.

교인 수가 많아져도 내가 양육한 제자가 없다면 오히려 책망을 받게 될 것입니다. 하나님이 그렇게 많은 사람들을 붙여주셨는데도 제자다운 제자로 키우지 못했기에 **그 사람은 하나님 앞에서 게으르고 불충한 종으로 여겨지며 책망 받게 되는 것**입니다. 우리 모든 사역자들은 이것을 잠시도 잊지 말아야 합니다.

제자를 만들기 위해서는 **그 사람에게 무엇보다도 예수 그리스도가 누구신지를 확실히 가르쳐 주어야** 합니다. 또 **하나님이 무슨 말씀을 하시는지, 무엇을 요구하시는지 분명하게 가르쳐야** 합니다.

오늘날 왜 많은 지도자들이 제자를 만들지 못할까요? 여러 가지 이유가 있지만 그 중 아주 중요한 것은 **그 자신이 예수님이 누구신지 확실히 모르기 때문**입니다. 예수님에 대해 장님이 코끼리를 만져보듯이 알고 있는 것입니다. 심지어 "내 생각에 예수님은 이런 것 같다" 라고 말합니다.

예수님에 대해 가르칠 때 우리 죄를 항상 용서해주시고 복을 베푸시는 분이라고 가르치기는 하나 예수님이 **죄를 경계하고 책망하고 벌주는 분**이신 것은 슬그머니 빼버립니다. 또 그 **예수님이 책망할 벌**이 무엇인지 분명하게 가르쳐 주지 않습니다. 가르치는 사람 자신이 예수님이 유일하신 신, 유일하신 구세주라는 확신이 없는 자들이 있습니다. 이런 자들이 어떻게 예수의 제자를 만들 수 있겠습니까? 아무리 여러 가지 교재를 갖다놓고 가르쳐도 **그 사람 자신이 예수가 누구신지 제대로 모르고 있으므로** 정확하게 가르쳐 줄 수 없습니다. 따라서 더욱 **예수에 대한 신앙을 가지도록 돕는 능력을 가질 수 없습니다.** 이런 사람 밑에서 아무리 2년, 5년 코스를 밟아가며 배운들 그 사람이 예수의 제자가 될 수 없습니다.

따라서 우리는 **어디를 가든지, 누구 앞에 서든지 우선 우리 주님이 어떤 분이신지 확실히 알게 해주어야** 합니다. 하나님이 존재하시고 이 세상을 창조하시고 유일하시고 전능하신 분이심을 **가르쳐 줄 뿐 아니라 그들이 그것을 깨닫고 체험하게까지 도와주어야** 합니다.

그러므로 **우리 자신이 그 모든 것을 경험하고 확신 있게 증거할 줄 알아야** 합니다. 피전도자들이 전도자가 확신하고 경험했는지 아닌지를 그들도 얼마든지 보고 느낄 수 있습니다. **더더욱 악령들이 그것을 더 잘 압니다.** 그러므로 확신하고 경험하지 못한 지도자들이 이 악령의 세력을 결코 극복할 수 없으며, 따라서 제자다운 제자를 만들 수 없습니다.

교회의 진정한 부흥은 단지 교인 수가 많아지는 것을 의미하는 것이 아니라 **제자의 수가 많아지는 것을 의미합니다.**

초대교회에서 제자의 수가 많아진 것에 대해 중요한 역할을 한 사람들이 바로 이 안수집사였습니다.

그들은 **가난한 사람들을 구제하는 것**이 발단이 되어 집사로 세워졌지만 **교회의 모든 살림을 도맡아서 감당**하게 되었고, 더더욱 **그들 자신도 말씀과 믿음과 성령의 충만함으로 훌륭한 지도자 역할을 감당**했습니다.

집사들은 교회의 행정, 재정과 같은 일들을 맡아서 치밀하게 잘 하고 **목사들과 가르치는 직분자들은 누구보다도 말씀과 믿음과 성령의 충만함을 받아서 제자다운 제자를 만드는 일에 전문가가 되어야** 합니다.

제자다운 제자들이 교회의 지도자들로 세워진 후에야 진정한 제자들이 많아졌다는 것에 우리는 주목해야 합니다. **제자가 아닌 자들이 교회의 지도자 노릇을 하게 된다면** 제자가 아닌 사람들만이 교회에 존재하게 됩니다.

우리가 교회다운 교회, 강한 교회로 만들기 위해서는 **교회의 지도자가 된 사람들이 말씀과 믿음과 성령이 충만한 자들이 되어야** 하는 것입니다. 지도자가 진정한 예수의 제자가 되지 못하면 아무리 많은 사람들을 불러놓고 친밀한 관계를 유지하며 그들을 꾸준히 교회에 출석하게 해도 그들은 그저 **나의 제자가 될 뿐 예수의 제자가 될 수 없습니다.** 평생을 목회 하면서도 이러한 목회를 하는 분들이 참 많습니다.

그러므로 **교회에게 참으로 중요한 것은** 그 교회 안에 예수의 제자가 있느냐

하는 것입니다. 교회에 진정한 예수의 제자가 있다면 그 교회는 또 다른 예수의 제자를 만들 수 있고 바로 그런 교회에 주님이 함께 계시고 그들의 기도를 들어주시는 것입니다. 분명 이들에게는 주께로부터 점점 더 큰 능력이 주어지게 될 것입니다.

하나님을 알게 하는 것은 일반계시와 특별계시가 있습니다.
일반계시는 세상만물과 모든 벌어지는 일들을 통해 하나님을 어렴풋이 깨닫게 해주는 일을 말합니다. 그러나 이 일반계시만으로는 하나님을 확실하게 알 수 없습니다. 그래서 특별계시인 이 성경을 주신 것입니다.
성경을 모르면 하나님이 누구이신지를 확실하게 알 수 없습니다. 신앙의 대상이 불분명하고 하나님을 조금 알았다 할지라도 그것으로는 하나님을 향한 신앙이 돈독해질 수 없는 것입니다. 또한 하나님의 말씀을 모르면 그만큼 잘 지킬 수 없고 결국 말씀 지킴으로 오는 약속된 복을 충분히 받아 누릴 수 없어 그 사람의 영과 육이 제대로 성장할 수 없습니다. 더욱이 말씀 자체가 가지고 있는 능력에 의해 말씀을 충분히 깨닫는 사람 자신이 그만큼 변화가 일어나는 것입니다.

말씀 자체가 능력이 있습니다. 어두운 영혼이 밝아지고 잠자는 영혼이 깨어나며 병든 심령이 치료됩니다. 어두운 눈이 밝아져서 점점 하나님을 알게 되며 자기 자신도 보다 더 분명하게 보게 됩니다. 모든 어리석음과 죄악을 점점 세밀히 깨달아 회개하고 믿음을 자라게 합니다. 그 말씀은 좌우에 날선 검이 되어서 그 사람 속에서 역사하고 있는 마귀, 귀신들을 찔러 내쫓기까지 합니다. 그런데 이러한 성경을 잘 모름으로 인해 이런 혜택들을 누릴 수가 없는 것입니다. 우리가 병자들을 고치고 악령을 내쫓고 이적과 기적을 일으키는 것도 중요하지만 사람들에게는 말씀이 우선적으로 필요하다는 것을 알아야 합니다. 말씀의 유익성은 이루 다 말할 수 없습니다.
그러므로 우리 지도자들은 말씀충만하여 자신이 그 말씀의 혜택을 충분하게 누리는 사람이 되어야 하며 참으로 행복한 모습을 먼저 보여줄 수 있어야 합니다. 그리고 그것을 다른 사람들도 누리도록 도와주어야 합니다.
말씀을 전할 때마다 영감이 떠올라야 합니다. 또 그 말씀을 전했을 때 성령의 역사가 나타나야 합니다. 이러한 자가 될 때 어떤 사람을 만나도, 아무리 극심한 마귀의 시험을 만나도 두려워하지 않고 담대하게 싸우며 복음과 말씀을 능력있게 전할 수 있습니다. 무엇보다 수많은 제자를 만들어 낼 수 있습니다.

7절에서 하나님의 말씀이 왕성해진 이유가 나오는데, 사도들뿐 아니라 평신도들까지 성령이 충만한 자들이었기 때문이라는 것입니다.

　우선 목사와 사역자들이 말씀과 믿음과 성령의 충만함을 받아야 하고 그래서 평신도들까지 그런 사람들이 되도록 전력을 다해 도와주어야 합니다. 이렇게 될 때 하나님의 말씀이 왕성해지며 그런 교회는 틀림없이 점점 더 많은 사람들을 구원하고 치료하고 양육하여 제자다운 제자들을 지속적으로 만들어낼 수 있게 되는 것입니다.

제 22 강

스데반의 설교, 핍박자들의 불법행위

행6:8~14

8스데반이 은혜와 권능이 충만하여 큰 기사와 표적을 민간에 행하니 9이른 바 자유민들 즉 구레네인, 알렉산드리아인, 길리기아와 아시아에서 온 사람들의 회당에서 어떤 자들이 일어나 스데반과 더불어 논쟁할새 10스데반이 지혜와 성령으로 말함을 그들이 능히 당하지 못하여 11사람들을 매수하여 말하게 하되 이 사람이 모세와 하나님을 모독하는 말을 하는 것을 우리가 들었노라 하게 하고 12백성과 장로와 서기관들을 충동시켜 와서 잡아가지고 공회에 이르러 13거짓 증인들을 세우니 이르되 이 사람이 이 거룩한 곳과 율법을 거슬러 말하기를 마지 아니하는도다 14그의 말에 이 나사렛 예수가 이 곳을 헐고 또 모세가 우리에게 전하여 준 규례를 고치겠다 함을 우리가 들었노라 하거늘

■ *8 스데반이 은혜와 권능이 충만하여 큰 기사와 표적을 민간에 행하니*

스데반은 **집사로서의 임무를 충실히 수행하는 자**였습니다. 뿐만 아니라 그의 설교를 보면 그는 놀라운 **말씀의 은사를 지닌 자**였습니다.

이렇게 **작은 일에 충성한 스데반은 전도자로서도 사도들 못지않게 능력있게 설교할 수 있었던 것입니다.** 당시 **초대교회는** 이렇게 **평신도 지도자들도 능력있는 사역자들**이었습니다.

스데반 집사는 **그리스도의 이름으로 기적을 행함으로 복음을 전파**했습니다. 그의 설교와 사역을 보면 그는 **말씀과 믿음과 성령이 충만한 자**임을 알 수 있습니다.

우리는 **스데반 집사처럼 자신이 지녔던 모든 부정적인 것들을 제하고 말씀과 믿음과 성령으로 충만하여 예수 그리스도로 채워져야** 합니다.

스데반은 **"큰 기사와 능력을 민간에 행했다"**고 했습니다.

그를 통한 하나님의 능력이 **모든 사람들 앞에서 공개적으로 나타났음**을 보여줍니다. **예수 그리스도로 말미암은 기적**은 사람들이 아무리 의심하여 정밀하게 조사를 할지라도 조금도 두려워할 필요 없는 **완벽한 기적**입니다.

어떤 사람들은 마술을 행하는 것처럼 기적을 일으키기도 합니다. 그러나 그들의 기적은 투명하게 공개되지 않습니다. 왜냐하면 거기에는 **거짓이 숨겨져 있기 때문**입니다.

예수 그리스도에 의한 기적은 복음을 전하는 사람들뿐만 아니라 예수를 믿고 따르는 제자들에게 얼마든지 주어집니다(막16:17).

스데반 집사는 **기독교를 반대하는 자들에게** 복음을 **아주 담대하게 변론했습니다**.

예수를 믿는 믿음이 전혀 없어서 그리스도와 복음을 담대하게 변호하고 증거하지 못하는 것이 아닙니다. **그들은 아직도 많은 부분에 있어서 인간의 부패함과 연약함에 눌려있기 때문**입니다. 그러나 말씀과 믿음과 성령이 충만한 자는 **그런 모든 것을 극복하고 전적으로 성령의 도구로 쓰입니다.**

> **9** 이른 바 자유민들 즉 구레네인, 알렉산드리아인, 길리기아와 아시아에서 온 사람들의 회당에서 어떤 자들이 일어나 스데반과 더불어 논쟁할새

여기에서 스데반의 적들이 누구였는지를 알 수 있습니다.

이들은 **본토 유대인들 못지않게 그들의 신앙을 보이려고 애쓰는 헬라파 유대인들**이었습니다. 그들은 유대가 아닌 다른 땅에 살면서 신앙을 지킬 때 환난과 핍박을 당하는 등 많은 어려움이 있었고, 또한 지속적으로 예루살렘을 방문하는데 많은 비용과 시간이 필요했음에도 열심히 하는 **어떤 유대인들 못지않은 유대교인들**이었습니다.

그들은 **리버디노 회당**이라는 곳에서 온 사람들이었습니다.

당시 로마인들은 **리버티** 또는 **리버티니**라고 불렸습니다. 이들은 외국인으로서 로마로 귀화했거나 노예로 태어나 석방되었거나 **자유인**이 된 자들이었습니다. 또한 이 사람들은 바울처럼 **로마의 시민권을 가진 유대인들**입니다. **바울**이야말로 스데반과 논쟁하는 이 **리버티노 회당에 속한 사람들 중에 대표적인 사람**이었습니다. 바울은 이때 스데반을 돌로 치고 그의 죽음을 허용하는 일에 누구보다도 앞장섰음을 볼 수 있습니다.

또 그들 중에는 **구레네인과 알렉산드리아인**의 회당에 속한 사람들도 있었습니다. 또 **길리기아**와 **아시아**에 속한 사람도 있었습니다. 다른 나라에서 출생하고 조국을 염두에 두고 있던 유대인들은 예루살렘에 자주 갔을 뿐 아니라 거기에 오래 머무르기도 했습니다. 그리고 각 나라마다 유대인들이 사는 곳에는 **유대인들의 회당**이 있었습니다. 이 회당들은 그 나라에 거하는 유대

인들이 유대인의 학문을 자녀에게 가르치려고 세운 학교였습니다.

그런데 이들 회당의 교사들과 유대교인들은 복음이 확장되는 것을 관리들이 적극적으로 막지 않는 것을 보고 **복음이 유대교에 나쁜 영향을 미칠까 두려워했던 것**입니다.

또 그들은 사도들이 전도하는 것과 초대교회 성도들의 선행이 사람들의 신뢰를 받고, 문제들을 잘 다스려 해결하는 것을 보고 **질투를 느끼기도** 했습니다. 따라서 이들은 **논쟁으로 기독교를 붕괴시키려고 나섰던 것**입니다.

논쟁으로 문제를 다루려 하는 것은 정당하고 합법적인 방법이며 우리는 바로 이러한 공격에 대비하여 잘 준비해야 합니다.

스데반은 **이적과 기적을 행함으로써 표적이 되어** 변론을 벌이다가 결국 죽임을 당하게 되었습니다. 이적과 기적의 역사를 크게 행하다 보니 그에게 나아오고 예수를 믿는 자들이 점점 더 많아졌고, 따라서 **사탄은 유대교 열심당원들을 동원해서 먼 곳에서부터 모여와 그의 입을 막으려** 했던 것입니다.

스데반은 그렇게 죽었으나 복음은 더욱 더 폭발적으로 전파되고 더 많은 사람들이 예수를 믿게 되었습니다.

우리에게 은사나 능력을 주셔서 놀라운 이적과 기적을 행하게 될 때에는 우리가 이전에 경험해 보지 못한 강력한 저항이 있게 될 것임을 알아야 합니다. 또한 이적과 기적을 나타내게 되면 소문이 나게 되고 **소문이 나면 마귀가 가장 먼저 노리는 것이 교회 안에 있는 거짓 지도자들**입니다.

마귀는 그동안에도 **교회 안에 있는 거짓 지도자들을 사주하여** 이적과 기적을 행하며 예수 그리스도를 정직하게 전파하는 개인이나 단체에 **엄청난 핍박을** 했습니다. 어떻게 해서든지 꼬투리를 잡아 이단이라 몰아세우기도 하고 정치적 수단을 사용해 내부적 분열을 일으키게도 했습니다.

그러나 우리는 이것을 두려워해서는 안 됩니다.

그런 일들이 더할수록 그것이 주님에 의해 허용되었다면 반드시 우리는 더욱더 큰 승리를 거두며 더 신속하고 효율적으로 복음을 전파할 수 있게 됩니다. 그러므로 이런 것을 능히 견디고 이길 수 있으려면 단지 강한 의지와 결심뿐 아니라 **성령충만함을 갖추어야** 합니다.

구레네는 지중해에 있는 섬이고, **알렉산드리아**는 북아프리카 지금의 이집트와 리비아 사이에 있는 곳이며, **길리기아**는 다소 깊이 들어가는 산골 동네이고, **아시아**는 터키 서쪽 해안가를 말합니다. 당시에는 지중해를 중심으로 하여 그 일대가 세계 중심이었는데 그 곳에 있던 유대교 열심당원들이 일제히 예루살렘으로 와서 스데반을 죽인 것입니다.
그들은 거기서 스데반이 신령하게 죽는 모습을 봤고 이들 중에 많은 사람들이 그리스도를 전하는 증인이 됩니다.

로마시대에 수많은 사람들이 모인 콜로세움에서 크리스천들을 짐승에게 물어뜯겨 죽게 할 때 그들은 찬송하고 기도하면서 죽어갔습니다. 그것을 본 많은 로마인들이 그 자리에서 깨어지고 감동을 받고 그들을 통해 로마 전체가 기독교 국가가 되었습니다. **이것이 바로 전지전능하신 하나님의 기가 막힌 역사**입니다.

우리가 신앙생활을 열심히 하는 중에 원치 않는 환난이나 핍박을 당할 때 그 순간에는 마귀의 세력이 득세하는 것처럼 보이고 하나님도 모른 척하시는 것처럼 느껴지지만 **모두 하나님의 특별한 계획이 있다는 것을 알아야 합니다. 하나님이 허락하지 않으면 그 어떤 일도 우리에게 일어나지 않습니다. 세상만사가 하나님의 손에 있습니다.**
하나님이 나를 누구보다도 가까이 부르시고 전도자가 되게 해주셨다는 것을 안다면 하나님이 나를 눈으로 보고 계시다는 것과 천군천사들과 그 권능을 동원하여 나를 도와주고 계심을 결코 의심하지 말아야 합니다.

▌ **10** 스데반이 지혜와 성령으로 말함을 그들이 능히 당하지 못하여

스네반은 각처에서 온 많은 유대교 열심당원들이 **표적을 삼을 정도로 하나님과 말씀에 대해 충분한 실력을 갖추고 있었습니다. 논쟁하는데 있어서 큰 자질이 있었고 그의 날카로운 변호는 누구도 당해내지 못했습니다.** 하나님께서 유능한 집사들이 중에서도 **최초의 순교자가 되게 하셨던 이유**는 충분했던 것입니다.

그는 **누구도 대항할 수 없는 논조로 예수께서 그리스도이심을 증거**했고 명쾌하고도 완벽하게 자신의 뜻을 나타냈습니다. 그 유대교인들은 비록 신앙인이 되지 못했으나 스데반 집사를 통하여 그들이 알고 믿고 있던 것에 큰 혼란을 느끼지 않을 수가 없었습니다.
"내가 너희의 모든 대적이 능히 대항하거나 변할 수 없는 구변과 지혜를 주리라(눅21:15)" 약속하셨는데 과연 그대로 성취된 것입니다. 그 유대교인들은 스데반 한 사람을 상대로 논쟁을 벌임으로써 기독교를 꺾고 자신들이 승리할 것을 확신하고 있었으나 **스데반 집사 안에 계시는 하나님의 성령**이 그

들과 쟁변했고 그들은 결코 이 성령과 적수가 될 수 없었습니다.

그러기에 아무리 많은 대적이 갖가지 방법으로 주님과 진리에 대해 공격해 올지라도 우리는 두려워 할 필요가 없습니다.

그러므로 성령을 모신 우리는 성령께서 나를 통하여 마음껏 말씀하시고 능력을 발휘할 수 있게끔 성령충만한 자가 되어야 합니다.

바울은 길리기아 출신 유대인이며 스데반 집사의 변론과 순교를 분명하게 동참하고 목격했습니다. 여기서 바울은 복음이 과연 무엇이며 하나님이 함께하시는 자가 무엇인지를 절실히 보았습니다. 결국 그는 나중에 이 스데반 집사처럼 복음을 전하며 수많은 핍박을 당하고 순교함으로써 그의 뒤를 그대로 따르게 되었습니다.

한편으로 보면 스데반 집사의 능력 있는 복음증거와 거룩한 순교는 바울과 같은 위대한 전도자를 만들기 위함이었음을 알 수 있습니다. 스데반 집사와 같이 말씀과 믿음과 성령이 충만하여 죽음 앞에서도 조금도 굴하지 아니하고 장렬하게 죽는 자는 반드시 그와 같은 훌륭한 제자를 만들어내는 것입니다.

그러므로 우리가 복음을 위해 어떤 환난이나 핍박을 당한다 할지라도 그 자체만을 괴로워하고 두려워할 것이 아니라 우리가 당한 만큼 더 많은 사람들이 구원 얻을 뿐 아니라 우리보다 더 위대한 전도자가 일어날 것을 알아야 합니다. 하나님이 사랑하시는 자를 비참하게 죽도록 허용하셨다면 놀랍고 거룩한 목적이 있으셨던 것입니다. 하나님의 놀라운 섭리를 우리 인간이 어찌 미리 알 수 있겠습니까? 그러므로 우리 그리스도인들은 그저 순종하고 복종할 것뿐입니다.

"스데반이 지혜와 성령으로 말함을 저희가 능히 당치 못했다" 했는데 여기서 말하는 지혜는 성령의 지혜를 의미합니다.

그가 받은 지혜는 예수께서 일찍이 제자들에게 약속하신 대로 주어진 것입니다.

예수님은 "너희를 넘겨줄 때에 어떻게 또는 무엇을 말할까 염려하지 말라 그때에 너희에게 할 말을 주시리니 말하는 이는 너희가 아니라 너희 속에서 말씀하시는 이 곧 너희 아버지의 성령이시니라(마10:19,20)"고 약속하셨습니다.

수많은 종교 개혁가들이 교황을 내세우는 로마가톨릭 교회와 목숨을 내걸고 대항했는데 그들 중에는 학교에서 배운 일이 없는 무식한 자들도 있었으나 교황주의를 장황하게 변호하는 로마 교회 신학자들을 **강하게 질책하여 그들에게 뇌성벽력과 같이 복음을 증거**했습니다. 그 힘이 바로 **성령에 의해 나온 것**이며 그들은 바로 **성령충만한 자들**이었던 것입니다.

> 11 사람들을 매수하여 말하게 하되 이 사람이 모세와 하나님을 모독하는 말을 하는 것을 우리가 들었노라 하게 하고 12 백성과 장로와 서기관들을 충동시켜 와서 잡아가지고 공회에 이르러 13 거짓 증인들을 세우니 이르되 이 사람이 이 거룩한 곳과 율법을 거슬러 말하기를 마지 아니하는도다 14 그의 말에 이 나사렛 예수가 이 곳을 헐고 또 모세가 우리에게 전하여 준 규례를 고치겠다 함을 우리가 들었노라 하거늘

스데반을 대적하던 자들은 논쟁으로는 그를 당해낼수 없자 **거짓 증거들을** 내세워서 혐의를 씌웠습니다. 그들은 사람들을 시켜서 거짓 증언하게 했습니다. 거짓 증언으로 대변하는 것은 **이중삼중으로 거짓 증거하는 더 악한 죄**입니다.

스데반이 **그들의 잘못을 지적하고 바른 길을 제시하고 진리를 말했기 때문에 그들이 격분했던 것**입니다.
마귀에게 속한 자들은 진리를 말하는 것을 좋아하지 않으며 그들의 잘못을 지적받으면 격분하여 핍박하고 해치려 달려듭니다.
그러므로 **전도자들은 처음부터 이것을 알고** 불신자들을 상대로 전도해야 합니다. 결코 그들이 고분고분히 복음을 받아들일 것이라고 생각해선 안 됩니다. 왜냐하면 **그들은 마귀가 주인이기 때문에** 우리가 진리를 좀 더 자세하고 충분하게 전할수록, 그래서 그들의 죄악이 드러날수록 그들은 **주인인 마귀에게 사주를 받아 거침없이 반발하는 것**입니다. 이런 반응을 두려워한다면 그런 사람은 결코 복음과 말씀을 담대하게 증거할 수 없습니다.

그들은 **가능한 모든 수단과 방법을 동원하여 스데반을 향하여 흥분하도록 충동**했습니다. 그들은 한 가지 수단으로 안 되면 다른 수단을 동원했습니다. 만약에 **산헤드린 공회**가 스데반을 내버려두는 것이 합당하다고 결론을 내린다면 그들은 결코 그것으로 그치지 않고 **일반 백성들**을 충동하여 스데반을 처치했을 것입니다. 그들은 또한 **장로들과 서기관들**을 선동해서 스데반을 제압하려 했습니다.

그리스도와 복음을 대적하는 자들이 얼마든지 이렇게 주도면밀하게 계획을 세우고 대적한다는 것을 기억해야 합니다. 그러나 우리는 사전에 그 모든 것

을 능가할 수 있는 계획을 세울 필요는 없습니다. 왜냐하면 **그들의 모든 계획과 음모들은 하나님께서 정확하게 간파하고 계시기 때문**입니다. 바로 이 싸움에서도 그들은 단 한 사람 스데반을 죽이기 위해 갖은 방법을 다 동원하여 결국 죽였으나 **결코 그들이 승리한 것이 아닙니다. 하나님은 그들을 손바닥에 올려놓고 탁월한 지혜와 능력으로써 공략하시는 것입니다.**

우리는 이런 하나님을 알아야 하고 누구도 측량할 수 없는 하나님의 지혜와 권능을 전적으로 신뢰하며 그분이 이끄시는 대로 나아가기만 하면 됩니다. 아무리 우리가 원치 않는 어려움을 만나게 될지라도 하나님의 허용 없이는 결코 우리에게 올 수 없습니다. 그럼에도 불구하고 그것이 우리에게 온다면 그것은 하나님이 허용하셨음을 알고 하나님은 그것을 통해 우리가 반드시 승리하도록 이끄시는 것을 알아야 합니다.

그들은 떼를 지어 몰려와서 스데반 집사를 법정으로 끌고 갔습니다.

그들은 스데반 집사를 거칠게 다룸으로 **모든 사람들에게 위험한 인물로 부각시키 그의 명예를 추락시키려** 했습니다. 또한 **폭력으로써 스데반의 기세를 꺾으려** 했습니다. 그들은 스데반을 사로잡아 의기양양하게 공회로 끌고 갔습니다.

이때에는 스데반의 동료들이 아무도 함께 갈 수 없었습니다. 저들은 우선 스데반 집사를 처치하려고 다른 제자들이 합세하지 못하도록 차단한 것입니다. 집사 중의 수장인 스데반을 치면 다른 동료들은 자연히 기세가 꺾이고 입을 다물 것이라 생각했던 것입니다. 그러나 성경에 다 기록되지는 않았지만 **스데반의 거룩하고 장렬한 순교를 본 동료들은 더 힘을 얻어 기꺼이 그의 뒤를 따랐을 것입니다. 왜냐하면 그들도 성령충만한 자들이었기 때문입니다. 저들의 악한 계교는 다 실패로 돌아간 것입니다.**

그들은 스데반을 **모함할 거짓 증거를 준비**했습니다. 그들은 거짓 증인들이 스데반 집사가 **모세와 하나님을 거스르고 거룩한 곳과 율법을 거스려 말하는 것을 들었다고 증언하도록** 했습니다. 그가 하나님과 성경과 율법에 대하여 모독적인 말을 했다는 것입니다. 당시에도 신성모독은 가장 극악한 죄로 취급되었습니다. 그들은 스데반에게 이 죄를 뒤집어씌움으로 그를 죽이려 했고 반면에 자신들은 하나님의 이름을 누구보다도 명예롭게 하는 것에 관심있다는 것을 인식시키려 했습니다.

구약시대에 하나님의 사람들을 싫어하고 핍박하던 자들이 하나님의 백성들이었던 것처럼 신약시대에도 그리스도의 일꾼들을 싫어하고 핍박한 사람들은 **다른 누가 아닌 형제**였습니다. 지금 여기서 **이방지역 출신 유대인인 스데반 집사를 싫어하고 핍박하는 일 역시 똑같은 이방지역 출신 유대인들이 하는 것**입니다.

그러므로 여기서 우리가 또 알 것은 **사탄이 우리를 가장 효과적으로 대적하고 핍박하는데 사용하는 자는 우리와 같은 형제들 중에 있다**는 것을 알아야 합니다.

우리가 늘 가까이 하고 잘 아는 형제가 우리를 대적하고 핍박할 때 참으로 쓰라리고 견디기 힘들 것입니다. 사탄은 얼마든지 이러한 비열한 방법을 사용합니다. **예수님을 죽게 한 일에 가장 먼저 나섰던 이가 예수님이 직접 선택하여 세운 제자들 중 한 사람이었다**는 것을 기억해야 합니다.

저들이 스데반 집사를 핍박하는 이유는 **모세와 하나님에게 모독하는 말을 하여 그 거룩함을 손상시켰다는 것**입니다. 그런데 **그들이야말로 하나님과 그 거룩함을 끊임없이 모독하고 손상시키는 자들**이었습니다.
주께 영광을 돌리라고 외치는 사람들이 앞장서서 주의 영광을 가리는 일이 얼마든지 있습니다. 그리스도와 복음전도자들은 결코 모세를 경멸하는 어떤 말도 하지 않았습니다. 그들은 언제나 모세의 글을 경외하는 마음으로 인용하며 그 말씀에 호소하여 가르쳤습니다.

사탄은 자기가 지배하고 조종할 수 있는 사람들을 이용하여 하나님의 사람들이 가장 잘하고 칭찬받을 만하게 일하는 것에 대해 **왜곡하고 공격하도록 역사합니다.** 그런데 이런 일은 **하나님과 성경에 대해 전혀 모르는 사람들이 할 수 없습니다. 하나님과 성경에 대해 많이 배우고 전문적이다시피 한 자들을 사탄이 사로잡고 이용하여 이렇게 하는 것입니다.** 스데반을 핍박하던 자들은 **자기들이 이렇게 사탄에게 이용당하여 너무나도 큰 죄를 저질렀다는 것을 눈치 채지 못한 것**입니다.

오늘날도 바로 이러한 사람들이 얼마든지 있습니다.
그러므로 **나도 모르게 사탄이 나를 악용해서** 그리스도와 복음과 신실한 종들을 괴롭히고 훼방하는 자가 되지 않도록 **깨어있어야 하며 그런 시험에 빠지지 않도록 항상 기도해야** 합니다.
열심히 구약 율법을 지키며 여호와를 섬겼던 이방 출신 유대인들 스스로는 이렇게 **사탄에게 이용당하여 어처구니없는 일을 하고 있다는 것을 전혀 알지**

못했고 결국 이 스데반 집사를 돌로 때려 죽였습니다. 그들 중에 예수 그리스도를 믿는 자들이 되었다면 이때의 죄악을 통렬히 회개했을 것이며, 누구보다도 낮아져서 바울과 베드로처럼 사역했을 것입니다.

그러므로 우리는 **우리의 할 일을 충실히 할 뿐 아니라** 먼저 자신이 이러한 **사탄의 교묘한 유혹과 시험에 빠지지 않기 위해 끊임없이 말씀과 기도로 깨어 있어야 하며 성령의 세심한 인도를 받는 자가 되어야** 합니다.

스데반 집사가 **거룩한 곳과 율법을 거스려 모독하는 언사를 썼다**는 죄목으로 고소를 당했습니다. 여기 **거룩한 곳**은 **성전**을 의미합니다.

그는 성전에 대해 어떤 실언도 하지 않았고 오히려 예수님이 말씀하신 것에 대한 근본적인 의미를 정확하게 가르쳤습니다. 스데반 집사가 말한 것은 모세의 율법, 특히 **제사적인 부분과 성전이 예수 그리스도가 오실 때까지 유효하다는 것**을 설명한 것입니다. 모세의 율법이 예수 그리스도로 말미암아 이루어졌기 때문에 **예수 그리스도가 오신 이후부터는 그 제사 제도가 필요치 않으며 예수를 그리스도라 믿는 것만이 그 과거의 율법을 지키는 것임을** 가르쳤습니다.

스데반은 **모세의 율법이 말했던 제사의식이 십자가로 승리하신 예수로 말미암아 성취된 것임**을 말했고 나중에 바울이 깨달은 복음과 같이 **이제는 이방인들도 누구든지 예수를 믿으면 하나님의 자녀가 된다는 복음의 세계성을 가르친 것**입니다.

여기서 우리가 알 수 있는 것은 **스데반 집사가 바울보다도 앞서서 복음의 세계성을 분명하게 가르쳤다는 것**입니다. 그야말로 스데반은 **바울의 선구자**였으며 **그가 그리스도의 위대한 일꾼이 되게 한 첫 번째 지도자**였습니다. 바울은 여기에서 **복음이 의미하는 바를 확실하게 들었고 다메섹 도상에서 예수 그리스도를 만남으로써 더 이상 의심하지 않고 이 진리를 그대로 이어받아 온갖 환난과 핍박을 무릅쓰며 전파했던 것**입니다.

이 하나님의 섭리가 얼마나 놀랍습니까?

스데반과 바울의 뗄 수 없는 영적인 관계가 이때 형성된 것입니다. 아마도 스데반은 자기가 죽기 직전에 전한 말씀을 바울이라는 위대한 전도자가 나타나 그대로 전하게 될 것을 전혀 알지 못했을 것입니다. **하나님은 이렇게 우리가 알지도 못하는 사이에 우리가 경험하는 것보다도 훨씬 많은 일들을 성취하고 계심을 깨달아야** 합니다.

또한 **모든 위대한 역사들은 전적으로 주께서 하시는 것**임을 알 수가 있습니다. 우리는 그분이 하는 것에 아주 잠깐 쓰임 받는 것뿐입니다.

여기서 또 우리가 발견할 수 있는 것이 있습니다.

구약시대에 선지자들이 이스라엘 백성들에게 그들의 죄를 회개치 않으면 갈대아인에 의해서 그 거룩한 처소가 파멸될 것이라고 경고했는데 당시 이스라엘 백성들은 그 선지자들이 하나님과 성전을 모독했다고 핍박하지 않았습니다. 또 성전이 처음 건축되었을 때 하나님이 친히 말씀하시기를 "**이 성전이 비록 높을지라도 그리로 지나가는 자마다 놀라 이르되 여호와께서 무슨 까닭으로 이 땅과 이 성전에 이같이 행하셨는고**(대하7:21)**라 할 것이라**"고 하셨습니다.

하나님께서 이렇게 말씀하신 것을 누가 하나님 자신을 모독한 것이라고 말하겠습니까? 어찌 하나님이 하나님 자신을 모독하는 일을 하겠습니까?

예수님과 스데반 집사는 **이스라엘 백성들이 끝까지 예수를 거부하고 급기야 십자가에 못 박아 죽게 한 것에 대해 하나님께서 그들을 멸망시키실 때가 온다는 것을 경고하고, 따라서 그 성전도 결코 영원하지 못하다고 말한 것**인데 이들은 그것이 하나님과 모세의 율법을 모독하는 것이라 하며 그들을 죽이려 했습니다.

우리가 아무리 하나님과 말씀을 정확하게 증거할지라도 엉뚱하게 왜곡해서 하나님과 성경을 모독한다고 혐의를 뒤집어씌우고 핍박할 수도 있다는 것을 기억해야 합니다.

그러므로 **말씀을 전파하는 우리는 마귀의 사주를 받은 자들의 공격을 의식하지 말고 그저 담대하게 전해야** 합니다.

사탄은 우리가 하나님의 말씀을 애매모호하게 말하거나 잘못 말한다면 결코 이런 식으로 우리를 대적하고 핍박하지 않을 것입니다.

그러므로 **우리 그리스도 일꾼들은** 언제 어디서나 마귀의 사람들로 인하여 대적을 받고 핍박을 당한다는 것을 기억해야 합니다. 그것을 두려워하고 **사람들과 여론을 의식하고 말씀을 가르치거나 전하려는 자는 결코 진정한 전도자나 그리스도의 대언자가 될 수 없습니다**.

이 시대에 진정한 그리스도의 일꾼이 되고자 하는 자들은 자신을 **튼튼한 믿음으로 무장시키며 죽으면 죽으리라 하는 순교적 신앙을 반드시 갖추어야** 합니다.

제 23 강

공회에서의 스데반의 설교(1)

행6:15~7:2
15공회 중에 앉은 사람들이 다 스데반을 주목하여 보니 그 얼굴이 천사의 얼굴과 같더라 1대제사장이 이르되 이것이 사실이냐 2스데반이 이르되 여러분 부형들이여 들으소서 우리 조상 아브라함이 하란에 있기 전 메소보다미아에 있을 때에 영광의 하나님이 그에게 보여

> *15 공회 중에 앉은 사람들이 다 스데반을 주목하여 보니 그 얼굴이 천사의 얼굴과 같더라*

하나님이 스데반의 얼굴에 **초자연적인 광명을 나타내신 것입니다**. 옛날 모세의 얼굴에서도 그러한 광명이 있었습니다(출34:30).

우리는 당시 **하나님께서 스데반 집사를와 어떻게 함께하셨는지**를 볼 수 있습니다. 객관적으로 죽음을 앞에 두고 공격과 위협을 당하면 공포에 질리는 것이 당연한데 스데반의 얼굴은 **천사의 얼굴과 같았던 것입니다**.

"**천사의 얼굴과 같더라**" 라는 말은 스데반이 그때에 **성령으로 말미암아 지극한 평강과 기쁨으로 충만하여** 그것이 얼굴에 빛나는 모습으로 나타난 것을 의미합니다. 스데반은 기쁨이 충만했고 **평안하고 당당했습니다**. 이것은 그에게 원수들에 대한 적개심이나 분노가 전혀 없이 오히려 **그들을 불쌍히 여겼다**는 것을 보여줍니다.

그는 죽음 앞에서도, 적들의 온갖 비난을 대하면서도 조금도 양심에 거리낌이 없이 정직하고 성결한 자임을 스스로 보이며 오히려 **그리스도와 복음을 인해 순교당하게 된 것을 감사하며 기쁨이 넘쳤던 것입니다**.

이런 거룩한 모습은 그가 **성령충만한 자였기 때문에** 성령에 의해 주어진 것입니다.

하나님께서는 **그의 신실한 증인의 명예를 높여주시며** 그를 박해하던 자들이 그 앞에서 당황하며 두려워 떨게 하신 것입니다. 그들이 아무리 그리스도

의 신실한 사람을 욕하고 명예를 실추시키려 해도 오히려 그들은 **신실한 증인들 앞에서** 자기가 하는 일들이 얼마나 무서운 죄인 줄 어렴풋이나마 깨닫게 된 것입니다.

그러나 그들은 **죄악을 중단하지 않았습니다**. 그 죄를 회개하기는커녕 돌을 들어 스데반을 **쳐 죽였으니 그들이 얼마나 강퍅한 자**인가를 알 수 있습니다. 그야말로 **마귀에게 사로잡혀** 조금도 양심이나 영적 분별력이 없는 바로 **화인 맞은 심령**입니다.

주님께서 **그를 위한 섬김과 고난에** 참여하도록 사도들을 부르셨을 때 **나중된 자가 먼저 되고 먼저 된 자가 나중되리라**고 말씀하셨습니다. 이 말씀은 스데반과 바울에 의해서 성취되었습니다. 이들 두 사람은 예수님이 처음에 선택한 사도들에 비해서 늦게 예수를 믿은 사람들인데 모두 **섬김과 고난의 첫 출발을 장식했고 하나님의 영광을 위해** 자주 결박당했습니다.

여기서 우리가 **기독교의 첫 번째 순교자인 스데반 집사의 순교**를 보게 됩니다. 스데반 집사는 **그리스도를 증거하는 거룩한 군대**에서 앞장을 섰던 것입니다. 그의 이러한 고난과 죽음은 그가 겪은 것처럼 그 후에 모든 그리스도의 사람들을 **죽기까지 항거하도록 나아갈 방향을 제시하고 격려**하는 데 크게 기여했습니다.

1 대제사장이 이르되 이것이 사실이냐

스데반은 신성모독죄로 고소를 받아 공회 앞에 죄인으로 섰습니다.

앞에서 우리는 이에 대한 거짓 증언들을 살펴보았습니다. 즉 그가 모세와 하나님을 거스려 모독하는 말을 했다는 것이었습니다.

대제사장은 그에게 스스로 답변할 것을 요구했습니다. 대제사장은 공회의 의장이자 대표자였습니다. 그는 공정을 기하는 것처럼 했으나 사실은 이미 악한 의도에 따라 선입견을 가지고 있었습니다. 스데반이 어떤 정당한 답변을 해도 결국 신성모독죄로 뒤집어씌울 계획이었습니다. **그럼에도 불구하고 스데반 집사는 그들에게 꼭 해야 할 말을 담대하게 합니다. 즉, 예수 그리스도와 복음에 대해 아주 상세하고 논리적으로, 담대하게 말했습니다.**

스데반 집사는 이 **마지막 진술에서 참으로 놀라운 설교**를 했습니다.

그 설교는 **이스라엘의 역사와 하나님**에 대해 설명하고 마지막에는 자기 앞에 있는 **이스라엘 백성들을 책망**했습니다.

당시 스데반 집사나 사도들의 설교는 **구약성경을 설명하고 예수께서 구세주이심을 알리는 것**이었습니다.

여기서 우리가 배워야할 것은 **어떠한 상황에서도 사람들에게 부지런히 들려주어야할 것은 오직 하나님의 말씀이라**는 것입니다. 어떤 지식이나 자기 주장이나 변명이 아니라 **하나님의 말씀을 그대로 전해주는 것, 하나님의 말씀이 보여주는 역사적 사실과 하나님의 복과 저주를 정확하게 전해주는 것에 최선을 다해야** 합니다.

우리가 복음과 말씀을 전하고자 할 때에 **사람들로부터 칭찬을 듣고 인기를 얻으려는 생각을 해서는 안 됩니다**. 기록된 말씀만을 그대로 전해 주어야 합니다. 여기에는 **기교가 필요 없습니다**. 스데반 집사나 사도들은 **구약성경의 말씀을 그대로 진술**했습니다. 우리가 복음과 말씀을 전할 때 쓸데없는 유혹에 빠지지 않도록 조심해야 합니다. 비록 말이 서툴고 사투리를 쓴다 할지라도 **복음과 말씀을 정확하게 전할 수만 있다면 전능하신 성령께서 도우셔서 얼마든지 사람들을 감동시키고 변화시킬 수** 있습니다.

스데반 집사는 **마지막 설교**를 합니다.

그날은 사형을 집행하기 위해 정해진 날입니다. 그것을 모를 리가 없는 스데반 집사는 **그 상황과는 전혀 상관없는 설교**를 합니다.

그는 "왜 나를 미워하는가? 나는 나쁜 사람이 아니다" 라고 말하지 않았습니다.

그는 자기를 죽이려고 하는 자들을 향해 그가 전하고 싶어하던 복음을 자세하게 선포했습니다. 그는 **구약성경을 놀랍게 요약하며 정확하게 인용하면서 설명**했습니다. 스데반 집사 앞에는 그를 죽이려는 **각국의** 많은 사람들이 모여 있었습니다. 그러나 **그는 죽는 것을 조금도 두려워하지 않고 자기가 전하고 싶은 말씀을 전력을 다해 전했습니다. 아주 오래전 이야기부터 예수님이 부활하신 사건까지의 내용을 돌로 맞아죽는 순간까지 열심히 설교**한 것입니다.

평신도로서 이렇게 모든 복음전파자 중 최초의 순교자가 된 스데반 집사의 죽기 전 설교의 내용은 바로 **기록된 말씀을 그대로 전하는 것**이었습니다. 그 외에 아무 것도 포함되지 않았습니다.

권능의 사람이 설교한 내용은 기록된 성경의 말씀을 그대로 하나라도 더 설명해주는 것이었습니다.

예수님께서는 부활하신 후에 그의 제자들을 마치 과외공부를 시키시듯 하셨습니다. 그 동안에 가르치시던 모든 것들을 상기시키며 일깨워주셨습니다. 예수님도 대중 앞에서 "**성경에 이런 기록이 있었다. 그것이 바로 나를 가리킨 것이다**" 라는 내용으로 설교하셨습니다.

그리스도의 일꾼들, 전도자들은 **말씀을 많이 알고 있어야** 합니다.

기교를 배우려고 할 것이 아니라 **말씀을 더욱 정확하게 알려고 힘써야** 합니다. 성경 말씀처럼 **가장 정확하고 지혜로운 교육방법**도 없습니다. 성경을 자세히 배우고 연구하여 말씀으로 충만해서 성경을 펼쳐놓고 한 절 한 절을 읽어가며 정확하게 가르쳐야 합니다. 사람들로 하여금 그 무엇보다도 **말씀을 날마다 묵상하고 그 말씀 그대로를 지키도록** 가르쳐야 합니다.

> **2** 스데반이 이르되 여러분 부형들이여 들으소서 우리 조상 아브라함이 하란에 있기 전 메소보다미아에 있을 때에 영광의 하나님이 그에게 보여

스데반은 자기를 변호하는 형식을 빌려 말씀을 전하기 시작합니다. 그의 설교는 아주 길었으나 그를 죽이려고 달려드는 자들의 이야기를 **적절하게 중단시키고 가장 중요한 쟁점에 그들의 이목을 집중시켰습니다.** 만약, 그 핍박자들이 그에게 할 말을 다하도록 시간적인 여유를 더 주었다면, 스데반의 설교는 더욱 길어졌을 것입니다. 그러나 **거기에는 자신을 위한 것은 없었습니다.**

이 스데반의 설교를 볼 때 그는 **성경에 정통한 사람**임을 알 수 있습니다. 그는 모든 말씀과 행적을 충부히 알고 있었습니다. 그는 인용하고 있는 말씀들은 저들에게 말하고자 하는 것에 **합당한 내용**이었습니다.

그는 성경을 보면서 말한 것이 아니었습니다. 그는 **말씀충만한 자**였던 것입니다. 그리고 **성령충만함으로써 성령이 그로 하여금 구약성경을 정확하게 기억나게 하셨고 그들을 깨우치고 잘못을 지적하기 위해 말씀들을 어떻게 사용해야 하는지를 가르쳐 주신 것입니다.**

성령충만한 사람들은 이렇게 성경을 환하게 꿰뚫어 알 뿐 아니라 언제 무슨 말을 해야 할지를 정확하게 알게 됩니다.

이방인 지역의 유대인 회당에서 70인 역을 사용했는데 스데반 집사가 **70인역 성경**을 인용한 것을 보면 그가 헬라파 유대인임을 알 수 있습니다. 그는 **창세기 끝에 나타나는 교회역사**를 상세히 설명함으로써 설교를 시작합니다.

스데반 집사가 이때 구약의 역사적인 기록들을 간추려서 말한 목적은
(1)**하나님의 계시의 역사를** 밝히 가르치기 위함이었습니다.

하나님의 계시의 역사는 **아브람부터 시작하여 그리스도를 목표로 한 것이** 었습니다. 그런데 **이 하나님의 계시에 대해 이스라엘 백성이 옛날부터 불순종한 것처럼 유대인들도 그러하다는 것**을 보여주고자 하는 것이었습니다.

(2)거짓 증인들이 자기를 고소한 것에 대해 **답변한 것입니다.**

즉, 모세를 거스르는 자는 자기가 아니라 이스라엘의 조상들과 또한 자기 시대의 유대인이라는 것, 그리고 거룩한 성전을 오해하는 것 역시 자기가 아니라 바로 그들이라는 것을 깨우쳐주려는 것이었습니다.

스데반은 **성전의 의의**를 정확하게 알았지만, 유대인들은 그것을 오해하고 **성전 자체를 숭배하는 잘못**을 저지르고 있었던 것입니다.

"여러분 부형들이여 들으소서" 라고 했습니다.

이것은 자기를 죽이려고 하는 자들을 존중하는 뜻으로 말한 것입니다.

핍박자들은 스데반 집사를 유대교에 대한 배교자, 또는 그들의 적으로 간주하고 했으나 스데반 집사는 그들에게 "**부형들**" 이라고 부르며 그들에게 존경의 표현을 했습니다.

스데반 집사는 자기가 전하려는 말씀에 주의를 환기시키려고 "**들으시오**" 라고 말합니다. 그가 말하려는 것은 그들은 이미 다 알고 있는 사실이었으나 그는 다시 듣기를 간청했습니다. 왜냐하면 **그들은 다 알고 있다 하지만 자신을 그것에 비추어보려 하지 않으므로 말씀이 자신들에게 어떤 관계가 있는지 알지 못했기 때문**입니다.

전도자들은 상대방이 스스로 하나님의 말씀을 많이 알고 있다 여길지라도 **그가 그 말씀을 제대로 깨닫지 못하고 그 말씀에 자기를 비추어보지 못하고 있는 것을 예상하며 말씀을 상세히 증거해야** 합니다.

이 스데반의 설교는 듣는 사람들의 **귀를 즐겁게 하려** 하거나 단지 옛날이야기를 하는 것이 아니며 듣는 자들의 기분전환이나 시키려는 의도와는 거리가 먼 것임을 알 수 있습니다. 그의 설교는 아주 적절하고도 목표가 분명했습니다.

그는 그들에게 하나님이 성전을 신성시하라고 하신 것이 아님을 깨우쳐 주고자 했습니다. 성전이 세워지고 율법이 발표되기 오래 전에 하나님께서는 이미 **아브라함을 통해 교회를 나타내셨고**, 마찬가지로 하나님은 **그들이 사는 시대에 마땅히 해야 할 것을 이미 보이셨던 것**이었습니다.

스데반은 하나님께서 **갈대아 우르에서 아브라함을 부르신** 사실에서 설교를 **시작합니다.**

이렇게 함으로써 그는 **하나님께서는 약속에 대해 신실**하시며, 하나님이 **구약교회의 아버지**이심을 보여주었습니다.

아브라함의 고향은 우상을 섬기는 나라로서 **갈대아인의 땅 메소포타미아**였습니다. 하나님께서 아브라함에게 두 번에 걸쳐 이주할 것을 명령했습니다. 먼저 갈대아 우르를 떠난 그에게 목적지의 중간 지점인 **하란**에 머물게 하셨습니다. 그리고 오 년 후, 그의 부친이 죽자 하나님은 아브라함이 거할 땅 **가나안**으로 가도록 명하셨습니다.

하나님이 아브라함에게 처음에 나타나실 때에 **영광의 하나님**으로 **나타나셨고** 후에도 하나님은 **말씀하실** 때마다 영광의 하나님으로서 **나타나 말씀**하셨습니다. **영광의 하나님**이란 칭호는 **모든 우상과 반대되는, 계시하시는 하나님**입니다.

여기서 스데반이 강조하는 것은 **하나님은 성전의 아름다운 시설로 영광을 받으시는 분이 아니라는 것**입니다. 하나님은 성전이 없는 이방 땅 갈대아 우르에서도 아브라함에게 나타나셨습니다. **그는 살아계셔서 어디서나 자기를 계시하심으로 영광을 나타내셨습니다. 하나님은 성전에 매이시거나 갇히지 않으십니다. 성전은 있을 수도 없을 수도 있습니다.**

여기에서 제게 생각나는 것이 있습니다.

제가 어릴 때에 소록도에서 동네마다 예배당을 짓는 일이 있었습니다. 그 때 수천 명의 나환자 성도들이 각 동네마다 불구의 몸을 이끌고 나와 자기들 동네 한 가운데에 있는 성전을 아름답게 짓기 위해 기쁘게 노동하는 것을 보았습니다. 두 다리가 없는 사람들이 허리에 띠로 가마니를 묶어 벽돌이나 흙을 싣고 목적지까지 두 팔로 기어갔습니다. 이런 사람들은 지게를 지고 리어카를 끌고 분주하게 일하는 사람들에게 방해가 될 뿐이었습니다. 그래서 이 사람들이 "제발 당신은 일하지 말고 쉬라" 고 하면 그들은 "나도 죽기 전에 하나님의 성전을 지으려고 하는데 왜 이것을 못하게 하느냐" 고 화를 냈습니다. 그들은 그렇게 너나 할 것 없이 정성을 다해 동네마다 아름다운 성전을 지었습니다.

세월이 흘러 음성나환자들은 육지의 정착촌으로 대부분 떠나갔고 많은 이들이 나이 들어서 세상을 뜨고, 이제 거기에 남은 성도들은 수백 명에 불과했습니다. 따라서 국가에서는 효과적으로 관리하기 위해 섬 여기저기에 흩어져 있던 환자들을 이주하게 하며 부락을 하나씩 폐쇄했는데 이 과정에서 그토록 열심히 아름답게 지은 성전도 폐쇄했습니다.

제가 언젠가 소록도를 방문하여 폐쇄된 동네를 찾아가 보았더니, 그 한복판에 아름답게 있던 건물이 다 부서졌고 동네 전체는 수풀로 변해있었습니다. 나는 그 부서진 성전 앞에 서서 이루 말할 수 없는 상념에 빠졌었습니다. '그토록 나환자 성도들이 땀 흘리며 정성을 다해 지었던 아름다운 성전이 이렇게 파괴되고 잡초로 무성할 수 있는가?'

참으로 허무하기 이를 데가 없었습니다. 그 성전은 분명히 성도들의 손으로 지어진 아름다운 집이요, 그들이 거기서 예배하고 기도드릴 때 하나님이 임재하시고 그들과 함께해 주셨던 아름다운 곳이었습니다. 그러나 그 동네에 사람들이 없어지자 그 성전은 파괴되고 잡풀로 무성했습니다.

지상에 있는 성전은 바로 이런 것입니다. 그러나 **하나님의 교회는 무너지거나 없어지지 않습니다.** 신약 시대에도 성도들이 **예수 그리스도 안에서 하나님 아버지를 섬길 뿐** 성전을 섬기거나 성전에서의 의식으로써 섬기는 것이 아닙니다. 스데반은 이 진리를 유대인에게 가르쳐 주려고 했으나 그들은 이것을 깨닫지 못하고 오히려 문제화시켰고 그를 핍박한 것입니다.

스데반 집사는 또한 **영광의 하나님이 성전도 없는 갈대아 우르에서도 나타나셨음**을 말했습니다.

하나님이 아브라함을 부르신 것을 통해 다음 사실을 알아야 합니다.

(1)이스라엘 백성들이 불기둥과 구름기둥의 인도하심을 받았던 것처럼 오늘날 성도들도 하나님을 인정하고 그의 섭리의 지시를 따라야 합니다.

아브라함이 자기 마음대로 이사한 것이 아니라 하나님께서 그에게 하신 명령하셨기 때문에 순종했을 뿐입니다. 우리도 이렇게 **성령을 통해 우리에게 깨닫게 하시고 명하시는 하나님의 모든 말씀에 순종하고 그 인도를 받아야만 합니다.** 결코 우리 각자가 원하는 대로 나아가서는 안 됩니다.

(2)하나님께서는 하나님과 계약을 맺게 하신 백성을 이 세상의 사람들로부터 구별하십니다.

아브라함의 자손들은 때가 되자 **하나님이 구별하여 약속해놓은 땅에 정착**하게 됩니다. 또 하나님의 뜻에 따라 타국에서 종살이 하다가도 하나님의 때에 맞추어 그들의 고향이요, 그들의 국가로 불림을 받았습니다. **하나님의 백성들은 불신자들이 이루어 놓은 세상에 집착해서는 안 됩니다.**

아무리 그것이 하나님의 백성들에게 귀하게 보인다고 할지라도 하나님의 백성들은 **불신자들과 우상숭배자들이 세워놓은 세상과 그 안에 있는 모든 것에 대해 초연해야** 합니다. 그리고 그들은 **하나님께서 그들에게 보여주시는, 보다 좋은 것들과 그들의 영원한 나라인 천국을 바라보며 그것을 위해 전력 질주해야** 합니다.

여기에 필요한 것은 **절대적인 믿음과 순종**입니다.

하나님에 대한 절대적인 믿음과 순종이 결여될 때 결국 세상과 세상의 것들에 집착하지 않을 수 없으며 따라서 불신자나 우상숭배자가 될 수밖에 없으며 그들은 약속하신 땅에 들어갈 수 없습니다. 즉 **구원에서 제외되는 것**입니다.

(3) 우리가 하나님의 자녀가 된 것은 **우리가 선택한 것이 아니라 전적인 하나님의 은혜입니다.**

하나님께서 먼저 아브라함을 찾아주셨습니다.

그러므로 아브라함이 믿음의 조상이 된 것은 **아브라함의 공로가 아니라 만세전에 그를 선택하시고 불러주시고 믿음의 조상이 되게 한 하나님의 크신 은혜 덕분**입니다. 따라서 **하나님은 모든 것으로부터 홀로 영광을 받으셔야할 영광의 하나님**이십니다. 모든 피조물들은 **이 하나님께만 감사와 찬송을 돌려드려야** 합니다. 그 영광의 하나님이 우상을 숭배하던 민족 중 한 사람 아브라함에게 나타나셨다는 것은 **참으로 놀라운 일**입니다.

그런데 우리 각자에게도 이와 같이 해주신 것입니다.

우리 주변에 아무리 복음을 전해주어도 도무지 받아들이지 않는 사람이 얼마나 많습니까? 또한 우상숭배자들이 얼마나 많습니까? 바닷가의 모래 중에 한두 개 숨겨진 보석처럼 **영광의 하나님께서 우리를 그러한 보석으로 삼아주신 것**입니다. 더욱이 조상대대로 전혀 믿지 않고 우상숭배만 했었는데, 그런 집안에서 오직 나 한사람이 예수 그리스도를 믿었다면 더더욱 신기하고 놀라운 은혜가 아닐 수 없는 것입니다.

그러므로 우리와 같은 **이방인 그리스도인들은** 유대인 그리스도인보다 더 **큰 영광을 하나님께 돌려보내야 마땅한 것**입니다.

그 유대인들은 거룩한 땅에 대한 강렬한 자부심을 가지고 있었습니다. 거룩한 땅이라 함은 **가나안 전체**를 의미합니다. 가나안 땅은 **거룩한 땅 임마누엘의 영토**라고 불렸었습니다. 성전의 파괴는 거룩한 땅의 멸망을 뜻하는 것이었습니다.

제 24 강

공회에서의 스데반의 설교(2)

행7:2~6

2스데반이 이르되 여러분 부형들이여 들으소서 우리 조상 아브라함이 하란에 있기 전 메소보다미아에 있을 때에 영광의 하나님이 그에게 보여 3이르시되 네 고향과 친척을 떠나 내가 네게 보일 땅으로 가라 하시니 4아브라함이 갈대아 사람의 땅을 떠나 하란에 거하다가 그의 아버지가 죽으매 하나님이 그를 거기서 너희 지금 사는 이 땅으로 옮기셨느니라 5그러나 여기서 발 붙일 만한 땅도 유업으로 주지 아니하시고 다만 이 땅을 아직 자식도 없는 그와 그의 후손에게 소유로 주신다고 약속하셨으며 6하나님이 또 이같이 말씀하시되 그 후손이 다른 땅에서 나그네가 되리니 그 땅 사람들이 종으로 삼아 사백 년 동안을 괴롭게 하리라 하시고

> 2 스데반이 이르되 여러분 부형들이여 들으소서 우리 조상 아브라함이 하란에 있기 전 메소보다미아에 있을 때에 영광의 하나님이 그에게 보여

스데반 집사는 그들에게 **가나안 땅에 대해 자랑할 필요가 없는 이유**를 말합니다.

(1) "너희가 본래 너희 조상들이 다른 신들을 섬기던 갈대아 우르 땅에서 나왔기 때문(수23:2)" 이라 했습니다.

유대인들은 그 땅의 첫 번째 주인이 아니었습니다.

"**너희는 너희를 떠낸 반석과 너희를 파낸 우묵한 구덩이를 생각하여 보라. 아브라함이 혈혈단신으로 있을 때에 내가 그를 불렀노라**(사51:1)" 했습니다.

즉, 초라했던 첫 출발을 생각하고, **그들 자신은 자랑할 것이 없음**을 알아야 한다는 것입니다.

동방에서 사람을 일으키며 의로 불러서 자기 발 앞에 이르게 하신 분은 하나님이신 것입니다(사41:2). 따라서 하나님이 그렇게 불러주신 백성들이 타락하면 하나님께서는 **그 거룩한 처소를 멸하시고** 다른 백성을 자기 앞에 세우실 수 있음을 깨닫게 하신 것입니다.

(2)하나님께서 아브라함에게 나타나신 것은 가나안 땅에서 멀리 있는 메소

포타미아였다고 말합니다.

아브라함이 가나안에 오기 전 하란에 머물렀었는데 그곳에서도 하나님께서 나타났습니다. 그러므로 스데반은 유대인들에게 **하나님의 계시가 이 가나안 땅에만 국한된 것이 아님**을 깨우친 것입니다. 하나님이 이스라엘 백성들을 먼 동방에서 이끌어 내신 것처럼 그가 원하신다면 그 반대편인 서방에서도 하나님이 선택한 자들을 이끌어 오실 수 있음을 깨우쳐주고자 한 것이었습니다.

(3)**하나님께서 서둘러서 아브라함을 가나안 땅으로 부르신 것이 아니고 수년 동안 세월이 흐르게 하셨다**는 것을 말합니다.

이스라엘 사람들이 생각하듯이 하나님께서 전적으로 가나안 땅에 대하여만 관심을 가지고 계시거나 **그 땅만을 그의 영광으로 삼으신 것이 아니라**는 것입니다.

하나님은 그의 백성의 행복을 어느 한 땅에 제한시키지 않으신다는 것을 말합니다. 그러므로 아브라함의 자손일지라도 하나님께서 범죄한 백성들이 거하는 땅이 멸망되게 하시리라는 말씀을 얼마든지 할 수 있으며 그것은 결코 신성모독이 될 수 없습니다.

스데반 집사가 이런 말씀을 전한 목적은 유대민족이 스스로 열심히 긍지를 지키려고 하는 것에 비해서 **초창기에는 보잘 것이 없었음을 깨우치고자** 한 것입니다.

그들의 조상 아브라함이 갈대아 우르에서 **갈 바를 알지를 못하고 떠났던 것**처럼 지파들과 그들의 지도자들도 **애굽의 종살이에서 놓였고** 처음에 그 조상이 애굽에 갔을 때 그들은 모든 민족 중에 **수효가 가장 적었습니다.** 그러나 **그들이 하나님 앞에서 범죄할 때 그들은 파멸을 당하고 만 것**입니다. 애굽에서 유대민족을 구원하신 하나님이 신명기 28장 68절에서 경고하셨듯이 다시 그들을 애굽으로 끌어가실 수도 있는 것입니다. 또한 그 하나님은 돌들로도 아브라함의 자손이 되게 할 수 있는 분이시라는 것을 깨우쳐주고자 하는 것입니다.

스데반은 아브라함이 갈대아 우르에서 부름을 받은 후 **오랫동안 그와 그의 자손들이 정착되지 않은 것**에 대해 말합니다.

하나님은 아브라함과 그의 씨에게 그 땅을 소유로 주시겠다고 약속하셨습니다. 그러나 아직도 아브라함에게는 자손이 없었고, 여러 해가 지난 후에도 사라는 잉태하지 못했습니다. 그리고 아브라함 자신이 **나그네**였고 **방랑자**였습니다. 하나님은 그에게 발붙일 만큼도 유업을 주지 아니하셨습니다. 그는 도착한 가나안 땅에서 낯선 땅에 온 사람처럼 살았으며, 계속 이사를 다녔으며 그의 것이라고 부를 것은 아무것도 없었습니다. 그의 후손도 오랫동안 그 땅을 소유할 수 없었습니다.

"**애굽에서는 종살이를 하는데 400년 후에 그들이 돌아와서 이 땅에서 나를 섬기리라**" 하신 것입니다.

그리고 그들이 그 땅을 소유로 얻기까지는 **많은 곤경과 어려움을 만나야** 했었습니다. 그들은 노예생활을 했고 낯선 땅에서 불행하게 살았습니다. **뜻은 오직 하나님께서 정하신 바였고 그 뜻대로 이루어진 것**이었습니다.

이렇게 아브라함과 약속하신 것이 이루어지는 데에는 **오랜 시간이 경과했고 많은 난관이 있었는데**, 그것은 영적인 의미를 지니고 있습니다. 즉 약속에 의해서 전달되고 확신된 그 가나안 땅은 **보다 나은 땅, 즉 하늘나라를 깨우쳐주는 것**이었습니다.

그래서 바울도 "**족장들이 외방에 있는 것 같이 약속하신 땅에 우거하며 하나님의 경영하시고 지으실 터가 있는 성을 바랐다**(히11:11,12)"고 말한 것입니다.

예수께서 "**가나안 땅이 멸망하리라**" 하신 말씀은 결코 신성모독적인 것이 아닙니다. 그리고 우리가 말할 수 있는 것은 **그 예수께서 우리를 하늘에 있는 가나안 복지로 인도할 것이며 그 나라를 소유하게 하실 것인데 그에 비하면 지상의 가나안 땅은 모형과 상징에 불과하다**는 것입니다. 그러므로 우리는 **그 영원한 가나안 복지, 천국**을 바라보며 살아가야 합니다.

▎**3** 이르시되 네 고향과 친척을 떠나 내가 네게 보일 땅으로 가라 하시니

"**고향과 친척을 떠나가라**" 했습니다.

이 명령에 대한 순종은 결코 쉬운 일이 아닙니다. 그런데 아브라함이 이것을 실행하게 된 것은 **하나님께서 그렇게 명령하셨기 때문**이었습니다. 미래의 모든 문제들에 대하여 전혀 모르면서도 **하나님을 만나자마자 절대적으로 하나님을 신뢰한 아브라함은 하나님께서 명령하신 그 말씀으로 미래의 모든 문제들을 벌써 해결한 것처럼 생각하고 거리낌 없이 그 길을 떠난 것입니다.** 이것이 바로 **신앙**입니다.

신앙은
(1) **하나님의 말씀에 의해 움직이는 것**입니다.
(2) 그 움직임에 있어서 **하나님이 동행하는 것을 믿는 것**입니다.
(3) 그 행동의 결과로 **모든 복된 열매를 얻을 줄을 확신하는 것**입니다.

여러분, 눈에 보이지는 않지만 아브라함에게 말씀하시듯이 **우리에게 하신 그 말씀을 붙잡고 오직 하나님께 순종하여 나아가시기** 바랍니다.

우리가 그렇게 순종하며 나아가는 순간마다 전지전능하신 하나님이 동행하심을 조금도 의심하지 말고 우리가 그렇게 나아갈 때에 하나님은 **정한 시시때때에 우리에게 복된 보상을 해주심을 확신하고 하루하루를 살아가시기** 바랍니다.

> *4 아브라함이 갈대아 사람의 땅을 떠나 하란에 거하다가 그의 아버지가 죽으매 하나님이 그를 거기서 너희 지금 사는 이 땅으로 옮기셨느니라*

아브라함이 이렇게 고향을 떠난 것은 **모든 믿는 자들의 조상으로서의 귀감**이 됩니다. 오늘날 **우리도 모든 육적 애착을 떠나 그리스도 안에 옮겨가서 살아가야** 하는 것입니다. 우리는 칼빈이 말한 것처럼 **우리의 고향과 우리 자신을 거부하고 떠나야 합니다.**

그러므로 예수님께서도 "**자기를 부인하고 그리스도를 따르라**"고 말씀하신 것입니다. 아브라함이 갈대아 사람의 땅을 떠난 것처럼 **우리도 과거 정욕이 지배하던 우리 자신에게서 철저하게 떠나야** 합니다. 우리는 **날마다 고통을 무릅쓰고 그 작업을 해야만** 합니다.

"**하나님이 그를 거기서 너희 지금 사는 이 땅으로 옮기셨느니라**" 했는데 이것은 **하나님께서 아브라함과 동행하셨다는 증표**입니다. 하나님은 그의 말씀을 믿고 순종하는 자들과 동행하시는 것입니다.

언제 예수를 알고 믿게 되었든지, **예수 믿는 자들은 하나님께서 '어떻게 쓰시겠다' 하시는 뜻이 있음을 알아야** 합니다. 그러나 **그 전에 버릴 것은 버리고 떠날 것은 떠나야만** 합니다.

우리가 머물고 있는 곳이 하나님이 정하신 뜻이 아니면 우리는 **미련 없이 떠나야** 합니다. 그렇게 할 때 죽을 것만 같은 생각이 들기도 할 텐데 결코 그렇게 되지 않습니다. **하나님이 떠나라고 하신 것은 내가 하나님의 백성이 되는 것에 그것이 합당하지 않으므로 버리라고 하는 것**입니다. 만약에 그것이 우리에게 필요하다면 하나님은 결코 그것을 버리라고 하지 않으셨을 것입니다.
 조상대대로 받은 것을 버리면 어떻게 될까? 친구들을 버리면 외로워서 어떻게 살까? 걱정할 필요가 없습니다. 천지만물을 지으신 하나님은 **더 좋은 친구, 더 좋은 것을 얼마든지 주실 수 있다는 것을 믿어야** 합니다.

 아브라함은 **이러한 것을 받아들이고 하나님이 떠나라고 하신 것을 미련 없이 모두 버리고 떠났습니다.**

 뒤에서 친척들이 그를 얼마나 비난했겠습니까? 그 당시에 마치 미친 사람처럼 보였을 것이지만 그는 다 버리고 떠났던 것입니다. 사라도 마찬가지였습니다. 친구들과 친척들을 모두 버리고 떠나 **믿음의 어머니**가 된 것입니다. 남편으로부터 여호와께서 지시할 땅으로 가라 하셨다는 말을 전해 들었을 때 사라가 반대했다는 기록이 없습니다.

 이러한 결단은 참으로 고귀한 일입니다. 이런 고귀한 결단을 할 줄 아는 자들은 누구도 받을 수 없는 고귀한 은총을 받아 누리게 됩니다. 그러나 사소한 것 때문에, 심지어 하나님 앞에서 합당하지 않은 것을 버리지 못하여 이런 고귀한 결단을 내릴 수 없는 자들은 아무것도 받아 누릴 수가 없습니다.

 이 말에서 중요한 메시지가 있습니다.

 "**아브라함은 그토록 모든 것을 버리고 순종했는데 너희는 왜 한두 가지도 버리지 않고 순종하지 않느냐?**" 하는 것입니다.

 나는 "**버리라**"고 하시는 하나님 앞에 어떻게 처신했는지 정직하게 돌아보시기 바랍니다. 당신이 아직 그 버릴 것을 버리지 않고 떠날 것을 떠나지 않았다면, 당신은 지금 **그 약속된 땅에 도달하지 못했을 뿐만 아니라 엉뚱한 길을 헤매고 있을 뿐**입니다. 그렇게 하다가 **종래는 천국에 들어갈 수도 없게 됩니다.** 그러므로 이제는 **깨끗이 결단해야** 합니다.

 "**네 고향과 친척을 떠나라**"는 말씀은 아브라함 주변에 있는 자들은 아무리 친척이요, 친한 이웃이라 할지라도 그들은 종래 하나님의 백성들이 될 수 없는 자들이라는 것입니다. 하나님은 그런 땅에 결코 축복할 수 없으므로 떠나라는 것입니다.

 하나님께서 쓰실 자가 하나님 보시기에 합당치 않은 환경 속에서 합당치 않은 삶을 살고 있으면 하나님께서는 그들과 떨어지도록 명하십니다. 영적으로 이별하게 하십니다. 조상대대로 우상을 섬겨오던 이방 그리스도인들은 이 점에 특히 유의해야 합니다.

"보일 땅으로 가라" 했습니다.

하나님이 하시는 일은 미래 지향적입니다. 일 년 후가 아니라 삼 년 후, 또는 그 이후에 얼마든지 이루실 하나님의 뜻이 있는 것입니다. 상당한 시간이 지난 후에 주리라고 말씀하시는 것입니다.

"내가 지시할 땅으로 가라" 하셨습니다.

지금은 그 땅이 어디인지를 정확하게 말씀해주시지 않겠으나 **때가 되면 분명히 그 땅에 도착하게 하신다**는 것입니다. 지금 명확하게 어디라고 말씀하시지 않았을 뿐 **이미 그 땅은 정해져 있고 아브라함에게 주신 것**입니다.

그러므로 하나님이 우리에게 무엇을 명령하셨을 때에 그것이 우리의 사고방식에 세밀하지 않다고 해도 **하나님이 말씀하신 목적과 목표가 무엇인지 소중히 여기며 그대로 나아가야** 합니다. **때가 되면 하나님은 어김없이 완벽하게 이루어 주십니다.**

하나님께서 우리에게 알려주시지 않는다면, 그렇게 하는 것이 우리에게 더욱 유익하기 때문입니다. 우리가 미리 알아서 좋은 것도 있겠으나 오히려 미리 알면 우리가 더 큰 실수를 저지르거나 더 큰 괴로움을 당할 것들이 많습니다. 이것들까지도 하나님은 완벽하게 주장하시는 것입니다.

그러므로 우리는 **하나님을 이처럼 폭 넓게 인식할 줄 알아야** 합니다. 우리는 이 땅에 겨우 몇 십 년을 살다가 갈 자들이지만 **하나님은 영원 전부터 영원까지 존재하시며 이 인류 역사 전체를 통합적으로 주장하시는 분이라는 것을 잊지 말아야** 합니다.

하나님은 나를 극진히 사랑하시지만 **나만을 사랑하는 것도 아니고 나만을 위해서 움직이는 분이십니다.** 하나님은 **공간과 시간을 초월하여 모든 사람들을 통합적으로 관리하며 나에 대한 뜻을 계획하시며 이루십니다.**

그러므로 하나님이 하시는 일은 내가 생각한 것과 아주 다른 것이 많습니다. 내 머리로 이해되지 않는다고 하나님을 의심하거나 원망하는 어리석은 시험에 빠지지 말아야 합니다. 그러므로 우리는 **하나님을 더욱 자세히 알기 위해 힘써야** 합니다.

4절에 기록되어야 할 만한 많은 이야기 중에 **아브라함의 아비가 하란에서 죽은 이야기**가 나옵니다.

아브라함의 아버지는 **데라**입니다. 그는 우상회사의 사장입니다. 아브라함은 그 아버지를 모시고 갔습니다. 갈대아 우르에서 가나안으로 들어가게 하셨고 도중에 하란이란 곳에 도착하게 하신 것입니다. 하나님은 아브라함 일행으로 하여금 가나안으로 직행하게 하셨을 수도 있었으나 돌아가게 하셨습니다. 아버지 데라가 우상을 많이 섬겨서 가나안에 들어가서는 안 되었고, 아브라함으로서는 살아계신 아버지를 버릴 수도 없었습니다.

그러기에 하나님은 중간쯤에서 그를 데려가신 것입니다. 엉뚱한 곳으로 가다가 아버지 데라가 죽은 후에 방향인 서남쪽으로 가게 하셔서 가나안으로 가게 하신 것입니다.

하나님은 가나안에 아브라함의 윗사람은 가지 못하게 하셔서 **아브라함이 그 땅에서 유일한 조상이 되게 하셨습니다.**

자신을 낳아주신 부모라도 하나님이 합당하게 여기지 않으시면 하나님은 이별하게 하십니다. **아무리 내게 소중한 것일지라도 하나님이 버리시면 우리도 버려야** 합니다. 아브라함이 아버지를 버린 것이 아닙니다. 하나님이 그를 버렸습니다. **인간적으로 놓고 싶지 않은 것이 있어도 하나님이 놓으라고 하시면 놓아야** 합니다. 놓을 때에 놓지 못해서 원래의 목적대로 가지 못하는 경우가 있습니다.

바울이 예루살렘 교회의 창립 멤버인 마가의 아들을 어찌 귀하게 여기지 않았겠습니까? 그렇지만 마가 요한은 어느 순간에 자기 안일을 위해 도망가 버렸습니다. 바울은 마가 요한이 험난한 선교여행의 선교사가 될 자격이 없다고 판단한 것입니다. 그 문제는 바울이 개인적으로 생각한 것이 아니라 하나님께 기도해 보고 결정을 내린 것입니다. 하지만 바나바는 그를 놓지 않겠다고 강력히 주장했습니다. 결국 **바나바는 요한을 데리고 바울에게서 떠나갔습니다.** 그 이후에 바나바와 요한의 이야기는 성경에 나오지 않습니다. 나중에 마가 요한이 회개하고 돌아왔고 바울이 여러 교회에게 편지를 써서 그를 받아들이라고 했습니다. 그러나 마가 요한은 결국 디모데처럼 귀하게 쓰임 받았다는 기록이 없으며 바나바의 사역도 더 이상 성경에는 기록되어 나오지 않습니다.

하나님의 하시는 일에 있어서 인정이나 감정이 앞서서는 안 됩니다. 그러므로 우리는 **하나님의 뜻이 무엇인지 정확히 알아야** 하며 **하나님의 뜻을 알았다면 인간적으로 오래 생각할 것도 없이 하나님의 뜻에 일치하게 결단을 내리고 처신해야** 합니다. 그렇지 않으면 바나바처럼 우리도 제 2, 3선으로, 가장 좋은 길에서 밀려나게 됩니다.

> 5 그러나 여기서 발 붙일 만한 땅도 유업으로 주지 아니하시고 다만 이 땅을 아직 자식도 없는 그와 그의 후손에게 소유로 주신다고 약속하셨으며 6 하나님이 또 이같이 말씀하시되 그 후손이 다른 땅에서 나그네가 되리니 그 땅 사람들이 종으로 삼아 사백 년 동안을 괴롭게 하리라 하시고

하나님께서는 아브라함에게 아직 자식이 없었으나 **장차 그의 자손들이 많을 것과 그들에게 가나안 땅이 소유될 것을 약속**하셨습니다. 하나님의 약속은 이렇게 현실성이 없는 것처럼 보이는 경우가 많습니다. 그러나 **하나님은 이런 방법으로 약속해 주시고 그 약속이 성취된 후에 사람들로 하여금 그 전능하신 하나님에 대해 더 자세하게 알게 하십니다.** 또한 사람들로 하여금 **믿음다운 믿음을 갖도록 하시는 것**입니다.

로마서 4장 18절에 "아브라함이 바랄 수 없는 중에 바라고 믿었다" 했습니다. 이것이 바로 **현실성이 떨어지는 듯 보이는 약속이지만 그대로 믿고 순종했다**는 말입니다.

우리도 이렇게 **인간적인 상식으로는 이해할 수 없을지라도 성경에 기록되었다면, 하나님이 우리에게 약속하셨다면 그대로 믿고 조금도 의심없이 나가야 합니다.** 많은 사람들은 하나님의 말씀과 특별히 주신 약속에 대해 인간적으로 납득이 되지 않는다고 묵살하며 무시해 버립니다. 그러나 **믿음다운 믿음을 가진 자는 결코 의심하지 않고 끝까지 믿고 나아가며 그 약속이 성취되는 것을 체험할 뿐만이 아니라 하나님이 얼마나 놀라운 분이신지 확신하게 되며 그는 그야말로 하나님을 선물로 얻게 되는 것**입니다. 인간의 상식으로 납득할 수 없다고, 믿지 않고 순종하지 않는 자들은 결코 이런 놀라운 하나님을 자신의 하나님으로 모실 수가 없습니다. **그는 스스로가 하나님이 자기에게 무능한 하나님이 되도록 만드는 것**입니다. 혹시 내가 이러한 사람이 아닌지 살펴보시기 바랍니다.

하나님은 아브라함의 자손에게 가나안 땅을 주시기 전에 먼저 그들이 **애굽에서 종노릇 할 것**을 예언하셨습니다.

이것은 그들에 대한 하나님의 무자비하심이 아니라 오히려 **그 사랑하시는 백성에게 복을 주시는,** 우리가 알아차릴 수 없는 **오묘한 방법**입니다.

가나안 땅을 그들에게 주시겠다고 약속하셨지만 그들로 하여금 **먼저 400년 동안 고난 받는 생활을 하도록 경륜하신 것**입니다. 그러나 하나님은 극심한 고난 속에도 **전능하신 하나님의 능력이 나타나** 인간의 생각으로는 도저

히 거기서 빠져 나올 수 없었으리라 생각할 수밖에 없던 것을 일거에 해결하심을 보여주며 그 **백성들이 하나님이 어떤 분인 줄 확실히 알며 그 하나님을 향한 믿음을 돈독히 하게** 해주신 것입니다.

참으로 놀라운 것은 이렇게 400년 동안에 하나님께서 그들에게 **하나님이 어떤 분이신지 절실하게 보여주고 깨닫게 해주셨음에도 불구하고 그들 중 대부분은 가나안에 들어가지 못하고 멸망을 당했다는** 것입니다.

우리가 생각하기에는 400년 동안의 고난이 너무 긴 것이 아닌가 싶기도 하나 그들의 결과를 보면 오히려 그 기간은 더욱 길어야 했음을 알 수가 있었습니다. 그들은 더 극심한 고난을 받아야 했고, 그래서 거기서 하나님이 건져주실 때 하나님이 누구이신지 더욱 분명히 알게 되었어야만 했습니다.

하나님께서 우리에게 어떤 고난을 허락하실 때 **그것은 우리에게 꼭 필요한 것 중에 최소한의 것임**을 우리는 기억해야 합니다.

우리는 워낙 부패하고 타락한 존재들이므로 고난과 시련의 터널을 통과하지 않고는 하나님을 알 수도 없으며 믿을 수 없는 것입니다. 그러므로 하나님은 우리에게 고난과 시련의 통과 없는 행복을 허락하시는 법이 없습니다.

그러므로 **고난과 시련, 연단을 거치지 않고 편하게, 자기 좋을 대로 신앙생활하고 욕심을 다 채워가면서 슬쩍슬쩍 하나님을 도외시하고 불순종하는 자들**, 그러면서 주일에만 교회에 성실히 참석하면 다 된다고 여기는 자들은 **결코 가나안에 도달할 수 없다**는 것을 명심해야 합니다.

이제부터라도 **하나님께서 당하게 하시는 고난과 연단의 과정을 열심히 통과해야** 합니다. 또 그것을 잘 도와주는 사람을 만나고 그가 어떤 가르침이나 어떠한 고통스러운 숙제를 줄지라도 이를 악물고 따라가야 합니다. **오늘날 많은 교인들이 간섭받고 강요받는 것, 책망 듣는 것이 싫어 정직한 종들을 떠나버립니다. 그들은 그들이 차지할 모든 것을 버리고 떠나는 것입니다.** 참으로 어리석은 자들이 아닐 수 없습니다.

여기서 우리가 알 것은 **하나님은 미래를 멀리 내다보시면서 약속하신다**는 것입니다.

아브라함은 객지에서 아버지를 잃고 여행했고 가나안에 도착했는데 그때에도 아들을 한 명도 낳지 못했습니다. 인간적으로 보면 그에게 고뇌가 많았을 것이나 그는 한마디도 불평하지 않았습니다.

하나님이 아들을 바치라고 명령하셨을 때 하나님께서 자기 아들을 죽이지 앉으실 것을 믿고 깨끗이 순종했습니다. **그는 아무리 기가 막힌 말씀도 일단 하나님의 말씀 앞에서는 "아멘" 하고 받아들인 것입니다.**

우리도 이것을 배워야 합니다. **인간적으로 당황하지 않을 수 없는 말씀도 그것이 하나님의 말씀이라면 전적으로 신뢰하는 마음으로 "아멘" 하고 받아들여야** 하는 것입니다. 우물쭈물하거나 뒤로 돌아서면 안 됩니다.

우리도 아브라함의 영적인 자손입니다. 따라서 우리도 **아브라함의 믿음을 반드시 본받아야** 합니다.

아브라함은 인간적으로 볼 때에 말도 안 되는 약속을 그대로 믿고 순종했는데, 조그마한 명령 조차도 믿지 못하여 불순종한다면 그가 어찌 하나님의 자녀가 될 수 있겠습니까? 더욱이 그러한 자가 어찌 하나님의 일꾼이 될 수 있으며 하나님의 능력을 받을 수 있겠습니까? **내가 지금까지 얼마나 하나님의 말씀 앞에 깨끗이 "아멘" 하고 받아들이며 순종해왔는지** 정직하게 돌아다보시기 바랍니다. 만약 그것에 있어 문제가 있었다면 그것을 **회개하고 고쳐야** 합니다.

성경을 읽다가 마음에 와 닿는 것이 있으면 **'하나님이 오늘 이 말씀을 나에게 주시는구나'** 라고 **믿고 따라가야** 합니다. 그렇게 할 때에 **반대 현상이** 벌어지는 것 같다 할지라도 **의심하고 중단해서는 안 됩니다. 이것을 잘하면 하나님은 우리에게 영적으로, 육적으로 필요를 채워주십니다.**

어떤 사람은 우리 그리스도인은 무소유하고 청빈하게 살아야 한다고 말하지만 결코 그렇지 않습니다. **하나님은 분명히 우리에게 육적이든 영적이든 필요한 것을 얼마든지 주시겠다고** 약속하십니다. **하나님이 우리에게 무엇을 주셨든 그것을 악용하지 않고 하나님의 영광을 가리지 않고 선용하여 더욱 하나님께 영광을 돌려보내는 사람이 되기를 힘써야** 합니다.

하나님께 복 받을 만한 사람이 되기를 힘쓰지도 않으면서 무조건 소유해서는 안 된다고 말하는 것은 비성경적입니다.

악한 자들은 **하나님께 순종하고 충성함으로 영육 간에 큰 복을 누리는 사람**들을 악하다고 말하고, 비난하고 끌어내리려고 할 것입니다. 그것은 모든 사람들이 본받아야 할 사람을 오히려 끌어내려서 아무도 본받을 자가 없게 만드는 사탄의 시험에 빠져드는 것입니다.

아브라함도 당대에 큰 부자였습니다. 아브라함은 후에 자기 돈으로 막벨라 굴을 사서 아브라함과 사라, 이삭과 리브가, 레아와 야곱도 그곳에 장사됩니다. 하나님이 주신 축복으로 소유할 수가 있었던 것입니다.

제 25 강

공회에서의 스데반의 설교(3)

행7:5~11

5그러나 여기서 발 붙일 만한 땅도 유업으로 주지 아니하시고 다만 이 땅을 아직 자식도 없는 그와 그의 후손에게 소유로 주신다고 약속하셨으며 6하나님이 또 이같이 말씀하시되 그 후손이 다른 땅에서 나그네가 되리니 그 땅 사람들이 종으로 삼아 사백 년 동안을 괴롭게 하리라 하시고 7또 이르시되 종 삼는 나라를 내가 심판하리니 그 후에 그들이 나와서 이 곳에서 나를 섬기리라 하시고 8할례의 언약을 아브라함에게 주셨더니 그가 이삭을 낳아 여드레 만에 할례를 행하고 이삭이 야곱을, 야곱이 우리 열두 조상을 낳으니라 9여러 조상이 요셉을 시기하여 애굽에 팔았더니 하나님이 그와 함께 계셔 10그 모든 환난에서 건져내사 애굽 왕 바로 앞에서 은총과 지혜를 주시매 바로가 그를 애굽과 자기 온 집의 통치자로 세웠느니라 11그 때에 애굽과 가나안 온 땅에 흉년이 들어 큰 환난이 있을새 우리 조상들이 양식이 없는지라

> 5 그러나 여기서 발 붙일 만한 땅도 유업으로 주지 아니하시고 다만 이 땅을 아직 자식도 없는 그와 그의 후손에게 소유로 주신다고 약속하셨으며 6 하나님이 또 이같이 말씀하시되 그 후손이 다른 땅에서 나그네가 되리니 그 땅 사람들이 종으로 삼아 사백 년 동안을 괴롭게 하리라 하시고

"**소유로 주신다**" 했습니다.

하나님께서 약속하신 것은 **젖과 꿀이 흐르는 땅**이었는데 아브라함이 거기에 처음 도착하여 사방을 둘러보았을 때에는 **척박한 땅**일 뿐이었습니다.
믿음이 없었다면 낙심하거나 큰 죄를 범했을 것이나 아브라함은 그러지 않았습니다. 그는 **하나님의 명에 따라** 두 말 없이 여행을 하고 **그 자손들은 400년 동안 종살이를 하게** 됩니다. 하나님은 그 척박한 땅이 훗날에 젖과 꿀이 흐르는 땅이 되는 것을 내다보시며 아브라함에게 약속하신 것입니다. **하나님과 아브라함의 시야는 아주 상반되었으나** 아브라함이 **하나님을 의심치 않고 믿기만 한다면** 그와 그의 자손에게 젖과 꿀이 흐르는 땅이 반드시 주어지게 되는 것입니다.

우리는 **이러한 하나님을 믿고 섬겨야** 합니다.

하나님은 얼마든지 아브라함의 눈을 여셔서 장래에 만들어질 젖과 꿀이 흐르는 모습을 보여주실 수도 있었지만 그렇게 하지 않으셨습니다. 하나님은 **아브라함이 단지 하나님만을 전적으로 신뢰하기를 원하셨던 것입니다.**

우리도 하나님께 약속하신 것을 지금 당장 보여주시라고 구할 것이 아니라 **내가 하나님을 전적으로 신뢰하며 끝까지 순종하게 해주시라고 기도**해야 합니다.

한 번 나에게 약속이 주어졌고 그것이 내 것이라고 끝까지 믿으면 이미 그것은 다 이루어진 것입니다. 믿음은 이토록 중요한 것입니다.

하나님은 때때로 아무 준비도 되어있지 않고, 너무나도 자격이 없는 나에게 어떤 중요한 일을 하라고 명하시기도 합니다. 그때 우리는 "나는 자격이 없으니 할 수 없습니다" 라고 말하면 안 됩니다.

하나님께서 나에게 말씀하셨다면 내가 이루는 것이 아니라 하나님께서 이루시는 것입니다. 단지 하나님께서 '나 같은 자를 불러 써주시는구나' 하는 것을 깨달으며 영광스러워하며 "아멘" 하고 순종해야 합니다.

하나님은 우리 눈에 이것저것 다 보여주고 말씀하지 않으십니다. **아무것도 없는데 명령부터 하시는 천지만물을 창조하신 하나님**을 믿어야 합니다.

하나님은 우리에게 말씀하시고 우리가 하나님을 믿는지를 보십니다. 하나님은 명령하시면서 우리에게 우리의 자격이나 지혜나 재주가 아니라 "**네 믿음을 보이라**" 고 말씀하십니다.

우리는 평소에 이것저것 더 달라고 부르짖거나, 내가 원하는 것을 더 가지겠다고 인간적인 방법으로 애쓰기 전에 **내 믿음을 더 키우기 위해** 하루도 빠짐없이 애쓰고 힘써야 합니다. **믿음에서 합격해야** 받을 것을 받으며 귀한 일에 쓰이게 됩니다. 여러 스펙을 갖추는 것보다 **하나님을 믿는 좋은 믿음을 갖추는 것**이 무엇보다도 중요합니다. 그것이야말로 **가장 큰 재산**입니다.

"**보일 땅으로 가라**" 하셨습니다.

앞으로 보여주시겠다는 것입니다. 아브라함이 도착했을 때에도 그 땅은 살만한 곳이 아니었습니다. 하나님은 여전히 아브라함에게 **그 보일 땅을 말씀**하시는 것입니다.

오늘날도 마찬가지입니다.

명령을 주시고 "여기다" 하셨는데, 실상은 전혀 차지할 상황이 아니고 오히려 다른 사람이 차지하고 있을 수 있습니다. 그래도 **하나님의 명령이고 말씀이면 그만인 것입니다.**

아브라함이 가나안 땅에 도착하자 "이곳이 내가 네게 약속한 땅이다" 말씀하셨지만 그 후 오랜 기간 동안 그 땅에는 다른 민족들이 차지하고 살아갑니다. 그런데 **아브라함과 그 자손에게 대대로 유업이 될 땅이라고** 하나님은 말씀하신 것입니다.

지금도 하나님은 우리가 가지고, 누리고, 사용할 것을 **정해 놓고** 계시고 또 그것을 **"내가 네게 주겠다"** 라고 약속하실 수 있습니다. 그럼에도 불구하고 그것들은 다른 사람들이 차지하고 누리는 경우가 얼마든지 있을 수 있습니다. 그러나 우리는 **그 약속만을 믿고 나아갈** 뿐입니다.

하나님이 약속해 주셨으니 내가 그것을 빼앗으려고 애쓸 필요도 없습니다. 하나님은 **때가 되면 하나님의 특별하신 방법으로 확실하게 약속을 이루어 주십니다.** 말씀으로 천지만물을 창조하신 하나님이 어찌 우리 한두 사람에게 약속하신 것을 못 이루시겠습니까? 어찌 안 이루어 주시겠습니까?

하나님이 약속해 주셨다면 아무도 이해하지 못해도 하나님의 말씀과 약속을 끝까지 믿고 가는 것이 신앙생활입니다.

땅이나 사람, 직업 등 하나님의 명령대로 떠날 것을 떠나 택하신 곳으로 옮기며 순종하면 하나님께서 복을 내리시고 승리하게 해주십니다.

때때로 역사를 보면 하나님께서는 오랫동안 기거하던 원주민들을 쫓으시고 하나님의 사람들이 머물게 하기도 하셨습니다. 북아메리카 대륙이 원주민들이 오랫동안 차지하고 살았으나 하나님은 그들을 내모시고 하나님을 섬기는 사람들을 그곳에 보내어 그 땅을 차지하게 하시고 번성케 하셨습니다. 어떤 역사가들은 서양 사람들이 원주민들을 죽이고 모든 것을 빼앗았다고 악평을 하지만 그것은 **하나님께서 세우신 뜻이요, 하나님께서 이루시는 일**입니다. 그러므로 저들이 아무리 악하게 말할지라도 **모든 것은 하나님 뜻대로 이루어지는 것입니다.**

하나님께서는 **영광을 받으시기 위해** 모든 것들을 조성하시고 움직여 나가십니다. 그러므로 오랫동안 땅을 차지했던 자들이라 할지라도 **우상숭배하고 하나님의 영광을 가리는 자들은 때가 되면 그 땅에서 내모시고 하나님께서 기뻐하시는 자들을 얼마든지 그곳에 심으시는 것입니다.** 누가 이것을 부당하다고 말할 수 있겠습니까?

7 또 이르시되 종 삼는 나라를 내가 심판하리니 그 후에 그들이 나와서 이 곳에서 나를 섬기리라 하시고

하나님께서 이스라엘 백성들을 괴롭히는 애굽을 심판함으로써 애굽은 낮아지고 이스라엘 백성은 출애굽하여 마침내 가나안 땅에서 하나님을 섬기게 한다는 것입니다.

하나님께서 **이스라엘 백성들을 애굽에서 430년 동안 살게 하신 이유**가 있습니다.

(1)노예 생활을 하면서 비로소 하나님을 찾게 하시려는 것이었습니다.

애굽 땅이 매우 비옥하여 이스라엘 인구가 급격히 늘어나는데 애굽 여자들보다 이스라엘 여자가 아이를 잘 낳게 만드셨습니다. 이렇게 민족이 번성케 하셨고 이런 자손들을 위해서 하나님은 이미 애굽 땅에서 가장 비옥한 고센 땅에 거하게 하셨던 것입니다. 이스라엘 사람들은 목축업의 전문가였고 애굽 사람들은 농업과 경공업의 전문가였습니다. 이리하여 애굽은 풍부하게 먹고 살게 하셨습니다.

가나안 땅은 위치상 대륙의 통로로써 수많은 침략을 감당할 수밖에 없었습니다. 그리고 아브라함 때에는 **척박한 땅**이었고 **이스라엘 백성들이 출애굽하여 갈 즈음에야 젖과 꿀이 흐르는 땅이 되었습니다.**
이스라엘 백성들이 애굽 사람들로 하여금 극심한 고역을 당하게 하심으로 그들은 비로소 조상들의 하나님, 또 조상들에게 약속하셨던 **그 하나님을 찾고 살려달라고 부르짖게 된** 것입니다. 그때에야 하나님께서는 비로소 모세를 보내셨습니다.

오늘날도 **하나님은 우리를 사랑하시지만 우리가 부르짖어야 할 때에는 부르짖어야만** 합니다. 그러므로 성도들은 **반드시 기도를 배워서** 중요하거나 절실한 문제를 만났을 때에 하나님 앞에 나와 **부르짖어야** 합니다. **많은 성도들이 이렇게 하지 않아서 여전히 애굽에서 살며 노예생활을 합니다.** 부르짖는 여러분이 되시기를 바랍니다.

(2)가나안 족속들은 하나님께서 심판하실 대상이었고, 그 정하신 때가 있었기에 그 때가 되도록 이스라엘 백성들을 애굽에 두셨습니다.

이처럼 하나님께서는 **이스라엘 백성뿐만 아니라 다른 민족들 전체를 보시며 섭리하시고 주관**하십니다. 그러나 이스라엘 백성들이 가나안에 들어가서

그 족속을 진멸하라고 하신 명령에 순종하지 않음으로 남은 자들에게 끊임없이 괴로움을 당하게 됩니다.

그러므로 우리는 **하나님의 뜻과 명령이 무엇인지 명확하게 알고 명심해야 하며 그것을 철저하게 순종해야** 합니다. 책망할 것은 책망하고 버릴 것은 버려야 합니다. 세상 사람들이 말하듯이 무조건 용서하고 자비를 베풀면 이스라엘 백성들처럼 벌을 받게 됩니다.

우리를 괴롭히는 원수들을 우리가 직접 상대하여 원수 갚으려고 해서는 안 되는 이유도 바로 여기 있습니다. 하나님은 **원수의 죄가 아귀까지 찰 때까지 기다리셨다가 하나님의 정하신 방법대로 반드시 그들을 처벌하십니다.** 하나님이 그렇게 하시기도 전에 우리가 그들을 처치하려고 해서는 안 되는 것입니다.

(3)이스라엘 백성들이 애굽에서 **핍박을 받게** 됨으로써 **하나님께 간절히 부르짖을 때에** 모세라는 위대한 선지자를 보내주신 것입니다.

이스라엘 백성들은 모세가 80세가 되도록 광야에서 하나님이 들어 사용할 만한 위대한 종이 되기까지 애굽에서 핍박 속에 지내야만 했습니다. 어떻게 보면 모세가 준비되는 기간과 이스라엘 백성의 해방의 때가 결부되었다고도 할 수도 있습니다.

여기서 우리는 **하나님의 섭리는 모든 것을 통합적으로 이루신다**는 것을 알 수 있습니다. 이스라엘 백성들이 부르짖을 만큼 부르짖을 때까지, 가나안 족속의 죄가 아귀까지 찰 때까지, 모세가 하나님의 위대한 종이 되기까지 기다리신 것입니다. 그러느라고 **430년이 필요**했던 것입니다.

이 놀라운 하나님의 지혜와 섭리를 누가 미리 알고 간섭할 수 있으며 그에 대해 말할 수가 있겠습니까? **우리는 이런 하나님을 절대적으로 신뢰하며 하나님께서 말씀하시는 대로 순종할 뿐**입니다.

(4)**애굽 왕과 백성들이 하나님 앞에서 오만방자하여 벌을 내리시기 위함**이었습니다.

하나님은 애굽 왕과 백성들이 이스라엘 백성들을 심히 학대하고 괴롭히게 두심으로써 그들을 엄벌로 다스리셨습니다. **이스라엘 백성들은 손 하나 쓰지 않고, 돌멩이 하나 던지지도 않고 깨끗이 해방되도록 하셨습니다.** 동시에 애굽이라는 당시 세계 최강대국이 **망하게** 하신 것입니다.

하나님께서 **이스라엘 백성까지 보내주셔서** 온갖 은총과 부강을 누리던 나라가 어느 나라보다도 극심하게 우상을 숭배할 뿐만 아니라 **하나님이 사랑**

하시는 백성들을 극심히 괴롭힐 때 하나님은 그 나라를 약소국으로 멸망시키신 것입니다.

하나님은 이토록 **강한 자나 약한 자나 그들이 행한 바에 따라 엄격하게 갚으시는 분**입니다.

하나님께서는 **모든 시간, 사람, 장소, 사건 등을 종합적으로 보사 완벽하게 뜻을 세우시고 모든 것을 이루십니다. 그 어느 것도 우연은 없습니다.**

이런 하나님이 나 그리고 우리 교회와 함께하신다면 무엇이 두렵습니까? **우리는 이런 하나님이 나와 우리 교회와 함께하시도록 전력을 다해야 합니다.** 그리고 하나님이 함께해 주실 때에 우리는 그것을 언제 어디에서나 잠시도 잊지 말아야 합니다.

우리 가정과 교회와 민족이 절대적으로 하나님을 신뢰하고 하나님을 주인 삼으며 순종하고 나간다면 어느 강대국이나 어떤 세력도, 어떤 환난이나 재앙도 우리를 어찌할 수가 없습니다.

그리고 하나님의 의해 창조된 자들이 **도외시하며 배반하며 우상숭배하며 말씀에 상관없이 살 때에 하나님은 그들의 세력이 어떠하든지 반드시 징벌하여 다스리십니다.** 그리고 **인간의 눈으로 보잘것없는 자라도 하나님만을 신뢰하고 주인 삼으며 그 뜻대로 순종하는 자들이 모든 시대의 주역과 주인공이 되게 하십니다.** 할렐루야!

7절의 "**이곳에서**" 란 말은 **하나님의 약속 성취의 정확성을** 강조합니다.

그 약속이 마침내 이루어져서 이스라엘 백성이 가나안 땅을 차지했으니 그 땅이 바로 스데반과 그 핍박자들이 살고 있는 땅이라는 것입니다.

이렇게 스데반은 그의 설교에서 **하나님의 약속은 반드시 성취됨을 강조하여** 듣는 사람들로 하여금 마침내 **메시야에 대한 약속과 그 성취에 대해 주의를 기울이도록 한** 것입니다.

> **8** 할례의 언약을 아브라함에게 주셨더니 그가 이삭을 낳아 여드레 만에 할례를 행하고 이삭이 야곱을, 야곱이 우리 열두 조상을 낳으니라

하나님은 **아브라함과 그의 자손의 하나님이 되실 것을 약속하시며 할례의 언약**을 주셨습니다. **아브라함의 자손들은 하나님의 백성들이라는 언약의 표로 할례를 행하도록 하나님께서 명하셨습니다**(창17:10-14).

할례의 계시는 이스라엘의 자격을 결정하는 근본적인 것으로 아직 성전이

없던 때에 시작된 것인데 이스라엘의 받을 복이 성전에만 있는 줄로 착각하고 있는 유대인들을 스데반은 깨우쳐주고자 한 것입니다.

이 제도는 아브라함의 자손들이 실행함으로 그 조상 때에 받은 약속, 즉 아브라함의 자손들이 가나안 땅을 차지한다는 것과 그의 자손으로 인해 천하 만민이 구원의 복을 받는다는 것을 기억하도록 한 것입니다.

이 할례는 하나님에 대해서는 "**내가 너희에게 모든 것에 풍성한 하나님이 되리라**" 하는 것이고, 사람들에 대해서는 "**내 앞에서 행하여 완전할지어다**"라는 이중의 뜻을 지니고 있습니다. **아브라함의 자손을 여호와를 섬기는 자손으로 삼기 위한 실질적인 배려가 있고 나서야** 이스라엘 자손은 **번성하기 시작**합니다. 즉 이삭은 야곱을 낳고 야곱은 열두 아들을 낳으니 이들이 각 지파의 조상이 된 것입니다.

▌ **9 여러 조상이 요셉을 시기하여 애굽에 팔았더니 하나님이 그와 함께 계셔**

'**조상**' 이란 말로 번역된 헬라어는 '**조상들**' 이라고 번역되어야 합니다.

여기에서 요셉에게 나타나신 하나님의 계시를 말해줬는데 이것은 성전과 관계가 없습니다. 스데반은 이렇게 성전이 계시와 구원 역사에 절대적으로 필요한 것이 아님을 강조한 것입니다.

스데반이 **요셉의 사적을** 중점적으로 말하게 된 동기는 역시 **아브라함과의 계약의 성취를 강조하려는** 것입니다. **하나님께서 그 택하신 백성에게 약속하신 것을 이루시는 방법에 있어서 인간의 죄악도 사용**하십니다. 요셉의 형들이 요셉을 시기하여 애굽에 **판 것을 통해 약속하신 바를 이루신 것입니다.**

하나님께서 죄를 미워하시지만 인간들이 저지르는 죄악으로 인해 그 뜻을 이루시는데 지장을 받지는 않으십니다. 하나님은 그 약속의 성취에 있어서 **인간의 죄악을 사용할 수 있는 놀라운 지혜와 능력을 가지고 계십니다.** 요셉의 형들은 그를 시기하여 애굽에 팔았지만 **하나님은 그 사건을 통해 하나님이 하실 일을 확실하게 이루신 것입니다.**

아버지 집에서 귀염둥이요, 복덩이였던 요셉이 형제들에게 학대를 당했습니다. 이와 같이 이스라엘 자손들은 그들 가운데 뛰어난 사람들을 못마땅하게 여겼습니다. 그들은 **그들 가운데 오신 가장 영광스러운 그리스도에 대해서도 적대심을 품었습니다.**

그러나 하나님은 형제들로 인해 곤경에 빠진 요셉과 함께 하셨고 요셉은 곤경 속에서도 변함없이 하나님을 어느 형제보다도 잘 경외했습니다.

하나님은 **하나님을 사랑하면서 다른 사람들에게 박해를 받는 의로운 자를 반드시 돌보십니다.**

스데반은 여기서 이 진리도 강조하고 있습니다. **모세**도 어린아이 때 무서운 박해 속에서 하나님이 함께하시는 은혜를 입었고 장성해서는 동포들의 배척을 받았으나 하나님께서 그를 구원자로 세우셨습니다.

하나님은 **요셉**에게 성령으로 역사하사 그 마음에 위로를 주셨고 그와 관계하고 있는 사람들의 마음에 호감을 갖게 하셨습니다. 나중에는 하나님께서 요셉을 곤경에서 놓이게 하셨을 뿐 아니라 바로로 하여금 요셉을 애굽의 2인자로 삼게 하셨습니다. 그러므로 요셉은 이스라엘의 **반석**과 **목자**가 된 것입니다.

> **10** 그 모든 환난에서 건져내사 애굽 왕 바로 앞에서 은총과 지혜를 주시매 바로가 그를 애굽과 자기 온 집의 통치자로 세웠느니라

"그 모든 환난" 이라고 했는데 그것은
(1) **요셉이 형제들이 양치는 곳에 찾아갔을 때 그들이 그를 죽이려 한 것** (창 37:18-20),
(2) **어린 몸으로 외국으로 팔려가 나그네 생활을 한 것**(창37:25-28,39:1),
(3) **보디발의 아내의 모함으로 옥에 갇혔던 것**(창39:10-20),
(4) **죄 없는 몸으로 수 년 동안 옥살이를 한 것**(창39:21-40:23)입니다.
이렇게 요셉의 가는 길은 **환난에서 환난**으로 옮겨지곤 했습니다.

우리는 여기서 **하나님께서 성도들을 구원하시는 방법의 오묘함**을 발견할 수 있습니다. 그것은 종종 **환난에서 환난으로 옮겨지는 것**입니다.

"**은총과 지혜를 주시매 바로가 그를 애굽과 자기 온 집의 통치자로 세웠느니라**" 한 말씀 역시 **하나님께서 아브라함에게 주신 약속을 이루시는 데에 중요한 요소**입니다. 요셉의 일은 **전적으로 하나님의 은총과 지혜로 된 것**입니다.

스데반은 **하나님께서 이 모든 일들을 통해 그 약속을 이루신 것**이라고 말합니다.

> **11** 그 때에 애굽과 가나안 온 땅에 흉년이 들어 큰 환난이 있을새 우리 조상들이 양식이 없는지라

흉년이 든 것도 **하나님께서 아브라함에게 주신 약속들을 이루시기 위함**이

었습니다. 이 사실을 보면 **이 세상 모든 일들이 하나님의 택하신 백성들을 중심으로 한 영혼구원을 목표로 하고 있음**을 알 수 있습니다. 애굽 사람들이나 가나안 족속들은 **영문도 모르고** 이스라엘 민족에 대한 하나님의 약속성취를 위해 흉년을 겪었던 것입니다.

"우리 조상들이 양식이 없는지라" 했습니다.

하나님의 백성들도 이 세상의 환난에 동참합니다. 그러나 그것은 하나님께서 **특별히 섭리하심으로 그들 자신을 위해 주어지는 것**입니다.

그동안 비옥했던 토지가 황무지로 변했습니다. 그러나 애굽에는 곡식이 있다는 소식을 듣고 야곱은 **다른 아들들을 보내어 곡식을 사오도록** 했습니다. 요셉은 자기가 그들의 동생임을 알렸고 바로의 허락을 받아 **그의 아버지 야곱을 모든 친척과 가족과 함께 애굽으로 초대**했습니다.

제 26 강

공회에서의 스데반의 설교(4)

행7:12~17

12야곱이 애굽에 곡식 있다는 말을 듣고 먼저 우리 조상들을 보내고 13또 재차 보내매 요셉이 자기 형제들에게 알려지게 되고 또 요셉의 친족이 바로에게 드러나게 되니라 14요셉이 사람을 보내어 그의 아버지 야곱과 온 친족 일흔다섯 사람을 청하였더니 15야곱이 애굽으로 내려가 자기와 우리 조상들이 거기서 죽고 16세겜으로 옮겨 아브라함이 세겜 하몰의 자손에게서 은으로 값 주고 산 무덤에 장사되니라 17하나님이 아브라함에게 약속하신 때가 가까우매 이스라엘 백성이 애굽에서 번성하여 많아졌더니

> *12* 야곱이 애굽에 곡식 있다는 말을 듣고 먼저 우리 조상들을 보내고 *13* 또 재차 보내매 요셉이 자기 형제들에게 알려지게 되고 또 요셉의 친족이 바로에게 드러나게 되니라

요셉이 어렸을 때 꾼 꿈과 같이 형들은 요셉에게 굴복하게 되었습니다.

스데반 집사는 바로 이 사건을 소개하면서 **야곱의 아들들이 요셉을 알아보게 된 사실에 초점**을 맞추어 말하고 있습니다.

요셉에게 일어난 일들은 **예수님을 생각하게** 합니다. 요셉이 팔렸던 것처럼 **예수님도 팔리셨고**, 요셉이 하나님의 백성에게 양식을 공급한 것처럼 **예수님은 영의 양식을 공급하셨고**, 요셉의 영광이 그 형제들과 온 애굽에 알려진 것처럼 **예수님도 재림하실 때에는 하나님의 백성뿐 아니라 온 세상 사람들에게 그 영광과 위엄을 나타내시는 것**입니다(계1:7).

그러므로 요셉은 또 하나의 **예수님의 예표**입니다.

여기서 우리는 **요셉의 탁월한 신앙과 생활**을 배워야 합니다.

(1)**요셉은 외국에 팔려가서도 변함없이 하나님을 섬겼습니다.**

요셉은 하나님을 모르는 이방 땅에서 주인도 그의 경건을 알아볼 만큼 **하나님을 진실히 공경**했습니다(창39:2,3).

그는 세계 어느 곳보다 극심하게 우상을 섬기는 땅에서 **홀로 경건을 지키**

고 범죄하지 않았습니다.

하나님은 이렇게 외로운 처지에서 도로 신앙의 절개를 지키며 범죄하지 않는 신자를 더욱 사랑하시고 그와 함께해주십니다. 온 가족이 함께 신앙생활 하는 사람도 있지만 온 가족이 극심하게 우상을 섬기는 가운데 홀로 하나님을 잘 섬긴다면 본인은 누구보다도 신앙생활하기가 몹시 힘들겠지만 하나님은 그 누구보다도 주시하시고 함께해 주시는 것입니다.

그러므로 믿지 않는 가정에서 홀로 신앙생활하는 사람들은 이 사실을 **굳게 믿고 담대해야** 하며 하나님께 **감사하고 그 하나님을 실망시키지 않도록 주의해야** 합니다. 신앙생활하기에 환경이 적절치 못하다 하면서 신앙의 절개를 지키지 못하고 범죄하는 자들은 **이런 하나님의 은혜와 사랑을 누릴 기회를 놓치는 것입니다.**

(2) **요셉은 자기를 팔아버린 형들을 용서할 뿐 아니라 그들을 위로했습니다.** 요셉은 자기를 형들에게 알릴 때에 감격에 북받쳐서 대성통곡했습니다. 그리고 오히려 자기 형들이 **불쌍하고 측은한 마음이 들어서** 여러 가지 말로 그들을 안심시켰습니다(창45:1-15).

이것은 **요셉이 하나님이 누구신지를 확실히 아는 신앙 가운데서 행한 것입**니다. 신앙이 없는 자에게는 이런 **아름다운 마음과 정서가** 있을 수 없습니다. **참된 신자는 하나님의 시선을 가지고 사람들을 깊이 살필 줄 알며 그 불쌍한 형편을 느낄 줄 압니다.** 요셉은 자기에게 몹쓸 짓을 했던 형들에 대해 오히려 애정을 가득히 품을 수 있었습니다.

요셉은 형제들에게 "**당신들이 나를 이곳에 팔았다고 해서 근심하지 마소서. 한탄하지 마소서(창45:5)**" 했습니다.

요셉은 **그들의 죄와 불행을 하나님의 섭리에 비추어 해석하며 수치와 고통을 제거해 주었습니다.** 그야말로 **죄로 인한 모든 상처와 고통을 따뜻하게 싸매준 것입니다.**

> **14** 요셉이 사람을 보내어 그의 아버지 야곱과 온 친족 일흔다섯 사람을 청하였더니

여기 언급된 **일흔다섯 사람**이라는 숫자가 창세기 46장 27절과 출애굽기 1장 5절에 **70명**으로 기록된 숫자와 일치하지 않으나 70인 역에는 창세기 46장 26, 27절에 다음과 같이 번역되어 있습니다.

"야곱에게서 난 자들로서 야곱과 함께 애굽에 들어온 자들의 총수는 야곱

의 자손 외에 66명이더라. 그러나 애굽에 요셉과 함께 있는 그의 아들들이 아홉 명이었으니 야곱과 함께 애굽에 내려온 식구는 75명이더라" 했습니다. 그러므로 스데반이 말한 일흔다섯 사람은 결코 잘못된 것이 아닙니다.

> 15 야곱이 애굽으로 내려가 자기와 우리 조상들이 거기서 죽고 16 세겜으로 옮겨져 아브라함이 세겜 하몰의 자손에게서 은으로 값 주고 산 무덤에 장사되니라

야곱과 그 아들들이 애굽에서 죽고 야곱 가족이 이주한 지 자그마치 **430년**이나 흘러 모두 죽었으나 **하나님의 약속은 여전히 진행되고 있었습니다.** 하나님의 약속 성취의 시기가 아직 멀었다는 것입니다.

우리는 하나님의 약속이 성취되기까지 하나님 본위로 생각하며 참고 기다려야 합니다. 때로는 그 약속을 받은 자들이 일생 동안 기다리다가 그 성취를 보지 못하고 죽을 수도 있지만 **하나님의 약속은 반드시 성취됩니다.**

"세겜으로 옮기어 거기에 장사되었다" 했습니다.

세겜은 가나안에 있는 땅인데 그 땅은 **야곱이 산 것입니다**(창33:19). 아브라함이 그 땅을 샀다는 기록은 성경에 없습니다. 그런데 여기서는 **아브라함이 세겜 하몰의 자손에게서 은으로 값주고 샀다**고 했습니다.

아브라함이 일찍이 **세겜에 이르러 거기서 제단을 쌓았다고** 했는데(창12:6,7) 그가 그 때에 땅을 사지 않고 남의 땅에서 제단을 쌓았을 리가 없습니다. 아브라함도 그 땅을 샀었지만 그 후에 하몰의 사람들이 그 땅을 점령했고, 아브라함의 시대부터 100년 후에 야곱이 그 땅에 이르러 야곱이 그 땅을 새로이 샀던 것입니다.

또 한 가지 난제가 있습니다.

창세기의 기록에는 야곱의 시체가 **아브라함이 헤브론에게서 산 막벨라 밭에 있는 굴에 장사되었**다고 했습니다.(창50:12,13) 여기서 스데반은 **야곱이 세겜에 장사되었**다고 하는 것입니다. 여기서 알 수 있는 것은 **야곱의 해골이 후에 세겜으로 이장되었을 수도 있다**는 것입니다.

이스라엘 자손이 야곱과 요셉의 해골을 가나안으로 옮긴 것은 **하나님의 약속대로 이스라엘이 가나안 땅을 차지할 것이라는 신앙에 의해서 실행된 것**입니다. 성경에는 이들 이외의 다른 조상들의 유골을 가나안 땅 세겜으로 옮겼다는 기록이 없으나 요셉의 유골이 세겜에 장사된 것을 보면 그것들도 함께 옮겨졌을 것이 틀림없습니다. 모든 족장들도 요셉처럼 유언했을 것입니

다. 그러므로 스데반의 말과 창세기의 기록이 좀 다른 듯해도 사실은 다른 것이 아닙니다.

모세와 이스라엘 백성이 나갈 때 **야곱을 비롯한 조상들의 해골을 가지고 나가 세겜에서 장사지낸 것입니다.** 아브라함이 처음 그 젖과 꿀이 흐를 땅에 도착했을 때 그 땅을 주지 않으셨습니다. 사라가 죽자 아브라함은 다급한 상황에서 아내를 장사하기 위해서 은 얼마에 하몰의 땅을 샀습니다. 결국 **그 곳에 아브라함, 야곱, 그 아들들 모두 장사지내게** 되었습니다. 하나님은 아브라함이 은을 주고 매장지로 산 땅을 눈여겨보시고 "**너희 자손들을 계속 여기서 장사지내게 해 주겠다**" 하신 것입니다.
아브라함과 그 자손들이 묻힌 무덤이 나중에 예루살렘이 됩니다.

참으로 놀라운 일입니다. 아브라함이 다급하게 산 땅이 **예루살렘 성의 한복판이 되게** 하신 것입니다.

여기서 우리가 알 것은 **하나님이 일일이 지시하지 않으셨으나 우리가 상황에 따라 다급하게 결정할 때도 하나님이 우리 마음에 역사하셔서 우리를 위해 세우신 계획대로 모든 것이 이루어지도록 이끌어 주고 계신다는 것입니다. 하나님께서 우리 마음에 감동을 주셔서 시시때때로 결정하고 선택하게 하시는데 그 모든 것을 하나님께서 친히 간섭하시고 주장해 주십니다. 신실한 하나님의 백성들은 하나님께서 늘 함께 해주시는 특별한 혜택을 누리는 것입니다.**
불신자나 우상숭배자들도 그들이 결정하고 선택하지만 하나님은 그들을 복된 길로 이끌어 주시지 않습니다. 오직 하나님의 사람들에게만 약속하신 복된 길로 날마다 순간마다 이끌어 주십니다. 이것이 믿는 자와 믿지 않는 자의 큰 차이입니다.

우리 전도자들은 **제자들의 사명을 이어받아 거룩한 복음전파의 사명을 수행하므로 누구보다도 이러한 하나님의 세심한 돌보심과 이끄심의 은총을 받게 됩니다. 그 사도들에게 역사하던 성령과 천사들이 똑같이 우리와 함께 하고 있음을 결코 의심하거나 잊지 마시기 바랍니다.**
이렇게 귀한 사명에 부르심을 받고 쓰임 받는 자들이 **경거망동하고 게으름을 피운다면 참으로 큰 죄가 아닐 수 없습니다.**
하나님의 손에 붙잡힘을 받아 복음을 전하며 거룩한 일을 수행하는 자들은 내가 얼마나 엄청난 은혜를 하나님께로부터 받고 있는가를 잠시도 잊으면 안

됩니다. **하나님이 나의 일거수일투족을 일일이 간섭하시고 주장하시고 계신 것을 기억하여 우리는 두려워 떨며 모든 일을 신중하게 감당해야** 합니다. 아차 하는 순간에 사탄의 유혹과 시험에 빠져 하나님의 거룩한 이끄심을 거스려 큰 죄를 범하고 하나님의 영광을 가릴 수 있습니다. 그러므로 한 순간도 하나님을 제쳐두고 인간 위주로 생각하고 판단하지 않기 위해 우리 영혼이 늘 깨어있어야 합니다.

우리는 모든 일을 결정하거나 수행할 때 하나님께서 우리의 모든 것을 섭리하고 주장하신다는 것을 인식하며 주께서 나로 하여금 그 하나님의 이끄심에 조금도 이탈됨이 없도록, 세심하게 이끌어 주시기를 열심히 기도해야 합니다. 하나님의 놀라우신 인도하심의 은총을 받고 있는 우리가 하나님의 뜻이 무엇인지 알고자 간절히 구할 때 하나님께서는 시시때때로 그 뜻을 알려 주실 것입니다.

그러므로 주님을 주인삼고 순종하며 충성하는 일꾼들은 하나님의 뜻을 정확하게 발견하는 일이 결코 어렵지 않습니다.

우리가 그 발견한 뜻대로 순종하고 충성하며 믿음으로 나갈 때 불가능이 가능해지며 형통하게 되는 것을 끊임없이 체험하면서 하나님은 과연 살아계시고 나와 함께하심을 확신하게 되며 더욱더 의욕과 사명으로 충만하여 활기차게 일할 수 있습니다. 모든 그리스도인들은 늘 이것을 체험하며 살아야 합니다.

또한 이렇게 주님의 일꾼으로 쓰임받는 자들은 모든 일이 전적으로 하나님에 의해 이루어지는 것을 점점 더 깨달으며 더욱 충성된 종이 되는 것입니다.

이런 놀라운 은총을 경험하지 못한 종들은 시시때때로 인간의 생각과 욕심에 사로잡혀 일을 그르치게 됩니다. 하나님의 뜻과 무관하게 처신하는 자들은 이미 하나님께서 그와 세심히 함께 하시고 주장하시는 은총의 대열에서 벗어난 것입니다.

참으로 하나님께서 함께하시는 자인지 아닌지는 그가 행하는 것들을 보면 분명히 알 수 있습니다. 교회에 해를 끼치며 하나님의 이름을 욕되게 하며 전도를 가로막는 일을 하는 자들은 이미 하나님의 세심한 돌보심과 이끄심의 은총에서 제외된 것이며 그럼에도 불구하고 계속하여 그런 악한 길로 나간다면 그는 **엄중한 징벌을 면치 못할** 것입니다.

스데반 집사가 **유대인들 앞에서 설교한 취지가 무엇인지** 살펴보겠습니다.

(1)스데반은 유대인들에게 **유대 민족의 보잘것없는 출발을 깨닫게 하려는 것**이었습니다.

그는 **자기 민족의 교만**을 깨우치고자 했습니다. 이스라엘 백성들이 소수의 무리로 출발하여 큰 민족이 된 것은 참으로 **놀라운 은총의 기적**이었습니다. 그럼에도 불구하고 그 은혜를 잊어버리고 하나님의 율법을 저버리고 계속하여 범죄한 **그들에게는 파멸밖에 없는 것**입니다.

스데반 집사가 이것을 다시 상기시키고자 한 것은 **그 유대인들이 그리스도의 복음을 경홀히 여겼을 뿐 아니라 대적하는 큰 죄를 범하고 있기 때문**입니다.

(2)스데반은 그들에게 **그 족장들이 형제 요셉을 시기하여 애굽에 팔아버린 죄악을 상기시킵니다.**

그와 같은 악한 습성은 계속 나타났고 결국은 그리스도와 그의 사역자들을 향해 똑같이 나타났습니다. 스데반은 **조상대대로 하나님과 그 말씀과 그 종들을 대적하고 핍박하는 유대인들의 악습을 지적한** 것입니다.

(3)그들이 그토록 사랑하는 거룩한 땅을 그들의 조상도 오랫동안 소유할 수 없었다는 것과 그 땅에서 기근과 큰 고난을 겪었다는 사실을 깨닫게 합니다.

그러므로 **오랫동안 죄로 감염되었던 그 땅이 결국은 멸망당해도 이상할 것이 없다는 것을 깨우쳐주려** 한 것입니다.

(4)가나안 땅에 묻히기를 간절히 바랐던 족장들의 믿음은 **그들이 하늘나라를 바랐다는 사실을 보여주는 것임을** 깨우칩니다.

하나님이 선택하신 자들을 하늘나라로 인도하는 것이 바로 예수 그리스도의 계획입니다. 스데반은 **저들이 예수 그리스도를 배척하고 하늘나라로 가는 길을 거부하고 그들이 거하고 있는 땅만을 집착하며 어리석고 악한 길로 나갔던 것을 지적하고 책망**한 것입니다.

> *17 하나님이 아브라함에게 약속하신 때가 가까우매 이스라엘 백성이 애굽에서 번성하여 많아졌더니*

여기서부터 스데반은 **하나님의 약속 성취의 제2단계, 즉 모세를 통한 약속 성취**에 대해 말합니다. 스데반은 그 **역사를 신학적으로 사색하며 거기에 나타나 있는 하나님의 구원의 역사를 깨우쳐주려는** 것입니다.

"하나님이 아브라함에게 약속하신 때가 가까우매" 했습니다.

그들은 한 가족에서 한 민족으로 성장하는 놀라운 은총을 받았습니다. **이런 놀라운 성장은 하나님의 약속의 때가 되자 이루어진 것입니다.**

처음에 하나님께서 아브라함에게 약속하시고 이백 년이 지나는 동안에 그들의 총수는 **칠십 명**에 불과했으나 그 이후 놀랍게도 전쟁터에 나갈 수 있는 장정만 60만이요, 약 300만에 가까운 수로 늘어나게 됩니다.

시기가 가까워지자 하나님의 섭리의 역사가 신속하게 진행된 것입니다. 그러므로 **하나님의 약속의 성취가 느리다고 낙심하지 말아야 합니다. 하나님은 하루에도 갑절, 열 갑절의 일을 이루실 수가 있습니다.** 그들이 애굽에 있을 동안 그 극심한 박해 속에서 그들이 결혼하고 아이를 출산할 때 하나님은 참으로 그들에게 **생육하고 번성하는 복을 내리신 것**입니다.

하나님의 사람들에게는 때때로 큰 수난이나 시련이 임할 수 있으나 그 가운데에서도 하나님이 그들에게 약속하신 복은 어김없이 내려집니다. 그래서 그동안 교회 역사를 보면 **교회가 극심하게 수난을 당하던 시기에 교회도 놀랍게 성장**되었습니다.

가나안 땅으로 들어가기 전에 하나님은 그들이 **큰 민족을 이루게** 하셨습니다. **아이들이 끊임없이 출생하고 병들거나 죽지도 않고 잘 자랐습니다.** 이렇게 인구가 끊임없이 늘어나자 악한 왕이 들어서서 삼세 미만의 남자 아이들을 죽이라고까지 했습니다.

이때에 **절묘한 하나님의 섭리 속에서** 태어난 모세는 울음소리가 커서 더 이상 감추어둘 수가 없어서 버릴 수밖에 없었습니다. 이것 역시 **하나님의 놀라운 계획 속에서 이루어진 것**이었습니다. 모세는 장차 삼백만 명이나 되는 대민족을 이끌고 사십 년 동안 광야를 헤매는 지도자가 되어야 했기에 강에 버려지고 공주에게 발견되어 공주의 아들이 되어 당시 세계에서 가장 문명화된 **애굽의 왕궁의 최고의 경험과 학문과 기술을 습득케 한것**입니다.

그런데 참으로 놀라운 것은 모세가 애굽에서 배운 모든 것을 실상 이스라엘의 해방자가 되어서는 그것을 위주로 일하게 하시지는 않았다는 것입니다. **오히려 사십 년 동안 미디안 광야로 내보내져서 그동안 애굽에서 보고 배운 것을 다 잊어버리다시피 했습니다. 그러나 이스라엘 백성을 가나안으로 인도하기까지 그들을 어떻게 재판해야 하며 사람들을 어떻게 다루어야 하는지 그에 필요한 지식과 경험들은 유용하게 사용하도록 하셨습니다. 모든 필요한 것들은 하나님께서 친히 모세에게 주셨고 그를 도우셔서 감당하게 하셨습니다.** 다만 하나님께서는 **애굽의 왕궁에서 모세가 이스라엘의 지도자가 되게**

하기 위한 **기본 훈련**을 잘 받게 하신 것입니다. 그러나 **거기서 익힌 것들도 어떻게 사용될지는 하나님께서 선택하시고 결정하시는 것**입니다.

우리는 **이런 하나님에 대해 정확하게 인식해야** 합니다.

우리가 애써 배우고 가지게 된 것들을 다 쓰실지, 그 중 일부만 쓰실 것인지는 **하나님께서 결정하시는 것**입니다.

우리는 하나님께서 나에게 허락하신 것만을 배우고 가지는 것으로 만족해 하고 그때그때 하나님께서 하라고 하신 것부터 성실하게 이행해야 합니다. 즉, **날마다 말씀을 읽고, 기도하고, 전도하고, 사명을 감당하면서 나머지 시간과 여력을 가지고 공부도 하고 직장도 다니고 사업도 하고 살림도 하고 취미생활도 하는 것입니다. 오히려 이렇게 먼저 주의 나라와 의를 이루어 나가는 자들은 그 자신이 힘쓰고 애쓰는 것보다도 먹을 것, 입을 것, 거할 곳 모든 것을 하나님께서 더욱더 채워주십니다. 이것이 우리 하나님의 백성들을 향한 하나님의 약속**입니다.

우리가 먼저 순종하고 충성하면서 이것저것을 배우고 가지려고 할 때 오직 인간적인 생각으로 자기가 원하는 것을 위해 전력을 다하는 사람들보다 결코 뒤지지 않게 하십니다. 모세가 애굽 왕궁에서 그토록 많은 학문과 경험을 쌓았으나 **그가 사용한 것은 극히 일부분이었다**는 것을 우리는 기억해야 합니다. **하나님께서 사용하시지도 않을 것들을 위해 지나치게 시간과 노력을 쏟아서는 안 됩니다.**

우리가 **성도로서 마땅히 해야 하는 것에 많은 시간과 노력을 할애할 때 당장은 저들보다 뒤처지는 것 같고 경쟁에서 패배하는 것 같으나 인류 역사를 주장하시고 사람의 생사화복을 주장하시는 하나님께서 반드시 우리를 모든 것의 주역이 되고 주인공이 되게** 하십니다.

이처럼 놀랍게 역사하시는 하나님을 우리는 한 순간에 다 알 수 없습니다.

우리는 날마다 말씀을 읽고 배우고 기도하면서 **하나님 앞에 먼저 순종하는 삶을 통해 하나님이 이런 분이시라는 사실을 더 발견하고 깨달아야** 합니다.

우리는 하나님의 섭리를 다 이해할 수 없습니다.

하나님께서 일일이 말씀해주시지 않으므로 우리는 하나님의 섭리를 다 이해할 수 없지만 분명한 것은 **우리의 일거수일투족을 살피시고 이끌어 주십니다.** 그러므로 **우리가 그 이끄시는 대로 성실히 따라가는 것이 무엇보다 중요한 것**입니다. 고통스럽고 당황스러운 일이 우리에게 다가올 때도 그 모든 것이 **하나님의 놀라운 지혜와 섭리 가운데 우리 앞에 있게** 하심을 믿어야 합니다.

　하나님은 틀림없이 모든 것이 합력하여 선을 이루게 하셔서 하나님께는 영광이 되게 하시고 우리에게는 반드시 복이 되게 하심을 확실히 믿고 나가야 합니다. 이러한 사람은 어떠한 환난과 시련이 있어도 언제 어디서나 평안을 누릴 수 있으며 참으로 항상 기뻐하고 범사에 감사하는 삶을 살아갈 수 있습니다.

　"하나님이 아브라함에게 약속하신 때가 가까우매" 했습니다.

　아브라함은 이미 죽어서 없는데 **하나님께서는 그가 살아있을 때 하신 약속을 이루시기 위해 끊임없이 일하고 계신 것입니다.** 하나님은 **약속의 하나님** 이십니다. 하나님께서 한 번 약속을 주시면 내가 살아있을 때 이루어지기도 하지만 거룩하신 뜻을 따라 내가 죽은 다음에라도 **때가 되었을 때 반드시 이루십니다.** 사람은 죽어도 하나님께서는 여전히 살아계시고 **이미 죽은 사람에게 하신 약속을 반드시 이루시는 것입니다.**

　이런 하나님께서 바로 우리의 하나님이시니 얼마나 감사한 일입니까?

제 27 강

공회에서의 스데반의 설교(5)

행7:18~28

18요셉을 알지 못하는 새 임금이 애굽 왕위에 오르매 19그가 우리 족속에게 교활한 방법을 써서 조상들을 괴롭게 하여 그 어린 아이들을 내버려 살지 못하게 하려 할새 20그 때에 모세가 났는데 하나님 보시기에 아름다운지라 그의 아버지의 집에서 석 달 동안 길리더니 21버려진 후에 바로의 딸이 그를 데려다가 자기 아들로 기르매 22모세가 애굽 사람의 모든 지혜를 배워 그의 말과 하는 일들이 능하더라 23나이가 사십이 되매 그 형제 이스라엘 자손을 돌볼 생각이 나더니 24한 사람이 원통한 일 당함을 보고 보호하여 압제 받는 자를 위하여 원수를 갚아 애굽 사람을 쳐 죽이니라 25그는 그의 형제들이 하나님께서 자기의 손을 통하여 구원해 주시는 것을 깨달으리라고 생각하였으나 그들이 깨닫지 못하였더라 26이튿날 이스라엘 사람끼리 싸울 때에 모세가 와서 화해시키려 하여 이르되 너희는 형제인데 어찌 서로 해치느냐 하니 27그 동무를 해치는 사람이 모세를 밀어뜨려 이르되 누가 너를 관리와 재판장으로 우리 위에 세웠느냐 28네가 어제는 애굽 사람을 죽임과 같이 또 나를 죽이려느냐 하니

> 18 요셉을 알지 못하는 새 임금이 애굽 왕위에 오르매 19 그가 우리 족속에게 교활한 방법을 써서 조상들을 괴롭게 하여 그 어린 아이들을 내버려 살지 못하게 하려 할새

새 임금이란 람세스 2세를 말합니다. 그는 애굽의 영웅이요, 은인인 요셉을 모르는 자였으므로 이스라엘 민족에게 악정을 행했습니다.

어떤 신학자는 말하기를 "하나님께서 축복하시며 그 약속을 이루려 하시면 먼저 인간의 죄악상에서 나오는 적대 운동이 일어난다. 물론 그것이 하나님의 하시는 일을 실패하게 하지는 못한다" 했습니다.

분명히 이 세상에는 악의 우두머리인 사탄을 비롯하여 악령들이 사람들을 지배하다시피하여 하나님이 함께하시고 축복하시는 사람들을 대적하고 괴롭힙니다. 그것은 예수께서 재림하시기 전까지는 있을 것입니다.

그러나 사람들이 마귀의 사주를 받아 아무리 하나님의 백성들을 대적할지라도 하나님이 하시는 일을 막을 수는 없으며 하나님의 뜻은 반드시 이루어지고야 맙니다. 오히려 그들이 하나님의 일을 막으려 애쓰면 애쓸수록 하나

님은 **더 큰 능력을 행사하셔서 더 놀라운 성취를 이루어내십니다.**

이스라엘 민족이 애굽에서 번성하게 된 것도 **극심한 박해에도 불구하고 하나님께서 복을 내려주심으로** 된 일입니다. 애굽인들은 유대인들의 수효가 급격히 늘어나는 것을 보고 그들에게 더 극심한 고통을 주었습니다.

여기서 우리는 중요한 것을 발견할 수 있습니다.

(1)애굽 사람들의 **배은망덕한 태도**입니다.

유대인들은 요셉을 알지 못하는 다른 왕에게 압제를 받았다고 했습니다. 그 왕은 요셉이 애굽을 위해 행한 위대한 업적을 전혀 모르지 않았을 것이나 전혀 그것을 고려하지 않았습니다. 요셉의 자손들을 극심하게 괴롭힌 그들은 참으로 **은혜를 망각하고 모르는 자들이었던 것입니다.**

(2)애굽 사람들의 **악랄한 정책과 수단**을 볼 수 있습니다.

그들은 유대인들에게 궤계를 써서 더 괴롭게 하면서 그것이 자신을 보호하는 방법이라고 여겼으나 **그것은 도리어 하나님의 진노하심을 초래했습니다.** **궤계로 형제에게 고통을 주는 것이 자신들을 위한 것처럼 생각하는 사람들은 그것이 얼마나 큰 잘못인지, 자기에게 얼마나 큰 해가 되는지를 알아야 합니다.**

(3)어린아이들을 살해하는 **잔인하고 비인도적인 행위**를 했습니다.

한 민족의 어린아이들을 살해하는 것이 그 민족을 멸절시키는 방법이라고 생각한 것입니다. 그러나 **하나님은 더더욱 유대민족에게 복을 내리셔서 더 왕성해졌습니다.**

여기서 스데반 집사는 그 유대인들이 끊임없이 선지자들과 예수 그리스도, 그리고 전도자들을 죽임으로써 그리스도의 교회와 복음을 말살시킬 수 있다고 생각했으나 결코 그렇지 않다는 것을 깨우쳐 주고자 한 것입니다. 애굽인들이 초창기의 유대인들을 박해한 것이 어리석었던 것처럼 지금의 유대인들의 박해도 **무익하고 덧없는 것**이라고 깨우쳐주는 것입니다.

즉, 스데반 집사는 이렇게 말하는 것입니다.

"그대들은 우리를 악하게 대우하고 예수 그리스도를 믿는 자들을 박해하는 것을 현명하게 처신하는 것으로 생각하는구나. 그러나 그대들이 하는 것은 애굽인들이 유대민족을 박해하고 어린아이들을 죽이는 것과 다름없는 것이다. 이런 일은 아무런 도움도 되지 못하는 것을 알게 될 것이다. 그리스도의 제자들은 그대들이 그토록 핍박하고 죽이더라도 더욱더 번성할 것이다"

하나님께서는 **약속하신** 때가 가까우면 **속도를 가하여 그 약속받은 자들을 더 큰 은총으로 도와주십니다**. 반면에 **사탄은 그 하나님의 때가 가까우매 더 극심하게 하나님의 사람들을 대적하고 괴롭히는 것입니다**. 그러나 어찌 사탄이 하나님과의 대결에서 이길 수 있겠습니까?

그러므로 우리 하나님의 사람들은 **성경에서 주신 약속과 하나님께서 우리에게 주신 약속에 대해 그 때가 이르면 반드시 이루어지게 해주신다**는 것을 굳게 믿고 나가야 합니다. 처음에는 그 약속성취가 몹시 더딘 것 같아 보일지라도 하나님은 막판에 가서라도 십 년, 이십 년 동안 되어질 일이 단 일 년, 몇 달 동안에 이루어지게 하시는 능력의 하나님이심을 알아야 합니다.

그러므로 **아무리 하나님의 약속이 더디 이루어진다 할지라도 우리는 조급해하거나 당황하거나 의심해서는 안 되는 것입니다**.

> *20 그 때에 모세가 났는데 하나님 보시기에 아름다운지라 그의 아버지의 집에서 석 달 동안 길리더니*

모세는 **하나님께서 아브라함에게 주신 약속 성취를 위해 태어난 인물**이었습니다.

스데반은 모세를 **하나님이 세우셨다**고 강조합니다.

모세가 하나님 보시기에 아름답다고 했는데 우리 성경에 '준수함'으로 번역되었으나 히브리어로는 '**선하다**'는 뜻입니다. 모세의 얼굴이 아름다움으로 국한된 것이 아니고 그가 장성한 후에 놀라운 철학자요, 시인이었고 영웅이었음을 내포합니다. 그는 무엇보다도 **하나님이 보시기에 아름다웠던 것**입니다.

모세는 **나면서부터 이렇게 하나님이 아름답게 보시며 함께해주시는 은총**을 입었던 것입니다. 부모도 그 아이가 범상치 않았음을 알았으며 **믿음으로 왕의 명령도 두려워하지 않고 그 집에서 석 달을 키웠습니다**.

그 부모는 **하나님이 기뻐하시고 사랑하시는 아이를 숨기는 자신들에게 하나님의 보호가 있을 줄을 믿었던 것입니다**.

모세는 **이스라엘에 대한 박해가 가장 극심했을 때**, 즉 출생한 아이를 죽이는 가혹한 시기에 태어났습니다.

"그 때에 모세가 태어났다" 했습니다.

하나님께서는 **유대인들의 갈 길이 암담하고 고통이 가장 극심했을 때** 그 백성을 해방시킬 **준비를 하심으로써** 그들에게 베푸시는 하나님의 은총이 얼마나 그들에게 절실한지 그 은총이 얼마나 귀한 것인지를 깨닫게 하십니다.

우리가 종종 **극심한 고난에서** 부르짖을 때 비로소 **하나님의 큰 도우심과 능력을 체험하게** 되는데 그럼으로써 우리는 **하나님을 더욱 신뢰하게** 되고 그 도우심이 얼마나 고귀한 것인지를 깨달아 그 은총을 결코 헛되게 하지 않습니다. 그러므로 우리에게 있어서 **환난과 시련은** 이런 놀라운 결과를 가져다 주는 **매우 필요한 일입니다.**

그러므로 우리는 **어떤 환난이나 시련도 하나님이 허락하시지 않으면 오지 않는다는** 것을 기억하며 **결코 원망불평하지 않고 견뎌내야** 합니다. 그렇게 **하는 자들만이 믿음이 자라고 하나님이 주시는 은총을 헛되게, 욕되게 하지 않는 복된 자리로 나아가게** 됩니다.

바로의 공주는 강에 버려진 모세를 데려다가 키웠습니다. 그런 모세가 장성하여 이스라엘 백성을 애굽에서 해방시킴으로써 애굽 왕궁에 큰 손해를 입혔습니다. 그러나 그 공주는 모세가 비참하게 죽어 없어진 것이 아니라 **애굽 왕과 애굽의 권세를 극복하며 이스라엘의 위대한 지도자가 되고 전능하신 하나님의 종으로서 놀랍게 쓰임 받는** 것을 보며 내심 안도하며 기뻐했을 것입니다.

공주는 하나님을 섬기는 자가 아님에 틀림없습니다. 그러나 **하나님이 특별히 사랑하시고 함께하시는 자를 사랑과 정성으로 돕는 자에게 하나님은 큰 은혜를 주시는 것입니다.**

하나님은 특별히 들어 쓰시고자 하는 자들을 특별한 방법으로 보호하십니다. 하나님을 믿지 않는 바로의 공주로 하여금 모세를 세심하게 돌보게 하신 것처럼 **하나님은 어떤 자들을 통해서든지 하나님의 들어 쓰시고자 하는 자를 반드시 보호하고 돕게** 하십니다. 그 놀라우신 하나님의 지혜와 능력을 우리는 잊지 말고 기억해야 합니다.

우리는 여기에서 **모세의 위대함을** 발견할 수 있습니다.

모세는 애굽의 학술을 다 배웠고 철학과 점성학과 상형문자에 대한 모든 지식에 능했습니다. 그는 궁중에서 최고의 서적을 볼 수 있었고, 모든 것에서 누구보다도 탁월한 실력을 가진 교사들과 유능한 벗들을 만날 수 있었습니다. 그는 하나님의 법에 위배되는 애굽의 점술사들의 학문에 대해서도 다 알고 있었고, 또한 많은 이성적인 유혹도 있었으나 **그의 조상의 여호와 하나님**

을 **결코 잊어버리지 않았습니다**. 그는 누구보다도 애굽의 모든 문화를 접했고 거기에 능통했으나 **하나님에 대한 믿음을 결코 손상시키지 않았습니다**. 참으로 **모세는 누구보다도 하나님께 사랑받을 만한 사람**이었습니다.

그러나 그것만으로 충분하지 않았습니다.

하나님은 모세를 미디안 광야로 보내셔서 사십 년 동안 철저히 낮아지게 하셨고 겸손하게 하셨습니다. 그는 어려서부터 그 부모로부터 자신은 이스라엘 백성을 구원할 특별한 사람이라는 것을 알고 있었으나 **그 일은 그의 지식과 경험과 능력으로 감당하는 것이 아님**을 나중에 철저히 깨닫게 된 것입니다.

우리가 남달리 귀하게 쓰이고 거룩한 일을 감당하기 위해서는 이렇게 모세처럼 **하나님이 주신 은총을 하나님을 배반하고 대적하는 일에 사용하지 않고, 결코 신앙을 오염시키지 않고 하나님을 변함없이 경외하는 믿음을 가져야** 하는 것입니다.

많은 사람들이 하나님을 곧잘 섬기다가도 **좀 더 좋은 환경과 명예를 얻으면 하나님을 잊어버리고 믿음을 잃어버리고 불충한 자가 됩니다**. 그런 자들은 이 모세와 같이 하나님께 인정받고 귀하게 쓸 만한 재목이 되지 못합니다.

하나님은 비록 처음부터 단 한 번도 이렇다 하게 자랑할 것을 가지지 못하고 누리지 못한 자라 할지라도 **변함없이 하나님을 경외하고 순종하는 자들을 그 손으로 붙잡으시고 영광스럽게 써주는 것입니다**. 그에게 부족한 것은 얼마든지 하나님께서 보충하셔서 못할 것이 없게 하십니다.

그러므로 지식 좀 가지고 좋은 위치에 있다 하여 하나님을 멀리하고 신앙을 오염시키는 자들은 참으로 어리석은 자들입니다. **차라리 그렇게 될 바에는 처음부터 아예 아무것도 가지고 누리는 것이 없이 변함없이 하나님을 향한 믿음을 성장시키고 점점 더 잘 순종하고 충성하는 삶을 사는 사람**이 더 지혜롭고 복된 자입니다.

> *21 버려진 후에 바로의 딸이 그를 데려다가 자기 아들로 기르매 22 모세가 애굽 사람의 모든 지혜를 배워 그의 말과 하는 일들이 능하더라*

"그의 말과 하는 일들이 능하더라" 했습니다.

하나님께서 그를 호렙 산으로 부르셨을 때는 **그가 말에 있어서 능숙하지 못하고 더듬거렸다**고 했습니다.

그러나 그는 사실 그 전에 놀랄 만큼 조리있게 말했고 그가 말한 것을 모든 사람들이 수긍했습니다. 그의 말은 설득력이 있었고 논리정연했습니다. 업무처리에 있어서도 용기와 품행과 능란함에 비교될 자가 없었습니다. 그러나 **결국 하나님께서 그와 함께 하시지 않았다면** 그때에도 그는 그렇게 할 수 없었으며 더욱이 이스라엘의 지도자가 될 수 없었습니다.

모세는 후에 **오경을 기록하기에 충분한 자격자였습니다.**

그는 **학만** 소유한 것이 아니라 하나님을 만난 이후에 **의**를 소유한 사람이 되었습니다. 모세의 높은 학문에 대해서 어떤 학자는 애굽의 문명이 모세에게서 본격적으로 발전하게 되었다고 말합니다. 또 문자 발명이 모세로 말미암아 시작되었고 산술, 기하학, 시문학, 의학, 음악, 철학, 천문학도 모세로 말미암아 발명되었다고 합니다. 그것이 다 사실인지는 모르겠으나 모세가 이스라엘의 지도자로서 대단히 유식하고 유능했다는 것을 알 수 있습니다.

하나님께서 **이러한 모세를 이스라엘 민족의 지도자로, 교회의 지도자로 세우시기 위해 그를 미디안 광야로 내보내서 사십 년 동안 재교육을 시키셨던 것**입니다. 그리하여 그는 **애굽에서 배운 모든 것들에 더하여 하나님 중심의 신앙과 능력을 힘입게 하신 것**입니다. 모세가 말과 행사에 능한 자였으나 **그가 하나님을 만난 이후로는 하나님이 하시는 말과 행사에 능한 자가 된 것**입니다.

우리가 진정한 **하나님의 일꾼**이 되려면 인간적인 지식이나 경험을 쌓는 것만이 아니라 **하나님을 만나는 자가 되어야** 하며 **하나님이 말씀과 하나님의 일을 하나님의 권능의 도우심을 받아 정확하게 증거하고 이룰 수 있어야** 합니다.

오늘날 교회 담임목사의 후임을 구하는 광고를 보면 학식을 우선으로 내세우며 무조건 젊은 사람을 선호합니다. 그것이 다 잘못된 것은 아니지만 하나님의 교회를 누구보다 앞장서서 이끌고 갈 지도자를 선택함에 있어서 중요한 것이 빠졌습니다.

과연 **그가 인간적으로 충분히 갖추었다고 할지라도 하나님을 만나고 하나님이 함께하시는 자가 아니라면** 인간적인 모든 것을 뒤로 하고 하나님이 말씀하시는 것을 말하며, 하나님이 하시고자 하는 일을 하나님의 능력을 힘입어 할 수 있는 자가 아닙니다. 그런데 그런 것들을 면밀히 살펴보지 않습니다. 그러므로 **이러한 자가 교회의 책임을 맡게 되면 그 교회는 하나님의 말을 하며 하나님의 능력을 힘입어 하나님의 일을 하는 교회가 되기 어렵습니다.**

물론 그가 나중에 그러한 사람으로 변화되기를 기대하지만 만약 그렇게 되지 않으면 어찌 하렵니까? 그것은 위험한 선택입니다.

따라서 목사가 되려 하는 자들은 단지 학문적인 실력과 여러 스펙을 쌓는 데에 열심을 기울일 것이 아니라 가능한 한 **목사가 되기 전부터 살아계신 하나님을 만나고 체험하며 그 능력을 힘입는 자가 되어야 합니다. 하나님의 말을 하며 하나님의 도우심을 받아 하나님의 일을 행하는 진정한 하나님의 종이 되어야** 합니다. 그런 사람이야말로 굳이 기성교회를 가려고 애쓸 필요가 없고 순수하게 교회를 개척해야 할 것입니다. **한 영혼을 천하보다 소중히 여기며** 한 사람, 두 사람, 열 사람을 마주하여 **진정 하나님의 말씀을 대언하며 하나님의 능력으로 그들을 치료하고 양육하는 일을 해야** 합니다. 그래서 **그렇게 하여 양육된 제자가 점점 많아지게 하는 교회를 반드시 이루어야** 합니다. 이러한 **진정한 하나님의 종이** 교회를 개척해야지 누가 하겠습니까?

그리고 이러한 하나님의 종은 모세가 아무리 모든 지식과 경험을 쌓았더라도 미디안 광야에 나아가 사십 년 동안 특별한 하나님의 교육과 훈련을 받았던 것처럼 **각자에게 시행하시는 하나님의 연단과 훈련의 과정을 반드시 거쳐야** 합니다. **결코 쉽게 목회하려는 마음을 가져서는 안 됩니다.**

> 23 나이가 사십이 되매 그 형제 이스라엘 자손을 돌볼 생각이 나더니 24 한 사람이 원통한 일 당함을 보고 보호하여 압제 받는 자를 위하여 원수를 갚아 애굽 사람을 쳐 죽이니라 25 그는 그의 형제들이 하나님께서 자기의 손을 통하여 구원해 주시는 것을 깨달으리라고 생각하였으나 그들이 깨닫지 못하였더라

모세가 형제 이스라엘 자손을 돌아볼 생각이 난 것은 **그의 믿음에서 시작된 것입니다.**

형제들을 돌아본다는 말은 **사람에게 대한 하나님의 간섭을** 가리키는 말입니다. 모세가 사십 세가 되어서 **확실한 사명감을** 가지고 나섰던 것은 사실입니다. 그러나 그때는 실패했고 **이스라엘의 구원자로서 구원의 방법의 가르침을 받은 것**은 그로부터 사십 년 후였습니다. 그때 모세는 **하나님의 방법대로** 순종함으로써 자기의 사명을 성공적으로 수행했습니다.

이와 같이 **하나님의 종들은 초기의 실패를 실망으로 끝낼 것이 아니라 오랜 세월을 가지고라도 하나님 앞에서 그 사명 실행의 올바른 방법을 열심히 배워야** 합니다. 그 때부터 비로소 본격적으로 주어진 사명을 감당하게 되는 것입니다.

모세가 한 사람의 원통한 일 당함을 보고 그 압제받는 사람을 위해 원수를 갚아 **"애굽 사람을 쳐 죽였다"** 했습니다.

모세는 동족을 위해 의분을 발한 것은 좋았으나 **방법이 잘못되었습니다.** 모세는 혈기로써 일할 사람이 아닙니다. **하나님의 권능에 의하여 동족을 거느리고 애굽에서 나갈 자**였습니다.

그러나 모세가 그 때 자기 동포를 보호하기 위해 애굽 사람을 죽인 행동은 그가 이스라엘의 구원자로서 **분명한 사명의식을 가졌다**는 것을 보여줍니다. 그러기에 하나님은 그를 거기서 살인죄로 체포되어 사형당하도록 내버려두시지 않고 **그를 보호하여 미디안으로 탈출케** 하신 것입니다.

모세는 개인적인 다툼에 개입하여 사람을 살해하는 식의 극히 인간적이고 사소한 방법이 아니라 전적으로 전능하신 하나님의 권위와 능력으로 이스라엘 백성 전체를 구원할 사람이었습니다. 하나님은 그가 이스라엘 백성을 구원할 사명감과 의분을 가지긴 했으나 **하나님의 거룩한 뜻을 깨닫기 전에는 그의 의도가 성공하도록 돕지 않으셨던 것입니다.**

여기서 우리가 또한 깨달을 것은 **아무리 하나님을 위한 것이라고 하지만 그것이 보다 원대한 하나님의 뜻에 위배되거나 모자랄 때 하나님은 그 일에 함께 하시지 않는다**는 것입니다. 오히려 그 일이 실패로 돌아가게 함으로써 **하나님의 뜻이 무엇인지 정확하게 알도록 이끌어 주십니다.**

그러므로 중요한 것은 **우리가 무턱대고 하나님을 위한다고 나서는 것보다 하나님의 뜻이 무엇인지를 정확하게 알아야** 합니다. 뿐만 아니라 **아무리 하나님을 위한 일이라 할지라도 그 일을 수행하기 위한 하나님의 특별한 방법이 있는데 그것보다 훨씬 못한 방법을 사용하려고 할 때 하나님은 또한 실패로 돌아가게 하십니다.** 왜냐하면 훨씬 못 미치는 오히려 부작용만 나타날 것이기 때문입니다.

그러므로 **우리는 주의 일을 할 때 하나님께서 원하시고 결정하시며 하나님께서 주도하시도록 해야** 합니다.

모세는 그 형제들이 하나님께서 자기의 손을 빌어 구원해주시는 것을 깨달으리라 생각했으나 **"그들은 깨닫지 못했다"** 했습니다.

여기서 우리가 깨달아야 할 것이 있습니다.
하나님의 참된 일꾼은 사람들이 알아주기를 기대하면서 일해서는 안 된다

는 것입니다. 스데반은 여기서 모세가 그런 기대를 가지고 행동한 것이 잘못이었음을 지적합니다. 따라서 스데반 자신도 자기 앞에 있는 사람들에게 사람들이 알아주기를 바라며 그리스도와 복음을 전해서는 안 된다는 것을 깨우쳐 주고 있는 것입니다.

하나님의 참된 종들은 사람들이 듣든지 아니 듣든지 하나님의 말씀을 전해야 하며 인간의 격려나 위로로써 힘을 얻고자 하면 안 됩니다. 하나님의 일꾼들은 전적으로 하나님의 뜻대로 모든 일을 해야만 하는 것처럼 위로나 격려도 하나님께로부터 받아야 합니다.

스데반 집사가 당시 유대인들에게 깨닫게 하려 했던 것은 모세에 대해 이스라엘 백성이 깨닫지 못함은 예수 그리스도에 대해 유대인들이 깨닫지 못함과 유사하다는 것입니다. 여기서 스데반은 이스라엘의 구원자였던 모세가 배척을 받은 것을 말하면서 이스라엘 백성뿐 아니라 만민의 구주이신 예수 역시 당시 이스라엘 백성들에게 억울한 핍박을 받으셨음을 깨우쳐 준 것입니다.

이처럼 스데반은 유대인들의 양심을 찌르며 계속해서 그들의 회개를 촉구하고 있습니다.

사람들은 영혼이 심히 어두워서 하나님이 보내신 자를 박해하지만 하나님은 그를 끝까지 붙들어 주시고 세우시며 사용하십니다.

그러므로 우리 하나님의 일꾼들은 예나 지금이나 대부분의 사람들이 우리의 하는 일을 이해하지 못하고 오해하며 핍박한다는 사실을 기억하고 그 모든 것을 당당히 받아들이며 하나님의 손을 의식하고 중단 없이 우리의 할 일을 해야 합니다.

많은 하나님의 일꾼들이 사람들의 눈치를 보며 그들의 반응을 보면서 설교도 하고 하나님의 일을 하려고 합니다. 이것은 크게 잘못된 것입니다. 이렇게 한다면 대부분의 경우 하나님의 일을 하는 것이 아니라 저들이 원하는 대로 하는 것이 됩니다.

하나님의 일꾼은 누구보다 먼저 하나님의 뜻을 깨달아야 하며 사람들이 이해해주든, 그렇지 않든, 그들이 아무리 싫어하고 핍박할지라도 하나님의 뜻을 관철해 나가는 일에 목숨을 걸어야 합니다.

구약의 선지자들과 신약의 전도자들이 모두 그렇게 하다가 순교를 당했습니다. 그러나 그들은 진정 하나님의 뜻대로 일했으므로 순교했으나 하나님의 일은 완성되었고 놀라운 열매가 끊임없이 나타났습니다. 내 한 목숨 아끼겠다고, 내 이익을 빼앗기지 않겠다고 사람들을 두려워하고 비위를 맞추며 그들의 원하는 대로 하는 것은 **하나님의 일꾼이기를 포기하는 것**입니다.

> *26 이튿날 이스라엘 사람끼리 싸울 때에 모세가 와서 화해시키려 하여 이르되 너희는 형제인데 어찌 서로 해치느냐 하니 27 그 동무를 해치는 사람이 모세를 밀어뜨려 이르되 누가 너를 관리와 재판장으로 우리 위에 세웠느냐 28 네가 어제는 애굽 사람을 죽임과 같이 또 나를 죽이려느냐 하니*

이스라엘 백성들을 위한 선지자 모세를 이해하지 못하고 반역했던 그들의 행동은 **그리스도를 반역하는 그들의 후손의 악행의 모형**입니다. 무지한 이스라엘 백성은 모세를 반대했는데 **그것은 하나님을 반대하는 것**이었습니다. 하나님은 분명히 모세를 구원자로 세우셨는데 그들은 이렇게 반대한 것입니다. **사람들이 하나님의 진리와 뜻을 반대하고 대적할 때에도 하나님은 그에 굴하지 않으시고 그 진리와 뜻을 이루고 나가십니다.** 이스라엘 백성이 모세를 배척하고 반대했으나 **하나님은 모세를 지도자로 세우신 것**입니다.

여기서 또한 스데반은 그동안 **아브라함에게 주신 약속 성취에 대해 설명**하다가 이스라엘 백성들이 **그 약속 성취에 대해 적대행위를 한 것을 지적**했습니다. 이러한 **이스라엘 백성의 적대행위는 유대민족들이 오랫동안 가진 고질병**이었습니다.

본문에서도 그들은 그 **고질병**에 의하여 스데반을 배척하고 있는 것입니다. 스데반은 이것을 깨우치려고 한 것입니다. 그들이 그동안 조상대대로 그 고**질병으로 인하여 하나님과 하나님의 뜻을 배척했는데** 지금의 설교와 경고를 무시하는 것은 **그야말로 스데반을 통한 하나님의 마지막 경고를 받아들이지 않는 것이요, 따라서 하나님께서 철퇴를 가하여 이스라엘이 멸망을 당하고** 그로부터 1700년 이상 전 세계에 흩어짐을 당하고 멸시와 천대를 당하는 무서운 진노를 당하도록 섭리하시는 것입니다.

스데반 집사가 그 이스라엘 백성들의 죄에 대해 이토록 길고 상세하게 설명하며 지적하고 회개할 것을 촉구했으나 **그들은 기어이 스데반을 돌로 쳐 죽임으로써 그 것과 비교할 수 없는 고통을 오랜 세월동안 당하고 만 것입니다.**

여기서 우리가 알 것은 **우리의 조상들이 끊임없이 하나님을 거부하고 불순종하며 빠져 살았던 죄악이 무엇인지 찾아내야** 하며 **그것을 철저히 회개하고 고쳐야 한다**는 것입니다.

전통이라는 미명 아래 하나님과 하나님의 뜻을 대적하는 것을 그대로 이어받고 행할 때 그동안 조상들이 저지른 모든 악행과 더불어 이루 말할 수 없는

형벌을 면할 수 없는 범죄가 되는 것입니다.

그런데 **조상대대로 내려오면서 악을 저질렀던 그 기질이 쉽게 뿌리 뽑히지 않을 것입니다. 그 뿌리는 한두 가지가 아닐 것입니다.**

그러므로 **조상대대로 내려오는 죄악된 행위들과 사고방식에 대해 철저하게 발견하고 청소하는 작업을 해야 하는데 거기에는 많은 고통이 따르지 않을 수 없습니다.**

마귀는 그것을 결코 성공하지 못하도록 갖은 방법으로 역사할 것입니다.

그러나 우리는 반드시 그것을 해야만 합니다. 우리가 전지전능하신 우리 하나님께서 나를 돕고 계시기 때문에 실망하거나 낙심하지 말고 조상대대로 내려오는 고질병을 반드시 치료받아야 합니다.

제 28 강

공회에서의 스데반의 설교(6)

행7:29~30
29모세가 이 말 때문에 도주하여 미디안 땅에서 나그네 되어 거기서 아들 둘을 낳으니라 30사십 년이 차매 천사가 시내산 광야 가시나무 떨기 불꽃 가운데서 그에게 보이거늘

> **29** 모세가 이 말 때문에 도주하여 미디안 땅에서 나그네 되어 거기서 아들 둘을 낳으니라

모세는 애굽 사람 하나를 죽이고 **미디안으로 도망**갔습니다.

수많은 이스라엘 백성들을 해방시키고 인도할 모세가 사람을 죽이고 **애굽 사람들뿐 아니라 이스라엘 백성 모두를 뒤로한 채 도망가게** 된 것입니다. 하나님의 때가 아직 되지 않았는데 그 뜻을 앞당겨서 성취하려 하거나 아직도 준비가 되지 않은 사람이 서둘러 하나님의 뜻을 이루고자 할 때 이렇게 정반대의 처지로 떨어지기도 합니다. 그러므로 우리가 아무리 하나님의 일이요, 하나님의 뜻을 따르는 일이라 할지라도 하나님의 때와 계획을 정확하게 맞추어서 모든 일을 할 줄 알아야 합니다. 그렇지 않으면 이때의 모세와 같이 실패하며, **도망가는 신세**가 될 수 있습니다.

그러나 모세가 미디안으로 도망간 것도 하나님의 도우심에서 벗어난 것이 아니었습니다. 하나님께서는 **그의 일거수일투족을 철저하게 주장하시고 인도하셨던** 것입니다.

미디안으로 간 것은 모세 스스로의 판단이요, 결정이었으나 **그곳은 모세가 가정을 이루고 아들들을 낳고 특별한 훈련을 받게 하기 위해 하나님께서 예비하신 땅**이었습니다. 그 미디안 광야의 한 복판에 **시내산**이 있었고 모세는 그곳에서 **그야말로 본격적으로 하나님께로 부르심을 받게** 됩니다.

그러므로 모세가 성급하게 애굽 사람을 때려죽이고 도망치는 처지였으나 **그 길에도 모세를 세심하게 이끄시는 하나님의 손길이 함께 하신 것입니다.** 이 얼마나 놀랍고 신비로운 일입니까?

더욱이 모세는 **그 광야에서 사십 년 동안 오로지 목동노릇**을 했습니다. 척박한 땅에서 뙤약볕과 들짐승들과 싸우며 수많은 양떼를 안전하게 돌보는 일을 사십 년 동안이나 했습니다. **그것은 앞으로 그가 수백만 명의 이스라엘 백성들을 광야에서 사십 년 동안 인도하여 가나안으로 가기 위한 아주 적절한 훈련과정**이었습니다.

광야 생활 동안 왕자로 살았던 교만과 자만심을 다 내어버릴 수밖에 없었고 왕궁에서 익혔던 최고의 학문과 교양도 더 이상 자랑거리가 될 수 없었습니다. 하나님께서는 세계 최고 부강국의 황제 후보자를 **척박한 땅에서 사십 년 동안 살게** 하신 것입니다.

하나님께서는 여기에서 모세로 하여금 애굽에서의 최고의 학술과 교양보다도 수백만 명의 이스라엘 백성들을 광야에서 잘 지도하고 인도하는 거룩한 지도력을 갖추도록 하신 것입니다. 그 광야에는 애굽에서 있었던 탁월한 선생이 한 명도 없었습니다. 그러나 **눈에 보이지 않는 가장 위대한 선생이신 하나님께서 그를 광야에서 철저하게 훈련시키신** 것입니다.

모세를 바로의 공주가 건져 낸 것도 **하나님의 특별한 섭리**였습니다.

아이 키우기를 간절히 꿈꾸고 있었언 공주가 **누구보다도 아름다운 아이를 발견**한 것입니다. 공주는 그 아이가 유대인의 아이라는 것을 눈치 챘으면서도 누가 발견할까 서둘러서 **비밀리에 가져다가 애지중지 키운 것입니다.**

유대인의 수많은 아기들 가운데 모세라는 한 아이가 그 죽음을 면하고 바로의 공주에게 발견되어 왕궁에서 양육된 것은 **수많은 아기들을 대신하여 이스라엘을 위해 봉사하는 특별한 사람으로 세워진 것**입니다. 그러므로 그 **아기들의 죽음은 이스라엘의 해방을 위한 특별한 순교**라고 할 수 있습니다.

이처럼 하나님의 섭리는 인간의 머리로 다 이해할 수 없습니다. 하나님은 수많은 자들이 희생되는 가운데서도 모세처럼 하나님께서 귀하게 쓰실 자, 또 많은 사람들을 구원의 길로 인도할 자라면 **특별하게 보호하시고 인도하신다**는 것을 알 수 있습니다.

하나님은 죽을 수밖에 없었던 모세가 살 수 있도록 바로의 공주를 예비하셨던 것처럼 **필요하시다면 그때그때 준비하시고 하나님이 함께하시는 사람과 하나님의 일을 돕게** 하십니다.

하나님께 부르심을 받고 하나님의 거룩한 일에 쓰임을 받는 사람들은 **특별하신 섭리의 역사로 도울 자를 예비하시고 필요한 것들을 준비하게 하셔**

서 기어코 하나님의 뜻이 성취되도록 역사하신다는 것을 확신해야 합니다.

따라서 하나님의 일꾼들은 혼자서 일하는 것이 아님을 명심해야 합니다. 하나님의 일은 처음부터 끝까지 하나님께서 계획하시고 준비하시고 성취하시는 것입니다.

그런데 그런 하나님의 사람이 이것저것을 염려하고 자기의 생각과 노력으로 모든 것을 다 할 것처럼 한다면 그것은 참으로 어리석고 교만한 행위임을 알아야 합니다.

모세가 "미디안 땅에서 아들 둘을 낳았다" 는 말씀에서 알 것은 모세가 그 미디안 땅에서 살고 있었음을 의미합니다.

모세는 미디안 광야에서 아내를 맞이하고 두 아들을 낳아서 오붓한 가정을 이루며 살게 되었고 그 사십 년 동안 이스라엘 백성들은 과거 어느 때보다도 극심한 환난과 고통을 당하고 있었습니다.

모세가 생각할 때 자신은 분명히 이스라엘의 해방자로 존재하게 된 사람인데 '왜 이토록 오랫동안 나를 광야에 내버려 두실까?' 할 수 있었고, 애굽에서 고통당하던 이스라엘 백성들은 '하나님은 왜 이렇게 오랫동안 우리를 해방시켜주시지 않는가?' 하고 생각할 수 있습니다. 모세와 이스라엘 백성들의 안타까움에도 불구하고 하나님의 약속하심에 대한 성취는 때가 정해져 있었던 것입니다.

우리는 모든 것이 하나님의 정하신 때를 따라 하나님의 뜻대로 이루어짐을 알아야 합니다.

우리가 아무리 빨리 이루어지기를 바라는 일이라 할지라도 하나님의 정하신 때가 되지 않으면 이루어지지 않습니다. 반면에 그 하나님의 정하신 때가 되면 하나님 단독으로 그 모든 것을 완성시키십니다. 이것이 바로 하나님이 모든 것의 절대주권자임을 나타내 보여주시는 것입니다.

그러기에 우리는 절대주권자의 섭리를 항상 염두에 두어야 하며 절대주권자의 때와 기한을 분별하고 순종해야 합니다.

만약 그 절대주권자의 때와 기한을 전혀 알지 못하고, 알려고 하지 않고 부인하며 나 혼자 또는 다른 사람들과 의논하고 결정하여 임의대로 무엇을 이루려 한다면 그것은 고통스러운 일이 될 것이며 실패로 돌아가고 말 것입니다. 그런 개인이나 나라나 세력들이 한동안 반짝 하다가 멸망한 예는 얼마든지 있습니다.

> *30 사십 년이 차매 천사가 시내산 광야 가시나무 떨기 불꽃 가운데서 그에게 보이거늘*

사십 년이라는 긴 세월을 보내고 비로소 하나님을 만나게 되었습니다. 고작 양이나 치며 생활하던 모세에게 하나님의 시간이 왔습니다.

"천사가 가시나무 떨기 불꽃 가운데 나타났다" 했습니다.

여기서 나오는 천사는 여호와의 사자로 나타나시던 여호와 자신이었습니다. 하나님은 때때로 천사로 사람 앞에 나타나시고 말씀하시기도 했습니다. 옛날 소돔과 고모라성을 멸망시키시기 전에 아브라함에게 나타났다는 세 천사도 바로 성삼위 하나님이셨습니다(창22:11).

"가시나무 떨기에 불꽃이 있었다" 했습니다.

하나님은 처음부터 모세에게 중요한 비밀을 깨닫게 해주셨습니다.
'가시나무 떨기'는 이스라엘을 상징합니다.
사실 가시나무 떨기는 타기 쉬운 것인데 모세가 본 것은 타지 않았습니다. 그 가시나무 떨기는 이스라엘이 애굽 사람들로 말미암아 고난을 당하는 것을 의미하고 불꽃은 고난을 상징합니다. 이스라엘 백성은 애굽에서 시련의 불꽃 가운데서 지냈지만 결코 소멸되지 않았습니다.
이스라엘 백성들은 극심한 시련 가운데에서도 하나님이 그들을 보호하셨고 복을 주셔서 더 번성했습니다.
하나님의 백성들이 하나님의 뜻에 따라 극심한 환난이나 시련을 당하기도 하는데 그 가운데서도 하나님의 사랑과 돌보심이 결코 사라지는 것이 아니라 오히려 더 큰 은혜를 주심을 믿어야 합니다.
또한 아무리 마귀의 세력이 하나님의 사람들에게 극심한 타격을 준다 할지라도 결코 그들은 승리할 수 없습니다.

"가시나무 떨기에 불이 붙어 있으나 타지 않았다"는 것에는 또 하나의 중요한 진리가 있습니다.

즉 "불타고 있는 가시나무 떨기"는 예수 그리스도가 신성과 인성을 입고 성육신하여 이 땅에 오실 것을 예표하는 것입니다.
육신을 입으신 예수 그리스도는 가시나무 떨기처럼 보잘것없어 보였지만 그는 모든 권능을 가지시고 죄와 악을 심판하시는 분이요, 모든 것을 밝히는 불이심을 보여주는 것입니다.

그 예수 그리스도가 지금 모세를 부르시고 이스라엘의 해방자로 보내신 것입니다. 모세는 **하나님의 명령과 능력을 힘입고** 애굽에 **여러 가지 징벌을 내렸습니다.** 모세로 인해 애굽은 강대국에서 겨우 명맥만 유지하는 보잘것없는 나라로 전락한 것입니다.

그러나 **애굽을 다스리는 여러 가지 재앙에도 불구하고** 이스라엘 백성은 거기에서 해방될 수 없었습니다.

오직 그들이 유월절을 지킴으로써, 즉 예수 그리스도를 의미하는 어린양을 잡아 피는 인방과 문설주에 바르고 고기는 밤새껏 불에 구워먹고 쓴 나물과 무교병을 먹음으로써 진정으로 해방되었습니다. 유월절을 지킨다는 것은 그들이 예수 그리스도를 오실 메시야로 영접하는 것이었습니다.

누구든지 예수 그리스도를 영접하면 **마귀와 죄악의 굴레에서 해방됩니다.** 그들이 애굽에서 해방되자마자 가나안에 도착하는 것이 아니었습니다. 그들은 **광야 생활**이라고 하는 **이 현실세계에서의 신앙생활**을 했고 애굽에서 해방된 이후로는 율법을 지키며 유일하신 하나님만을 섬기며 살아야 했던 것입니다. 그리고 모든 불신사상과 우상숭배를 떨쳐 버리고 하나님 앞에 합당치 못한 것들을 하나씩 정리해야만 했습니다.

이러한 성도의 생활을 지키지 못한 자들은 결국 가나안에서 제외되었고 한 사람도 들어가지 못했습니다. 그 하나님이 정해놓으신 **성도의 생활을 끝까지** 잘 감당했던 자들만이 가나안으로 들어갔습니다.

즉, **예수 그리스도를 영접하는 것만으로 끝나는 것이 아니라 죽을 때까지 예수 그리스도를 주인삼고 말씀을 잘 순종함으로써 천국에 들어가기에 합당한 거룩한 사람으로 변화되고 성숙되어야** 합니다.

예수 그리스도를 영접한 사람들은 하나님의 말씀을 통해 모든 죄악을 깨닫고 철저히 회개하며 잘못을 바로 잡고 불순종했던 모든 생활을 변화시켜 순종해야 합니다. 행함이 뒤따라야 그 믿음이 진정한 믿음이며 **구원을 얻는 것**입니다.

많은 사람들이 이것을 제대로 알지 못하여 '나도 예수를 믿었으니 내 생활이 어떻든 간에 나는 천국에 들어간다' 고 생각합니다. 그들은 **성도로서 마땅히 지켜야 할 것을 지극히 소홀히 하며 예수 믿기 이전의 모든 사고방식을** 그대로 가지고 **애굽에서의 생활을 그대로 해나갑니다.** 그들은 마음속에 여러 가지 우상을 가지고 섬기며 하나님의 말씀을 떠나 살아갑니다. 한 주간에 한두 번 예배당에 나와서 예배 참석하는 것으로 모든 것을 다했다고 생각하고 성경을 읽지도, 배우지도 않으며 지키는 것에 열심을 기울이지 않습니다. 그들은 기도와 전도와 봉사에 별다른 관심을 기울이지 않으며 시간과 물질을 사용하지 않습니다. 끊임없이 하나님의 이름과 영광을 더럽히면서 자기도 크리스천이라고 생각하며 하나님이 언제까지나 자기를 사랑하시고 축복해주시리라고 생각합니다.

하나님에 대한 믿음과 소망을 쉽게 저버려서는 안 되지만 이와 같이 **애굽에서 사는 사람들처럼 여러 우상을 숭배하며 하나님의 말씀에 무지하고 그것을 지키지 않으며 불신자, 우상숭배자들과 다름없이 자기 욕심만 채우는 자들, 즉 결코 애굽을 떠나 광야 교회로 들어가지 아니한 자들은 가나안을 향해 가고 있지 않은 것입니다.**

그들은 분명히 유월절을 지키고 있으나 **결코 애굽을 떠난 자들은 아닙니다.** 즉 아직도 진정으로 마귀와 죄악의 굴레에서 벗어난 자들이 아닙니다. 더더욱 그들은 천국에 들어갈 자들로 점점 성화되어가고 있지 못한 자들입니다. 이런 교인들이 얼마나 많은지 모릅니다.

우리 교회지도자들은 교회 안에 있는 이러한 사람들을 **발견해내야 하며** 이들이 **기어코 애굽을 떠나 광야 교회로 들어오게 해야** 하며 그들도 **가나안으로 들어갈 수 있도록 철저하게 간섭하고 깨우치고 치료하고 훈련해야** 합니다. **이것은 하지 않고** 여전히 애굽에 머물러 있는 사람들의 숫자만 키우는 지도자들은 하나님께 크게 책망 받게 될 것입니다.

우리의 교회는 **애굽 안에 있는 교회가 아니라 애굽을 떠난 광야 교회가 되어야** 합니다. 즉, 그리스도의 교회는 성도들로 하여금 모든 우상숭배를 철저히 제거하고 오직 하나님만을 주인삼고 살게 해야 합니다. 그들이 예수를 영접하자마자 성경말씀을 부지런히 읽고 배우게 하며 그것을 지키는지 세심히 관찰하고 반드시 점점 더 잘 지키도록 간섭하고 키우는 것입니다. 만약에 알면서도 지키지 않는다면 **지적하고 책망하고,** 또는 징벌해서라도 **지키도록 해야** 합니다. 이것을 위해 지도자나 성도나 다같이 **해산의 수고를 해야** 합니다.

그리스도인들은 이 **광야 교회** 안에서 버릴 것은 버리고 끊을 것은 끊고 고칠 것은 고치고 절제하고 말씀대로 지키며 주께서 명하신 것을 수행하기 위하여 최선을 다하면서 오직 성삼위 하나님만을 경외해야 하는 것입니다.

예수께서 승천하시기 전에 베드로에게 **"내 양을 치라, 내 양을 먹이라"** 고 거듭 명령하신 말씀의 뜻이 바로 이런 것입니다.

많은 교회지도자들과 교회들이 **예수를 믿고자 나온 자들을 여전히 애굽에서 살게 하고 버려야 할 것들을 오히려 더 가지도록 돕고 그것을 더 가지게 해달라고 기도해주면서** 그것을 축복기도라고 생각합니다.

만약 바로가 두 손 들고 그들을 나가라고 했으나 **애굽에서 꼼짝도 하지 않고 머물러 있었으면** 하나님께서 그들과 함께하셨겠습니까? 구름기둥, 불기둥이 그들에게 나타났겠습니까? 그들에게 만나와 메추라기가 주어졌겠습니까? 아무것도 없었을 것입니다.

즉 **애굽 교회는 하나님께서 함께하고 인정하실 수 없는 교회입니다.**

오늘날 이러한 **교회 아닌 교회가** 얼마나 많은지 모릅니다. 우리는 이 **잠자고 병들고 죽어가는 교회들도 반드시 깨우고 치료하고 살려내야** 합니다.

지금 스데반 집사가 이것을 분명하게 거론한 것은 **성전제도가 없었던 시내산의 가시떨기 중에서 하나님이 임하셨다는 것을 깨우쳐주고자** 한 것입니다. 그리스도를 중심하지 않고 성전을 절대화하는 유대인들의 잘못을 지적하고 있습니다.

하나님이 나타나신 곳이면 그곳이 광야라도 성전이 되고 하나님이 계시지 않는 성전이라면 그것이야말로 메마른 광야에 불과합니다.

스데반은 예루살렘 성전만이 거룩한 처소라고 여기며 영적 무지에 빠져서 거기에만 하나님이 계신다하고 그 곳 외에서는 하나님과 교통할 수 없는 것처럼 여기는 것을 확실히 지적해주고 있습니다. **그 유대인들은 하나님이 어떤 특정한 장소에 국한되시는 것처럼 생각하고 어리석은 자만에 빠져있었습니다.**

우리가 명심해야 하는 것은 **아무리 건물이 크고 아름답고 많은 사람들이 모여든다 할지라도 거기에 모인 자들이 광야 교회의 삶을 살지 않는다면, 또 그 교회가 애굽에서 빠져나온 광야 교회가 아니라면 그것은 아무것도 아니라는 것을** 명심하시기 바랍니다.

진정한 광야 교회이면서 성전도 크고 성도들이 많아진다면 참으로 좋겠으나 **광야 교회가 아닌 거대한 성전과 수많은 교인들은 하나님께서 기뻐하지 않으신다는 것입니다.**

우리는 아차 하는 순간에 이런 **별것도 아닌 애굽 교회를 건설하겠다고 수단**

과 방법을 가리지 않고 사람들을 끌어 모으기만 하고, 또 건물만 점점 더 크게 확장하느라고 막대한 재정과 시간을 투자함으로써 정작 해야 할 일을 하지 못하는 어리석음과 죄악에 빠지지 않도록 조심해야 합니다.

시내산 한 귀퉁이의 불붙는 가시나무 떨기에서 모세가 하나님과 만나고 있는 이곳이야말로 지상 최고의 광야 교회였습니다. 그 광야 교회에 서있는 단 한 사람 모세로 말미암아 수백만의 선택된 백성들이 해방되었고 그 백성들에게 하나님의 거룩한 약속이 담긴 율법을 주신 것입니다. 그들을 통해 하나님은 전 세계에 하나님과 복음이 전파되게 하셨으며, 따라서 모세가 처음에 인도한 삼백만 명의 사람들보다도 예수 그리스도께로 인도되는 자들은 끊임없이 증가하고 있는 것입니다.

하나님은 가시나무 떨기 불꽃에서 오직 모세 한 사람만 부르셔서 그 거룩한 뜻을 점점 더 크게 성취하셨던 것입니다.

여기서 우리가 알아야 할 것은
(1) 하나님은 단 한 사람을 통해서도 모든 뜻을 이루시는 분이시라는 것입니다. 하나님은 결코 사람의 숫자에 연연하지 않습니다.

(2) 하나님께 부름 받은 사람들은 돕는 자들의 여부와 상관없이 하나님께서 부르시고 명하신 대로 오직 순종하고 충성할 것뿐이라는 사실입니다.
모세가 그 자리에서 자기 능력으로는 도저히 할 수 없다고 극구사양 했으나 하나님은 그를 책망하셨고 결국 모세가 순종하며 나아갔을 때 결코 능치 못함이나 부족함이 없었습니다. 왜냐하면 전지전능하신 하나님이 그와 함께 하셨기 때문입니다.

여기서 다시 우리가 분명히 깨달아야 할 것은 하나님의 일을 하고 복음을 땅 끝까지 전파하고 교회를 부흥시키는 일 등 하나님의 일을 할 자는 모세처럼 하나님께 확실하게 부르심을 받고 하나님께서 분명한 약속과 사명을 주신 자여야 하고, 하나님이 참으로 함께하시는 자여야 한다는 것입니다.

아무리 학식을 갖추고 재능들을 갖추고 사람들을 모으고 재물을 모은다 할지라도 살아계신 하나님을 만난 체험이 없거나 그 하나님으로부터 확실한 사명과 명령을 부여받았음을 확인하지 못했거나 하나님이 함께하시는 증거가 도무지 없다면 그 대부분의 것은 하나님의 뜻을 이루는 데에 허사가 되는 것입니다. 반면에 아무리 가진 것 없고 내보일 것이 없는 자라도 하나님께서 불러주시고 만나주시고 명령해 주시고 함께해주시는 은총을 확실히 받고 체험한 자들은 못할 것이 없습니다.

우리 지도자들은 여기에 눈을 떠야 합니다.

'나도 부름을 받았겠지, 나도 목사안수를 받았으니 하나님이 함께 해주시겠지' 하고 관념적으로 생각하고 믿기만 할 것이 아니라 **그 믿음을 바탕으로 하나님이 함께하심을 체험하는 자리로 나갈 수 있도록 전력을 다해 부르짖어야** 합니다.

또한 그 자신이 **광야 교회의 삶을 충실히 살아야** 합니다. **누구보다도 말씀을 잘 알아야** 하고, **철저하게 지켜야** 하며, **회개하여 치료되고, 가다듬어져야 하며 채워져야** 합니다. 자기의 사명을 충실히 감당하면서 **하나님을 만나기도 하고 하나님께로부터 더 확실한 명령을 듣기도 하고 하나님이 시시때때로 나와 함께 하심을 체험해야** 합니다.

모든 교회지도자가 단 한 순간에 이렇게 되기는 어렵겠지만 이러한 자리로 나아갈 수 있어야 합니다.

모세는 살아계신 하나님을 분명히 믿었고 자신을 이스라엘의 해방자로 세우셨음을 결코 의심하거나 잊지 않았습니다. 그 후에 그는 미디안 광야에서 **철저한 훈련과 연단의 과정을 거치며 철저히 낮아졌으며 인간의 모든 욕심과 포부 등을 다 내려놓았습니다.** 그러던 **어느 날 하나님은 그를 만나주시고 명령하시며, 권능으로 함께하시겠다고 약속하시고 그를 애굽으로 보내신 것입니다. 이 순간 이후의 모세는 결코 실패자가 되지 않았으며, 은혜와 시간을 조금도 헛되게 낭비하지 않았으며, 하나님이 누구신지 확실하게 보여주었고, 하나님의 권능을 마음껏 사용하며 그의 임무를 완수했습니다.**

어떤 사람들은 '굳이 하나님을 만나지 않아도 된다, 하나님의 살아계심과 함께하심을 체험하지 않아도 된다, 하나님께서 나를 불러주셨고 나에게 직분을 주셨음을 믿고 충성하기만 하면 된다' 고 생각하고 말합니다. 물론 그 말이 전혀 틀린 것은 아닙니다. 하나님께서는 어제 믿은 사람에게 오늘부터 하나님의 일을 하라고 명하십니다. 예수를 믿자마자 모든 그리스도인은 전도해야만 합니다.

그러나 하나님을 만나고 하나님께로부터 직접 명령을 받고 하나님이 함께하심을 체험하지 못한 사십 세의 모세와 그것을 체험한 팔십 세의 모세는 엄청난 차이가 있음을 주목해야 합니다.

신약시대에서 사울은 누구보다도 성경에 박식했으며 철저한 유대교인으로서 하나님을 경외하는 사람이었습니다. 그러나 **그가 다메섹 도상에서 예수 그리스도를 만나기 전에는, 그리고 소경이 되었다가 다시 눈이 떠지는 체험을 하기 전에는** 오히려 복음을 적대하고 복음전파자들을 누구보다도 앞장서서 핍박했습니다. 그러나 예수 그리스도를 만나고 그의 명령을 듣고 그리스도의 능력을 체험한 그는 180도로 변하여 최고의 사도가 된 것입니다.

제 29 강

공회에서의 스데반의 설교(7)

행7:31~34

31모세가 그 광경을 보고 놀랍게 여겨 알아보려고 가까이 가니 주의 소리가 있어 32나는 네 조상의 하나님 즉 아브라함과 이삭과 야곱의 하나님이라 하신대 모세가 무서워 감히 바라보지 못하더라 33주께서 이르시되 네 발의 신을 벗으라 네가 서 있는 곳은 거룩한 땅이니라 34내 백성이 애굽에서 괴로움 받음을 내가 확실히 보고 그 탄식하는 소리를 듣고 그들을 구원하려고 내려왔노니 이제 내가 너를 애굽으로 보내리라 하시니라

> 31 모세가 그 광경을 보고 놀랍게 여겨 알아보려고 가까이 가니 주의 소리가 있어

오늘날도 죽기를 불사하며 복음을 전하고 하나님과 말씀을 정직하고 능력 있게 선포하는 사람들은 한결같이 하나님의 살아계심을 믿을 뿐 아니라 **분명히 하나님을 만나는 체험과 하나님의 음성을 듣는 체험과 하나님이 함께하시는 증거들을 끊임없이 가지며 하나님께 충성한 자들**입니다.

스데반 집사가 죽어가면서도 그 앞에 있는 자들에게 꼭 필요한 말씀을 분명하게 전하는 것은 유대교 지도자들의 **무지함과 어두움을 강력하게 깨우쳐 주기 위함**입니다.

그들은 예루살렘 성전에만 하나님이 함께 하시고 유대교를 신봉하는 자들만 하나님이 함께하신다고 생각하는 어리석은 자들이었습니다. 그리스도를 대적하고 복음을 훼방하며 그리스도의 사람들을 앞장서서 핍박하고 죽이고 있는 것입니다. 그들은 **결코 하나님이 세우시고 사용하시는 종들이 아니었습니다.**

그런데 바로 이 자리에 **사울이 있었습니다.** 그는 스데반을 죽이는 일에 적극적으로 동참한 자들 중, 성경에 기록된 자들 중에는 **유일하게 그리스도를 스데반과 같이 만나고 명령을 듣고 능력을 체험하여 장렬하게 순교하면서까지 원근각처에 그리스도의 복음을 전하는 자가 되었습니다.**

성령충만한 자가 그 입으로 전하는 말씀들이 얼마나 놀라운 결과를 만들어 내는지 참으로 놀라지 않을 수 없습니다.
　"하나님이 나와 함께하시는 체험이 분명히 있어야 한다" 고 하면 어떤 사람들은 신비주의자다, 심지어는 이단이라고 하며 배격하려고 합니다.
　유대교 지도자들이 스데반 집사의 설교를 들으면서 전혀 깨닫지 못하고 흥분하고 분노하며 그를 돌로 쳐 죽인 것과 맥락을 같이 합니다.
　내가 하나님을 만난 체험이 없고 하나님이 나를 통해 권능의 역사를 나타낸 적이 없다고 **그러한 모든 것들을 무시하고 배격하는 어리석음**을 저지르지 말아야 합니다.
　종종 하나님을 만났고 음성을 들었다하는 자들 중에 거짓 선지자, 거짓 종들이 나타나 교회를 유린하고 진리를 훼손하는 자들이 있었기 때문에 반사적으로 신령한 체험들을 무시하고 부인하는 경향이 있습니다. 그러나 모든 거룩한 체험들이 다 가짜가 아닙니다. **지금도 하나님은 전과 같이 만나주시며 친히 말씀해주시며 권능을 부으시고 모세와 바울과 같이 능력의 사자로 쓰시는 것입니다.** 내가 그렇게 되지 못했다고 무조건 거부하고 시기, 질투할 것이 아니라 **살아계신 하나님의 놀라운 역사를 진정 믿어야 하며 그것을 받기 위해 전력을 다해야** 합니다.
　어떤 사람은 말하기를 "외치는 자는 많지만 진리가 빈약하고, 진리는 있으나 능력이 없다" 고 합니다. 참으로 귀담아 들어야할 말입니다.
　우리가 믿는 하나님은 높고 높은 하늘에 멀리 떨어져 있는 분이 아닙니다. 우리 의식 속에만 계시는 분도 아닙니다.
　하나님은 예나 지금이나 동일하십니다. 우리 교회지도자들은 무엇보다도 이것을 확실하게 믿어야 합니다. 그것을 믿는다면 **하나님의 권능의 도구가 되기를 힘써야 하며, 그것을 위해 주님을 만나고 주의 음성을 듣는 체험도 있어야 하며, 주의 권능도 받고 하나님이 나와 함께하는 체험을 끊임없이 가지면서 일하는 자리로 나가야** 합니다. 이러한 것이 없이 그저 단순한 믿음만 가지고 자기 자리에서 충성하겠다고 앉아있다면 그것 또한 **불충한 일**이 아닐 수 없습니다.
　신령한 체험을 가진 자라면 그 교회가 수천 명, 수만 명, 수십만 명이 모이는 교회가 되어야 한다고 생각해서는 안 됩니다. 베드로나 바울이 대교회를 만들고 거기에서 수십 년 목회했다는 기록이 없고 순교하며 사라졌습니다. **그들 개인적으로 이 세상에 남긴 작품은 이렇다 할 것이 거의 없습니다.** 오직 그들은 그들의 입에서 쏟아져 나오는 **진리**와 그들을 통해 나타난 **권능의 역사**로 말미암아 시간이 갈수록 더 많은 그리스도의 사람들을 만들어 내고 진정한 그리스도의 교회들을 세우고 있는 것입니다.

스데반 집사는 이 **놀라운 체험과 능력**을 가지고 있었으나 그는 집사로서 **자기 위치에서 겸손하고 충실하게 자기 일을 감당할 뿐**이었습니다. 신비한 체험이 있고 능력들을 받았다고 해서 **사도들의 지도를 벗어나거나 개인적으로 행동하거나 교회를 분리하거나 대교회를 세운 적이 없습니다.**

대교회가 무조건 나쁘다는 것은 아닙니다. 하나님이 함께하시고 신령한 체험도 있고 능력있는 사람이 있는 교회는 반드시 대교회가 되어야 한다는 생각이 잘못되었다는 것입니다. **사도들을 비롯한 하나님의 능력 있는 종들은 오직 복음을 전파하는 일에 전력투구했으며** 하나님께서 주신 온갖 능력을 유감없이 발휘했고 예수와 같이 **거룩한 희생물로 이 세상에서 사라졌습니다.** 그러나 **그들을 통한 영적 자손은 지금도 끊임없이 세계도처에서 생성되고 있습니다.**

"모세는 그 광경을 보고 기이히 여겼다" 했습니다.

타지 않는 가시나무 떨기는 애굽 왕궁에서 세계최고의 학식을 배운 모세가 모든 학식을 동원하여 열심히 살펴보았어도 **인간으로서는 도저히 이해할 수 없는 것**이었습니다. 그는 거기에 가까이 갈수록 놀라지 않을 수 없었습니다. 칼빈은 모세가 기이히 여긴 이유를 **거기에서 하나님의 장엄성을 느꼈기 때문**이라고 했습니다. 모세는 **처음으로 하나님의 장엄함을 눈으로 경험하고** 놀라지 않을 수 없었습니다.

모세와 하나님을 모독했다는 명목으로 스데반을 고발한 유대인들은 모세를 하나님보다 조금 못한 신으로 여기며 받들고 있었습니다. 그러나 스데반 집사는 모세도 우리와 같은 성정을 가진 사람임을 분명히 상기시켜 줍니다. 모세와 하나님을 모독했다고 고발하며 죽이겠다고 하는 자들이 누구보다도 모세의 율법을 거역했고 **그들의 하나님 예수 그리스도를 대적하고 죽였고** 여기서 스데반도 죽이려 하는 것입니다.

우리는 참으로 **하나님을 두려워하고 떨며 대해야** 합니다.
모세가 가시나무 떨기로 가까이 갈수록 더욱 기이히 여기며 놀랐던 것처럼 **하나님은 알면 알수록 두려워 떨 수밖에 없는 존재입니다.** 그분은 **완전하며**

거룩하며 전지전능하신 분이며 시공간을 초월하여 처음과 나중이 되시는 분이시기 때문입니다.

이 땅에서 겨우 몇 십 년 살다 갈 자들이 하나님을 마주 대했을 때 두려워 떨지 않을 수 있겠습니까?

우리는 누구보다도 하나님을 사랑하며 가까이 해야 합니다. 그러나 하나님은 우리 육신의 아버지와 다릅니다. 그는 우리와 여전히 같은 인간이요, 그들도 몇 십 년 지내다가 이 땅에서 떠나야 하지만 하나님은 그 육신의 부모와 전혀 다른 **거룩하시고 존귀하신 분**이십니다. 그러기에 우리는 **더욱더 하나님을 사랑해야** 하는 것처럼 **시간이 갈수록 더욱더 두려워해야** 합니다.

사도 바울이 순교를 얼마 앞두고 "나는 **죄인 중의 괴수**" 라고 울부짖었는데 그가 **하나님을 더 알게 되었고 하나님을 체험할수록** 자신이 얼마나 보잘것없고 추한 사람인지를 깨달은 것입니다.

만약에 하나님 두려워함을 모른다면 그는 하나님과 멀어지는 자요, 점점 하나님을 잃어버리고 있는 자입니다. 신앙이 성장하고 영육 간에 변화되는 자 일수록 **하나님을 더욱 사랑할 뿐 아니라 점점 더 두려워할 줄** 압니다.

그렇게 오랫동안 침묵하고 계시던 하나님은 **여기에서 모세를 부르시고 만나시며 이스라엘을 해방시키는 일을 본격적으로 하십니다.** 이렇게 하여 하나님은 **아브라함과 이삭과 야곱에 하신 약속을 반드시 성취하셨습니다.** 그래서 하나님은 **언약의 하나님**이십니다.

그러므로 성경에서 하나님이 말씀하신 것은 **단 한 마디도 헛되이 되지 않고 반드시 이루어짐을 확신해야** 합니다. 또 우리에게 **개인적으로 하나님께서 어떤 약속을 주셨다면 그것도 반드시 하나님께서 이루심을 믿고 순종하고 복종해야** 합니다.

현대의 실존주의 신학자들은 "전통과 역사성을 띤 것은 계시가 아니다. 그리고 개인주의적인 새로운 사색이 중요하다"고 말합니다. 그러나 그것은 **하나님이 이루시는 전통과 역사를 무시하는 참으로 어리석은 말입니다.**

하나님이 이루어 오신 전통과 역사를 무시하는 것이야말로 하나님의 존재와 하나님의 권능의 역사를 무시하는 일이 아닐 수 없습니다. 사람은 누구나 이 땅에서 몇 십 년 살다가 사라집니다. 그러나 **하나님은 영원 전부터 영원까지 계시며 창조하신 모든 것을 홀로 주관**하십니다. 그러므로 **이 세상이 아무리 죄악이 관영할지라도 하나님께서 이루어 오신 전통과 역사가 분명히 존재**

하며 그것이 인류 모든 역사의 주체가 되는 것입니다.

하나님은 몇 백 년, 몇 천 년 전에 약속하신 것도 **반드시 이루십니다.** 그리고 하나님께서 이루시는 모든 것은 **처음에 하나님께서 말씀하신 것 그대로 일맥상통하여 그대로 이루어집니다. 이와 같은 거룩한 전통과 역사처럼 우리가 신뢰하고 소중히 여겨야 할 것이 없는 것입니다.** 그런데 **사탄은 이것을 부인하게** 함으로써 하나님과 그 모든 역사를 부인하게 하고 지옥으로 향하게 하는 것입니다.

> **32** 나는 네 조상의 하나님 즉 아브라함과 이삭과 야곱의 하나님이라 하신대 모세가 무서워 감히 바라보지 못하더라

하나님께서 모세에게 "**나는 네 조상의 하나님 즉 아브라함과 이삭과 야곱의 하나님이라**" 라고 말씀하셨습니다. "**나는 전에 있었던 바와 같이 지금도 변함없는 하나님이라**" 고 하신 것입니다.'

오래전에 하나님께서 아브라함에 하신 약속은 "**나는 너의 하나님이 되리라**" 하신 것입니다. 그 계약은 취소되거나 잊혀질 수 없습니다. "**전과 같이 하나님은 아브라함의 하나님이요, 이제 내가 그에게 한 약속을 나타내겠노라**" 하신 것입니다.

이스라엘을 향하신 하나님의 온갖 자비와 은총은 **아브라함과의 계약에 근거한 것입니다.**

오늘날 우리가 예수 그리스도를 믿음으로 아브라함이 영적 자손이 된 것도 **아브라함에게 약속하신 것이 우리에게 이루어진 것입니다.** 얼마나 놀랍고 신비롭습니까?

아브라함과 이삭과 야곱의 죽음이 하나님과의 계약을 폐기할 수 없는 것처럼 **시간과 공간과 그 어떤 것도 이 하나님의 계약을 폐기하지 못하며 그는 영원히 유일하신 하나님으로 계시며 그 하나님이 선택한 자들과의 계약을 영원히 이루시는 것입니다.**

여기서 우리가 깨달을 것이 있습니다.
(1) 하나님은 죽어서 몸에서 분리된 영혼들의 하나님이 되십니다.
아브라함을 비롯한 하나님의 사람들의 영혼이 천국에 있고 **하나님은 여전히 그들의 하나님으로 계시는 것입니다.** 아브라함이 이 세상에 존재하는 동안 하나님께서 주신 약속을 다 이루어주시지는 않았으나 **하나님은 천국에 가 있는 아브라함에게 약속을 성취하심을 보여주시는 것입니다.** 예수 그리스도

로 말미암아 영생구원을 얻은 하나님의 자녀들은 **이 땅에서는 물론이고 영원히 하나님의 약속하심 가운데 존재**하는 것입니다.

(2)**하나님은 죽어서 분리된 영혼들의 모든 자손들의 하나님이 되십니다.**
그들의 조상의 하나님이라고 선언하신 하나님은 **그들의 자자손손에게도 그**들의 하나님이 돼주십니다. 자손들은 **조상들을 인해 하나님의 특별한 사랑**을 입는 것입니다. 그러므로 우리 복음전파자들은 **이 놀라운 하나님의 계약의 여파**에 대해 담대하고 자랑스럽게 외쳐야 합니다. **이 복음의 혜택**은 그것을 받아들이는 당사자만이 아니라 **그 자손들에게까지** 미치는 것입니다.

지금 스데반과 복음전파자들을 핍박하는 자들은 아브라함과 그의 자손들과 언제나 함께하시는 하나님의 놀라운 은총을 **거부하고 버리는 것**입니다. 예수 그리스도가 이 땅에 오심으로 아브라함에게 약속하신 모든 것이 성취되는데 **그들은 예수 그리스도와 복음을 가로막고 핍박하고 있으니 그 약속의 은총을 스스로 거부하고 던져버리는 것**입니다. 그러므로 그들은 **끝까지 회개하지 않는다면 구원에서 제외되는 것**입니다.

> *33 주께서 이르시되 네 발의 신을 벗으라 네가 서 있는 곳은 거룩한 땅이니라*

당시 근동지방에서 제사장들이 성전봉사를 할 때에는 신을 벗었습니다. **신**은 **더러움**을 상징합니다. **더러운 생각을 품고 거룩한 곳에 접근하지 말라**는 것입니다.

전도서 5장 1절에 "**네 발을 삼갈지어다**" 했습니다.

하나님 앞에 나가려 할 때에는 조급하거나 무모하게 해서는 안 되며 조심스럽게 나아가야 합니다. 하나님께서 임재하신 곳은 **거룩한 곳**이므로 신을 벗으라고 한 것입니다. 장소가 거룩하다고 하는 것은 **거기에 하나님께서 임재하셨기 때문**입니다. **하나님께서 임재하신 곳이 거룩한 곳**입니다. 하나님의 임재하심은 **한 장소에 국한되지 않습니다.** 하나님이 계신 곳은 어디든지 거룩합니다.

스데반은 예루살렘 성전을 하나님 대신으로 섬기는 이스라엘 사람들에게 **거룩한 곳을 예루살렘 성전으로만 국한시켜서는 안 되는 것을 깨우쳐 준 것**입니다.

하나님의 말씀을 지키지 않고 하나님께서 보내신 예수까지 저버리고 죽인 자들에게는 결코 하나님이 함께하시지 않으며, 그들이 거룩하게 여기고 날마다 출입하는 성전도 거룩한 곳이라고 할 수 없는 것입니다. 그들은 그들의 모든 때문에 그 성전을 비롯하여 예루살렘이 멸망할 것이라고 주님과 그 제자들이 경고하신 것을 받아들이지 않고 오히려 성전과 모세와 하나님을 모독했다고 하며 죽인 것입니다.

성전을 모독하고 더럽힌 유대인들이, 성전을 성전답게 하고 예수 그리스도와 영생의 길로 이끄는 자들을 모독했을 뿐 아니라 그들에게 가장 극악한 죄악을 저지르고 만 것입니다. 누구보다도 조상대대로 하나님을 섬긴다고 하는 자들이 이렇게 어처구니없는 사탄의 앞잡이가 될 수 있다는 것을 명심해야 합니다.

그러므로 우리는 우리가 모이는 성전이 거룩한 성전이요, 하나님이 임재하시는 곳이 되게 해야 하며 그렇게 하기 위해서 무엇보다도 먼저 예수 그리스도를 확실히 영접해야 하며 애굽교회가 아니라 광야교회를 건설해야 합니다. 즉, 철저히 하나님의 말씀을 가르치고 배우고 그대로 지키기 위해 전력을 다해야 합니다. 날마다 회개생활을 통해 우리의 죄악을 씻으며 악한 성품과 습성들을 고쳐나가야 합니다. 불순종이 점점 줄어들고 순종을 증가시켜 나가 점점 거룩해져가야 합니다. 이렇게 할 때 하나님이 임재하시며 그 성전과 교회가 하나님의 거룩한 곳이 됩니다.

만약에 예수 그리스도를 확실히 영접하지 못한 자들이 교회의 대부분을 차지하고 있거나 그들이 말씀을 정확하게 배우지도 못하고 지키지도 않거나 회개하는 것이 없이 그저 인간적인 욕심이나 채우고 자기의 것을 자랑이나 하려고 성전을 들락거리면 그 교회는 결코 하나님께서 임재하실 수 없으며 교회의 거룩성을 상실한 것입니다. 교회가 거룩성을 상실하고 하나님의 임재가 없다면 거기에는 생명력이 없으며 또 하나의 인간들의 집합체요, 심지어는 마귀들의 소굴이 될 수밖에 없습니다.

그러므로 우리는 하나님이 임재하시는 거룩한 교회를 만들기에 전심전력해야 합니다. 만약 이것을 저해하고 괴롭히는 세력이 있다면 합심하여 그들을 물리쳐야 합니다.

34 내 백성이 애굽에서 괴로움 받음을 내가 확실히 보고 그 탄식하는 소리를 듣고 그들을 구원하려고 내려왔노니 이제 내가 너를 애굽으로 보내리라

■ *하시니라*

"그 탄식하는 소리를 듣고" 했습니다.

하나님께서는 그의 교회가 당하는 고통과 박해받는 성도들의 탄식소리를 **반드시 보고 들으십니다. 그리고 그들을 거기에서 구원해내십니다.**

여기서 중요하게 봐야 할 것은 **이스라엘 백성이 극심한 박해 때문에 탄식하며 하나님께 부르짖었다**는 것입니다. 하나님은 그 기도를 들으시고 아브라함과 이삭과 야곱에게 세우신 **언약을 기억하사** 그들을 구원하려고 하신 것입니다.

하나님은 약속을 이루어주시되 **우리의 기도를 들으시며** 이루어주십니다. 우리가 무슨 일을 하려고 할 때 **하나님이 도우셔야만** 합니다.

전도 역시 참으로 하나님께서 도와주셔야만 하고 **조그마한 일이라도 하나님께서 허락하시고 역사하셔야** 합니다.

우리가 또 염두에 둬야 할 것은 **사탄은 우리가 해야 할 모든 일을 끊임없이 방해한다**는 것입니다.

하나님의 일을 더 열심히 하는 교회나 개인은 **더 큰 방해와 시험을 만나게** 되며 중직에 있는 사람들일수록 사탄의 표적이 됩니다.

그러므로 모든 하나님의 일꾼들은 **하루도 예외 없이 하나님을 찾고 부르짖어야** 합니다. 우리는 항상 하나님께서 우리를 지켜주시고 인도해주시도록, 또한 모든 악한 영들과의 싸움에서 승리하도록 부르짖어야 합니다. 마귀는 자꾸 딴생각을 하게 만들고 어리석고 불충하게 만듭니다.

그러므로 우리도 **끊임없이 말씀과 기도를 통해 깨어있어야** 하며 주님께 가까이 나아가며 세밀하게 교통해야 합니다. 그렇게 할 때 마귀가 틈탈 여지가 생기기 못하는 것입니다. 우리가 끊임없이 우리 얼굴을 주님께 향하여 기도하는 것은 너무나도 중요합니다.

그러나 아무리 사탄의 공격이 극심하다 할지라도 **하나님은 모든 것을 상세히 보고 계십니다.** 그러므로 **우리가 전적으로 주님만 의지하며 항상 깨어 주님께 도움을 호소하는 한 결코 하나님은 모른척하지 않으시며 하나님의 권능의 팔로 도우십니다.**

하나님은 누구보다도 이스라엘 백성들을 해방시키시기 원하고 계시지만 **그 해방도 이스라엘 백성들에게 유익이 되게끔 이루어주십니다.** 그것을 위하여 하나님은 그들이 하나님께 부르짖기를 원하고 계시는 것입니다.

오늘날 많은 성도들이 **기도할 줄 모르고 부르짖을 줄 몰라서** 이미 해결 받을 수 있는 문제도 해결 받지 못하며 크고 놀라운 일들을 해낼 수 있는데도 하지 못하며 **부진한 신앙생활**을 합니다.

그러므로 우리 성도들은 **반드시 기도하는 것을 배워야** 하고 기도를 할 수 있는 **훈련을 받아야** 하며 언제나 그 기도에 **간절함을 곁들여서 할 줄 알아야** 합니다. 우유부단하고 간절함이 결여된 기도를 한다는 것은 **불충한 일**입니다. 우리는 모든 기도를 간절함으로, 즉 **부르짖는 기도를 해야** 합니다. 왜냐하면 **우리가 하나님께로부터 받는 모든 것은 가장 고귀하고 보배로운 것들이기 때문**입니다.

"저희를 구원하려 내려왔다" 했습니다.
"**내려오셨다**"는 것은 사람의 표현방법으로 말씀하신 것입니다.
하나님께서 이스라엘 백성을 해방시키는 것은 중요한 것이었기에 **그것을 위해 친히 낮아지심을 보여주시는 것**입니다.
하나님은 어디에나 계시지만 **이스라엘 백성들을 구원하시기 위해 내려오셨다**는 표현을 사용하셨습니다. 이것은 또한 **당시 이스라엘 백성을 구원할 뿐 아니라 모든 아브라함의 영적 후손들을 구원하시기 위해 메시야를 이 땅에 보내주셔서 그가 낮고 천한 신분으로 인간의 몸을 입고 이 땅에 오시고 인간들과 더불어 지내며 온갖 고난을 당해주실 것을 예표하는 것**이었습니다.
그 옛날 **이스라엘의 해방은 예수 그리스도가 모든 선택된 자들을 구속하는 모형**이었습니다. 이스라엘 백성들을 구원하기 위해서는 모세가 꼭 필요한 것처럼 **모든 영적인 아브라함의 후손에게 있어서 예수 그리스도만이 꼭 필요한 구원자가 되시는 것**입니다.

제 30 강

공회에서의 스데반의 설교(8)

행7:35~41

35그들의 말이 누가 너를 관리와 재판장으로 세웠느냐 하며 거절하던 그 모세를 하나님은 가시나무 떨기 가운데서 보이던 천사의 손으로 관리와 속량하는 자로서 보내셨으니 36이 사람이 백성을 인도하여 나오게 하고 애굽과 홍해와 광야에서 사십 년 간 기사와 표적을 행하였느니라 37이스라엘 자손에 대하여 하나님이 너희 형제 가운데서 나와 같은 선지자를 세우리라 하던 자가 곧 이 모세라 38시내 산에서 말하던 그 천사와 우리 조상들과 함께 광야 교회에 있었고 또 살아 있는 말씀을 받아 우리에게 주던 자가 이 사람이라 39우리 조상들이 모세에게 복종하지 아니하고자 하여 거절하며 그 마음이 도리어 애굽으로 향하여 40아론더러 이르되 우리를 인도할 신들을 우리를 위하여 만들라 애굽 땅에서 우리를 인도하던 이 모세는 어떻게 되었는지 알지 못하노라 하고 41그 때에 그들이 송아지를 만들어 그 우상 앞에 제사하며 자기 손으로 만든 것을 기뻐하더니

> 35 그들의 말이 누가 너를 관리와 재판장으로 세웠느냐 하며 거절하던 그 모세를 하나님은 가시나무 떨기 가운데서 보이던 천사의 손으로 관리와 속량하는 자로서 보내셨으니 36 이 사람이 백성을 인도하여 나오게 하고 애굽과 홍해와 광야에서 사십 년 간 기사와 표적을 행하였느니라

하나님은 **모세를 통해** 이스라엘 백성들이 애굽에서 나오게 하고 **"애굽과 홍해와 광야에서 40년간 기사와 표적을 행하였다"** 했습니다.

하나님께서 애굽에서부터 가나안에 이르기 직전까지 40년 동안이나 끊임없이 전무후무한 기적과 이적을 보여주셨는데 그럼에도 불구하고 애굽에서 나온 20세 이상의 사람 중 오직 **여호수아와 갈렙 외에는 다 하나님 앞에 불합격하여 가나안에 들어가지 못하고** 광야에서 죽었습니다.

그 많은 사람 중에 단 두 사람만 제외하고 다 불합격했다니 어찌 그럴 수 있습니까?

우리는 이 부분을 좀 더 깊이 생각해야 합니다. 과거 이스라엘 백성뿐이겠습니까? 오늘날의 우리들, 조상대대로 우상을 섬겨온 자들의 자손들은 결코

그들보다 자유로울 수 없습니다.

그들이 40년 동안 척박한 광야에서 온갖 고통을 겪어가며 하나님이 누구이신지를 날마다 체험했음에도 **하나님을 신뢰하지 못하며 끊임없이 불순종하고 우상숭배까지 한 것은 인간이 얼마나 부패하고 패역한 존재인지를 보여주는 것**입니다.

가나안에 들어가지 못한 자들도 하나님께서 이적과 기적을 보여주실 때 기뻐 뛰며 찬송했습니다. 그들도 시시때때로 하나님께 감사를 드리고 문제가 있으면 하나님께 기도했고 하나님은 그들의 기도를 들어주셨습니다. 부지런히 **광야 교회**에서 하나님께 제사를 드렸고 하나님이 받으시고 응답하시고 은총을 주시는 것을 보고 체험했습니다. 그들 중에는 하나님의 일을 위해 열심히 일하고 봉사한 자들도 많았습니다.

성막을 만들 때에는 온 백성들이 한마음이 되어 열심히 동참했고 너나 할 것 없이 금은보석과 필요한 것들을 아낌없이 드렸습니다.

오늘날로 말하면 주일도 잘 지키고 십일조 생활도 잘하고 성전헌금이나 목적헌금에도 잘 동참하며 많은 직분을 열심히 감당하고 예배드리고 찬송하고, 또한 하나님의 기뻐하시는 일도 나름 열심히 한 것입니다.

그런데 그렇게 했던 수많은 자들 중에 **단 두 명만이 하나님 앞에 합격하여 가나안에 들어가고 나머지는 광야에서 비참하게 죽었다**는 것입니다. 이것이 얼마나 두려운 일인지 모릅니다.

우리는 '내가 이만하면 신앙생활 잘했고, 이만하면 하나님 앞에 충성하는 것이겠지' 라고 생각하기 쉽습니다. 그러나 **우리의 생각과 하나님의 판단은 얼마든지 다를 수 있습니다.**

이스라엘 백성들이 왜 대부분 실패하고 불합격했을까?

(1) 그들은 **하나님을 아는 것이 너무도 부족했습니다.**

그들은 대부분 **하나님이 다른 많은 신들 중 하나라고 생각**하고 있었습니다. 그들은 하나님이 **천지만물을 창조하신 전지전능하신 분이요, 유일하신 하나님**이라는 것을 **확실히 알지 못했습니다**. 하나님이 모세를 통해 주신 **율법을 형식적으로 지킬 뿐** 진실한 마음으로 받아들이고 지키지 않았습니다. 그러므로 **쉽게 마음이 변하여 불순종자가 되었던 것입니다.**

(2) 그들은 **하나님을 향한 믿음이 너무나도 약했으며 믿음을 성장시키는 일에 실패**했습니다.

누구보다도 하나님의 살아계심과 권능을 날마다 눈으로 보고 체험했던 사람들임에도 불구하고 그들의 믿음은 너무나도 허약했고 시간이 지날수록 오히려 퇴보했습니다.

(3)그들은 하나님이 주시는 놀라운 은총들을 그저 습관적으로 보고 받아 들였으며 거기에 대해 진정으로 감사할 줄 몰랐습니다.

그들이 40년 동안 구름기둥, 불기둥과 만나와 메추라기와 온갖 이적과 능력을 보면서, 그 전무후무한 은총들을 당연하게 받아들였고 점점 감사가 무뎌졌던 것입니다.

하나님이 주신 은총들에 대해 무감각해지고 감사할 줄 모르며 당연시하는 것은 그 영혼이 어두워져가고 잠들어가고 부패해져가고 있다는 증거입니다. 하나님의 은혜에 즉각 감사하며 찬송해야 합니다.

그렇게 할 줄 모르는 사람은 아무리 큰 것을 주셔도 당연시하고 감사하고 기뻐할 줄 모르며 교만하고 악한 자가 됩니다.

(4)그들은 하나님의 종을 존귀히 여기고 겸손하게 순종하는 것에 실패했습니다.

그들은 전무후무한 지도자요, 그들에게 주신 최고의 복이라고 할 수 있는 모세를 존귀하게 여기지 않았으며 그를 가까이 하지도 않고 오히려 그에게 불만을 품고 대들고 거역하며 결국은 저버렸습니다. 이것이 하나님께서 그들을 버리는 결정적인 계기가 된 것입니다.

그들이 "모세를 버리고 새 대장을 세우고 애굽으로 돌아가자" 했을 때 하나님은 모세에게 말씀하기를 "저들이 너를 버린 것이 아니라 나를 버린 것이다" 하시며 그때부터 하나님의 마음은 그들에게서 떠난 것입니다.

하나님께서 우리에게 하나님의 종들을 보내신다는 것처럼 큰 복이 없습니다. 그것은 억만금을 가지는 것보다 더 귀한 것입니다. 왜냐하면 하나님은 그들과 함께하시고, 말씀하시고, 그들을 통해 우리에게 온갖 은총을 베푸시기 때문입니다. 어리석고 악한 자들은 이것을 알지 못하고 단지 눈앞에 있는 종들의 인간적인 면을 보며 그들의 약점만을 들추어내고 업신여기며 무시하고 반발하고 대적하기를 잘합니다. 그런데 그 주변에 있는 자들마저 이것을 배워서 그들에게 동조하며 똑같이 하게 됩니다. 이것이야말로 전체가 하나님의 은총을 욕되게 하고 하나님을 거역하고 반역하는 것이 됩니다. 이는 하나님께서 진노하실 죄입니다.

많은 성도들이 **이러한 마귀 시험에 빠져서 하나님의 종들을 거역하고 대적함으로 하나님의 진노를 받아 이미 교회가 아닌 교회, 하나님의 신이 떠난 교회가** 많습니다. 우리는 이렇게 되지 않도록 조심해야 하며 **하나님의 종들을 존귀하게 여기고 가까이 하며 그들의 인간적인 면만을 보려하지 말고 하나님이 그들을 통해 하시는 말씀과 역사를 존귀히 여기고 잘 받아들여야 합니다.**

모세가 광야 교회에서 이방인 첩을 얻었을 때 선지자요, 제사장인 아론과 미리암이 그를 책망했습니다. 분명 모세의 잘못임에도 불구하고 하나님은 오히려 아론과 미리암을 **책망하시고 벌을 내리셨습니다.** 하물며 제사장도, 선지자도 아닌 자들이 하나님이 함께하시는 종을 무시하고 대적하고 저버린다면 어찌 하나님의 진노가 임하지 않겠습니까? **많은 교인들이 이러한 어리석음을 과감하게 저지르다가 자손대대로 징벌을 당하고 영원히 버림을 받기도** 합니다. 이 무서운 사탄의 시험에 빠지지 않도록 참으로 조심해야 하고 항상 기도해야 합니다.

많은 이적과 기적을 체험하는 것만이 중요한 것이 아닙니다. **날마다 말씀과 기도로써 하나님을 점점 알고 하나님을 향한 믿음이 자라고 나 자신의 악한 성품과 습성들이 깨어지고 치료되고 변화되며, 하나님의 말씀이요, 명령이라면 기쁘고 즐겁게 순종하고 충성하기 위해 힘쓰는 것이 중요합니다.**

이스라엘 백성들이 **전무후무한 이적과 기적을 체험**하며 살았는데 **하나님을 거역하고 대적하고 배반**했으므로 40년 동안 날마다 죽어 엎드러졌습니다. 그 시체가 무덤에 장사지내지도 못하고 날짐승에게 먹히고 날마다 집집마다 초상을 치르며 통곡하는 일들이 끊임없이 있었습니다.

하나님이 때와 기한이 지나서 그들을 차례로 죽이실 때 살려달라고 아무리 울부짖어도 소용이 없었습니다.

누구보다 큰 사랑과 은총을 입은 자가 하나님을 진노케 한다면 오히려 불신자, 우상숭배자들보다 더 큰 징벌을 받는다는 것을 명심해야 합니다.

교회 안에 가장 큰 복을 받을 자들도 있으나 가장 큰 저주를 받을 자들도 있음을 옛날 이스라엘 백성들을 통하여 분명히 알 수 있습니다.

> *37* 이스라엘 자손을 대하여 하나님이 너희 형제 가운데서 나와 같은 선지자를 세우리라 하던 자가 곧 이 모세라 *38* 시내산에서 말하던 그 천사와 및 우리 조상들과 함께 광야 교회에 있었고 또 생명의 도를 받아 우리에게 주던 자가 이 사람이라

스데반이 신명기 18장 15절에 기록된 모세의 예언을 인용한 것입니다.
나와 같은 선지자라는 말은 **메시야, 곧 그리스도**를 의미합니다.

백성들이 시내산에 나타나신 하나님의 위엄 앞에서 하나님을 직접 대하면 죽을 수밖에 없었으므로 **중보자 역할을 하는 모세가 필요**했던 것입니다. 모세는 그때에 **중보자 자격으로 일하면서 장차 진정한 중보자가 올 것**이라고 예언한 것입니다. 중보자의 임무를 수행한 모세는 참으로 **예수 그리스도의 예표자**였습니다.

하나님은 모세를 통해 **율법의 중보자로서 장차 올 은혜의 중보자, 곧 예수 그리스도**를 보여주셨고 모세가 이 사실을 예언하게 하셨습니다. 그런데 모세를 배척한 유대인들은 결국 예수 그리스도를 배척한 유대인들과 마찬가지로 **메시야를 적대한 것**입니다.

이와 같이 유대민족은 **메시야를 배척하는 오랜 질병**이 있었습니다. 스데반은 여기서 **유대의 민족적인 악한 병**을 지적한 것입니다.

"**생명의 도를 받아 우리에게 주던 자가 이 사람이라**" 했습니다.
'**생명의 도**' 란 **율법**을 가리킵니다.

고린도후서 3장 6절에 보면 바울은 율법은 '**의문**' 이라고 말하고 "**죽이는 것**" 이라고 표현했습니다. 그런데 스데반은 여기서 "**생명을 주는 것**" 이라고 표현했습니다.

율법은 영적으로 사람의 죄를 밝혀서 죽게 하는 근거가 되었습니다. 그러나 그 죽게 된 자가 복음을 받아들여 영생하려는 필요성을 갈망하게 되는 것입니다. 그러므로 율법은 **죽이는 것**이며 동시에 **살리는 일도 합니다**. 모세의 율법에는 죄인이 **제물의 피로 속죄함을 받는 제사제도**가 포함되어 있어서 **죄인들이 피의 제물을 하나님께 드림으로써 사죄**를 받았습니다. 이런 의미에서 율법은 **생명의 말씀**이 되는 것입니다.

여기에서 또다시 **모세는 예수 그리스도의 모형**임을 보여줍니다.

그러므로 모세 자신이 장차 예수님의 오실 것을 가리켜 "**하나님이 나와 같은 선지자를 세우리라**" 고 말했던 것입니다. 예수님도 말씀하시기를 "**모세를 믿었더면 또 나를 믿었으리니**(요5:46)" 하셨습니다.

모세의 율법이 그 자체만으로 생명을 줄 수는 없으나 그것은 **생명으로 안내하는 확실한 길**이 됩니다. 그래서 "**너희가 생명을 얻으려면 계명을 지키라**" 한 것입니다.

하나님께서는 모세를 통해 백성들에게 **율례**를 주셨습니다. 하나님은 그가 원하시면 **구세주 예수를 통해 율례를 변경할 수 있는 분입니다. 이 예수는** 모세가 주었던 것보다 **더 좋은 생명의 도를 받아 우리에게 주신 것입니다.**

옛날 이스라엘 백성들에게 율법이 주어졌으므로 이스라엘이 **가장 큰 복을 받은 민족이 된 것**처럼 오늘날 우리가 **예수 그리스도를 확실히 믿어 영생을 얻게 된 것**은 이 땅에 거하는 어떤 자들보다도 **최상의 복을 받은 것입니다.**

옛날 이스라엘 백성은 하나님이 아닌 모세의 인도를 받고 **생명으로 인도하는 율법**을 받았으나 **우리는 완전하신 하나님, 예수 그리스도가 우리를 인도하시고 복음이 우리에게 영생을 얻게 한 것입니다.**

오늘날의 크리스천들은 **구약시대 성도들보다도 이 예수 그리스도의 복음을 더 열심히 전파해야** 합니다. 왜냐하면 우리가 그들보다 **더 큰 은총을 누리고 있기 때문**입니다.

> *39* 우리 조상들이 모세에게 복종치 아니하고자 하여 거절하며 그 마음이 도리어 애굽으로 향하여

그들은 모세에게 **불평하고 폭동을 일으켰으며** 그 명령에 복종할 것을 거절하고 심지어 그에게 돌을 던졌습니다.

그들이 모세와 같은 위대한 지도자를 배반하려는 동기는 **그들의 마음이 애굽으로 향한 까닭**이었습니다.

"그 마음이 도리어 애굽으로 향하여"

이것은 이스라엘 민족이 **애굽의 우상을 하나님보다 더 좋게 여겼다는 것**을 말합니다. 다시 말하면 그들이 모세의 지도를 받아 여호와를 섬겨왔으나 이제 모세가 산에서 내려오지 않는 기회를 타서 송아지 형상을 만들어 보이지 않는 여호와를 대신하게 했던 것입니다. 이것은 그들이 **애굽의 우상주의로 돌아가는 것**을 의미합니다.

모세는 이스라엘 백성들에게 세상에서 그 어떤 것도 견줄 수 없는 율법을 주었으나 **율법에 나오는 자들을 언제든지 온전케 할 수 없음**이 드러난 것입니다(히10:1). 그들은 그동안 이 세상에 어떤 곳에서도 볼 수 없는 **최고의 율법**을 받았으나 그 율법이 이스라엘 백성들을 온전케 할 수는 없었습니다.

사람을 온전케 하는 것은 예수 그리스도입니다. 아무리 구약의 말씀들을 잘 알고 배워도 **예수 그리스도를 확실히 만나고 믿지 못하면 하나님을 확실히 알지 못하며 생명을 얻을 수 없습니다. 예수 그리스도가 빠진 율법은 의**

미가 없는 것입니다.

율법은 사람들로 하여금 예수 그리스도를 만나게 하고 그를 믿어 죄용서를 받게 해주는 통로일 뿐 그 자체가 사람들을 죄용서 받게 할 수는 없습니다. 율법은 받았으나 오실 메시야를 확실히 알고 믿지 못한 이스라엘 백성들은 어느새 마음이 변한 것입니다.

모세의 인도 아래서 먹었던 만나와, 그들이 가나안에서 맛보게 될 젖과 꿀보다 애굽의 마늘과 양파를 더 좋아했습니다. 그들은 **영적 분별력이 없었으며 그들에게 약속된 더 큰 은총을 믿지 못하고 멸망당하고 만 것**입니다.

외관상으로는 성실히 교회를 출입하며 신앙생활하는 것 같으나 **많은 사람들이 진정한 믿음을 가지지 못하고 하나님이 예비해 놓은 것을 바라보지 못합니다.**

롯의 아내가 소돔을 바라보았던 것처럼 **발은 교회로 향하는 것 같으나 그들의 마음은 애굽으로 향하고 있는 것**입니다. 하나님은 **중심을 보시는 분**이시기 때문에 이들은 결국 **버림받는** 자가 될 수밖에 없습니다.

교회를 자주 출입하고 수많은 예배를 드린다고 할지라도 마음은 여전히 세상에 가있고 하나님에게서 떠난 사람은 하나님의 사람이 아니며 그들은 결코 젖과 꿀이 흐르는 가나안 땅을 차지할 수 없습니다.

하나님은 40년 광야생활 중에 바로 **이러한 자들을 철저히 걸러내신 것**입니다.

그 옛날 이스라엘 백성은 **부패하고 타락한 인간의 감성주의로 신앙생활**하려고 했습니다. 하나님께서 모세를 통해 주신 **거룩한 계시를 전적으로 의존**하고 끝까지 지켰어야 하는데, 즉, **전적으로 계시의존주의로 신앙생활을 해야 하는데** 그렇게 하지 못한 것이 이스라엘 민족의 타락사의 출발점이 된 것입니다.

많은 교인들이 **하나님의 말씀을 받아들이고 순종하고 그리하여 더욱 믿음이 성장하여 살아가지 못하고, 여전히 부패한 인간의 감성에 빠져 하나님의 말씀도 취사선택하고 대부분 무시하면서** 과거 이스라엘 백성들처럼 타락의 길을 걷게 되고 결코 가나안에 도달하지 못합니다.

그러므로 우리는 감성에 빠지지 말고 **하나님의 말씀을 정확무오한 하나님의 계시로 믿고 받아들이고 철저히 순종하며 나가야** 합니다. 그렇게 할 때에 우리의 **부패하고 타락한 심성이 변화되고 치료되고 점점 거룩해지며 믿음이 성장할** 뿐만 아니라 확실히 **가나안으로 향하게** 되며 거기에 도달하게 되는 것입니다.

　우리는 모든 성도들이 하나님의 말씀을 소중히 여기고 사모하며 열심히 읽고 배우고 가르치며 그것을 준수하도록 간섭하고 감독하고 적극적으로 도와주며 살아가야 합니다. 하나님이 원하시는 것은 바로 이런 것입니다.

　율법이 이스라엘 백성들을 근본적으로 변화시킬 수 없었다면 그리스도께서 그 율례를 바꾸시고 사람들을 근본적으로 변화시킬 수 있도록 이끄심이 절실히 필요한 것입니다.

　그런데 스데반 앞에 있는 유대인들은 그것을 받아들이지 못했습니다. 즉 자기들 앞에 오신 예수 그리스도와 그 생명의 길을 극구 부인했습니다.

　스데반은 바로 그들의 어리석음을 깨우치고 조상대대로 내려오는 이스라엘의 반역을 지적하면서 메시야에 대한 유대인의 반역죄를 지적했습니다.
　유대인들은 하나님이 보내신 지도자 모세에게 잘 순종해야 했습니다.
　하나님이 세운 종들이 우상이나 미신이나 비진리로 인도하지 않는 한 성도들은 그들에게서 하나님의 말씀을 열심히 배우고 순종할 의무가 있는 것입니다. 선한 지도자를 배척하는 마음은 결국 하나님에게서 멀어지게 합니다. 우리는 이런 악한 마음이 틈타지 않도록 조심하며 기도해야 합니다.
　정당한 하나님의 말씀을 거절하며 떠나가는 자들은 한결같이 그 마음이 세상으로 향하여 있기 때문에 그들의 마음이 치료되기 전에는 이 교회 저 교회로 출석한다 할지라도 또 그 말씀들을 저버리고 떠나게 됩니다.

　우리가 예수 그리스도를 믿으면 하나님께서 우리 안에 성령을 주십니다.
　그것이 성령세례입니다. 성령이 하나님의 말씀을 통해 우리의 부패함과 타락함을 낱낱이 발견하고 깨닫게 하고 회개하고 용서받게 하여 모든 잘못된 부분들이 치료되고 변화되게 하는 일을 하십니다.
　그래서 내 안에 계신 성령은 "너 이것을 회개해라, 고쳐라" 하고 깨우쳐주시는데 그것을 잘 받아들이고 순종할 때 우리는 점점 새로워지고 거룩해지며 믿음도 성장하고 풍성한 복을 누리며 끝까지 이것을 잘할 때 천국으로 들어가게 됩니다.

　그런데 많은 교인들이 처음에는 성령이 깨우쳐 주시는 대로 회개도 하고 순종도 하다가 또다시 세상유혹에 빠져서 성령의 역사를 거역하고 거스르게 됩니다. 세상으로 나가 방탕하던 자들이 돌아온다면 그것은 처음부터 다시 시작하는 것과 같고 심지어 처음 예수를 믿을 때보다 더 악화되어서 더 쓰라린 고통을 겪으며 성화과정을 거쳐야만 합니다.

믿는 자들은 예수 믿은 이후부터 **영혼의 부패함과 악함을 말씀과 기도로 치료하는 일을 하루도 중단 없이 해야** 합니다.

교회의 지도자들은 양들을 위해 영의 눈을 활짝 뜨고 세심하고 적극적으로 그들을 치료하고 양육하는 일을 해야 합니다.

그 치료와 양육에 있어 **말씀과 기도밖에 다른 방법이 없습니다.**

그러므로 **말씀과 기도를 싫어하거나 멀리하거나 게을리 하는 자**는 부패한 영혼이 치료될 수 없고 성장할 수 없으며, 따라서 제대로 순종할 수 없고 예비된 은총을 누릴 수 없습니다. 결국 "너는 불의한 자다" 하고 **낙인이 찍혀지고** 천국이 아니라 **지옥으로 떨어지게** 되는 것입니다.

> 40 아론더러 이르되 우리를 인도할 신들을 우리를 위하여 만들라 애굽 땅에서 우리를 인도하던 이 모세는 어떻게 되었는지 알지 못하노라 하고 41 그 때에 저희가 송아지를 만들어 그 우상 앞에 제사하며 자기 손으로 만든 것을 기뻐하더니

"우리를 인도하던 모세는 어떻게 되었는지 알지 못하노라" 했습니다.

모세가 시내산에 올라가서 하나님을 만나며 그들을 위해 기도하던 때 그들은 악한 말을 했습니다. 지도자가 자기들을 위해 기도하려고 떠나서 함께 있지 않은 때를 **도리어 악용한** 것입니다. 이것이 그들의 **큰 죄악**입니다.

하나님의 종들의 눈을 피해 악을 꾀하는 자들이 있습니다. **그들은 눈에 보이지 않으나 살아계셔서 모든 것을 꿰뚫어보고 주관하고 다스리시는 하나님을 의식할 줄을 모르며 알지도 못하고 믿지도 못한 자**들입니다. 따라서 이러한 자들은 하나님의 종들이 보이지 않는 곳에서는 끊임없이 하나님을 저버리고 악행을 저지르기를 서슴없이 합니다.

그들은 **눈에 보이는 것만을 인정하고 따라가는 자**들이었습니다. 모세가 눈 앞에 보이지 않았다는 것 때문에 그를 배척했고, 또한 하나님이 보이지 않는다는 이유로 하나님을 버린 것입니다.

이스라엘 백성들은 모세가 자기들과 동거하는 동안만 하나님이 그들에게 임재하시는 줄 알았고 모세가 보이지 않으면 하나님도 떠나고 없는 것처럼 생각했습니다. 이것이 어찌 하나님을 믿는 믿음이라고 할 수 있겠습니까?

많은 교인들이 하나님이 눈에 보이지 않는다고 하나님이 없는 것처럼 여기며 생각하고 말하며 행동하는데 이러한 자들은 옛날 그 이스라엘 백성들과 다를 바가 없습니다.

이렇게 **눈으로 보고 감각으로 느끼며 하나님의 존재를 알려고 하는 자들은** 하나님을 제대로 알 수 없으며 우상숭배로 떨어집니다.

우상숭배자들은 말도 못하고 그저 자리에 우두커니 있을 수밖에 없는 것들을 앞에 놓고 신이라고 생각하며 위안을 받으려고 합니다. 이 얼마나 어리석고 비참한 일인지 모릅니다. 그들은 **인간의 존엄성을 잃어버렸으며 그 목석의 우상만큼도 못한 자로 전락한 것입니다.** 하나님의 형상을 입은 자들이 이러한 짓을 함으로 그들은 **하나님의 진노를 당하는 것입니다.**

그와 같은 사고방식은 우상을 숭배하는 모든 사람들의 **공통된 사고방식**입니다. 그러므로 감각적이나 지식적으로만 하나님을 아는 것으로 그치지 말고 유일하시고 살아계신 하나님을 만나고, 확실하게 믿어야 합니다. 언제 어디에나 계시고 통치, 주관하시는 하나님을 항상 염두에 두고 살아가야 합니다. 이렇게 하지 않는 자는 **불신자**입니다.

그들도 한때는 모세를 지도자로 믿고 따랐지만 그가 잠시 그들을 떠나있을 때 그의 존재조차도 인정하지 않으려고 했습니다.

예수를 믿기 이전의 모든 사람에게는 쉽게 배신하는 부패성이 있습니다. 예수 그리스도를 믿고 신앙생활하려는 자들은 **배신하는 부패성이 나에게 있었음을 인식하고 하나님과 진리를 배신하지 않도록 참으로 조심해야** 하며 그것을 **제거하기 위해 전력을** 다해야 합니다.

많은 교인들이 열심히 신앙생활하다가 이 **부패성을 제거하지 못하고** 그것을 타고 사탄이 역사할 때 넘어져서 하루아침에 신앙과 말씀과 사명을 **배신하고 멸망의 길로 나갑니다.** 이렇게 계속해서 배신하면서 이 교회 저 교회를 전전하는 교인들은 참으로 **그동안의 모든 어리석음과 악행에 대해 두려워 떨며 회개하여 사함 받아야** 합니다. 그들이 배신한 것은 **사람이 아니라 먼저 하나님이며 교회이고 말씀과 사명입니다.** 그것은 수천, 수만 명을 배신한 것보다도 **무섭고 큰 죄악**이 됩니다.

이러한 배신하는 시험에 빠지지 않으려면 **진리의 종들을 가까이 하고 끝까지 따라야** 합니다. 이스라엘 백성들이 모세를 끝까지 믿고 따라갔다면 결코 우상숭배 하지 않았을 것이며 멸망으로 떨어지지 않았을 것입니다.

성도들은 진리의 말씀을 정직하게 전하는 하나님의 종들을 존귀하게 여기며 더욱더 가까이 하며 그들의 가르침에 순종하고 끝까지 그 종들과 함께 나가야 **합니다.**

제 31 강

공회에서의 스데반의 설교(9)

행7:40~42
40아론더러 이르되 우리를 인도할 신들을 우리를 위하여 만들라 애굽 땅에서 우리를 인도하던 이 모세는 어떻게 되었는지 알지 못하노라 하고 41그 때에 그들이 송아지를 만들어 그 우상 앞에 제사하며 자기 손으로 만든 것을 기뻐하더니 42하나님이 외면하사 그들을 그 하늘의 군대 섬기는 일에 버려 두셨으니 이는 선지자의 책에 기록된 바 이스라엘의 집이여 너희가 광야에서 사십 년간 희생과 제물을 내게 드린 일이 있었느냐

> **40** 아론더러 이르되 우리를 인도할 신들을 우리를 위하여 만들라 애굽 땅에서 우리를 인도하던 이 모세는 어떻게 되었는지 알지 못하노라 하고

사탄은 어떻게 해서든지 하나님의 종들에게서 양떼들을 분리시켜 떠나게 합니다. 모든 성도들은 이 사탄의 역사에 눈을 떠서 방심하지 말고 싸워 이겨야 합니다. **하나님의 종들을 떠나는 자들은 결국 진리를 떠나고 하나님을 저버리며 우상숭배하는 자들이 됩니다.**

우리가 **진실한 하나님의 종들을 만나고 그들의 보살핌을 받는 것이야말로 하나님께서 주시는 또 하나의 큰 복이 아닐 수 없습니다. 목자 없는 양과 같이 진리로 잘 이끌어주는 하나님의 종이 없는 자들은 참으로 위험하며 불행한 자들입니다.**

하나님의 종들은 양들 중에 옛날 이스라엘 백성들과 같이 **어리석고 쉽게 변질하고 배반하는 양들이 있다**는 것을 기억하고 **하루도 빠짐없이 양들에게 관심을 기울이며 세심하게 돌봐야** 합니다. 그리고 **그 양들이 눈에 보이지 않는 하나님을 확실히 믿고, 항상 염두에 두고, 말씀에 따라 살아가도록 철저히 가르치고 훈련해야** 합니다.

이것을 소홀히 하거나 잘못하는 종들은 하나님께 큰 책망의 대상이 되지 않을 수 없습니다. 자기에게 맡겨진 양이 10년, 20년이 지나도록 하나님을 모르고, 그 보이지 않는 하나님을 확신하도록 깨우쳐주지 못하는 종이라면 하나님을 배반하고 떠나는 양 못지않게 **큰 죄악을 저지르는 사람**입니다.

> *41 그 때에 저희가 송아지를 만들어 그 우상 앞에 제사하며 자기 손으로 만든 것을 기뻐하더니*

송아지 형상의 우상은 애굽 사람들이 오시리스(Osiris)신의 상징으로 섬기는 것입니다. 애굽 사람들이 그 우상을 섬길 때에는 7일 동안 춤추며 노래하는데 이스라엘 민족이 광야에서 그와 같이 우상을 섬겼던 것입니다. 이 얼마나 무서운 일입니까?

하나님께서 이스라엘 백성들을 광야로 나가게 하신 것도 **그들이 애굽에서 배웠던 모든 잘못된 것을 떨어버리려** 하신 **것**인데 그들은 이 시내산에 와서 하나님의 거룩한 말씀을 받을 때까지도 **애굽의 잔재를 제거하지 않았던 것**입니다.

예수 믿은 자들이 **성령세례를 받는 이유**는 모든 부패하고 악한 부분들을 하나하나 제거하고, 치료 받고, 변화 받아 **거룩한 하나님의 사람으로 성장되기 위함**입니다. 그러나 그 성령의 역사를 잘 따르지 않고 거스르며 여전히 부패한 성품과 악령의 역사에 호응하고 나가는 자들은 **또다시 하나님을 배반하고 말씀을 버리며 우상숭배하고 마귀의 자식이 되어버리는** 것입니다.

아직도 부모가 믿지 않는 크리스천은 그 부모가 우상을 숭배하며 살고 있는 것에 대해 그냥 지나쳐서는 안 되며 **그 부모의 모든 범죄에 대해 확실히 알고 부모를 대신하여 회개해야 합니다.** 또 그 부모가 속히 회개하고 그리스도를 주인삼는 자가 되도록 전력을 다해 기도하며 전도해야 합니다.

아울러서 **우상숭배의 잔재가 내 안에 남아있지 않은지를 수시로 돌아보아 철저하게 제거하고 가다듬어야** 합니다.

많은 교인들이 교회에 와서는 하나님을 섬기고 집으로 돌아가서는 우상을 숭배하고, 교회에서는 말씀을 지킨다고 하면서 교회를 나서면 서슴없이 말씀을 저버립니다. **겉으로는 하나님을 열심히 섬기는 것 같으나 실제로는 여러 가지 우상을 숭배하는 경우들이 있습니다. 그러한 교회나 성도를 하나님이 결코 기뻐하시지 않으며, 함께하실 수 없으며, 그들이 원하는 대로 이뤄주실 수 없고, 더욱이 그러한 자들에게는 하나님의 능력이 상관이 없게 됩니다. 이들은 영적으로 끊임없이 간음하는 자들**이며 **하나님을 끊임없이 기만하는 자들**입니다. 이들은 **불신자들보다도 하나님을 더 진노케 하는 자**입니다.

그래서 오늘날 **하나님의 신과 능력이 떠나고, 진리의 빛을 잃어버린 교회와 성도들이 많은 것**입니다.

그러므로 불신자 가정에서 홀로 신앙생활하는 자들은 **누구보다도 깨어 자신을 잘 간수하고 신앙이 퇴보하거나 더럽혀지지 않도록 열심히 기도하고, 속한 시일 내에 가족들이 예수 믿고 하나님의 자녀가 되도록 전력을 다해 전도해야** 합니다. 가족을 구원하는 일이야말로 나를 살리는 가장 중요한 일이 됩니다.

조상대대로 우상을 섬겨오는 일이 얼마나 쉽게 자손들에게 이어지는지를 우리는 명심해야 합니다. 결코 그것을 가볍게 여겨서는 안 됩니다.

이스라엘 백성이 가나안에 들어간 이후에도 여로보암이 북쪽 왕국을 세우고 **벧엘과 단에 금송아지를 세우고** 섬겼습니다(왕상 12:26-29). 그 선대가 우상을 숭배하다가 하나님께 무참하게 징벌당하는 것을 보았고 전해 들었으나 이스라엘 백성들은 얼마가지 않아 그들이 한 행동을 그대로 했습니다. **우상숭배의 전염병이 얼마나 무섭게 후대에게 전염되는지를 우리는 분명하게 알아야** 합니다.

그러므로 우상숭배가 얼마나 잘못된 것인지를 자식들에게 **철저하게 가르쳐야** 하며 그런 행위를 발견했을 경우에는 결코 가볍게 여기지 말고 그때그때마다 **단호히 책망하고 엄히 다스려야** 합니다.

또 우리 자신과 자식들 마음속에 자리 잡고 있는 우상이 무엇인지 **부단히 찾아내고 그것을 철저히 회개하고 제거하도록 힘써야** 합니다.

사탄은 교회와 성도들에게 끊임없이 우상을 만들어 줍니다. 하나님과 우상들을 겸해서 섬기게 함으로써 교회는 **부패, 타락**해지고, **세속화**되며, **무기력**해지고, 결국은 하나님으로부터 **책망과 징벌의 대상이 되게** 됩니다.

우리는 이러한 사탄의 역사에 대해 영의 눈을 활짝 떠야 합니다.

그런데 심지어 많은 설교자들이 **설교를 통해 세상 것들을 가지고 누리는 것을 부추기고 성도로서 마땅히 지키고 해야 할 것을 가르치지 않고, 세상 것들을 위해 사느라 지친 교인들을 위로하고 격려하고 복을 빌어 줌으로써 성도들을 점점 하나님보다 세상을 더 사랑하고 섬기도록** 만들고 있습니다.

이런 사람이 하나님의 종입니까? 사탄의 종입니까?

그러므로 우리 하나님의 종들은 **우선 자신부터 우상숭배에 빠져있지 않은지를 철저히 발견하여 제거하고 양들에게 그것을 가르쳐주며 세심하게 돌봐야** 합니다.

이스라엘 백성들이 저지른 우상숭배의 행위는 **모세를 대단히 격분하게** 했을 뿐만 아니라 **하나님을 더더욱 격분하게** 했습니다.

"**그들은 자기 손으로 만든 것을 기뻐하였다**" 했습니다.

그들은 그들이 만든 우상이 너무나 자랑스러워서 앉아서 먹고, 마시며 일어나서 악기를 두드렸습니다.

하나님은 그의 만드신 모든 것을 보고 기뻐하시는 것이 당연하지만 **인간은 그 손으로 만든 것을 보고 기뻐하지 말 것이요, 오직 하나님이 만드신 것을 기뻐해야** 합니다.

오늘날 아름다운 공원과 다리, 그리고 멋진 건물들처럼 사람들이 만든 것이 많을수록 하나님이 만드신 이 아름다운 지구는 점점 파괴되고 사람살기에 부적당하게 됩니다.

인간들은 **부패한 정욕을 만족시키려** 끊임없이 무엇을 만들고 사용하는데 그것은 **하나님 보시기에 기뻐하실 일이 아닙니다**. 그들은 그 모든 것을 만들고 사용하며, **하나님을 멀리하고 대적하며, 온갖 죄악에 빠져 삽니다**. 따라서 **하나님은 거기에 진노하십니다**.

그러므로 우리 성도들은 **이 세상 것들에 연연하지 말아야** 합니다. **우리가 순종하고 충성할 때 하나님께서 이 세상의 것들도 주시겠다고 약속하셨습니다**. 그러니 하나님이 주셨을지라도 결코 그것에 치심하거나 그것을 하나님과 하나님의 일보다 더 귀하게 여기고 의지하지 말아야 합니다.

우리는 이 세상의 것들이 있어도 그만, 없어도 그만이라는 사고방식을 반드시 가져야 합니다. 또한 이 세상 것들은 어렸을 때에 어린아이들이 소꿉장난 하는 것처럼 그저 **잠깐 가지고 노는 도구에 불과하다**는 것을 알아야 합니다. 낡아지며 없어지는 세상 것들을 하나님보다 더 사랑하고 의지하느라 신앙을 잃어버리고 불순종하는 어리석은 사람이 되지 말아야 합니다.

우리는 하나님이 주신 것들을 가지고 하나님의 일을 위해 쓰는 것을 잘해야 합니다. 하나님이 주신 물질로 선한 열매를 맺어서 사람들을 구원하고 하나님께 영광을 돌릴 수 있다면 우리는 결코 그것을 소홀히 할 수 없으며 열심히 해야 합니다.

이스라엘 백성들이 이렇게 우상을 숭배하며 하나님을 진노케 하는 것을 볼 때 **율법으로는 육신이 연약하여 할 수 없는 상당한 부분이 있음**을 알 수 있습니다.
율법으로 완성할 수 없었던 것을 예수 그리스도께서 완성시키십니다.

옛날 이스라엘 백성들은 율법을 열심히 지킨다고 했으나 오실 메시야를 확실히 알고 믿는 자가 많지 않았습니다. 그런데 오늘날도 이미 오신 메시야에 대하여 알면서도 그 메시야를 확실히 믿지 못하고 그저 성경 몇 마디를 알고 지키면서 열심히 신앙생활한다는 사람들이 많습니다.

내 안에 예수 그리스도를 믿는 믿음이 확실히 있는지, 구원의 확신이 있는지, 구속의 은혜가 무엇인지를 정확하게 알고 맛보고 있는지를 점검해야 하며 무엇보다 그것부터 소유하는 자가 되어야 합니다.

> *42 하나님이 돌이키사 저희를 그 하늘의 군대 섬기는 일에 버려두셨으니 이는 선지자의 책에 기록된바 이스라엘의 집이여 사십 년을 광야에서 너희가 희생과 제물을 내게 드린 일이 있었느냐*

여기에 놀라운 말씀이 나옵니다. 이스라엘 백성이 **우상숭배하는 죄 때문에** 하나님께서 **그들을 더 깊은 우상숭배의 죄에 버려두셨다**는 것입니다. **범죄자를 죄 중에 버려두는 것이 하나님이 죄인들을 벌하시고 저주하시는 방법들 중에 하나입니다.**

이스라엘 백성이 광야에서 우상을 섬긴 죄로 인해 그 후에도 그들이 계속 우상을 섬겼는데 바로 **하나님께서 그렇게 되는 벌과 저주를 그들에게 내리셨던 것입니다.**

로마서 1장 24절에 "**그러므로 하나님께서 저희를 마음의 정욕대로 더러움에 내어 버려두사 저희 몸을 서로 욕되게 하셨으니**" 했습니다.

"저희를 마음의 정욕대로 하도록 더러움에 내어 버려두셨다" 고 했습니다. **하나님의 은혜를 저버리고 하나님의 말씀을 거부하며 부패한 정욕에 따라 범죄하는 것을 고집하는 자들은 그들이 더욱 정욕에 빠져 더러운 죄를 저지르도록 내버려 두십니다.** 그래서 이러한 자들끼리 함께 모여서 협력할지라도 하나님은 **저희끼리 서로 욕되게** 하셨습니다. **서로에게 해가 되고 불행이 되게 하셨다**는 것입니다. 그 이유는 저들이 **하나님의 말씀을 제대로 지키지 않고, 더욱이 하나님을 피조물보다 우습게 여기고 피조물을 더 사랑하고 경배하고 섬기기 때문입니다.**

사람들이 여러 가지 죄를 범하나 **하나님을 저버리고 부인하고 다른 것을 하나님 보다 더 사랑하거나 우상을 만들어 섬기는 것처럼 큰 죄악이 없습니다.**

그러므로 **이러한 우상숭배자들이 하나님이 정하신 기한 내에 회개하지 않으면 하나님은** 그들을 가장 큰 죄악에 계속 빠져들도록 내버려 두시는 것입니다.

하나님이 그들을 더 우상숭배하게 만드시는 것이 아니라 **그들이 우상숭배하는 일을 더 발전시키고 더 열심히 하게 되는 것입니다.**

종래 그런 상태로 나가는 자들은 한결같이 무서운 진노를 당하고 멸망당했으며 영원한 지옥 불에 떨어졌습니다.

우리가 하나님께로부터 받은 은혜 중에 참으로 중요한 것은 **시시때때로 범죄하지 않도록 하나님께서 우리 마음을 경성시켜 주시고 언제나 말씀과 기도생활에 착념하여 범죄를 방지하고 죄에서 떠나도록 도와주시는 것입니다.** 그리고 그래도 우리가 어리석음을 저지르고 범죄할 때에 **신속하게 간섭하셔서 책망하시고 채찍질해 주심으로 우리가 계속하여 죄를 진전시키거나 더 확대시키지 못하도록 막아주십니다.**

범죄는 때가 되면 반드시 징벌을 가져옵니다. 징벌이 오면 우리는 모든 것을 잃어버리기도 하고 고통과 불행을 당하게 됩니다. 그러므로 돈이 잘 벌리고 성적이 올라가고 승진하는 것보다 **하나님께서 나를 끊임없이 간섭하시고 깨우쳐주셔서** 죄에 빠지지 않도록 도와주시는 것이 더 큰 은혜요, 복입니다.

많은 교인들이 말씀을 알면서도 모른 척하며 범죄하고 그래도 별다른 어려움이 없다고 여기고 안심하며 계속 범죄합니다. 그들은 그런 시간이 오래감에도 불구하고 별 일이 없다고 안도의 미소를 짓지만 **그들은 하나님께서 계속 범죄하도록 버려두셨다는 것을 모르고 있습니다.**

그러므로 우리는 날마다 나의 모든 생활에 대해 **하나님께서 간섭하시고 내가 조금이라도 잘못하는 것이 있을 때에 깨닫게 해주시고 책망하시고 때로는 작은 채찍질을 해주셔서라도 내가 죄를 중지하고 회개하고 돌이키게 해달라고 기도해야 합니다.**

많은 교인들이 **계속하여 범죄하도록 하나님이 내버려두시는 처지 속에서** 계속 범죄하며 하나님 전에 나와 지금 자기의 원하는 것이 잘되고 형통하게 해달라고 기도합니다. 이것은 **자기가 계속하여 더 큰 죄를 저지르는 일에 하나님께서 도와주셔서 아무리 범죄할지라도 자기의 욕심대로 다 이뤄달라고 생떼를 쓰는 것과 같습니다.** 그들은 자신들이 열심히 기도했다고 생각하며 하나님이 그 기도를 들어주실 것이라고 믿으나 오히려 그들이 열심히 기도한 것만큼이나 하나님을 진노케 하고 있다는 것을 모르고 있습니다. 이러한 어처구니없는 기도생활을 하는 사람들이 많습니다.

우리가 또 다른 복, 더 큰 복을 받기를 원하기 전에 하나님께서 내가 범죄에 빠지지 않도록 세심하게 돌봐주시는 은총을 간절히 원해야 합니다.

우리는 하루 한 순간도 **하나님의 세심한 도우심이 없이는** 끊임없이 범죄할 수밖에 없으며 징벌의 대상이 될 수밖에 없습니다.

그러므로 **우리는 날마다 말씀을 읽고 배우며 깨어 기도하는 것이 우리가 하루 동안 해야 하는 일 중에 가장 중요한 일입니다.**

이스라엘이 우상과 연합하고 금송아지와 결탁한 뒤에 바알브올이라는 신을 섬기게 됩니다. 바알브올은 모압인들의 신인데 그 신을 예배하는 형식 가운데에는 음란하기 짝이 없는 의식이 따르기도 합니다. 그런데 **그런 우상을 섬긴 지 오래지 않아 하나님께서 그들을 버려두었다고 말씀**하십니다. 즉 그들 뜻대로 살게 하도록 **내버려 두셨다**는 것입니다. 그들을 자기 마음이 원하는 대로 행하게 버려두시고 **그동안 그들에게 주어졌던 제한된 은총마저도 거두시겠다고 하신** 것입니다. 그럼에도 그들은 고집을 부리며 그들의 악한 의사대로 행했고 심지어 **과거 어떤 이방 백성도 행하지 않았을 정도까지 우상에 몰두하게 된** 것입니다.

스데반 집사는 그들의 우상숭배에 대해 **아모스의 예언**을 인용하여 지적합니다.

"너희가 40년 동안 광야에서 희생과 제물을 내게 드린 일이 있었느냐(암 5:25-27)" 했습니다. 그들은 광야에서 하나님께 희생제물을 드리기는 했으나 **진심으로 하지 않고 동시에 우상도 섬겼던 것**입니다. 그러한 것은 안 드린 것과 마찬가지일 뿐만 아니라 **오히려 하나님을 진노케 한 것**입니다.

우상숭배하며 신앙생활을 한다는 것은 하나님을 진노케 하는 일입니다. 주일마다 성전에 나와 예배에 참석하나 하나님과 우상을 겸하여 섬기는 자들이야말로 **하나님을 역겹게 하는 자들**이요, **하나님을 진노케 하는 자들**입니다.

교회가 이러한 자들을 책망하며 회개하고 돌이킬 것을 강력하게 시행하지 않고 오히려 이런 자들이 대부분을 차지하고 오랜 시간 지나친다면 하나님은 그러한 교회를 결코 기뻐하지 않으시며 그들의 예배를 받지 않으십니다.

그러므로 교역자들은 이점을 깊이 유의해야 합니다.

예배에 참석하는 숫자가 많아지는 것으로 기뻐할 것이 아니라 **예배에 참석**

한 자들이 우상숭배자가 아닌지 면밀히 살펴봐야 합니다. 교인수가 불어나는 것과 더불어 우상숭배자들의 수가 그 교회에 점점 많아지고 있다면 그 교회는 결코 성장하는 교회가 아니며, 우상숭배자들을 용납하고 그들의 숫자만을 불리는, 추한 교회로 전락하고 있는 것입니다.

우리 목회자들은 예배에 참석하는 자들 중에 하나님보다 다른 것을 더 사랑하거나 우상숭배하는 자들에 대해 시시때때로 책망하고 경고해야 하며 그들이 신속히 회개하고 오직 하나님만 섬기도록 강력히 촉구해야 합니다. 그리고 그것을 위해 온 성도들이 날마다 기도해야 합니다.

우상숭배자가 교회 안에 점점 많아지는 것은 하나님의 큰 진노를 당할 자들이 교회 안에 많아진다는 의미입니다. 그런 교회가 어찌 평안하며 하나님이 함께하시겠습니까? 오히려 그런 교회는 하나님의 무서운 징벌을 당하게 되는 것입니다.

교회의 지도자들은 하나님께서 가장 싫어하시고 신속하게 엄벌하시는 우상숭배에 대해 잠시도 잊지 말고 성도들에게 그것을 끊임없이 가르치고, 날마다 알게 모르게 섬기는 우상을 발견해 제거해야 합니다.

우리가 만들어야 하는 교회는 애굽 교회가 아니라 광야 교회입니다.
즉 불신자, 우상숭배자의 사고방식과 생활의 습성을 철저하게 제거하고 철저하게 하나님 중심, 말씀 중심, 교회 중심으로 변화된 사람들이 교회 안에 차곡차곡 채워지게 하는 것입니다.

이스라엘 백성들은 애굽에서 나왔지만 여전히 광야에서 애굽 교회를 형성하고 있었습니다. 그들이 그것을 포기하지 않는 한 그들은 한 사람도 가나안으로 들어가지 못하고 광야에서 엎드러져 죽는 것입니다. 우리는 이 사실에 주목해야 합니다.

다시 한 번 강조하건대 반드시 애굽에서 떠나 광야에 거하며 하나님의 말씀을 따라 지키고 오직 하나님만 섬기는 교회만이 비록 초가집을 짓고 텐트를 치고 소수의 사람만 모이더라도 진정한 그리스도의 교회요, 가나안으로 들어갈 수 있는 교회입니다.

제 32 강

공회에서의 스데반의 설교(10)

행7:43~48
43몰록의 장막과 신 레판의 별을 받들었음이여 이것은 너희가 절하고자 하여 만든 형상이로다 내가 너희를 바벨론 밖으로 옮기리라 함과 같으니라 44광야에서 우리 조상들에게 증거의 장막이 있었으니 이것은 모세에게 말씀하신 이가 명하사 그가 본 그 양식대로 만들게 하신 것이라 45우리 조상들이 그것을 받아 하나님이 그들 앞에서 쫓아내신 이방인의 땅을 점령할 때에 여호수아와 함께 가지고 들어가서 다윗 때까지 이르니라 46다윗이 하나님 앞에서 은혜를 받아 야곱의 집을 위하여 하나님의 처소를 준비하게 하여 달라고 하더니 47솔로몬이 그를 위하여 집을 지었느니라 48그러나 지극히 높으신 이는 손으로 지은 곳에 계시지 아니하시나니 선지자가 말한 바

| *43 몰록의 장막과 신 레판의 별을 받들었음이여 이것은 너희가 절하고자 하여 만든 형상이로다 내가 너희를 바벨론 밖으로 옮기리라 함과 같으니라*

"몰록의 장막과 신 레판의 장막을 받들었음이여" 했습니다.

이것은 이스라엘 백성이 가나안에 정착한 뒤에 빠져든 앗수르의 우상숭배 즉, **별들 숭배**를 가리키는 말입니다(렘8:2, 19:13).
또 **"몰록의 장막"** 은 아모스 5장 26절에서 **"너희 왕 식굿"** 이라는 히브리어를 옮긴 표현입니다. 몰록이라는 우상을 섬기는 장막이라는 것입니다. 레판은 아모스 5장 26절에 나오는 '기윤' 이라는 70인 역에서 옮긴 말입니다. **'기윤'** 이라는 것도 별에 대한 앗수르의 표현입니다.

그들은 몰록이라는 우상에게 **자녀들을 죽여서 희생제물**로 바쳤습니다. 이러한 행위는 자신과 친척들에게 대단한 공포와 슬픔을 안겨주는 일인데도 그들은 그 일을 과감하고도 열심히 했습니다.
하나님께서 그들을 하늘 군대 섬기는 일에 버려두셨으므로 어처구니없는 우상숭배까지 열심히 하게 된 것입니다. 이 얼마나 무서운 말입니까? **작게 시작한 죄를 중단하지 않을 때 얼마나 큰 죄악이 되는지**를 보여줍니다.
하나님을 섬길 때는 결코 자식을 희생제물로 바칠 필요가 없었습니다. 그런

데 그들이 하나님을 저버리고 우상을 섬기면서 자기의 자식까지 죽여서 제물로 바치며 말할 수 없는 공포와 슬픔을 스스로 겪게 된 것입니다.

하나님께서는 이 백성들로 하여금 유일하신 하나님을 섬기도록 해 주셨고 영육 간에 끊임없는 이적과 기적을 체험하며 부족함이 없이 채우시며 돌봐주셨는데 어찌 그 하나님을 저버리고 이런 말할 수 없는 슬픔과 고통을 당해가며 우상을 섬긴다는 말입니까?

이토록 그들은 **극심하게 마귀, 귀신들에게 사로잡힌 것**입니다. 그로 인해 하나님으로부터 끊임없는 재앙을 당하면서도 **그 우상숭배를 고집했고 자식들에게까지 그것을 강요하는** 것은 결코 스스로 하는 것이 아닙니다. 그처럼 무서운 일은 **사탄에게 극심하게 붙잡히지 않고는 할 수 없습니다.**

그러므로 우리 그리스도인들은 이 사실을 아는 자들로서 우상숭배자들을 **결코 방관할 수 없으며 어떤 수고를 무릅쓰고서라도** 이 세상에서의 말할 수 없는 고통과 영원한 고통에서 그들을 건져내야 합니다.

만약 주변에 도와주어야 할 사람이 있으면 시급하게 도와줘야 하는 것처럼 우리가 **누구보다도 시급하게 도와주어야 할 사람이 바로 우상숭배자들**입니다. 왜냐하면 **그들은 현세에서 뿐만 아니라 영원토록 누구보다도 극심한 고통과 징벌을 받지 않을 수 없기 때문**입니다.

우선 그들이 **현세에서 무서운 진노를 당하지 않도록** 더욱이 영원히 지옥 불에 떨어져 극심한 고통을 당하지 않도록 **도와줘야** 합니다.

그런데 우리 주변에 이러한 우상숭배자들이 얼마나 많은지 모릅니다. 그러므로 우리 그리스도인들은 **전도하는 일을 결코 중단하거나, 소홀히 하거나, 뒤로 미뤄서는 안 됩니다. 참으로 때를 얻든지 못 얻든지 전도해야 합니다.**

그리고 **무엇보다 우선하여 교회 안에 있는 우상숭배자들을 신속히 돌이키도록 온 성도들이 아주 세심하고 적극적으로 도와줘야 합니다.**

하나님을 섬긴다 할 때에는 결코 그 무엇을 겸하여 섬기는 것을 용납할 수 없습니다. 하나님을 섬긴다는 것은 **그 전에 섬겼던 우상을 철저히 제거하는 것입니다. 교회는 이렇게 성도들이 안팎에 있는 우상들을 철저하게 제거하고 오직 유일하신 하나님을 섬기도록 돕는 일에 전심전력해야** 합니다.

이스라엘 백성이 광야에서 **금송아지**를 만들어 섬기는 것을 시작으로 **다른 많은 우상**을 계속하여 섬겼습니다. 우상숭배는 사람이 하나님 외에 다른 것을 신으로 섬기는 것인데 흔히 **우상숭배는 다신주의로 흐르게** 됩니다. 사람들이 피조물인 우상으로는 단 하나만으로 만족할 수 없으므로 **숭배 대상을**

증가시키게 됩니다.

그런데 이런 우상숭배 사상은 비단 옛날에만 있었던 것이 아니라 초과학시대라고 하는 현대 문명인들 가운데도 점점 유행하고 있습니다.

철학자들은 **인본주의 처지에서 정신적 우상**을 만듭니다. 하나님을 잃어버린 처지에서 하나님과 말씀을 제쳐놓고 **자신들이 좋아하는 철학체계를 세우는 것**입니다. 이것도 우상입니다.

우리는 이 점을 특히 유의해야 합니다.

예수를 믿고 수년씩 신앙생활한 사람이 우상에게 가서 절하고 무당을 좇는 일은 그리 많지 않습니다. 그러나 **사람의 마음속에 수많은 우상이 얼마든지 존재**합니다. **사람이나 이 세상의 것들을 하나님처럼 소중히 여기고 사랑하거나 하나님보다 그것을 더 사랑하는 모든 대상이 그들의 우상입니다**(골:5).

우리 성도들은 아직도 내 안에 어떤 우상이 있는지 부단히 살펴보고 철저하게 제거하고 새로운 우상이 내 마음에 자리 잡지 않도록 깨어있어야 하며 기도해야 합니다.

우상이 내 안에 자리 잡는 것이야말로 내 영혼이 어두워졌으며, 무뎌졌으며, 혼탁해졌다는 것을 보여주는 것입니다. 하나님만 뚜렷이 보이고, 하나님을 열정적으로 사모하며, 그 하나님을 기쁘게 하고자 하는 마음이 **흐려지고, 어두워지고, 무뎌지고, 병들었다는 것**입니다. 이 일은 **아주 간단히, 순식간에** 됩니다.

그러기에 우리는 날마다 말씀을 읽고, 배우며, 기도하는 생활에 착념해야 하며 뿐만 아니라 성도들끼리 끊임없이 모여서 역시 말씀 읽고, 배우고, 나누며, 기도하고, 서로를 간섭하고 깨우쳐 주는 일을 열심히 해야 합니다. 개인이든 가정이든 교회든 **아직 남아있는 우상을 제거하는 일과 또 다른 우상이 틈타지 않도록 깨어있어야 하며 이것과 치열한 전쟁을 벌여야** 합니다.

하나님께서 가장 싫어하고 즉각적으로 진노하시고 크게 징벌하시는 것이 바로 우상숭배라는 것을 우리가 명심해야 합니다.

우리는 세상 것들이 필요하되 그것은 있어도 그만이고 없어도 그만이라는 중심을 반드시 가져야 합니다. 있다고 해서 자랑할 것도 없고, 없다고 하여 슬퍼할 것도 없습니다. **우리가 오직 하나님만을 경외하면 하나님께서 우리에게 현실적인 여러 가지 복을 주시겠다고 약속하셨습니다.**

그러므로 우리는 굳이 하나님을 저버리고 우상숭배하며 말씀에 불순종하면서 이것저것을 가지겠다고 애쓸 필요가 없는 것입니다. **우리 하나님만을 섬기며 잘 순종하고 충성하면** 하나님이 **우리가 행한 바에 따라 영육 간에 필요한 것을 채워 주시겠다고 약속하셨으니 우리는 그것을 굳게 믿고 그렇게 살아가야** 합니다.

그러나 그것을 잘해서 하나님이 풍성한 복을 주셨다 하더라도 **우리는 결코 그것을 하나님보다 더 의지하거나, 사랑하거나, 치심하지 말아야 하며 하나님께 순종하고 충성하는 일에 게으름 피우거나 불충해서는 안 됩니다.** 우리는 이것을 참으로 조심하며 잘해야 합니다. **모든 지도자들은 양들이 이것을 잘하는지 못하는지 세심하게 관찰하며 돌봐야** 합니다.

솔로몬과 다윗의 차이가 바로 그것입니다.

다윗은 누구보다도 부귀영화를 누렸으며 인간으로서 할 수 있는 모든 일을 다 했습니다. 그가 딱 한 번 남의 아내를 범한 죄를 제외하고는 그는 결코 세상 것들을 하나님보다 사랑하거나 치심하지 않았으며 오히려 그는 **죽는 순간까지 철저하게 하나님을 경외**했습니다. 그러므로 **그는 죽을 때까지 편안히 지내다가 영광스럽게 주님을 만났습니다.**

그러나 솔로몬은 아버지 덕택에 그야말로 전무후무한 복을 받았으나 **그만 세상 것에 눈이 멀어 세상과 쾌락에 치심하고, 하나님을 점점 잃어버리며 말씀을 멀리하다가 실패자로 끝나고 말았습니다.** 그 솔로몬 때문에 결국 이스라엘이 두 나라로 나눠지게 되고 그 자자손손이 끊임없이 우상숭배하며 온갖 불행을 당하게 되었습니다.

오늘날 WCC를 비롯하여 많은 기독교 단체와 교단들이 **다신주의, 다원주의**로 점점 흐르고 있습니다. 그들이 내세우는 말은 인간 편에서 볼 때는 그럴 듯하나 **그것은 분명히 사람들로 하여금 우상숭배로 빠지게 하는 것입니다.** 우리는 이렇게 교묘한 사탄의 모든 역사에 **활짝 깨어있어야 하며 철저히 방비해야 하고 결코 그러한 것이 교회에 침투하지 못하도록 싸워야** 합니다.

우상숭배를 허용하지 않기 위해 싸우는 일은 체면이며 여론, 그 무엇도 고려대상이 될 수 없습니다. 그것이야말로 죽느냐, 사느냐 하는 문제입니다. 우리는 우상숭배 행위에 대해 **조금도 용납할 수 없습니다.**

그러기에 우리는 성경말씀에 치심하여 열심히 읽고 배우고 연구하여 하나님이 누구이신지를 정확하게 알아야 합니다.

성경말씀이 보여주지 않는 하나님은 결코 하나님이 아닙니다.

오늘날 천주교가 말하는 하나님은 이것저것 주렁주렁 매달고 울긋불긋하게 치장한 괴상야릇한 하나님입니다. 그들도 비록 우리와 같은 성경구절을 인용한다 할지라도 **그들이 말하는 하나님은 성경에서 말하는 하나님이 아니며 우상**입니다. 그들이 아무리 그럴듯하게 자신들을 치장하고 고상하게 보이려 할지라도 그들은 **우상숭배하는 집단**입니다. 다른 어떤 종교보다도 교묘하게 하나님을 여러 가지 모양으로 탈바꿈시켜서 사람들을 우상숭배하게 하는 가장 고약한 종교 집단이 아닐 수 없습니다. 우리가 이단을 철저히 경계하는 것처럼 천주교야말로 경계해야 할 대상입니다.

"내가 너희를 바벨론 밖에 옮기리라" 했습니다.

하나님께서 **우상숭배한 이스라엘 백성을 외국에 사로잡혀 가게 하실 것이**라는 말씀이며 과연 그대로 되었습니다.

스데반 집사는 유대인들이 멸망당할 것이라는 소리를 듣고 이상히 여기지 말라고 말합니다. 왜냐하면 이러한 사실은 구약의 예언자들에 의해 수없이 경고되었기 때문입니다. 만약에 스데반의 설교에도 불구하고 그들이 스데반을 죽일 뿐 아니라 끝까지 그리스도와 복음을 대적한다면, 그리고 성전을 신성시하고, 모세를 신성시 하며, 하나님을 저버리고, 우상숭배하는 것을 그치지 않는다면 옛날 이스라엘을 바벨론으로 옮긴 것처럼 **하나님이 그들을 철저하게 멸망시킬 뿐만 아니라 전 세계에 옮겨버리시겠다는 것을 경고하고 있는 것**입니다. 그러나 저들은 이것을 알아듣지 못했으며 받아들이지 못했습니다. 따라서 스데반 집사의 선포 이후에 **유대인들은 철저하게 멸망당하고 전 세계에 흩어져버리는 무서운 진노를 당하게** 됩니다.

> 44 광야에서 우리 조상들에게 증거의 장막이 있었으니 이것은 모세에게 말씀 하신 이가 명하사 저가 본 그 식대로 만들게 하신 것이라

"증거의 장막" 이라는 말이 나옵니다.

이스라엘 백성의 우상숭배와 반대되는 **참되고 신령한 예배**를 스데반이 깨우쳐 주고자 하는 것입니다. **이 신령한 예배는 그 장막의 구조 양식**이 보여줍니다.

장막의 구조 양식은 하나님께서 모세에게 보여주신 그대로인데 **그것은 전체가 그리스도를 상징**하는 것입니다.

증거의 장막, 성막은 **지성소**가 중심이 되는데 지성소 안에는 **법궤**가 있습

니다. 법궤 안에는 **계명이 새겨진 두 돌판**과, **아론의 싹 난 지팡이**와, **만나 항아리**가 있는데 그것들은 **하나님이 이스라엘 백성에게 주신 증거들**입니다.
예수 그리스도를 중심한 복음, 하나님의 진리의 말씀들, 이것들이 있어야 하나님이 함께하시는 교회입니다. 하나님께서 주신 증거들을 중심으로 살아가는 사람들만 하나님의 백성입니다.

하나님께서 말씀하신 대로 만들어야 합니다. 이것이 대단히 중요했습니다. 지금 스데반 집사가 얘기하는 것에는 "**모세에게 말씀하신 이가 명하사 저가 본 그 식대로 만들게 하신 것이다**" 는 내용만 들어있습니다.
하나님께서 말씀해주시는 것만 받아들이고, 지켜 행하고, 가하거나 감하지 말고 전해야 하나님의 교회이며 하나님이 함께하시는 것입니다.

나중에 사도 바울이 고린도 교회 교인들에게 "너희들은 내가 가서 가르칠 때에는 까다롭게 굴고 잘난 척 하더니, 엉뚱한 사람들이 말도 안 되는 소리를 가르치고 종으로 삼고 부리려 하는데 그것은 잘도 받아주는구나" 하는 책망을 했습니다.

바울은 스스로 "내가 말로 대할 때는 졸하나 글로 쓸 때에는 그렇지 않다" 고 얘기한 것처럼 사람들과 대화를 할 때에 매끄럽고 유창하게 말하는 사람이 아니었습니다.

바울은 다른 곳에서는 교회가 제공하는 식사나 방을 받아들였는데 고린도 교회에서는 일절 폐를 끼치지 않았습니다. 빌립보 교회를 비롯하여 마게도냐 교회들은 가난한 교회들이었지만 바울에게 선교비를 주었고 바울은 그것으로 고린도 교회에서 사역을 했습니다. 그러나 고린도 교회에서는 그 어떤 것도 바울에게 제공해주지 않았습니다. 그러면서 그들은 바울을 업신여기고 심지어 다른 복음은 잘 받아들였던 것입니다.

바울은 **다른 복음을 전하는 사람에게는 저주가 임할 것이라고 책망**합니다. 이렇게 **다른 복음을 전하는 사람을 거짓 사도, 사탄의 일꾼, 의의 일꾼으로 가장하는 자들**로 표현하고 있는데 이런 자들을 "**하나님께서 그들이 행한 대로 엄히 징벌하신다**" 고 했습니다.

우리가 성경을 통해서 알게 된 예수와 복음에 대해서 **가감하여 복음을 전하는 자**는 절대로 하나님의 일꾼이 아닙니다. 세상의 법정에서도 문구 하나를 어떻게 해석하느냐에 따라 큰 차이가 벌어집니다. 어리석은 변호사는 자신이 이길 것이라고 생각하다가 문구를 잘못 해석하여 크게 패하는 경우가 있습니다.

그러므로 **우리는 성경을 아주 자세하고 정확히 알고 전할 수 있어야** 합니다. 스데반 집사 당시에 이스라엘 백성들도 성경을 정확히 알았다면 예수를 십자가에 못 박아 죽이지 않았을 것입니다. 그러므로 **성경을 읽을 때나 들을 때 확실하게 깨닫는 은혜를 받아야** 합니다.

스데반 집사가 유대인들의 **성전에 대한 인식**을 깨우쳐준 것을 통해 우리는 다음과 같은 것을 알 수 있습니다.

(1) "**우리의 조상이 광야, 즉 가나안으로 가는 도상에 있었을 때에는 고정된 예배장소가 없었도다**" 했습니다.

오래전에 족장들은 그들의 **장막에 인접한 노천제단**에서 하나님께 받으실 만한 예배를 드렸습니다. **성전이 없이 드렸던 아브라함의 예배야말로 최상의 예배**였던 것입니다. 그 **구약교회**야말로 가장 순수한 교회의 형태를 이루었고 지금 스데반 앞에 있는 성전이 아니어도 하나님의 영광은 전혀 손색이 없이 임하는 아브라함이 드리던 예배와 같은 최상의 예배를 드릴 수 있다는 것을 깨우쳐 주고자 한 것입니다.

(2) **최초의 성전은 이동식의 보잘것없는 장막이었습니다.**

장막은 장기적으로 사용할 수 있는 것이 아니었지만 그 장막에서 하나님께 드리는 예배는 **최상의 것**이었습니다. 장막이 성전으로 인정되어진 것이 하나님께 불명예가 아닌 것처럼 **외형적인 성전이 영적인 성전으로 바뀔 수 있으며, 이 영적인 성전도 영원한 성전이 될 수 있는 것**입니다.

(3) **그때의 장막은 증언, 증거의 장막이었으며 장차 올 좋은 것들의 상징이며 사람이 아닌, 주께서 임재하신 참 장막의 상징이었습니다**(시8:2).

장막과 성전이 장차 하늘에 있게 될 하나님의 성전과 땅 위에서 그리스도로 이뤄지는 성전에 대한 증거로 세워진 것이므로 증거의 장막입니다.

(4) **이 장막은 하나님께서 지시하신 대로 모세가 산에서 본 양식에 따라서 지어졌으며 장차 올 좋은 것들을 암시하는 것입니다.**

이 장막은 **하늘의 지시**에 의한 것이었으며 그 의미와 취지도 **전적으로 하나님에 의해** 이뤄졌습니다. 그러므로 **손으로 만든 성전이 무너진다고 해도 하나님의 영광은 손상되지 않는다**고 말하는 것입니다. **손으로 짓지 않은 다른 장막을 짓기 위해 바로 예수 그리스도가 오셨다는 것**을 스데반 집사는 강조하고 있습니다.

(5) 이 장막은 처음에 광야에 세워졌습니다.

그러므로 하나님께서 이방인의 소유가 되었던 이 땅에서 그가 **외형적인 장막**을 지으셨다면 그 **영적인 장막**도 얼마든지 세울 수 있다는 것입니다. **구약시대의 여호수아가 바로 그 장막을 도입했던 것같이 신약의 여호수아 (예수)는 이방인들의 땅에 참된 장막을 가지고 온 것**입니다. 스데반은 이것을 깨우쳐주려 한 것입니다.

(6) 이 장막은 여러 세대 동안, 즉 다윗의 시대까지 계속 존재했었습니다.

하나님은 그 400년 동안 하나님의 전이 장막으로 있는 것에 전혀 불평하지 않으셨으며 부족함이 없으셨습니다. **하나님이 계신 곳이 바로 성전이기 때문**입니다.

(7) 하나님께서는 그들이 그토록 열심인 성전에 큰 관심이 없으셨습니다.

다윗과 같이 위대한 하나님의 사람도 **성전이 건축되기 전**에 하나님과 은밀한 교제를 나누며 최상의 교제를 나눌 수 있었습니다. 하나님의 사람들이 모여서 예배드리는 장소가 크든 작든, 무엇으로 지었든, **그 모이는 자들이 누구냐 하는 것과, 또한 그들이 누구를, 어떻게 섬기느냐가 중요한 것**입니다.

유대인들은 하나님을 잘 알지 못했으며 제대로 섬길 줄도 몰랐습니다. **그들은 이미 하나님과 말씀에서 크게 벗어나 있었으며 급기야는 그토록 열망했던 하나님이 보내신 메시야를 죽였습니다.** 그 정도로 그들은 **하나님 앞에서 아주 불합당했던 자들**이었습니다. 그러므로 그들이 **그토록 소중히 여기며 드나들던 성전은 하나님께 그다지 관심 없는 것이 돼 버리고 만 것**입니다.

(8) 하나님께는 인간의 손으로 지은 성전이 중요하지 않습니다.

솔로몬도 성전을 봉헌하며 "하나님께서 사람의 손에 지은 곳에 계시겠습니까?" 했습니다.

하나님은 성전을 필요로 하시지도 않고 성전에 구속될 수 없는 분이십니다. 세상 모든 것이 다 그의 성전이며, 어디든지 그는 계시며, 그 모든 것을 통하여 자신을 나타내고 계십니다.

이방인들의 거짓된 신들은 인간의 손으로 만든 전이 필요합니다. 왜냐하면 그것들은 **인간의 손으로 만든 것이기 때문**입니다. 그들의 신은 그 신전 외에는 자기가 거할 처소가 없습니다. **그러나 유일하시고 만물을 창조하신 하나님은 한정된 장소에 거할 필요가 없으십니다. 그가 거하심은 그의 보좌요, 그가 다스리시는 땅이 그의 발등상이기 때문입니다**(49,50절).

> *45 우리 조상들이 그것을 받아 하나님이 저희 앞에서 쫓아내신 이방인의 땅을 점령할 때에 여호수아와 함께 가지고 들어가서 다윗 때까지 이르니라 46 다윗이 하나님 앞에서 은혜를 받아 야곱의 집을 위하여 하나님의 처소를 준비하게 하여 달라고 하더니 47 솔로몬이 그를 위하여 집을 지었느니라 48 그러나 지극히 높으신 이는 손으로 지은 곳에 계시지 아니하시나니 선지자가 말한 바*

이 말씀에서 우리가 더 유의해야 할 것이 있습니다.
이방인의 땅을 점령할 때에 증거의 장막을 여호수아가 함께 가지고 들어갔다는 것입니다. 이스라엘 백성들은 **성막을 앞세우고** 요단강을 건너고 전쟁에 나가 승리하고 여리고도 무너뜨렸습니다. 이것은 바로 **하나님이 함께하신다**는 것을 보여주는 것입니다.

나중에 이스라엘 백성들이 우상숭배를 하며 법궤를 들고 나갔을 때에는 **법궤를 빼앗기고 패배했습니다. 이유는 하나님이 함께하지 않으셨기 때문입니다**. 그 때 성막은 **의미가 없어진 것입니다**.

이스라엘 백성들이 하나님의 말씀을 지키지 않았을 때에 법궤나 성막을 앞세우고 나가도 하나님이 그들과 함께하지 않으셨기에 아무 도움을 받을 수 없었습니다.

"네가 나를 버리면 나도 너를 버린다" 하셨습니다.

과거 내가 신앙생활을 했어도 **현재 내가 하나님과 말씀을 떠나 있다면** 세상사람들과 마귀의 세력이 **나를 짓밟고 물어뜯는** 괴롭고 속상한 인생을 살게 되는 것입니다.

교회 안에서 예수를 중심하여 사는 사람은 시간이 지나갈수록 하나님의 보호와 인도를 받게 됩니다. 그러나 **교회를 열심히 출석해도 하나님을 중심하지 않고 살고 성경을 지키지 않는 사람은 하나님의 보호와 인도가 없습니다**.

우리는 **사람을 사귀는 것**에 있어서도 조심해야 합니다.
하나님이 함께하지 않고 진노하시는 사람과 식사를 같이하고 친하게 지내면 나도 그 진노의 대상이 됩니다.
하나님의 백성에게 주신 것은 거룩한 하나님의 일을 위해서 사용하라는 것이지 하나님이 진노하시는 자들과 나눠 쓰라고 하신 것이 아닙니다. 예수를 모르는 사람을 전도하기 위해 만나고 음식을 나눠 먹는 것은 괜찮겠으나 **배반하는 자, 하나님을 진노케 하는 자는** 우리가 원수 삼을 필요는 없으나 **각별히 조심**해야 합니다.

우리는 어딜 가든지 하나님만을 섬기며 하나님의 말씀을 가지고 들어가야 합니다. 직장에서 상사가 하나님의 말씀을 어기게끔 하면 단호히 먼지를 떨어버리고 돌아서야 합니다. 공부나 옷차림 등 모든 것을 말씀 앞에서 신중하게 해야 합니다.

내가 얼마나 하나님을 중심하고 살고 말씀을 얼마나 지키느냐에 따라 보호와 인도가 결정됩니다.

모든 교인들은 하나님께 더 큰 복을 받기를 원하며 세심하게 보호받고 인도받기를 원합니다. 그러면서 많은 교인들이 **하나님 대신에 다른 것을 더 중요하게 여기며 하나님의 말씀을 지키는 것과 사명 감당하는 일을 매우 소홀히 합니다.** 그들은 스스로 하나님께서 주실 복과 인도를 걷어차고 있는 것입니다. 그러면서 '하나님께서 왜 나를 도와주지 않나? 보호해주시지 않나? 축복해 주시지 않나?' 하고 한탄합니다. 참으로 **어둡고 강퍅한 심령**이 아닐 수 없습니다.

우리는 모든 생활을 하나님을 염두에 두고 해야 합니다.

하나님의 일을 할 때에도 무엇보다 먼저 성실하게 기쁜 마음으로 수행해야 합니다. **어떻게 하면 '하나님을 좀 더 기쁘시게 할까? 어떻게 하면 하나님이 "너 참 잘했다" 하실까?' 를 밤낮 생각하고 계획하며 열심을 기울여 살아가야** 합니다.

"하나님이 그들 앞에서 쫓아내신 이방인의 땅을 점령할 때" 라는 말씀이 있습니다.

아브라함에게 가나안을 약속해 주셨는데 아브라함이 첫 발을 떼기도 전에 다른 족속이 살고 있었습니다. 사람들은 이럴 때에 그 땅의 주인은 아브라함 이전에 살던 원주민들이라고 말합니다. 그러나 **그 땅은 아브라함 때부터 그 후손에게 주시겠다고 하나님이 결정하신 것이며 창조주이신 하나님이 하시는 일이므로** 어쩔 수 없는 것입니다. 하나님은 주시기도 하시고 빼앗기도 하시는 분입니다.

이 세상에는 예수 믿고 사는 사람보다 불신자들이 더 많습니다. 불신자들이 절대 다수가 되어 세상의 여러 가지를 차지하고 살고 있습니다. 그러나 **예수님께서 재림하시기 전까지 이뤄질 하나님의 뜻이 있습니다. 그 일을 위해 무엇이 필요하다면 하나님께서는 하나님의 백성이 그것을 사용하게 하십니다.** 원래 불신자들이 가지고 있던 것도 **빼앗아서 하나님의 백성에게 주시**

기도 합니다.

모든 것은 하나님의 것입니다.

단지 얼마동안 불신자들에게 사용하라고 허락하신 것뿐입니다. 하나님이 A에게 "가서 무엇을 달라 해라" 하고 명령하신다면 그대로 A에게 가서 당당하게 요구해야 합니다. 인간의 눈으로 볼 때에는 남의 것을 억지로 빼앗는 것처럼 느껴지지만 **모든 것이 하나님의 것이기 때문에 하나님의 명령이라면 우리는 조금의 가책도 없이 그 명령대로 순종해야** 합니다.

하나님께서 가나안 족속들을 다 멸망시킨 후 이스라엘 백성에게 들어가 살라 하시면 좋을텐데 그렇게 하시지 않았습니다. **"너희들이 가서 싸워 그들을 제거하고 차지하라"고 명령**하셨습니다. 이것을 보면 **하나님의 백성이 어느 정도의 노력을 기울여서 하나님이 약속하신 것을 차지해야 하는 것을** 알 수 있습니다.

하나님의 약속이나 명령이 있을 때에 내가 도무지 할 수 있는 일이 없다면 부르짖기라도 해야 하는 것입니다.

지금 스데반 집사 앞에 서있는 유대인들은 **하나님만 섬기지도 않으며, 하나님의 말씀도 지키지 아니하고, 하나님이 보내신 메시야를 거부하고, 대적하고, 죽임으로 그 성전의 주인이 될 자격을 상실한 것입니다. 오히려 그들 때문에 성전도 파괴될 것임을 스데반 집사는 예언했습니다.**

제 33 강

공회에서의 스데반의 설교(11)

행7:49~52
49주께서 이르시되 하늘은 나의 보좌요 땅은 나의 발등상이니 너희가 나를 위하여 무슨 집을 짓겠으며 나의 안식할 처소가 어디냐 50이 모든 것이 다 내 손으로 지은 것이 아니냐 함과 같으니라 51목이 곧고 마음과 귀에 할례를 받지 못한 사람들아 너희도 너희 조상과 같이 항상 성령을 거스르는도다 52너희 조상들이 선지자들 중의 누구를 박해하지 아니하였느냐 의인이 오시리라 예고한 자들을 그들이 죽였고 이제 너희는 그 의인을 잡아 준 자요 살인한 자가 되나니

> **49** 주께서 이르시되 하늘은 나의 보좌요 땅은 나의 발등상이니 너희가 나를 위하여 무슨 집을 짓겠으며 나의 안식할 처소가 어디냐 **50** 이 모든 것이 다 내 손으로 지은 것이 아니냐 함과 같으니라

세계는 하나님을 나타내는 성전이요, **또한 하나님께서 예배를 받으실 하나님의 성전**입니다. 땅은 하나님에 대한 찬양으로 가득 차 있으며(히3:4), 땅의 모든 끝이 하나님을 경외하는 것입니다(시67:7). 그러므로 **땅은 전체가 하나님의 성전**입니다.

하나님의 위대하심을 표현하기 위해 하늘과 땅이 사용되는 만큼 **하나님은 창조하신 천지만물 위에 계십니다.**

하나님은 인간이 만든 자그마한 집에 불과한 성전에만 계시지 않으며 어떤 장소에 매이지 않으십니다. 그러므로 예수님은 자신을 가리켜 **성전보다 더 큰 이**라고 말씀하신 것입니다(마12:6).

유대인들은 **종교적인 의식이나 외형을 중시하면서 영적인 것과 내적인 것을 중요하게 생각하지 않았습니다.** 하나님은 예배의 외적 형태보다 **죄를 회개하는 심령으로 교회에 들어온 사람들을 중요하게 여기십니다.**

하나님은 만물을 창조하신 분이시니 물적 요소를 귀히 여기지 않으시고 예수 그리스도로 말미암아 거룩히 바쳐지는 성도의 심령을 제물로 요구하십니다.

이사야 26장 1절-4절 말씀을 읽겠습니다.

> *1* 여호와께서 이같이 말씀하시되 하늘은 나의 보좌요 땅은 나의 발등상이니 너희가 나를 위하여 무슨 집을 지을꼬 나의 안식할 처소가 어디랴 *2* 나 여호와가 말하노라 나의 손이 이 모든 것을 지어서 다 이루었느니라 무릇 마음이 가난하고 심령에 통회하며 나의 말을 인하여 떠는자 그 사람은 내가 권고하려니와 *3* 소를 잡아 드리는 것은 살인함과 다름이 없고 어린 양으로 제사 드리는 것은 개의 목을 꺾음과 다름이 없으며 드리는 예물은 돼지의 피와 다름이 없고 분향하는 것은 우상을 찬송함과 다름이 없이 하는 그들은 자기의 길을 택하며 그들의 마음은 가증한 것을 기뻐한즉 *4* 나도 유혹을 그들에게 택하여 주며 그 무서워하는 것을 그들에게 임하게 하리니 이는 내가 불러도 대답하는 자 없으며 내가 말하여도 그들이 청종 하지 않고 오직 나의 목전에 악을 행하며 나의 기뻐하지 아니하는 것을 택하였음이니라 하시니라

하나님께서 이스라엘 백성들이 심령이 가난하지 못하고 통회하며 회개함이 없이 그들이 소를 잡아 드리고 어린양으로 제사 드리는 것을 **아주 경멸**하십니다. 그들이 드리는 예물은 심지어 **돼지의 피와 같고** 그들의 찬송은 **우상의 찬송과 같다** 했습니다. 하나님 앞에서 그 예물과 그들의 기도와 찬송이 얼마나 역겨운지를 **보여주는 것**입니다.

뿐만 아니라 그들은 **하나님의 말씀을 따라가지 않고 자기의 길을 택하고 가증한 것을 기뻐하며 살았습니다.** 따라서 **하나님은 더욱 진노하여 그들로 하여금 악한 길로 따라가도록 더욱 유혹되도록 내버려 두셨고 결국엔 그들이 무서워하는 재앙이 임하게 하셨다**고 했습니다. 하나님은 그들이 불러도 대답하는 자가 없고 말하여도 청종하는 자가 없고 오직 하나님 앞에서 악을 행하며 하나님이 기뻐하지 않을 것을 열심히 택하며 살았다는 것입니다.

아무리 웅장한 성전을 짓고 거창한 예물을 드리고 성전에 꽉꽉 모여 하나님 앞에 무슨 의식을 행하여도 하나님은 그 모든 것을 경멸하고 오히려 그들에게 진노를 발하신 것입니다.

이토록 이스라엘 백성은 **외적인 의식을 열심히 행했으나** 그들 자신과 삶이 너무 하나님 앞에 합당치 못하여 하나님은 이미 그들과 그들의 성전에서 떠나신 것입니다.

오늘날 우리들의 교회를 보시기 바랍니다.

오늘날 교회와 성도들이 하나님의 말씀을 얼마나 열심히 배우고 그대로 지키고 있는가? 그들의 기도가 얼마나 진실성이 있으며 참으로 회개할 줄 아는

가? 끊임없이 범죄하면서 끊임없이 욕심을 채우려고 하나님의 말씀과 명령을 짓밟으면서 그들은 시간마다 크고 아름다운 성전에 모여서 아름다운 조합의 성가대 찬양과 더불어 예배를 드립니다.

과연 하나님이 기뻐하실까? 하나님께서 기쁘시게 받으실 예배를 드리는 자가 그 성전에 몇 퍼센트나 될까? 또한 하나님의 말씀을 증거하는 자들이 얼마나 하나님의 말씀을 정직하고 정확하게 증거할까? 과연 목회자와 성도들이 그때마다 하나님의 뜻을 정확하게 알고 충실히 이행하고 있는가? 그들이 과연 시시때때로 하나님을 영화롭게 하고 있는가? 따라서 그들이 "저들은 그리스도의 제자다" 라고 인정받고 있는가? 이것이 제대로 되지 않고 있다면 그 교회와 성도들과 목회자는 이사야 시대의 이스라엘 백성들과 그 성전과 지도자들, 그들의 모든 예배행위와 다를 것이 없는 것입니다.

목회자와 성도들이 이 문제에 대해 좀 더 깊고 세밀하게 살펴봐야 합니다. 우리 각자가 참으로 우상숭배를 버렸는가? 진정 예수를 주인삼았는가? 세상 그 어떤 것에 관심을 기울이기보다 우선 하나님의 말씀을 읽고 연구하며 배우고, 그대로 지키기 위해 힘쓰고 애쓰고 있는가? 문제가 있을 때 즉각 하나님 앞에 회개하고 고치는가? 각자가 주신 하나님의 사명과 명령이 무엇인지 정확히 깨닫고 그것을 충실히 수행하고 있는가? 하나님의 명령과 사명을 수행한다고 하면서 내 배나 채우고 내 이름이나 내세우려하지 않는가? 또 하나님의 일을 하는 사람들끼리 서로 시기하고 질투하며 다투며 원수 삼고 있지 않는가? 주께서 그렇게 원하시고 명하시는 전도는 뒷전으로 미뤄지고 날마다 성도들끼리 모여 잔치하고 먹고 놀러 다니고 있지 않는가? 전도가 지상명령이라 하면서 그 전도를 잘하는 사람이 되기 위해 얼마나 기도하고 훈련하며 준비하는가? 얼마나 전도의 기회를 찾기 위하여 살피며 남녀노소가 얼마나 열심히 기쁨으로 나아가 전도하는가? 지금 우리 교회와 성도들이 우리 주변 사람들에게 '과연 저들은 하나님을 믿는 사람들답구나' 하고 인정받고 있는가? 우리 성도들 각자가 영육 간에 변화되고 치료되고 성숙하는가? 특히 목사와 교회지도자들이 성도들에게 본을 보이고 존경과 사랑을 받는가? 수십 년 동안 교회를 섬기는 지도자들이 혹시 단 하나의 은사도 없이 일하고 있지 않은가? 그러면서도 하나님 앞에 불충하다 생각지 않고 절박한 마음도 없이 기계적으로 일하고 있지 않은가?

우리는 정직하게 우리 각자와 교회를 점검해야 합니다.

그리고 이제부터라도 철저하게 회개하고 잘못된 것을 바로잡고 해야 할 것을 반드시 해야 합니다. 그렇지 않으면 하나님이 떠나신 어리석고 패역한 자들의 집단으로 우리 교회와 자신이 전락하게 됩니다. 하나님이 떠난 교회와 성도들이 무엇을 할 수 있겠습니까? 아무리 숫자가 많고 웅장한 건물을 가졌더라도 아무것도 할 수 없고 오히려 하나님의 영광을 가리게 됩니다.

우리가 다시 한 번 깊이 명심해야 될 말씀은 예수님께서 살아계실 때에 두 팔을 하늘로 치켜들며 "나는 이렇게 이렇게 했습니다" 라고 말하는 바리새인보다 성전 한구석에서 가슴을 치며 하나님 앞에 통회하는 심령의 그 기도와 예배를 하나님께서 기쁘게 받으셨다고 말씀하신 것입니다.

우리는 낮아져서 가슴을 치며 하나님 앞에 두려워하며, 부끄러워하며 반드시 회개해야 합니다.

> 51 목이 곧고 마음과 귀에 할례를 받지 못한 사람들아 너희도 너희 조상과 같이 항상 성령을 거스르는도다 52 너희 조상들이 선지자들 중의 누구를 박해하지 아니하였느냐 의인이 오시리라 예고한 자들을 그들이 죽였고 이제 너희는 그 의인을 잡아준 자요 살인한 자가 되나니

하나님께서는 스데반 앞의 유대인들을 변화시키려고 여러 가지 방법으로 역사하셨으나 그들은 조상들과 같이 하나님의 말씀과 섭리에 대해 아주 완고했습니다.

(1) 그들은 "목이 곧았다" 했습니다.

목이 곧다는 것은 의지를 굽히지 않는 고집을 의미합니다.

그들은 하나님께서 통치하시는 쉽고 가벼운 멍에도 그들 목에 메려 하지 않고 끌려고 하지 않았으며 거친 황소와 같았습니다. 그들은 머리를 하나님께 숙이려하지 않았고 결코 그 앞에서 겸손하지 않았습니다.

이 곧은 목은 거만하고 반항적인 강퍅한 마음과 수그려지지 않는 자세를 의미합니다. 이것이 바로 유대민족의 조상대대로 내려오는 특성이었습니다. 그들은 바로 이러한 특성 때문에 두고두고 재앙을 당했을 뿐만 아니라 이방 민족들에게 짓밟힘을 당했고 더욱이 하나님께도 버림을 받았습니다.

(2) 그들은 "마음과 귀에 할례를 받지 못하였다" 고 했습니다.

유대인들이 육적으로는 할례를 받았으나 심령으로는 할례를 받지 못하여 아브라함에게 약속된 기업에 참여하지 못할 자들이란 뜻입니다. 그들은 율법과 성전의 외형에 치중하여 그 영적인 의를 전혀 알지 못했고 여호와 하나님이 아니라 미신을 섬기는 자들이었던 것입니다.

"너희가 할례를 받은 유대인이지만 **마음과 귀로는 아직 할례 받지 않은 이방인들**이다. 그러므로 너희는 이방인들보다 더 하나님의 권위에 복종하지 않는도다. 너희는 귀로 하나님의 음성을 청종치 않으며 하나님의 말씀 앞에서 **너희 마음을 언제나 완고하게 하는구나**" 하고 책망하는 것입니다.

그들은 그 조상들과 같이 **많은 능력을 체험하며 하나님의 말씀을 들었으나 변화되지 않았고 감화를 받지 못했습니다.** 오히려 그들은 하나님을 거스를 뿐만 아니라 격분하고 분을 품었습니다. 그래서 "**너희는 항상 성령을 거스르는도다**" 한 것입니다.

예언자들을 통해 말씀하는 성령에 항거하고 반대했고 정면으로 충돌하며 심지어 **증오하고 비웃었습니다.**

"너희 조상들은 선지자 중에 누구를 박해하지 아니하였느냐" 했습니다.

성령의 영감으로 말씀한 사람들을 **박해하고 말을 못하게 함으로써 그들은 성령에 적극적으로 저항했습니다.** 또 같은 성령으로 말씀하며 구약의 예언자들보다 **더 큰 은사를 받은 그리스도의 사도들과 사역자들에게 항거했습니다.** 그들은 **양심의 증언과 지시에도 순응하지 않았습니다.**

우리의 죄악된 영혼 속에는 언제나 성령을 거스르는 마음과 욕망이 있다는 것을 기억해야 합니다. 그러나 **하나님께서 참으로 사랑하시는 자는 그들의 부패하고 악한 생각이 성령께 사로잡혀서 그러한 반항이 정복되고 그 세력을 잃게 됩니다. 그것은 전적으로 하나님의 은혜입니다.**

그 이스라엘 백성들처럼 우리는 얼마든지 끝까지 하나님을 거역하고 멸망의 자리로 떨어질 수 있으나 **하나님의 특별하시고 강력한 도우심에 의하여 성령께 굴복하고 사로잡히게 됨으로써 구원을 얻게 되는 것입니다.** 유대인들이 조상대대로 내려오면서 끝까지 성령께 항거하면서 멸망을 당했는데 조상대대로 극심하게 우상이나 섬겨온 자들의 자손인 우리가 하나님의 특별한 은총으로 성령께 굴복하고 구원 얻게 되었으니 **우리는 그 유대인보다 더 큰 은혜와 사랑을 입은 것이 분명합니다.**

그러므로 예수를 믿고 구원의 확신을 가진 자들은 **특별한 권능으로 역사하사 성령에 굴복하고 성화되며 하나님의 자녀가 되게 하신 것에 대해 감사감격하며 항상 찬송하며 살아야** 합니다. 그리고 이 **은혜를 절대로 잊지 말아야** 할 뿐만 아니라 **이 은혜를 받지 못한 자들에게 열심히 자랑해야** 합니다. 따라서 **그들도 이 은혜를 받아 누릴 수 있도록 도와야** 합니다.

또한 우리는 우리가 전도할 때 **그들이 끝까지 성령께 굴복하고 하나님의 백성이 되게 하는 것**은 전적으로 하나님만 하실 수 있는 일임을 명심해야 합니다.

그러므로 우리는 **누구를 전도하기 시작할 때부터 전적으로 하나님을 의지**하며 그 영혼이 거듭나고 변화가 일어나도록 성령께서 강력하게 역사해 주실 것을 간절히 기도하면서 해야 합니다.

영혼구원이야말로 **전적으로 하나님을 의지하고 하나님께 부르짖는 자들만**이 할 수 있습니다.

자신도 하나님을 전적으로 신뢰하지 않으며, 하나님의 능력의 중요성을 깨닫지 못하며, 하나님께 부르짖을 줄 모르는 자들이 교역자가 되고, 교회의 지도자가 되고, 전도자가 될 때 그 결과는 뻔한 것입니다. 그러므로 학위를 받고, 많은 공부를 하고, 사람을 끌어 모으는 기술을 배우고, 대인관계를 잘하는 그 어떤 일보다도 **하나님의 종들은 전적으로 하나님께 의존하며 부르짖어 기도해야** 합니다. 그 일을 무엇보다 중하게 여기며 앞세워 온갖 시간과 정성을 쏟아야 합니다.

"그들은 그 의인을 잡아준 자요, 살인한 자가 되었다" 했습니다.

여기 "**의인**"이라는 말은 실상 "**그 의인**"인데 이것은 특별한 의인 즉, **메시야**를 가리킵니다. 유대인들은 **메시야를 예언한 선지자들을 죽였고** 그 후손들은 **오신 메시야를 죽였습니다.** 그들은 유다를 매수하여 그리스도를 팔게 하고 빌라도가 그를 정죄하도록 갖은 방법으로 강요했습니다. 참으로 그들은 **배신자요, 살인자들**인 것입니다.

그러므로 예수께서 말씀하셨듯이 **모든 선지자들의 피 값을 그들과 그 후손들이 쓰게 된** 것입니다. 왜냐하면 **그들의 조상이나 그들의 후손들은 다 똑같이 그리스도와 그 종들을 죽이며 성령을 거역하는 자들이었기 때문**입니다.

하나님의 아들인 메시야도 서슴없이 죽이는 자들이 그 메시야를 예언하는 자들을 어찌 살려 두겠습니까?

그러므로 여기에서 하나님의 모든 일꾼들이 명심할 것이 있습니다.

오늘날도 참으로 하나님을 경외하고 순종하는 사람, 정직한 하나님의 종으로 섬기는 사람들은 주인이 마귀인 자들에게 얼마든지 핍박을 당하게 된다는 것입니다. 그들은 **하나님을 진정으로 섬기는 자들이 아니고 그들의 주인은 마귀이기 때문에 그렇게 하는** 것입니다.

교회 안에 이렇게 마귀가 주인인 거짓 교인들과 거짓 종들이 얼마든지 있습니다. 이들은 예나 지금이나 그 주인의 사주를 받아 신실한 하나님의 사람들과 종들을 핍박합니다.

바울처럼 원근각처를 다니며 생명을 걸고 전도할수록 사탄은 이런 자들을 동원하여 쫓아다니며 더욱더 적극적으로 핍박하게 합니다. 바울과 사도들이 성령충만한 자들이었다면 그들을 핍박하던 자들은 마귀가 충만한 자들이었습니다.

그러므로 하나님의 종들과 성도들은 이러한 거짓 교인들과 거짓 종들이 우리가 열심히 하는 일을 이해해줄 것이라고 생각해서는 안 되며, 그들은 우리가 열심히 주를 섬기고 충성할수록 우리를 더욱 미워하고 대적할 것을 알아야 합니다. 그리고 그들이 보일 반응에 대해 각오를 단단히 하고 대비해야 합니다.

이제 갈수록 영적인 상황이 험악해져 갈 것입니다.
마귀는 좀 더 강력하게 예수 대 반예수로 사람들이 갈라지게 할 것입니다.
점점 더 진정한 예수의 사람과 거짓된 예수의 사람들이 확연하게 드러나게 될 것입니다. 그동안 신앙생활을 열심히 하는 것처럼 보였던 자들 중에도 진정한 신앙을 가지지 못한 자들이 진정한 신앙을 가진 자들과 충성된 하나님의 종들에 대해 노골적으로 반기를 들고 대적하며 핍박하는 일이 많아질 것이리라는 말입니다.

그러므로 우리는 이러한 때가 오기 전에 성도 한 사람 한 사람에 대해 세심하게 관찰하고 그들을 확실한 그리스도인으로 성장시키기 위해 전심전력을 다해야 합니다. 그러나 그렇게 했음에도 불구하고 끝까지 성령을 거역하고 대적하는 자들이 나타날 터인데 우리가 그동안 그토록 그들에게 정성을 쏟고 사랑해 주었던 것을 생각하면 낙심하고 상처받지 않을 수 없으나 그 모든 핍박을 견디고 이겨내야만 합니다.
따라서 우리 각자가 말씀과 믿음과 성령의 충만으로 무장되어야 합니다.

이스라엘 백성들은 하나님의 권능의 역사들을 보고, 선지자들을 통해 하나님의 말씀을 정확하게 듣고, 시시때때로 책망을 받았음에도 불구하고 마음과 귀에 할례를 받지 못했다는 것을 기억해야 합니다.
우리 사역자들은 우리가 상대하는 사람들이 마음과 귀에 할례를 받고 있는지를 수시로 점검하고 변화가 있는지, 회개하는지. 순종하는지를 상세하게 보고 그에 따라 세심하게 대비책을 세우고 적극적으로 그들을 상대해야 합니다.

그러므로 사람을 많이 끌어 모으는 일에만 열심을 기울일 것이 아니라 그 전에 모아진 자들을 어떻게 변화, 훈련, 성장시킬 것인가를 철저하게 준비해야 하며 일단 모이면 한순간도 헛되게 보내지 않고 그들에게 엉뚱한 소리를 하거나 사탕발림의 소리를 하거나 치료하고 양육하는 것이 아닌 헛된 가르침을 주지 않고 때를 따라 꼭 필요한 영적 양식을 주며, 꼭 필요한 영적 수술을 잘하는 사람이 진정한 지도자요, 목자입니다.

성도들은 자신이 하나님의 종들을 통해 주시는 가르침을 얼마나 잘 순응하고 있는지를, 항상 성령의 인도를 따라 살았는지 날마다 정직하게 나 자신과 생활을 돌아봐야 합니다.

나뿐만 아니라 나의 집안에 대해서도 이 일을 날마다 열심히 해야 합니다. 조상들이 하던 죄를 후손들이 그대로 따라하게 된다는 무서운 사실을 우리는 기억하고 나도 모르게 조상들이 잘못하던 것을 답습하고 있지는 않는지, 또 나 자신이 내 자식들에게 잘못된 것을 보여주고 있지 않는지를 세밀하게 살펴야 합니다. 자손대대로 내려가며 성령을 거역하고 불순종하지 않도록 우리는 나 자신과 집안을 철저하게 살피며 단속하고 가다듬어 나가야 합니다.

제 34 강

예수님을 본 스데반

행7:53~57
53너희는 천사가 전한 율법을 받고도 지키지 아니하였도다 하니라 54그들이 이 말을 듣고 마음에 찔려 그를 향하여 이를 갈거늘 55스데반이 성령 충만하여 하늘을 우러러 주목하여 하나님의 영광과 및 예수께서 하나님 우편에 서신 것을 보고 56말하되 보라 하늘이 열리고 인자가 하나님 우편에 서신 것을 보노라 한대 57그들이 큰 소리를 지르며 귀를 막고 일제히 그에게 달려들어

▎ *53 너희는 천사가 전한 율법을 받고도 지키지 아니하였도다 하니라*

스데반 집사는 **유대인들이 조상대대로 내려오면서 성령을 거스르고 그리스도까지 죽였던 죄악을 단호히 책망**했습니다.

"**너희가 천사의 전한 율법을 받고도 지키지 아니하였도다**" 했습니다.

하나님께서는 그 **위대한 율법을 천사들이 천둥과 번개와 나팔소리 속의 장엄한 의식 속에서 그들에게 주셨습니다.** 그래서 **그것은 천사들로 말미암아 주어진 것**이라고 말하는 것입니다.

어느 우상종교에도 마귀가 우상숭배자들에게 이렇게 놀라운 광경 속에 무슨 명령이나 계시를 주었다고 말하지 않습니다. 그런데 유대인들은 **그 놀라운 계시를 업신여겼고 그 인도와 지배를 거절했습니다. 이 자체가 그들의 죄를 더 크게 한 것입니다.**

그들의 조상들이 그렇게 **천사들이 준 율법을 거절**한 것처럼 이제 스데반 앞에 있는 유대인들은 **성령이 전한 복음을 거절**한 것입니다. 그 복음은 **더 기묘하게 각 나라말로 선포되는 놀라운 은사와 함께 주어졌지만** 그들은 받아들이지 않았습니다. 그들은 **더 분명한 성령의 역사 앞에서도 굴복하지 않았고 율법이든 복음이든 하나님을 따르지 않는 자들**이었던 것입니다.

이스라엘 백성들이 예수님을 십자가에 못 박아 죽인 것은 **하나님의 모든 말**

씀을 저버리는 것입니다. 조상들이 선지자들과 율법을 거절한 것과 같이 그 후손들도 예수를 버림과 함께 모든 하나님의 말씀을 버린 것입니다.

예수 그리스도를 알고 영접하여 많은 말씀을 들어 깨닫고 은혜를 받고, 하나님의 사랑과 능력까지 체험한 자들이 예수와 말씀을 저버리게 될 때 그들은 불신자나 우상숭배자들보다도 더 크고 악한 죄인이 됩니다. 이러한 자들 중에는 결코 사함 받지 못하고 지옥에 떨어질 자들이 많습니다.

그러므로 우리가 예수신앙과 하나님의 말씀을 저버리는 죄악에 빠지지 않도록 날마다 깨어 기도해야 합니다. 교회 안에 가장 큰 복을 받을 자들도 있지만 가장 큰 징벌을 받을 자들도 있는 것입니다.

우리들 중에 마음과 귀에 할례를 받지 못한 사람이 있다면 그는 얼마 후에 스데반 집사를 죽인 사람들과 같이 항상 성령을 거스르다가 그들과 똑같은 신세로 전락할 수가 있습니다.

그러므로 우리는 각자가 날마다 말씀 읽고 기도하는 생활에 열중해야 하며 날마다 성전에 모여서 말씀을 배우고 기도하고, 치료받고 훈련받는 일에 결코 소홀히 해서는 안 됩니다.

시간이 지날수록 성도들이 모이는 일을 게을리 하고 횟수가 줄어들고, 또한 모인다 할지라도 사교모임처럼 시간을 흘려버리고 진지하게 말씀을 가르치고 배우는 일과 회개를 비롯하여 간절히 기도하는 것이 점점 멀어지고 있습니다.

우리 모든 성도들은 경각심을 가져야 하며, 하나님의 종들은 교회가 병들어가지 않도록 정신 차리고 잘 돌보고 이끌어야 합니다.

특히 지도자들은 교인 중에 하나님의 말씀을 읽지도 않고 들으려고도 하지 않고 아무리 가르쳐주어도 지키려하지 않는 자들이 누구인가 발견해내야 하며 이들에게 집중하여 사역해야 합니다.

하나님의 말씀을 받아들이지도 않고 지키지 않는 자들이 얼마나 하나님과 하나님의 교회를 대적했으며 그러한 자들이 어떻게 비참해졌는지를 잊지 말아야 합니다.

우리는 이러한 자들에게 한두 번 권면하고 쉽게 포기해서는 안 됩니다. 이러한 자들이 얼마 후에 교회의 쓴 뿌리와 독초가 된다는 사실을 기억해야 합니다.

이런 사람을 하나님의 충성된 일꾼으로 키운다면 그처럼 하나님께 큰 상을 받을 일이 어디 있겠습니까? 처음부터 말을 잘 듣고 순순히 따르는 사람들에게만 집중할 것이 아니라 읽지도 않고 듣지도 않고 들어도 지키지 않는 자들에게 우리는 더 집중해야 하며 그들에게 온 정성을 쏟아야 할 것입니다.

우리가 될 수 있는 대로 바깥에 나가 한사람이라도 더 교회 안으로 불러들이는 일을 해야 하나 그일 못지않게 이렇게 교회 안에 들어와 있으나 독초나 쓴 뿌리가 되어가고 있는 자들을 결코 방관하거나 놓쳐서는 안 됩니다. 한 영혼이라도 더 전도할 뿐만 아니라 교회 안에 들어와 있는 잃은 양들을 끝까지 찾아내고 치료하고 양육하는 일을 제대로 할 때 그 교회는 더욱더 건강하고 튼튼한 교회가 될 것입니다. 적은 누룩이 온 덩이를 부패케 하는 것을 기억해야 합니다.

▌*54* 그들이 이 말을 듣고 마음에 찔려 그를 향하여 이를 갈거늘

"저희가 이 말을 듣고 마음이 찔렸다" 했습니다.

본문의 마음이 "찔렸다"의 헬라어 원문은 "톱으로 켜는 것이다" 입니다.
그들은 자기들이 스데반을 큰 고통으로 죽게 하면서 대신 그들도 마음의 고통을 크게 당하고 있는 것입니다. 그들은 스데반이 그들을 깨우치려했던 변론이 완벽하여 전혀 대답을 할 수 없었으므로 더욱더 분개했던 것입니다. 그들의 찔림은 마음의 죄에 대한 슬픔이 아니라 분노를 인한 것이었습니다. 복음을 거부하고 반대하는 자들은 그렇게 하느라고 스스로 괴로워하는 자들이 되는 것입니다. 하나님과 원수가 되는 것은 마음이 찔리는 것이요, 그 어떤 일보다도 괴로움을 당하는 일입니다. 그러나 하나님을 믿고 사랑하는 것은 병든 심령을 근본적으로 치료합니다.

"저들은 그를 향하여 이를 갈았다" 고 했습니다.

스데반에 대해 얼마나 적의와 분노가 넘쳤으면 이를 갈았겠습니까?
스데반은 그들에게 그만한 큰 해를 끼친 일이 없습니다. 오직 그들의 어리석음과 죄악을 깨닫게 하고 돌이켜서 그들도 구원받을 것을 열심히 도울 뿐이었습니다. 그러나 그들은 굶주린 개가 먹이를 향하듯이 심하게 이를 갈았습니다.

빌립보서 3장 2절에 바울이 할례당을 경고하여 이르기를 "개들을 삼가라" 고 했습니다. 하나님과 그 은총을 전적으로 거부하고 대적하는 자들은 이빨을 드러내는 개와 같이 적의와 분노로 가득 찰 뿐인 것입니다.

그들이 그토록 내부의 깊은 원한을 가진 것은 스데반에게 하나님의 능력과

임재의 명백한 표시가 있는 것을 보았기 때문입니다.

그들은 마귀가 하나님의 능력과 하나님의 임재를 보게 될 때 극도로 분노하고 악의를 드러내는 것과 똑같이 한 것입니다. 그들은 참으로 마귀에게 완전히 사로잡힌 자들이었습니다.

이를 간다는 것은 흔히 저주 받는 것에 대한 공포와 고통을 표현하는 것입니다. 이토록 사탄의 악의를 품고 있는 자들에게는 이 땅에 있는 동안에도 지옥의 고통이 주어지는 것입니다.

하나님의 말씀을 들을 때에 마음이 찔려서 회개하는 사람이 있고 오히려 화를 내는 사람이 있습니다. 이것만 봐도 구원받을 사람인지 아닌지를 알 수 있습니다.

나는 어떠한지 살펴보시기 바랍니다.

내 안에 악한 영이 역사하여 하나님과 말씀 앞에서 흥분하고, 화를 내고, 거부하고, 대적하는 찔림이 일어나지 않는지 살펴보시기 바랍니다.

하나님 앞에서 완악한 마음을 먹으며 거부하고 반발하며 대적하는 것이야말로 누구보다 하나님을 상대로 큰 악을 저지르는 것입니다. 내게 종종 그러한 마음이 일어나고 있다면 서둘러 회개하고 반드시 고침을 받아야 합니다.

> 55 스데반이 성령충만하여 하늘을 우러러 주목하여 하나님의 영광과 및 예수께서 하나님 우편에 서신 것을 보고 56 말하되 보라 하늘이 열리고 인자가 하나님 우편에 서신 것을 보노라 한대

스데반은 이 순간에 보통 때보다 더 성령충만했다 했습니다.

가장 큰 전투에 대비하여 어느 때보다도 강건케 하기 위한 하나님의 특별한 도우심이 있었던 것입니다.

스데반은 집사직에 피택되었을 때 이미 성령이 충만한 사람했지만(6:5) 사명의 마지막을 장식하는 이 순교의 순간에 더욱 성령이 충만했습니다.

이와 같이 성령충만한 사람들은 복음을 전파할 때나 고난을 받을 때도 하나님께서는 성령으로 충만케 하심으로 그 직무를 감당하고 완수하게 하십니다. 그들이 받는 고통이 극심해진다면 그리스도 안에서 그들에게 주시는 위로도 더 풍성하므로 어떤 것도 그들을 변하게 하지 못합니다.

이 위태로운 순간에 순교자와 예수님 사이에 이루어지는 놀라운 교제를 볼 수 있습니다. 그리스도를 충성되게 따르는 사람들이 죽임을 당하고 도살당할 양처럼 취급을 받는다할지라도 그러한 것들이 그리스도의 사랑에서 끊을 수

없습니다. 그리스도는 이러한 자를 더욱더 사랑하시기 때문에 이것을 경험하는 자들은 또한 날이 갈수록 그리스도를 더 사랑하게 됩니다.

스데반의 순교의 순간에서 이것을 보게 됩니다.

주님께서는 그 어느 때보다도 스데반을, 스데반도 어느 때보다 그리스도를 사랑하는 것을 보여준 것입니다.

스데반은 "하나님의 영광과 예수께서 하나님 우편에 서신 것을 보았다" 했습니다.

이로써 스데반은 그 어떤 고통도 잊을 수 있으며 최고의 위로를 받고 자기에게 주어지는 영예를 누리고 있는 것입니다.

악한 자들이 마음에 찔림을 받고 이를 갈며 죽이려했을 때 스데반은 천국과 그리스도의 영광스러운 모습을 보았고, 따라서 말할 수 없는 기쁨의 충만함을 누리고 있었던 것입니다. 스데반에게 그리스도께서 나타나주신 것은 그가 끝까지 용기를 잃지 않고 승리하게 하시기 위함이었습니다.

모든 시대에 걸쳐서 고통당하는 충성된 그리스도의 종들은 이렇게 하나님의 특별하고도 신비로운 격려와 위로를 받았으므로 모든 싸움에서 승리했던 것입니다.

할렐루야!

"스데반이 성령이 충만하여 하늘을 우러러 주목하여 보았다" 했습니다.

이같은 행위는 그를 보는 악한 자들의 분노를 더욱 자극시켰습니다.

그들은 악한 마음으로 가득차서 스데반을 주목하여 보았는데 그는 하늘을 바라다보며 그 앞에 보이는 천국과 그리스도에 도취되어서 자신의 죽음에 대하여 전혀 무관심한 것을 본 것입니다.

그 모든 두려움은 한 치도 틈탈 수 없었습니다. 그 천국과 하나님이 그에게 피할 곳이 되었던 것입니다. 적들이 스데반을 사방으로 에워쌌으나 그들은 스데반이 하나님과 천국을 보고 그곳으로 나가는 것을 막을 수 없었습니다.

우리가 하나님과 천국을 믿는 마음으로 이 세상에서 살아간다는 것은 그 어떤 것보다도 우리에게 큰 위로와 소망, 기쁨과 영광이 됩니다. 세상에서의 모든 두려움과 염려와 근심을 스데반처럼 깨끗이 잊어버리고 오직 하나님과 천국만을 바라보며 기쁨과 감격에 넘쳐 전진하는 것입니다.

이 세상의 근심과 걱정과 두려움에 사로잡혀 있다면 나는 하나님과 천국을 바라볼 줄 모르는 것, 또는 하나님과 천국을 잊어가고 있다는 것을 의미합니다.

우리는 하나님과 천국을 바라보고 위로를 받고 힘을 얻으며 기쁨과 감격 속에 주 안에서 살아가야 합니다.

많은 성도들이 천국과 하나님을 바라보는 눈이 어두워진 있는 상태로 아래 것을 보며 애쓰고 힘쓰며 살아갑니다. 따라서 그들은 근심과 걱정과 두려움에 사로잡혀 살 수밖에 없습니다.

그러므로 우리는 날마다 말씀과 기도로써 우리 심령의 눈을 열어야 하며 세상의 어떤 것보다도 하나님과 천국을 뚜렷이 바라보는 자로 성장되어야 합니다.

스데반은 현실적인 고통을 하나님의 영광과 그리스도의 영예로 바꾸어 그를 통하여 그리스도께서 영광 받으시기를 바랐습니다. 주님께서도 그러한 스데반을 영광스런 모습으로 바라보시며 맞이하신 것입니다.

주님은 언제나 주님을 따르면서 순종하고 충성하는 자들에게 가까이 하고 계십니다. 그러나 최후의 순간까지 주께 충성하며 순종하는 자들에게 주님은 확실히 자신을 나타내시며 아직 천국에 들어가지 않은 상태이지만 최고의 영광과 기쁨과 즐거움을 맛보게 해주시는 것입니다.

스데반 집사가 마지막으로 그리스도를 열심히 증거하고 수많은 사람에게 돌로 맞아 죽어가면서 하나님께 부르짖을 때에 주께서는 그동안 스데반이 체험할 수 없었던 최고의 영광과 기쁨을 맛보게 해주신 것입니다. 그러므로 우리 하나님의 사람들은 그리스도를 위해 큰 고통을 당할수록 그리스도로부터 더 큰 영광과 기쁨을 선사받는다는 것을 확신해야 합니다.

스데반 집사는 그 박해자들의 분노가 자신을 하나님이 계신 천국으로 보내주고 있는 것임을 알았습니다. 스데반 집사는 이렇게 죽어가면서도 그가 성령이 충만함을 확실하게 나타냈습니다.

우리는 어떠한 임종을 만나든지 이렇게 성령충만하여 확실히 하나님과 천국을 바라보며 생을 마쳐야 합니다. 내가 천국 갈 것인지 못 갈 것인지 구분이 되지 않는다든지 혹시나 지옥으로 떨어지지 않을까 두려워하게 돼서는 안 됩니다. 우리는 언제 어디에서 죽음을 맞이하든지 스데반 집사처럼 그 천국과 하나님을 뚜렷이 보며 '내가 이제 여기서 죽으면 바로 저기에서 깨어나게 되리라' 는 것을 확신하며 기쁨으로 죽음을 맞이하게 되어야 합니다. 이렇게 임종을 맞이하는 자들은 결코 슬퍼하며 눈물 흘리며 죽지 않을 것입니다. 스데반과 같이 얼굴이 천사와 같이 되고 감격과 기쁨 속에서 죽음을 맞이하게 될 것입니다. 우리 모두 이러한 은총을 누리게 되기를 축원합니다.

스데반은 **천국이 성삼위 하나님이 계신 곳임을 확실하게 증거**하고 있습니다.

천국과 성삼위 하나님의 존재를 의심하거나 부인하는 자들은 결코 하나님의 백성이 아니며 천국시민이 아닙니다.

우리의 궁극적인 목표는 성삼위 하나님이 계신 천국으로 가는 것입니다. 이 세상의 모든 것을 얻는다 할지라도 **그 천국을 잃어버린다면 그는 모든 것을 잃는 것이요, 가장 비참한 자가 되는 것입니다.**

우리도 죽는 순간까지 하나님과 천국을 증거하고 나타내 보여줘야 합니다. 결코 세상의 것들이나 말하고 좀 더 가진 것을 자랑하거나 사람들로 하여금 세상을 바라보며 집착하게 해서는 결코 안 됩니다.

▎**57** 그들이 큰 소리를 지르며 귀를 막고 일제히 그에게 달려들어

"**저희가 큰소리를 질렀다**" 했습니다.

그들은 스데반의 말을 들음으로써 **서로가 더욱 격분하고 그 어떤 양심의 소리도 듣지 않으려고 영의 귀만 아니라 육의 귀까지 틀어막은 것입니다.**

하나님의 말씀 앞에서 완악한 자들은 그 말씀을 들을수록 더 흥분하여 날뛰게 되며 이것이야말로 **그들의 영혼이 이미 죽었음을 보여주는 것입니다.** 따라서 그들은 하나님의 긍휼과 자비를 받을 여지가 없다는 것을 드러내보이는 것입니다.

스데반이 "**내가 하늘이 열리는 것을 보노라**"고 말했을 때 그 말이 너무도 듣기 싫어서 큰 소리를 질렀던 것입니다. 스데반의 그 말은 **그들이 천국과 정반대되는 길로 가고 있으며 스데반은 천국으로 향하고 있다는 것**이므로 그들이 더욱더 격분한 것입니다.

하나님의 말씀을 역행하는 자들은 말씀을 정직하게 말해줄 때 그것을 들을수록 더욱 격분하며 안팎으로 소리를 지르며 반발합니다. 그들은 그야말로 **천국에서 멀어지고 있음을 스스로 나타내고 있는 것입니다.**

"**그들은 귀를 막았다**"고 했습니다.

스데반 집사가 **"인자가 하나님 우편에 서신 것을 보노라"** 고 말했을 때 그들은 참을 수가 없어서 귀를 틀어막았습니다. 스스로가 격분하여 미쳐서 날뛰는 그들의 소리에 비해 매우 조그만 소리에 불과한 스데반의 말에 **귀를 막았습니다.** 그의 말은 **그들이 참고 들을 수가 없는 말**이었던 것입니다.

예수께서 **"이후에 인자가 영광 중에 오는 것을 너희가 보리라**(마26:65,66)" 고 말했을 때 **가야바가 그의 옷을 찢었는데 이들도 그와 똑같은 행동을 하고 있는 것**입니다.

그들의 행동은 그들의 잘못을 깨우치고 하나님께로 돌이키라는 소리를 듣**지 않으려고 결심한** 고집스러운 교만함을 **명백하게 나타내 주고** 있습니다. **옳은 것에 대한 완고함은 하나님께서 그들을 포기하셨다는 치명적인 징조**입니다. 그들은 귀를 막았고 **하나님은 의로운 심판을 따라서 그들을 완고케 하신 것입니다. 이것이 초대교회 당시 유대인들이** 계속하여 저지르는 행위였고 그들은 **하나님으로부터 계속하여 버림받고 있습니다.**

옛날 하나님께서 모세를 통하여 이스라엘 백성들을 해방시키실 때 하나님은 애굽 왕 바로 앞에서 열한 가지 이적과 기적을 나타내셨는데 **그때마다 하나님께서 바로의 마음을** 강퍅하게 하셨습니다. 그리하여 **그 여러 가지 재앙을 계속하여 받게** 되었으며 결국 모든 장자와 짐승의 첫 새끼가 죽는 재앙까지 당함으로써 약소국으로 전락하고 이스라엘 백성을 내보내지 않을 수 없었습니다. **바로의** 그 완악함은 시간이 길어질수록 그와 그 나라에게 막심한 피해를 가져다주게 되었고 하나님께서 그들을 포기하고 엄벌하심을 보여 준 것이었습니다.

그러므로 **오늘날도** 하나님과 그 거룩하신 말씀 앞에서 완악하게 악을 저지르는 자들은 하나님께서 그들을 포기하시고 심판하는 자리로 나아가시는 것입니다.

그러므로 우리는 **영혼과 우리의 귀가 치료받고 변화 받아 어떠한 하나님의 말씀도 순종하고 복종하는 자가 되어야** 합니다. 비록 거듭되는 책망과 징벌을 당할지라도 순순히 받아들이고, 회개하고 하나씩 순종하고 있다면 **하나님의 은혜와 사랑을 입고 있는 자임을 깨달아** 감사해야 합니다.

우리는 날마다 하나님 앞에서 완악해지지 않도록 기도하며 하나님 앞에서 완악해진다는 것이 얼마나 불행하고 무서운 일인지 잊지 말아야 합니다.

제 35 강

스데반의 순교와 최후기도

행7:57~60
57그들이 큰 소리를 지르며 귀를 막고 일제히 그에게 달려들어 58성 밖으로 내치고 돌로 칠새 증인들이 옷을 벗어 사울이라 하는 청년의 발 앞에 두니라 59그들이 돌로 스데반을 치니 스데반이 부르짖어 이르되 주 예수여 내 영혼을 받으시옵소서 하고 60무릎을 꿇고 크게 불러 이르되 주여 이 죄를 그들에게 돌리지 마옵소서 이 말을 하고 자니라

▌ **57 그들이 큰 소리를 지르며 귀를 막고 일제히 그에게 달려들어**

하나님과 말씀 앞에서 마음이 강퍅하게 되는 일이 얼마나 불행한 일인가를 스데반 집사 앞에 있던 유대인들이 잘 보여주고 있습니다.

"**저희가 일제히 그에게 달려들었다**" 했습니다.

즉 **백성들과 백성의 장로들과 재판관들과 형 집행인과 증인, 구경꾼 모두가** 짐승이 먹이를 덮치듯이 일제히 그에게 달려든 것입니다. 스데반은 달아날 염려가 전혀 없었으나 그들은 **격렬하고 성급하게 달려들었습니다.** 그들은 스데반이 평정을 깨트리고 비굴하게 굴 것을 기대했으나 그것은 실패로 돌아갔고 오히려 그들은 더 큰 죄악을 저지를 수밖에 없었습니다.

사탄에게 사로잡혀 하나님과 말씀에 대적하는 자들은 **누가 시키지 않아도 하나가 되며 아주 적극적으로 대적합니다.** 그것은 또한 그들 모두가 한결같이 하나님으로부터 적극적인 심판의 대상이 되고 있음을 보여주는 것입니다. 우리는 **군중심리에 휩쓸려 선악을 분별하지 못하고** 이와 같은 자들에게 휩쓸리지 않도록 **항상 깨어있어야** 하며 **영적분별력을 더욱더 채워나가야** 합니다.

▌ **58 성 밖으로 내치고 돌로 칠새 증인들이 옷을 벗어 사울이라 하는 청년의 발 앞에 두니라**

그들은 스데반을 예루살렘에 더 이상 발을 디딜 수 없는 자처럼, 세상에 더 이상 존재할 가치가 없는 사람처럼 **성 밖에 내치고 돌로 쳤습니다.**

그들은 **모세의 율법을 집행한다고 생각한 것입니다.**

즉 **"여호와의 이름을 훼방하면 그를 반드시 죽일찌니 온 회중이 돌로 그를 칠 것이라**(레24:16)**"** 는 말씀에 의거하여 스데반을 처단하고 **이와 똑같이 예수 그리스도도 처형**했습니다.

그들은 스데반을 죽이는 일을 적극적으로 하기 위해 **상의를 벗었습니다.** 그리고 **이 광경을 바라보며 동참하던 "사울이라는 청년의 발 앞에 두었다"** 했습니다.

여기서 **사울**이라는 이름이 처음 언급됩니다. 사울은 후에 스데반의 죽음에 증인이 되었던 것을 회고하며 **"내가 그 죽이는 사람들의 옷을 지켰나이다"** 하며 회개했습니다(22:20).

놀라운 것은 사울이라는 사람이 하나님의 오묘한 섭리에 따라 스데반을 죽이던 그 어처구니없는 일에 동참하여 모든 광경을 보았고 그도 똑같은 상황을 만나 더 많은 고난을 겪으며 더 많은 사람들에게 복음을 전하게 된다는 것입니다.

사실 우리 모두도 예수 믿기 이전에 예수 그리스도를 십자가에 못 박아 죽게 한 자들이요, 공범자들입니다. 그러던 우리를 성령님께서 **거듭나게 하시고 예수 그리스도를 영접하게 하사 주님을 섬기며 그리스도를 전파하는 자가 되게 하셨습니다.**

그러므로 **우리도 그리스도와 복음을 위해 어떤 희생과 고통도 마다하지 않고 감당해야** 합니다.

예수님은 **"내가 너희를 사랑한 것같이 너희도 서로 사랑하라"** 말씀하셨습니다.

우리는 어떤 고난을 무릅쓰고라도 과거의 우리와 같이 그리스도를 십자가에 못 박아 죽이는 일에 동참하는 자들에게 다가가 예수 그리스도를 믿고 구원 얻으라고 외쳐야 하는 것입니다.

모든 그리스도인들은 **"나는 사나 죽으나 그리스도의 것이다"** 라고 외치며 때를 얻든지 못 얻든지 복음을 전파해야 합니다.

전도는 **구원받은 그리스도인이면 누구나 반드시 해야** 하고 그리스도인으로서 해야 할 모든 일과 생활에서 가장 우선이 되어야 합니다. **복음전파는 우리**

그리스도인에게 있어 지상명령, 즉 최고의 명령입니다. 최고의 명령을 저버리는 것과 그것에 불충하는 것이 다른 죄, 즉 도적질, 간음, 누구에게 해를 끼치는 것 등 이러한 어떤 죄악보다도 큰 죄악이 아닐 수 없습니다.

주일도 성실히 지키고 교회에서 직분도 잘 감당하지만 일 년에 몇 번씩 큰 재앙을 만나는 성도들이 있습니다. '나는 신앙생활을 열심히 하고 있는데 왜 이런 일이 생기는 걸까?' 의아해 하는 분들이 있습니다. 그럴 때는 '내가 전도를 하고 있는가? 전도를 무엇보다 앞세우고 살았는가?'를 정직하게 돌아봐야 합니다.

우리는 개인적이고 세상적인 일을 놓고 간절히 기도하기에 앞서 주님의 지상명령이요, 내 사명 중에 가장 중요한 이 전도하는 일을 중단하거나 소홀히 하지 않도록 날마다 열심히 기도해야 합니다. 그리고 이것을 위해 시간과 정성과 물질을 아낌없이 써야 합니다. 전도를 위해 써야할 시간, 정성, 물질을 나만을 위해 쓰거나 다른 것에 써버렸다면 그것 또한 큰 죄악이 아닐 수 없습니다. 다른 사람들의 영원한 삶을 위한 것을 빼돌려 나 자신이나 다른데 써버렸다면 그것은 엄청난 도용이요, 악용입니다. 전도하지 않았다는 큰 죄에 더하여 이런 죄가 더 가중되는 것입니다. 전도하지 않을 때 이렇게 엄청난 결과가 생겨나는 것입니다.

증인들이 옷을 벗어서 사울의 발 앞에 두었다는 것은 이제 사울이 스데반과 그의 사명과 직접적으로 연결되고 있음을 보여줍니다.

사울은 스데반 집사가 무엇 때문에 돌로 맞아 죽었는지를 상세히 알았습니다. 또 스데반 집사가 어떤 위협과 핍박 속에서도 조금도 흐트러지거나 비굴함이 없이 오히려 더 담대하게 복음을 전하고 백성들의 죄를 책망하고 깨우치는 것, 또 스데반 집사가 천국과 하나님 우편에 서신 예수 그리스도를 보며 얼굴에서 광채가 나는 모습을 봄으로써 그는 그 스데반 집사와 같은 자리로 들어오게 되는 것입니다.

비록 그도 스데반을 죽이는 일에 동참하는 자였으나 하나님께 부름 받은 사울은 그 순간이야말로 그가 죽였던 스데반의 일을 뒤이어 하게 되며, 더 큰 짐을 지고 나가게 된 것입니다. 바울이 수차례 돌로 맞을 때마다 스데반 집사 앞에서 자기가 했던 것을 기억하며 감내했을 것입니다.

하나님은 참으로 놀랍고 신비한 방법으로 사울을 스데반 앞으로 이끄셨고 스데반에게 주어졌던 바통을 그 자리에서 이어받게 하셨고 이 시간부터 철두철미하게 훈련하신 것입니다.

하나님은 그가 쓰실 자들을 하나님만이 아시는 탁월한 방법으로 부르시고, 전도자를 만나게 하시고, 그의 바통을 이어받게 하십니다.

이렇게 특별한 부르심과 세우심을 받은 자들은 그리스도와 복음에 대해 확신에 확신을 가지게 되며 그 어떤 희생도 마다하지 않고 헌신하고 충성하게 되는 것입니다. 그리스도와 복음을 위하여 누구보다 헌신하고 충성하는 자는 자신이 그리스도와 그 일꾼들에게 얼마나 악한 자였나를 절실히 깨닫게 됩니다. 그래서 그들은 선배들의 바통을 이어받고 그리스도를 위해 충성할 때 자기가 저지른 악행만큼이나 어떤 희생이나 고통도 달게 받아야 함을 항상 명심하며 충성합니다.

하나님의 일꾼들은 내가 과거에 얼마나 어리석고 악한 죄인이었는지 시간이 갈수록 절실히 깨닫고 사명을 감당함에 있어 어떤 희생과 고통이 있어도 당연지사로 받아들이고 더욱더 자신을 낮추며 충성해야 합니다.

> **59** 그들이 돌로 스데반을 치니 스데반이 부르짖어 이르되 주 예수여 내 영혼을 받으시옵소서 하고

여기서 우리 예수교 역사에서 최초의 순교자의 죽음을 보게 됩니다.

저희가 돌로 스데반을 치니 그는 부르짖어 하나님께 기도했습니다. 그는 자기에게 돌을 던지는 자들에게 원한을 품지 않고 오히려 하나님을 불렀습니다. 이제 그는 순교하게 된 것을 확실히 알고 더욱 하나님을 불렀던 것입니다.

우리가 불신자들이나 우상숭배자들에게 미움을 당하고 핍박을 받을 때에 참으로 위로가 되는 것은 우리가 영원히 의지할 하나님이 계시다는 사실입니다. 그 하나님은 우리가 부를 때에 우리의 모든 요구에 완벽하게 응답하실 하나님이신 것입니다.

유대인들은 스데반의 기도에 귀를 막고 있으나 하나님은 어느 때보다 스데반의 기도를 유심히 듣고 계신 것입니다. 우리가 악한 자들에게 핍박을 당할 때에 하나님께 부르짖는다면 하나님은 그 어느 때보다도 우리의 기도에 민감하게 역사하십니다.

우리 성도들은 살아있는 한 기쁠 때나 괴로울 때나 하나님을 찾는 일을 계속 해야 합니다. 기쁠 때 하나님을 찾는다면 하나님께 감사와 영광을 돌리게 될 것이며 하나님께서는 우리에게 더 큰 기쁨을 베풀어주실 것입니다. 우리가 괴로울 때 하나님을 찾는다면 우선 괴로움 가운데 우리가 범죄하는 것을

방지할 수 있으며 하나님께서 누구보다도 먼저 그것을 살피시고 역사하심으로 우리에게 가장 적절하고 복된 길로 이끌어주실 것입니다.

그러므로 우리 성도들은 모든 것을 꿰뚫어보시고 전능하신 하나님 앞에 매사를 놓고 기도하기를 힘써야 합니다.

우리 성도들이 알 것은 하나님께 기도하는 것보다 가장 확실하고 진정한 도움과 힘을 얻는 방법이 없다는 것입니다. 그러므로 우리 성도들은 이토록 좋은 기도를 항상 잘 활용할 수 있어야 합니다. 많은 성도들이 기도를 게을리하고 멀리하거나 중단함으로써 기도의 특권과 특혜를 놓치고 있습니다. 스데반 집사가 죽는 순간에 부르짖어 기도함으로 그 기도는 처참한 상황 속에서도 그의 영혼에 생기를 불어넣어 주었고 그는 영광스럽게 승리하며 순교할 수 있었던 것입니다. 기도는 이렇게 우리를 모든 처지에서 완벽하게 승리하게 합니다.

스데반 집사는 "주 예수여 내 영혼을 받으시옵소서" 했습니다.

이 기도는 예수께서 거룩한 죽음을 당하실 때 하셨던 기도와 같습니다. 성령으로 말미암아 거듭난 성도는 때가 되어 이 땅에서 생을 마감할 때에 우리의 영혼과 몸이 분리되어진다는 것을 압니다. 그러나 예수 그리스도를 알지 못하는 사람들은 그 허물과 죄로 인해 영적으로 죽은 자들이므로 자기 영혼의 존재도 모릅니다. 따라서 그들은 죽은 후에 영혼이 육체에서 분리되어 영원한 지옥으로 떨어진다는 것도 모르거나 부인합니다.

스데반 집사는 자기의 영혼이 이제 이 땅에서 천국으로 가게 됐음을 알았고 그 영혼을 주께 부탁합니다. 죽는 순간에 그 영혼을 주께 부탁할 수 있는 자들이야말로 그리스도의 사람입니다. 즉 천국시민인 것입니다.

아무리 오래 신앙생활한 사람이라도 자기가 죽을 때에 천국에 간다는 확신이 없다면 그는 구원받은 사람이라고 할 수 없습니다. 과거에 신앙의 곡절이 있었을지라도 죽을 때만큼은 내 영혼이 천국에 들어가는 것을 확신할 수 있어야 하며 스데반처럼 천국의 문이 열리고 주님이 나를 맞으시려고 기다리는 것을 볼 수도 있어야 합니다.

여기서 스데반 집사는 그가 죽어가면서 천국의 존재에 대해 다시 한 번 모든 사람들에게 확실히 증거한 것입니다.

여기서 또한 우리가 분명히 알아야 할 것이 있습니다.

영혼이 곧 사람이라는 것입니다. 그러므로 우리의 큰 관심사가 아닐 수 없는 **삶과 죽음은 우리 영혼의 관계에서 생각해야만 합니다.** 스데반 집사는 육신은 비참하게 깨지고 그 형상이 사라져버리나 "주여, 나의 영혼을 받아주소서"라고 했습니다. 이와 같이 우리가 살아있는 동안에 **비록 육신은 헐벗고 굶주릴지라도 영혼은 건강해야 합니다.** 육신은 고통을 당하지만 **영혼은 평안하도록 해야 하는 것**입니다.

우리가 죽을 때에 육신은 깨진 그릇처럼 돼버리지만 **영혼은 영광의 그릇으로 나타나야** 하며, 육신은 패하지만 **영혼은 완전한 승리를 거둬야** 합니다. 그러므로 **우리는 육신을 위해 애쓰는 것 이상으로 영혼이 건강하고 영광스러운 승리자가 되도록 힘써야 합니다.**

여기서 또한 우리가 깨달을 것은 **우리 주 예수 그리스도야말로 우리 자신을 진정으로 의탁할 수 있는 분**이라는 사실입니다. 그 예수만이 우리의 영과 육을 진정으로 안전하게 맡아주실 수 있는 분입니다. 그러므로 우리가 죽게 될 때에 **그리스도를 바라보는 것**이 참으로 중요합니다.

그의 허락 없이 우리는 이 세상에서 죽을 수도 없으며 더욱이 천국으로 들어갈 수가 없기 때문입니다. 우리가 이 땅에 사는 동안에도 **끊임없이 주님의 은혜를 받아야** 하지만 죽음의 순간에서야말로 주님의 도우심을 받아야 합니다. 그러므로 **이 예수 그리스도와 긴밀한 관계를 가지는 것**이야말로 무엇보다 중요합니다. 그렇지 못한 사람들은 **죽는 순간에 그동안 전혀 맛볼 수 없었던 절망과 두려움과 실패감을 맛보며 영원한 지옥으로 들어가게 될 것**입니다. 왜냐하면 그는 자신을 이 그리스도에게 전적으로 맡길 수 없는 자이기 때문입니다.

우리가 평소에 늘 주님을 찾고, 주님께 기도하고, 주님께 나 자신을 맡기고 살아가는 것이 얼마나 중요한지 알아야 합니다.

우리가 임종 시에 예수 그리스도께서 우리 영혼을 받으시는 것이야말로 우리가 관심을 가져할 중대한 일입니다. 그것은 또한 우리에게 **가장 큰 위로**가 됩니다.

우리는 **그리스도께 우리 영혼을 매일 의탁하여 다스림을 받고 성화되도록 힘쓰면서 하늘나라를 준비해야** 합니다. 이렇게 하지 않으면 그리스도께서 우리 영혼을 받으실 수 없습니다. 만일 살아있는 동안 이 일에 우리가 관심을 갖는다면 우리가 영원한 집에 거하게 될 것이라는 사실은 우리가 임종할 때 우리 자신에게 큰 위로가 될 것입니다.

평소에 이렇게 날마다 주님께 자신을 의탁하고 그의 다스림을 겸손히 받아들이고 성화되기를 힘쓰지 않은 사람들은 그가 아무리 예수 믿은 자라고 말할지라도 임종 시에 영원히 주님의 품에 안길 것이라는 확신을 가질 수 없으며 큰 위로를 받을 수 없습니다. **심은 대로 거두는 것입니다.**

그러므로 **우리는 날마다 주님께 자신을 의탁하고, 주의 말씀을 청종하여, 지킬 것을 지키고, 회개할 것을 회개하며 할 일을 성실하게 함으로써** 그리스도가 내 영혼을 받으실 수 있도록 충실하게 준비해야 합니다.

스데반 집사는 임종하기 앞서서 **자기를 박해하는 사람들을 위한 기도로** 그의 생의 마지막을 장식합니다.

> **60** 무릎을 꿇고 크게 불러 이르되 주여 이 죄를 그들에게 돌리지 마옵소서 이 말을 하고 자니라

그는 "**무릎을 꿇고 큰 소리로 부르짖어 기도했다**" 했습니다.

무릎을 꿇었다는 것은 그가 **기도하기 앞서서 주님 앞에 겸손한 자세를 취했다는 것이고, 큰 소리로 부르짖었다는 것은 그의 간절한 요구**를 뜻하는 것입니다.

스데반 집사는 그가 **자신을 위해 기도할 때보다 자신을 박해한 자들을 위한 기도에서 더더욱 겸손하게, 또 간절하게 기도했습니다.** 스데반 집사는 자신을 위해 기도할 때에도 진실한 마음으로 간절히 기도했으리라는 것을 의심할 수 없습니다.

스데반 집사는 왜 죽어가는 마당에서 자기를 박해하는 자들을 위해 그렇게 기도할 필요가 있었을까요? 그 이유는 **타락한 본성을 지닌 자들을 위한 기도**였기 때문입니다. 스데반이 죽어가면서도 그들을 위해 간절히 기도하지 않으면 그들은 끔찍한 형벌을 받을 것이기 때문에 그렇게 한 것입니다. 참으로 놀라운 신앙이 아닐 수 없습니다.

나중에 로마 황제들에게 핍박을 당해 죽임을 당한 성도들도 **천사와 같은 얼굴로 찬양하면서 자기들을 위해 기도하면서 죽어간 먼저 된 성도들을** 보면서 큰 충격을 받았고 성령의 역사로 하나둘 예수 믿게 되어 카타콤, 즉, 지하 교회를 이루었습니다.

예수 그리스도와 그 종들을 극심하게 핍박하는 자들이 **이러한 거룩한 성도들의 간절한 기도에 의해 구원 얻을 수 있었던 것이었습니다.**

스데반 집사의 이러한 간절한 기도에도 불구하고 **그들이 계속 악을 저지른**

다면 그 기도가 **오히려 그들의 머리위에 뜨거운 숯불을 쌓는 것이 됩니다.** 그리스도와 복음을 대적하는 자들은 이것을 명심해야 합니다.

불신자들과 우상숭배자들에 대한 그리스도인들의 간절한 기도는 **그들이 그리스도 앞에 회개하고 돌아오면 큰 은총을 누리게** 되지만 그들이 하나님의 긍휼을 베푸심에도 불구하고 계속 악을 저지른다면 **그 신자들이 그들을 위해 기도해준 것만큼이나 무서운 형벌이 임하게 될 것입니다.**

스데반 집사는 "**주여 이 죄를 저들에게 돌리지 마옵소서**" 했습니다.

여기서 스데반은 **예수님의 본을 따르고** 있습니다.

예수님도 그 박해자들을 위해 "**아버지여 저들을 용서하옵소서**" 하고 기도했습니다. 예수님은 **예수님을 인해 고통 받는 모든 제자들에게 그들을 박해하는 자들을 위해** 그렇게 기도해야 할 것임을 본을 보여주신 것입니다.

기도는 또 하나의 설교가 되기도 합니다. 스데반 집사의 **기도는** 돌로 치는 자들 모두에게 **능력 있는 설교가 되었습니다.**

스데반은 자기가 기도하려는 것을 알게 하려고 **그들 앞에서 무릎을 꿇었고, 그들이 듣게 하려고 큰소리로** 부르짖었습니다.

한 사람이 죽음의 순간에서 하는 최후의 한마디는 참으로 중요하며 그것을 듣는 자들에게 강렬한 느낌을 줍니다. 스데반은 자기를 죽이는 원수를 사랑하고 최후까지 그들을 아끼는 모습을 보여줄 뿐만 아니라 **그리스도 신앙은 이렇게 원수를 사랑하는 것임을 확실하게 깨우쳐주었습니다.**

그리스도인은 하나님에 대해 그 어떤 것에도 굴하지 않는 강한 믿음을 가지는 동시에 사람들에 대해서는 진정한 사랑을 가지는 것입니다.

이 위대한 스데반 집사의 기도는 **확실하게 응답**되었습니다. 나중에 **바울의 회개는** 그야말로 이 기도의 열매 중의 열매였던 것입니다.

어거스틴은 말하기를 "스데반의 기도가 아니었다면 기독교회가 바울을 소유하지 못하였을 것이다" 했습니다.

그러므로 **우리를 미워하고 핍박하는 자들을 위해 그리스도의 사랑으로 기도해줄 때 그것이야말로 효과 있는 설교가** 됨을 알고 기도를 통해 우리를 핍박하는 자들에게 그리스도와 그 사랑을 깨우쳐주어야 합니다.

그들이 계속 악을 저지른다면 그들의 죄가 그들에게 돌려지게 될 것을 아는 스데반은 그들이 깨닫고 회개하여 무서운 진노를 당하지 않기를 구했습니다. 이것이 바로 **충성된 그리스도의 종들이 죄인들을 위해 할 일이며 마땅히 가져야 할 마음의 자세입니다.**

그들의 죄는 극악했지만 회개하면 용서받을 수 있음을 스데반의 기도를 통해 알 수 있습니다. 만약 그들이 진심으로 회개한다면 하나님은 그 죄에 대한 책임을 묻지 않으십니다.

특히 오스틴(AUSTIN)은 말하기를 "스데반이 기도하는 내용을 바울이 들었을 것이고 당시에는 그것을 비웃었을 것이나 **그 기도의 은혜를 입어 더 훌륭한 전도자가 된 것이다**" 했습니다. 바울과 같이 나중에라도 진정으로 회개하고 돌이키면 스데반의 기도가 그에게 성취되어 용서받고 더 큰 은총을 입을 수 있는 것입니다. 그러나 **종래 회개하지 않는 자들은 그들이 저지른 극악한 죄악과 스데반이 그들을 위하여 간절히 기도한 것만큼이나 무서운 진노를 당하지 않을 수 없었던 것입니다.**

이제 스데반 집사의 **임종의 모습**을 봅니다.

"**이 말을 하고 자니라**" 했습니다.

선한 사람에게 있어 죽음은 잠에 불과합니다. 그것은 영혼의 잠이 아니라 육신의 잠입니다. **그리스도 안에서의 죽음이야말로 모든 인생의 슬픔으로부터 진정한 휴식이며 모든 수고와 고통으로부터의 완전한 쉼이기도 합니다.**
스데반 집사도 보통사람들처럼 죽었으나 **그의 죽음은 영원한 고통의 죽음이 아니라 진정한 휴식의 잠인** 것입니다.
그는 박해자들을 위해 기도하고 진정한 잠이 들었습니다. **우리도 죽을 때 모든 사람에 대한 사랑을 품고 평안히 죽을 수 있음을** 보여준 것입니다. 그렇게 함으로써 우리는 진정 **화평의 그리스도를 만나게** 되는 것입니다.
스데반 집사는 잠들었습니다.
라틴어 성경에서는 "그가 주안에서 즉, 그의 사랑의 품에서 잠들었다"고 기록되어있습니다. 우리도 이 스데반 집사처럼 **언제 어디에서 죽음을 맞이하든지 그리스도의 사랑의 품에서 평안하게 잠들어야** 할 것입니다.

제 36 강

교회에 임한 박해와 사울

행8:1~3
1사울은 그가 죽임 당함을 마땅히 여기더라 그 날에 예루살렘에 있는 교회에 큰 박해가 있어 사도 외에는 다 유대와 사마리아 모든 땅으로 흩어지니라 2경건한 사람들이 스데반을 장사하고 위하여 크게 울더라 3사울이 교회를 잔멸할새 각 집에 들어가 남녀를 끌어다가 옥에 넘기니라

> *1 사울이 그의 죽임 당함을 마땅히 여기더라 그 날에 예루살렘에 있는 교회에 큰 핍박이 나서 사도 외에는 다 유대와 사마리아 모든 땅으로 흩어지니라*

예수께서 제자들과 작별하실 때 **"너희는 곡하고 애통하겠으나 세상은 기뻐하리라**(요16:20)" 말씀하셨습니다. 그 말씀이 여기에 이루어지는 것을 볼 수 있습니다.

사울은 **"그의 죽임 당함을 마땅히 여겼다"** 했습니다.

사울은 스데반의 죽음으로써 예수교의 성장이 중지되기를 바랐습니다. **사울은 스데반의 피에 대한 죄의 책임을 스스로 기꺼이 졌습니다.** 스데반을 죽인 사람들과 같이 **기쁘고 만족한 심정으로 참여**했던 것입니다.

여기서 **사울이 얼마나 기독교 복음을 미워했었는지를 볼 수 있습니다.** 이렇게 복음을 극심하게 대적하던 원수가 후에 개종하게 된 사실은 **우리 기독교 복음의 위대성**을 분명히 보여주는 것입니다.

사울과 스데반 집사의 죽음은 깊은 연관성이 있습니다.

사람들이 스데반 집사를 죽게 했을 때 그들은 죄가 없고 스데반이 악하다고 한 사람이 바로 사울이었습니다.

"그 날에 예루살렘 교회에 큰 핍박이 났다" 했는데 그것의 주동자도 사울이었습니다. 여기는 이렇게만 나와 있지만 나중에 사울이 **성전 안에 들어가 성도들을 매로 때리고 죽이기도 했다** 했습니다. 또한 **남쪽 유다 전체를 샅샅이 찾아다니고 다메섹까지 가서 예수 믿는 자들을 색출해서 처벌을 받게** 하

기도 했습니다. 남쪽 유다뿐 아니라 사마리아, 갈릴리, 다메섹까지 간 것을 보면 사울이 당시 **얼마나 악질적으로 예수 믿는 사람들을 핍박했는가**를 알 수 있습니다.

그런데 **하나님은 이렇게 악질적인 사울을 다름 아닌 그 스데반 집사의 후임으로 세우셔서 스데반 집사가 겪었던 것과 비교할 수 없는 고난을 겪어가면서 세계복음화의 주역이 되게 역사하셨습니다.** 참으로 **전도를 위해 치밀하고 놀랍게 섭리하고 계시는 주님**을 알 수 있습니다.

하나님은 복음전파를 위해 모든 역사를 만들어 가십니다.
모든 것은 복음전파를 돕는 것에 불과한 것입니다. 우리가 이런 놀라운 전도하는 일에 부름을 받고 쓰임 받고 있다는 사실이 **얼마나 영광스러운 일인지** 모릅니다. 전도자의 인생은 **당시의 인류역사에서 그 누구보다도 주역하는 인생을 사는 것입니다.**
이러한 전도를 **정직하고 충성되게 감당하는 자는 이 땅에서와 영원히 최상의 복이 약속되어 있습니다.** 그러므로 **우리는 전도가 얼마나 귀한 일인지를 분명히 알고 충성을 다해야 합니다. 전도를 위해서는 어떤 희생도 감내할 가치가 있는 것입니다.**

그 때에 사도들만은 예루살렘에 남아있었으니 이것은 **예루살렘 교회의 기초를 더 든든히 하기 위한 것**이었습니다. 예루살렘 교회는 **모든 교회의 모체로서 그것을 공고히 하는 것은 당연한 일입니다.**
사도들이 예루살렘에 머물 이유에 대해 엥겔은 말하기를 "그들이 그 핍박 중에 그 예루살렘에 머무른다는 것은 더 위험한 일이었다. 그러나 그들은 자신들의 안전을 도모할 생각이 없었고 그 위험에 직면할 작정이었다. 그것은 그들의 신앙이 참으로 굳세었기 때문이었다. 교회 전체의 일을 고려한다면 차라리 그들이 피신하여 목숨을 건지는 편이 더 필요하다고 생각할 수 있었을 것이다" 라고 했습니다.
이 성령충만한 사도들은 목숨을 아끼지 않고 위험에 직면할 뿐만 아니라 교회를 든든히 세워나가기를 힘썼던 것입니다. 그들의 이러한 **목숨을 거는 충성**으로 말미암아 예루살렘 교회는 **결코 사라지지 않고 건재**하게 되었습니다.

하나님의 사람들이 선한 뜻을 품고 하나님의 뜻을 따라 순종하고 충성하며 희생하는 그 모든 일은 결코 어느 하나라도 헛된 것이 없습니다. 반드시 우리 주 하나님께서 함께하심으로 아름다운 열매가 맺혀지는 것입니다. 그러므로 우리는 어떤 환난과 핍박 앞에서도 **인간적인 논리와 사고방식에 빠질 것이 아니라 하나님의 뜻이 무엇인가를 명확하고 오직 그 뜻을 따라 처신해야 합**니다. **이런 사람은** 언제 어디서나 거룩한 열매를 맺게 됩니다.

"흩어지니라" 했습니다.

예루살렘에 더 이상 남아 복음을 전파하기보다 다른 동네로 가야만 했음을 보여줍니다. 사도들 외에는 유다와 사마리아와 모든 땅으로 흩어졌다고 했는데 **이것이야말로 성령께서 때가 되매 그들을 더 많은 곳으로 나가 복음을 전파케 하신 것**이었습니다.

평신도들도 사도들 못지않게 성령충만했으므로 죽음을 두려워하지 않고 끝까지 예루살렘에 남아 교회를 지키고자 했지만 하나님은 **다른 곳으로 나가 활발하게 복음을 전하도록** 하신 것입니다.

성령께서는 때로는 **극심한 핍박으로 흩어지게 하시고, 급하게 다른 곳으로 도망하는 형태를 통해서도** 복음이 전파될 곳에 전파되게 하시며 **특별한 방법을 통해** 우리의 할 일을 하게 하십니다. 그 전도자들에게는 인간적으로 고통스러울 수 있으나 그것은 **신속하게 다른 곳으로 가서 복음을 전하라는 하나님의 섭리**인 것입니다.

하나님은 각 나라 민족에게 복음을 전하실 뜻을 이루시기 위해 **사도 바울이 될 사울을 스데반과 연결지어 주셨습니다.** 스데반 집사의 순교를 시발로 성령충만한 자들이 사방으로 흩어져 복음을 전하게 되었는데 바로 그 선봉에 바울을 세우는 작업을 성령께서 이미 하고 계셨던 것입니다.

초대교회의 **무서운 박해는** 천국이 확장되는 일에 **매우 유익한 일로 사용되**고 있습니다.

어떤 주석가는 말하기를

"스데반이 당한 박해는 옛 교회의 발전을 가져온 중요성을 가진다. 스데반이 구약성경을 가지고 유대인들이 잘 알아들을 수 있도록 복음을 전했음에도 불구하고 그들은 순종하기를 거절했다. 그러므로 복음은 더 이상 팔레스틴 유대인들에게는 전파되지 않을 작정이었다"고 했습니다.

스데반을 무자비하게 죽인 유대인들은 그의 전도를 발로 걷어찼으나 결국 그들의 행위는 **그 복음이 이방세계로 전파되도록 적극 돕는 것**이 되었습니다.

어리석고 악한 자들은 사단의 조종을 받아 하나님과 복음에 대해 끊임없이 악을 저지르나 그들이 그렇게 하는 만큼 하나님은 그 모든 것을 역으로 이용하여 복음을 더욱더 많은 사람에게 효과적으로 전파되게 하십니다.

하나님의 교회에 대한 핍박은
1) 복음진리를 멀리 보내는 바람과 같고,
2) 성도들의 믿음의 불을 부채질하는 바람과도 같습니다.

그러므로 교회와 복음에 대한 환난이나 핍박은 오히려 믿음 안에서 기뻐하며 감사하며 받아들여야만 할 일입니다. 모든 복음전파자들은 이런 신비롭고 놀라운 하나님의 지혜와 권능의 역사 아래서 사역하는 것입니다.

2 경건한 사람들이 스데반을 장사하고 위하여 크게 울더라

스데반의 죽음은 사람들 즉, 경건한 사람들에게 큰 슬픔이 되었고 그들은 그를 엄숙하게 장사하고 그를 위해 "크게 울었다" 했습니다.

스데반 집사는 거룩한 하나님의 뜻을 따라 가장 위대한 결말을 장식했는데 그럼에도 그의 비참한 죽음이 다른 성도들에게는 인간적으로 충격을 주지 않을 수 없었습니다. 성령충만한 자들이라 할지라도 여전히 인간이므로 충격을 받으면 놀라고 슬퍼할 수 있습니다. 그러나 그들의 슬픔은 결코 불신과 실망과 원망에 의한 것이 아니었습니다.

그들은 스데반 집사가 받은 고통을 부끄럽게 여기지 않았으며 그 원수들의 분노를 두려워하지도 않았습니다. 즉, 그들이 스데반 집사의 주검 앞에서 슬피 우는 것을 그 핍박하던 자들이 알면 극심하게 핍박할 수도 있었지만 그런 것을 조금도 두려워하지 않았습니다. 지금은 저들이 승리하는 것 같지만 스데반의 죽음은 의롭고 거룩한 것이었으며 놀라운 열매가 나타날 것을 그들은 의심하지 않았습니다.

이 성도들은 복음을 위한 첫 순교자이며 예수 그리스도의 신실한 종인 스데반 집사에게 최대의 경의를 표한 것입니다. 스데반 집사의 비참한 죽음에도 불구하고 그에 대한 기억은 그들에게 언제나 가장 고귀한 것으로 남아있었습니다. 또한 이들은 스데반 집사가 보여준 본을 잊지 않고 그 뒤를 따라 그리스도의 충성된 종이 되어 그들도 언젠가 순교를 당했을 때는 스데반 집사와 같이 영광스러운 승리를 거두었을 것이 분명합니다.

이 성도들은 육신적으로는 슬퍼했으나 죽은 자의 부활과 영원한 낙원에서

의 영광에 대한 믿음과 소망을 입증했습니다. 단지 신실하고 충성된 종 스데반 집사와 이 세상에서 이별한 것이 슬펐을 뿐입니다.

어떤 이들은 스데반 집사가 천국에 가서 가장 큰 상을 받을 사람인데 왜 우느냐고 말할지 모릅니다. **성도의 죽음은 그야말로 천국에 들어가는 입장식**입니다. 사실 나팔을 불고 박수를 쳐야 합니다. 그러나 인간적인 정도 있습니다. 그동안 같이 먹고 훈련하며 주의 일에 땀 흘려 수고했는데 돌에 맞아서 으깨져서 죽는다면 인간적으로 어찌 통곡이 나오지 않을 수가 있겠습니까? 나와 생사고락을 같이한 동역자와 **기뻐할 때 같이 기뻐하고, 울 때 같이 울고, 축하할 때 같이 축하할 줄 알아야** 합니다.

인간이기에 성숙하지 못하여 때로는 감정적으로 부딪칠 때가 있습니다. 말다툼 중에 자극적인 말을 들었다고 그것을 오랫동안 잊지 못하고 상처로 가지고 있으면 안 됩니다. **금방 풀어버리고 그것으로 끝내야** 합니다.

▌**3 사울이 교회를 잔멸할쌔 각 집에 들어가 남녀를 끌어다가 옥에 넘기니라**

스데반의 순교로 시작된 **사울의 적극적인 초대교회 박해**가 소개됩니다.

스데반을 죽인 자들 중에서 아무도 벼락을 맞아 죽는 사람이 없었기 때문에 그들의 마음은 악을 저지르는데 더욱 담대해졌습니다. 그러나 하나님께서는 **그들 중에 선봉에 섰던 사울이라는 자를 벼락을 맞는 것보다 더 분명하게 그리스도 앞에 꼬꾸라뜨리는 일을 시작**하셨습니다. 탁월한 일꾼을 영적으로 꼬꾸라프려서 누구보다 충성된 그리스도의 일꾼으로 삼으신 것입니다. 하나님의 지혜와 섭리는 이토록 놀랍습니다.

또한 **남은 제자들은 스데반 집사를 보고 더욱 담대했고 박해를 받으면 받을수록 용기를 내어 복음을 전했습니다**. 스데반의 죽음은 **가장 탁월한 그의 후계자요, 그리스도의 종인 사울을 발탁함**이 되었고 남은 제자들에게는 **더 큰 용기와 열심을 불어넣어주었습니다**. 그야말로 **더욱 많은 영혼을 구원하는 일이 된 것**입니다.

예루살렘 교회가 뿌리를 내리려고 하자 **본격적인 박해의 대상**이 되었습니다. 전에 예수님께서 **말씀 때문에 시련과 박해가 일어날 것**이라고 이미 예언한 것과 일치합니다. 또한 예수님께서는 **예루살렘이 그를 따르는 자들에게 어디보다도 견디기 어려운 곳이 될 것임**을 말씀하셨습니다. 왜냐하면 그 도시는 일찍이 선지자들을 죽이며 하나님의 일꾼들을 돌로 쳐 죽이는 곳으로 유명했기 때문입니다(마23:37).

스데반 집사의 순교 이후에 예루살렘 교회에 오게 된 이 극심한 박해에서 많은 성도들도 순교를 당했습니다. 그것은 사울이 예수 믿는 사람들을 먼데까지 가서 색출하여 때리기도 하고 죽이기도 했다는 사실에서 알 수 있습니다.

그리스도의 교회가 출발한 예루살렘이 가장 극심한 박해의 대상이었다는 것은 당연한 일입니다. 예루살렘 교회는 많은 순교자가 나타났으나 오히려 이것이 도화선이 되어 많은 전도자들이 각지로 퍼져나가 전도하게 되었고 점점 더 많은 그리스도의 교회가 세워졌습니다. 사탄은 어떻게 해서든지 이것을 막기 위해 갖은 방법으로 역사하며 예루살렘 교회를 박멸하려고 했으나 오히려 그것은 그리스도의 교회가 더 멀리, 더 많이 퍼져나가도록 적극 돕는 일이 된 것입니다.

사탄이 아무리 꾀를 부리고 모든 힘을 동원하여 복음전파를 막으려 하지만 한 번도 자기 목적을 달성한 적이 없습니다. 오히려 그렇게 하면 할수록 복음은 더 활발하게 더 많은 사람에게 전파되었으며 승리의 영광은 언제나 예수 그리스도께로 돌아갔습니다.

이것을 아는 우리들은 복음을 전파함에 있어서 그 어떤 것도 두려워하지 말고 어떤 장애물이 있어도 중단하지 말아야 합니다. 환난과 핍박이 왔다 하여 주저하거나 멈춘다면 그것이야말로 그리스도께 돌아갈 영광을 사탄에게 선사하는 것이 됩니다. 그것은 참으로 불충하기 그지없는 일이요, 큰 죄악이 아닐 수 없습니다.

복음전파자들은 그야말로 "죽으면 죽으리다" 하고 충성해야 합니다.

그 어떤 이유로도 복음전파를 중단하거나 퇴보해서는 안 됩니다. 더욱이 교회의 지도자들이나 성도들이 복음전파 하는 것을 방해하거나 중단시킨다면 그처럼 큰 죄인이 없을 것입니다. 그러나 종종 그러한 자들을 우리는 얼마든지 볼 수 있습니다. 나도 모르는 사이에 이런 사탄의 도구가 되지 않도록 깨어있어야 합니다.

박해의 주동인물이 분명하게 소개되고 있습니다.

바리새인 사울은 복음이 이스라엘에서 완전히 축출되기 바랐고 예수 이름조차 더 이상 기억되지 않게 하려고 애썼습니다. 사울은 제사장들이 그들의 목적에 가장 알맞은 자로 여길 정도로 가장 효과 있는 도구였습니다.

사실 사울은 당시 가장 학식 있는 학자요, 교양 있는 자였으며 적극성이 있는 사람이었습니다.

여호와 하나님에 대한 열심으로 시키지도 않은 일을 앞장서서 했습니다. **예수께서는 이런 사람을 족집게처럼 집어내어 사용하십니다.**

그는 **용감**하기도 했습니다. 체격이 훌륭하거나 체력이나 격투실력이 좋은 것은 아니었지만 **그는 어떤 용사보다도 용기가 있었고 적극성과 자기가 하고자 하는 일에 대한 투철한 인내심이 있었습니다.** 그는 **한 번 목표를 정했으면 끝까지 이루고야 마는 사람**이었습니다. 게다가 지식이 풍부했습니다.

주께서는 **이러한 조건들을 일일이 살피고 아셨으며 '내가 3년 반 동안 기른 어떤 제자들보다도 더 뛰어난 일꾼이 될 수 있겠구나' 판단하신 것입니다.**

하나님께서는 좋은 준비를 갖춘 사람을 어김없이 선용하십니다. 예수님의 열두 제자도 능력의 사도들이었으나 사도 바울만큼은 못했습니다.

사도 바울은 충성 면에서나 능력, 지식, 인격 면에서나 그 어떤 제자들보다도 우월했습니다. 하나님께서는 그가 제자가 되기 이전에 **여호와 하나님을 특심하게 섬기고 말씀지식이 충만하며 여호와께 충성하는 모든 준비들을 귀히 여기시고 그것을 하나님의 일에 선용하도록 바꾸셨던 것입니다.**

그러므로 **우리도** 평소에 하나님께서 귀히 쓰실 수 있는 조건들을 갖추는 일에 결코 게을러서는 안 됩니다. 얼마든지 공부할 수도 있고, 체력을 단련할 수도 있고, 재능을 키울 수도 있고, 인격을 연마할 수도 있는데 게을러서 그러한 것을 도무지 열심히 하지 않고 태만하다가 하나님께서 나와 함께하시면 다 된다 하며 시간과 은혜를 헛되이 하는 것은 올바른 자세가 아닙니다. 물론 하나님은 무식한 자도, 겁쟁이도, 아무 재주가 없는 사람도 능력의 도구로 사용하실 수가 있습니다. 그러나 그러한 것은 하나님께서 판단하고 결정하실 일이지 **우리 입장에서는 이미 하나님께서 주신 일반적 은총들을 최대한 활용하여 하나님께서 선용할 수 있는 조건들을 열심히 갖추어야** 하는 것입니다.

그러므로 우리 어린이들이나 학생, 청년들은 **열심히 공부해야** 합니다. 악기를 다루는 것이나 성악이나 기타 재능도 **열심히 연마해야** 합니다. **모든 필요한 교양도 갖추어야** 합니다. **인간적인 교육에 의해 인격과 습관을 가다듬는 것도 성실히 해야** 합니다. **여러 가지 필요한 경험도 갖추어야** 합니다. **하나님은 그렇게 성실하게 하나님이 주신 은혜 가운데서 자신을 준비하고 잘 가다듬는 사람을 더욱 귀하게 사용해주십니다.**

그렇다고 하여 무식한 사람, 못난 사람은 결코 하나님께 쓰임 받을 수 없다고 말해서는 안 됩니다. 하나님은 얼마든지 그러한 자도 들어 사용하십니다.

그러므로 하나님의 특별섭리에 의하여 무식하고 아무것도 내놓을 것이 없는 자가 충성하며 누구보다 앞장서서 귀하게 쓰일 때 우리는 결코 그러한 자를 무시하거나 차별해서는 안 됩니다. 그 또한 큰 죄악이 됩니다.

우리 그리스도의 일꾼들은 그 사람이 어떤 조건을 갖추었든지 하나님께서 그를 선택하여 사용하고 계신다는 것을 명심하고 그 누구도 업신여기거나 차별하거나 우월감에 빠져서는 안 됩니다.

오늘날 소위 큰 교회 목사라는 사람들이 작은 교회의 목사들을 은근히 업신여기고 무시하는 자들이 있습니다. 그런 사고방식에 젖어서 차별하고 그들이 마땅히 차지해야 할 권리마저도 빼앗는 자들이야말로 **누구보다 어리석고 못난 사람**입니다. 벼이삭이 크고 무르익을수록 그 벼가 깊숙이 머리를 숙이는 것처럼 **진정 성숙하고 누구보다 큰 은혜를 입은 자는 모든 사람들 앞에 더욱더 겸손해지는 법**입니다. 그것이 바로 **성숙했다는 증거**입니다.

하나님이 이루어 오신 전통과 역사를 무시하는 것도 하나님의 존재와 하나님의 권능의 역사를 무시하는 것이 아닐 수 없습니다. 사람은 누구나 몇 십 년 살다가 이 땅에서 사라집니다. 그러나 하나님은 영원 전부터 영원까지 계시며 이 창조하신 모든 것을 홀로 주관하십니다. 그러므로 **이 세상이 아무리 죄악으로 관영하다 할지라도 하나님이 이루어 오신 전통과 역사가 분명히 존재하며 그것이 인류 모든 역사의 뼈대가 됩니다.**

하나님은 몇 백 년, 몇 천 년 전에 약속하신 것도 반드시 이루십니다. 그리고 **이루시는 모든 것은 처음에 하나님께서 말씀하신 그대로 일맥상통하여 정확하게 이루어집니다.**

그러므로 하나님께서 이루신 전통과 역사는 소중히 여겨야 마땅합니다. 사탄은 이것을 부인하게 함으로써 하나님과 하나님의 그 모든 역사를 욕되게 하며 질서를 파괴하고 악으로 향하게 합니다.

제 37 강

사울의 박해와 흩어진 성도들

행8:3~4
3사울이 교회를 잔멸할새 각 집에 들어가 남녀를 끌어다가 옥에 넘기니라 4그 흩어진 사람들이 두루 다니며 복음의 말씀을 전할새

■ *3 사울이 교회를 잔멸할새 각집에 들어가 남녀를 끌어다가 옥에 넘기니라*

우리는 초대교회에 대한 사울의 박해를 보며 **독특한 사울의 모습**을 볼 수 있습니다.

"사울은 각 집에 들어갔다"고 했습니다.

그는 밤과 낮을 막론하고 **성도들의 집을 수색**했고 그 목적을 위해 **군대를 대동**하기도 했습니다. 그는 성도들이 집회처로 사용하거나 살고 있는 집, 조금이라도 그렇게 여겨지는 집들에 가차 없이 들어갔습니다. 여기에서 그 어느 성도들도 안전을 보장받을 수 없었습니다. 그토록 사울은 아주 철저하게 **그리스도인들을 색출**했고 믿는 남녀들을 **무자비하게 거리로 끌어내어 감옥에 넣었습니다**. 그들이 그리스도를 저버리지 않는 한 고문을 당하다가 죽게 하기 위해서였습니다. 그는 **그리스도를 향하여 모독하는 말을 하도록 강요**하기도 했습니다(26:11).

여기서 사울은 **대단히 적극적인 사람**이었던 것을 알 수 있습니다.
그리스도인들에 대한 사울의 박해는 매우 적극적이고 잔인했습니다.
그러한 그가 회개하고 예수 그리스도를 믿어 위대한 사도가 된 것은 전능하신 하나님의 능력의 역사가 아니고는 불가능한 일이었습니다. 하나님은 이렇게 아주 극심하고 완악하고 잔인하게 그리스도와 그리스도인들을 미워하고 대적하는 자들까지도 **뜻하시기만 하면 얼마든지 변화시키시고, 꼬꾸라뜨리시고 누구보다 앞장서고 충성된 그리스도의 일꾼이 되게도** 하십니다.

그러므로 우리 그리스도의 일꾼들은 **누가 극심하게 우리를 미워하고 대적할지라도 이런 하나님의 권능을 믿고 선으로 악을 상대하며 담대하게 나가야 합니다. 그 누구도 그리스도의 권능 앞에서는 꼬꾸라지지 않을 자가 없기 때문입니다.

그는 또한 **용감했습니다.**
그는 신체상 허약했음에도 불구하고 이런 일을 한 것을 보면 **용기가 대단한 사람**이었다는 것을 알 수 있습니다.
또한 그는 **대단한 인내심도 있었습니다.**
다메섹이라는 먼 곳까지 온갖 고생을 무릅써가며 그리스도와 복음을 핍박했던 것을 보면 알 수가 있습니다.
그는 **한 번 목표를 정하면 끝까지 달성하는 사람**이었습니다.
하나님은 그가 가진 이런 성품들을 보시고 그를 **변화시켜 어떤 사도들보다 탁월하고 충성된 일꾼으로 사용하신 것입니다.**

여기서 우리는 또 귀한 진리를 깨달아야 합니다.
하나님은 좋은 기질들을 갖춘 사람들을 변화시켜서 그 좋은 기질들을 최대한 활용하여 누구보다 크고 귀한 일을 감당하는 일꾼으로 쓰신다는 사실입니다. 사울의 그 **적극적인 기질과 용기와 인내심, 끝까지 자기의 목표를 달성하는 기질**이 하나님에 의하여 100% 사용된 것입니다.
따라서 우리가 하나님의 일을 할 때 **하나님께서 이렇게 귀하게 사용할 수 있는 좋은 기질들을 잘 갖추어야** 합니다. 게으른 자는 **부지런하고 열심 있는 것을 키워야** 하며, 소극적인 자는 **적극적인 것을,** 두려워 떠는 자는 **용기와 담대함을,** 우유부단한 자는 **한번 목표를 정하면 끝까지 이루는 인내심도 키워야** 합니다.

그런데 우리가 아무리 애써서 이런 좋은 기질들을 갖춘다 할지라도 **우리의 노력만으로는 여전히 부족함이 있기 마련**입니다. 그래도 하나님께서 때가 되어 나를 귀하게 쓰시고자 한다면 **하나님은 특별한 방법으로 나의 모든 부정적인 면을 극복하여 누구보다도 충성되고 능력 있는 종이 되게 하시는데 그것이 바로 성령충만함을 부어주시는 것입니다.** 성령충만한 자가 되면 아무것도 제대로 갖추지 못했던 자라도 모든 좋은 것을 갖춘 사람처럼 참으로 귀하고 능하게 쓰임을 받게 **됩니다.** 누구보다도 지혜와 지식이 출중하게 **되며,** 강하고 담대하게 **되며,** 부지런하고 충성된 자가 되며, 적극적이며 용감한 자가 되고, 그 누구에게서도 볼 수 없는 **인내심도 발휘하게** 됩니다. 뿐만 아니라 **하나님의 권능이 나타나게** 됩니다.

이렇게 하여 하나님은 **하나님이 누구이신지를 분명히 알게** 하며 **하나님의 말씀을 정직하고, 정확하게, 담대하게, 증거하게** 하십니다. 그렇게 하여 모든 악의 세력을 맞서 싸워나가며 항상 승리하게 하시는 것입니다.

하나님께서는 **하나님께서 선용할 수 있는 좋은 기질들을 갖추게 하기 위해 우리가 예수 믿기 이전이나 그 이후에 끊임없이 크고 작은 시련이나 환난들을 겪도록, 또는 어렵고 힘든 일을 하게** 하십니다. 사울은 누구보다도 그리스도와 그리스도인들을 잔인하고 철저하게 대적하고 핍박했는데 그것은 그 어떤 예수의 제자들보다도 온갖 고난과 핍박을 싸워 이기며 이방세계에 가장 탁월하게 복음을 전하는 자가 되게 하기 위한 하나님의 계획 속에서 이루어진 것이기도 합니다.

하나님은 귀하고 위대한 일에 쓰실 사람일수록 일찍이 여러 가지 방법으로 철저하게 훈련하고 연단하고 성장시키십니다. 그러므로 우리는 결코 안일하게 온실에서 사는 것을 기대해서는 안 됩니다. 그리고 **이런 하나님의 특별한 계획에 의해 우리가 훈련되고 연단되는 과정을 만나게 될 때 그것을 싫어하고 회피하면 안 됩니다. 하나님은 치료되고 훈련되고 연단된 사람을 더욱 귀하게 들어 사용하십니다**.

■ *4 그 흩어진 사람들이 두루 다니며 복음의 말씀을 전할새*

극심한 박해의 결과 그리스도인들은 모든 땅으로 흩어졌습니다. 성도들뿐만 아니라 모든 전도자들이 흩어졌고 **그들이 핍박을 벗어나 사방으로 서둘러 흩어지게 되는 것 또한 주님의 놀라운 섭리**였습니다.

그들은 **예수님이 가르쳐주신 법칙대로 즉, "너희를 박해하면 다른 곳으로 가라"** 하신 것을 기억하고 유대와 사마리아와 모든 땅으로 흩어진 것입니다. 결코 단지 고통 받는 것이 두려워 흩어진 것이 아닙니다. 그랬다면 예루살렘에서 멀지 않은 유대와 사마리아로 갈 것이 아니라 더 먼 곳으로 가야했을 것입니다. 그러나 **그들이 사방으로 흩어진 것은 그것이 바로 하나님의 섭리**였기 때문이었습니다.

이제 예루살렘에서 전도자들의 사명은 어느 정도 성공적으로 수행되었으므로 **다른 장소에서 전도할 것이 필요한 시기에 이르렀기 때문입니다. 주님의 뜻은 예루살렘뿐 아니라 유대와 사마리아와 땅 끝까지 이르러 예수 그리스도를 전파하는 것**이었습니다.

우리가 사명을 감당할 때 어려움을 당할 수 있는데 **그것은 우리의 사역의**

영역이 더 넓어지게 하려는 하나님의 역사라는 것을 기억해야 합니다. 그리스도의 복음이 전파되는 것은 결코 그 무엇도, 그 누구에 의해서도 중단될 수 없는 일이기 때문입니다.

만약 우리가 어떤 문제 때문에 복음을 전하는 일을 중단한다면 그것은 분명히 성령의 역사를 거역한 것입니다. 문제가 크고 핍박이 클수록 그리스도의 복음은 더 활기차게, 더 신속하게, 더 많은 사람에게 전파됩니다. 복음전파는 사람이 하는 것이 아니라 성령께서 하시는 것이기 때문입니다.

이 전능하신 성령의 역사를 의지하고 더욱이 성령의 충만함을 받고 일하는 일꾼들은 결코 복음 전하는 것을 중단하거나 게을리 하지 않습니다. 성령은 때때로 극심한 환난과 핍박을 이용하여 더 큰 권능이 나타나게도 하시고 더 효과적으로 더 많은 사람들에게 복음이 전파되게도 하시는 것입니다.

"사도들 외에 모든 전도자들이 흩어졌다" 했습니다.

사도들은 **성령의 지시에 의해** 얼마동안 예루살렘에 계속 머물렀습니다. 그들은 **하나님의 특별한 섭리에 의해** 엄청난 박해의 홍수 속에서도 하나님의 **특별하신 도우심과 보호하심으로** 꿋꿋이 박해에 맞설 수 있었던 것입니다.

사도들에게 전도 받고 훈련된 제자들은 사방으로 달려가서 복음을 전파했습니다. 이것은 마치 예수께서 자신이 가려고 계획했던 곳들에 제자들을 보내신 것과 같습니다. 사도들은 성령의 지시에 따라 아직 예루살렘에 머물고 있었으나 **세계 각처로 가서 복음을 전하고 모든 족속으로 제자를 삼으라는 명령을 결코 잊지 않았으며** 그들은 **또 다른 제자들을 각처로 보냈던 것입니다.** 이렇게 하여 **예수께서 뜻하신 대로 복음은 예루살렘에서부터 시작하여 온 유대와 사마리아와 땅끝까지 이르러 전파된** 것입니다.

우리는 이렇게 예루살렘 교회가 행한 것처럼 **성령의 지시에 따라 모든 것이 계획되고 수행되어져야** 합니다.

사도들은 **예루살렘 교회를 모태로 하여** 복음이 **질서정연하게** 멀리 전파되게 했으며 수많은 교회들이 세워지게 했습니다. 따라서 **그 교회들은** 어디까지나 예수께서 십자가에 죽으시고 부활하신 예루살렘을 시발로 하여 전 세계로 통일성 있고 질서 있게 건설된 것입니다.

초대교회는 이렇게 예루살렘 교회와 사도들을 중심하여 질서정연하게 확장되고 유지되었습니다.

흩어진 성도들은 고통 받는 것을 두려워하여 숨으려 하지 않았고, 또 자신들을 과시하고 드러내려 하지도 않았습니다. 그들은 흩어진 바로 그곳에서 그리스도의 복음을 전한 것입니다. 그들은 성령이 이끄시는 대로 이방인이 사는 곳과 사마리아 각처 등 어느 곳에서나 복음을 전했습니다.

그들은 서로 한 데 모여 있지 않고 사방으로 흩어져 복음을 전하는 것이 성령의 뜻이었음을 깨달았던 것입니다. 이제 그들은 인간적인 감정에 의해 안 일하게 지내려고 하거나 편리하게 일하려고 하는 마음을 배제하게 된 것입니다. 그들은 참으로 자기들이 해야만 하는 일거리들을 발견하고 사방으로 흩어져서 과거보다도 더 열심히 복음을 전했던 것입니다.

바로 이것이 예수를 영접한 자들에 대한 주님의 뜻입니다. 복음은 가까운 데부터 땅끝까지 이르러 전파되어야 하고, 남녀노소, 어느 족속을 막론하고 전해져야 함과 같이 복음을 믿고 그리스도의 사람이 된 자는 누구나 구원의 확신을 가진 그 순간부터 언제 어디서든지 복음을 전해야 하는 것입니다.

이들이 간 지역은 그들에게 결코 낯선 곳은 아니었습니다. 왜냐하면 제자들에게 그 지역들은 이미 익숙한 곳이었기 때문입니다. 예루살렘 교회 성도들은 이미 예수께서 닦아놓으신 길을 따라 활발하게 복음을 전파했습니다.

사실 어느 지역도 하나님의 통치영역에서 벗어나는 곳은 없습니다. 어느 곳에나 하나님의 선택된 자가 있는 것이 사실이라면 이미 그들에게 가는 길이 활짝 열려져 있는 것입니다. 복음전파자가 그 길을 통해 선택된 자들에게 나아갈 것을 그 누구도 막을 수 없습니다. 왜냐하면 그것은 이미 창조주께서 복음전파자들에게 열어놓으신 길이기 때문입니다. 그것을 막는 자는 누구든지 간에 하나님의 다스리심을 면할 수가 없습니다. 그러기에 각 나라 족속에게 가라고 주께서 명령하신 것입니다.

전도자들은 복음전파 하는 일에 제외된 지역이 결코 없다는 것을 명심해야 합니다. 천지만물을 하나님께서 창조하시고 주관하신다는 것을 믿는다면 땅끝까지 이르러 내 증인이 되라고 명하신 주님의 말씀을 따라 우리는 그 주님을 믿고 어디든지 담대하게 가야만 하는 것입니다.

우리 주님의 전지전능하심과 모든 것의 주관자이심을 믿는 자들은 어디든지 가서 어느 족속에게든 당당하게 복음을 전할 수가 있으며 이것은 주님만 믿고 의지하며 복음을 전하는 자들의 특권이요, 영광입니다.

많은 성도들이 이 특권과 영광을 스스로 포기하고 잃어버리고 있습니다. 참으로 크나큰 손실이 아닐 수 없습니다. 엄청난 축복을 놓쳐버리는 것입니다.

여기서 또한 우리들이 다시 깨달아야할 것이 있습니다.
복음은 복음을 가진 자가 찾아가서 전하는 것입니다.
이미 사탄에게 사로잡혀 있고 심령이 부패한 자가 스스로 복음으로 찾아올 가능성은 거의 없습니다. 그럼에도 불구하고 복음을 들어야 할 자들이 사방에 흩어져있으므로 복음을 가진 자가 두루 다니며 전해야 하는 것입니다.
따라서 우리는 **세계지리에 밝아야** 하며 **어디에 사람이 많은지, 적은지 등을 알아야** 합니다. 우리는 하나님이 어디로 가라고 하시든지, **가깝든 멀든, 산이든 바다이든 우리 마음에 감동을 주시고 명령을 주시면 어디든지 즉시로 갈 준비가 되어있어야** 합니다. 나 자신도 전도자가 내게 다가와서 복음을 전해줌으로 예수 믿고 구원 얻었음을 기억해야 합니다.

복음전파자는 성령의 인도를 따라 여기저기에 나아가서 들어야 할 자들을 만나는 것이 훨씬 효과적입니다. 복음전파자 한 사람이 여기저기 돌아다니며 수고하는 것이 수많은 사람들이 복음전파자에게 나오는 것보다 모든 면에서 훨씬 효과적입니다.
그렇다고 보면 복음전파자가 두루 다니며 시간과 물질과 정성을 쏟으며 전도할 때 그는 **많은 사람들이 그에게 복음을 듣기 위해 그들이 들여야 하는 시간과 정성과 물질을 대신 져주는 것**이 됩니다. 복음을 전해주는 그 자체만도 큰 상을 받을 일인데 이러한 것까지 주님은 감안하여 복음전파자에게 **상을 내리실 것입니다.**
그러므로 **우리 전도자들은 시간과 정성과 물질을 아낌없이 쓰며 가능한 한 더 많은 사람에게 나아가 복음을 전하는 일을 결코 인색해지 말아야 하며 더욱더 열심히 해야** 합니다. 복음을 전하느라고 시간과 정성과 물질을 사용하는 것이야말로 **가장 값지고 영광스러운 투자가** 되는 것입니다.

이 모든 일들은 **스데반의 순교**와 **바울의 핍박**으로 인해 활발하게 이루어진 것입니다. 참으로 **이 두 사람의 순교와 핍박은 이렇게 전도자들이 사방으로 흩어져서 더 활발하게 복음을 전하는 기폭제가 된 것입니다.**
우리 **하나님의 섭리는 이렇게 놀랍습니다.** 한두 사람을 통해 복음이 더 활발하게 폭발적으로 전파되게 하시는 **하나님의 지혜와 권능**을 잊지 마시기 바랍니다.

여기서 우리는 **스데반을 통한 놀라운 가르침을** 알 수 있습니다.
스데반은 메시아가 오셨으므로 율법과 선지서의 예언은 이미 이루어졌으니 이제 유대인들은 예루살렘 성전만을 붙들고 고집할 필요가 없고 **이제는 천하 어디에서나 그리스도로 말미암아 하나님을 섬길 수 있어야 된다**고 말한 것입니다.

이것은 나중에 바울이 **유대인뿐만 아니라 모든 이방인에게도 복음이 전파되어야 한다**고 한 설교와 일치합니다. 이것이 바로 **복음은 모든 민족에게 전파되어야 한다는 복음의 보편주의**입니다.

스데반이 바울보다 먼저 목숨을 던지며 **이 예수교 복음의 거룩한 비밀**을 유대인들 앞에 선포한 것입니다. 스데반의 설교는 **복음진리가 유대민족의 장벽을 뛰어 넘게 했고** 그의 희생으로 말미암아 복음은 전 세계로 뜨겁게 전파되게 한 것입니다.

참으로 스데반은 **위대한 전도자요, 바울의 첫 번째 위대한 스승**이었습니다. **평신도인 스데반이 가장 위대한 사도를 만들어낸 것입니다.** 그러므로 평신도라 하여 위대한 일꾼을 키울 수 없다고 생각해서는 안 됩니다.

극심한 환난과 핍박으로 흩어진 성도들이 활발하게 각처에 복음을 전했다고 한 것을 볼 때에 **전도는 교역자들에게 국한된 일이 아니고 일반 성도들이 활발히 해야 하는 일임**을 알 수 있습니다. 사도들도 그들이 순교할 때까지 각처로 나가서 활발하고 능력 있게 전도했으나 **훨씬 많은 수의 일반성도들이 더 많은 곳으로 더 많은 사람들에게 복음을 전파했습니다.** 그러므로 복음전파는 **예수 그리스도를 영접한 사람이라면 남녀노소를 불문하고 열심히 해야 합니다.**

건강한 교회는 교역자나 중직자뿐 아니라 예수를 믿기 시작한 사람들까지도 열심히 나서서 **전도하는 교회**입니다.

참으로 **성령께서 임재하시고 함께하시고 주관하시는 교회**라면 모든 믿는 자가 어떤 일보다도 전도를 앞세우고 변함없이 열심을 기울여야 합니다. 이러한 교회야말로 **성령이 친히 역사하시고 주관하시는 교회**입니다.

오늘날 많은 교회들이 이렇게 하지 않고 **교인들끼리 모여서 먹고 마시며 잔치하고 놀러 다니며 교회 바깥에 있는 사람들에게는 아무것도 나누어주지 않음으로 불신자들에게 아무 도움이 되지 않고 오히려 그들에게 비난과 적대심을 가지게 합니다.** 이것은 크게 잘못된 것입니다.

교회가 얼마나 전도를 열심히 하느냐 하는 것은 그 교회가 얼마나 건강한 교회인지를 보여줍니다. 전도할 줄 아는 성도가 증가됨이 없이 양적이고 외

형적인 성장은 큰 의미가 없습니다. 양적으로 성장하면서 점점 전도자가 많아진다면 그것은 참으로 칭찬할 만한 일이나 **진정으로 복음을 전하여 사람을 결신시키고 훈련하고 양육할 수 있는 전도자**가 증가함이 없는 외적인 성장만 있는 교회라면 칭찬받을만한 교회가 아닙니다. 단지 어떤 연유로 하여 사람들의 숫자만 불어나는 교회라면 그 교회는 출입하는 사람의 수는 많으나 **진정으로 예수를 믿고 신앙인으로서의 신령한 기쁨과 즐거움을 누리며 그것을 다른 사람들에게 열심히 전파하는 사람**이 증가하지 않고 있음을 의미합니다. 즉, **예수 믿는 사람들이 아니라 예수 믿는 사람 비슷한 사람, 또는 불신자만 많아지고 있는 것입니다.** 이들은 결코 복음을 정확하게 증거할 수 없습니다. 또 이들은 어느 때건 상황만 바뀌고 생각만 달라지면 그 교회를 떠날 것입니다.

진정 복음을 받아들이고 예수 그리스도를 믿어 성령세례 받은 자가 증가되지 못한다면 그 교회는 불신자들과 죄인들의 집단일 뿐입니다.

특별히 목사를 비롯한 교회지도자들은 **교인수가 몇 명인가를 따질 것이 아니라 지금 교회에 구원의 확신을 갖고 성도답게 살며 복음을 전할 줄 아는 자가 몇 명이 되는지를 항상 면밀히 따져봐야** 합니다. 우리 교회 안에 가나안으로 들어갈 자가 몇 명인지가 중요합니다. 우리는 천국 갈 자를 만들어야 할 뿐 애굽에서 사는 세상에 속한 자를 만드는 것이 아닙니다. 그들은 하나님을 섬기는 자들이 아니라 배반하고 대적할 자들이며 하나님을 기쁘시게 할 자가 아니라 진노하시게 할 자들입니다.

목사와 교회지도자가 이런 사람들만 양산하고 있다면 그가 하나님께로부터 받을 징벌이 얼마나 크겠습니까? **비록 교인 숫자가 더디게 증가할지라도 착실하게 한 사람, 한 사람에게 정확하게 복음을 들려주고 구원의 확신을 가지게 하며 그들이 하나님의 말씀을 성실히 배우고 지키도록 정직하게 도와야** 합니다. 숫자가 날로 불어나는 것을 자랑하고 교회 시설을 늘리는 것을 자랑하려는 어리석음과 시험에 빠지지 말아야 합니다.

목사와 일꾼들은 자기 이름을 나타내고 인기를 얻으려 하고 자기 이익을 도모할 것이 아니라 예수사람을 만드는 데 중점을 두고 일해야 합니다.

그렇게 하지 않는 일꾼이 바로 **삯꾼**인 것입니다.

제 38 강

흩어진 성도들, 빌립의 사마리아 전도

행8:5~11
5빌립이 사마리아 성에 내려가 그리스도를 백성에게 전파하니 6무리가 빌립의 말도 듣고 행하는 표적도 보고 한마음으로 그가 하는 말을 따르더라 7많은 사람에게 붙었던 더러운 귀신들이 크게 소리를 지르며 나가고 또 많은 중풍병자와 못 걷는 사람이 나으니 8그 성에 큰 기쁨이 있더라 9그 성에 시몬이라 하는 사람이 전부터 있어 마술을 행하여 사마리아 백성을 놀라게 하며 자칭 큰 자라 하니 10낮은 사람부터 높은 사람까지 다 따르며 이르되 이 사람은 크다 일컫는 하나님의 능력이라 하더라 11오랫동안 그 마술에 놀랐으므로 그들이 따르더니

▌ **5 빌립이 사마리아 성에 내려가 그리스도를 백성에게 전파하니**

여기서는 사도 빌립이 아닌 집사 빌립의 놀라운 사역이 소개되고 있습니다. 그가 복음을 전파하기 위해 나갔던 곳은 당시 대도시였던 사마리아 성이었습니다. 예수님께서 살아계셨을 때 그 성에 가셨으나 기적을 행하지는 않으셨음에도 당시 많은 사람들이 예수님을 믿었습니다. 이제 3년 후에 예수님께서 시작하셨던 일을 빌립이 이어받아 본격적으로 수행하게 된 것입니다.

유대인들은 사마리아인들과 대면도 하지 않았지만 예수님은 사마리아인들에 대한 경멸감과 적개심을 무너뜨리셨고 그들에게 복음을 전하심으로 거기에도 그리스도의 교회가 세워지게 하셨습니다.

빌립 집사를 통해 사마리아 사람들에게 복음이 전파되는 것을 특별히 언급하고 있습니다. 즉, 하나님께서는 **우리의 시선이 빌립 집사를 통하여 경멸의 대상이었던 사마리아인에게 놀라운 권능이 행사되며 복음이 전파되는 것을 주시하게** 하고 있습니다. 이제 복음은 **가장 천대받는 자들에게도 전파되게 함으로써 하나님은 그러한 자들도 유대인 못지않게 진정으로 사랑하고 계심**을 보여주며 우리 모든 후대전도자들이 복음을 어떻게 전해야 할지 분명히 가르쳐 주시는 것입니다.

이 빌립의 사마리아 전도이야기가 나온 후에 **바울의 이야기**로 넘어갑니다.

빌립이 유대에서 가까운 **사마리아에 가서 주의 권능으로 전도한 것처럼** 이제 바울을 통하여 하나님은 **더 먼 곳에 있는 우상을 숭배하는 사람들에게까지 복음이 전파되는 것을 보여주십니다.**

그리고 **빌립과 바울이라는 탁월한 전도자**를 보게 하십니다.

사방으로 흩어져서 전도하는 사람은 많았으나 하나님께서는 특히 빌립의 전도를 우리가 주목하게 하십니다.

전도자들이 모두 열심히 전도하지만 **하나님은 그들 모두를 예리한 눈으로 보시는 것**이며 우리 식으로 말하면 1등과 꼴등, 중간이 누구인지 다 보고 계십니다.

후대에 본보기로 하나님은 빌립을 택하여 성경에 기록하게 하신 것입니다. 분명히 빌립은 당시의 전도자들 중에 1등 전도자였던 것입니다.

우리는 여기에 대해서도 깊이 생각해야 합니다.

모든 전도자들이 다 주를 기쁘시게 하고 주께 상 받을 자들이지만 그 중에서도 특히 더 주님을 기쁘게 하고 더 큰 상을 받을 자들이 있다는 것입니다. 우리는 기왕이면 **좀 더 적극적인 생각을 해야 하며 선한 욕심을 가질 필요가 있습니다.** 기왕에 전도를 할 바에 스데반과 빌립 집사처럼, 더 나아가 바울처럼 해야 되겠다는 **간절함**과 **포부**를 가져야 합니다.

이것은 단지 더 큰 상을 받기 위함이라기보다 **우리가 저들처럼 더 충성되고 더 능력 있는 전도자가 된다면 그것은 곧 그만큼 더 많은 사람들을 구원 얻게 하는 일이 되기 때문**입니다.

주님은 제자들에게 **사람을 낚는 어부가 되게 하겠**다고 하셨는데 한두 사람을 낚는 어부보다는 천 사람, 만 사람, 수십만의 사람을 낚는 어부는 **분명히 그만큼 많은 사람들에게 사랑과 은혜를 베푸는 자가 됩니다.** 따라서 그는 누구보다도 주님께로부터 큰 상과 영광을 받게 되는 것입니다.

우리 모든 전도자들은 기왕이면 스데반과 빌립과 바울처럼 1등 전도자가 되기 위해 전심전력해야 하며 부르짖어 기도해야 합니다.

우리는 또 이런 생각을 해야 합니다.

지금 우리 눈앞에 수백수천의 사람이 물에 빠져 죽어가고 있다고 가정해보겠습니다.

그들이 살려달라고 울부짖는데 그 광경을 보고 있는 자는 나 혼자 뿐이라고 한다면 내가 그저 느릿하게 대충 그들을 살려 낼 수가 있겠습니까? **어떻게 해서든지 한 사람이라도 더 살려내려고 전력을 다해야** 합니다. 그런데 사전에 빠져 죽어가는 자들을 건져낼 수 있는 기술과 훈련을 잘 습득하여서 수십 명, 수백 명을 건져냈다면 이 사람이 얼마나 칭찬 받으며 상을 받겠습니까? 그 살아난 수십 명, 수백 명의 사람들이 이 사람을 얼마나 고마워하며 생명의 은인으로 여기겠습니까?

바로 우리는 이렇게 전도의 전문가가 되고 그 중에서도 1등이 되어야 합니다. 전도자라는 사람이 더 능력 있게 전도하기 위해 힘쓰지 않는다면 그 또한 게으르고 불충하며 지혜롭지 못하고 어리석은 종입니다.

"빌립이 사마리아 성에 내려가 그리스도를 전파하니" 했습니다.
빌립 집사는 예수 그리스도를 열심히 전했습니다.
그는 결코 다른 것을 섞지 않았습니다.
사마리아인들도 요한복음 4장 25절에 나타난 것처럼 메시야의 임재를 대망하고 있었고 빌립은 그들에게 그 메시야가 오셨음과 사마리아인들에게 그를 영접할 것을 가르쳐 준 것입니다.

우리 교역자들과 전도자들이 할 일은 예수 그리스도를 전하는 것입니다.
오직 예수만이 우리를 모든 죄악에서 구속하며 영육 간의 모든 문제를 해결할 진정한 구주임을 열심히 전해야 합니다. 결코 거기에 돈과 명예와 다른 것을 섞어서는 안 됩니다.

오늘날 많은 교회지도자들이 예수 그리스도를 전한다고 하면서 실제로는 돈 잘 벌고, 승진하고, 좋은 학교에 진학하고, 인간적인 것들을 앞세움으로써 예수 그리스도는 뒷전으로 밀려나게 하고 있습니다. 많은 교인들이 예배 때마다 예수 그리스도를 더 잘 알고 믿음을 가지고 그리스도인답게 살기를 원하여 나오는 것이 아니라 인간적인 관심사와 욕구를 충족시켜 주는 설교를 듣고자 모이는 경우가 많습니다.

그러한 사람들에게 위로를 주고 복을 빌어주며 긍정적인 설교를 하는 목사들이 많은데 그러느라고 모든 사람에게 무엇보다 절실하고 중요한 예수 그리스도는 뒷전으로 밀려나고 있는 것입니다. 이들의 설교를 듣는 자들은 예수 그리스도가 희미해져서 이러한 교인들은 진정한 그리스도인이 될 수 없습니다. 자기를 부인하고 자기 십자가를 지고 그리스도의 뒤를 따르는 자가 될 수 없습니다.

우리는 기회 있는 대로 끊임없이 예수 그리스도를 강력하게 증거해야 합니다. 사람들이 그 무엇보다도 예수 그리스도에게 관심을 갖고 가까이 나오며,

확실히 믿으며, 그의 가르침을 따르기 위해 자기의 모든 욕심과 인간적인 생각을 버리고 그리스도인답게 살기 위하여 손해도 보고, 포기할 것을 포기하고, 해야 할 것을 하면서 살게 해야 합니다.

대부분의 사람들이 그것을 싫어하고 멀리하며 도망간다 할지라도 우리는 그렇게 해야 합니다. 우리가 이것을 정직하게 수행함으로써 교회가 빨리 부흥되지 않거나 오히려 숫자가 줄어들고 있다면 그것은 결코 잘못하는 일이 아니며 주께서도 그러한 지도자를 책망하지 않습니다.

그리고 **지도자가 이렇게 정직하게 충성한다면 하나님께서 살아계시기 때문에 그 교회는 반드시 성령께서 함께하시며 성령의 도우심으로 건강하게 성장하며 구실을 하게 됩니다.**

성도 개개인이 확실히 주님을 영접하고, 주님을 주인 삼고 말씀을 성실히 지키며 각자가 할 일을 제대로 한다면 그 교회 구성원들이 진정한 평안과 기쁨과 사랑을 누리게 되며, 그 교회는 평안하고 성령의 권능을 힘입어 점점 더 많은 사람을 구원하게 되는 것입니다. 그러한 교회를 만드는 교역자야말로 주님께로부터 큰 상과 칭찬을 받게 됩니다.

> 6 무리가 빌립의 말도 듣고 행하는 표적도 보고 한마음으로 그가 하는 말을 따르더라 7 많은 사람에게 붙었던 더러운 귀신들이 크게 소리를 지르며 나가고 또 많은 중풍병자와 못 걷는 사람이 나으니 8 그 성에 큰 기쁨이 있더라

빌립 집사의 가르침을 확실하게 하는 증거는 기적이었습니다.
복음에 부수하여 일어나는 특징은 놀라운 기적들이 나타난다는 것입니다. 이것으로써 그 복음은 하나님의 진리임을 확실히 증거해 주는 것입니다.

빌립 집사는 **이 기적으로써 하나님은 결코 거짓이 없음을 보여준 것입니다.** 사람들 앞에 나타난 기적은 **결코 부정할 수 없는 사실**이었고 그들은 빌립 집사가 행하는 기적을 분명히 보았습니다. 그들은 빌립 집사가 **명령하는 소리**를 들었고 그 명령에 **즉시로 놀랄만한 결과가 나타나는 것**을 보았습니다.

기적은 하나님의 사람이 하나님께로부터 위탁받은 사실을 증명해주고 그 위탁을 빛나고 영광되게 합니다. 그러므로 **우리도 때때로 기적과 이적을 일으키는 것이 필요합니다.** 그 이적이나 기적은 그 자체가 목적이 아니라 복음과 말씀이 하나님의 진리임을 입증해 주는 중요한 수단이 됩니다.

그러므로 **진실하게 복음과 말씀을 전하는 자들에 의해 나타나는 이적과 기적을 존귀하게 여겨야 하며 결코 그것을 멸시하거나 대적해서는 안 됩니다.**

하나님은 이적이나 기적으로 하나님의 살아계심과 그 진리의 진정성을 시대마다 나타내 보여주셨습니다.

그러므로 진정한 예수의 사람들은 어떤 마귀의 교묘한 역사라도 두려워할 것 없이 어디든지 가서 복음을 전파하고 반드시 승리하게 됩니다. 진정 예수 그리스도의 사람이요, 성령충만한 사람이라면 실패란 있을 수 없습니다.

> 9 그 성에 시몬이라 하는 사람이 전부터 있어 마술을 행하여 사마리아 백성을 놀라게 하며 자칭 큰 자라 하니 10 낮은 사람부터 높은 사람까지 다 따르며 이르되 이 사람은 크다 일컫는 하나님의 능력이라 하더라 11 오랫동안 그 마술에 놀랐으므로 그들이 따르더니

시몬은 자신을 대단한 인물로 생각하고 있었습니다.
그는 **"자칭 큰 자라"** 했습니다.

시몬이 자기를 큰 자라고 말할 수 있었던 것은
첫째, 사람들이 다 그에게 청종했기 때문이었습니다.
낮은 사람부터 높은 사람까지, 젊은이나 노인이나, 부자나 가난한 자나, 통치자나 백성이나 다 그의 말에 순종했던 것입니다.

당시 이스라엘 백성들은 메시야가 오시기로 작정된 때가 다 되었다고 믿었기 때문에 이때쯤 어떤 위대한 사람이 나타날 것을 기대하고 있었는데 시몬은 이러한 기대감을 어느 정도 충족시켜 줄 수 있는 신통력을 발휘했던 것입니다. 사람들은 이렇게 어느 정도의 신통력을 발휘하기만 하면 그 사람을 쉽게 신성시하고 메시야처럼 생각하는 어리석음이 있습니다.

둘째, 사람들이 시몬을 가리켜서 "이 사람은 크다 일컫는 하나님의 능력이라" 했기 때문입니다.
여기 **"하나님의 능력"** 이라는 표현은 **"세상을 지은 능력"** 이라는 뜻입니다.
그들은 사탄이 한 일을 하나님의 능력으로 여겼던 참으로 무지하고 분별력이 없는 사람들입니다. 성경을 잘 알지 못하는 자들의 세계에서는 이렇게 **악마가 신으로 간주되고 섬김의 대상이 됩니다.**

요한계시록 13장에서도 보면 적그리스도의 왕국에서는 **"온 땅이 이상히 여겨 짐승을 따른다"** 했습니다. 또 **"용이 짐승에게 권세를 줌으로 짐승이 입을 벌려 하나님을 향하여 훼방한다"** 했습니다.

사탄이 자기의 사람들에게 신통력을 발휘하게 **하여 무지한 자들이 그를 메시야처럼 따르게** 하고 **신처럼 승상하게 만드는** 것입니다.

셋째, **그의 마술에 놀랐기 때문**이었습니다.

9절에 **"그가 마술을 행하여 사마리아 백성을 놀라게 했다"** 했습니다. 또 11절을 보면 **"사람들이 오랫동안 그 마술에 놀랐다"** 했습니다.

시몬의 마술에 놀란 사람들이 급속히 증가했고 시몬을 **하나님의 능력이라 일컫는 사람들이 많아진** 것입니다.

하나님의 허락을 받은 사탄이 그들로 하여금 시몬을 따르는 마음으로 충만케 한 것입니다.

시몬은 **많은 거짓 기사와 거짓 표적을** 행했고 이런 일들은 사람들의 눈에 **마치 하나님의 능력의 역사처럼** 보였던 것입니다. 그러나 그것은 **참된 기적이 아니었습니다.** 시몬의 기적은 **애굽의 술사들**이나 **악한 자의 기적**과 같은 것이었습니다(살후2:9).

모든 불신자나 우상숭배자들은 이미 사탄에게 사로잡힌 바 되었으므로 사탄이 어떤 자들에게 신통력을 주어 거짓 이적과 기적을 행할 때에 사람들은 **아무 저항도 없이 그것을 받아들이며 그 신통력을 발휘하는 자를 신성시하고 따르게 됩니다.**

시몬은 스데반 집사나 초대교회 전도자들이 당한 극심한 핍박을 전혀 당하지 않았습니다. 그가 나타내는 기사와 표적은 거짓된 것이며 그의 입에는 **생명을 얻게 하는 말씀은 전혀 없었음**에도 불구하고 사람들은 그에게 대항하거나 **핍박하지 않았습니다. 이것이 바로 불신자와 우상숭배자들은 이미 사탄의 사람들**이라는 것을 보여줍니다.

그러나 아무 능력을 행사하지도 않고 복음만을 전한다 할지라도 **저들은 하나님의 사람들이 아니기 때문**에 **싫어하고 대적하고 핍박하게** 됩니다.

그러므로 **불신자나 우상숭배자들이 스스로 복음전파자에게 나오는 일은 없습니다.** 그러기에 복음은 전도자들이 **불신자, 우상숭배자들에게 나아가서, 그들로부터 미움과 핍박을 받을 것도 미리 알고 감수하며 전해야 하는 것**입니다.

그런데 여기서 **놀라운 하나님의 섭리를** 또 보게 됩니다.

시몬이 오랫동안 거짓 기사와 표적을 나타내며 수많은 사람들이 놀라고 그에게 청종하도록 **하나님께서 허락**하셨는데 이제 **능력의 사람 빌립 집사가 시몬에게 나타남으로써** 그 모든 사탄의 위장과 악한 일들이 중단되고 꺾이게 됩니다. 그렇게 됨으로 **시몬을 통한 능력 이상의 것이 있음과 진정한 메시야**

가 있다는 것을 알게 하는 것입니다.

그러므로 사탄의 종들이 사탄의 능력으로 우리가 만날 사람들을 지배하고 사탄의 성이 매우 견고할지라도 우리는 **사탄의 어떤 능력보다도 강한 그리스도의 능력을 소유한 자들로서** 당당히 **그 사탄이 쳐놓은 성곽을 박차고 들어가야** 합니다. 또한 빌립 집사가 그 사탄의 사람이 나타내는 능력을 **능가하는 하나님의 권능을 나타내 보여줌으로써** 수많은 사람을 예수 믿게 했던 것처럼 우리도 그렇게 할 수 있어야 합니다.

그런데 과연 이렇게 사역을 감당할 수 있으려면 빌립 집사와 같이 **성령의 충만을 받아야** 하며 **하나님의 능력을 행사할 수 있어야** 합니다. 사탄이 시몬을 통하여 강력하게 사로잡은 사마리아 성을 누구도 뚫고 들어갈 수 없었으나 **성령충만한 능력의 사자인 빌립 집사**가 뚫고 들어갔습니다.

빌립 집사가 사탄이 쳐놓은 견고한 성을 뚫고 들어간 것은 그 사마리아 성이 복음을 받아들일 만한 변화가 있거나 여건이 마련된 것이 결코 아니었습니다. 오히려 누가 봐도 그 사탄의 성곽은 견고해 보였습니다. 그러나 **성령충만한 빌립 집사**에게 성령이 명령하시자 그는 **주저없이 들어갔고 그 사탄의 성곽은 무너져 내린 것입니다.**

많은 전도자들이 그 사람과 그 지역이 매우 강퍅하며 우상종교의 세력이 강력하게 보여지면 아직 때가 되지 않았다고 생각하고 그 사람과 그 지역에 나가 전도하기를 연기하거나 포기하는 것을 봅니다. 그러나 그것은 어디까지나 인간의 생각일 뿐 실상은 전혀 그렇지 않습니다.

빌립 집사가 성령의 인도를 받고 사마리아로 들어갔던 것처럼, 그리고 그는 평신도였으나 강력한 능력을 행사하여 시몬을 제압하고 그에게 사로잡힌 자들을 구원했던 것처럼 **전도자는 빌립과 같이 성령의 세심하고 강력한 인도를 받고 온전히 성령께 사로잡힌 바 되어 어떤 강력한 진도 두려워하지 않고 돌파하는 자가** 되어야 합니다.

많은 성도들이 믿지 않는 부모나 어떤 전도대상자를 전도하려다 그 대상자에게서 강퍅하고 부정적인 반응이 극심하게 보일 때 포기하고 중단합니다. 그러나 **이 사람이 성령충만함을 받게 된다면** 오히려 극심한 거부반응이 나올 때일수록 **그것을 능가하는 말씀의 능력과 이적과 표적을 나타내며 전도할 수 있습니다.**

그러기에 **예수 그리스도를 영접한 성도라면 누구나 반드시 전도해야 하는데 전도하는 자들은** 속한 시일 내에 성령충만함을 받기 위해 전력을 다해야 합니다. 그렇지 않고 물질이나 프로그램을 사용하고 그들이 인간적으로 요구하는 것을 충족시켜 주는 것으로 전도하려고 할 때에는 많은 시간과 재정과 노력이 소모될 뿐입니다.

우리는 **누구에게, 언제, 어떻게, 전도해야 할지 모든 것을 꿰뚫어 아시는 성령의 세심한 인도를 받을 수 있어야** 합니다. 성령충만하지 않은 전도자는 어디까지나 자기의 생각과 판단과 열심으로 전도할 수밖에 없으므로 많은 시행착오를 겪을 수밖에 없습니다. 물론 어제 믿은 성도의 전도에도 성령께서 도우십니다. 그러나 **전도가 보다 효과적이고 능력 있게 되려면** 빌립 집사와 초대교회 성도들처럼 성령충만한 자가 되어야 합니다.

한 사람이 예수 그리스도를 영접하는 일이야말로 **전적으로 성령의 역사**입니다. 그러므로 **모든 성도는 전도하라는 성경말씀의 명령뿐 아니라 성령충만을 받으라는 명령도 볼 줄 알아야** 합니다.

그리고 시몬이 **자칭 큰 자**라 했는데 이것이 바로 **거짓 선생들의 특징**입니다. **그들은 언제나 자기를 나타내고 자랑하고 사람들이 자기를 큰 자라고 인식하고 말해주기를 좋아합니다.**

그러나 빌립 집사는 결코 사람들에게서 큰 자라고 일컬음을 받지 않았으며 **오직 예수 그리스도만을 자랑**하고 **전파했습니다**(5절).

교역자나 하나님의 일꾼이라는 사람이 공공연하게, 또는 은근슬쩍 자기를 자랑하거나 나타내거나 높이거나 사람들에게 인기를 얻으려고 한다면 **설익은 신자에 불과**합니다.

성령충만하여 성령께서 온전히 사로잡고 사용하시는 자라면 인간의 그런 어리석은 생각도 완전히 극복하게 됩니다. 사도 바울이 **누구보다도 성령충만한 사람이었으며 온갖 은사를 다 받았으나 그는 사역을 하면 할수록 자신을 바라볼 때 너무나도 허약하고, 추한 죄인임을 알았기 때문에 그는 "오호라 나는 곤고한 자로다"** 탄식하며 **"자신은 죄인 중의 괴수"** 라고 하며 울부짖었던 것입니다. 사도 바울은 그야말로 누구보다도 **성숙한 상태의 성령충만한 전도자**였습니다.

그러므로 **교역자요, 교회의 지도자들이야말로 하나님 앞에서 자신을 철저하게 훈련하고 연단하며 우선 누구보다도 내가 가장 작은 자인 것을 절실히 깨달아야** 합니다. 따라서 어떤 자들처럼 노회나 총회의 일을 하겠다고, 요직을 차지하겠다고 스스로 나서거나 돈을 써가며, 심지어 권모술수를 쓰며 그 자리를 차지하는 추태를 보여서는 안 됩니다. 만약 노회 임원이나 총회의 중직을 맡게 된다면 그것은 어디까지나 다른 사람들이 적극 추천하여 시작되어야 하며 다른 사람들이 나를 적극 추천한다 할지라도 나보다 경험이나 지식이 많은 사람이 먼저 하라고 양보하고, 나 자신이 적극 밀어줄 수 있어야 합니다.

오늘날 한국의 목사들 중 자리에 연연하고 자기를 나타내고 자랑하고 사람들이 자기를 알아주기를 바라는 중병에 걸린 사람들이 많이 있습니다.

종종 이러한 자들이 노회나 총회에서 요직을 차지함으로써 그 기관과 조직이 하나님이 함께하시지 않고 오히려 이런 불합당한 자들에 의해 유린되고 무질서하게 되고 온갖 추한 결과가 나타나는 것입니다.

그러므로 몇 사람들의 어리석음과 추한 행위에 대해 비판만 하거나 한탄만 할 것이 아니라 이제 **갓 목사 안수를 받은 사람부터 은퇴를 앞두고 있는 사람까지 날마다 순간마다 말씀을 깊이 보고 깨달으며, 철저하게 회개하며, 자신을 가다듬고 낮추는 일에 충실해야** 합니다.

제 39 강

술사 시몬의 회심

행8:10~13
10낮은 사람부터 높은 사람까지 다 따르며 이르되 이 사람은 크다 일컫는 하나님의 능력이라 하더라 11오랫동안 그 마술에 놀랐으므로 그들이 따르더니 12빌립이 하나님 나라와 및 예수 그리스도의 이름에 관하여 전도함을 그들이 믿고 남녀가 다 세례를 받으니 13시몬도 믿고 세례를 받은 후에 전심으로 빌립을 따라다니며 그 나타나는 표적과 큰 능력을 보고 놀라니라

> 10 낮은 사람부터 높은 사람까지 다 따르며 이르되 이 사람은 크다 일컫는 하나님의 능력이라 하더라 11 오랫동안 그 마술에 놀랐으므로 그들이 따르더니

사마리아의 사람들이 시몬을 "**다 따랐다**" 했습니다.

여기서 우리가 깊이 깨달아야 할 것은 사탄에게 사로잡혀 거짓된 마술이나 **행하며 가르치는 시몬의 허튼 소리에 남녀노소, 통치자나 일반 백성 할 것 없이 다 따랐다고** 했는데 우리는 복음과 하나님의 말씀을 전파하는 자들로서 **이렇게 모든 자가 우리의 가르침을 따르게 되는 것을 목표로 삼아야** 합니다. **생명의 말씀**을 전하는 우리들이 이렇게 모든 사람들이 그 생명의 말씀에 청종하도록 **능력과 권세를 받아야** 하는 것입니다.

빌립 집사는 학벌이 뛰어나거나 재주가 많거나 전에 유명한 사람도 아니었습니다.

그러한 그가 **오랫동안 사마리아의 모든 사람들을 무릎 꿇게 하고 청종하게 했던 시몬까지도 꼬꾸라뜨리고 그의 말에 청종하게 했던** 것입니다. 빌립이 무엇으로 그렇게 할 수 있었겠습니까? 지식입니까? 경험입니까? 말재주입니까? 유명세입니까? **오직 말씀, 믿음, 성령의 충만함을 받았고 시몬을 능가하는 능력을 받았기 때문**이었습니다.

우리 모든 그리스도의 일꾼들은 학벌을 더 쌓고, 화려한 이력을 가지겠다고, 말하는 재능을 배우겠다고 애쓰지 말고 **빌립 집사처럼 말씀, 믿음, 성령**

의 충만함을 받고 더 큰 능력을 받기 위해 철저하게 자신을 가다듬고 치료하며 하나님께 부르짖어야 합니다.

이것을 우선 신학교에서부터 철저하게 가르쳐야 합니다.

신학교에서 필요한 과목을 배우게 하되 언제나 **말씀, 믿음, 성령의 충만함을 받도록 개인이 전적으로 말씀과 기도로 무장하게 해야 합니다**. 신학교 교수야말로 단지 학위만 따질 것이 아니라 **교단에서 누구보다도 철저하게 가다듬어지고 치료되고, 연단되고, 성숙하며 말씀과 믿음과 성령 충만하고, 능력받은 자들을 엄선하여 세워야** 합니다. 만약 이런 사람이 남들이 다 인정하는 박사학위가 없다 할지라도, 교단의 지도자들이 삼고초려를 해서라도 신학교 교수로 세워야 합니다.

신학생들이 항상 마주대하고 배우는 교수가 어느 한 분야의 지식만 갖추었을 뿐 성령충만함과 능력과는 상관없는 사람들이 대부분이므로 신학생들도 그 뒤를 자연스럽게 밟아가게 되는 것입니다. 성령충만함을 받고 말씀의 능력과 귀신을 내쫓고 병자를 치료하고 불가능을 가능하게 하는 능력을 행사하는 선배들을 너무나도 찾아볼 수 없기에 그러한 일은 단지 성경에서만 볼 수 있고 오늘날에는 불가능한 것처럼 여기는 풍조가 생겨나기도 합니다. 그러다가 혹시 가끔 성령충만함과 능력을 받고 일하는 사람을 보게 될 때 오히려 그들이 다른 목회자들에 의하여 매도되고 도외시되는 것을 보게 된다면 이 젊은 신학도들은 성령충만함이나 능력 받는 일에서 점점 멀어지게 되는 것입니다.

그래서 오늘날 외치는 자는 많으나 생명이나 능력을 가진 자는 너무나도 보기 어렵게 된 것입니다. 이제 우리 모든 교회와 하나님의 일꾼들은 **이 깊은 잠에서 깨어나야 하며 이 심한 질병을 치료받아야** 합니다.

사마리아의 모든 사람들이 시몬을 따랐다는 것에서 우리는 또 발견할 것이 있습니다. 그 시몬의 마술에 어른, 아이 할 것 없이 배운 사람, 못 배운 사람, 높은 사람, 낮은 사람 할 것 없이 다 따랐다는 것은 사탄이 나타내는 권능에 그 불신자나 우상숭배자들은 그 무엇으로도 그것을 대적하거나 거역할 수 없었다는 것입니다.

그러므로 우리가 알아야 할 것은 **사탄이 내세운 여러 종류의 사람들, 즉 종교지도자들이나 거짓 기적과 이적을 행하는 자들, 신통력 있게 점치는 자들, 무당들, 이런 자들이 이 땅에 얼마든지 존재할 수 있으며 지위고하, 유무식자를 막론하고 이들에게 머리를 조아리며 그들에게 종노릇 하는 일은 얼마든**

지 **가능하다**는 것입니다. 아무리 과학이 발달하고 지식이 넘쳐나는 사회라 할지라도 마찬가지입니다.

일본은 과학기술이 발달하고 지식이 넘쳐나는 사회임에도 불구하고 세계 어느 나라보다도 극심하게 우상숭배하는 것을 볼 수 있으며 점점 많은 선진국 사람들도 그렇게 되어가고 있습니다.

그러므로 **아무리 지식과 경험이 많고 똑똑하다 할지라도, 과학이 발달하고 문명사회가 된다 할지라도** 예수 그리스도를 믿고 말씀으로 변화되고 치료되지 못한다면 모든 불신자, 우상숭배자들은 어쩔 수 없이 사탄이 내세운 거짓 종들에게 머리를 조아리고 그들에게 청종할 수밖에 없는 것입니다.

사탄은 온갖 수단과 방법을 동원하여 각 방면에서 전력을 다해 역사하는데 그리스도인들은 자신을 훈련하고, 연단하고, 무장하고, 성장시키는 일에 게을리 하고 하나님의 종들마저도 성령충만도 모르고 능력에 무관심하여 그저 교회 안에 안주하며 시간을 보내고 있다면 그야말로 **불충한 일입니다.**

모든 불신자와 우상숭배자들이 우리를 향해 제발 빨리 와서 살려달라고 울부짖는 소리를 들을 수 있어야 합니다. 그러기에 주님은 **때를 얻든지 못 얻든지 나아가 전하고 성령의 충만함을 받으라고 명령**하시는 것입니다. 주님은 우리 전도자들이 **주님이 이 땅에 계실 때 나타낸 권능보다도 더 큰 권능을 나타낼 수 있게 하신다고 약속**하셨습니다.

만약 하나님의 종들과 전도자들이 이 예수님의 명령과 약속을 잊어버리고 하나님의 권능을 받기 위해 전력을 다하지 않고 그저 말로만 말씀을 전하거나 적극적으로 전도하지 않는다면 마치 가장 강력하고 확실한 무기는 창고에 감추거나 땅에 파묻어 놓고 돌멩이나 막대기를 가지고 나가서 적을 상대로 싸우겠다는 것과 같습니다.

왜 하나님의 창고에 있는 그 강력한 무기를 꺼내어 사용하지 않는 것입니까? 그처럼 **어리석고 불충한 종**이 어디 있겠습니까?

우리는 결코 단순히 말로만 간단히 전도하라고 세워진 자들이 아닙니다. 그 어떤 사탄의 권세와 능력도 넘어뜨리고 복음과 하나님의 말씀에 청종하게 할 수 있는 가장 강력한 권세와 능력이 우리에게 약속되어 있음을 믿어야 하며 반드시 그것을 찾아 소유해야 합니다.

이제 세상 마지막 때에 복음이 땅끝까지 전파될 것인데 그 일은 이러한 사실을 확실히 믿고 그것을 차지한 사람들에 의해 마무리되는 것입니다. 이 놀라운 약속을 믿지도 않고 그것을 차지하려고 애쓰지도 않는 사람은 불충하고 무능하게 사역하다가 그 짧은 인생기간을 마치게 될 것입니다.

> 12 빌립이 하나님 나라와 및 예수 그리스도의 이름에 관하여 전도함을 그들이 믿고 남녀가 다 세례를 받으니

"빌립이 하나님 나라와 예수 그리스도의 이름에 관해 전도했다" 했습니다.

빌립의 전도는 바로 **이 하나님 나라와 예수 그리스도의 이름에 관한 것**이었습니다.

하나님 나라라는 것은 하나님만이 유일하신 신이요, 천지만물을 창조하신 분이시며 세상만물을 주관하고 다스리시는 분이심을 알게 하는 진리입니다.

우리는 먼저 하나님의 존재와 그 하나님의 창조, 그리고 하나님의 섭리주관을 분명하게 외쳐야 합니다.

복음은 천지만물을 창조하신 유일하신 하나님의 존재를 믿고, 알고, 그 하나님의 섭리와 주관하심에 의해 인간이 범죄한 것을 하나님은 반드시 다스리시고 영원한 심판, 즉 영원히 천국으로 가게 하시거나 영원히 지옥으로 가게 하시는 것을 아는 사람들에게 필요한 것입니다.

인간은 하나님의 섭리 가운데서 살고 그들이 하나님 앞에서 행한 모든 행위에 대해 심판을 받아야 합니다. **이 가장 기본적인 지식을 모르는 자는 자기가 죄인인 줄도 모르며 그 죄를 용서받아야 한다는 것도 알 수 없습니다.** 그래서 빌립은 이 하나님의 나라를 전파하며 복음을 전한 것입니다.

우리가 하나님의 존재와 창조, 하나님의 섭리와 통치(이것이 하나님 나라임)에 대하여 말해주지 않는다면 그것은 복음을 정확하게 전한 것이 아닙니다. 복음은 어디까지나 하나님 앞에서 내가 죄인인 것을 깨닫고 인정하며 그 죄를 용서받아야 할 필요성을 깨닫는 자들에게 필요한 것입니다.

유일하신 창조주 하나님을 부인하는 자는 복음을 들어도 아무 소용이 없습니다.

그러므로 하나님의 나라와 및 예수 그리스도의 이름에 관해 전도할 사람은 단지 복음의 몇 마디만을 전해 주어서는 안 되며 교의신학의 중요한 부분들을 체계있게 설명하며 복음을 세밀하게 증거해야 합니다.

많은 전도자들이 열심히 전도하나 대상자들이 **의문과 반발심**을 갖는 이유 중 하나는 **왜 복음이 필요한지**를 어느 정도 납득할 만하게 설명해 주지 못하기 때문입니다. 즉, 단순히 예수를 믿으면 구원얻는다는 말만 아니라 **왜 예수**

를 믿어야 하는지, 구원받는다는 것이 무엇인지를 설명해주어야 하는데 그렇게 하려면 하나님 나라를 설명해주어야 하는 것입니다.

즉, 하나님의 존재와 창조에 대한 신론을 말해주어야 하며, 인간들의 범죄와 그 결과가 어떻게 된 것인지 인죄론을, 그 죄인들이 구원받을 수 있는 길과 구원이란 무엇인지 구원론을, 그 구원의 핵심이 되는 예수 그리스도에 대해 말하는 기독론을 설명해주어야 합니다. 뿐만 아니라 그 모든 것을 깨닫고 예수 그리스도를 믿은 사람들이 그리스도를 머리로 하여 한 몸을 이루는 교회를 형성함에 관해 교회론을 설명해 줘야 하고, 이 세상의 종말과 사후세계에 대한 종말론, 내세론을 말해 줘야 합니다. 이런 중요한 교리들을 분명하게 설명해줄 때 복음을 더 알아듣고 거기에 성령께서 강하게 역사하시는 것입니다.

(1)신은 오직 하나님 한 분뿐임을 말해주어 모든 종교를 포함한 우상숭배를 해서는 안 된다는 것을 알게 해주어야 합니다.

(2)하나님께서 우주만물을 창조하시고 인간을 창조하셨다는 것을 말해주어 인간과 세상만물이 저절로 생겨나거나 또는 다른 신들에 의해 생겨났으리라는 잘못된 인식을 일깨워 주어야 합니다.

(3)인간들이 죄인이라는 것과 어떻게 해서 죄인이 되었고 그 결과가 무엇인지를 알게 해주어 그들로 하여금 메시야를 찾게 해주어야 합니다.

(4)또한 인간을 대속해줄 수 있는 구세주는 전혀 죄가 없는 완전한 사람이어야 하기 때문에 하나님께서 예수를 처녀의 몸을 통해 이 땅에 태어나게 하심으로 그 예수만이 유일한 구세주라는 사실을 말해 주어서 왜 반드시 예수만을 믿어야 하는지, 왜 다른 구세주는 없는지를 알게 해주어야 합니다.

(5)하나님의 존재와 창조권능을 말해 주어 예수가 죄 없는 사람의 몸으로 이 땅에 오신 것과 부활하신 것에 대해 구체적인 설명을 해주어야 합니다.
또한 예수를 수태한 마리아나 다른 어떤 훌륭한 사람이나 천사들이 결코 신격화 되거나 섬김의 대상이 될 수 없다는 것도 예수 그리스도의 성육신을 구체적으로 말해주지 않으면 알 수가 없습니다.

(6)또한 예수를 믿음으로써 성령을 선물로 받고 그 성령에 의해 죽는 날까지 천국에 들어갈 수 있는 사람으로 끊임없이 성화되어진다는 것을 설명해주어 아무리 극악한 죄인도 예수를 믿기만 하면 죄사함을 받고 구원을 받을

수 있다는 것에 대해 확실한 해답을 주어야 합니다.

아울러 성령에 의한 구원의 과정을 분명하게 설명해주어야 합니다. 즉, 선택받은 자가 성령에 의해 부르심을 받고, 또 성령에 의해 거듭나게 되어 복음을 듣고 깨닫게 되어 예수 그리스도를 영접함으로 믿음을 갖게 되는 것, 그와 동시에 하나님께서 그에게 선물로 성령을 보내주시고(성령세례) 그 때부터 그는 성령의 끊임없는 역사에 의해 하나님의 말씀을 중심하여 점점 치료되고 변화되는 성화의 과정을 거치게 된다는 것, 이렇게 성령세례 받고 예수 그리스도를 영접한 자는 하나님의 법정에서 의인이라 칭함을 받고, 그는 이제 마귀의 자식이 아니라 하나님의 자녀가 되며, 끝까지 그리스도를 배반하지 않고 성령의 역사를 따르며 성화의 과정을 충실히 밟아 가는 자는 반드시 구원을 얻게 된다는 것, 이것이 바로 구원의 서정인데 이것도 가능하면 설명해주어야 합니다. 그래서 죄인이 어떤 과정에 따라 거룩한 하나님의 사람이 되고 천국에 들어갈 수 있는지를 논리정연하게 깨닫게 해주어야 합니다. 또 이렇게 모든 것을 가능한 간략하게, 그러나 분명하게 설명하며 전도하는 것이 하나님 나라와 예수 그리스도의 이름에 관해 전도하는 것입니다.

우리가 이렇게 하나님 나라와 예수 그리스도의 이름에 관해 정확하고 세밀하게 전할 수만 있다면 사람들이 하나님과 복음에 대해 가지는 의문과 잘못된 생각과 반발심을 확실하게 잠재우고 해결해 줄 수가 있습니다. 이렇게 보다 더 분명하게 하나님 나라와 예수 그리스도에 대하여 전해주지 못함으로써, 또 피전도자들이 그런 것을 상세히 듣지 못함으로써 예수 그리스도를 믿기는 해도 그 믿음에 대한 확신과 자부심과 그것을 또 자신 있게 증거할 준비가 도무지 갖추어지지 않는 것입니다.

사람이 처음에 전도 받을 때 이렇게 하나님 나라와 예수 그리스도에 대해 중요한 진리들을 분명하게 듣고 배우지 못한 상태에서 예수를 영접하면 그 후 5년, 10년 많은 시간이 흘러가면서 이것저것을 조금씩 배우고 알게 됨으로써 확실한 믿음을 가지고 좀 더 큰 믿음을 가지는 일이 매우 더디게 됩니다. 그러면 그에 따라서 열매가 부실하게 되며 그 사람이 누릴 은혜와 복을 그만큼 못 받아 누리게 되고 더욱 심각한 것은 전도를 자신 있게 하지 못하게 된다는 것입니다.

그러므로 전도자들은 성경의 기본적인 진리가 되는 교의신학을 상세히 알아야 하며 그 진리들과 더불어 복음을 전하는 준비를 충실히 해야 하며 그 일을 성실하게 최선을 다해서 해야 합니다. 이렇게 잘 준비되고 훈련된 전도자라면 성령께서는 누구보다 그와 함께 하실 것이며 그를 원근각처로 보내어 전도하게 하실 것입니다.

또한 우리가 복음을 전할 때 빠져서는 안 될 것은 사후세계, 즉 천국과 지옥에 대해 확실하게 설명해주어야 한다는 것입니다. 특히나 지옥에 대해 성경에서 설명하는 모든 것을 빠짐없이 사람들에게 말해주어야 합니다. 사람들은 지옥이라는 말을 거의 다 알고 그곳이 무서운 곳이라는 것은 알고 있으나 과연 어느 정도로 무섭고 험악한 곳인지를 구체적으로 모릅니다. 그러기에 어떤 이들은 "지옥가라면 가지" 라는 말을 쉽게 합니다. 따라서 우리는 지옥에 대해 상세하게 설명해주어야 합니다. 사람들이 기분 나빠하고 듣기 싫어할 것 같다는 우려에 빠져 지옥을 설명해주지 않는다면 그것은 가장 중요한 것을 빠뜨리는 것입니다.

모든 인간들은 지옥에 대해 분명히 알아야 합니다.
그것을 분명하게 설명하고 알 수 있게 해주는 책임을 가진 사람이 바로 전도자입니다. 모든 범죄에 대한 최후가 바로 지옥에 떨어져 영원한 고통을 겪는 것인데 불신자들에게 가장 절실하고 중대한 문제인 그 설명을 어찌 빠뜨릴 수가 있겠습니까? 그러므로 그리스도의 재림과 심판, 그리고 영원한 천국과 지옥에 대해 우리는 명확하고 담대하게 증거해야 합니다.

빌립의 전도를 받고 "사마리아 사람들이 예수를 믿고 남녀가 다 세례를 받았다" 했습니다.

여기에서 복음과 주님의 능력이 얼마나 강한지를 보여줍니다.
이 능력으로 시몬에게 빠졌던 자들이 참 신이시며 진정한 구원자인 예수 그리스도를 알고 믿게 된 것입니다. 그들은 단지 빌립을 통해 나타난 능력에 의해서가 아니라 그의 입에서 나오는 하나님 나라와 예수 그리스도에 대한 진리를 듣고 깨달음으로써 그 사탄의 수중에서 빠져나와 그리스도에게 복종하게 되었던 것입니다. 그야말로 시몬을 내세워 사마리아 성을 강하게 둘러 진치던 사탄의 세력이 점령을 당하고 빌립이 전하는 하나님 나라와 예수 그리스도에 의해 무장해제 된 것입니다.

그러므로 복음과 그리스도의 능력이 얼마나 강력한지를 우리는 항상 명심하며 최악의 경우를 만날지라도 낙심하지 말아야 합니다. 우리가 복음을 전하며 나아가는 앞에 최악의 경우가 다가온다면 그것은 그만큼 가장 크고 놀라운 복음과 그리스도의 능력이 나타나게 되는 기회입니다. 이전보다 더 큰 승리와 영광을 얻게 되는 것입니다.

> **13** 시몬도 믿고 세례를 받은 후에 전심으로 빌립을 따라다니며 그 나타나는 표적과 큰 능력을 보고 놀라니라

놀라운 것은 **그 시몬이 예수 그리스도를 믿고 세례를 받았다**는 것입니다. 그토록 스스로 큰 자라고 하며 하나님의 능력이라 일컬어지던 자가 예수 그리스도를 믿었으니 **참으로 놀라운 일**이었습니다.

시몬은 **빌립 집사 입에서 나오는 하나님의 나라와 예수 그리스도가 참된 진리임을 깨달았던 것**입니다. 그리고 빌립에 의해 나타난 능력은 **진실한 것임**을 알았습니다.

시몬은 다른 믿는 자들과 같이 **세례를 받음**으로 **교회의 일원**이 되었습니다. 비록 그가 악한 사람이었고 마술사였으며 하나님의 이름을 사칭했지만 **그가 자기 죄를 뉘우치고 예수 그리스도를 영접함으로 세례를 받게 된 것입니다.** 성령충만한 빌립 집사가 그가 거짓으로 믿음을 고백하고 세례 받는 것을 허용했을 리가 없습니다.

회개하기 이전에 아무리 사악하고 큰 죄를 지은 자라도 진정으로 회개하고 예수 그리스도를 영접하면 그도 교회공동체의 일원이 되는 것입니다.

그러나 시몬이 나중에 베드로로부터 "이 도에는 네가 관계도 없고 분깃될 것도 없다"고 정죄된 것을 보면 그 믿음은 **일시적이었음**이 드러납니다. 분명히 빌립과 사귀기를 원했고 전심으로 빌립을 따라다니며 도왔고 그 나타나는 표적과 능력을 계속하여 보고 놀라며 그 믿음이 점점 성장할 수 있었으나 **그것은 어디까지나 일시적인 확신에 지나지 않았습니다.** 시몬은 그 나타나는 표적과 능력에 치심하여 믿음이 보다 더 확고하게 성장하지 못했습니다. 아마도 그는 하나님의 말씀을 열심히 듣고 깨닫고 지키기보다, 즉, 그 말씀으로 치료되고 성장되기보다 이적과 기적에 관심이 많았고 그것을 열심히 추구했던 것입니다.

이적이나 기적을 우선시 하거나 중요시하고 날마다 하나님의 말씀을 읽고, 배우고, 지키고, 훈련받는 일을 소홀히 하면 일시적인 확신은 가질 수 있으나 지속적으로 믿음이 성숙하지 못하여 시험에 빠지거나 믿음을 잃어버리게 됩니다.

그러므로 모든 성도들은 **이적과 기적을 체험하기를 먼저 사모할 것이 아니**

라 하나님의 말씀을 날마다 배우고, 깨닫고, 지키며 훈련받는 일에 열심을 기울여야 합니다.

또 우리 전도자들도 **때때로 이적과 기적을 행할 필요가 있으나 결코 그것이 위주가 되는 전도가 아니라 빌립이 한 것처럼 하나님의 나라와 예수 그리스도를 전파하는 일에 끊임없이 힘써야** 합니다.

사람이 예수를 믿고 구원얻는 것은 이적과 기적을 통하여 이루어지는 것이 아니라 **하나님의 나라와 복음을 확실히 깨닫고** 그것을 토대로 하여 영육 간에 성장함으로 이루어지는 것입니다.

제 40 강

성령충만 받은 사마리아 성도들

행8:14~19
14예루살렘에 있는 사도들이 사마리아도 하나님의 말씀을 받았다 함을 듣고 베드로와 요한을 보내매 15그들이 내려가서 그들을 위하여 성령 받기를 기도하니 16이는 아직 한 사람에게도 성령 내리신 일이 없고 오직 주 예수의 이름으로 세례만 받을 뿐이더라 17이에 두 사도가 그들에게 안수하매 성령을 받는지라 18시몬이 사도들의 안수로 성령 받는 것을 보고 돈을 드려 19이르되 이 권능을 내게도 주어 누구든지 내가 안수하는 사람은 성령을 받게 하여 주소서 하니

> *14 예루살렘에 있는 사도들이 사마리아도 하나님의 말씀을 받았다 함을 듣고 베드로와 요한을 보내매 15 그들이 내려가서 저희를 위하여 성령 받기를 기도하니 16 이는 아직 한 사람에게도 성령 내리신 일이 없고 오직 주 예수의 이름으로 세례만 받을 뿐이러라 17 이에 두 사도가 저희에게 안수하매 성령을 받는지라*

하나님께서는 빌립 집사를 사마리아에서 복음전도자로 크게 들어 쓰셨지만 그는 그 이상의 일을 할 수는 없었습니다. 즉, **사마리아의 성도들이 성령충만함을 받게 하지는 못했습니다.**
사도들에게는 그 사도직의 존엄성과 교회의 질서유지를 위하여 그들에게 주어진 특별한 능력이 있었습니다.

사도들은 사마리아도 **하나님의 말씀을 받았다는 소식**을 듣고 **베드로와 요한**을 그들에게 보냈습니다. 먼저 **빌립에게 더욱 큰 용기를 주고 그의 사역을 돕고 그의 힘을 강건케 하기 위함**이었습니다. 사도들은 스승으로서 제자인 빌립을 돕고 위로하며 유익을 주는 일을 소홀히 하지 않았습니다. 사도들은 **각 나라 민족들에게 시작된 복음사업을 더욱더 활성화시키고 성령충만함을 가지고 그들에게도 그 영적인 선물을 부여 받게 하기 위해 힘썼던 것입니다.**

사마리아에는 "아직 한 사람에게도 성령 내리신 일이 없다" 했습니다(16절).

성령충만함은 오순절 마가의 다락방에 임함으로 시작된 것입니다.

예수에게 속하고 그의 말씀에 순종하면 그것만으로도 구원 얻을 수 있습니다. 방언은 못해도 **진정한 신자가 될 수 있으며 전도할 수도 있습니다.** 진정 예수 그리스도를 영접하고 자신을 그에게 드리며 성령의 거룩케 하시는 역사를 순순히 받아들이고 따라가는 자들은 그것만으로도 감사하며 그들이 비록 어떤 특별한 은사를 받지 못했다고 불평할 이유는 없는 것입니다.

그러나 사도들은 복음전파에 더 큰 활력을 불러일으키고 복음의 영예를 높이기 위해 이렇게 예수를 영접하고 구원받은 자들에게 성령충만을 받게 하려고 힘썼던 것입니다.

성령충만함은 주께서 교회와 복음전파를 위해 주께서 인정하시고 선택한 자들에게 부어주셨습니다. 어떤 사람에게는 성령의 충만함을, 다른 사람에게는 다른 은사를 주신 것입니다(고전12:4-8,14:26).

"사도들이 저희를 위하여 성령받기를 기도했다" 했습니다(15절).

성령충만한 사도들이 주께서 그들에게 부여한 특권에 따라 충성된 그리스도의 제자들을 위해 성령충만 주시기를 기도하니 그들에게 성령충만함이 임한 것입니다.

"두 사도가 그들에게 안수하매 성령을 받는지라(17절)" 했습니다.

사도들이 사마리아 성도들의 머리에 손을 얹어 기도할 때 성령의 충만함이 임했다는 것은 사도들을 중심하여 모든 교회가 질서정연하게 똑같은 복음을 전파케 하기 위한 것임을 보여줍니다.

손을 얹는다는 것은 고대에서 권위를 가지고 축복하는 사람들에 의해 축복이 주어질 때 행한 의식이었습니다. 사도들은 바로 진실하고 충성된 성도들에게 안수하며 예수의 이름으로 축복했고 성령충만을 받게 했으며, 그들 중 어떤 자들은 교회의 지도자로 세워지고 다른 이에게는 신앙을 더욱 확실케 했으며 활발하고 능력있게 복음을 전파케 한 것입니다.

사도들이 안수하매 사마리아 성도들에게 성령충만함이 임했다는 것은 사도들과 예루살렘 교회와 사마리아 교회와의 거룩한 연합을 의미했습니다. 이제 사마리아 교회도 예루살렘 교회와 같은 공교회로 인정된 것입니다.

여기에서 우리가 또 기억할 것은 "**성령충만 받으라**" 는 주님의 명령입니다. 에배소서 5장 18절에 "술취하지 말라 이는 방탕한 것이니 오직 성령의 충만을 받으라" 했습니다.

이것은 **하나님의 명령**입니다.

성령충만을 받으라는 하나님의 명령을 어기거나 관심이 없는 자는 간음하지 말라, 도적질하지 말라는 계명을 어기는 것과 같이 **분명한 죄악을 저지르는 것**입니다.

성령충만은 단지 몇 사람에게만 국한된 것이 아닙니다. 여기서도 **사마리아 교회의 평신도들**이 성령충만을 받은 것을 볼 수 있고, 19장 6절을 보면 **에베소 교회의 성도들** 역시 성령충만 받는 것을 볼 수 있습니다.

또한 **다메섹 교회의 아나니아라 하는 제자**도 사울에게 성령충만을 받게 할 수 있는 성령충만한 제자였습니다.

스가랴 12장 8절에 "그 날에 여호와가 예루살렘 거민을 보호하리니 **그 중에 약한 자가 그 날에는 다윗 같겠고 다윗의 족속은 하나님 같고** 무리 앞에 있는 **여호와의 사자 같을 것이라**" 했습니다.

우리는 **성령충만을 사모해야** 하며 그것을 받기 위해 **영육 간에 자신을 가다듬고 충성된 자가 되며 간절히 구해야** 합니다.

미국의 유명한 전도자 **무디**는 성령충만의 은혜를 받지 못할 바에는 죽는 것이 낫겠다고 생각한 그때에 성령충만을 받게 되었다고 했습니다.

요나단 에드워드도 청년시절에 하나님이 그와 함께 하는 확실한 의식을 가지기 시작했다 했습니다.

페트릭도 16세 때 해적들에게 잡혀서 **매일 기도하던 중 주님을 사랑하는 마음이 불타기 시작했는데 그는 하루에 100번 이상 기도했다** 했습니다.

성도들은 이 죄악이 많은 세상에서 **성령충만함의 은혜를 계속적으로 받아야** 합니다. 그렇지 못하면 이 죄악의 **세상풍파를 효과적으로 이겨내기 어려우며 더욱이 수많은 영혼을 구원하는 일을 효과있게 할 수 없습니다.**

우리가 지금까지 사도행전에서 알게 되는 모든 인물들은 **한결같이 성령충만한 자들**이었으며 지금까지 시대마다 자기 나라와 민족뿐 아니라 전 세계를 향하여 **능력있게 복음사역을 수행했던 자들** 역시 **한 사람도 예외 없이 성령충만했음**을 알아야 합니다.

베드로와 요한이 **사도들에 의해 사마리아로 파송되었습니다.**

그들은 모든 사도들 중에서도 뛰어난 능력을 가진 자들이었으나 **사도들 전체의 권위를 능가할 수는 없었습니다.** 그들은 누구보다 뛰어난 사도들이었으나 **다른 사도들의 파송을 받은 것입니다.**

그러므로 주께로부터 아무리 큰 은혜와 능력을 받은 자라도 다른 동역자들과 교회를 무시해서는 안 됩니다. 따라서 그들은 동역자들과 교회 내에 주께서 이루신 질서를 결코 무시하거나 어지럽혀서는 안 되며 동역자들과 교회가 주님의 뜻을 따라 그에게 무슨 사명을 부여하면 겸손히 그것을 받고 순종하고 충성해야 합니다.

베드로와 요한이 수제자였으나 그들은 결코 사도들이나 초대 교회 위에 군림하지 않았습니다. 그런데 오늘날 베드로의 직계라고 자칭하는 로마 교황은 그 베드로와는 달리 독일무이하게 교권을 행사하고 있습니다. 교황이라는 말 자체가 얼마나 오만방자한 것인지 모릅니다. 교회의 머리는 오직 예수 그리스도시요, 교회의 주인이요, 왕도 예수 그리스도뿐입니다. 누구도 그 예수님의 자리를 빼앗을 수 없으며 예수님의 지위와 영광에 버금가는 자리에 있을 수 없습니다. 만약 그렇게 하는 자가 있다면 그것은 바로 사탄이었습니다. 로마 교회의 교황이 요란한 복장을 하고 지존의 존재처럼 행세한다면 그는 분명히 사탄의 뒤를 따르고 있는 것입니다.

초과학시대요, 문명시대인 지금도 어떤 나라를 보면 아직도 왕을 세워 놓고 그 왕을 정신적인 지주라고 말하며 모든 명예를 왕에게 돌리고 그를 특별하게 대우함으로써 그것이 마치 자기들은 특별한 권위를 갖고 존경받는 지도자의 백성임을 자처하고 그것을 자랑거리로 삼고 있습니다. 성경을 보면 이스라엘 백성을 하나님이 직접 통치할 때와 달리 이스라엘 백성들의 요구에 따라 왕을 세우게 될 때부터 이스라엘 백성들에게는 그 왕으로부터 오는 고통과 손실을 끊임없이 맛보아야 했습니다.

하나님을 최고의 자리로 모시지 못하며 그분에게 모든 명예와 존경을 드리지 않고 다른 사람이나 세상의 것들에게 돌린다면 하나님이 가장 싫어하시는 우상숭배의 죄를 끊임없이 저지르는 것입니다. 따라서 그들은 그로 인한 온갖 괴로움과 슬픔과 손실을 자자손손 맛보지 않을 수가 없습니다.

로마 교회와 교황은 결코 베드로의 직계가 아니며 베드로와 전혀 상관없는 종교집단이며 거짓된 황제입니다.

두 사도가 내려가서 사마리아 성도들을 위해 성령충만 받기를 기도하기 전까지는 아직 한 사람에게도 성령 내리신 일이 없다고 한 것도 중요한 말씀입니다.

앞에서도 언급했으나 빌립 집사도 성령충만한 지도자였으나 사도들이 가서 저들을 위하여 기도할 때 비로소 성령충만이 임하게 하신 것은 예루살렘 교회를 중심한 교회의 통일성을 이루기 위한 것이며 **복음도 예수의 제자들인 사도들로부터 시작하여 동일하게 질서있게 전파되도록 하기 위함**이었습니다.

여기서 우리가 다시 한 번 명심할 것은 **모든 교회는 예수께서 제자들에게 가르치시고 그 제자들이 성령충만하여 전했던 하나님 나라와 그 복음을 우리는 그대로 이어 받아야 하며** 결코 거기에 그 무엇도 빼거나 더하지 말아야 하고 오직 예수님과 사도들이 전한 그대로 질서정연하게 가르치며 교회를 건설하고 확장시켜 나가야 한다는 것입니다.

만약 예수님과 사도들이 전한 그 하나님 나라와 복음을 가감하여 가르치거나 그것을 받은 자들은 결코 예수님과 사도들에 의해 세워진 그리스도의 교회가 아니며 그러한 교회에는 지금까지 말한 성령충만함이 임할 수가 없습니다. 복음과 진리가 훼손되면 그것은 결코 그리스도의 교회가 아니며 그것으로 인한 신앙은 그리스도께 인정받을 수 없습니다. 따라서 **더더욱 성령충만은 기대할 수 없게 됩니다.**

오늘날 이 땅의 많은 교회들이 성령충만한 자가 단 한 명도 없는 경우들이 많은데 그 이유 중에 중요한 것은 바로 이러한 것입니다.

그러므로 **성령충만한 자가 되고 성령충만한 교회가 되기 위하여 우선 교회지도자들이 내가 얼마나 사도들이 전한 하나님 나라와 복음을 제대로 알고 있으며 제대로 가르치고 전파하고 있는지 정직하게 돌아봐야** 합니다. 만약 거기에 조금이라도 부족함이나 문제가 있다면 **무엇보다 먼저 그것을 개선해야** 합니다. 그렇지 않으면 모든 수고가 헛되이 될 것입니다. 그야말로 **우리는 철저하게 예수님과 사도들이 전한 하나님 나라와 그 복음으로 돌아가야만 합니다.**

> **18** 시몬이 사도들의 안수함으로 성령 받는 것을 보고 돈을 드려 **19** 가로되 이 권능을 내게도 주어 누구든지 내가 안수하는 사람은 성령을 받게 하여 주소서 하니

시몬이 사도들이 안수함으로 성령충만 받는 것을 **보고 돈을 드려 그 권능을 자기에게도 달라고 요청했다** 했습니다.

일전에 시몬은 빌립 집사가 자기보다 더 **진실하고 강한 능력**을 행하는 것을 보고 그 앞에 엎드리고 예수님을 믿었습니다. 그런데 지금 사도들이 와서 안수할 때 사마리아 성도들이 성령충만 받는 것을 보고 이 사람은 엉뚱하게 돈

을 들여서 그 권능을 사려 한 것입니다.

　빌립 집사가 더 큰 권능을 나타내는 것을 보았다면 그는 예수 그리스도에 대한 믿음이 더욱 굳건해져야 했으며 더욱더 주님을 두려워하고 엎드려야 마땅했습니다. 그런데 이 사람은 오히려 정반대로 돈으로 그 권능을 사겠다고 나선 것입니다. 참으로 어처구니없는 행동이 아닐 수 없습니다.

　예수 그리스도를 믿었다고 하나 그 이후에 근본적으로 변화되고, 치료되고, 성숙되지 못한 자는 그동안 보았던 어떤 것보다도 더 큰 권능을 본다 할지라도 진정한 유익이 되지 않으며 오히려 그 보고 경험한 것을 욕되게 한다는 것을 알 수 있습니다.

　시몬이 하나님의 능력을 돈으로 살 수 있다고 생각했으니 **이 사람은 하나님을 너무도 모르는** 자였다는 것을 보여줍니다.

　예수 그리스도를 영접하긴 했으나 하나님이 누구신지를 제대로 알지 못하는 자들은 여전히 불신자 때의 사고방식과 습관을 가지고 생활하게 되는 것입니다.

　예수 그리스도를 영접한 이후에 성령의 감화 감동의 역사에 의하여 잠자는 영혼이 깨어나고 병든 영혼이 치료되고 불신자, 우상숭배자의 사고방식이 변화되어 하나님중심, 말씀중심, 교회중심이 되어야 합니다.

　시몬은 하나님과 하나님의 나라에 대해 너무도 모르고 있었습니다. 그래서 그는 하나님 앞에서 죄악을 범하게 되며 무서운 책망을 받게 됩니다. 그러나 **그가 예수를 믿었어도 하나님과 하나님의 나라를 너무도 몰라 하나님 앞에 너무나도 망령된 말을 함으로써 무서운 책망과 경고를 받게 된** 것입니다.

　이 시몬은 그것을 진정으로 회개하여 용서받지 못한다면 그는 영원히 지옥불에 떨어지는 자가 됩니다. 그러니 그동안 모았던 수많은 재물이 무슨 소용이 있겠습니까? 그러므로 **재물이나 명예나 권세 따위를 더 소중히 여기며 그것을 얻으려고 하나님과 하나님의 나라를 알기를 게을리 하거나 뒤로 미루거나 믿음다운 믿음을 가지지 못하는 것이야말로 참으로 어리석은 것입니다.**

　여기에서 **시몬의 위선적인 믿음이 드러납니다.**

　그는 아직도 하나님의 권능이 자기가 전에 행하던 마술보다 좀 더 고차원적이라고 생각할 뿐이었습니다. 또한 그는 과거에 거짓된 마술로 사람들을 미혹하는 큰 죄를 저질렀음을 **철저하게 인식하지 못하고 오히려 돈으로 하나님의 능력을 사서 자기가 다시 사도들과 동등하게 되는 것이 가능하다고 생**

각했던 것입니다. 이 사람의 **영혼은 근본적으로 변화되지 못했던 것입니다.**
사람의 부패한 성품과 습관, 그리고 사고방식이 근본적으로 변화된다는 것이 얼마나 소중한 것인지 알아야 합니다. 또한 그것이 그렇게 간단하게 이루어지는 것이 아니라는 것도 알아야 합니다.

시몬은 빌립 집사를 통하여 그동안 하나님의 진리를 많이 듣고 계속하여 빌립 집사의 능력을 보고 체험했습니다. **그럼에도 그의 영혼은 예수 믿기 이전의 영혼에서 별로 달라지지 못했고 그의 사고방식은 거의 변화되지 않았습니다.**

우리 각자는 예수 믿은 이후에 지금까지 이전의 모습들이 얼마나 변화되었는지 살펴봐야 합니다. 내가 교회를 출입하며 신앙생활을 해옴에 따라 **나의 속사람이 얼마나 치료되고 변화되고 성숙되었는지를 세심하게 살펴봐야** 합니다. 만약에 내가 아직도 너무나도 변화되지 못한 사람이라고 생각된다면 **그것을 대수롭지 않게 여기고 지나쳐서는 안 됩니다. 그것은 참으로 심각한 일입니다.**

시몬이 전혀 예수를 믿지 않는 사람으로서 사도들에게 와서 돈으로 하나님의 능력을 사겠다고 하는 것보다 **이미 그가 예수 그리스도를 믿은 자로서 그렇게 했다는 것은 죄악**이 아닐 수 없습니다.

내가 예수 그리스도를 분명이 믿은 자인데 시몬처럼 내 속사람이 근본적으로 변화되고 치료되고 성숙하지 못한 상태로 있다면 나도 이 시몬처럼 과거보다도 더 무서운 죄를 저지를 수 있는 사람임을 알아야 합니다. 그러기에 이것은 **참으로 심각한 일이고 두려워해야 할** 일입니다.

주변에서 성숙한 하나님의 사람들을 보며 자신을 그들과 비교해 볼 필요가 있습니다. '왜 나는 저들처럼 믿음으로 순종하지 못하나? 왜 나는 기도의 중요성을 아직도 제대로 모르고 게으름을 피우고 있는가? 왜 나는 전도를 하지 않고 있는가? 왜 나는 아직도 교회와 성도들을 진정으로 사랑하고 섬길 줄 모르는가? 왜 나는 진정한 평안과 기쁨을 맛보지 못하여 끊임없이 걱정, 근심, 두려움, 불안, 초조함에 빠져 살고 있는가? 왜 나는 감사가 없는가? 왜 나는 뜨겁게 찬송할 줄 모르는가?' 정직하게 자신을 돌아보며 진정으로 뉘우치고 회개해야 하며 그것이 변화되고 치료되어지기 위해 간절히 기도해야 합니다. 뿐만 아니라 **나 스스로 날마다 성경을 읽고, 성경을 배우는 시간이 있다면 빠짐없이 나가서 배워야 하며 하나씩 지키고 나도 열심히 기도하고 전도하고 봉사도 해야** 하는 것입니다.

그저 생각만 하고 가끔씩 뉘우치기만 하고 아무것도 실천하지 않고 노력하지 않으면서 늘 클클하고 답답한 마음으로 하나님 앞에 죄스러워하면서 다람쥐 쳇바퀴 돌 듯 하는 생활 속에서 속히 떠나야 합니다. 많은 교인들이 이것을 결단하지 못함으로 시몬과 같은 자로 점점 전락되고 있습니다.

시몬은 사도들이 기도하여 사람들에게 은사가 주어졌던 것처럼 그도 그러한 능력을 발휘하기를 바랐던 것입니다. 그는 사도들의 능력을 참으로 부러워하고 흠모했으나 그것을 어떻게 받을 수 있는지를 도무지 알지 못했습니다. 그만큼 시몬은 성경 교육을 너무도 받지 못했고 성경에 너무도 무지한 사람이었습니다.

시몬도 예수를 믿었으므로 그가 말씀과 기도로써 자신을 가다듬고, 훈련하고, 치료하고, 성장시키며 부르짖는다면 얼마든지 빌립 집사와 사도들처럼 권능을 받을 수 있습니다. 그러나 그 사람은 그렇게 정당한 방법으로 능력을 얻으려고 노력하지 않았고 한 순간에 돈으로 해결하겠다고 생각했던 것입니다.

오늘날 이처럼 아직도 하나님이 누구신지도 제대로 모르고 말씀을 너무도 모르며 그 말씀을 너무나도 지키지 못하고 기도와 전도도 제대로 할 줄 모르며, 교회와 성도들을 사랑할 줄 모르는 사람이 그 무엇을 빨리 받겠다고 어떤 수단을 동원하여 애쓰는 자들이 있습니다.

병이 들었을 때 자기가 왜 병이 들었는지 전혀 생각하지 못하고 전혀 회개할 줄 모르고 '어떤 능력 있는 사람에게 가서 기도를 받으면 낫겠지' 하여 그에게 가서 기도를 받겠다고 애를 씁니다.

또는 어떤 문제를 만났을 때 누가 며칠 금식하며 기도했더니 해결되더라는 소리를 듣고 무작정 금식하며 자기 소원을 이루어 달라고 기도하는 사람들이 있습니다. 이것은 다 이 시몬과 같이 아주 잘못하는 것입니다.

우리는 수많은 문제와 어려움을 극복하기 위해 기도해야 합니다. 그러나 그 문제와 어려움이 내가 하나님 앞에 불충함으로써 온 결과라면 그것은 내가 내 죄를 회개하고 용서받기 전에는 결코 근본적으로 해결될 수 없습니다. 그러므로 우리는 먼저 하루도 빠짐없이 성경을 읽고 배우며 그 말씀을 통하여 나 자신을 살펴보고 내 문제점을 속히 개선하고 보완해야 하며 그 말씀대로 잘 지키는 일에 열심을 기울여야 합니다. 그래도 또 잘못하고 범죄한 것이 있으면 그것을 신속히 발견하여 그 죄를 잊어버리기 전에, 또 다른 죄, 더 큰 죄를 만들어 내기 전에 즉시 회개하여 사함 받아야 합니다.

이렇게 정상적인 신앙생활을 했음에도 불구하고 환난이나 문제를 만난다면 우리는 어느 때보다도 하나님의 말씀에 나 자신을 더욱 세심하게 비추어 보아 회개하고, 고치고, 할 것을 하며 도와 달라 간청할 때 근본적으로 해결됨을 체험할 수 있습니다.

빌립 집사와 사도들처럼 **말씀과 믿음과 성령이 충만하고 큰 권능을 행할 수 있으려면** 그러한 특별한 은혜를 받을 수 있도록 자신이 다듬어지고 변화되고 성숙되어야 하며 그러한 **충성된 종으로 인정받아야** 합니다.

아무 준비도 없는 자가, 신령한 은혜와 능력을 받을 수 없는 자가 금식하고 떼쓴다고 될 일이 아니며 더욱이 시몬처럼 헌금을 듬뿍 드린다고, 한동안 하나님 앞에 그 무엇에 충성한다고 될 수 있는 일이 아닙니다. 많은 사람들이 '내가 하나님 앞에 헌금도 많이 드리고 한 때 열심히 일도 했는데 내 소원이 이루어지지 않더라, 아무리 기도해도 소용없더라, 하나님이 계신지 안 계신지 모르겠더라' 하고 넋두리를 늘어놓습니다. 그들은 바로 **이 시몬과 같은 사람들**입니다.

제 41 강

베드로가 시몬을 책망함(1)

행8:19~21

19이르되 이 권능을 내게도 주어 누구든지 내가 안수하는 사람은 성령을 받게 하여 주소서 하니 20베드로가 이르되 네가 하나님의 선물을 돈 주고 살 줄로 생각하였으니 네 은과 네가 함께 망할지어다 21하나님 앞에서 네 마음이 바르지 못하니 이 도에는 네가 관계도 없고 분깃 될 것도 없느니라

> *19 이르되 이 권능을 내게도 주어 누구든지 내가 안수하는 사람은 성령을 받게 하여 주소서 하니*

시몬이 사도들의 능력을 소유하기 원했던 것은 **다른 사람들에게 선한 일을 하기 위해서나 하나님께 영광을 돌려드리기 위한 것이 아니라 오직 자신의 영예를 높이고 더 큰 재물을 얻기 위함**이었습니다.

그는 **악한 의도와 목적으로** 하나님의 권능을 돈을 주고 사려 했으니 **하나님의 진노를 받아 마땅했던 것**입니다.

그리고 시몬은 사도들이 상인들처럼 돈으로 무엇을 팔고 사는 것처럼 생각함으로 **사도들에게 모욕을 준 것**입니다.

사도들은 **그리스도를 위해 그들이 가지고 있던 모든 것을 다 버리고** 그리스도를 위하여 **자기 목숨을 내놓은 자들**이었습니다.

동시에 시몬은 **교회를 모욕한 것**입니다.

교회의 근간인 복음을 위해 나타난 하나님의 권능을 마치 자기가 과거에 마술을 행한 것에 지나지 않은 것으로 생각한 것입니다.

사도들의 권능은 우리 주 예수 그리스도의 하나님이심과, 하나님 나라와 그 복음이 참된 것임을 증명하는 것인데 시몬은 그것을 돈 몇 푼으로 살 수 있다고 생각했으니 **복음과 그 능력으로 건설된 교회를 심히 모욕한 것**입니다.

오늘날도 많은 사람들이 이렇게 **하나님의 신실하고 능력있는 종들과 거룩한 교회를 모욕하는 말과 행동**을 합니다. 그것은 도적질하고 간음하는 그 어떤 죄보다도 **더 큰 죄** 아닐 수 없습니다. 나도 모르게 하나님의 종들과 하

나님의 교회를 모욕하고 욕되게 하는 시험에 빠지지 않도록 **참으로 깨어 기도해야** 합니다.

시몬에게는 **돈이면 무엇이든 가능하다고 생각하는 황금만능주의적 사고방식**이 있었습니다. 이런 잘못된 생각 때문에 하나님의 존귀한 능력을 모독하게 된 것입니다.

하나님의 은혜는 그 무엇으로도 살 수 없습니다. 목숨을 주고도 살 수 없습니다. 왜냐하면 **인간의 그 목숨은 하나님 앞에서 하나님의 신령한 은총을 살 만한 아무 가치가 없는 것**이기 때문입니다. **인간은 하나님이 주시는 은혜를 받을 만한 아무 자격도 없습니다. 하나님의 은혜는 하나님께서 예수 그리스도를 믿는 자들에게 거저 주시는 것**입니다.

이 세상의 것으로 하나님께 드려 성령충만함이나 하나님의 특별한 은혜를 받고자 하는 것은 이 시몬과 같이 어리석고 악한 죄를 범하는 것입니다.

하나님은 불신자, 우상숭배자들에게도 일반적 은총을 끊임없이 베풀어 주고 계십니다. 이 세상 만물, 공기, 햇빛, 우리의 영혼과 육체, 이 세상의 것들로 만들어낸 온갖 물건들, 건물들, 이 모든 것은 **하나님께서 거저 주신 것**입니다. 그들이 조금이라도 하나님을 기쁘시게 했거나 하나님 마음에 들어서 주신 것이 아닙니다. 하나님께서 **거룩하신 뜻을 따라** 그 인간들이 태어나면서부터 죽을 때까지 **일방적으로 거저 주시는 것**입니다. 사람들은 이 놀라운 하나님의 자비와 긍휼을 **전혀 모르고** 지냅니다.

우리 **믿음의 사람들**에게 주시는 **신령하고 특별한 은혜들**은 이루 다 말할 수가 없습니다. 우리가 **만세 전에 선택**되는 것, 이 땅에 태어나 **때가 되자 복음 앞으로 부르심을 받는 것, 성령의 불가항력적인 역사로 거듭난 것, 예수 그리스도를 영접한 것, 믿음을 가지자마자 성령세례를 주신 것, 성령에 의해 새로워지고 치료되고 성장하며 거룩해지게 하시는 것, 죄인이 아니라 의인이라고 인치신 것,** 마귀의 자녀인 내가 **하나님의 자식이 되는 은혜**입니다. 또 이 땅을 떠나면 **천국에 들어가 영생복락을 누리는 것** 등 우리 믿음의 사람들에게 주시는 이 **특별하고도 신령한 복** 외에도 이 땅에 사는 동안 영육 간에 우리에게 특별하게 내리시는 그 모든 **은혜와 사랑과 능력들**을 우리는 이루 다 열거할 수 없습니다. 그 모든 것도 하나님께서 우리에게 거저 주시는 것입니다.

무엇보다도 나를 영생구원 얻게 하시려고 **성자 하나님께서 낮고 천한 인간의 몸으로 이 땅에 오시고 나의 모든 죄를 뒤집어쓰시고 십자가에 피 흘려 죽**

으신 그 은혜야말로 그 어떤 것보다 놀랍고 위대한 것입니다.

하나님께 받은 이 모든 은혜와 사랑, 긍휼과 자비에 대해 백만분의 일도 갚지 못하기에 우리는 이 땅에 사는 동안에 어떠한 경우에도 원망, 불평할 수 없으며 참으로 항상 기뻐하고 범사에 감사하며 살아가야 합니다. 우리는 그 무엇보다 이런 하나님을 열심히 자랑하고 사람들에게 증거해야 합니다.

그저 여전히 더 가지고 더 누리고 자기를 더 자랑하고 나타내기를 힘쓴다면 그런 성도는 하나님 앞에서 무지하고 불충한 자가 아닐 수 없습니다.

내가 남보다 더 가진 것이 있다면 그것도 하나님께서 나에게 거저 주신 것일 뿐이지 결코 나를 자랑할 일이 아니요, 내가 남보다 더 가진 만큼 그 하나님을 자랑하고 하나님께 감사와 영광을 돌려드려야 할 것입니다.

더욱이 하나님께서 거저 주신 것을 남보다 더 많이 받아 가지고 있으면서 하나님을 자랑하지 않고 하나님께 영광을 돌리지 않고 자기를 자랑하고 자기를 높이려 하는 것이야말로 큰 죄악입니다. 그야말로 큰 도적이 되는 것입니다. 우리는 결코 이러한 사람이 되지 말아야 하고 이들을 부러워하지도 말아야 합니다.

내가 남보다 더 많은 것을 하나님께로부터 받았다면 그 모든 것을 나에게 거저주신 것이니 나도 다른 사람들에게 거저 나누어 주어야 합니다. 또한 나에게 주신 것을 하나님께서 사용하신다고 한다면 거저 받은 것이니 기쁘고 즐겁게 드려야 하는 것입니다.

그것은 처음부터 하나님의 것이니 하나님께서 달라고 하시고 쓰시겠다고 하면 우리는 기꺼이 드려야 합니다. 하나님께서 쓰시겠다 하는데 그것을 움켜쥐고 내놓지 않는다면 그 또한 배은망덕한 짓이요, 그야말로 하나님의 것을 도둑질하는 것입니다. 우리가 그동안 이러한 도둑질을 얼마나 많이 했는가 정직하게 돌아봐야 합니다. 그리고 그것을 회개해야 합니다.

시몬은 하나님의 은혜를 사용해서 자신을 더 높이려 했습니다. 그가 복음을 믿었다고 하나 아직도 그는 극히 세속적인 사람이었습니다.

세상에 속한 그리스도인은 하나님이 주시는 것들도 자신을 위해 이용하려고 합니다. 그것을 하나님을 위해 쓰려고 하지 않고 오히려 욕되게 합니다. 시몬에게 있어서 하나님은 삶의 목적이 아니라 그의 욕심을 이루는 수단으로 간주되고 있었고 이것이 바로 인본주의 신앙이며 세속적 신앙입니다.

많은 교인들이 예수 그리스도를 믿는다고 하면서 변화되지 못하여 모든 것을 주를 위해서가 아니라 **자신과 세상의 열락을 위해 구하며 사용**합니다.

　극심한 위험과 어려움에 처했을 때 하나님께 간절히 기도하나 **그 문제를 해결 받고자 하는 목적이 하나님을 위해서가 아니라 자기 자신과 욕심을 위해서**입니다. 기도를 해도 헌금을 드려도 **하나님께 더 받아 누리게 해달라는 마음**으로 드립니다. 봉사를 해도 순수하게 하는 것이 아니라 자기 소원을 더 잘 들어주시리라고, 자기가 필요로 하는 복을 더 주시리라고 기대하며 합니다.

　심지어 **전도**를 해도 그 **영혼**을 진정으로 사랑하여 그리스도께로 인도하는 것이 아니라 자기의 어떤 이익을 위해서 하기도 합니다.

　이러한 자들이 바로 **세상에 속한 그리스도인**입니다. 그의 신앙은 **세속적, 인본주의적 신앙**입니다. **하나님께서 결코 인정**하실 수 없습니다. 오늘날 많은 성도들과 주의 종마저도 이러한 신앙에 빠져있는데 이 모든 것은 **반드시 치료받아야** 할 일입니다.

　어떤 성도들은 은혜와 진리가 충만한 지도자를 만나면 **그를 지나치게 높이며** 그가 자기 머리에 손을 얹어 기도해주면 특별한 은혜를 받을 것처럼 생각하는데 그것은 잘못된 생각입니다.

　하나님은 가인이 **악한 자요, 선을 행치 않는 자**였으므로 그가 정성을 드려 바친 제사를 받지 않으셨습니다. 가인의 제물은 분명히 아벨의 제물보다 더 가치 있는 것이었으나 **그것을 드리는 사람과 그 삶이 하나님 앞에 합당치 아니함으로** 받지 않으시고 그에게는 **아무 은혜도 내려주시지 않았습니다**.

　하나님 앞에서 **악인이요, 악한 생활을 하는 자**가 주의 종의 안수를 받는다 하여 그와 그 삶의 모든 문제가 해결되고 특별한 은혜와 사랑을 입을 수 없습니다. 오히려 그 안수하는 사람이 참으로 성령의 감화와 인도를 받는 자라면 그 불의한 자가 안수받겠다고 나올 때 **베드로가 아나니아와 삽비라가 나올 때 책망했던 것처럼 엄히 책망하게 될 것**입니다.

　따라서 주의 종들도 안수기도를 할 때 **분별없이 안수를 행하는 것**은 자칫 하나님 앞에서 **만용을 부리는 것**이 될 수 있으므로 **신중하고 조심해야** 합니다. 그 사람이 **어떤 사람인지 살펴볼 줄 알아야** 하며 복을 받을 수 있는 자인지, 책망을 받을 자인지 **구별하고 해야** 합니다.

　가인과 같은 자에게 안수하며 축복한다는 것은 **분명히 하나님의 뜻을 거스르는 것이며 하나님이 주신 은사를 오용하고 하나님의 영광을 가리는 것**입니다. 참으로 이러한 어처구니없는 잘못을 저지르지 않도록 모든 종들은 조심해야 합니다.

> *20 베드로가 이르되 네가 하나님의 선물을 돈 주고 살 줄로 생각하였으니 네 은과 네가 함께 망할지어다 21 하나님 앞에서 네 마음이 바르지 못하니 이 도에는 네가 관계도 없고 분깃 될 것도 없느니라*

베드로는 그에게 "**네가 하나님의 선물을 돈 주고 살 줄로 생각하였으니**" 하고 책망했습니다.

시몬이 하나님의 능력을 돈으로 살 줄로 알았으니 **하나님의 능력과 재물을 동일시 한 것**입니다. 이것이 **그의 큰 죄악**이었습니다.

시몬이 **성령의 은사**를 돈으로 살 수 있다고 생각한 것이야말로 **성령과 그 능력에 대해 가장 크게 모독한 것**이므로 그는 그 은과 함께 망할 자라고 엄하게 징벌을 받게 됩니다.

그는 **하나님 앞에서 "그 마음이 바르지 못하다"**, "**악하다**" 는 **판정**을 받았고, 따라서 "**하나님의 도와는 상관이 없다**" 고 심판을 받게 되었습니다.

그가 이전에 예수 그리스도를 믿는 믿음을 가졌고 전심으로 빌립을 따라다니며 도왔다 할지라도 **하나님 앞에서 그 마음이 악하고 하나님과 능력을 돈과 같이 여기거나 돈보다 못한 것으로 여기는 마음이 있었으니 그는 결코 예수 그리스도로 말미암아 죄 사함 받고 거룩한 자가 되어 구원 얻을 수 없는 사람으로 판정된 것**입니다.

오늘날 **믿음이 있다고 말하고 교회에서 직분을 받아 열심히 일하는 자들 중에도 이 시몬과 같이** 그 마음이 바르지 못하고 하나님과 그 능력과 은총들을 물질이나 세상의 것들과 같이 취급하는 자들이 있다면 그는 **시몬과 같이 하나님께 크게 책망을 받아 세상의 것들과 같이 망할 자요, 하나님의 도와는 상관이 없는 자**가 됩니다.

이 말씀을 보고 듣는 성도들은 **나는 과연 시몬과 같은 자가 아닌지** 정직하게 돌아보시기 바랍니다. 만약 이 문제를 확실하게 해결하지 못하면 그야말로 세상 것들과 함께 망할 자, 하나님의 도와는 상관없는 자, 즉, 구원과 상관이 없는 자입니다.

중세시대 **로마 교회에서 돈을 받고 면죄부를 판 것은 그야말로 시몬에게 돈을 받고 성령의 신령한 은총을 파는 것과 같습니다.** 시몬은 돈으로 성령의 능력을 사겠다고 했지만 그것이 **거절되었습니다**. 그럼에도 불구하고 그는 그 은과 함께 망할 자요, 하나님 앞에서 마음이 악한 자요, 하나님의 도와는 상관이 없는 자라 판정이 내렸는데 돈을 받고 죄를 사함 받았다는 증명서를 판 로마 교회는 이 시몬보다도 더 크고 악한 죄를 저지른 것입니다. 더구나 사람들이 요구한 것이 아닌데 교회지도자들이 스스로 나서서 "돈을 주고 면죄부를 사가라" 하고 팔았으니 얼마나 큰 악이요, 그처럼 망할 자가 어디 있겠습니까? 당시 로마 교회는 하나님의 도와는 상관이 없는 집단이었습니다.

만약 하나님의 말씀과 하나님의 은혜와 능력, 더구나 죄 용서받는 일을 어떤 대가를 받으며 나눠주는 자가 있다면 그는 이 시몬과 같이 그 대가와 함께 망할 자요, 하나님 앞에서 마음이 바르지 못한 악한 자로 낙인이 찍힐 것이며 하나님의 도와는 상관이 없는 자가 될 것입니다.

물질이나 학벌이나 세상의 무엇을 하나님과 동시에 섬기거나 하나님보다도 그것을 더 의지하는 자라면, 그리고 그러한 것들로 교회 안에서 거룩한 직분을 차지하려 하거나 또 그것들을 보고 거룩한 직분을 부여하는 목회자가 있다면 그는 불신자와 다를 바가 없으며 우상숭배자입니다.

베드로는 그에게 "하나님 앞에서 네 마음이 바르지 못하다"고 책망했습니다.

"너는 믿는다고 하고 세례도 받았으나 그 믿음과 세례를 인정할 수 없다"고 말한 것입니다. 그가 생각하고 말하는 것이 그 믿음과 세례와 전혀 상관이 없는 것이었기 때문입니다.

마음에 담겨져 있는 것이 겉으로 드러나고 우리의 마음은 하나님 앞에 적나라하게 드러나며 결코 하나님을 속일 수 없습니다. 내 마음이 하나님 보시기에 합당치 못하다면 내가 아무리 교묘하게 위장한다 할지라도 하나님은 내 마음을 읽으시며 나의 신앙이 거짓된 것이고 가증한 것이라고 판단하시는 것입니다.

하나님 앞에 그 무엇을 구할 때에 우리의 마음자세를 바르게 가져야 합니다. 더욱이 하나님의 능력이나 큰 은혜를 구한다면 하나님 앞에서 올바르고 합당한 마음자세를 가져야 합니다. 그렇게 하지 않고 시몬과 같이 잘못된 마음과 악한 마음으로 하나님께 무엇을 구한다면 그것은 하나님께 크게 책망 받을 일이요, 징벌 받을 일이 되는 것입니다.

그러므로 우리가 하나님께 구하는 것도 신중해야 합니다. 아무리 작은 것을 구한다할지라도 성령의 인도를 따라 합당하게 구하는 자가 되어야 합니다.

시몬은 분명히 예수 그리스도를 영접했고 세례를 받았고 열심히 빌립을 도왔습니다. 그렇게 될 정도로 그는 그동안 그에게 붙어 있는 수많은 악령들이 떠나갔던 것이고 그들의 억압에서 풀려난 것이었습니다. 그러나 그가 돈으로 하나님의 능력을 사려고 했던 것을 보면 그는 아직도 악독한 영들에게 붙잡혀있었다는 것을 알 수가 있습니다.

누구보다도 열심히 신앙생활 하는 것처럼 보이지만 아직도 수많은 악령들에게 붙잡혀 있는 성도들이 있습니다. 이러한 사람들은 그것을 근본적으로 치료받지 못하면 그 악령들의 조종을 받아 시몬과 같이 악한 생각에 빠지고 어처구니없는 죄를 범하게 됩니다.

우리가 예수 그리스도를 영접하고 성령세례를 받아 말씀과 기도로 치료되고 변화되고 성화되어야 하는데 그것은 예수 믿기 전에 우리에게 붙어서 우리를 움직이고 종노릇하게 했던 악한 영들이 하나씩 제거되게 하는 것입니다. 예수 그리스도를 영접하고 성령이 내안에 오셨을지라도 악령이 나를 따라다니며 나를 움직이는 것은 내게 아직도 부패함이 남아 있어 그 악령들을 끌어들이고, 대화하고, 그들이 시키는 대로 하기 때문입니다. 내가 그들을 단호히 거절하고 싸우면 성령이 나를 도우시므로 그 악령들은 나를 어찌할 수 없게 되고 떠나가는 것입니다. 그런데 그 악한 영들이 주는 생각에 순간순간 사로잡히고 그런 말과 행동을 하게 되면 그 악한 영을 나와 내 삶에 끌어들이는 것이 되고 그것들은 여전히 나를 조종하고 범죄하게 만듭니다.

그러므로 우리는 말씀과 기도를 통하여 성령께서 나로 하여금 발견하게 하신 악령들과의 교통과 이것들로 인한 범죄를 회개하여 사함 받고 적극적으로 싸워서 이겨야 하고 그 악한 영들을 제거하는 작업에 동참해야 합니다.

그런데 많은 성도들이 이 악한 영들의 정체와 그것들이 나를 유혹하고 범죄하게 한다는 사실조차도 너무 모르고 있습니다. 그러므로 우리 하나님의 종들은 이 마귀와, 그 악한 영들의 정체와, 그 역사들에 대해 끊임없이 성도들에게 가르쳐야 하며 성도들 각자가 이 악한 영들과 싸우는 일에 눈을 뜨게 해야 하고 그 싸움에서 반드시 승리하도록 훈련하고 그것을 옆에서 끊임없이 도와줘야 하는 것입니다.

우리는 나 자신과 성도들의 범죄에 대하여 눈을 뜨고 예리하게 발견해 내고 범죄가 있었다면 그것을 속히 지적하고 책망하고 회개하도록 도와줘야 합니다.

창세 이래로 모든 인간의 범죄는 단지 인간 혼자 저지르는 것이 아니라 사탄의 유혹에 빠짐으로 인한 것임을 명심해야 합니다. 따라서 우리는 성도들이 범죄하지 않도록 경계하고 깨우쳐 줘야 할 뿐 아니라 범죄를 유발시키는 사탄과 악령들의 역사에 대해 우리는 부단히 가르쳐 주고 경각심을 가지게 하고 성도들 스스로 그것들을 발견하여 싸워 이기도록 훈련하고 도와야 합니다.

많은 주의 종 자신과 성도들이 원수가 분명히 존재함에도 불구하고, 또 그 원수가 나와 성도들을 끊임없이 유혹하고 공격함에도 불구하고 전혀 의식하지 않으며, 그 원수와 싸우려는 대비를 하지 않으며 싸우지 않습니다. 이는 참으로 어처구니없는 일입니다. 이것이 바로 어두운 영이요, 감겨진 눈입니다. 우리는 이 감겨진 눈을 떠야 하며 우리의 어두워진 심령들이 깨어나야 합니다. 우리는 이 땅에 사는 동안 끊임없이 이 사탄과 악한 영들과 전쟁하고 있다는 것을 잠시도 잊으면 안 됩니다.

교회 안에 거짓 교사, 거짓 선지자가 얼마든지 있을 수 있다는 것을 또한 알아야 합니다. 사실상 돈 주고 목사, 장로가 되는 사람들이 얼마든지 있습니다. 그들은 결코 성숙한 그리스도인이 아니며 진정한 교사와 선지자가 될 수 없습니다. 그런데 그런 것도 모른 채 그들이 직분만 가지고 있으면 무작정 받아들이고 그들과 하나 되기를 힘쓰며 그들과 더불어 하나님의 일을 한다면 참으로 어처구니없는 일이 아닐 수 없습니다.

우리는 베드로와 요한처럼 우리 눈앞에 보이는 자들의 언행을 보고 그가 과연 하나님의 사람인지, 그리스도의 도와 상관이 없는 자인지를 정확히 판단할 수 있어야 합니다. 사람의 겉모습이나 숫자를 보지 말고 분위기와 대세를 생각하지 말고 베드로와 요한처럼 성령의 세심한 감화를 받아 가까이 할 자와 멀리 할 자를 분별해야 합니다. 책망할 자와 칭찬할 자를 정확하게 분별할 수 있어야 합니다.

그러므로 모든 교회의 지도자들은 이 베드로와 요한처럼 말씀과 믿음과 성령의 충만함을 받아야 하며 성령의 세심한 도우심을 받아야 합니다. 그렇지 않고 목사, 지도자의 일을 하는 것은 참으로 위험천만한 일입니다.

제 42 강

베드로가 시몬을 책망함(2)

행8:22~23
22그러므로 너의 이 악함을 회개하고 주께 기도하라 혹 마음에 품은 것을 사하여 주시리라 23내가 보니 너는 악독이 가득하며 불의에 매인바 되었도다

베드로는 시몬에게 "**내가 보니 너는 악독이 가득하며**" 했습니다.
악독이 가득하다는 말은 "**쓸개**", 즉 **불경건의 독소가 가득하다**는 것입니다. 베드로는 그의 영혼 속에 불경건의 독소가 가득하다는 것을 명확히 지적하고 있습니다.
하나님의 일꾼들은 사람들의 영혼 속에 있는 악독, 쓸개를 정확하게 보고 지적하여 본인도 그것을 알게 하고 그 사람과 함께 그 악독을 제거하기 위하여 전력을 다해야 합니다. 그래야 **그 영혼 속에 있는 악독, 쓸개를 제거하여 그 사람을 새사람으로 치료할 수 있습니다.**
시몬처럼 **순간순간 악독에 사로잡혀** 있으면서 선의 형식만 갖추고 형식적으로 신앙생활을 잘하는 성도들이 많이 있습니다. **그 사람 속에 있는 악독을 제거하지 않으면 시몬처럼 악의 영들에 의해 죄악을 저지르고 하나님께 책망과 심판을 받게** 됩니다.
그러므로 우리 모든 그리스도인들은 **내 안에 악독이 스며들어 오지 않는가를 깨어 살펴보아** 그것이 들어왔다면 **즉시 말씀과 기도로 제거해야** 합니다.
베드로가 "**내가 보니**" 라고 말한 것으로 보아 그가 **주께로부터 부여받은 영분별의 은사가 있었음**을 알 수 있습니다.
하나님의 일꾼들은 **사람을 영적으로 치유해야** 하는데 그것을 위해서는 **영분별의 은사도 지녀야** 합니다. 사람의 영을 도무지 분별하지 못하고 어찌 그 사람의 영을 다루며 치료하고 양육할 수가 있겠습니까?
하나님의 일꾼들이 이렇게 **영적 분별력을 갖추지 못하고** 시몬처럼 **악독이 가득한 자를** 외형적인 열심만 보고 그를 선한 일꾼으로 여기며 중직을 맡겨 거룩한 일을 의논하고 그와 더불어 성령의 일을 도모하고자 하면 그 결과가 어찌 되겠습니까?

성령께서 결코 그러한 연합과 도모를 기뻐하지 않으실 것이므로 하나님의 일꾼들은 그 심령이 어떠한지 성령의 도우심을 받아 분별할 수 있어야 합니다.

베드로는 시몬이 악독이 가득한 자라는 것을 처음 만났을 때부터 알았던 것이 아니라 그가 말하고 행동하는 것을 보고 분별해내었습니다.

때로 하나님께서는 성령충만한 자라도 **다른 사람들의 비밀을 처음부터 다 알게 하도록 하시지 않습니다**. 그것은 사역자들에게 오히려 짐이 되고 도움이 되지 않을 수가 있기 때문입니다. 그러나 **결정적인 순간에 이르러서는 성령은 그 사람이 어떠한 사람인지를 분명히 알고 그에게 속거나 악용당하지 않게 하시기 위해 때가 되면 그 사람은 악독이 가득하다고 분명히 알게 해 주시는 은총**이 있습니다.

영분별의 은사가 아직 없더라도 시몬이 어리석고 악한 제안을 할 때 크게 잘못된 자라는 것을 분별할 수도 있습니다. 그러한 사람은 참으로 지혜롭고 통찰력이 있는 사람입니다. **하나님의 일꾼들은 사람들의 말과 행실을 보고 어떠한 자인지를 분별할 수 있는 지혜와 통찰력을 지녀야** 합니다.

시몬은 베드로에게 **악한 제안을 함으로써 스스로 악독이 가득한 자임을 드러냈습니다. 위선자의 위장은 반드시 스스로 드러내게 되는 법입니다**. 더욱이 그 위선자가 성령의 사람을 상대로 하여 악을 꾀하고자 할 때 성령께서는 여실히 드러나게 하십니다.

사람들은 분별하지 못하나 **모든 것을 꿰뚫어보시는 성령은 결코 속일 수 없고 성령의 사람 앞에서는** 이리가 양의 옷을 입는다 해도 **반드시 본성과 정체가 드러납니다**.

지금까지 시몬은 그 속에 악독이 가득한 채로 사람들을 속일 수 있었으나 **누구보다 성령이 충만한 베드로와 요한 앞에서는 적나라하게 드러나게 된 것**입니다. 우리 하나님의 일꾼들은 **모든 어둠과 위장을 낱낱이 드러내는 강력한 그리스도의 능력의 빛을 비추어야** 합니다.

죄는 가증하고 하나님께서 싫어하시는 것이므로 하나님과 하나님의 사람 앞에 죄인과 그 죄가 나온다면 죄인은 그 죄와 함께 스스로 가증함을 드러낼 수밖에 없습니다. 왜냐하면 빛이 비추면 모든 것이 드러나기 때문입니다.

바로 우리 그리스도인들은 이렇게 사람들 앞에서 그가 죄인이며 그가 지은 죄가 무엇인지 밝히 드러낼 수 있어야 합니다. 무턱대고 사람들을 위해주고 도와주고 베푸는 일만 해서는 안 됩니다. 모든 불신자, 우상숭배자들에게 있어서 가장 필요한 것은 그들이 속히 자기가 죄인이며 그동안 어떤 죄악을 저질렀는지 깨닫고 그것을 하나님 앞에서 해결하는 것입니다.

그러므로 우리 그리스도인들이 사람들의 육적인 문제를 도와주고 위로해 주고 베풀어주는 것이 우선이라고 착각하면 안 됩니다. 물론 육적인 다급함을 도외시해서는 안 되지만 우리는 먼저 그가 무슨 죄악을 저질렀으며 그가 하나님 앞에 죄인임을 빨리 깨달아 그 문제를 분명하게 해결받을 수 있도록 도와야 합니다. 그것이 너무 더디면 육적으로 열심히 도와주고 베풀어 준 것도 아무 소용없게 되며 오히려 그 사람이 도움을 받고 더 많은 죄를 저지르는 더 큰 죄인이 됩니다.

사람 속에 내재하는 죄는 악독의 뿌리로서 그 사람 속에서 끊임없이 독초와 쑥을 생산합니다(신29:18). 내재하는 죄로 인한 악독의 뿌리는 그 사람의 생각이 점점 부패해지고 선한 것을 밀어내며 악한 것으로 채워지게 하여 그 사람은 조만간 치명적인 결과를 만나게 됩니다. 그러므로 우리는 사람 속에 내재하는 죄와 그로 인하여 그 속에 뿌리를 내린 악독을 제거하는 일에 우선 관심을 기울여야 하며 그 사람에게 먹을 것을 주고 아름다운 의복을 주며 위로해주기 앞서서 그 죄로 인한 악독의 뿌리를 신속히 제거해야 합니다. 이것은 오직 성령의 사람만이 할 수 있습니다.

베드로는 시몬에게 "너는 불의에 매인바 되었도다" 했습니다.

그가 지은 죄에 대한 책임으로 하나님의 심판아래 놓여 있고 또한 죄의 세력을 인해 사탄의 지배하에 매여 있다는 것입니다. 그가 품은 악독과 죄악으로 인하여 하나님의 심판에 매인바 되고 그를 그렇게 만든 사탄의 지배에 또 확실하게 얽매이게 되는 것입니다.

죄를 범하고 그 마음이 악독으로 가득 찬다는 것은 이렇게 무서운 결과를 가져다주는 것입니다. 그것은 모든 것을 잃는 것이요, 망하는 것입니다.

그러므로 우리 모든 그리스도인들은 범죄하지 않도록 정신 차리고 악한 생각이 내 마음에 뿌리를 내리지 못하게 해야 합니다. 이것이 제대로 안 되는 교인들은 끊임없이 심판의 매를 맞게 되며 자기도 모르는 사이에 악한 영들에게 점점 그 밧줄로 옭아매지는 것입니다. 그러한 상태가 오래 지속된다면 그는 그렇게 하는 동안 괴롭고 고통스러운 인생을 살지 않을 수 없으며 거기서 탈출하는 일은 결코 쉽고 간단하게 될 수 없습니다. 말할 수 없는 쓰라림과 고통과 손실을 맛본 후에야 거기서 탈출하게 될 것입니다.

사탄은 그가 한 번 사로잡은 자를 끊임없이 종으로 부립니다. 그러므로 불의에 매이는 것은 참으로 무서운 멍에입니다.

예수 그리스도를 진정으로 구주로 영접하고 그의 말씀을 따라 성실하게 순종하며 나가는 자는 이스라엘 백성들이 애굽에서 모세로 말미암아 유월절을 지키고 불의의 멍에에 얽매였던 비참한 삶에서 깨끗이 해방된 것과 같은 것입니다.

그러므로 예수 그리스도를 믿는다는 것이 얼마나 귀하고 복된 일인지 모릅니다. 우리 모든 그리스도인들은 모든 불신자와 우상숭배자들에게 예수 그리스도를 믿으라고 외치고 외쳐야 합니다. 그것이 바로 저들에게 가장 시급하고 필요한 것입니다.

시몬은 돈으로 하나님의 능력을 사고 그로 인하여 더 큰 돈을 벌려 함으로써 엄청난 불행과 저주를 받게 됐습니다.

돈의 유혹과 그로 말미암은 죄악이 얼마나 우리에게 얼마나 치명적인지 명심해야 합니다. 돈 때문에 악행을 저지를 유혹을 끊임없이 받는데 돈이라는 것이 나를 완전히 망하게 할 수 있음을 아는 영의 눈을 반드시 소유해야 합니다. 마음이 그 돈으로 치우치려는 것을 우리는 순간마다 꾸짖어야 합니다. 뇌물을 받거나 주는 것을 참으로 수치로 여길 줄 알아야 합니다.

그러므로 우리 그리스도인들은 물질에 대해 깨어서 그것은 있어도 그만이고 없어도 그만인 사고방식을 확실히 가지고 우리가 하나님과 하나님의 말씀을 순종하고 우리가 해야 할 일을 함에 있어서 그 재물이 우리의 걸림돌이 되거나 송두리째 망하게 할 수 있다는 것을 명심하여 경계심을 가져야 합니다.

하나님께서 재물이 필요하면 주실 것이고, 더 필요하면 더 주실 것입니다. 하나님께서 주시기도 하고 거두시기도 하는데 물질도 그러하며 그저 하나님만을 주인삼고 하나님의 말씀과 명령에 순종하고 충성해야 합니다.

하나님이 재물을 주셨다면 감사히 받고 하나님의 거룩한 뜻을 따라 올바르게 사용할 것이고 그것이 내 것이라고 생각하여 자랑하거나 의지하거나 또 그것으로 인하여 범죄에 빠지지 말아야 합니다. 재물이 부족하고 없는 상태에서도 하나님은 나를 통하여 얼마든지 선을 이루심을 믿고 열등감에 빠지거나 슬퍼하거나 원망할 것이 아니며, 재물 있는 자들을 시기질투하거나 욕할 필요도 없습니다. 모든 것이 다 내 것이 아니요, 주님의 것이니 주께서 알아서 하실 것이므로 나는 항상 기뻐하고 범사에 감사하며 살아야 합니다.

각자 자신을 돌아보시기 바랍니다.

여전히 돈은 있을수록 좋다고 생각합니까? 돈이 나에게 부족하다면 그것이 불행하다고 생각합니까? 하나님이 나를 사랑하시고 복을 내리신다면 반드시 재물이 풍부해야 한다고 생각하십니까? 하나님께서 내게 재물을 주시지 않고 또 거두어 가신다면 나를 미워하고 나를 버리신 것이라고 생각합니까? 내가 원하는 대로 재물을 주시지 않는다고 하나님이 원망스럽고 하나님에 대한 신뢰심이 식어지거나 병들어가지 않습니까? 따라서 쉽게 원망불평하지 않습니까?

그렇다면 나는 아직 어린아이 신자요, 주님이 주인이 아니라 내가 주인이요, 주님을 아직 신뢰하지 못하는 자입니다. 또는 나는 가짜 신자입니다.

우리는 재물을 통해 나 자신을 정직하게 점검해 보아야 합니다.

심지어 하나님께서 "내게 좀 달라! 내가 너에게 준 재물을 좀 사용해야겠다!" 하시는데 그것을 거부하고 드리기에 인색하고 하나님께 드려야 할 것을 자신이나 또는 다른 일을 위해 써버린다면 그 사람이 얼마나 배은망덕하고 악한 자이며 하나님을 배신하는 자이겠습니까? 내가 그동안 이 못되고 어리석은 짓을 얼마나 해왔는지 돌아보시기 바랍니다. 그렇지 않으면 나도 모르는 사이에 시몬과 같이 되는 것입니다.

마음이 하나님 앞에서 바르지 못한 사람이 있는데 그들은 성령의 거룩한 인도를 따르지 않는 자들이므로 하나님의 사람으로서 누리는 생기와 신령한 기쁨과 즐거움, 그리고 능력의 역사를 체험하며 살 수가 없습니다. 바르지 못한 마음에 이끌리는 자들은 성령의 인도에 이끌리는 것이 아니요, 악한 영들에 이끌리는 것이므로 그들은 가나안을 목표로 나아가지 않는 것입니다.

본인은 꾸준히 열심히 신앙생활하고 있다고 생각하지만 하나님 앞에서 바르지 못한 마음을 가진 자들은 "애굽으로 돌아가자"고 하다가 광야에서 멸망한 자들처럼 됩니다.

그러므로 하나님 앞에서 바른 마음을 가지는 것이 얼마나 중요한지를 알아야 합니다. 광야에서 엎드러져 죽은 자들이 전혀 순종하지 않은 것은 아닙니다. 그들도 가나안이 앞에 보일 때까지 순종하며 따라왔으나 그들 속에 있는 바르지 못한 마음을 청소해 내지 못했기 때문에 그들의 모든 수고는 헛되이 되었으며 도중에 모든 것을 잃어버리고 멸망한 것입니다.

그러므로 우리가 예수 그리스도를 확실히 믿고 성령세례를 받은 다음에 성령께서 하나님의 말씀을 통하여 깨우치시는 대로 나의 어리석고 악한 마음을 제어하며 그 성령의 이끄심을 성실히 따라가고, 그렇게 함으로써 처음에 있었던 바르지 못한 마음이 하나씩 청소되고 하나님 앞에서 바른 마음을 가지는 자가 되어야 합니다.

내가 이렇게 정상적으로 되고 있는지 정직하게 돌아보시기 바랍니다.

아직도 그저 인간적인 근심걱정이나 하고 원망불평을 하고 허황된 마음에 사로잡히면서 그저 습관적으로 교회를 출입하고 직분까지 받아서 기계적으로 움직이지 않습니까?

하나님께서 내 속마음을 들여다보실 때 과연 "너는 올바른 마음을 가지고 있구나" 하고 말씀해 주시겠는가 생각해 보시고 그렇지 못하다면 나는 지금 위험한 길을 걸어가고 있고 낭떠러지를 앞에 두고 있다는 것을 깨닫고 미루거나 주저하지 말고 서둘러서 그 문제를 해결해야 합니다.

하나님은 모든 것을 꿰뚫어 보고 계시는데 우리가 마음을 바르게 하지 못한다면 하나님께서 매우 진노하십니다.

하나님의 교회와 하나님의 종에 대하여 바르지 못하고 합당치 못한 생각을 가지거나 교회를 저버리려는 마음을 가지고 하나님의 종을 대적하는 자나 사명이 귀찮고 힘들다며 저버리고 싶은 마음을 갖게 된다거나 하나님의 책망을 싫어하거나 반발하려는 마음을 갖게 된다면 이것이 바로 악한 마음이요, 하나님께서 매우 진노하실 큰 죄입니다. 우리는 이러한 것들을 참으로 삼가야 합니다.

또한 자신이 몸담고 있는 교회에 대해 험담하고 하나님의 종과 그의 가르침에 대해 함부로 말하고, 또 하나님의 종의 책망에 대해 악하게 말하는 사람은 그야말로 매우 악독한 마음을 가진 자요, 영적으로 크게 병든 사람입니다. 우리가 그러한 사람을 본다면 그가 내 혈육이나 죽마고우일지라도 단호히 책망하고 회개하게 해야 합니다. 그가 진정으로 회개하고 돌이키기 전에는 그를 가까이 하는 자체만으로 하나님의 진노를 살 수 있습니다. 하나님이 진노하고 있는 사람을 가까이만 해도 똑같은 죄를 범하는 것이 됩니다. 그런 사람을 엄격히 구분할 줄 알아야 하고 거리를 두고 단호히 책망하고 회개하라는 말 외에는 삼가야 합니다. 그러한 자를 위로하거나 옹호하며 그를 책망한 하나님의 종과 교회를 비난한다면 그 사람은 그를 더욱 악화시키는 것이요, 공범자가 되는 것입니다. 참으로 이러한 것을 조심해야 합니다.

　바르지 못한 마음, 악독한 마음을 갖고 있는 자들을 경계해야 합니다. 그렇지 않으면 순간적으로 똑같은 사람이 될 수 있으며 오히려 그 사람을 더 악화시키게 됩니다. 그러므로 우리는 분별력을 가지고 사람을 상대해야 합니다.
　정당하게 책벌을 받거나 교회로부터 하나님의 종으로부터 책망을 받으면서도 순순히 받아들이지 못하는 사람들을 성도들이 단호하게 대해야 합니다. 교회 안에서 누가 경거망동할 때 단호하게 책망하고 바로잡아 정직하게 처신해야 합니다. 인정이나 분위기에 따라 생각하고 행동하지 말고 언제나 하나님을 먼저 생각하고 무엇이 하나님 앞에 올바른 것인지 정직하게 판단해야 합니다. 그렇게 할 때 그것이 하나님 앞에 정직한 행실이요, 하나님은 그런 사람을 인정하시고 함께하십니다.

　우리가 신앙생활을 해 나가면서, 또한 다른 사람과 더불어 하나님의 일을 하면서 얼마든지 시몬과 같은 자가 있을 수 있다는 것을 알고 그러한 자가 있을 때 너무 상처받거나 낙심하지 말아야 합니다. 우리는 그러한 사람들을 분별해내야 하며 그러한 사람들에 대하여 신속하게 대처하지 못해 그 한두 사람 때문에 교회 전체가 혼란에 빠지고 큰 시험에 빠지게 하면 안됩니다.
　그러므로 나 자신이 시몬과 같이 악한 마음을 가지는 자가 되지 않도록 참으로 조심하고 우리 주변에서 그러한 자를 발견했을 때 당황하거나 회피하지 말고 정확하게 그의 악함을 분별하고 단호하게 대처해야 합니다. 적어도 교회지도자들은 반드시 이러한 것을 갖추고 있어야 합니다.

　베드로는 시몬에게 바른 충고를 합니다.
"너희 이 악함을 회개하고 주께 기도하라 혹 마음에 품은 것을 사하여 주시리라" 했습니다.
　그의 행위가 매우 사악하기는 했으나 베드로는 아직 그에 대한 충고를 잊지 않았습니다.
　우리는 악을 행하는 자들을 발견했을 때 베드로처럼 즉각 충고해야 합니다. 그저 바라만 보거나 마음속으로 근심만 하거나 회피한다면 그리스도인으로서의 사랑을 조금도 소유하지 못한 것이며 그 사람도 하나님 앞에 책망의 대상이 될 것입니다.
　잘못하는 자를 보고 아무 말도 하지 않고 아무 도움도 주지 않은 채 회피하는 것은 몰인정하고 사랑할 줄 모르며 하나님 앞에 범죄하는 것입니다. 우리는 이것을 명심해야 합니다.

베드로는 **하나님 앞에 회개하여 용서받아야 한다는 것을 강력히 깨우쳐서** 시몬이 그의 어리석고 악한 행위에 대해 **부끄럽게 여기도록** 했습니다.

베드로는 시몬으로 하여금 잘못을 뉘우치게만 한 것이 아니라 **하나님께 용서해달라고 간절히 구해야 한다고** 가르쳐준 것입니다. 회개는 기도를 통하여 이루어지는 것입니다. 베드로는 시몬으로 하여금 **하나님을 찾고** 그에게 자기의 죄를 **고백하며** 용서해 주실 것을 **간절히 구하도록** 당장 깨우쳐 준 것입니다.

우리 하나님의 사람들이 할 일이 바로 이러한 것입니다.
회개하도록 촉구하는 것을 결코 주저하거나 두려워하거나 염려할 필요가 없습니다. 그 죄인이 한 시간이라도 더 일찍 깨닫고 회개한다면 그를 멸망으로부터 살게 할 것입니다.

베드로가 말하기를 "**네가 진정으로 회개하면 하나님께서 네가 품은 그 악한 마음을 사하여 주시리라**" 했습니다.

마음에 품은 생각이 아무리 악하다 할지라도 **진정으로 회개하면 용서받을 수 있으며 그 징벌을 면할 수가 있습니다.** 베드로가 "혹시" 라는 말을 한 것은 **그의 회개가 진실해야 한다**는 것을 깨우쳐 주고자 한 것입니다. 또한 만약 그가 진실하게 회개하지 않으면 결코 그 악한 마음을 용서해 주시지 않을 것이라는 말입니다.

거짓으로 회개하는 자는 결코 용서받을 수 없습니다.
많은 교인들이 이것을 또한 잘 모르고 있습니다. 그저 형식적으로 마지못해 "잘못했습니다. 용서해주세요" 하나 **그것이 진실하지 못할 때 그는 전혀 용서받지 못할 것이며 죄를 더욱 가중시킬 수 있습니다. 하나님을 기만하는 것이기 때문입니다.**

우리는 **회개도 진실하게 해야** 합니다.
시편 32장 5절에 "내가 이르기를 내 허물을 여호와께 자복하리라 하고 주께 내 죄를 아뢰고 내 죄악을 숨기지 아니했더니 곧 주께서 내 죄의 악을 사하셨나이다" 했습니다.

숨기지 않고 낱낱이 죄를 시인하고 고백하는 것, 그것이 회개에 있어서 반

드시 취해야할 자세입니다.
 그러므로 회개는 **아주 세밀하고 정확하게 해야** 하며 **절실하게 죄를 뉘우치며 해야** 합니다.

 누가복음 19장 8절은 **진실한 회개**가 어떤 것인지를 분명히 보여줍니다.
 삭개오는 예수님 앞에서 회개할 때 "내 소유의 절반을 가난한 자에게 주겠으며 만일 누구의 것을 토색한 것이 있으면 사배나 갚겠습니다" 라고 했습니다.
 이것이 진실한 회개입니다.
 무턱대고 죄를 용서해 달라고만 할 것이 아니라 내가 하나님 앞에 범죄했으면 **하나님 앞에 갚을 것을 갚아야** 하며, 사람에게 범죄했으면 **그에게 갚을 것을 갚아야** 합니다. 누구에게 큰 아픔을 주고 피해를 끼쳤으면 **반드시 그 아픔에 대해 철저하게 용서를 구하고 그가 어떤 대가를 치르게 할지라도 순순히 받아들여야** 합니다.
 어떤 사람들은 자기의 잘못을 인정하면서도 하나님의 종이나 누구에게 야단맞는 것이 싫고 두려워서 사과하고 회개하지 않습니다. **자기 잘못에 대해 조금도 책임지거나 대가를 치르기를 거부하는 것은 진정으로 회개하는 것이 아니며 염치없는 자요, 악한 자입니다.**
 입으로만 회개하고 자기 죄에 대해 갚으려는 생각은 하지 않는 **사람은 그 후에도 얼마든지 그와 같은 죄악을, 또 그보다 더 큰 죄악을 저지를 사람인 것**입니다. 왜냐하면 **갚지 않아도 된다고 생각하기 때문입니다.**
 우리는 회개를 비롯하여 감사를 드리든, 찬송을 부르든, 봉사를 하든, **무엇을 하든지 진실하게 해야** 합니다. 그렇지 않으면 그 모든 수고는 다 헛되이 될 것입니다.

제 43 강

두 사도의 사마리아 전도, 빌립이 천사의 지시를 받음

행8:24~26

24시몬이 대답하여 이르되 나를 위하여 주께 기도하여 말한 것이 하나도 내게 임하지 않게 하소서 하니라 25두 사도가 주의 말씀을 증언하여 말한 후 예루살렘으로 돌아갈새 사마리아인의 여러 마을에서 복음을 전하니라 26주의 사자가 빌립에게 말하여 이르되 일어나서 남쪽으로 향하여 예루살렘에서 가사로 내려가는 길까지 가라 하니 그 길은 광야라

> *24 시몬이 대답하여 이르되 나를 위하여 주께 기도하여 말한 것이 하나도 내게 임하지 않게 하소서 하니라*

시몬은 베드로의 책망에 어느 정도 감화를 받았고 두려움을 느낀 것이 분명합니다. **베드로의 책망은 시몬처럼 악한 자에게도 분명한 효과가 있었고 그를 두렵게 하기에 충분했습니다.** 그러기에 사도들에게 기도해 줄 것을 간절히 요청한 것입니다. 그는 베드로와 같이 하나님의 사랑을 받는 자들의 기도를 하나님께서 기쁘게 들어주신다고 믿고 있었습니다.

우리가 <u>사람들의 죄에 대해 엄하게 책망하는 것은 주저하거나 회피할 일이 아님</u>을 알아야 합니다. <u>베드로와 같이 정확하게 그 죄악을 지적하고 책망한다면 그들은 분명히 공포심을 느끼며 그 문제를 해결하려는 마음을 가지게 되는 것</u>입니다.

그런데 시몬은 사도들에게 자기를 위해 기도해 줄 것을 요청했으나 정작 스스로는 기도하지 않았습니다. 시몬은 베드로의 책망을 듣고 어느 정도나마 뉘우치는 마음을 가졌지만 **아직도 하나님께 직접 회개할 마음은 가질 줄 모르고 다른 사람의 기도를 의지하려** 했습니다.

그 심령은 아직도 하나님 앞에 나아가 회개할 정도로 변화되지 못했으며 하나님을 향하여 그 마음의 문이 열리지 않았다는 것을 보여줍니다. 베드로를 통하여 엄하게 책망을 받았으니 하나님 앞에 나아가서 기도할 때 더 큰 책망을 받고 더 큰 책임을 지지 않을까 두려워했을 것입니다.

그러나 **진정으로 회개하는 자라면 그 어떤 것을 무릅쓰고도 스스로 하나님 앞에 나아가 무릎을 꿇고 용서를 구해야 합니다. 벌 받기를 두려워하고 회피하는 것이야말로 진정으로 회개하지 않고 있다는 증거**가 됩니다.

시몬은 옛날 바로가 모세에게 그를 위하여 기도해달라고 바랐던 것처럼 그에게 다가올 **무서운 형벌이 제거되기만을 바랄 뿐 자기의 죄악을 버리고 진정으로 용서를 구하지 않았습니다.**

자기가 져야 할 짐을 지지 않고 자기의 죄를 용서받으려고 하거나 아무 대가도 치르지 않으려는 것은 죄에 죄를 더하는 것이 됩니다.
하나님께서 어떤 책망과 벌을 주셔도 마땅하며 달게 받으리라는 마음자세를 가져야 진정한 회개가 됩니다.
나는 그동안 어떻게 회개를 해왔는가 돌아보시기 바랍니다.
우리의 끊임없는 회개생활이 헛되게 되거나 더 큰 악을 저지르지 않기 위해 이 사실을 확실히 깨닫고 그야말로 **회개를 똑바로 해야 합니다.**

▎25 두 사도가 주의 말씀을 증언하여 말한 후 예루살렘으로 돌아갈새 사마리아인의 여러 마을에서 복음을 전하니라

"두 사도가 주의 말씀을 증언했다" 했습니다.

베드로와 요한은 사마리아 교인들에게 **성령충만함이 임하지 않았음**을 알고 그들에게 와서 **안수기도 함으로 성령충만함을 받게** 했습니다.
능력의 사자인 두 사도는 **큰 능력을 나타내 보이는 것이 목적이 아니라 주의 말씀을 증언하는 것이 주목적이요, 사명**이었음을 보여줍니다. 그들이 예루살렘에 돌아가는 중에 사마리아의 여러 촌에도 들어갔었는데 그 주목적은 **능력을 행하는 것이 아니라 복음전파였던 것입니다.**
오순절 마가의 다락방에서 **불의 혀같이 갈라지는 성령충만함**이 임한 것도 **말씀전파가 그리스도의 일꾼들에게 가장 중요한 일임을 나타내준** 것입니다. 최초로 성령의 충만함을 받은 자들은 **각 나라의 방언을 하며 일제히 복음을 외쳤습니다.**
전도자들을 통하여 하나님의 능력이 나타나는 것도 어디까지나 주의 말씀 즉, 복음이 전파되게 하기 위한 것이었습니다. 복음이 빠진 능력은 의미가 없습니다. 사람들 눈앞에 보여지는 능력이 **과연 하나님으로부터 오는 능력인**

지를 분명하게 알게 해주는 것도 그 능력이 복음을 수반하고 있는 것인가를 보면 알 수가 있습니다. 하나님의 말씀과 복음이 정확하게 증거되지 않는 능력은 사람들로 하여금 예수 믿고 구원 얻으며 모든 죄의 문제를 해결 받게 해 주고 또한 진정한 복을 받게 해 주는 능력이 아닌 것입니다.

그러므로 전도자들이 명심할 것은 사람들이 주의 말씀보다도 능력에 관심을 가지게 해서는 안 된다는 것입니다. 오히려 능력은 단 한 번도 행사하지 않을지라도 주의 말씀만은 정확하고 충분하게 증거해야 합니다.

두 사도는 결코 어디에서든지 능력을 앞세워 자기들을 높이거나 내세운 적이 없습니다. 그들은 빌립보다 더 큰 능력을 행사할 수 있었으나 빌립이 한 것 같이 주의 말씀을 증거하는 일에 충실했습니다. 모든 그리스도의 종들이 이렇게 결코 자기를 높이지 않고 권능을 행사함에 있어 자기를 위해 하지 않고 오직 주의 말씀만을 증거하고 높인다면 그것이 바로 오직 예수 그리스도만을 높이는 것입니다.

반면에 능력을 좀 나타내면서 자기를 과시하고 높이는 자가 있다면 그는 진정한 그리스도의 일꾼이 아닙니다. 그가 예수의 이름을 빙자하여 그렇게 한다면 그는 누구보다 하나님을 욕되게 하고 큰 진노의 채찍을 당할 자입니다.

그 사도들은 어디를 가서 어떤 임무를 수행할 때에 그 목적지에서만이 아니라 오고가며 만나는 사람들마다 전도했습니다.

우리 역시 어디를 가든지 사람만 만나면 언제든 전도해야 한다는 마음을 가져야 합니다. 우리가 가는 어느 곳에든지 불신자, 우상숭배자가 많기 때문에 항상 복음을 전하기 위해 애써야 합니다.

우리가 누구에게나 복음 전하기를 힘쓴다면 그것이 바로 모든 영혼을 사랑하는 것이요, 그 영혼들을 사랑하는 만큼 주님을 사랑하는 것이고 우리가 그렇게 주님을 사랑하면 주님도 그만큼 우리를 사랑해 주십니다. 영혼구원을 위하여 전도하느라 애쓰는 것보다 더 큰 사랑실천은 없습니다.

그러므로 전도하기 위하여 애쓰는 사람은 누구보다도 주님을 사랑하는 사람이요, 주님으로부터 가장 뜨거운 사랑을 받을 사람인 것입니다. 그러므로 전도자의 발은 주님 보시기에 가장 아름다운 것입니다.

기분이 좋거나 강한 충동이 일어날 때는 열심히 전도하고, 기분이 침체되거나 충동이 일어나지 않으면 전도하지 않는다면 그러한 사람은 주님께서 인정하실 만한 일꾼이 아닙니다. 주께서 저 불신자, 우상숭배자들에게 누가 가서 빨리 복음을 전해줄까를 간절히 원하시는 것처럼 과연 **사람들에게 신속하게 달려가서 이 때나 저 때나 열심히 전도하는 자를 주님은 가장 기쁘게 보십니다.** 그 사람이 은사를 달라고 구하거나 무엇이 필요하여 구할 때 하나님께서는 바로 응답해주실 것입니다.

우리는 언제, 어디서든 전도하려는 간절한 마음으로 **최선을 다해 실행해야** 합니다. 그것이 영혼을 진정으로 사랑하는 것이고 이런 사람에게 주님은 특별한 사랑을 베풀어주시는 것입니다.

인정이 많아서 불쌍한 사람들을 많이 돕고 봉사활동을 하는 사람들이 있습니다. 그런 것도 훌륭한 일이지만 **영혼을 구원하는 일**은 그러한 일과 비교할 수 없이 대단한 일입니다. 영원히 지옥 가서 살 영혼을 영원히 천국에 가서 살도록 도와주는 일보다 더 가치 있는 일은 없습니다. 그러므로 **영혼구원**에 대한 열정을 더더욱 키워야 하며 그 일을 게을리 하거나 멈춰서는 안 됩니다. 우리는 아직 얼마든지 걸어 다닐 수 있고 말할 수 있을 때 전도해야 합니다. 내가 너무 늙거나 병약해지면 아무리 하고 싶어도 할 수 없습니다. 그러므로 **전도하는 것도 기한이 있는 것**입니다. 언젠가는 하겠다는 마음을 가지지 말고 **당장 해야** 하며 하루라도 아끼며 전도해야 합니다.

> *26 주의 사자가 빌립에게 말하여 이르되 일어나서 남쪽으로 향하여 예루살렘에서 가사로 내려가는 길까지 가라 하니 그 길은 광야라 27 일어나 가서 보니 에디오피아 사람 곧 에디오피아 여왕 간다게의 모든 국고를 맡은 관리인 내시가 예배하러 예루살렘에 왔다가 28 돌아가는데 수레를 타고 선지자 이사야의 글을 읽더라*

사도들이 예루살렘으로 돌아간 후 빌립은 계속해서 사마리아 지방에서 사역을 감당하고 있었습니다. 사도들이 내려와서 사역할 때도 빌립 집사는 분명히 **사도들과 함께했고 사도들에게 협력**했으며 **사도들의 가르침과 지시를** 신중하게 듣고 잘 따랐습니다. 그러기에 그는 **언행심사 간에 결코 범죄하지** 않았고 그에게 새로운 사역지가 정해질 때까지 자기가 사역하고 있던 지역을 벗어나지 않고 질서있게, 충실하게 그 사명을 감당했습니다. 우리도 이렇게 윗사람이나 동역자를 잘 섬기고 돕는 것을 배워야 합니다.

여기에 놀라운 사실이 또 기록되어 있습니다. **주의 사자가 빌립에게 말함**으로써 빌립이 일어나서 남쪽으로 향했다는 것입니다. 그것은 빌립이 그 심령에 어떤 영적인 충동을 가져서 한 것이 아니라 분명히 천사가 빌립에게 와서 그에게 음성으로 듣도록 말했음을 보여준 것입니다.

여기서 우리는 **빌립이 자의로, 원하는 대로 전도한 것이 아니라 전적으로 하나님의 인도를 받으며 전도했다**는 것을 알 수 있습니다. 이것이야말로 우리 모든 전도자들이 결코 간과해서는 안 되는 아주 중요한 일입니다.

어제 예수 믿은 자가 그가 믿은 예수 그리스도를 전파할 수 있습니다. 그러나 **빌립처럼 언제, 어디서, 누구에게, 무엇을 해야 할지 하나님의 사자가 와서 음성으로 듣게 하며 세심하게 인도하고 사용하는 이러한 놀라운 전도**가 있다는 것에 우리는 주목해야 합니다.

복음전파야말로 성령께서 하시는 가장 주된 일이므로 성령의 마음에 합한 자에게 언제, 어디서, 무엇을, 어떻게 해야 할지를 말씀으로 들려주시고 세심하게 이끄시는 것은 당연한 것입니다.

여기서 또한 **복음전파는 결코 복음전파자 혼자만 하는 것이 아님**을 분명히 알게 해 줍니다. 모든 전도자들에게는 분명히 **성령께서** 함께하시고 **천사들이** 도와줍니다. 그러므로 **전도하는 사람은 빌립의 경우처럼 언제, 어디서, 무엇을, 어떻게 할지를 음성으로 듣는 등의 성령의 세심한 역사가 있다는 것**을 알고 이 빌립 집사와 같이 성령의 놀랍고 세심한 인도를 받기 위해 간절히 구해야 합니다.

천사가 빌립에게 와서 말해주지 않았다면 빌립은 에디오피아 내시를 만나서 전도할 수 없었을 것입니다. 이것이 중요합니다. 우리는 누가 어디서 어떻게 하고 있는지를 전혀 알 수 없습니다. 우리는 내가 있는 곳에서 내 눈앞에 보이는 것만 보고 판단할 수밖에 없습니다. 그러나 **하나님께서는 세계 전체를 꿰뚫어 보시며 치밀하고도 놀라운 섭리로써 모든 사람과 사건을 주관하고 계십니다.** 그런 하나님께서 내가 언제 어디에 가서 무엇을 어떻게 해야 할지를 알려주시지 않으면 그 하나님의 거룩한 뜻을 따라 정확하게 일할 수 없고 중요한 일거리들을 포착할 수 없으며, 큰 열매를 맺을 수가 없는 것입니다. 그러기에 **우리도 빌립 집사와 같이 성령충만함을 받고 하나님의 사자가 나에게 세심하게 말씀해주고 이끌어주고 도와주는 은총을 사모하며** 그것을 구해야 **합니다.**

하나님께서 예나 지금이나 변함이 없으신 것처럼, 빌립 집사를 도우시던 것처럼 전도자들을 세심하게 도우시는 성령의 역사도 조금도 달라지지 않앉습니다.
 왜 성경을 보면서도 그것이 옛날에만 있는 일이며 지금은 일어날 수 없는 일이라고 단정합니까? 내가 아직 그런 신령한 체험을 하지 못했다고 해서 그것을 그렇게 짐작하고 단정하고, 또한 용감하게 사람들에게 헛되게 가르쳐서는 안 됩니다. **하나님은 예나 지금이나 동일하시며 하나님의 역사도 역시 그렇습니다.** 초대 교회에 임했던 성령충만함의 역사는 당시에 단 한번만 있었던 것이 아니라 그 이후에도 계속 일어났음을 성경에서 보여주듯이 오늘날도 얼마든지 이루어지는 것입니다. 우리는 이것을 모든 그리스도인들에게 **열심히 가르쳐야** 하며 교회지도자들을 포함한 모든 일꾼들은 이 성령충만과 하나님의 세심한 인도하심을 간절히 구하여 가능한 한 빠른 시일 내에 받으려고 애써야 합니다. 내가 못 받았다고 다른 사람들이 받은 것을 부정하거나 시기질투하거나 훼방하지 말아야 합니다.
 천사는 "**남쪽으로 향하라. 예루살렘에서 가사로 내려가는 길까지 가라**"고 말해주었습니다. 방향만을 일러준 것입니다.
 우리는 '왜 좀 더 정확한 지점을 알려주지 않았을까' 의아해 할 수 있으나 천사가 그 정도로 일러준 것은 뒤의 사실을 보면 그 이유를 분명히 알 수 있습니다.
 빌립은 천사가 일러준 그대로 순종했습니다.
 하나님께서 우리에게 무엇을 알게 하실 때 어느 정도로 알게 하시든지 우리는 하나님을 전적으로 신뢰하며 그저 알게 해주신 것을 만족히 여기고 그대로 순종해야 합니다. 내가 충분히 이해할 수 있게끔 말씀해주시지 않으면, 내 눈으로 보고 손으로 만져봐서 확신이 서지 않으면 움직일 수 없다고 해서는 안 됩니다. 옛날 예수님의 제자 도마가 그런 자세를 가지다가 예수님께로부터 **책망을 받았습니다.** 그것은 **전적으로 주님을 신뢰하지 않는 것이기 때**문입니다.
 참으로 **주님은 우리에게 꼭 필요한 것만, 꼭 알아야 할 것만을 주시고 알게** 하십니다. 우리가 너무 많이 알아도 그것이 결코 우리에게 도움이 되지 않기 때문입니다. 우리는 이 하나님의 완전하심을 전적으로 믿고 주께서 우리에게 무엇을 말씀하시든지 의심하고 주저하지 말고 당장 순종해야 합니다. 나같이 보잘것없는 사람에게 주의 음성을 들려주며 무엇을 어떻게 하라고 말씀해 주시는데 그처럼 영광스러운 일이 어디 있겠습니까? 어찌 내가 그 음성 앞에서 가타부타하거나 지체하거나 불순종할 수 있겠습니까? 그러한 자라면 결코 그에게 천사를 보내어 구체적으로 말씀해 주지 않으실 것입니다.

많은 사람이 아직도 **하나님이 인정하실 만큼 신뢰하지 못하는 때문에** 이런 신비롭고 놀라운 은총을 받아 누리지 못하는 것입니다. 그러므로 우리 각자는 **내가 주님을 어느 정도로 알고 신뢰하고 있는지를 정직하게 돌아봐야** 합니다. 그리고 그 어떤 것보다도 **주님을 향한 내 믿음을 성장시키고 주께로부터 인정받기 위해 전력을 다해야** 합니다. 믿음은 여전히 보잘 것이 없고 아직도 의심하면서 더 큰 은사와 능력을 구하는 것은 참으로 어리석은 일입니다. 주께서 말씀하실 것입니다.

"네 믿음을 나에게 보여라"

주의 사자가 빌립에게 예루살렘에서 가사로 남쪽으로 향해 가라고 하신 것을 보면 주님은 그 전도 대상자가 지금 어디에서 어디로 향하고 있으며 빌립이 지금 일어나서 가면 어디쯤에서 만나게 될지를 정확하게 알고 계신다는 것을 알 수 있습니다. 참으로 놀랍고 재미있는 일이 아닐 수 없습니다. 이것을 하나님이 아니고는 누가 알 수 있겠습니까?

출애굽시대에 하나님께서 광야에 있는 이스라엘 백성들에게 아침에는 **만나**를, 저녁에는 **메추라기**를 내려주셔서 그들이 굶주리거나 건강을 잃지 않고 허약한 자도 없이 가나안으로 향해 갈 수 있었습니다.

그 새떼가 이스라엘 백성이 있는 곳에 날아와서 **떨어졌다**는 것인데 그게 무슨 말입니까? 하나님께서 갑자기 이스라엘 백성들 공중에서 새를 창조하여 그들에게 내려주셨다고 생각해서는 안 됩니다. 분명히 말씀에 **동풍이 불게 하여 바람을 사용하여 새떼를 이스라엘 진에 몰아주셨음**을 설명하고 있습니다. 즉 이스라엘 백성들에게 **충분히 먹을 수 있는 양의 새떼를 모아주셨다**는 것입니다. 이스라엘 백성의 수가 애굽에서 나올 때는 **약 삼백만 명**이었고 가나안으로 가는 동안에도 계속 아이들을 생산한 것을 감안할 때 최소 삼백만 명입니다. 그들이 매일 배부르게 먹을 수 있으려면 한 명당 한 마리만 먹어도 **삼백만 마리**, 두 마리씩 먹으면 **육백만 마리**, 세 마리씩 먹으면 **구백만 마리**가 필요합니다. 그 수많은 새들이 어떻게 한 지역에만 있겠습니까? 따라서 하나님은 **지중해 일대에 있는 새들**을 몰아다가 이스라엘 진 위에 떨어지게 하신 것입니다. 그뿐 아니라 흑해 메소포타미아 인도, 그리고 **애굽과 아프리카** 등지에서 이스라엘 백성들이 먹을 만큼만 매일 일정하게 이스라엘 진의 위로 날아오게 하신 것입니다.

또 우리가 생각할 것은 그 새들 중에는 **비교적 가까운 거리에서 날아온 새들도 있겠지만 그보다 더 먼 곳에서 날아온 새들과 그보다 더 훨씬 먼 곳에서 날아온 새들도 있었을 것입니다. 그 거리에 따라서 그 새들이 비행하고 온 시간이 다 달랐을 것인데 일정한 시간에 이스라엘 백성들이 있는 곳에 수백만 마리가 적당하게 내려지려면 어떤 새들은 몇 달 전부터, 또는 한 달, 몇 십일, 몇 주일 전에 출발해야** 합니다. 오랜 시간에 걸쳐서 이스라엘 진중에 날아와야 했는데 어디에서 어떤 먹이를 먹고 에너지를 얻어 먼 데까지 날아와서 정확한 지점에 떨어질 수가 있었겠습니까? 물론 하나님은 전능하신 분이시니 한 달 전에 출발한 새도 중간에 더 이상 먹이를 먹지 않아도 에너지가 충분히 발휘되어 목적지까지 도달하게 하실 수 있지만 우리가 일반적으로 생각한다면 그 새들은 아무리 멀리서 출발한다 할지라도 그 전에 서식하던 곳에서 과거와 달리 오랜 비행에도 견딜 수 있을만한 먹이를 먹게 하셨을 것이고, 또 한꺼번에 너무 많은 먹이를 먹었다고 하여 소화불량에 걸려서 탈이 나고 중간에 떨어지게 하지 않았다고 생각해야 합니다.

이스라엘 백성이 있는 광야는 메마른 사막지대이기 때문에 그 수많은 새떼들의 먹이가 있었다고 결코 생각할 수 없습니다. 그러므로 그들이 **출발지에서 충분히 먹이를 먹었어야 하고 탈나는 일이 없이 기력이 떨어지지 않고 그곳까지 정확하게 날아올 수 있어야** 했던 것입니다.

아마도 중근동 일대는 물론이요, 북쪽의 흑해 연안, 서쪽의 지중해 연안, 동쪽의 아라비아와 인도지역, 그리고 남쪽의 아프리카에 있던 수많은 새들이 이스라엘 백성들 쪽으로 날아오느라 다른 지역에서는 몇 년 동안 새떼를 보기가 몇 년 동안 어려웠을 것입니다.

우리는 성경에 메추라기 떼가 와서 이스라엘 백성들이 배불리 먹었다는 간단한 기록만 볼 뿐인데 이렇게 좀 더 구체적으로 생각해 볼 때 그 일이 얼마나 어마어마한 일인가를 알 수가 있습니다.

하나님이 그 셀 수 없는 새들이 어디에서 어느 날 출발해서 어느 날 저녁에 이스라엘 백성에게 떨어질지를 정확하게 정하시고 섭리, 주관하신 것입니다. **이 놀라우신 하나님의 섭리와 능력**을 우리는 충분히 헤아릴 수가 없습니다.

하나님께서 사람을 선택하여 예수를 믿고 구원얻게 하시는데 그 선택된 자가 언제, 어디에서 태어나서 어떤 인생경로를 밟고 있으며 지금 어디까지 왔으며 그에게 언제, 어디에, 어떤 전도자를 보내어 복음을 듣고 예수를 믿게 할지 **세심한 계획을 세우시고, 정하신 때를 따라 정확하게 틀림없이 이루십**

니다. 그러기에 **이 하나님의 세심한 인도를 받는 전도자가 된다면 그는 시간을 아주 효율적으로 사용해서 최대한 많은 사람들을 효과있게 전도할 수 있는 것입니다.**

따라서 하나님께서는 어떤 자들에게는 **빌립 집사와 같이 언제, 어디에 가서, 누구에게, 어떻게 전하라고 세심하게 말씀해 주시고 인도하신다**는 것에 우리는 눈을 크게 뜨고 우리도 **이러한 은총을 받기 위해 간절히 구해야** 합니다.

우리가 전도를 실행하려고 할 때 재정이나 인력이 부족할 때도 있고 우리 앞에 많은 장애물이 있기도 합니다. 그러한 때에 지금 가야 할지 말아야 할지 어디에 가서 어떻게 해야 할지 우리는 충분히 알 수 없지만 **하나님은 모든 것을 꿰뚫어 알고 계시며 그 모든 것을 하나님께서 친히 섭리하고 주관하고 계시는 것입니다.** 그러니 그 하나님께서 나에게 언제, 어디로 가라, 무엇을 하라고 말씀하신다면 우리는 전혀 염려하고 두려워 할 필요가 없습니다. 즉 나는 그 말씀에 순종하기만 하면 반드시 승리하고 형통하게 되는 것입니다.

이 놀라우신 하나님을 알지 못하고 전적으로 신뢰하지 못함으로 그 세심하고 분명한 하나님의 인도하심을 받지 못하여 전도를 수행하면서 주저하고 근심, 걱정에 빠지고 게으름을 피우고 중단해 버리기도 하는 것입니다.

하나님의 선택된 자가 있는 곳이라면 **이미 그에게 가는 길이 활짝 열려있어 복음전파자가 그 길을 통하여 선택된 자에게 나가는 것을 그 누구도 막을 수 없습니다. 왜냐하면 그것은 이미 창조주께서 복음전파자에게 열어 놓으신 길이기 때문입니다.** 그러므로 복음전파자는 그 길로 가기를 주저하거나 결코 마다해서는 안 되는 것입니다.

천사가 나타나 빌립에게 갈 길을 지시해 주었다고 했습니다.

천사들은 5장 19절에서와 같이 **복음을 전하는 자들에게 하나님의 뜻을 전하고 조언이나 격려를 하는 일에 항상 쓰였던 것입니다.** 복음 전하는 일이 그 어떤 일보다도 고귀하고 시급한 일이었기 때문입니다.

진실한 하나님의 종들이 하나님의 일을 수행해 나갈 때 하나님께서는 이렇게 그 사자들을 보내셔서 도와주십니다. 결코 그 사람만을 보시지 않고 하나님은 분명히 **그의 진실하고 충성된 종들에게 어느 길로 갈지 지시하시며, 또 무엇을 어떻게 해야 할지 알게 하시며 그 모든 길에서 지켜주십니다.** 참으로 하나님은 불꽃과 같은 눈으로 충성된 종들을 지켜주시는 것입니다.

하나님께서는 여러가지 방법으로 전도자를 파송하십니다.

빌립은 **예루살렘의 핍박을 인하여** 사마리아로 갔습니다. 그러나 가사로 가는 광야에서 이 에디오피아 내시를 만난 것은 **천사의 지시를 받아** 갔으며 그 다음 아소도에 갈 때에는 **주의 영에게 이끌려** 갔다 했습니다(39절).

하나님께서 하나님의 종들을 일하게 하시는 방식이 이렇게 다양합니다.

어떤 상황과 사건을 전개시키시고 그 상황, 사건에 따라 움직이게 하시는 것입니다. 또는 그때마다 **가장 적절한 방법으로 하나님의 종들에게 무엇을 어떻게 해야 할지, 무슨 말을 어떻게 해야 할지 알게 하시고, 명하시고, 이끄시며, 사용하시는 것입니다.** 그러므로 **이러한 사람들이야말로 하나님의 사람이요, 하나님의 종인 것입니다.** 누가 이들을 막을 수 있으며 그 막는 일이 어찌 성공할 수 있겠습니까? 그런 일은 그야말로 하나님께 도전하는 큰 죄악이 아닐 수 없습니다.

우리 하나님의 종들은 이렇게 하나님의 분명한 섭리와 이끄심을 따라 하나님의 뜻대로 일할 수 있어야 합니다. 결코 순간적인 감정이나 자기의 생각과 판단에 의존하거나 어떤 인간적인 이익과 명분에 의해 결정하고 움직여서는 안 됩니다.

하나님께서 함께 하시고 붙드시고 사용하시는 사람이라면 빌립의 경우처럼 **하나님께서 이루시는 상황을 정확히 판단하고 하나님의 뜻을 확실히 발견하며 움직이게 되는 것입니다.** 또한 특별한 경우에 **천사가 와서 분명한 음성으로 무엇을 어떻게 하라고 일러주실 수 있으며 성령에 의하여 강권적인 인도를 하시는 것입니다.**

그러므로 우리 하나님의 일꾼들은 주께서 이렇게 세심하고 분명하게 이끄시고 도우시는 은총을 입는 자가 되기 위해 힘써야 합니다.

이렇게 **빌립 집사와 같이 성령충만을 받고 신령한 은총을 입어 신속하고 능력 있게 주님의 뜻에 따라 전도하는 자가 있는 것입니다.** 성경을 통하여 이것을 분명히 발견했음에도 불구하고 그것은 과거에 있었던 일일 뿐이라 단정한다면 그것은 **성경말씀에 대한 불신이요,** 얼마든지 받을 수 있고 할 수 있는 일을 스스로 포기하는 것입니다. 우리는 결코 이런 어리석음에 빠져서는 안 됩니다.

제 44 강

빌립이 에디오피아 내시를 만남

행8:26~27
26주의 사자가 빌립에게 말하여 이르되 일어나서 남쪽으로 향하여 예루살렘에서 가사로 내려가는 길까지 가라 하니 그 길은 광야라 27일어나 가서 보니 에디오피아 사람 곧 에디오피아 여왕 간다게의 모든 국고를 맡은 관리인 내시가 예배하러 예루살렘에 왔다가

> **26** 주의 사자가 빌립에게 말하여 이르되 일어나서 남쪽으로 향하여 예루살렘에서 가사로 내려가는 길까지 가라 하니 그 길은 광야라

빌립이 천사의 지시를 받아 가는 길은 **광야**라 했습니다.
  빌립은 그 날 자신이 사막을 통과하는 길을 가리라고는 생각지도 못했을 것입니다. 전도한다면 사람들이 많이 모여 있는 곳으로 가야 할 텐데 사막은 대체로 많은 사람이 있는 곳이 아닙니다. 그런데 갑자기 천사에 의해서 거기로 가라는 지시를 받은 것입니다. 빌립은 **그 지시에 대해 아무런 질문이나 의구심을 갖지 않고 당장 순종**했고 아브라함처럼 거기서 무슨 일을 하고 누구를 만날지도 전혀 모르고 갈 바를 알지 못하고 하나님께서 천사를 통해 명하시는 대로 순종하며 나아갔습니다. 이것이 바로 **아브라함을 조상으로 한 믿음의 후손**의 모습입니다.
  모든 하나님의 사람들은 이렇게 하나님의 명령이요, 뜻이라면 갈 바를 알지 못하고 나아가며 순종해야 합니다.
  만약 빌립 집사가 천사의 지시를 받았을 때 이해가 안 되고 믿겨지지가 않는다고 단 몇 십 분만 지체했더라도 그는 에디오피아 내시를 만나지 못했을 것입니다. 우리가 분명한 하나님의 뜻을 전달받았음에도 불구하고 오래 생각하고, 다른 사람들과 의논하고, 더 기도해보고 결정하겠다고 하면서 시간을 지체한다면 그것은 진정 **갈 바를 알지 못하고 나가는 순종의 믿음**이 아닙니다. 그는 중요한 것을 놓치게 될 것이며, 옛날 갈릴리 바다에서 예수님께로부터 불충하고 믿음이 없는 자라고 책망을 받은 제자와 같이 될 것입니다.

우리는 이렇게 **갈 바를 알지 못하고 순종하는 수준의 믿음**을 반드시 가져야 합니다. 나의 믿음이 어디까지 되어있는지 정직하게 돌아보고 **부족하다면 우리는 그 어떤 일보다도 그 믿음을 소유하기 위해 전력을 다해야만 합니다.**

하나님께서는 하나님의 일꾼들에게 이렇게 사막에 가서라도 일하라 하십니다. 하나님께서 그렇게 명령하셨다면 **분명히 거기에도 복음을 들어야 할 자가 있기 때문입니다.**

우리가 성령의 분명한 감동과 지시를 받았음에도 불구하고 인간적으로 불편하고 척박하고 외롭고 위험한 곳이라고 하여 그곳에 가는 것을 주저해서는 안 됩니다. 또한 가족과 상당한 기간 동안 이별하는 고통도 **마다하지 말아야** 합니다. 하나님께서 나로 하여금 그렇게 하게 하셨다면 **내 가족의 안전은 하나님께서 보장해 주시겠다는 것입니다.** 또한 척박하고 위험한 곳이라도 하나님께서 **내가 거기서 그 사명을 감당하기에 필요한 것들을 제공해 주실 것이며 하나님께서 보호하시고 함께하실 것을 전제로 한 것입니다.**

이러한 하나님을 신뢰하지 않고 인간적인 생각과 계산을 앞세우며 두려워하고 주저한다면 그것이 바로 갈 바를 알지 못하고 순종할 수 있는 믿음의 사람이 되지 못했다는 증거요, 이러한 자는 빌립 집사와 같은 **특별하고도 신령한 일에 쓰임을 받을 수 없습니다.**

하나님을 온전하게 신뢰하지 못한 많은 성도들은 **하나님께서 가까이 하시지 않고 천사를 보내서 지시하지도 않으시며 신령한 체험도 하지 못하며 남들이 하지 못하는 일을 하는 거룩한 대열에서 제외되거나 탈락되는 것입니다.**

그러므로 우리가 무턱대고 "나를 더 귀하게 써 주십시오. 더 많은 사람을 붙여 주십시오. 더 큰 능력을 주십시오" 하고 기도할 것이 아니라 **순간순간마다 하나님께서 나에게 감동과 분명한 깨달음을 주시고, 명령을 들었을 때 인간적인 생각을 앞세우고 즉각 순종하지 않고 할 일을 미루고 불순종하던 지난날의 잘못을 회개하여 용서받아야** 하며, 그런 잘못된 생각과 행위를 반드시 고쳐야 합니다. 그렇게 하는 것을 **보여드려야** 합니다. 즉, **회개한 이후에는 어떤 감동과 깨달음과 명령을 주시든지 계산하거나 인간적인 생각을 앞세우지 말고 즉각 순종하고 충성하는 것을 보여드려야** 합니다. 그렇게 하면서 부르짖으면 하나님께서 결코 외면하지 않으실 것입니다.

빌립 집사는 척박하고 위험한 광야에 감으로써 **놀라운 전도의 성과를 거두**게 됩니다. 빌립의 **그 전도로 말미암아** 단지 내시 한 사람만이 아닌 **수많은**

열매가 에디오피아에서 맺혔습니다.

뿐만 아니라 빌립은 참으로 놀랍게도 에디오피아 내시에게 세례주는 것을 끝내자마자 **주의 영에 의하여 순식간에 장소를 이동하여 아소도에 도달하는 체험을 했습니다.** 이런 일은 성경에 흔히 나타나는 일이 아닙니다.

하나님께서는 힘들고 어려운 일에 순종하고 충성하는 자에게 **그 어떤 사람도 맛볼 수 없는 크고도 놀라운 체험을 하고 열매도 맺게 해 주십니다.** 행한 대로 갚아주시는 하나님인 것을 여기서도 분명히 보여주시는 것입니다.

우리가 남달리 어렵고 힘든 일을 하고 더 많은 눈물과 땀을 흘린다면 **하나님은 반드시 그에 상응하는 보상을 해 주십니다.** 그것이 꼭 물질적인 것이 아닐지라도 **그보다 훨씬 더 신령하고 놀라운 보상을 해 주십니다.**

당장 인간적으로 예상되는 고통과 손실, 핍박만을 고려할 것이 아니라 **하나님께서 나에게 보통 사람들이 하지 못하는 중요한 일을 나에게 맡기셨다는 것, 하나님께서 나를 충성되게 여겨 주셨다는 것, 그리고 나에게 누구보다 더 큰 체험과 복을 주시고자 한다는 것을 명확하게 깨달으며** 이 빌립 집사처럼 갈 바를 알지 못할지라도 당장 순종하고 복종해야 합니다.

많은 주의 종들과 성도들이 이렇게 하지 못하고 **순간순간 중요한 기회 앞에서 주저하고 불순종함으로써** 빌립 집사가 누리는 **이러한 신령한 체험과 놀라운 보상을 잃어버리고 있습니다.**

평생 단 한 번도 신령한 체험을 하지 못하는 성도들이 많습니다.

그것은 주께서 그 사람을 사랑해 주시지 않았거나, 그가 예수 그리스도를 몰랐거나, 성경지식을 전혀 몰랐기 때문이 아니라 **그가 그런 놀라운 은총을 누릴 수 있도록 처신하지 못했기 때문**입니다.

> **27** 일어나 가서 보니 에디오피아 사람 곧 에디오피아 여왕 간다게의 모든 국고를 맡은 관리인 내시가 예배하러 예루살렘에 왔다가

빌립은 **에디오피아 사람, 곧 에디오피아 여왕 간다게의 모든 국고를 맡은 관리인 내시를 만났습니다.**

국고를 맡은 자라면 그야말로 왕에게 가장 신임을 받는 사람이요 누구보다도 큰 권세가 있는 자가 아닐 수 없습니다.

그런 사람이 **그 먼 곳 예루살렘까지 와서 예배를 드렸다**는 것입니다. 에디오피아에서 예루살렘까지는 참 먼 거리이며 위험한 사막을 지나야 했습니다. 에디오피아는 옛날 다윗 왕과 솔로몬 왕 때부터 이스라엘과 긴밀한 교통이

있었습니다. 솔로몬 왕 때에 시바 여왕이 직접 이스라엘을 방문하여 여호와 하나님을 분명하게 체험하고 돌아갔습니다. 따라서 그때부터 에디오피아에는 여호와 하나님을 섬기는 자가 많이 있게 된 것입니다. 그런데 본문에서 이 큰 권세 있는 자가 먼 곳 예루살렘까지 와서 예배를 드리고 돌아간다는 것을 보면 이것은 그가 개인적으로만 그 일을 하게 된 것이 아니라 여왕의 명령과 뜻에 의한 것이라고 볼 수 있습니다. 그런데 여왕이 가장 신임하고 그 나라에서 가장 중요한 위치를 가진 자가 굳이 그 위험하고 먼 길을 떠나와서 예배하고 돌아가야 할 필요는 없었을 것입니다. 이 내시가 그 일을 했다는 것은 **에디오피아에 있는 어떠한 사람보다도 그가 가장 열심히 하나님을 섬기는 자였음을 보여줍니다. 이 열심 있는 신앙이 예수 그리스도를 확실하게 알고 영접하며 빌립 집사가 눈앞에서 순식간에 사라지는 놀라운 체험까지 하게 된 것**입니다. 그 내시는 구원의 확신을 가졌을 뿐 아니라 예수 그리스도의 권능을 분명하게 체험하는 신앙을 가지게 되었으며 **그는 돌아가서 누구 못지않은 강력한 전도자가 되었을 것입니다.** 이 또한 심은 대로 거두게 하시는 하나님의 놀라운 섭리를 보여줍니다.

　우리가 하나님의 특별한 은총과 체험을 받기를 원한다면 이 내시와 같이 하나님을 향한 뜨거운 신앙을 지녀야 합니다. 뿐만 아니라 **행위로도 그 하나님을 기쁘시게 해야** 합니다.

　그는 분명히 에디오피아에서도 여호와 하나님을 섬기는 자였습니다. 그러나 그가 예루살렘까지 와서 하나님께 예배를 드리지 않고 그저 에디오피아에서만 열심히 예배했다면 그는 이런 놀라운 체험을 할 수 없었을 것입니다. 즉, 그는 누구보다도 하나님을 향한 뜨거운 열정뿐만 아니라 하나님을 예배하고 하나님을 기쁘시게 하는 일에 온 정성을 쏟았던 것입니다. **이러한 사람이 누구보다 큰 은총을 입는 것이 마땅합니다.**

　오늘날 많은 성도들이 이것을 잘 할 줄 모릅니다.

　'예수를 믿기만 하면 됐지, 자주 예배하고 성경공부하고 기도하고 전도하고 봉사 할 필요가 있냐? 너무 많은 것을 강요하고 너무 많은 시간을 뺏는 것이 아닌가?' 하면서 **하나님을 기쁘시게 하는 일과 자신을 성장하게 하는 일에 게을리 하는 사람들이** 많습니다. 그것은 분명히 우선 뜨거운 신앙을 갖추고자 하는 것이 아니요, 또 행위로 하나님을 기쁘시게 하려는 것이 아니요, 성도로서 마땅히 해야 할 것인데 그것조차 하지 않겠다는 것입니다. 그런 사람이 어찌 믿음이 성장하고 큰 믿음을 가질 수 있으며, 신령한 체험을 하고 남

다른 은총을 받아 누릴 수가 있겠습니까?

그러므로 이렇게 게으르고 성도답지 못하게 생활하던 사람들은 **반드시 그 잘못된 태도와 생활을 뉘우치고 회개해야** 합니다. 그것을 고치지 않고 큰 교회나 돌아다니고 좀 더 실력 있어 보이고 신통력을 가진 것처럼 보이는 사람들을 쫓아다녀봐야 아무 소용이 없으며 그 자체가 또한 하나님 앞에 죄악이 됩니다.

자기를 전도해서 예수 믿게 한 교회와 성도들과 종들을 배신하고, 그들이 자기를 위해 가르치며 기도해주고 정성과 사랑을 쏟았던 것을 헛되게, 욕되게 하고, 그들에게 깊은 상처와 고통을 주며, 더 나아가 교회에 상처를 주고 교회의 분위기를 침체되게 하며 하나님의 종들을 낙심케 하는 엄청난 죄가 되는 것입니다. 그러한 큰 죄를 저지르며 이 교회, 저 교회 찾아가서 아무리 실력 있고 신통력 있는 목사를 만나봐야 그는 아무것도 얻을 수 없습니다. 이런 교인들이 참으로 많습니다.

그러므로 교회와 하나님의 종들은 이렇게 여러 교회들을 떠돌며 크나큰 죄악을 범하는 어중이떠중이 교인을 생산하지 않기 위하여 **처음부터 전심전력을 다해 세밀하고도 철저하게 훈련하고 치료하고 양육해야** 합니다. 사람들이 그러한 행위가 얼마나 큰 죄악인지 깨닫게 해주고 그 악한 길로 나가지 않게 깨우쳐주고 훈련해야 합니다. 만약 그렇지 않으면 **그 사람 자신뿐 아니라 그렇게 엉성하게 다루고 양육하지 못했던 그 교회와 종들까지도 책임을 면할 수가 없는 것**입니다.

예수님 시대에 이 내시와 같이 대단한 신앙을 가진 사람이 에디오피아에 있었다는 것은 참으로 놀라운 일이 아닐 수 없습니다. 그 시대에 이스라엘의 제사장과 모든 장로들이 한결같이 예수님을 부인하고, 미워하고 대적하며 십자가에 못박아 죽이는 일에 앞장섰는데 예루살렘에서 그렇게 멀리 떨어져 있는 에디오피아에 이토록 훌륭한 신앙을 가진 사람이 있었다는 것, 더구나 그 나라에서 가장 큰 권세를 자진 자였다는 것 또한 놀라운 일이 아닐 수 없습니다.

이 세상 모든 것을 창조하시고 인간의 모든 것을 섭리하시는 하나님은 **이렇게 세계 곳곳마다 어떤 경로를 통해서든지 성경을 배우고 하나님을 알고 또한 예수 그리스도를 영접하는 자들이 존재하게 하신다는 것**입니다. 에디오피아에는 예루살렘처럼 성경에 박식한 선생이 없었을 것입니다. 그런데 어떻게 이렇게 훌륭한 신앙인이 존재할 수 있는가? **그것은 하나님께서 친히 그의 스승이 되어주셨기 때문**입니다.

우리가 환경이 열악하고, 척박한 곳에 있어서, 좋은 선생이 없어서 진정한 신앙을 가지지 못하는 것이 아닙니다. 하나님께서는 분명히 그 선택한 자들에게 어떤 경로를 통해서든지 복음과 말씀을 듣게 하십니다.

그리고 그 사람을 세심하고 박식하게 말씀을 가르칠 사람이 없다할지라도 그가 전해들은 말씀과 그 손에 있는 성경책을 혼자서 묵상하며 읽고 연구할지라도 살아계신 하나님께서는 그를 얼마든지 감화, 감동시키시며 하나님이 누구인지를 확실히 알게 하며 분명한 신앙을 가지게 해주십니다.

그러므로 우리가 깨달을 또 한 가지 사실은 **우리가 복음을 전할 때 내 눈앞에 있는 몇 사람에게만 복음이 전파되는 것처럼 보이지만 하나님께서는 우리가 알지 못하는 사이에 그것이 그 사람들에 의해 언제, 어떠한 방법으로든 또 다른 사람들에게, 더 멀리 있는 사람들에게 전파되게 하신다**는 것입니다. 그러기에 우리 앞에서 복음을 듣는 사람이 **단 몇 사람에 지나지 않는다** 해도 **우리는 그 사람에게 전심전력으로 전하고 가르쳐야** 합니다. 그 사람이 그 후에 또 누구에게 전달할지, 또 그 전달 받은 자가 또 누구에게 전달할지는 **성령께서 역사하십니다**.

그 에디오피아 내시는 시바 여왕이 알게 되었던 여호와 하나님에 대한 지식이 어떤 경로를 통해, 몇 사람을 거쳐서 그것을 듣고 좋은 믿음을 가지게 됐는지 상세히 알 수 없었을 것입니다. 지금 이 내시가 빌립 집사를 만난 때는 시바 여왕 때로부터 이미 수백 년의 세월이 지났는데 그 오랜 세월동안 도대체 몇 사람을 거쳐서 하나님을 아는 지식을 전달 받게 되었는지 누가 그것을 정확하게 알 수 있겠습니까?

그것은 항상 존재하시고 모든 것을 주관하시는 하나님에 의하여 이루어진 것입니다. 복음과 하나님의 말씀이 이렇게 놀랍게 파급되는 것입니다. 그 말씀과 복음이 내 입에서 어떤 사람들에게 전할 수 있었다면 그것이 이렇게 **우리가 상상할 수 없는 방법으로 시간을 거듭하며 수많은 사람들을 거쳐서 점점 더 많은 사람들에게 전달되는 것입니다. 그러니 그 복음을 전하고 있다는 것이 얼마나 영광스럽고 가치 있는 일인지** 우리 전도자들은 또한 이것을 기억해야 합니다.

내시의 그 뜨거운 신앙으로 인하여 빌립 집사를 통해 가지게 된 구원의 확신과 신령한 체험은 **그가 돌아가서 만나는 에디오피아의 수많은 사람들에게 전달되었을 것입니다. 바로 이 내시 한 사람으로 말미암아 그렇게 된 것입니다.**

그러므로 **한 사람이 출중한 믿음을 가지며 신령한 체험과 은총을 입는다면**

주변에 있는 많은 사람들에게 그것을 나누어 주고 끼치게 된다는 것을 기억하시기 바랍니다.

내가 얼마든지 성숙한 신앙인이 되고 신령한 은혜와 능력을 입을 수 있었는데 게으르고 불충하여 그러한 사람이 되지 못하여 내 가족과 주변에 있는 사람들에게 그만큼 더 큰 은혜를 끼칠 수 없다면 하나님 앞에서 불충함이 아닐 수 없습니다. 하나님은 내가 그렇게 할 수 있는 은혜를 분명히 주셨는데 **그것을 거절하거나 헛되게 하고 욕되게 했기 때문에 분명히 그것은 유죄가 되는 것입니다.**

나는 지금까지 어떠한 신앙인의 역할을 했는지 돌아보시기 바랍니다.

하나님이 내게 주신 것들을 내가 다른 사람들에게 충분하게 전달해 주었는가? 나의 게으름과 불순종과 불충함 때문에 그들이 마땅히 나를 통해 받아야 할 것도 못 받게 하지 않았는가? 정직하게 돌아봐야 합니다. **우리는 이렇게 알게 모르게 엄청난 죄를 저지르고 있는 것입니다.**

에디오피아는 이미 시바 여왕 때부터 여호와 하나님을 알고 섬기는 자들이 많았습니다. 이제 예수 그리스도는 이미 이 땅에 오시고 부활 승천하셨으니 **그 에디오피아 성도들에게도 이 복음이 정확하게 전파되어야 할 때가 된 것입니다.** 따라서 하나님은 이 일을 위해 **이 에디오피아 내시를 사용하신 것입니다.**

에디오피아에서 누구보다도 하나님을 잘 섬기던 내시가 이사야서가 설명한 메시아에 대한 기록을 정확하게 이해할 수 없었다면 그 나라에 있는 모든 성도들 역시 그랬을 것입니다. 따라서 하나님께서는 그들 중에 **가장 하나님을 뜨겁게 섬기고 사랑하는 이 내시를 예루살렘으로 불러들이셨고, 탁월한 전도자 빌립 집사**를 만나게 하셨고, 그를 통해 확실히 복음을 들으며 예수 그리스도를 믿고 세례를 받게 하셨으며, 빌립 집사가 순식간에 눈앞에서 사라지는 것을 목격하는 **신령한 체험**을 하게 하신 것입니다.

이 내시는 고국으로 돌아가서 그 모든 것을 상세하게 전했을 것입니다.

이 일은 **전적으로 성령께서 하신 일이므로** 그 내시를 통해 증거되는 말씀들이 그것을 듣는 에디오피아의 모든 성도들에게 똑같이 큰 은혜와 감동이 되게 하셨을 것이며 그들도 유대에 있는 그리스도인 못지않은 신앙을 갖게 되었을 것입니다.

하나님은 이렇게 **변함없이 하나님을 섬기며 순종하는 자들**에게 때가 되면 **아직 그들이 깨닫지 못한 것을 깨닫게** 하시며 그들이 갖추지 못한 것을 갖

추게 하시며 그들의 문제들을 해결하게 하십니다. 참으로 하나님은 세계 어느 곳에 있든지 하나님의 자녀들을 **결코 차별하지 않으시고 동일하게 사랑하시며 하나님의 백성으로 삼으시고 그들을 통해 하나님의 뜻을 이루십니다.**

여기서 또 깨달을 것은 에디오피아 성도들에게 때가 되어 예수 그리스도와 그의 능력을 확실히 알게 하고 믿게 하는 일에 누구보다 **빌립 집사가 사용되었다는 것입니다. 빌립 집사야말로 에디오피아 복음화에 큰 공로자,** 다시 말하면 에디오피아 교회에 있어서 영웅이 된 것입니다.

우리가 **기왕에 전도자로 쓰임을 받을 바에야 이렇게 쓰임받기를 사모해야** 합니다. 물론 그 모든 결정은 주께서 하시지만 우리는 빌립 집사처럼 **단 한 사람을 전도했으나 그로 말미암아 그 나라와 민족이 예수 그리스도를 믿는 놀라운 전도를 할 수 있어야** 합니다. 그렇게 할 수 있다는 것을 이 성경이 우리에게 가르쳐 주고 있습니다.

그러므로 우리는 기왕에 주의 일과 전도자의 일을 한다면 이렇게 **최고의 수준으로 쓰임받기를 간절히 원해야 하며 그렇게 힘써야** 합니다.

사마리아에도 성령충만한 자들이 이미 많이 있었으나 당시에 에디오피아 내시를 전도하는 일에 하나님께서는 **가장 탁월한 하나님의 사람 빌립 집사를 사용하신 것**을 우리는 주목해야 합니다.

다 하나님께서 쓰시는 전도자요, 일꾼이지만 **빌립 집사는 이렇게 특별하게 쓰인 것입니다.** 참으로 우리 모두가 사모해야 할 일입니다.

제 45 강

이사야의 글을 읽는 에디오피아 내시

행8:27~28
27일어나 가서 보니 에디오피아 사람 곧 에디오피아 여왕 간다게의 모든 국고를 맡은 관리인 내시가 예배하러 예루살렘에 왔다가 28돌아가는데 수레를 타고 선지자 이사야의 글을 읽더라

> **27** 일어나 가서 보니 에디오피아 사람 곧 에디오피아 여왕 간다게의 모든 국고를 맡은 관리인 내시가 예배하러 예루살렘에 왔다가

여기서 우리가 발견할 수 있는 놀라운 사실은 **빌립 집사가 내시와 만나는 타이밍이 정확했다**는 것입니다.

내시는 예루살렘에서 예배를 마치고 돌아가는 중이었는데 하나님께서는 **그가 어느 지점에서** 빌립을 만나게 하실지 이미 정해놓고 계셨던 것입니다. 빌립에게 천사를 보내어 지시하실 때도 **빌립이 어느 시간에 출발하여 어느 시간에 그 광야 길에서 내시를 만날지 타이밍을 정확하게 조정**하셨습니다.

내시가 예배를 마치고 돌아가기 시작한 시간과 빌립 집사가 천사의 지시를 받고 그 광야 길로 출발한 시간은 분명히 달랐을 텐데 **그들이 만나는 장소와 시간은 일치**했습니다. 하나님께서는 **전도자의 발길과 전도 받을 사람의 발길을 세심하게 섭리하고 주장**하십니다. 이러한데 우리가 어찌 전도하는 일을 마다하고 미루고 불충하게 하겠습니까?

우리가 길을 가다가 어떤 사람에게 복음을 전했다면 **그것은 결코 우연이 아니라 하나님께서 그 사람을 만나게 하시려고 그 장소로 가게 하신 것입니다.** 그 사람도 나를 만나게 하시려고 그 장소로 오게 하셔서 그 정하신 때와 장소에서 만나 그에게 복음을 전하게 하신 것입니다.

그러므로 **전도자는 때를 얻든지 못 얻든지 전도해야** 하는데 어느 때에 어디에서 누구를 만나 전도하게 되든지 **그것이 우연이 아니요, 하나님의 치밀하고도 이미 예정하신 계획대로 되는 것임**을 명심해야 합니다.

이렇게 때와 장소까지 치밀하게 정하시고 전도자를 이끄시고 전도 받을 자로 하여금 전도자들에게 나아오게 하시는 하나님께서 어찌 **전도자가 먹고 입고 쓸 것, 노잣돈, 안위를 세심하게 준비하지 않으시겠습니까? 그 전도자가 나가는 길에는 심지어 날씨와 온도까지도 즉, 비와 바람까지도 세심하게 주관하며 이끄십니다.**

어떤 사람들은 이런 말을 들으면 웃을지 모릅니다. 그러나 **이 인간 세상에서 전도만큼 가장 고귀하고 시급한 일이 없으며 그것처럼 주님이 간절히 원하시는 것이 없기에 모든 것을 창조하시고 주관하시는 주께서 이렇게 세밀하게 전도자와 전도를 돌보시는 것입니다.** 할렐루야!

그러므로 우리 모든 전도자들은 담대하게 때를 얻든지 못 얻든지 전심전력을 다하여 복음을 전해야 합니다. **우리가 복음을 전하면 전할수록 그 일은 반드시 열매를 맺게 되어있고 승리하게 되어있기 때문**입니다. 보잘것없는 우리를 이런 놀라운 전도의 반열에 세워주셨다는 것이 얼마나 감사한 일입니까! 얼마나 영광스러운 일입니까!

마가복음 16장 20절에 "제자들이 나가 두루 전파할새 **주께서 함께 역사하사 그 따르는 표적으로 말씀을 확실히 증언하시니라**" 했습니다.

복음을 전파할 때에 주께서 함께 역사하신다고 분명히 말씀했습니다. **주께서 함께하시는 일인데 어찌 세밀하고 완벽하게 이루어지지 않겠습니까?** 어찌 주께서 전도자를 세심하게 돕지 않겠습니까? 그러므로 우리는 어떤 형편과 처지에 있든지 열심히 나가서 복음을 전해야 합니다.

로마서 10장 14절에 "**전파하는 자가 없이 어찌 들으리요**" 했습니다.

그 전파하는 그리스도인이 어떤 자이든 간에 그가 예수 그리스도를 믿고 정직하게 복음을 전한다면 그 일을 **성령께서 하시는 것이기 때문**에 그 앞에 있는 자들이 그것을 듣게 됩니다.

또 15절에 "**보내심을 받지 아니했으면 어찌 전파하리요**" 했습니다.

내가 입을 벌려 누구에게 복음을 전한다면 그렇게 하라고 **성령에 의해 보내심을 받아 쓰임을 받고 있는 것입니다.** 그러므로 **입을 벌려 복음을 전하면 전할수록 그는 성령으로 말미암아 끊임없이 보내심을 받고 쓰임 받는 자가 되는 것입니다. 복음을 열심히 전파하는 자는 성령께서 함께하시는 것을 끊임없이 체험하게 됩니다.**

그러기에 고린도전서 9장 16절에서 "내가 복음을 전할지라도 자랑할 것이 없음은 내가 부득불 할 일임이라" 한 말씀과 같이 우리는 **성령에 의해 보내심을 받고 쓰임을 받고 있는 일은 나 혼자 하는 일이 아님을 깨닫고** 결코 나를 자랑해서는 안 됩니다. 그야말로 **부득불 할 일**, 즉, **성령께서 하게 하시니** 해야 하고 성도로서 마땅히 해야 할 일이니 해야 합니다.

뿐만 아니라 **주님의 최고의 명령**인데 복음을 전하지 않는다는 것은 **하나님께 큰 죄악을 저지르는 것**입니다. 그래서 또 **성도인데 복음을 전하지 않는 자**에게 화가 임하리라고 말씀하시는 것입니다.

다른 일에는 충성하는데 복음을 전하는 일에는 게으른 사람들이 있습니다. 몇 달이 지나도록 단 한 번도 누구에게도 복음을 전하지 않는 성도들이 있습니다. 바로 그것 때문에 다른 것은 다 잘했음에도 불구하고 하나님께 **따끔한 매를 맞는 성도들**이 있습니다. 왜냐하면 복음을 전하지 않는 것이야말로 **큰 죄**이기 때문입니다.

성령이 하시는 일 중에 가장 중요한 일이 바로 복음을 전하여 사람들로 하여금 예수 믿고 구원 얻게 하는 일입니다. 모든 성도들 안에 계신 성령님은 무엇보다도 복음을 전하라고 명하고 계십니다. 그런데 그 가장 중요한 성령의 역사를 무시하고 불순종했으니 그것이야말로 성령을 거역하는 가장 큰 죄가 아닐 수 없습니다.

그런데 많은 성도들이 자기가 이런 큰 죄를 저지르고 있다는 것조차 모르고 있습니다. 참으로 안타까운 일이 아닐 수 없습니다. **전도하지 않음으로 개인 또는 가정 또는 교회가 큰 환난과 시련을 겪는 경우들**이 얼마든지 있습니다. 복음을 전파하는 일은 누구는 하고 누구는 하지 않아도 되는 일이 아니라 **모든 성도들이 부득불 해야 하는** 것입니다. 그리고 그 일은 **결코 미루거나 중단해서도 안 됩니다.**

에디오피아는 함 족속의 계열에 속하는 흑인종입니다.

그 나라의 고관이 복음을 받게 된 것은 "**구스인은 하나님을 향하여 그 손을 신속히 들리로다**(시68:31)" 하신 **예언의 성취**입니다.

하나님의 약속은 반드시 성취됩니다. 그런데 그 성취가 이렇게 한 흑인 에디오피아 고관에 의하여 이루어질 줄은 누구도 몰랐던 것입니다.

더군다나 그가 예루살렘에서 예배를 마치고 돌아가는 중 광야 길에서 천사의 명령을 받은 빌립 집사를 만나 복음을 받아들임으로써 성취되리라고는 누구도 생각할 수 없었던 일입니다. 그러나 **하나님께서는 오래 전부터 바로 이렇게 구스인이 복음을 받아들이고 하나님을 향하여 그 손을 들도록 세심하게**

계획하셨고 그대로 이루어진 것입니다.

지금까지 이 세상에서의 모든 일이 바로 이렇게 하나님의 세심한 계획과 섭리 속에서 정확하게 이루어진 것입니다. 우리가 이 세상에서 떠난 이후에도 이 땅에서 이루어지는 모든 역사는 결코 우연이란 있을 수 없으며 하나님께서 사전에 세우신 치밀하고도 신비스러운 계획에 의하여 이루어지고 마무리 될 것입니다. 이렇게 할 수 있는 분은 오직 하나님 한 분뿐이십니다.

본문에서 내시라고 번역된 헬라어 원문은 환관, 즉 고자 된 관리라는 뜻을 가진 말입니다. 모세의 율법에 따르면 고자는 성전 뜰에도 들어가지 못했습니다. 성전의 문지기로서 참여할 뿐이었습니다(신23:1).

그런데 이방인이요, 고자인 사람도 이 신약시대에는 아무 차별없이 거룩한 하나님의 자녀의 길에 들어설 수 있게 된 것입니다. 이 사실은 역시 이사야 56장 3절-5절의 성취이기도 합니다. 참으로 하나님은 예수 그리스도 이후의 어느 민족과 남녀노소를 막론하고 어떤 차별도 두지 않고 예수 그리스도를 영접하는 자들로 하여금 성전 뜰만이 아니라 지성소에까지 들어오는 영광을 차지하게 하신 것입니다. 이 모든 것은 예수 그리스도가 이 땅에 오시고 십자가에 죽으시고 부활하심으로 말미암아 활짝 열리게 된 것입니다.

그러므로 이 예수 그리스도의 오심이야말로 인류역사에 있어서 가장 위대하고 놀라운 일입니다. 그래서 세계역사는 주전과 주후로 나뉘어서 불리게 된 것입니다. 참으로 모든 인류역사의 주인은 예수 그리스도이심을 알아야 합니다.

이제 그 내시가 탄 수레가 하나님의 성전처럼 말씀을 가르치고 배우는 거룩한 장소가 되었습니다. 참으로 예수 그리스도가 오신 이후에는 장소를 불문하여 어느 곳이든지 복음을 들을 수 있고 전할 수 있으며 그것을 전하고 가르치는 자들이 있는 그 장소가 거룩한 곳이 됩니다. 참으로 놀라운 변화가 아닐 수 없습니다.

이 에디오피아 내시는 여호와 하나님께 예배드리기 위해 먼 거리를 고생하며 찾아왔습니다. 그러나 예수 그리스도를 영접한 그는 또다시 예루살렘에 와서 예배할 필요가 없이 이제 어디에서도 삼위일체 하나님께 예배드릴 수 있게 되었고, 어디에서도 그가 받은 복음을 그가 전하는 사람들이 받아들일 수 있게 되었고 바로 그 장소가 거룩한 장소가 된 것입니다. 따라서 이제 예수 그리스도의 교회는 복음이 가르쳐지고 받아들여지는 곳에는 어디든지 세워질 수가 있게 된 것입니다. 할렐루야!

이처럼 **복음이 들어간 곳은 어디에나 그리스도의 교회가 세워질 수 있으며 복음은 땅끝까지, 즉 세계 어디까지나 전파되는 것이 주님의 뜻이므로 그리스도의 교회도 어디에든지 세워질 수가 있는 것입니다. 누구도 그것을 막을 수 없습니다.**

이 에디오피아 내시가 그토록 여호와 하나님을 잘 섬기는 자였고 그 먼 곳 예루살렘까지 와서 예배를 드렸으나 그가 예배를 마치고 예루살렘을 떠날 때까지 아무도 그에게 접근하여 복음을 분명하게 전해 주는 자가 없었습니다. 그러다가 **천사의 지시**에 의해 **빌립 집사를 통하여 복음을 받게 된** 것입니다. 그 내시는 예루살렘에 있는 그 어떤 자들보다 **하나님께서 탁월하게 사용하시는 능력의 종 빌립 집사에 의하여** 복음을 받게 되었습니다.

그 에디오피아 내시가 예루살렘을 출발해서 에디오피아로 가는 광야였다면 예루살렘에서 그 곳까지 가는 거리가 빌립 집사가 있는 사마리아에서 그 곳까지 가는 것보다는 훨씬 가까운 거리였습니다. 그런데도 주님은 **예루살렘에 있는 누구보다도 빌립 집사를 그 내시에게까지 보내서 그에게 복음을 전하게** 하셨습니다. 그리고 그 내시는 복음을 듣고 예수 그리스도를 영접했을 뿐만 아니라 **빌립 집사가 그 눈앞에서 순식간에 사라지는 놀라운 체험을 하게** 되었습니다. 즉 그는 복음을 듣고 예수 그리스도를 영접한 것뿐 아니라 놀라운 이적을 체험한 것입니다.

따라서 **이 내시는 고국으로 돌아가 참으로 능력 있는 전도자가 되었을 것**입니다. 에디오피아에 있는 **그 어떤 사람들보다도 하나님을 앙망하는 사람, 그 먼 예루살렘까지 와서 기쁘고 즐겁게 예배드리고 돌아가는 사람에게** 하나님께서는 이런 놀라운 은총을 베풀어주신 것입니다.

주님을 뜨겁게 사랑하는 만큼 주께서도 뜨겁게 사랑해주시는 것이 여기에도 분명하게 드러납니다. **심은 대로 거두게 해주시는 하나님**을 기억하시기 바랍니다.

주님께서 사마리아에 있는 빌립 집사에게 그 먼 곳 광야까지 가서 이 이방인을 구원케 하신 것을 보면 **우리 주님이 사람을 구원하는 일을 얼마나 간절히 원하시는지를 알 수 있습니다.**

빌립은 그 내시가 있다는 것조차 알 수 없었으며 더욱이 그가 어디로 가는지 알 수 없었으나 **주님의 시선은 이 내시를 주시하고 계셨고 그를 구원하고자 하는 열심이 있으셨던 것입니다.** 그래서 빌립 집사에게 **천사를 보내 명령**

하셔서 그에게로 가게 하신 것입니다.

　우리가 아무리 전도의 열정에 불탄다 할지라도 모든 사람을 꿰뚫어보시는 주님, 또 그들을 위해 자기를 기꺼이 희생하신 주님을 우리는 능가할 수 없습니다. 따라서 우리 모든 그리스도인들은 주님의 세심한 인도를 받아야만 합니다. 빌립 집사를 하나님께서 이끄셔서 이 중요한 한 사람을 전도하게 하신 것처럼 우리도 그렇게 쓰여야만 하는 것입니다. 이렇게 될 때 주님이 원하시는 대로 최대의 효과를 이룰 수 있습니다.
　단지 우리 자신의 열심만으로 전도하려고 한다면 우리는 주님이 원하시는 것의 백분의 일, 십분의 일도 채워드릴 수가 없습니다. 그러기에 빌립 집사처럼 주께서 천사를 보내어 명령하시고 내 안에 계신 성령에 의해 감화, 감동도 받아 한순간도 헛되이 보내지 않고 주님의 뜻을 따라 정확하고 세밀하게 전도할 수 있어야 하는 것입니다. 그러므로 우리 모든 전도자들은 성령충만한 자가 되기 위해 전력을 다해야 합니다.

　우리는 오고가면서 만나게 되는 모든 사람들에게 복음을 전하려고 노력해야 합니다. 그들도 복음이 필요한 사람이요, 그들 중 대부분은 복음을 알지도 못하고 온갖 죄악에 빠져 살며 지옥으로 향하고 있기 때문입니다. 우리는 정해진 시간과 장소에서 복음을 전하는 것으로 만족해서는 안 되며 그야말로 때를 얻든지 못 얻든지 언제 어디에서나 복음전하기를 힘써야 합니다.
　전도자들은 참으로 적극적인 사람이 되어야 하며 그 어떤 사람들과도 대화할 수 있는 접근성과 붙임성을 키워야 합니다.
　우리는 흔히 잘 알지 못하는 사람에게 말을 걸거나 또 누가 나에게 말을 걸어와도 대화하는 것을 별로 좋아하지 않습니다. 또는 우리가 피곤한 나머지 이동하는 동안에는 가급적 말하지 않고 쉬고자 하는 마음도 있습니다. 그러나 저 사람들이 전혀 복음을 알지 못하고 불신자로, 심지어 우상숭배자로 살아가는 것을 감안할 때 우리는 그런 일반적인 습성을 버리고 쉬어야 할 시간에도 그들에게 먼저 다가가서 입을 벌려 복음을 전해 주어야 합니다. 그토록 저들에게는 복음이 절실하고도 시급하게 필요하기에 주님께서 때를 얻든지 못 얻든지 전하라고 말씀하신 것입니다.
　내성적인 그리스도인들이 있는데 우리가 한 영혼이라도 더 구원하기 위해 그 성격을 조절하고 변화시켜서 가능한 한 모든 사람들에게 다가가 친근하게 대화할 줄 아는 연습을 해야 합니다.

우리도 빌립 집사처럼 전도할 기회가 주어지기만 한다면 이유와 거리를 불문하고 **즉각 전도할 줄 아는 마음의 자세와 열심을 갖추고 있어야** 하는 것입니다.

에디오피아 내시가 예루살렘에서 고국으로 돌아가는 길에 혼자만 있었던 것은 아닙니다. 많은 사람이 그와 함께하지는 않았을지라도 그 길에는 에디오피아 내시 외에도 여러 사람들이 오가고 있었을 것입니다. 그런데 **그들 중 그 내시는 참으로 주께서 기뻐하시고 귀하게 사용하실 사람이었던 것**입니다.

예루살렘에도 그에게 가서 복음을 전해줄 자가 있었으나 훨씬 먼 사마리아에 있는 빌립 집사에게 천사를 통한 명령이 주어졌다는 것은 **그는 어떤 명령도 즉각 순종하는 사람**이었기 때문입니다. 만약 빌립 집사가 게으르고 하나님의 지시를 받아도 오래 생각하고 머뭇거리며 '왜 가야합니까? 무엇을 하러 가야합니까?' 하며 상당한 시간을 끌 사람이었다면 주께서는 그에게 천사를 보내지 않으셨을 것입니다.

그 빌립 집사가 성경상으로 보면 **구스인에게 최초로 복음을 전하는 자가 되었습니다.** 그는 사도들 못지않게 **복음전파에 열정을 가졌으며 충성된 전도자**였던 것입니다. 에디오피아의 수많은 사람들을 예수 믿게 하는, 더 나가서 에디오피아 부근의 아프리카 각 나라 민족에게 복음이 전파되게 하는 사람으로 주님은 **빌립을 선택하신 것**입니다. 이것은 그에게 **큰 영광**이 아닐 수 없습니다.

우리도 전도를 하되 이렇게 빌립 집사처럼 누구보다도 하나님께 선발되어 선봉에 서서 복음을 전파하는 자가 되기 위해 힘써야 합니다. 복음을 전하기 위해서는 결코 주저하지 않으며 즉각 나서고 충성하는 사람이 되어야 합니다.

성령께서 전도자의 발걸음을 얼마나 세심하게 이끄시는지 볼 수 있습니다.
그 내시는 빌립 집사가 당도할 때에 **이사야의 글**, 즉 메시야에 관한 예언을 보고 있었습니다. 그가 그 성경을 읽으면서 이것이 무슨 말인가 도무지 이해되지 않아 참으로 궁금하고 답답해 할 때에 빌립 집사가 그에게 접근하게 된 것입니다.

그리고 29, 30절에 "성령이 빌립더러 이르시되 이 수레로 가까이 나아가라 하시거늘 빌립이 달려가서 선지자 이사야의 글 읽는 것을 듣고 말하되" 했습니다.

27, 28절에서는 "내시가 예배하러 예루살렘에 왔다가 돌아가는데 수레를

타고 선지자 이사야의 글을 읽더라" 했습니다.

29절 이하를 보면 **빌립이 그 수레에 도달했을 때 그 내시는 분명히 이사야의 글 중에 메시야에 대한 글을 읽고 있었음**이 틀림없었습니다.

성령께서는 빌립 집사로 하여금 광야 길로 가게 하셨는데 그 내시가 언젠가부터 이사야서를 읽기 시작하게 하셨고 빌립을 만날 쯤에는 정확하게 메시야에 대한 예언을 소리 내어 읽게 하셨습니다. 그리고 빌립이 그것을 듣게 하셨고 성령께서 그 소리가 나는 수레로 가까이 가라 명하셔서 비로소 그 내시와 만나게 되고 복음을 설명하고 그가 깨닫고 받아들이게 됨으로써 예수 그리스도의 사람이 된 것입니다.

이 얼마나 **절묘하고 세밀한 역사**입니까!

누가 언제 어디에서 어떤 전도자를 만나 복음을 듣게 됐다면 그것은 결코 우연이 아니요, 그는 일생에서 그 복음을 받아들이는 가장 위대하고 복된 순간을 하나님께서 이미 계획하시고 세밀하게 주관하여 이루어진 것입니다.

그러므로 **복음을 받아들일 자가 복음을 전하는 자를 만나 예수 그리스도를 영접하게 되는 모든 일**은 이렇게 성령께서 인류 역사 중 가장 중요하게 여기시는 일입니다. 하나님이 이 천지만물을 창조하시기 위해 모든 것을 계획하시고 준비하신 것만큼 아주 세밀하고 완벽하게 계획하시고 이루어지게 하시는 것입니다.

그러기에 **복음을 전하는 자나 듣는 자들은** 그 복음을 주고받는 순간을 가장 영광스럽고 거룩한 것으로 여겨야 합니다.

전도는 세상에서 하는 그 어떤 일보다도 영광스러워하며 감사감격하며 온 정성을 다하고 어떤 희생도 마다하지 않고 할 일임을 잊지 말아야 합니다. 이러한 전도를 끊임없이 하는 자야말로 가장 영광스러운 자며 크고 놀라운 복을 받을 자입니다.

그가 예루살렘에서 고국으로 돌아가는 그 길은 메마르고 무덥고 척박한 광야 길입니다. 그러한 길을 가면서 그가 성경을 읽었다는 것만도 특별한 일이 아닐 수 없습니다. 그가 고관이었음으로 걸어서 갔을 리는 없고 우마차를 타고 이동했을 것인데 그래도 무덥고 목마르고 피곤한 일이었습니다. 보통 사람 같으면 부채나 부치며 가급적 더위를 식히려 하고 피로감을 달래며 참고 갔을 것입니다.

그런데 이 내시는 **성경을 소리 내어 읽으며** 갔습니다. 이렇게 **성경을 사모**

하고 열심히 연구하던 그는 그 성경에서 말씀해 주는 가장 보배로운 진리를 확실하게 소유하게 됩니다.

이 내시는 구스인으로서 최초로 복음을 들은 자, 또 신령한 체험을 한 자로서 고국으로 돌아가 수많은 사람들을 구원 얻게 할 자가 되었습니다.

그가 이러한 영광과 복을 누리게 된 것도 결코 우연이 아닌 것입니다. 그는 성경을 숙달하고자 하는 간절함과 열심을 가지고 다른 어떤 사람들보다도 하나님을 잘 알고 그 말씀을 잘 지키며 살기를 힘썼던 것입니다. 그러기 위해 그는 가장 피곤하고 공부하기에 적절치 못한 시간도 성경을 알기 위해 애썼던 것입니다. 그가 성령충만한 전도자를 만나 그가 깨닫지 못하고 궁금해 하던 것을 확실히 깨달으며 신령한 체험을 하고 아프리카에서 능력 있는 전도자가 되는 것은 당연한 일입니다.

그러므로 우리 모든 그리스도인들은 결코 시간을 낭비하지 않고 그 어떤 일보다 말씀을 사모하여 밤낮으로 읽고 배우고 또 그것을 지키기 위해 힘써야 합니다. 그런 사람이 누구보다 먼저 하나님을 잘 알게 되고, 좋은 믿음을 가지게 될 것이며, 신령한 체험도 하고 귀하게 발탁되어 쓰이게 될 것입니다.

마가의 다락방에서 최초로 성령충만 받은 120명의 제자들은 예수님의 500여명의 제자들 중에서 누구보다 주님이 가르치시는 대로 철저하게 순종하고 충실한 자들이었습니다. 이방인으로서 최초로 성령충만 받은 고넬료와 그 주변의 사람들도 역시 그러한 자들이었습니다.

하나님을 전하고 하나님의 말씀을 가르치며 영혼들을 구원해야 할 사람은 먼저 이 성경말씀을 간절히 사모하며 읽고 연구하고 배우는 자가 되어야 합니다. 그것을 죽는 날까지 하지 않으면 우리가 앞에서 살펴본 것처럼 예수를 기본적으로 믿기는 했으나, 또 빌립 집사를 따라다니며 열심히 돕기도 했으나 말씀지식이 부족하고, 그 말씀으로 치료되고 변화되고 성숙되지 못하여 하나님 앞에서 큰 책망을 받았던 시몬처럼 되는 것입니다.

제 46 강

빌립과 에디오피아 내시의 대화(1)

행8:29~31
29성령이 빌립더러 이르시되 이 수레로 가까이 나아가라 하시거늘 30빌립이 달려가서 선지자 이사야의 글 읽는 것을 듣고 말하되 읽는 것을 깨닫느냐 31대답하되 지도해 주는 사람이 없으니 어찌 깨달을 수 있느냐 하고 빌립을 청하여 수레에 올라 같이 앉으라 하니라

> *29* 성령이 빌립더러 이르시되 이 수레로 가까이 나아가라 하시거늘 *30* 빌립이 달려가서 선지자 이사야의 글 읽는 것을 듣고 말하되 읽는 것을 깨닫느냐

성령의 말씀을 들은 빌립은 아주 민첩하고 즉각적으로 순종했습니다.
 그 수레로 "**달려갔다**" 는 것은 성령께서 그 내시를 그리스도의 사람으로 만들고자 하시는 간절함 못지않게 **빌립도 구령열정에 불타있었던** 것입니다. **한 죄인이 예수 그리스도를 믿고 구원받는 일이 얼마나 중요한 것인지를 절실히 깨닫는 자는** 이렇게 전도하는 일을 세상의 그 어떤 일보다 **민첩하게 즉각적으로, 열정적으로** 합니다. 이것이 바로 **전도자의 기본자세**입니다. 전도하는 일을 이렇게 하지 못하는 것은 **영혼 구원이 얼마나 절실한지 아직도 깊이 깨닫지 못하고 있는 것**입니다. 우리는 전도할 대상자가 우리 눈앞에 보일 때 빌립처럼 **달려가서** 우리의 할 일을 해야 합니다.

 빌립은 그 내시에게 "**읽는 것을 깨닫느냐**" 물었습니다.

 여기서 우리가 중요한 것을 깨달아야 합니다.
 하나님의 말씀을 읽고 아는 것도 유익하나 **그 말씀들을 깨닫는 것이 아주 중요하다**는 것입니다.
 많은 사람들이 **하나님의 말씀을 읽고 듣고 알고는 있으나 그것을 깊이 깨닫지 못함으로 별다른 큰 유익이 되지 못합니다.**
 말씀은 **자체가 살아있고 운동력이 있습니다.** 그러므로 말씀을 읽고 듣기만 해도 성령에 의하여 심령 속에서 놀라운 변화가 일어날 수 있습니다. 그러나

진정한 변화와 성숙은 영혼이 말씀을 깨달음으로써 이루어지는 것입니다.
　앞에서 말한 시몬은 빌립 집사를 따라다니며 권능을 보았을 뿐만 아니라 많은 말씀을 들어 알고 있었지만 **그 말씀들을 진정으로 깨달아 알지 못함으로** 아직도 많은 면에서 **변화되고 치료되고 성숙하지 못하고** 돈을 주고 하나님의 능력을 사겠다고 하다가 크게 책망을 받았습니다.

　말씀을 제대로 깨달아 알지 못함으로써 알고 있는 말씀지식조차 오해하거나 곡해하여 하나님 앞에서 큰 실수와 죄를 저지르게 됩니다. 많은 교회의 지도자들도 자기가 가르치고자 하는 말씀을 성령의 감화 감동에 의해 깊이 깨닫지 못하고 임의대로 설명하고 가르침으로써 큰 과오를 범하고 있습니다. 그것은 **성경을 잘못 가르치고 있는 것이며** 그것을 통해 성령께서 듣는 자들에게 역사하실 수 없고 그런 가르침은 성도들에게 진정한 유익이 될 수 없습니다.

　우리가 **말씀을 하나하나 제대로 깨달음으로써** 하나님이 누구이신지 아는 지혜와 지식이 정확하게 채워져야 진정한 믿음으로 성장되는 것입니다. 또한 우리가 **하나님의 말씀을 깨달음으로써** 나의 어리석음과 죄악을 발견하게 되고 회개하고 사함 받음으로 치료와 변화가 있게 됩니다. 이렇게 **사람과 삶이 변화되는 것입니다.**

　또 말씀을 진정으로 깨달으면 순종하는 일이 훨씬 수월해집니다.
　어떠한 유혹이 와도 그것을 분별하고 물리칠 수 있습니다. 그러나 **말씀을 진정으로 깨닫지 못하고 그저 지식적으로 아는 것에 머물러 있을 때** 다른 가르침을 듣거나 유혹이 오면 쉽게 타협하고 넘어가게 됩니다.
　말씀을 정확하게 깨달음으로써 그동안 주께로부터 받은 은혜와 사랑과 긍휼과 자비를 진정으로 깨닫게 되며 그 모든 것에 대해 시시때때로 감사할 수 있게 됩니다. 따라서 **나의 형편과 처지가 어떠하든지 진정한 감사와 찬송과 예배를 주께 돌려드릴 수 있게 됩니다.**
　말씀을 깨닫는 것을 통해 영적 분별력과 통찰력이 생겨납니다.
　진정한 지혜와 지식이 채워지고 다른 사람들을 진리로 가르칠 수 있으며 그들의 길을 지도하고 인도할 수가 있습니다. 다른 사람들의 잘못된 생각과 생활을 바로 잡아줄 수가 있습니다. 그리고 **모든 불의와 합당치 못한 것에 대하여 담대하게 책망할 수가 있습니다.**
　그러므로 우리는 말씀을 깨닫는 은총을 간절히 기대해야 하며 구해야 합니다.

많은 사람들이 오랫동안 신앙생활을 했어도 그동안 보고 들은 말씀을 깊이 깨닫지 못합니다. 그들은 **깨닫는 은총**을 받지 못한 것입니다. 참으로 안타깝고 불쌍한 일입니다.

그러므로 성도들은 무턱대고 성경을 읽고 들을 것이 아니라 **말씀을 깨달을 수 있게 해달라고 간절히 기도해야** 합니다. 우리가 모일 때마다, 하나님의 전에 나와 예배드릴 때마다 기도해야 합니다.

또 **가르치는 자가 말씀을 정확하고 능력 있게 가르칠 수 있도록 기도해야** 합니다. 하나님께서는 이렇게 말씀에 대한 자세가 제대로 되어 있는 자들에게 그만큼 **깨닫는 은총**을 베풀어주십니다.

"대답하되 지도해 주는 사람이 없으니 어찌 깨달을 수 있느냐" 했습니다.

하나님은 그 내시가 에디오피아인들 중에 **누구보다도 하나님을 앙망하는 자**임을 알고 계셨습니다. 따라서 하나님께서 그가 이사야서의 말씀을 읽을 때 그것을 깨달을 수 있도록 도우셨습니다. 그런데 그 일을 빌립 집사를 통하여 하셨습니다.

여기서도 우리는 중요한 하나님의 뜻을 알 수 있습니다.

하나님은 얼마든지 개개인을 상대하여 하나님의 진리를 깨닫게 할 수 있으나 그렇게 하지 않고 먼저 믿고, 먼저 깨달은 자들을 통하여 하십니다. 이것은 복음이 전파되는 것이나 예수신앙이 점점 더 많은 사람들에게 주어지게 되는 것도 **질서정연하게 함으로써 교회와 신앙과 진리의 통일성을 기하고자 하심**입니다. 따라서 하나님께서는 믿을 자들에게, 아직 깨닫지 못하는 자들에게 **진정한 믿음과 깨달음을 가질 수 있도록 도와줄 수 있는 지도자들**을 존재하게 하시는 것입니다.

하나님과 말씀을 접하기 시작한 사람들은 **말씀을 정확히 깨닫고 지도하는 사람을 만나야** 합니다. 누구나 성경을 읽고 연구할 수 있으나 예나 지금이나 하나님께서 우리에게 주시는 방법은 **지도하는 사람이 말씀을 정확하게 깨우쳐 주게 하시는 것**입니다.

그러므로 **성령에 의해 지도자로 선택되고 세워진 사람들은 참으로 존귀한 자들**입니다. 왜냐하면 **하나님께서 이들을 통해 진리를 사람들에게 깨우치게 하시기 때문**입니다. 그러므로 이제 교회에 첫발을 들여놓은 사람들이나 한참 자라나는 성도들은 **이 지도하는 자를 항상 가까이 하며 그를 신뢰하고 겸**

손히 그에게서 배우는 일을 결코 소홀히 해서는 안 됩니다.

또한 지도자의 위치에 세워진 사람들은 말씀을 정확하게 깨닫는 자가 되어 빌립 집사처럼 성령의 충만함을 받아 성령의 나팔과 도구로 능력 있게 사용되어야 합니다.

이미 말했지만 하나님의 말씀을 깨닫지 못하는 사람, 잘못 알고 있는 사람이 가르칠 때 얼마나 무서운 결과가 나타나는지를 잊지 말아야 합니다.

여기서 말하는 지도하는 사람이란 성령의 사람이요, 진정한 예수 그리스도의 제자를 키워낼 수 있는 사람인 것입니다.

하나님은 빌립에게 천사를 보내어 명령하시고, 또 빌립 안에 있는 성령께서 그에게 명령하시므로 그 내시는 복음을 정확하게 듣고 깨달을 수 있었으며 그가 또한 수많은 자들을 구하는 능력 있는 전도자가 될 수 있었습니다.

오늘날도 진정한 전도자는 이렇게 성령께서 그를 인정하시고 명하시고 사용하시는 사람들입니다. 하나님께서는 이런 자들에 의하여 가까운 곳에서부터 먼 데까지 질서 있게 복음이 전파되도록 하시며 이러한 자들에 의한 전도는 진리와 신앙과 교회가 통일성을 이루게 됩니다.

내가 과연 이렇게 성령과 천사에 의해 지시와 인도를 받고 온전히 성령의 도구로 쓰이고 있는지 살펴보고 반드시 이러한 전도자가 되기 위해 힘써야 합니다.

모든 지도자들은 하나님의 말씀을 정확하게 깨닫게 해줄 수 있는 지도자가 되어야 합니다. 아무리 아름답고 멋있게 말하고 많은 지식을 전달한다 할지라도 하나님의 말씀을 정확하게 깨닫게 하지 못한다면 그것은 오히려 하나님과 말씀 앞에서 방해거리이며 은혜와 시간을 낭비하는 것입니다.

그러므로 우리도 말의 아름다운 것으로 하거나 기교를 사용하려 하거나 불필요한 지식을 늘어놓으려 하지 말고 사도 바울처럼 하나님의 말씀을 신속하고도 정확하게 깨우쳐 줄 수 있는 전도자, 지도자가 되어야 합니다.

우리가 이렇게 한다면 그들이 나를 대하는 시간이 길어지면 길어질수록 훌륭한 그리스도의 제자가 되어 갈 것입니다. 이런 지도자는 시간이 흐를수록 진정한 제자들을 많이 키워내게 됩니다.

진정한 제자는 지도자를 진정으로 사랑하고 존경하게 됩니다. 그래서 진정한 지도자는 시간이 흐를수록 결코 외롭지 않으며 자신의 수고에 고마워하고 생명의 은인으로 여기며 그 가르침을 따라 순종하고 충성하는 사람들이 점점 많아지는 것을 체험하게 됩니다. 이것이야말로 그의 **면류관이요, 영광이 됩니다.** 이러한 제자들을 점점 더 보게 되는 지도자는 결코 외로울 수 없습니다.

그러나 평생을 가르치고 목회했으면서도 나를 생명의 은인으로 여기고 진정으로 나에게 고마워하며 감사하며 나를 돕고 섬기며 그 배운 바에 따라 충성하는 자가 단 한두 명도 없는 사람들이 있습니다. **진정한 제자는** 아무리 멀리 떨어져 있어도 그의 영적인 스승이요, 생명의 은인인 그의 지도자를 잊을 수 없으며 결코 그 관계가 단절될 수 없습니다. 우리 모든 지도자들은 이렇게 **진정한 제자들을 만드는 사람들이** 되어야 합니다. 그렇지 않으면 은혜와 시간을 헛되이 낭비하며, 아무도 나를 사랑하거나 인정해주지 않게 되며, 참으로 쓸쓸한 노년과 임종을 맞이하게 될 것입니다. **무엇보다 주님으로부터 칭찬과 사랑을 받지 못하고 오히려 책망을 받으며 인생을 접게 될 것**입니다.

빌립이 내시가 선지자 이사야의 글을 읽는 것을 듣고 **"그것을 깨닫느냐"** 하고 질문을 한 것은 **"내가 당신을 깨닫게 할 수 있다"** 는 것을 암시하는 것입니다.

이것은 그의 교만이 아니라 **준비를 충분히 하고 있었다는 것을** 말합니다. 아마 그 내시가 이사야 53장이 아닌 다른 말씀을 궁금해 했더라도 빌립은 그것을 분명하고 확실하게 깨우쳐 줄 수 있었을 것입니다. 그는 **말씀충만한 자**였던 것입니다.

우리도 빌립 집사와 같이 **말씀과 믿음과 성령의 충만함을 받아야** 합니다. 언제, 어디에서 무슨 말씀을 가르치든 그것을 **정확하고 자신 있게 깨우쳐 줄 수 있어야** 합니다. 어디에서 누구에게 무슨 질문을 받든지 **정확하게 대답하고 깨닫게** 해 줄 수 있어야 합니다.

뿐만 아니라 **누가 성경을 오해하고 곡해하여 비난하고 잘못 말할 때 그것을 정확하게 지적하고 바로잡아** 줄 수 있어야 합니다. 하나님과 말씀에 대한 모든 사탄의 비방과 공격에 대해서도 **정확하게 답변하고 변호하고 증언해 줄 수 있어야** 하는 것입니다. 이것을 **어떤 위협과 위험 앞에서도 담대하게 할 수 있어야** 합니다. 죽으면 죽으리라 하고 일하는 자가 되어야 하는데 그것은 한 순간 그렇게 작심하고, 천성이 남보다 담대하다고 되는 것이 아니라 **말씀과 믿음과 성령의 충만한 자가 되어야** 가능합니다.

에디오피아 내시가 고국으로 돌아가는 길에는 복음을 전할 수 있는 자들이 분명히 있었을 텐데 하나님께서는 빌립을 보내어 가르쳐주도록 명하셨습니다.

그 내시는 자신뿐 아니라 에디오피아 사람들과 아프리카의 사람들에게 복음을 전할 사람이었기 때문에 그를 결신시키는 것은 참으로 중요한 일이었습니다. 그러므로 하나님께서는 그에게 보낼 전도자로 **누구보다도 하나님이 함께 하시고 능하게 사용하시는 사람**을 선택하셔야 했던 것입니다.

우리는 이렇게 빌립 집사처럼 가장 중요한 전도에 선택되어 쓰일 수 있을 만큼 힘써 필요한 자질을 갖추어야 합니다. 그는 **뛰어난 영적 지도자**였고 한순간에 이 에디오피아 내시라는 **훌륭한 제자를 키우게** 된 것입니다.

교회도, 신학교에도, 선교단체에도 이런 **탁월한 영적 지도자**가 필요합니다. 시간이 지남에 따라 스데반 집사와 빌립 집사와 바울과 같은 위대한 지도자를 길러낼 수 있어야 합니다. 그러한 신학교나 선교단체는 **하나님으로부터 특별한 은혜와 권능을 입게 되고 주님 오실 날까지 능하게 쓰임을 받게 될 것**입니다.

탁월한 전도자는 탁월한 하나님의 일꾼을 키워냅니다. 스데반 집사가 그의 위대한 가르침과 순교로 말미암아 바울이라는 위대한 제자를 만들었던 것처럼 말입니다.

우리 모든 교회지도자들은 자신이 이런 탁월한 영적 지도자가 되기 위해 힘쓰고 일생동안 또 다른 위대한 영적 지도자를 키워내기 위해 전심전력해야 합니다. 이런 지도자라면 주님으로부터 **큰 영광과 특별한 은총을** 자신뿐 아니라 자자손손이 받아 누리게 될 것입니다.

> 31 대답하되 지도해 주는 사람이 없으니 어찌 깨달을 수 있느냐 하고 빌립을 청하여 수레에 올라 같이 앉으라 하니라

이 내시는 **그 말씀을 깨달아 알기를 간절히 사모했습니다.**

뿐만 아니라 그는 인간의 눈으로 볼 때 미천해 보였을 빌립을 자기 수레에 신속히 태우고 가르침을 청하는 **겸손한 사람**이었습니다. 신분이 어떻든지 성경말씀을 깨닫게 해줄 수 있는 사람이라면 얼마든지 스승으로 모시고 겸손한 자세로 배우기로 한 것입니다. 이렇게 **말씀을 깨닫고자 하는 사모함과 겸손한 태도**가 구스인으로서는 **최초의 그리스도인이 되고 신령한 체험을 하며 위대한 전도자로 쓰일 수 있게 한 것입니다.**

하나님께서는 모든 믿는 자들을 사랑하시고 끊임없이 은혜를 베풀어주시나 이렇게 **하나님과 그 말씀 진리를 깨닫고자 간절히 사모하고 겸손히 배우기를 힘쓰는 자들을** 더욱 **사랑하시며 그들의 간절한 소망대로 누구보다도 많은 진리를 깨달아 알아 누구보다 큰 믿음을 가지게** 하시고, 또 **그만큼 귀하게 들어 사용하십니다.** 많은 성도들이 이런 자세가 부족하여 귀한 은총을 잃어버립니다.

그러므로 예수를 믿고 신앙생활을 하는 자들은 반드시 **이 세상을 떠날 때까지 말씀을 사모하고 배우고자 하는 겸손한 자세를 가지고 살아야 합니다.**

다윗은 누구보다도 하나님의 말씀과 하나님을 알기를 간절히 사모했습니다. 그는 누구보다도 하나님과 그 말씀을 많이 알아 하나님을 경외하는 믿음을 가지고 있어서 하나님께로부터 놀라운 은총을 받아 누리면서도 하나님이 불러 가시는 날까지 **끊임없이 하나님을 더 알게 해달라고, 말씀을 가르쳐 달라고 기도**했던 **사람**입니다. 그러므로 다윗이야말로 **이 세상에 존재했던 어떤 사람보다도 영육 간에 온갖 은혜와 복을 누렸습니다.** 그는 참으로 **하나님의 마음에 합한 자로 인정받은 자들의 대표가** 되었습니다.

하나님께 귀중히 여김을 받고 남다른 은총을 누리기를 원하는 자들은 이 내시처럼 **하나님의 말씀을 사모하고 배우고자 하는 겸손한 마음을 가져야 합니다.**

이 내시는 **빌립이 "그 읽는 것을 깨닫느냐"** 하는 단 한 마디에 그가 성경말씀을 정확하게 깨닫게 해줄 자라고 분별했던 것입니다. 바로 **이 분별이** 에디오피아인으로서 최초로 그리스도인, 또한 위대한 전도자가 되게 했던 것입니다.

단 한순간의 깨달음과 분별과 선택이 이렇게 한 사람의 인생을 놀랍게 전환시킵니다. 만약에 이 내시가 빌립 집사를 알아보지 못하고 그를 청하여 수레에 올리지 않았다면 그는 아무 변화도 가질 수 없었으며 큰 은총을 잃어버렸을 것입니다.

우리 모든 그리스도인들도 **일생에 있어 참으로 중요한 기회를 만나게** 됩니다. 그것은 내가 반드시 회개할 것을 회개하는 기회가 될 수도 있고, 깨닫는 기회가 될 수 있고, 내가 반드시 선택해야 할 것을 선택하는 기회가 됩니다. 바로 **이러한 기회를 만났을 때 복되고 옳은 것을 선택할 수 있어야** 합니다.

성경에 보면 그 내시에게 어떤 천사가 와서 빌립이라는 탁월한 지도자를 만나게 해주겠다고 미리 알게 해주지 않았습니다. 그럼에도 이 내시는 **빌립을 보자마자 즉각 자기의 수레에 올려 배움을 청했던 것입니다.** 분명히 그때에도 하나님께서 그의 마음을 감화 감동하여 빌립을 알아보고 청할 수 있도록 도와주신 것입니다.

　많은 주의 종들과 성도들이 중요한 순간에 잘못 선택하고 결정함으로써, 또 사람을 볼 줄 몰라서 자기에게 다가온 놀라운 은총을 잃어버립니다. 그는 하나님께서 감화 감동하시고 올바르게 선택케 하시는 은총을 받지 못하고 있는 것입니다. 즉 그는 그만큼 하나님으로부터 세심한 사랑과 도우심을 받지 못하고 있는 것입니다.

　우리가 올바르게 선택하고 결정하지 못하는 것은 하나님께서 내리시는 또 하나의 징계라고 볼 수 있습니다. 참으로 하나님께서 사랑하시고 복주시기를 원하신다면 내가 무엇을 선택하고 거절해야 할지 분명히 알게 해주실 것입니다.

　그러므로 우리는 하나님께서 인정하시고 더욱더 사랑해주시고 세심히 도와주시는 은총을 누릴 수 있을 정도로 평소에 정직하고 충성된 삶을 살아야 합니다.

　성경은 그 내시가 그동안 어떻게 신앙생활했으며 하나님 앞에 어떤 업적을 이루었는지 전혀 언급하고 있지는 않습니다. 그러나 이 내시가 이런 **특별한 은혜를 받은 것을 보면** 이 사람은 분명히 어떤 이방인들 못지않게 그동안 여호와 하나님을 경외했고 참으로 하나님을 기쁘시게 하고 충성된 자였음을 알 수 있습니다. 따라서 그는 **이 위대한 지도자 빌립을 만나고 그도 위대한 전도자와 지도자가 될 수 있었던 것입니다.**

　그동안 구약 말씀을 통하여 여호와 하나님만을 경외했던 그는 자신이 예수 그리스도를 알고 믿게 되고 신령한 체험을 하게 되리라는 생각은 전혀 못했으나 그를 사랑하시는 하나님께서 때가 되자 가장 위대한 지도자를 만나게 하셨으며 그가 그동안 하나님을 잘 경외했던 것만큼이나 최상의 은총을 받아 누리게 해주신 것입니다.

　우리가 언제나 변함없이 하나님을 경외하고 잘 순종하고 충성한다면 하나님께서 우리가 전혀 상상하지도, 구하지도 못했던 놀라운 은총들도 얼마든지 주십니다. 바로 이렇게 신앙생활 하는 사람이 되어야 합니다.

　도무지 기본적인 것도 갖추지 못하고 지키지 못하며 불충한 신앙생활을 하면서 그때그때 눈앞에 보이는 문제만을 해결해 달라고, 또 자기의 육적인 필요를 더 채워 달라고 기도하여 간신히 눈앞에 있는 한두 가지 문제만을 해결 받고 지나가는 정도가 아니라 **웬만한 그리스도인도 누리지 못했던 놀라운 은총을 누리며** 이 내시와 같이 **더욱더 많은 사람들을 유익하게 하고 거룩하게 쓰임 받는** 신앙생활을 이루어 나가야 합니다.

그러므로 **언제나 말씀과 기도로 자신을 가다듬고 치료하고 성장시키며 하나님께 변함없이 순종하고 충성하는 삶을 살기 위해 우리는 한순간도 게으름을 피우지 말아야** 합니다.

많은 성도들이 이것은 진정 깨닫지 못하고 **이것보다 훨씬 못한 것, 또 일시적인 것들을 얻겠다고 발버둥 칩니다.** 계속 그렇게 신앙생활을 한다면 겨우겨우 목숨이나 부지하고 귀하게 쓰임을 받지 못하고 큰 은총을 누리지 못하고 인생이 저물어 갈 것입니다.

그러므로 **성도들은** 그저 무작정 교회를 다니기만 하지 말고 **내 인생을 어떻게 꾸려나갈 것인지를 먼저 선택해야** 합니다.

내시는 빌립을 수레에 올라앉게 한 후 자신이 얼마나 높은 신분의 사람이며 자기가 어떤 권세를 가지고 있는지 **일절 말하지 않았습니다.** 그리고 자신과 행색이 많이 차이 났을 빌립을 **업신여기거나 무시하지 않고 오직 자기가 읽고 있는 이사야서의 말씀을 깨닫기를 간절히 바라고 그것을 도와줄 사람을 만난 것을 참으로 기뻐했습니다.**

이렇게 **자신의 신분이나 권세나 부귀를 먼저 나타내려 하지 않고 오직 하나님의 말씀을 사모하여 깨닫고자 하고 그 말씀을 깨닫게 해 줄 수 있는 사람을 만났을 때 그에게 겸손하게 도움을 청해야** 합니다.

오늘날 어떤 성도들은 예수를 믿고 교회에 들어오면서부터 성도들이나 하나님의 종들이 자기의 학벌과 지위를 알아주기 바라고 은근히 나타내고 자랑하며 하나님의 사람들 앞에서 겸손히 배우고 순종하고자 하는 마음이 없습니다.

그런 마음들이 속히 사라지고 제어되지 않으면 그 사람은 하나님 앞에서 교만한 자이므로 온갖 은총을 받아 누리기 어렵습니다.

그러기에 **신앙생활을 시작하는 모든 사람들은 우선 자기를 나타내고 자랑코자 하는 교만한 마음을 제거해 내야** 합니다.

그리고 하나님의 종이나 성도들이 어떻게 보이든지 **그들을 하나님의 사람**

이요, **나를 지도하고 치료해 줄 영적 지도자**임을 알고 겸손한 자세로 배워야 합니다.

　시편 101편 5절에 "눈이 높고 마음이 교만한 자를 **내가 용납지 아니하리로다**" 했습니다. 또한 잠언 3장 34절에 "**하나님은 거만한 자를 비웃으시며 겸손한 자에게 은혜를 베푸시나니**" 했습니다.

　시간이 지나도 하나님 앞에서 겸손하지 못하고 교만한 마음을 가지는 자는 **하나님께서 그를 용납지 않으시므로 아무것도 받아 누릴 수 없습니다.** 그리고 그가 아무리 지위가 높고 재물이 많고 학벌이 좋을지라도 **하나님은 그를 비웃으십니다.** 이런 자가 어찌 거룩한 진리를 깨달을 수 있으며 하나님으로부터 신령한 복을 받을 수 있겠습니까?

　하나님 앞에 나오는 자는 **먼저 겸손한 자세를 갖추어야** 합니다.

제 47 강

빌립과 에디오피아 내시의 대화(2)

행8:31~34

31대답하되 지도해 주는 사람이 없으니 어찌 깨달을 수 있느냐 하고 빌립을 청하여 수레에 올라 같이 앉으라 하니라 32읽는 성경 구절은 이것이니 일렀으되 그가 도살자에게로 가는 양과 같이 끌려갔고 털 깎는 자 앞에 있는 어린 양이 조용함과 같이 그의 입을 열지 아니하였도다 33그가 굴욕을 당했을 때 공정한 재판도 받지 못하였으니 누가 그의 세대를 말하리요 그의 생명이 땅에서 빼앗김이로다 하였거늘 34그 내시가 빌립에게 말하되 청컨대 내가 묻노니 선지자가 이 말한 것이 누구를 가리킴이냐 자기를 가리킴이냐 타인을 가리킴이냐

| *31* 대답하되 지도해 주는 사람이 없으니 어찌 깨달을 수 있느냐 하고 빌립을 청하여 수레에 올라 같이 앉으라 하니라

누구든지 하나님 앞에 나왔을 때는 사람들이 그를 보고 부러워하는 모든 것들, 사람들 앞에 자랑할 모든 것들을 내려놓아야 합니다.

내시가 빌립을 수레에 태운 후 자신을 자랑하고 교만한 말을 했다면 빌립은 그를 책망했을 것입니다. 그가 복음을 정확하게 듣고 예수 그리스도를 영접하는 일보다 우선 하나님 앞에서 회개하고 고꾸라지는 일이 있었을 것입니다. 그런 교만한 자라면 하나님께서 그 먼 곳에 있는 빌립 집사를 불러 이 사람에게 가도록 하지 않으셨을 것입니다.

이 내시는 누구보다도 하나님을 경외했으며 겸손한 자였기에 놀라운 은총을 받아 누렸던 것입니다.

교만한 자는 아주 미천하고 어린 사람들도 받아 누릴 수 있는 하나님의 은총을 받아 누리지 못합니다. 그런 사람은 어떤 은총에서도 제외되는 가장 불쌍한 자입니다.

그 내시는 훌륭한 신앙인이었음에도 하나님께서는 그에게 성경을 가르치고 깨닫게 해줄 사람 빌립을 보내셨습니다. 복음을 전해들을 때에는 천사가 아닌 빌립 집사를 통해 듣게 하신 것입니다. 이 모든 것이 다 하나님께서 친히 하신 일입니다.

하나님께서는 사람들을 구원하려 하실 때 그들에게 천사를 보내시거나 친히 복음을 일일이 설명해 주시지 않고 전도자들을 보내 주십니다. 이 지상의 교회가 통일성을 유지하고 질서정연하게 세워져 나가기를 뜻하셨기 때문입니다.

전도의 효과만을 따지자면 사람이 피전도인에게 와서 복음을 전해주기보다는 천사가 갑자기 나타나 특별한 방법으로 말하거나 하나님께서 우레 소리와 같이 직접 말씀하시는 것이 효과가 클 것입니다. 그러나 하나님은 그렇게 하지 않으십니다.

비록 사람의 눈에는 비효과적인 것으로 보일지라도 하나님은 먼저 믿은 자들을 믿지 않는 자들에게 보내서서 복음을 전파하게 하십니다. 그것을 듣고 예수를 믿은 자가 또 다른 자들에게 복음을 전파하게 하십니다. 하나님께서는 이런 방법을 택하여 지금까지 그리스도의 교회를 세계 곳곳마다 세워나가고 계십니다.

그러므로 전도자의 입을 통해 주어지는 복음을 믿지 않는 자들은 결코 예수 그리스도를 믿을 수 없습니다. 하나님께서는 예나 지금이나, 또 주님이 오시는 날까지 우리 믿는 자들에게 복음을 전하는 특권을 주시고 우리들을 통해 모든 선택된 자들에게 복음을 전파케 하십니다.

그러므로 모든 성도들은 하나님께서 주신 이 특권을 자랑스럽고 영광스럽게 여기며 우선순위에 두고 전력을 다해야 합니다.

복음은 어디까지나 먼저 믿는 자들을 통해 전파되는 것임을 알 때 내가 복음을 전해야 할 때 전하지 않는다면 하나님은 다른 성도들을 통해 전파되게 한다는 것을 알아야 합니다. 그 내시의 근처에 있는 자들이 복음을 전해주지 않으니 하나님은 훨씬 멀리 있던 빌립 집사에게 천사까지 보내어 명령하셔서 내시에게 가게 하셨습니다.

내가 전하지 않으면 하나님은 다른 사람을 통하여 전하게 하십니다. 그렇게 된다면 내가 할 일, 내가 차지할 상급과 영광을 다른 사람에게 빼앗기는 것입니다. 많은 성도들이 내가 먼저 가서 전도해야겠다는 간절함과 거룩한 욕심을 가지지 못하고 다른 사람들이 가서 열심히 전하는 것을 보기만 하고 그것을 대수롭지 않게 여깁니다. 이 또한 분별력이 없고 지혜가 부족한 자가 아닐 수 없습니다.

모두가 하나님께 더 큰 복을 받기를 원하면서 **그것을 위한 구실을 하지 않습니다.** 공짜로 더 가지겠다고 하는 것은 **악한 종이** 아닐 수 없습니다.

다른 것은 다 양보할지라도 **전도의 기회만은 양보해서는 안 됩니다. 내가 먼저 가서 복음을 전하기를 힘써야** 합니다. 하나님은 이렇게 **거룩한 욕심을 가지고 힘쓰고 애쓰는 자를 기뻐하시며 그에게 필요한 것을 아낌없이 채워주십니다.** 왜냐하면 **영혼 구원 하는 일이야말로 하나님께서 가장 기뻐하시고 원하시는 일**이기 때문입니다.

이 내시는 낯선 사람인 빌립 집사가 "그 읽는 것을 깨닫느냐"라고 물었을 때 자기를 모독한다고 여기거나 건방지다고 생각하지도 않았습니다. 그는 즉각 대답하기를 "지도해 주는 사람이 없는데 어찌 깨달을 수 있습니까" 했습니다.

내시는 처음 만나고 행색이 초라한 빌립 집사 앞에서 **정중하게 자신의 부족한 모습을 시인하고 고백**했습니다.

배우는 사람들은 내시와 같이 자기가 아직도 가르침을 받아야 할 필요성이 많다는 것을 인정해야 합니다. 이것이야말로 **배우고자 하는 겸손함을 나타내는 것**입니다.

아직도 모르는 것이 많으면서도 다 아는 것처럼 위장하고 "난 아직 그것을 모르고 깨닫지 못하고 있습니다" 하고 고백하는 것을 주저해서는 안 됩니다. 그렇기에 누구보다도 하나님의 말씀을 잘 알고 하나님을 잘 경외한 다윗은 "나는 아직도 말씀을 너무 모르고 있사오니, 하나님에 대해서도 아직도 잘 모르고 있사오니 하나님의 말씀을 깨우쳐 주시고 하나님을 더 분명히 알게 하옵소서" 라고 날마다 더 간절히 기도했습니다. 바로 이렇게 **겸손하게 자기의 부족을 인정하고 고백하며 더 알기를 간절히 구해야** 합니다.

그가 "지도해 주는 사람이 없으니 어찌 깨달을 수 있느냐"라고 한 말 속에는 **가르침을 받기를 갈망하는 그의 마음이** 충분히 드러납니다.

그는 자기를 정확하게 지도해 줄 사람을 갈망하고 있었습니다.

이런 그의 마음을 꿰뚫어 보신 **하나님**은 그에게 정확하게 모든 것을 가르쳐 주고 지도해 줄 **최고의 스승을 보내 주신 것**입니다. 그것도 그 지도자에게 특별히 천사를 보내시어 명령하여 이루셨습니다. 하나님께서 이 내시의 가르침 받는 것과 지도자를 갈망하는 마음을 얼마나 기쁘게 여기셨는지를 보여 주셨습니다.

우리는 이렇게 **말씀을 가르침 받기를 갈망하고 그 말씀을 잘 가르쳐 줄 지도자를 갈망하는 자세를 갖추어야 합니다.

그러기에 더 배우고 성장하기 원하는 자들은 지도자를 가까이하며 그에게 배우기를 간절히 사모합니다. 반면에 하나님과 말씀에 관심이 없고 세상에 관심이 있는 자들은 하나님의 종이 그들에게 다가오는 것을 부담스러워하고 싫어하며 하나님의 종 앞으로 자주 오는 것 또한 싫어합니다. 그리고 구실을 만들어 회피하고 도망가기를 애씁니다. 이러한 사람들은 이 내시와는 정반대의 사람입니다. 즉, 이러한 사람은 하나님도 결코 기뻐하지 않으시고 가까이 해주시지 않으십니다.

이 내시에게서 우리가 반드시 배워야 할 것이 있습니다.
그는 언제나 열심히 성경을 읽는 자임이 틀림없는데 빌립을 만날 때까지 이해하기 어려운 말씀들이 많이 있었지만 성경 읽기를 중단하거나 게을리 하지 않았습니다.
성경은 누구나 읽어서 쉽게 깨달을 수 있는 부분이 있지만 보통의 경우 두 번, 세 번 읽어도 도무지 무슨 뜻인지 알 수 없는 부분들이 많습니다.
따라서 하나님께서는 성경을 정확하게 깨닫고 충분하게 가르쳐 줄 수 있는 사람을 준비하시고 성경을 알지 못하고 깨닫지 못하는 사람들을 잘 도와 그들로 하여금 성경을 잘 깨닫도록 하십니다. 이것 또한 교회와 신앙과 진리의 통일성을 유지시키려는 하나님의 거룩한 뜻입니다.

우리 모든 성도들은 성경에 있는 내용을 정확하게 깨달을 수 없을지라도 계속하여 읽음으로써 성경에 무슨 기록이 있는지를 충분히 알고 있어야 합니다. 그런 사람들이 그것을 누구보다도 신속하게 깨달을 수가 있게 됩니다.
또한 이렇게 성경을 날마다 읽음으로 성경 전체를 몇 번 씩이나 읽어서 성경의 내용들을 기억하고 있는 사람들이 이제 그 내용 하나하나를 정확하게 깨달아감으로써 성경 전체를 정확하게 이해하고 깨달을 수 있습니다.
성경을 부분적으로 읽고 아는 사람들은 부분, 부분은 깨달을지라도 성경 전체를 이해하고 깨닫지 못합니다. 그래서 또 성경을 잘못 이해하고 사용하게 될 수도 있습니다.
그러므로 모든 성도들은 교회에 첫발을 들여놓기 시작할 때부터 하루도 거르지 말고 성경 읽는 시간을 정해놓고 처음부터 끝까지 빠짐없이 열심히 읽어야 합니다. 적어도 성경 어디에 어떤 내용이 있는지를 자세하고 충분히 알고 있어야 합니다. 또한 이렇게 성경을 전체적으로 알고 배우기를 힘쓰는 자에게 하나님께서 **좋은 지도자를 만나게** 해 주시며 그 말씀을 **정확하고 자세하게 깨닫는 은총을 받게** 해 주십니다.

> *32* 읽는 성경 구절은 이것이니 일렀으되 저가 도살자에게 가는 양과 같이 끌려갔고 털 깎는 자 앞에 있는 어린 양이 조용함 같이 그의 입을 열지 아니하였도다 *33* 그가 굴욕을 당했을 때 공정한 재판도 받지 못하였으니 누가 그의 세대를 말하리요 그의 생명이 땅에서 빼앗김이로다 하였거늘

지금 내시가 읽은 성경은 이사야 53장 7절, 8절이었습니다.

이 말씀은 **죄인들을 구원하는 구세주가 그들의 죄를 담당하기 위해 고난을 받으시는 것과 죽으실 것을** 가르친 것입니다. 이 말씀은 선지자 이사야를 통해 **주전 700, 800년 전, 예수 그리스도에 관하여 예언된** 것입니다. 뿐만 아니라 그 훨씬 전에 모세를 통해 기록된 **레위기**에서 **성전에서 속죄제를 드릴 때 양의 피를 흘리게 하여 바쳤는데 그것도 장차 오실 구세주께서 피 흘려 죽으실 것을 예표**하는 것이었습니다.

예수 그리스도 즉, 메시야에 의한 속죄는 처음 성경이 기록될 때부터 하나님께서 모두에게 알게 하신 것입니다.

이 말씀에서 가장 중요한 것은 **죄인들의 죄를 속하여 주는 구세주에** 대한 말씀입니다. **속죄**란 말은 **죄 값을 담당하고 영원히 구원해 주는 것을** 의미합니다.

이 세상에는 종교들이 많이 있으나 **속죄**를 말해주는 곳은 **예수교 밖에 없**습니다. **성경은 그야말로 죄인들의 죄를 속해 주는 예수 그리스도를 알려주는 책**입니다.

에디오피아 내시가 구원 얻은 것도 빌립의 복음을 듣고 **속죄자 예수 그리스도를 믿었기** 때문입니다. 이전부터 여호와 하나님을 잘 경외하던 에디오피아 내시에게 성경에 있는 모든 말씀 중 가장 중요한 것은 **복음**, 즉, **"예수가 그리스도이다"** 였던 것입니다. 이제 **그는 예수 그리스도를 믿음으로 모든 죄를 사함 받고 구원 받은 것입니다.**

그러므로 **성경을 정확하게 듣고 깨닫는 자는 무엇보다도 먼저 죄인의 구세주 예수를 발견해야 하며 그 예수를 자기의 구주로 믿어야 합니다.** 이것이 없이 성경에 있는 많은 지혜와 지식을 터득할지라도 그것은 영원한 큰 소득이 되지 못합니다.

성경이 가장 위대한 이유는 모든 인간은 죄인이요, 그 죄를 용서받지 못하

면 영원히 멸망을 당하게 되는데 영원히 구원 얻는 비결이 있으니, 바로 우리의 죄를 속하여 줄 수 있는 예수 그리스도를 믿는 것이라는 것을 나타내 준 것입니다.

성경을 가르치는 사람들은 그 무엇보다도 예수 그리스도를 분명하게 가르치고 예수 그리스도를 자신의 구주로 영접하게 해야 합니다.

성경이 우리에게 이 속죄의 도를 알려주기 때문에 우리는 세상에 있는 어떤 것보다도 소중히 여겨야 하며 배우고 받아들이며 믿고 순종하며 일생을 살아야 합니다.

여기 내시가 읽었다고 기록된 구절은 히브리 원문에 기록된 것이 아니라 **칠십인역**에서 인용된 것입니다.

칠십인역은 애굽에서 만들어졌고 애굽은 에디오피아에 가까이 있는 나라로서 에디오피아와 예루살렘 중간에 위치하고 있었습니다. 그러므로 이 내시는 이 칠십인역을 잘 알고 있었을 것입니다. 히브리 원문에서는 "**그가 곤욕과 심문을 당하고 끌려왔으니**" 라고 기록돼 있는데 여기 32절부터는 "**저가 도살자에게로 가는 양과 같이 끌려갔고 털 깎는 자 앞에 있는 어린 양이 조용함과 같이 그의 입을 열지 아니하였도다**" 했습니다.

히브리 원문에 기록된 대로 "**그가 곤욕과 심문을 당하고 끌려왔으니**" 를 해석해 보면 "**극악한 폭력을 당하며 급속하게 이 재판석에서 다른 재판석으로 옮겨졌다**" 는 말이고, 또는 "**폭력과 심문을 당하며 끌려 다녔다**" 는 말입니다. 즉, 그 당시 백성들의 분노에 휩싸여 그들의 소동 속에서 빌라도의 심판을 받고 끌려갔다는 말입니다.

칠십인역은 히브리어 성경을 헬라어로 번역한 것인데 이 사도행전을 기록한 누가는 헬라어로 신약성경을 썼기 때문에 히브리어 성경을 헬라어로 번역해 기록해 놓은 것입니다. 내용의 차이는 없으며 칠십인역은 히브리어 원문을 헬라어적으로 좀 더 분명하게 번역해 놓은 것입니다.

속죄자는 양과 같이 순하여 죽음의 고난을 받으리라고 예언되었습니다. 무죄자로서 모든 죄인들을 대신하여 죽음의 고난을 당하게 될 것을 보여준 것입니다. 오직 속죄자이신 예수 그리스도만 무죄하시며 구주의 가장 중요한 자격을 갖추셨습니다.

죄 있는 자는 죄인의 죄를 대신 속할 수 있는 자격이 없습니다. 예수 그리스도가 도살장으로 끌려가는 양과 같이 아무 저항도 없이 죽임을 당하고 희생제물로 바쳐지는 것이야말로 그가 죄 없는 자로서 죄인들의 죄를 대신 짊어지고 희생되는 **구주이심을** 보여주는 것입니다.

"**털 깎는 자 앞에 있는 어린 양의 잠잠함과 같았다**" 라고 했습니다.

그는 도살꾼 앞에 있는 어린 양처럼 결코 그 입을 열지 않았습니다. 왜냐하면 그는 죄인들의 죄를 대신 짊어지고 희생당함으로 그 죄인들을 구속할 자였기 때문입니다.

이 예수 그리스도는 고통의 죽음을 당하면서도 죄인들을 구속(대속)하려고 끝까지 입을 열지 않고 잠잠히 모든 것을 당했습니다. 그는 **변명이나 반항하지 않고 잠잠하게 부당한 고발과 조롱을 다 당했습니다. 참으로 그는 강포를 행하지 않으셨고 그 입에 어떤 궤사도 없었습니다.** 이것은 **그가 죄인들의 죄를 구속해주는 완전한 메시야임을 보여주는 것입니다. 이러한 구세주는 그 어떤 종교도 설명하지 못하고 오직 성경만이 이 구세주가 예수 그리스도라고 명확하게 밝히고 있습니다.**

예수님은 **공정한 재판을 받지 못하고** 그 생명을 이 땅에서 빼앗기셨습니다. **모든 사람들은 다 자기 죄 값으로 죽지만 구주 예수님은 죄 없이 죽임을 당하신 것입니다.** 이 불공평이야말로 **그가 진정 죄인들의 구세주이심을 보여주는 것입니다.**

이 불공평은 **그의 죽으심이 많은 사람들의 죄를 담당하셨다고 할 때에만 공평해지게 됩니다.** 만약에 그가 죄인들의 죄를 대신 담당하지도 않고 죽었다면 그것은 영원히 불공평한 일이 됩니다. 그러나 **그가 죄인들의 죄를 대신 지고 그들을 대신하여 죽으심으로 그들의 죄를 사함 받게 하셨기 때문에** 불공평한 재판은 공평해지게 되는 것입니다. 즉, **죄인들의 죄가 예수 그리스도를 죽게 했고, 그는 죄가 없었으나 그가 죄인들의 죄를 대신 담당함으로 죽게 되었다**는 것입니다.

"**누가 그 세대를 말하리요**" 했습니다.

이것은 **예수 그리스도의 속죄의 죽음으로 말미암아 구원 얻을 자가 무수할 것이기 때문에 그 생명을 얻는 세대를 측량하여 말할 수 없다는** 뜻입니다. 과연 **이 예수 그리스도의 죽으심으로 말미암아 그를 믿어 구원을 얻는 자들이 시간이 갈수록 점점 많아지고 그 예수 그리스도의 세대는 영원하게 되는 것입니다.**

이사야 57장 10절에 "**그의 날은 길 것이며**" 라고 기록되어 있는데 이 말도 그 예수 그리스도를 믿어 영생을 얻는 자들은 **영원히 그와 함께 존재하게 될**

것을 의미합니다. 참으로 한 분 구주 예수님의 죽으심으로 말미암아 그를 믿어 영생을 얻는 자들이 **영원히 그리스도의 세대를 형성하게** 되었으니 그 **예수 그리스도의 이 땅에 오심과 죽으심이 얼마나 우리 인간들에게 위대하고 거룩하며 찬양을 받아야 할 일입니까?**

이 속죄자 예수 그리스도를 알려는 자는 우선 자신이 죄인이라는 것을 알아야 합니다. 그 사실을 알 때에 자기 대신 속죄해 주시는 구세주를 이해하게 됩니다.

사도 바울은 **예수 그리스도를 말미암아야만 구속받는 것**을 죽을 때까지 끊임없이 외쳤습니다. 그는 로마서 7장에서 말하기를 "**죄가 자기를 속인다**"고 말했고, "**죽인다**" 했고, "**자기가 죄 아래 팔렸다**" 했습니다. "**죄가 자기로 하여금 원하는 것은 하지 못하게 했고 원치 않는 것은 행하게 한다**"고 했습니다. "**죄가 자기 속에 거한다**"고 했습니다. 또 **죄** 때문에 자신은 "**사망의 몸이라**" 고 했습니다.

바울은 이처럼 **자기의 죄인 된 사실을 절실히 깨달았기에 자기의 구원의 소망이 오직 예수 그리스도에게 있다는 것을 확신했고** 무엇보다도 이 예수 그리스도로 말미암은 속죄에 대해 전심전력으로 외쳤던 것입니다.

자기가 죄인이라는 것을 깨닫지 못하는 자들은 결코 예수 그리스도를 알 수 없고 믿을 수 없으며 속죄 받고 구원 받을 수 없습니다. 예수 그리스도는 죄인들이 사함을 얻고 멸망의 자식이 아니요, 영생 구원 얻을 자가 되게 하기 위해 이 세상에 오신 것입니다. 그는 결코 육신적인 굶주림을 채워 주고 죄악 가운데서 하나님의 징벌을 받아 고통당하는 자들에게 단지 위로를 주고 그들이 끊임없이 범죄해도 이 땅에서 잘 먹고 잘 살게 해 주려고 오신 것이 아닙니다.

> ***34*** 그 내시가 빌립에게 말하되 청컨대 내가 묻노니 선지자가 이 말한 것이 누구를 가리킴이냐 자기를 가리킴이냐 타인을 가리킴이냐

그 내시가 읽었던 이사야 53장 1-8절의 예언은 과연 누구를 가리키는 것인지 예수를 믿는 자들은 알기 쉽지만 불신자들로서는 알기 어려운 것입니다. 불신 유대인들은 예수님을 구원의 성취자, 곧 메시야라는 증거를 받지 않으려고 귀를 막았기 때문에 이 예언 읽기를 싫어했습니다.

어떤 이가 말하기를 많은 유대인들과 무신론자들이 이 예언 때문에 회개하고 예수를 믿었다고 했습니다. **구약성경에 메시야에 대한 여러 예언이 있는데 그것이 예수 그리스도를 가리킨 것을 깨닫기만 한다면 그는 예수 그리스**

도를 영접하게 되는 것입니다.

이 내시도 구약에서 메시야에 대한 예언의 말씀을 읽고 깨달음으로써 예수 그리스도가 자기의 구주이심을 믿게 되었던 것입니다.

이렇게 구약과 신약은 하나입니다. 구약의 말씀이 신약의 말씀을 설명하고 깨닫게 합니다. 또한 신약의 말씀이 구약의 말씀을 설명하고 깨닫게 합니다. 이처럼 구약, 신약 66권은 하나의 하나님의 말씀입니다. 그러므로 이 66권의 말씀은 그 어느 것도 소홀히 여겨서는 안 되며 일점일획도 가감하지 않고 하나님의 말씀으로 받아들여 자세히 읽고 배우고 가르치고 깨달아야 합니다. 어떤 교역자들은 오직 신약성경만을 가지고 설교하는데 그것은 결코 옳지 않습니다. 그 신약의 말씀을 가장 분명하고 정확하게 설명하고 깨닫게 해 주는 말씀이 구약성경입니다. 그러므로 모든 가르치는 자들은 신구약을 전체적으로 충분히 알고 깨닫고 있어야 하고 모든 사람들에게 분명하고도 충분하게 가르칠 수 있어야 합니다.

성경에 예언된 말씀들은 그것이 성취되어 분명하게 알 수 있기까지는 대체로 애매하게 받아들여지는 경우가 많습니다. 그러므로 이런 때에 그 예언의 의미를 정확하게 깨닫는 사람의 도움이 필요합니다. 하나님께서는 말씀을 정확하게 깨닫는 자를 통해 그의 선택하신 백성들에게 그 예언의 말씀을 알게 하십니다. 이것이 또한 진리와 신앙과 교회의 통일성을 유지하는 하나님의 방법입니다.

그러므로 성도들은 하나님의 말씀을 잘 이해하고 깨닫고 있는 사람들을 소중히 여기고 겸손히 그들을 가까이 하여 이 내시처럼 배워야 합니다. 많은 교인들이 이렇게 하지 않음으로써 아직도 자기가 깨닫고 있지 못하는 말씀들을 그대로 가지고 애매모호한 신앙생활을 합니다. 그들은 말씀을 깨닫는 자들을 통해 얼마든지 깨달을 수 있는 것들을 차지하지 못하고 시간을 헛되이 낭비하며 대비할 것을 대비하지 못하며 지혜롭지 못하게 살아갑니다.

성도들은 나보다 신앙이 앞서 가고 진리를 많이 깨닫는 성도들을 가까이 해야 합니다. 그들의 학벌이 어떻든지, 나이가 많든 적든 겸손하게 그들을 가까이 하여 그들에게서 배워야 합니다.

더 많은 것을 배우려면 나보다 더 많이 알고 있는 자와 대화를 나누는 것이 지혜로운 것입니다. 말라기 2장 3절에도 사람들이 제사장의 입에서 율법을 구하게 되어야 할 것이라고 했습니다. 제사장은 누구보다도 율법을 잘 아는 사람이기에 성도요, 이스라엘 백성이라면 **마땅히 그를 가까이 하며 그 가르침을 열심히 듣고 배워야** 합니다.

　자신이 잘 성장하기를 바라는 사람은 이렇게 자기를 잘 깨우쳐 줄 수 있는 선배와 스승을 충분히 확보해야 합니다. 그리고 **이렇게 좋은 선생을 만나게 해달라고 기도해야** 합니다. 하나님의 말씀을 탐구하되 **예수의 충실한 사역자들의 입을 통해 성경이라는 이름의 밭에 감추어진 보화를 신속히 찾을 수 있어야** 합니다. 내가 5년, 10년 걸려서 겨우 깨달을 수 있는 것을 이렇게 예수의 신실한 종들을 통해 한 순간에 깨달을 수 있는 것입니다. 얼마나 **귀한 소득입니까?** 그야말로 **감추어진 보물을 찾는 것**이 아닐 수 없습니다.

제 48 강

빌립이 에디오피아 내시에게 복음을 전함

행8:34~36

34그 내시가 빌립에게 말하되 청컨대 내가 묻노니 선지자가 이 말한 것이 누구를 가리킴이냐 자기를 가리킴이냐 타인을 가리킴이냐 35빌립이 입을 열어 이 글에서 시작하여 예수를 가르쳐 복음을 전하니 36길 가다가 물 있는 곳에 이르러 그 내시가 말하되 보라 물이 있으니 내가 세례를 받음에 무슨 거리낌이 있느냐

▌*34* 그 내시가 빌립에게 말하되 청컨대 내가 묻노니 선지자가 이 말한 것이 누구를 가리킴이냐 자기를 가리킴이냐 타인을 가리킴이냐

　내시는 빌립 집사에게 **열심히 질문했습니다. 이해가 안 되고 깨닫지 못한 것이 있다면 그것을 잘 알고 깨달은 사람에게 질문하는 것은 지혜로운 처사**입니다. 스스로 열심히 읽고 탐구하되 이해가 되지 않고 깨달아지지 않는 부분이 있다면 주저하지 말고 **선배나 선생을 찾아 질문을 해야** 합니다. 그리고 **분명히 이해하고 깨달을 수 있을 때까지 질문하고 토론을 해야** 합니다. 성경을 배우고자 하는 자들은 이러한 적극성과 열심을 반드시 갖추어야 합니다. 많은 성도들이 이러한 **열심**과 **적극성**이 부족하여 정확하게 깨닫지 못하고 심지어 잘못 깨달은 것을 그냥 지나침으로써 큰 실수를 저지르기도 하며 큰 손해를 보기도 합니다.

　그러므로 이 성경이 **정확무오한 하나님의 말씀**이라는 것을 안다면 결코 이해하지 못하고 깨닫지 못하고 애매하게 아는 상태로 지나치면 안 됩니다. 그것이야말로 **하나님의 말씀에 대한 모독**이요, **올바른 자세가 아닙니다.**

　또한 말씀을 가르치는 자들은 **배우는 자가 내가 가르치고 있는 것을 제대로 이해하고 깨닫고 있는지를 정확하게 구별할 수 있어야** 합니다. 그렇지 못함에도 그냥 지나치는 것은 하나님의 말씀을 가르치는 자로서 올바른 태도가 아닙니다. 그것은 그 영혼을 진정으로 사랑하는 것이 아닙니다.

　그러므로 가르치는 자들은 **너무 서두르지 말고 배우는 자를 세심히 살펴보며 그가 분명히 이해하고 깨닫도록 열심을 다해 가르쳐줘야** 합니다. 가르치는 자들은 **인내심과 피교육자를 진정으로 사랑하는 마음을 가져야** 합니다.

많은 교역자들과 가르치는 자들이 이것이 부족하여 보다 신속하게 신자다운 신자로, 일꾼다운 일꾼으로 키우지 못합니다. **모든 하나님의 일꾼들은 피교육자들이 말씀을 신속하고도 분명하게 깨달을 수 있도록 적극적으로 열정적으로 가르쳐야** 합니다. 또한 **그들이 가능한 한 쉽게 이해하고 깨달을 수 있도록 필요한 지식과 경험, 간증거리들도 충분히 갖추어야** 합니다.

예배시간에 설교자나 가르치는 자가 일방적으로 선포하는 것만으로 교육과 훈련이 충분하지 않습니다. 설교 때에는 질문 받고 대답하는 시간을 가질 수 없으므로 **설교자가 진리를 해석하고 메시지를 전하는 것으로 한정**될 수밖에 없습니다. 그 설교를 들음으로 잘 이해하고 깨닫는 사람이 있는가 하면 그렇지 못한 사람들이 더 많습니다.

그러므로 **반드시 성경공부나 목장모임, 구역모임 등을 통해 개개인이 성경을 얼마나 제대로 깨닫고 있는지를 살펴보며 가능한 한 빠른 시간 내에 정확하게 깨닫도록 도와주는 것이 필요합니다.**

그러므로 교회는 **중,소그룹을 끊임없이 만들어야** 하며 **성경을 잘 알고 깨닫고 있는 훈련받은 자들을 지도자로 세워 그들이 사람들을 좀 더 개별적으로 상대하며 세심하게 가르치도록 해야** 합니다.

또한 그 가르치는 자가 **신학교는 나오지 않았을지라도 성경말씀들을 어느 정도 충분히 알고 깨닫고 있으며 그것을 성실히 지키는 자가 되어야** 합니다. 완벽하지는 않으나 성경을 잘 깨닫고 실천하는 사람이 지도자가 될 때 그에게서 배우는 자들이 신속하고 효과 있게 깨닫고 성장할 수가 있습니다.

어느 정도도 성장하지도 못한 교사는 시간을 낭비할 뿐 제자들을 제대로 키워낼 수가 없습니다.

그러므로 **교역자들은 이렇게 하나님의 말씀으로 잘 무장되고 훈련되고 성장된 일꾼들을 키우는 것이 주된 사역이 되어야** 합니다. 그렇지 못한 교역자는 불충하고 무능한 사람이 아닐 수 없습니다. 교인 숫자만 늘리려고만 할 뿐 잘 훈련되고 성숙된 일꾼을 키워내지 못하는 교역자는 충성된 종, 양을 진정으로 사랑하는 종이 아닌 것입니다.

교역자가 혼자서 모든 성도들을 개별적으로 상대하여 세밀하게 훈련하고 치료하고 양육할 수 없습니다. 그렇다고 부목사, 전도사를 끊임없이 고용할 수도 없습니다.

교회지도자들은 성도들이 가능한 한 어린 나이 때부터 착실하게 말씀으로 가르침 받고 훈련되고 성장한 일꾼을 키우는 일을 열심히 해야 합니다. 가능한 한 담임 교역자 자신이 교회 안에 있는 청소년들을 훈련하고 치료하고 양육하는 일에 적극 나서야 하며 적어도 수 년 동안 수없이 양들과 얼굴을 마주하며 그들이 자라나고 살아가는 과정을 세심히 알고 권면하고 충고하고 책망하며 하나님의 말씀으로 잘 깨우치는 일을 열심히 해야 합니다.

이렇게 담임 교역자는 수 년, 또는 십수 년의 사역을 통해 이런 제자들을 반드시 만들어야 합니다. 그래서 그 자신들이 훈련받은 것과 같이 새로운 양들을 꾸준히 훈련하고 치료하고 양육함으로 그들도 이 담임 교역자의 진정한 양이 되고 제자가 될 수 있게 해야합니다. 따라서 시간이 지나갈수록 지속적으로 제자들이 양성되며 교회가 튼튼하게 성장하고 그 목사님을 중심으로 일사불란하게 하나님의 뜻을 이뤄갈 수 있게 해야 합니다.

모든 신앙생활은 영적 전쟁입니다. 그렇다면 한 교회가 지휘관을 중심으로 똘똘 뭉치고 일사불란하게 움직일 수 있어야 그 교회가 상대로 하는 모든 사탄의 세력을 효과적으로 싸워서 이길 수가 있습니다. 그런데 목사, 중간 지도자, 평신도가 모두 따로 움직이고 지휘계통이 분명하게 서지 않으면 그러한 교회는 이 사탄의 세력과 세태를 상대하여 싸우는 일에 실패할 수밖에 없고 기반을 튼튼히 만들지 못하며 성장하지 못합니다.

교인들이 개인적으로 조금만 무슨 일이 있어도, 조금만 멀리 이사해도, 직장만 달라져도 쉽게 교회를 옮겨가고 사명을 저버리고 목자를 저버린다면 그러한 교회와 교인들이 무슨 구실을 할 수가 있겠습니까?

청소년 때부터 담임 교역자에게서 배우고 훈련받은 제자는 결코 그 담임 교역자와 교회를 쉽게 저버리지 않습니다. 그야말로 그들은 담임 교역자와 진정 한 몸을 이루며 생사고락을 같이 할 수 있게 됩니다.

교인수가 점점 많아진다면 이렇게 담임 교역자가 수 년 동안 어려서부터 훈련한 제자들이 담임 교역자 못지않게 저들을 상대하여 충실하게 훈련하고 양육할 것입니다. 많은 담임 교역자들이 이렇게 자신을 참으로 아버지로, 진정한 스승으로, 생명의 은인으로 여기고 충성하고 변호하며 보호해주는 제자들, 수족과 같은 일꾼들, 심복을 만들지 못함으로 불안하게 목회하며 어려움이 닥쳐왔을 때 한순간에 교회 전체가 흔들리고 교회가 난파되는 일이 얼마든지 있습니다.

교회는 20년, 30년, 40년이 되어 갈수록 이렇게 담임 목회자를 중심하여

충성하고 헌신하는 일꾼들이 점점 **많아져야** 합니다. 그렇게 되고나서 은퇴를 하거나, 천국 가게 된다면 그 목회자는 안심하며 물러날 수도 있고 후임자에게 떳떳하게 물려줄 수도 있고 평안하게 천국에 갈 수 있을 것입니다.

우리가 알아야 할 것은 목회자가 불과 수 년 만에 여기저기로 옮겨 다녀서는 이렇게 할 수가 없다는 것입니다.

그러므로 **목회자가 자주 바뀌는 것은 양들에게도 큰 피해가 되며 그들이 훈련된 제자가 될 수 있는 기회를 박탈하는 것**입니다. 그러므로 결코 그러한 교회가 되어서도 안 되며 목회자 자신이 이것을 명심하고 자주 목회지를 옮겨서는 안 됩니다.

어떤 목회자는 열심히 사역하여 이제 교회가 어느 정도 질서가 잡히고 잘 성장하고 있는데 어떤 큰 교회에서 청빙했다고 하여 자리를 옮깁니다. 그것이 진정 하나님의 뜻이라서 그렇게 될 수도 있으나 목회자가 좀 더 큰 교회에서 목회해보겠다는 마음으로 그동안 몸담고 정성을 쏟던 교회와 양들을 떠나서는 안 됩니다. 큰 교회에 가서 명성을 얻는 것이 뭐가 그렇게 중요합니까?

목회자는 자신이 몸담은 교회에서 온갖 정성과 사랑을 쏟아 부어서 한 사람 한 사람을 세심하고도 철저하게 훈련하고 치료하고 양육하여 진정한 성도, 진정한 그리스도의 제자를 만드는 일에 충실한 것으로 만족해야 하며 **그것을 소중하게 여겨야** 합니다. 나의 양들을 끝까지 사랑하고 그들과 함께 생사고락을 같이 하며 주의 뜻을 이루어야지 인간적인 욕심에 의해 임지를 옮기는 것은 진실한 주의 종의 자세가 아닙니다.

그러므로 목회자가 사역지를 옮기는 일은 참으로 신중해야 하며 진정 하나님의 뜻이요, 성령께서 이끄심이 분명하기 전에는 결코 섣불리 행해서는 안 됩니다.

교회의 장로나 중직자들은 목회자가 청소년들에게 직접 나서서 수 년, 십수 년 이상을 전력으로 가르칠 수 있는 **여건을 만들어줘야** 합니다. 교회 중간 지도자들이 고정관념이나 타성에 빠져서 목회자가 청소년들 때부터 철저하게 훈련하고 치료하고 양육하는 일을 하지 못하도록 방해하고 제약하면 그들은 또 큰 죄악을 범하는 것입니다.

우선 **장로들과 교회지도자들은 누구보다 먼저 그 목회자에게 철저하게 훈련되고 치료되고 양육되어야** 합니다. 그들이 그러한 일들을 앞장서서 그러한 일들을 충실히 함으로 모든 성도들에게 **본을 보여야** 합니다.

목회자가 그러한 과정에서 좀 심하게 책망했다 할지라도 거기에 반발하거나 섭섭한 마음을 가져서는 안 됩니다. **장로, 권사, 집사들**이야말로 목회자가 **정당하게 책망하고 가르치는 일을 받아들이고 순종하는 본을 보여야** 합니다. 중간지도자들이 이렇게 할 때에 그 목회자는 세상을 떠나는 날까지 혼신의 힘을 다하여 충성할 것입니다.

자기들이 할 것은 하지 않고 본을 보이지도 않고 목사가 마음껏 할 일을 하도록 도와주지는 않으면서 목사가 조금만 실수하거나 자신들과 마음이 맞지 않는다고 비평하고 불평하고, 반대를 일삼고, 목회자에게 상처를 주고, 의욕을 상실하게 하는 교회는 결코 훌륭한 교회가 될 자격이 없습니다. 많은 교회의 중간지도자들이 이렇게 어리석고 분별력 없이 처신함으로 자기도 망하고 더 많은 성도들에게 큰 피해와 상처를 주면서 **하나님의 영광을 크게 가립니다**. 그런 자들이 어찌 복의 대상이 될 수 있겠습니까? 누구보다도 무서운 책망을 받지 않을 수가 없을 것입니다. 그러므로 중간 지도자들은 **목회자들 앞에서 정신 똑바로 차리고 처신해야** 합니다.

▌**35 빌립이 입을 열어 이 글에서 시작하여 예수를 가르쳐 복음을 전하니**

"**빌립이 입을 열어**" 라는 말은 그가 **이제부터 가르칠 말씀이 아주 중대한 것임**을 암시합니다.

참으로 **우리가 사람들에게 할 말 중에 가장 중요한 것은 복음**입니다. 그야말로 우리 속에 감추어져 있는 **비밀 중의 비밀이요, 보물 중의 보물인 복음을 우리는 어떤 말보다도 위엄있게 증언해야** 합니다.

결코 복음을 증언하는 일을 부끄럽게 여기거나 사람들이 그것을 하찮게 여기도록 말해서는 안 됩니다.

또 "**이 글에서 시작하여 예수를 가르쳐 복음을 전했다**" 했습니다.

빌립은 **예수가 그리스도임을** 자세하게 전해준 것입니다. 내시가 읽고 있는 이사야 53장의 말씀뿐 아니라 다른 말씀들도 그에게 가르치며 **예수가 예언된 메시야임을 충분하게 깨우쳐 준 것**입니다.

앞에서 살펴봤던 스데반 집사도 **구약에 기록된 예수 그리스도에 관한 말씀들을 상세하게 가르쳤습니다.**

우리는 복음을 전함에 있어서 구약 성경뿐 아니라 신약 성경도 주어졌으니 과거에 스데반 집사나 베드로, 그리고 빌립 집사가 복음을 설명한 것보다도 **메시야에 대해 충분하게 알고 상세하게 증언해야** 합니다.

빌립은 **예수가 그 구약 성경의 오실 메시야임을 증언**한 것입니다. 구약의 예언은 메시야가 오실 것을 말씀했고 그 예언대로 예수 그리스도께서 이 땅에 오신 것입니다.

신약을 설명함에 있어서 구약은 절대적으로 필요합니다. 성경 66권은 어느 한 부분도 중요하지 않은 것이 없으며 가감해서는 안 됩니다.

우리에게는 구약 성경뿐 아니라 신약 성경도 주어졌다는 것이 얼마나 큰 은혜요, 복인지 모릅니다. 위대한 사도들이나 빌립 집사도 신약 성경이 완성된 것을 사용할 수 없었습니다. 신약 성경이 사도들에 의해 기록되었으나 지금과 같이 하나로 집대성이 되지는 못했던 것입니다.

그러므로 이런 면에서는 **오늘날의 전도자들이 초대교회 전도자들보다도 큰 은총을 누리고 있는 것**입니다. 그런데 이러한 오늘날의 전도자가 초대교회 전도자들보다도 어설프게 복음을 전한다면 그것 또한 불충입니다. **우리는 과거의 전도자들보다도 신구약 성경을 통하여 복음을 밝히 증언해야** 합니다.

이렇게 빌립이 구약 성경들을 인용하며 예수가 바로 예언된 그 메시야라는 것을 가르쳤습니다. **이 일을 하라고 하나님께서 그에게 천사를 보내어 이 내시에게 가라고 명하셨고**, 또 그 내시를 발견했을 때 **성령께서 그에게 다가가 복음을 전하라고 명령하신 것**입니다.

성경 어디를 봐도 복음 전하는 일이 아닌 다른 일반적인 일을 위해 천사가 나타나 명령하거나 도와주거나 성령께서 세심하게 말씀하셨다는 기록이 없습니다. **하나님은 가장 중요하고 시급한 일이 바로 복음을 전파하는 것이**었기에 이렇게 친히 나서기도 하시고 천사들을 보내시기도 하신 것입니다.

우리 하나님은 복음 전하는 일을 가장 원하고 계십니다. 참으로 하나님을 경외하는 자, 예수 그리스도를 무엇보다 사랑하는 자들, 내가 주께로부터 영원토록 갚을 수 없는 사랑과 은혜를 입은 것을 절실히 깨달은 자들은 **어떤 일보다도 복음 전하는 일을 앞세우며 전심전력을 다해 수행해야** 합니다.

성령충만함도 그 어떤 일보다도 복음 전하는 일에 전심전력하고 그 일을 능력 있게 수행하게 하려고 임하는 것입니다.

오랫동안 신앙생활하며 성경을 많이 알고, 스스로 성숙한 그리스도인이라고 생각하는 사람이 복음 전하는 일을 잊거나, 소중하게 여기지 않거나, 게을리 하고 뒷전으로 미루고 있다면 그 모든 것은 인정받을 수 없습니다. **말씀을 제대로 깨달은 자, 누구보다도 믿음이 성숙한 자, 예수 그리스도를 사랑**

할 줄 아는 자라면 복음전파하는 일을 결코 잊거나 소홀히 할 수 없으며, 게으름을 피울 수 없습니다.

그러므로 신앙이 어느 정도로 성장했는지, 그가 얼마나 영적으로 깨어 있는지, 얼마나 건강한 영혼인지, 얼마나 세심하게 성령의 인도를 받는 자인지는 그가 복음전파에 대해 어떤 자세를 가지고 어떻게 하고 있는지를 보면 명확하게 알 수 있습니다. 그 일을 가장 중요하게 여길 줄 모르고 그것을 뒷전으로 미루는 자들, 그 일을 소홀히 하는 자들은 아직도 어린아이 신자입니다. 이러한 자들은 결코 충성스러운 그리스도의 제자요, 전도자라고 할 수가 없습니다.

> 36 길 가다가 물 있는 곳에 이르러 그 내시가 말하되 보라 물이 있으니 내가 세례를 받음에 무슨 거리낌이 있느냐

"길을 가다가" 라고 했습니다.

이 내시는 구약 성경을 읽고 배우면서 메시야에 대한 예언을 알고 있었습니다. 그러나 그 메시야가 누구인지 알지 못했고 이미 이 땅에 오신 사실을 몰랐습니다. 그러나 그는 빌립 집사를 만나 모든 것을 확실히 깨닫고 세례를 받기로 결심했습니다.

그 내시는 단 한순간 빌립과의 만남과 가르침을 통해 예수 그리스도를 확신했습니다. 그것은 성령께서 그를 거듭나게 하시고 감화, 감동하게 하심으로써 이루어진 것입니다.

그는 물 있는 곳을 보자 주저함이 없이 자기에게 세례를 베풀 것을 정중하게 요청했습니다.

우리가 성령의 감동을 받아 무엇을 해야 할지 깨달았을 때 주저하지 않고 지체 없이 실행해야 합니다. 바로 그때가 가장 좋은 시기이기 때문입니다.

그 내시는 메시야를 통한 놀라운 은총을 확실히 깨닫고 믿었으므로 세례 받는 것을 결코 미루지 않았습니다. 내시는 그의 안에서 역사하는 성령의 감화가 식거나 감소되는 것을 원하지 않았습니다. 그가 빌립 집사에게 세례 받기를 요청한 것은 그의 영혼이 뜨겁게 불타올랐기 때문입니다. 그는 세례를 통하여 예수 그리스도와 확실하게 한 몸 되기를 바란 것입니다.

세례를 받고자 하는 자들은 성령의 감화, 감동으로 예수가 메시야임을 확실하게 깨달아야 하며 그 믿음의 외적 표현인 세례 받는 것을 사모해야 하며

지체 없이 시행해야 합니다.

예수 그리스도를 확실하게 믿었다고 하면서 세례 받는 것을 주저하거나 연기하는 것은 올바른 자세가 아닙니다. 그것은 또한 **아직도 예수 그리스도를 확실히 믿지 못했다고 스스로 드러내는 것**이기도 합니다. 세례 받는 것을 부담스러워 하고 두려워한다면 그는 아직도 **성령세례 받은 자가 아닙니다**. 그는 세례를 받음으로써 자기와 그리스도가 하나 되는 것을 기뻐하고 사모해야 하는 것입니다.

한 사람이 거듭나고 복음을 들어 예수 그리스도를 확실히 믿게 되는 것은 결코 우연이 아니요, 하나님께서 이미 정한 계기를 통해 이루어집니다.
한 영혼이 구원을 얻으려면 창세 이전에 선택을 받아, 이 땅에 태어난 후 때가 되어 복음으로 나오도록 부르심을 받고, 성령의 강권적인 역사에 의해 그 영혼이 거듭나서, 자기가 죄인이며 그 죄를 용서받아야 할 필요성을 깨닫고, 예수 그리스도를 진정으로 자신의 구주로 믿어야 합니다.

하나님은 한 영혼이 복음을 듣고 예수 그리스도를 믿게 되는 **때를 정해 두시며** 하나님의 권능으로 그가 복음전파자를 만나고 예수 그리스도를 영접하게 됩니다. 그러므로 한 죄인이 어느 순간 복음을 듣고 예수 그리스도를 영접했다면 그것은 **그의 일생에서 가장 놀랍고 영광스럽고 신비롭고 복된 순간**입니다. 그가 어머니 뱃속에서 잉태되는 것보다도 훨씬 놀라운 일인 것입니다.
모든 사람은 어머니 뱃속에 잉태되는 순간부터 **전적으로 부패하고 타락한 존재**이지만 복음을 듣고 예수 그리스도를 영접하는 순간 그는 **거듭난 사람**이며 성령의 강력한 역사에 의해 예수 그리스도의 피의 은총을 입어 모든 죄를 사함 받고 그 순간 하나님 앞에서 의인이라 인침을 받는 것입니다. 한 개인의 인생에 있어서 그처럼 영광스러운 순간은 없습니다.

그러므로 우리 전도자들이 잊지 말아야 할 것은 **내가 복음을 전하여 한 죄인이 예수 그리스도를 믿게 되는 순간이 놀라운 순간임을 깨닫고**, 그 일을 세상의 **어떤 일보다도 영광스럽고 신비하게 여기며**, 자랑스럽게, 온 정열을 쏟아서 할 만한 일이라는 것입니다.
복음을 전하여 사람을 구원 얻게 하는 전도자야말로 **존귀한 사람**이며 그의 일생을 전도하는 일에 바친다면 **그처럼 영광스럽고 존귀한 인생이 없습니다**.

뿐만 아니라 내가 전도하여 한 죄인이 예수 그리스도를 믿으면 **영생구원을 얻게 되는 것입니다**. 영원히 지옥에 떨어질 사람을 영원히 천국에 가서 살게

해주는 일이요, 예수를 믿는 순간 **마귀의 지배에서 해방되게** 하고 **죄악된 생활을 청산**하며 예수 그리스도를 주인삼고 말씀을 지키며 살게 함으로써 **이 땅에 사는 동안에도 영육 간에 온갖 은총을 받아 누리는 것**이니 물에 빠져 죽어가는 사람을 살려준 것과도 비교할 수 없는 일입니다.

이 땅에는 불쌍한 사람들과 괴롬당한 사람들에게 선을 행하는 사람들이 있으나 그것 역시 복음을 전해주는 일과는 비교할 수 없습니다.

우리 모든 그리스도인들은 무엇과도 비교할 수 없는 선을 행할 수 있으며, 특히 **전도자가 된다는 것**은 이런 놀라운 일을 하는 인생이 되는 것이므로 가치있고 복된 일임을 알아야 합니다.

모든 성도들이여, 이 놀라운 비밀을 절실히 깨닫고 이것을 **나의 것으로 만드는 영광과 복을 누리기를** 바랍니다.

하나님과 성경의 예언을
정확히 알고 싶은 분들을 위한 책

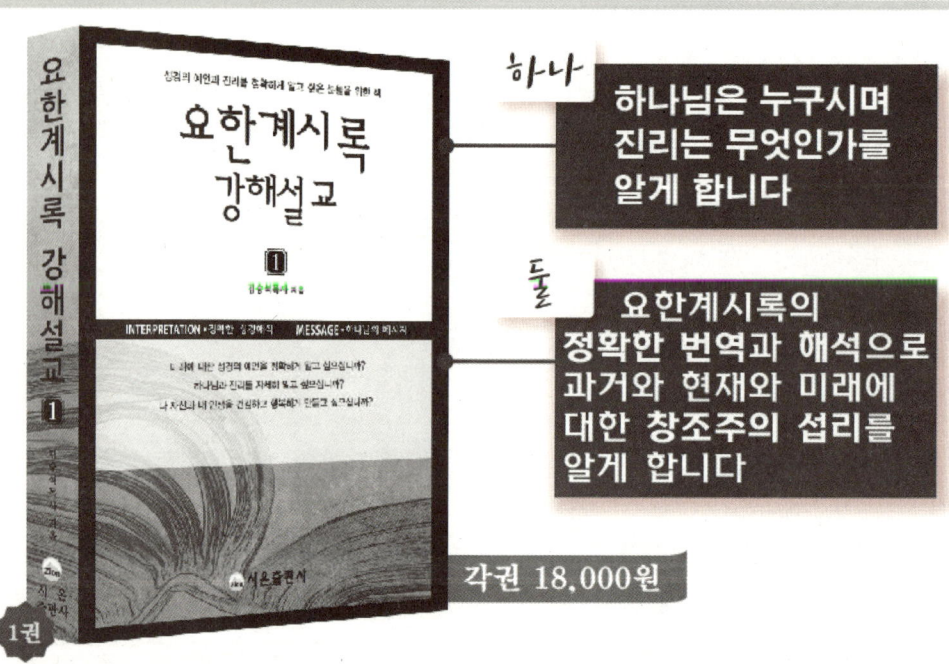

하나 하나님은 누구시며 진리는 무엇인가를 알게 합니다

둘 요한계시록의 정확한 번역과 해석으로 과거와 현재와 미래에 대한 창조주의 섭리를 알게 합니다

각권 18,000원

1. 성경본문이 주는 교훈(지혜)
2. 오늘날 우리의 잘못을 지적하는 책망
3. 잘못된 것을 고치게 하는 바르게 함
4. 영육의 성장과 훈련을 위한 의로 교육하는 말씀